南水北调中线工程文物保护项目
河南省考古发掘报告
第❸号

南阳镇平程庄墓地

河南省文物局　编著

科学出版社
北京

内 容 简 介

程庄墓地位于南阳市镇平县安子营乡，是一处以东周时期墓葬为主的墓地。2006年7月至12月，受河南省文物管理局南水北调文物保护办公室委托，郑州大学历史学院考古系对该墓地进行了发掘。此次发掘共清理龙山时期灰坑15座、瓮棺1座，东周、汉、唐及明清时期的灰沟3条、水井1座、墓葬212座。本书对这些遗存进行了全面详尽的报道。

本书适合考古学、历史学研究者及大专院校相关专业的师生阅读参考。

图书在版编目（CIP）数据

河南省考古发掘报告. 第3号，南阳镇平程庄墓地／河南省文物局编著. —北京：科学出版社，2011.2

南水北调中线工程文物保护项目

ISBN 978-7-03-029981-9

Ⅰ.①河… Ⅱ.①河… Ⅲ.①墓葬（考古）–发掘报告–河南省 Ⅳ.①K878.85

中国版本图书馆CIP数据核字（2011）第005666号

责任编辑：张亚娜／责任校对：钟 洋
责任印制：赵德静／封面设计：黄华斌 陈 敬

科学出版社 出版
北京东黄城根北街16号
邮政编码：100717
http://www.sciencep.com

中国科学院印刷厂 印刷
科学出版社发行 各地新华书店经销

*

2011年1月第 一 版　开本：889×1194 1/16
2011年1月第一次印刷　印张：29 3/4 插页：57
印数：1—1 600　字数：800 000

定价：228.00元

（如有印装质量问题，我社负责调换）

Reports on the Cultural Relics Conservation
in the South-to-North Water Diversion Project
Henan Vol.3

Chengzhuang Cemetery Site in Zhenping County, NanYang

Administration of Cultural Heritage of Henan Province

Science Press
Beijing

南水北调中线工程文物保护项目报告

河南省编辑委员会

主　　　任	陈爱兰
副　主　任	孙英民　李玉东　邓培全　尚宇鸣
	齐耀华　刘正才　张志清
编　　　委	郑小玲　付玉林　司治平　康国义　王爱英
	秦文生　孙新民　秦曙光　王长春　王家永
	韦耀国　常志兵　李　勇　湛若云　阎铁成
	许晓鹏　段振美　陈高潮　范　禄　杨保群
	张　琳　陈同庆　秦文波　孔祥珍
总　　　编	陈爱兰
执 行 总 编	孙英民
副　总　编	张志清　孙新民　司治平
编辑部主任	秦文波
编辑部副主任	孔祥珍　董　睿

南水北调中线工程文物保护项目报告

河南省第 3 号

《南阳镇平程庄墓地》

主　编

李　锋　郜向平

副主编

魏青利　姚智辉　许俊平

张继华　程国锋　司红伟

张随芳

项目承担单位

郑州大学历史学院

前　言

作为举世瞩目的特大型水利建设项目，南水北调中线工程的文物保护工作在河南是史无前例的。无论是工程涉及区域之广大，还是文物点分布的密集程度和价值之高，在河南的考古史上都是前所未有的。因此，当黄河小浪底水利枢纽工程和长江三峡库区的文物保护工作结束后不久，随着南水北调中线工程设计规划和施工的渐次展开，世人的目光便开始聚焦古老的中原大地。如何在配合特大型工程建设的同时，使中原大地珍贵的文化遗产得到有效保护，成为河南文物部门的重要任务。

南水北调中线工程包括水源地和总干渠两个主要项目。水源地丹江口水库地跨河南、湖北两省，总淹没面积达370平方公里，其中河南省境内占170平方公里，约占总面积的46％。总干渠起自河南省淅川县的陶岔，流经河南、河北、北京、天津等省市，全长1276公里，其中河南境内达731公里，约占总长度的58％。从南阳盆地沿太行山东麓北行，流经南阳、平顶山、许昌、郑州、焦作、新乡、鹤壁、安阳8个省辖市32个县（市、区），南水北调中线工程纵贯了古代中原的核心区域。在淹没区和总干渠沿线及其附近分布的文物点，既有旧石器时代的化石地点和古人类遗迹，也有新石器时代的大型聚落，更有数量众多、内涵丰富的反映不同文化风格及其交融过程的历史时期的城址、墓葬群、古代建筑和石刻艺术等。可以说，纵贯河南南北的总干渠，在中原大地形成了一条极为难得的融汇各个文化发展时期和各种文化因素的古代文化廊道。

南水北调中线工程河南段的文物保护工作，有以下几个显著特点：

一是全国文物考古队伍积极参与。1994~2005年，河南省组织协调省内外有关文物考古、科研和工程设计单位，对南水北调中线工程丹江口河南淹没区和总干渠沿线进行文物调查、复核和确认工作。经国家有关部门复核确认，南水北调中线工程共涉及河南境内文物点330处。2005年，南水北调中线工程河南段文物保护抢救工作正式启动。河南省文物考古研究所和中国社会科学院考古研究所、武汉大学历史系、陕西省考古研究院等来自全国各地的50余家文物考古单位，先后参加南水北调中线工程河南段的文物保护抢救工作。河南省文物局积极组织协调，在工作中强化大局意识、质量意识、安全意识和服务意识，组织专家现场指导，安排部署市县文物部门进行巡视，为考古发掘单位提供优良的工作环境，确保工程建设和文物保护工程顺利进行。

二是保护抢救了一大批珍贵文物。南水北调文物保护不仅工程浩大，而且总干渠绝大部分是开挖明渠，更容易造成文物的破坏和损害。我们组织考古队伍提前介入，对将要开工渠段的已知文物点进行抢救发掘，有效地保护了文物。其中不乏历史价值、科学价值、艺术价值颇高的珍贵文物。如徐家岭墓地清理的一座战国早期楚国贵族墓葬，出土的一件小口鼎上铸有多达49字的清晰铭文，铭文上有岁星纪年和墓主人身份等，对于研究墓葬年代及墓主人身份提供了重要资料；鹤壁关庄墓地发现的清代西安府守备之墓，出土了一批金质头饰，造型优美，制作精细，特别是一件印有喜鹊登梅图案的金冠，工艺精良，有极高的艺术价值；博爱聂村墓地出土的4件唐代三彩钵，做工精湛，造型精美，是唐三彩器物中不可多得的精品。

三是考古发现具有重要的科学研究价值。如鹤壁刘庄遗址在全国首次发现分布密集、排列规律的大面积先商文化墓地，填补了先商文化发掘和研究工作的一项空白，是该研究领域的重大学术突破；安阳固岸墓地在我国第一次发现了以二十四孝为题材的东魏时期围屏石榻，首次发现了明确纪年的东魏墓葬，出土了大批北齐时期陶俑、瓷器和多方北齐、东魏墓志等重要文物，是研究豫北地区北朝时期的丧葬习俗和陶塑艺术，白瓷、黑瓷的起源和制作工艺，以及北齐和东魏时期的书法艺术的宝贵资料；卫辉大司马墓地唐代乞扶令和夫妇合葬墓的发掘，为研究我国隋唐时期的官吏体制、书法艺术和社会的繁盛提供了新证据；温县徐堡发现了龙山、西周、春秋、战国、汉、宋、明和清时期连续叠压的古城址，是目前黄河流域所发现的龙山文化城址中保存较好、规模较大的一座城址，填补了豫西北龙山城址发现的空白；荥阳薛村遗址为二里头文化晚期到早商文化时期的大型遗址，该遗址的发掘保护工作，对于研究薛村遗址聚落的结构、内部功能区的划分及其特点，探讨夏、商文化的演变的态势和更替有重要的学术意义和科学研究价值；荥阳关帝庙遗址发现了保存完整的商代晚期小型聚落，聚落功能齐全，分居住区、制陶区、祭祀区、墓葬区四部分，在我国商代考古发掘中尚属首次；新郑唐户遗址发现了大面积裴李岗文化时期的居住基址，房址形制结构特点和排水系统的使用，反映了裴李岗文化时期较为先进的建筑理念。

四是考古发掘与课题研究有机结合。在发掘过程中，不仅注重各类文物的抢救保护，而且采用现代科技手段，最大可能地采集各类标本。特别是对于出土的人骨、兽骨进行了性别、年龄、病理以及DNA等方面的鉴定；按照国家地理信息标准，对每处文物点都测量绘制了要素齐全的总平面图，为今后文物普查和保护奠定了基础。如武汉大学历史系对辉县大官庄墓地的一座9个墓室的大型汉墓，进行了发掘现场三维重建和近景摄影测绘技术的全面测绘，通过数字测绘技术、计算机虚拟现实技术，建立了三维的考古对象模型；山东大学在博爱西金城遗址发掘中，设立了主要涉及古地貌、动物、植物、石器、陶器以及遗址资源域十余个子课题的环境考古课题，是开展多学科综合研究的一次重大尝试。

河南省南水北调工程文物保护工作度过了艰辛而光荣的历程。我们积极探索大型项目建设中文物保护抢救工作的新路子，更新管理理念，创新管理机制，培育专业队伍，提升研究层次，取得了非凡的荣誉。安阳固岸墓地、鹤壁刘庄遗址、荥阳娘娘寨遗址、荥阳关帝庙遗址、新郑唐户遗址、新郑胡庄墓地等6个项目先后被评为"全国十大考古新发现"。鹤壁刘庄遗址、荥阳娘娘寨遗址、荥阳关帝庙遗址、新郑唐户遗址、新郑胡庄墓地、淅川沟湾遗址等6个项目荣获"全国田野考古质量奖"。国家文物局授予河南省文物局南水北调文物保护办公室"全国文化遗产保护工作先进集体"荣誉称号。

河南省南水北调中线工程文物保护工作一直受到各级领导的关心和社会各界的支持。全国政协张思卿副主席曾率团视察河南省南水北调工程文物保护工作。国务院南水北调办公室和国家文物局各位领导多次亲临一线检查指导，帮助排忧解难。河南省委、省政府多次召开会议，研究解决文物抢救保护工程中的重大问题。南水北调中线干线工程建设管理局、南水北调中线水源有限责任公司、河南省南水北调中线干线工程领导小组办公室、河南省人民政府移民工作领导小组办公室对南水北调文物保护工作也给予了大力支持和帮助。国家诸多考古学家多次深入到文物保护抢救现场，对重大学术问题和考古发掘质量给予帮助指导。社会各界特别是新闻媒体给予极大关注和广泛宣传。

为了更好地利用考古资料开展学术研究，充分展示河南省南水北调中线工程文物保护项目考古发掘的巨大成果，河南省文物局积极组织考古发掘单位及时对考古发掘资料进行整理和研究，编辑出版考古发掘报告，以期进一步推动文物保护和考古学研究工作。

河南省文物局
2010 年 5 月

目 录

前言 …………………………………………………………………………………… (i)
绪论 …………………………………………………………………………………… (1)
  一、墓地位置与地理环境 ………………………………………………………… (1)
  二、工作经历 ……………………………………………………………………… (2)
  三、地层堆积与分期 ……………………………………………………………… (4)
第一章 龙山时期遗存 ………………………………………………………………… (7)
  一、灰坑 …………………………………………………………………………… (7)
  二、瓮棺 …………………………………………………………………………… (11)
第二章 东周时期墓葬 ………………………………………………………………… (12)
  一、墓葬综述 ……………………………………………………………………… (12)
    （一）分布 ……………………………………………………………………… (12)
    （二）墓葬方向 ………………………………………………………………… (12)
    （三）形制与结构 ……………………………………………………………… (12)
    （四）葬具 ……………………………………………………………………… (14)
    （五）葬式 ……………………………………………………………………… (15)
    （六）随葬品 …………………………………………………………………… (15)
  二、墓葬分述 ……………………………………………………………………… (24)
第三章 汉代遗存 ……………………………………………………………………… (250)
  一、灰沟 …………………………………………………………………………… (250)
  二、墓葬 …………………………………………………………………………… (252)
第四章 唐代墓葬 ……………………………………………………………………… (339)
第五章 明清墓葬 ……………………………………………………………………… (349)
第六章 时代不明的遗存 ……………………………………………………………… (383)
  一、井 ……………………………………………………………………………… (383)
  二、墓葬 …………………………………………………………………………… (383)

第七章　初步认识 ……………………………………………………………………（398）
　一、东周墓葬的分期及相关问题 …………………………………………………（398）
　　（一）东周墓葬的分期 ……………………………………………………………（398）
　　（二）各期墓葬绝对年代的推定 …………………………………………………（402）
　　（三）主要陶器的演变趋势 ………………………………………………………（403）
　　（四）程庄东周墓地的特点 ………………………………………………………（403）
　二、关于汉代遗存 …………………………………………………………………（404）
　三、关于唐代墓葬 …………………………………………………………………（405）
　四、关于明清墓葬 …………………………………………………………………（406）
附表
　附表一　龙山时期灰坑登记表 ……………………………………………………（408）
　附表二　东周墓葬登记表 …………………………………………………………（409）
　附表三　汉代墓葬登记表 …………………………………………………………（428）
　附表四　唐代墓葬登记表 …………………………………………………………（437）
　附表五　明清墓葬登记表 …………………………………………………………（438）
　附表六　时代不明墓葬登记表 ……………………………………………………（442）
后记 ……………………………………………………………………………………（444）
Abstract ………………………………………………………………………………（446）

插 图 目 录

图一	镇平县位置示意图	（2）
图二	程庄墓地位置图	（插页）
图三	程庄墓地总平面图	（插页）
图四	ⅡT0104 东壁剖面图	（4）
图五	T0606 西壁剖面图	（4）
图六	G3、M30 和 H6 打破关系示意图	（5）
图七	龙山遗址分布图	（8）
图八	H12 平、剖面图	（9）
图九	H13 平、剖面图	（9）
图一〇	H9 平、剖面图	（9）
图一一	H10 平、剖面图	（9）
图一二	H15 平、剖面图	（10）
图一三	H2 平、剖面图	（10）
图一四	W1 平、剖面图	（11）
图一五	东周墓葬分布图	（13）
图一六	东周墓葬出土陶器分期图	（插页）
图一七	M1 平、剖面及遗物分布图	（25）
图一八	M1 出土陶器（1）	（26）
图一九	M1 出土陶器（2）	（27）
图二〇	M2 平、剖面及遗物分布图	（28）
图二一	M2 出土陶器	（29）
图二二	M3 平、剖面及出土遗物分布图	（30）
图二三	M3 出土陶器（1）	（31）
图二四	M3 出土陶器（2）	（32）

图二五	M4 平、剖面及遗物分布图	(34)
图二六	M4 出土陶器	(35)
图二七	M5 平、剖面及遗物分布图	(36)
图二八	M5 出土陶器（1）	(38)
图二九	M5 出土陶器（2）	(39)
图三〇	M5 出土陶器（3）	(40)
图三一	M5 出土陶器（4）	(41)
图三二	M6 平、剖面及遗物分布图	(42)
图三三	M6 出土陶器	(43)
图三四	M7 平、剖面及遗物分布图	(45)
图三五	M7 出土陶器	(46)
图三六	M8 平、剖面及遗物分布图	(46)
图三七	M8 出土陶器	(47)
图三八	M9 平、剖面及遗物分布图	(48)
图三九	M9 出土陶器	(49)
图四〇	M10 平、剖面及遗物分布图	(51)
图四一	M10 出土陶器	(52)
图四二	M11 平、剖面图	(53)
图四三	M12 平、剖面及遗物分布图	(54)
图四四	M12 出土陶罐（M12∶1）	(54)
图四五	M13 平、剖面及遗物分布图	(55)
图四六	M13 出土陶盂（M13∶1）	(55)
图四七	M14 平、剖面图	(56)
图四八	M15 平、剖面图	(57)
图四九	M16 平、剖面及遗物分布图	(58)
图五〇	M16 出土陶器	(59)
图五一	M17 平、剖面及遗物分布图	(60)
图五二	M17 出土陶器	(61)
图五三	M18 平、剖面及遗物分布图	(62)
图五四	M18 出土陶器	(63)

图五五	M19 平、剖面及遗物分布图	(65)
图五六	M19 出土陶器	(65)
图五七	M20 平、剖面图	(66)
图五八	M21 平、剖面及遗物分布图	(67)
图五九	M21 出土陶器	(67)
图六〇	M22 平、剖面及遗物分布图	(68)
图六一	M22 出土陶器	(69)
图六二	M23 平、剖面及遗物分布图	(70)
图六三	M23 出土陶器（1）	(71)
图六四	M23 出土陶器（2）	(72)
图六五	M24 平、剖面及遗物分布图	(73)
图六六	M24 出土陶器	(73)
图六七	M25 平、剖面及遗物分布图	(74)
图六八	M26 平、剖面及遗物分布图	(75)
图六九	M26 出土陶器	(76)
图七〇	M27 平、剖面及遗物分布图	(78)
图七一	M27 出土陶器（1）	(80)
图七二	M27 出土陶器（2）	(81)
图七三	M29 平、剖面图	(82)
图七四	M30 平、剖面及遗物分布图	(83)
图七五	M30 出土陶敦（M30：1）	(84)
图七六	M31 平、剖面及遗物分布图	(84)
图七七	M31 出土陶鬲（M31：1）	(85)
图七八	M32 平、剖面及遗物分布图	(85)
图七九	M32 出土陶器	(86)
图八〇	M33 平、剖面及遗物分布图	(87)
图八一	M33 出土陶器（1）	(88)
图八二	M33 出土陶器（2）	(89)
图八三	M34 平、剖面及遗物分布图	(90)
图八四	M34 出土陶器	(91)

图八五	M35 平、剖面及遗物分布图	(92)
图八六	M35 出土陶器	(92)
图八七	M36 平、剖面图	(93)
图八八	M38 平、剖面及遗物分布图	(94)
图八九	M38 出土陶器	(95)
图九〇	M40 平、剖面图	(96)
图九一	M41 平、剖面及遗物分布图	(97)
图九二	M41 出土陶器	(98)
图九三	M43 平、剖面图	(98)
图九四	M44 平、剖面图	(99)
图九五	M44 出土铜带钩（M44∶1）	(100)
图九六	M45 平、剖面及遗物分布图	(101)
图九七	M45 出土陶器	(101)
图九八	M47 平、剖面图	(102)
图九九	M48 平、剖面及遗物分布图	(103)
图一〇〇	M48 出土陶器	(104)
图一〇一	M49 平、剖面及遗物分布图	(105)
图一〇二	M49 出土陶器	(106)
图一〇三	M50 平、剖面及遗物分布图	(107)
图一〇四	M50 出土陶器（1）	(109)
图一〇五	M50 出土陶器（2）	(110)
图一〇六	M52 平、剖面图	(111)
图一〇七	M53 平、剖面图	(112)
图一〇八	M54 平、剖面图	(113)
图一〇九	M58 平、剖面图	(114)
图一一〇	M59 平、剖面图	(115)
图一一一	M60 平、剖面及遗物分布图	(116)
图一一二	M60 出土陶器（1）	(117)
图一一三	M60 出土陶器（2）	(118)
图一一四	M61 平、剖面及遗物分布图	(119)

图一一五	M61 出土陶壶（M61∶1）	（120）
图一一六	M62 平、剖面及遗物分布图	（120）
图一一七	M62 出土铜器	（121）
图一一八	M63 平、剖面图	（122）
图一一九	M64 平、剖面及遗物分布图	（123）
图一二〇	M66 平、剖面及遗物分布图	（124）
图一二一	M66 出土陶器	（125）
图一二二	M67 平、剖面图	（126）
图一二三	M68 平、剖面及遗物分布图	（127）
图一二四	M68 出土陶器	（128）
图一二五	M70 平、剖面及遗物分布图	（129）
图一二六	M70 出土陶器	（130）
图一二七	M72 平、剖面图	（131）
图一二八	M73 平、剖面及遗物分布图	（132）
图一二九	M73 出土陶器	（133）
图一三〇	M74 平、剖面及遗物分布图	（134）
图一三一	M74 出土陶器	（134）
图一三二	M75 平、剖面及遗物分布图	（135）
图一三三	M75 出土陶器	（136）
图一三四	M76 平、剖面及遗物分布图	（137）
图一三五	M76 出土陶器	（138）
图一三六	M79 平、剖面及遗物分布图	（139）
图一三七	M79 出土陶器	（140）
图一三八	M80 平、剖面及遗物分布图	（141）
图一三九	M80 出土陶器（1）	（142）
图一四〇	M80 出土陶器（2）	（143）
图一四一	M81 平、剖面及遗物分布图	（144）
图一四二	M81 出土陶器	（145）
图一四三	M83 平、剖面及遗物分布图	（146）
图一四四	M83 出土陶器	（147）

图一四五	M84 平、剖面及遗物分布图	(148)
图一四六	M84 出土陶器	(149)
图一四七	M86 平、剖面及遗物分布图	(150)
图一四八	M86 出土陶器	(151)
图一四九	M87 平、剖面及遗物分布图	(152)
图一五〇	M87 出土陶器（1）	(153)
图一五一	M87 出土陶器（2）	(154)
图一五二	M87 出土陶器（3）	(155)
图一五三	M87 出土陶器（4）	(156)
图一五四	M88 平、剖面及遗物分布图	(157)
图一五五	M88 出土陶器	(158)
图一五六	M89 平、剖面及遗物分布图	(159)
图一五七	M89 出土陶器	(159)
图一五八	M90 平、剖面及遗物分布图	(160)
图一五九	M90 出土陶器	(161)
图一六〇	M91 平、剖面及遗物分布图	(162)
图一六一	M91 出土陶器	(163)
图一六二	M94 平、剖面及遗物分布图	(164)
图一六三	M94 出土陶器	(164)
图一六四	M95 平、剖面及遗物分布图	(165)
图一六五	M95 出土陶器	(165)
图一六六	M96 平、剖面及遗物分布图	(166)
图一六七	M96 出土陶器	(167)
图一六八	M97 平、剖面及遗物分布图	(168)
图一六九	M97 出土陶器	(169)
图一七〇	M98 平、剖面图	(171)
图一七一	M99 平、剖面及遗物分布图	(172)
图一七二	M99 出土陶器	(173)
图一七三	M101 平、剖面及遗物分布图	(174)
图一七四	M101 出土陶器（1）	(175)

图一七五	M101 出土陶器（2）	(176)
图一七六	M102 平、剖面及遗物分布图	(177)
图一七七	M102 出土器物	(178)
图一七八	M103 平、剖面及遗物分布图	(179)
图一七九	M103 出土陶器	(180)
图一八〇	M105 平、剖面及遗物分布图	(181)
图一八一	M105 出土陶盂（M105∶2）	(182)
图一八二	M114 平、剖面图	(182)
图一八三	M146 平、剖面及遗物分布图	(184)
图一八四	M146 出土陶器	(185)
图一八五	M160 平、剖面及遗物分布图	(186)
图一八六	M160 出土陶器	(187)
图一八七	M162 平、剖面及遗物分布图	(188)
图一八八	M162 出土陶器	(190)
图一八九	M163 平、剖面及遗物分布图	(191)
图一九〇	M163 出土陶器（1）	(192)
图一九一	M163 出土陶器（2）	(193)
图一九二	M164 平、剖面及遗物分布图	(195)
图一九三	M164 出土陶器	(195)
图一九四	M165 平、剖面及遗物分布图	(197)
图一九五	M165 出土陶器	(198)
图一九六	M166 平、剖面及遗物分布图	(199)
图一九七	M166 出土陶器	(199)
图一九八	M167 平、剖面及遗物分布图	(200)
图一九九	M167 出土陶器	(201)
图二〇〇	M168 平、剖面及遗物分布图	(202)
图二〇一	M168 出土陶器	(204)
图二〇二	M169 平、剖面图	(205)
图二〇三	M170 平、剖面及遗物分布图	(206)
图二〇四	M170 出土陶器	(207)

图二〇五	M171 平、剖面图	（208）
图二〇六	M172 平、剖面及遗物分布图	（209）
图二〇七	M172 出土陶器	（210）
图二〇八	M173 平、剖面及遗物分布图	（211）
图二〇九	M173 出土陶鼎（M173:1）	（212）
图二一〇	M174 平、剖面及遗物分布图	（213）
图二一一	M174 出土陶器	（214）
图二一二	M175 平、剖面及遗物分布图	（215）
图二一三	M175 出土器物	（216）
图二一四	M176 平、剖面及遗物分布图	（217）
图二一五	M176 出土陶器	（218）
图二一六	M177 平、剖面图	（219）
图二一七	M178 平、剖面及遗物分布图	（221）
图二一八	M178 出土陶器	（222）
图二一九	M179 平、剖面及遗物分布图	（224）
图二二〇	M179 出土陶器	（225）
图二二一	M180 平、剖面及遗物分布图	（226）
图二二二	M180 出土陶器	（227）
图二二三	M181 平、剖面及遗物分布图	（228）
图二二四	M181 出土陶器	（229）
图二二五	M182 平、剖面及遗物分布图	（230）
图二二六	M182 出土陶器	（231）
图二二七	M183 平、剖面图	（232）
图二二八	M184 平、剖面及遗物分布图	（233）
图二二九	M184 出土陶器	（233）
图二三〇	M185 平、剖面及遗物分布图	（234）
图二三一	M185 出土器物	（235）
图二三二	M186 平、剖面及遗物分布图	（235）
图二三三	M186 出土陶器	（236）
图二三四	M187 平、剖面及遗物分布图	（237）

图二三五	M187 出土陶器		(238)
图二三六	M188 平、剖面图		(239)
图二三七	M189 平、剖面图		(240)
图二三八	M190 平、剖面及遗物分布图		(241)
图二三九	M190 出土陶器		(242)
图二四〇	M194 平、剖面及遗物分布图		(244)
图二四一	M194 出土陶器		(245)
图二四二	M199 平、剖面及遗物分布图		(246)
图二四三	M199 出土铜器		(246)
图二四四	M200 平、剖面及遗物分布图		(247)
图二四五	M200 出土陶器		(248)
图二四六	M203 平、剖面图		(249)
图二四七	汉代遗迹分布图		(251)
图二四八	G1 平、剖面图		(252)
图二四九	G2 平、剖面图		(253)
图二五〇	G3 平、剖面图		(253)
图二五一	M28 平、剖面图		(254)
图二五二	M37 平、剖面图		(255)
图二五三	M39 平、剖面及遗物分布图		(256)
图二五四	M39 出土器物（1）		(258)
图二五五	M39 出土器物（2）		(259)
图二五六	M46 平、剖面图		(260)
图二五七	M46 墓砖拓片		(261)
图二五八	M51 平、剖面图		(263)
图二五九	M55 平、剖面图		(264)
图二六〇	M57 平、剖面及遗物分布图		(265)
图二六一	M57 出土器物（1）		(266)
图二六二	M57 出土器物（2）		(267)
图二六三	M57∶9 灶门拓片		(268)
图二六四	M65 平、剖面图		(269)

图二六五	M69 平、剖面图	(270)
图二六六	M71 平、剖面及遗物分布图	(271)
图二六七	M71 出土陶双耳罐（M71:1）	(272)
图二六八	M77 平、剖面图	(273)
图二六九	M77 出土器物	(274)
图二七〇	M78 平、剖面及遗物分布图	(275)
图二七一	M78 出土器物（1）	(276)
图二七二	M78 出土器物（2）	(278)
图二七三	M82 平、剖面图	(279)
图二七四	M85 平、剖面图	(280)
图二七五	M85 出土器物	(281)
图二七六	M92 平、剖面图	(282)
图二七七	M92 墓砖拓片	(283)
图二七八	M92 墓砖拓片	(284)
图二七九	M100 平、剖面图	(285)
图二八〇	M104 平、剖面图	(286)
图二八一	M104 出土器物（1）	(288)
图二八二	M104 出土器物（2）	(288)
图二八三	M104 出土器物（3）	(289)
图二八四	M127 平、剖面图	(290)
图二八五	M132 平、剖面及遗物分布图	(291)
图二八六	M132 墓砖拓片	(292)
图二八七	M132 出土陶器（1）	(293)
图二八八	M132 出土陶器（2）	(294)
图二八九	汉墓出土陶盒、陶鼎器盖纹饰展开图	(296)
图二九〇	M133 平、剖面图	(297)
图二九一	M137 平、剖面图	(298)
图二九二	M138 平、剖面图	(299)
图二九三	M139 平、剖面图	(300)
图二九四	M139 出土陶器	(301)

图二九五	M140 平、剖面图	(303)
图二九六	M140 出土陶器（1）	(304)
图二九七	M140 出土陶器（2）	(305)
图二九八	M141 平、剖面图	(306)
图二九九	M144 平、剖面图	(307)
图三〇〇	M148 平、剖面图	(308)
图三〇一	M149 平、剖面图	(309)
图三〇二	M150 平、剖面及遗物分布图	(310)
图三〇三	M150 出土骨器（M150:3）	(310)
图三〇四	M151 平、剖面及遗物分布图	(311)
图三〇五	M151 出土陶器	(312)
图三〇六	M152 平、剖面及遗物分布图	(313)
图三〇七	M152 出土陶双耳罐（M152:1）	(313)
图三〇八	M153 平、剖面及遗物分布图	(314)
图三〇九	M153 出土陶器	(316)
图三一〇	M155 平、剖面图	(317)
图三一一	M156 平、剖面图	(318)
图三一二	M157 平、剖面图	(320)
图三一三	M196、M159 平、剖面图	(321)
图三一四	M159、M196 墓砖拓片	(322)
图三一五	M196 墓砖纹饰拓片	(322)
图三一六	M196 墓砖纹饰拓片	(323)
图三一七	M196 墓砖纹饰拓片	(324)
图三一八	M196 墓砖纹饰拓片	(324)
图三一九	M196 墓砖纹饰拓片	(325)
图三二〇	M196 墓砖纹饰拓片	(325)
图三二一	M196 墓砖纹饰拓片	(326)
图三二二	M161 平、剖面及遗物分布图	(326)
图三二三	M161 出土陶狗（M161:1）	(327)
图三二四	M192 平、剖面及遗物分布图	(328)

图三二五	M193 平、剖面图	(328)
图三二六	M197 平、剖面及遗物分布图	(329)
图三二七	M198 平、剖面及遗物分布图	(330)
图三二八	M198 出土陶双耳罐（M198:1）	(331)
图三二九	M201 平、剖面图	(331)
图三三〇	汉墓出土铜镜	(332)
图三三一	汉墓出土铜镜拓片	(333)
图三三二	汉墓出土铜镜	(333)
图三三三	汉墓出土铜镜拓片	(334)
图三三四	M192 出土铜镜	(334)
图三三五	M192 出土铜镜拓片	(334)
图三三六	汉墓出土铜钱拓片（1）	(335)
图三三七	汉墓出土铜钱拓片（2）	(336)
图三三八	汉墓出土铜钱拓片（3）	(337)
图三三九	汉、唐墓葬出土铜钱拓片	(338)
图三四〇	唐墓分布图	(340)
图三四一	M42 平、剖面图	(341)
图三四二	M115 平、剖面及遗物分布图	(342)
图三四三	M115 出土器物	(343)
图三四四	M123 平、剖面图	(344)
图三四五	M130 平、剖面及遗物分布图	(345)
图三四六	M145 平、剖面图	(346)
图三四七	M147 平、剖面图	(347)
图三四八	M158 平、剖面图	(348)
图三四九	明清墓葬分布图	(350)
图三五〇	M93 平、剖面及遗物分布图	(351)
图三五一	M93 出土瓷罐（M93:1）	(352)
图三五二	M106 平、剖面及遗物分布图	(353)
图三五三	M107 平、剖面图	(354)
图三五四	M108 平、剖面及遗物分布图	(355)

图三五五	M108 出土瓷器	(356)
图三五六	M109 平、剖面及遗物分布图	(357)
图三五七	M110 平、剖面及遗物分布图	(358)
图三五八	M111 平、剖面及遗物分布图	(359)
图三五九	M112 平、剖面及遗物分布图	(360)
图三六〇	M113 平、剖面及遗物分布图	(361)
图三六一	M113 出土瓷罐（M113∶1）	(362)
图三六二	M116 平、剖面及遗物分布图	(362)
图三六三	M117 平、剖面及遗物分布图	(363)
图三六四	M117 出土瓷罐（M117∶1）	(363)
图三六五	M118 平、剖面及遗物分布图	(365)
图三六六	M118 出土瓷罐（M118∶1）	(366)
图三六七	M119 平、剖面图	(366)
图三六八	M120 平、剖面及遗物分布图	(367)
图三六九	M120 出土瓷器	(368)
图三七〇	M121 平、剖面及遗物分布图	(369)
图三七一	M121 出土瓷罐（M121∶2）	(370)
图三七二	M124 平、剖面及遗物分布图	(370)
图三七三	M124 出土瓷罐（M124∶1）	(371)
图三七四	M129 平、剖面及遗物分布图	(372)
图三七五	M131 平、剖面及遗物分布图	(373)
图三七六	M131 出土瓷罐（M131∶1）	(374)
图三七七	M134 平、剖面及遗物分布图	(374)
图三七八	M135 平、剖面图	(375)
图三七九	M136 平、剖面及遗物分布图	(376)
图三八〇	M154 平、剖面图	(377)
图三八一	M206 平、剖面图	(378)
图三八二	M207 平、剖面图	(379)
图三八三	M208 平、剖面图	(380)
图三八四	明清墓葬出土铜钱（1）	(381)

图三八五	明清墓葬出土铜钱（2）	（382）
图三八六	J1 平、剖面图	（383）
图三八七	M56 平、剖面图	（384）
图三八八	M122 平、剖面图	（385）
图三八九	M125 平、剖面图	（385）
图三九〇	M126 平、剖面图	（386）
图三九一	M128 平、剖面图	（387）
图三九二	M142 平、剖面图	（388）
图三九三	M143 平、剖面图	（389）
图三九四	M191 平、剖面图	（390）
图三九五	M195 平、剖面图	（391）
图三九六	M204 平、剖面图	（391）
图三九七	M205 平、剖面图	（392）
图三九八	M209 平、剖面图	（393）
图三九九	M210 平、剖面图	（394）
图四〇〇	M211 平、剖面图	（395）
图四〇一	M01 平、剖面图	（396）
图四〇二	M02 平、剖面图	（397）

插表目录

表一　程庄墓地壁龛统计表 …………………………………………………………（14）

表二　东周墓葬出土陶器型式分期表 ………………………………………………（400）

彩版目录

彩版一　　程庄墓地鸟瞰（第一阶段发掘区）

彩版二　　东周墓葬 M17、M23、M50、M172

彩版三　　东周墓葬 M27、M101、M160、M25

彩版四　　东周墓葬 M174、M178

彩版五　　东周墓葬 M8、M75 出土陶器

彩版六　　东周墓葬 M181、M146 出土陶器

彩版七　　东周墓葬 M38、M1 出土陶器

彩版八　　汉代墓葬 M39、M104、M140、M153

彩版九　　汉代墓葬 M150、M153、M57、M104 出土器物

彩版一〇　唐代墓葬 M115、M158

彩版一一　明清墓葬 M118、M131

彩版一二　与发掘、研究相关工作场景

图版目录

图版一　　M1 出土陶器

图版二　　M1 出土陶器

图版三　　M2、M4 出土陶器

图版四　　M4 出土陶器

图版五　　M3 出土陶器

图版六　　M3 出土陶器

图版七　　M5 出土陶器

图版八　　M5 出土陶器

图版九　　M5、M6 出土陶器

图版一〇　M6 出土陶器

图版一一　M7、M8、M16 出土陶器

图版一二　M9 出土陶器

图版一三　M10、M12 出土陶器

图版一四　M13、M17 出土陶器

图版一五　M18 出土陶器

图版一六　M19、M21、M22 出土陶器

图版一七　M23 出土陶器

图版一八　M23、M24 出土陶器

图版一九　M26 出土陶器

图版二〇　M26 出土陶器

图版二一　M27 出土陶器

图版二二　M27 出土陶器

图版二三　M27、M30、M31 出土陶器

图版二四　M32、M33、M35 出土陶器

图版二五　M33 出土陶器

图版二六　M34、M41 出土陶器

图版二七　M38、M44 出土器物

图版二八　M45、M48 出土陶器

图版二九　M49 出土陶器

图版三〇　M50 出土陶器

图版三一　M50 出土陶器

图版三二　M50、M66 出土陶器

图版三三　M60 出土陶器

图版三四　M60、M61、M62 出土器物

图版三五　M68 出土陶器

图版三六　M70、M73、M74 出土陶器

图版三七　M75、M76 出土陶器

图版三八　M79、M80 出土陶器

图版三九　M80 出土陶器

图版四〇　M81 出土陶器

图版四一　M83、M84 出土陶器

图版四二　M86、M87 出土陶器

图版四三　M87 出土陶器

图版四四　M87 出土陶器

图版四五　M88、M89 出土陶器

图版四六　M90、M91、M95 出土器物

图版四七　M96 出土陶器

图版四八　M97 出土陶器

图版四九　M99、M101 出土陶器

图版五〇　M101 出土陶器

图版五一　M102 出土器物

图版五二　M103 出土陶器

图版五三　M105、M162 出土陶器

图版五四　M146 出土陶器

图版五五　M160 出土陶器

图版五六　M163 出土陶器

图版五七　M163 出土陶器

图版五八　M163、M164、M167 出土陶器

图版五九　M165、M166 出土陶器

图版六〇　M168、M173 出土陶器

图版六一　M170、M179 出土陶器

图版六二　M172、M178 出土陶器

图版六三　M178 出土陶器

图版六四　M174 出土陶器

图版六五　M175、M184 出土陶器

图版六六　M176 出土陶器

图版六七　M180 出土陶器

图版六八　M181 出土陶器

图版六九　M182、M186 出土陶器

图版七〇　M187、M199 出土器物

图版七一　M190 出土陶器

图版七二　M194 出土陶器

图版七三　M200 出土陶器

图版七四　M39 出土陶器

图版七五　M39、M57 出土器物

图版七六　M57 出土器物

图版七七　M71、M77、M152 出土器物

图版七八　M78 出土陶器

图版七九　M78、M85、M104 出土器物

图版八〇　M104 出土器物

图版八一　M104 出土器物

图版八二　M132 出土陶器

图版八三　M132、M161 出土器物

图版八四　M139、M151 出土陶器

图版八五　M150、M192、M198 出土器物

图版八六　M140 出土陶器

图版八七　M140 出土陶器

图版八八　M140、M153 出土陶器

图版八九　M153 出土器物

图版九〇　M115 出土器物

图版九一　M93、M108、M113、M117、M118 出土瓷罐

图版九二　M120、M121、M124、M131 出土瓷罐

绪　　论

一、墓地位置与地理环境

镇平县位于河南省南阳市西北部，东南距南阳市区约20公里，北、西、南三面分别与南召、内乡、邓州相邻。全境处在伏牛山东南部的低山丘陵区，地势北高南低。北部山峦逶迤、沟壑纵横；中部岗坡绵延；南部地势平坦、土地肥沃。潦河、赵河、严陵河三条河流东西排列，南北蜿蜒流经其间。境内属亚热带大陆性季风气候，四季分明，日照充裕，温暖湿润，非常适宜人类生存。

据传，舜帝时镇平县一带曾有吕国，春秋时楚国灭吕，置吕邑。汉时置涅阳、安众侯国，后为涅阳、安众二县。三国时属魏。两晋、南北朝设涅阳、固城二县。隋为课阳县，唐初析为深阳、安固二县。唐武德八年（625年）废安固入南阳。贞观元年（627年），省深阳入穰县。五代、宋因之。金初置阳管镇，正大三年（1226年）始置镇平县，属申州。元属南阳府。明洪武十年（1377年）省入南阳县，十三年（1380年）复置，仍属南阳府。清因袭之[1]。民国时期，1914年镇平县划归汝阳道管辖，1932年划归河南省第六行政督察区。1949年新中国成立后属南阳专区，1969年属南阳地区[2]，1994年隶南阳市至今。

程庄隶属镇平县安子营乡，南距安子营乡政府所在地——安子营约0.5公里，北距县城约12公里（图一）。墓地分布在程庄与安子营两村之间的农田中，东南与程庄遗址相连，墓地与遗址南北约200米，东西约300米，面积近60000平方米。镇平至穰东的244省道从墓地与遗址的东侧穿过，赵河支流——淇河从墓地西侧由北向南蜿蜒流过。墓地中心地理坐标北纬32°57′04″，东经112°16′54″，海拔约139米（图二）。

此区域原为岗坡地，20世纪六七十年代因发展农业而被夷为平地，其间发现有不少汉代砖墓，遂被定为镇平县文物保护单位。正在建设中的南水北调中线河道正好从墓地中部由西向东穿过，故被列入河南省南水北调文物保护发掘项目之一。

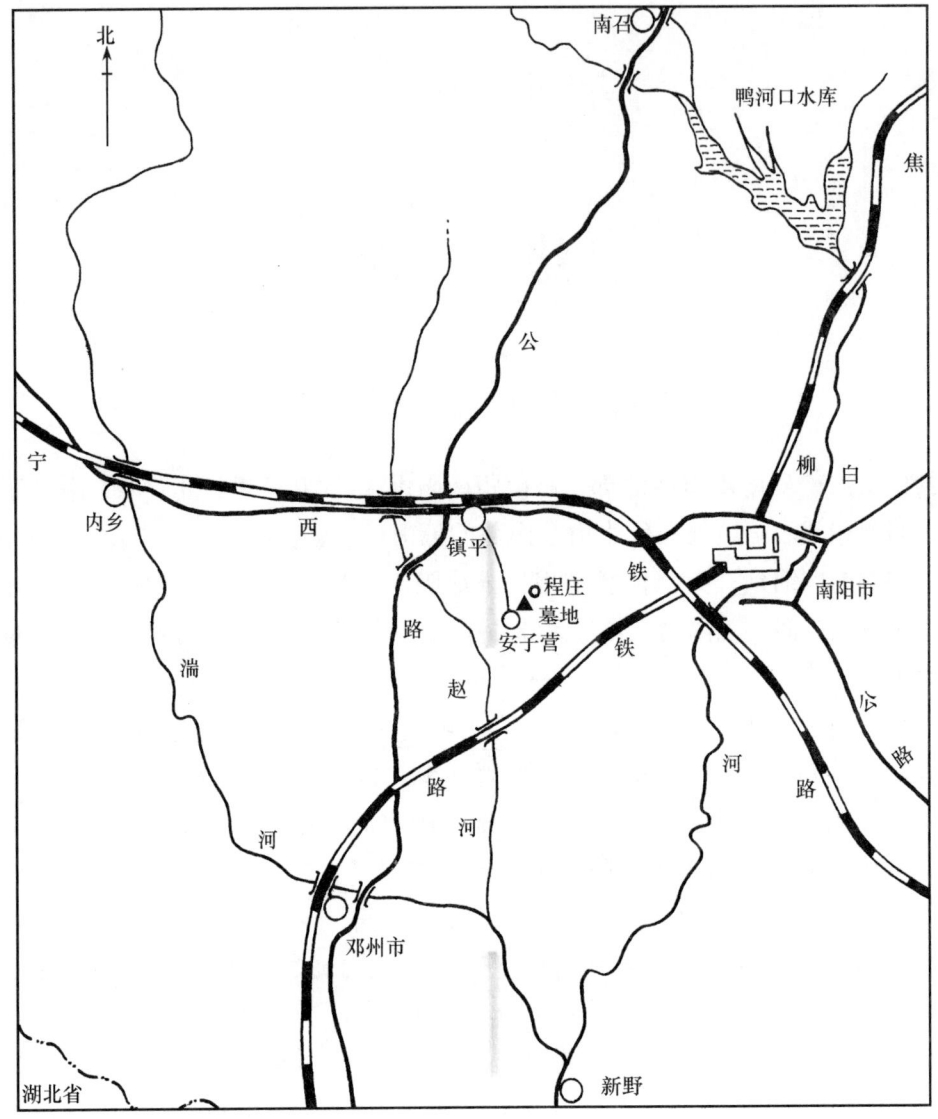

图一　镇平县位置示意图

二、工 作 经 历

2006年7月，河南省文物管理局南水北调文物保护办公室委托郑州大学历史学院考古系和南阳市文物考古研究所对程庄墓地进行钻探和考古发掘工作。钻探工作始自7月上旬，结束于9月中旬，共计钻探面积60000平方米。除发现近二百座墓葬外，在墓葬区的东南部又发现了一处30000多平方米的文化遗址。根据河南省文物管理局南水北调文物保护办公室的安排，遗址区由南阳市文物考古研究所进行发掘，墓葬区由郑州大学历史学院考古系进行发掘。本报告所刊布的内容是墓葬区的发掘资料。

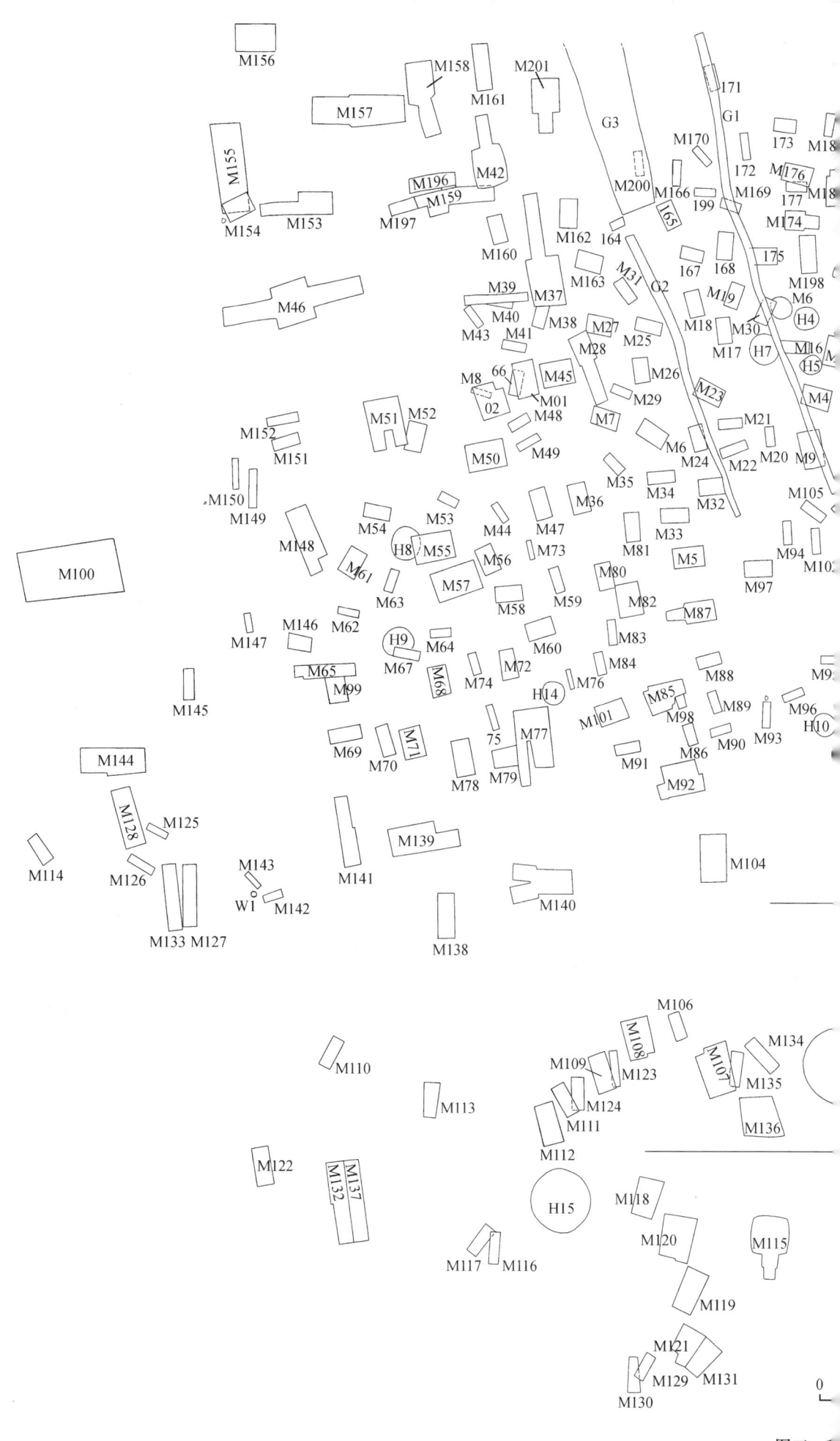

图三

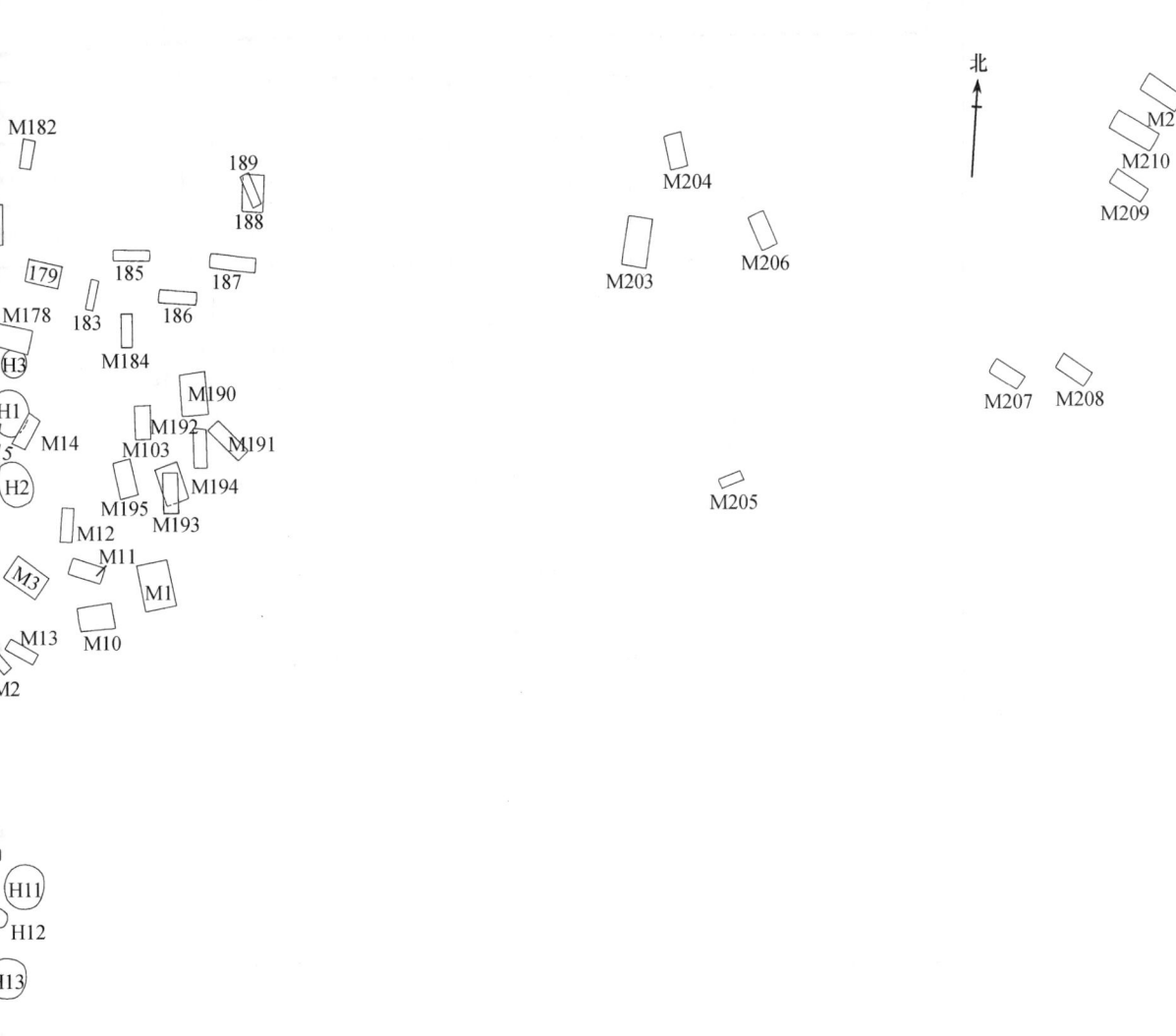

1000厘米

庄墓地总平面图

墓葬发掘工作开始于7月下旬,结束于12月中旬。以10月中旬为界,又分为两个阶段:第一阶段,按照河南省文物管理局南水北调文物保护办公室下达的任务,发掘了2000平方米,共发掘10米×10米探方20个,发现并清理墓葬104座,并在发掘区东南部和西北部分别发现了龙山时期和汉代的文化堆积(彩版一)。第二阶段,根据钻探和前阶段发掘的情况,我们向河南省文物管理局南水北调文物保护办公室又申请增加了2000平方米的发掘任务。由于部分墓葬分布较为分散,我们实际布方6700平方米,新发现墓葬99座,并在布方范围以外发掘墓葬9座。两个阶段的发掘,共清理龙山时期灰坑15座、瓮棺1座,东周、汉、唐及明清墓葬212座,灰沟3条,水井1座(图三)。

在上述8700平方米的发掘区内,由于墓葬分布密度较大,我们全部采用了探方发掘法。在此范围之外钻探出的少量墓葬,则采用了逐一揭露清理的方法进行发掘。随葬品提取方面,由于烧制火候较低,大部分随葬品出土时已成碎片甚至碎末,对此,我们采用了野外单个器物整体提取、室内及时修复的方法,使器物得到了最大限度的修复。

为了便于记录和分析墓葬的分布位置,我们以南水北调河道中线75号桩为基点,将整个墓地纳入坐标系内。探方编号由三部分组成。以"06 NNZCⅠT0104"为例,第一部分"06"是发掘年度号,第二部分"NNZC"分别是南水北调文物保护项目、南阳市、镇平县和程庄墓地四者第一个字的拼音首写字母,第三部分"ⅠT0104"中的"Ⅰ"表示探方所在的象限,"01"表示该探方在X轴上的序号,"04"表示探方在Y轴上的序号。

参加本次发掘的成员有:领队李锋,教师姚智辉、许俊平、张继华、王解放,研究生魏青利、程国锋、司红伟、张随芳,本科生李飞、郝明,技工梁兆龙、袁德遵、林晓峰、林晓伟、于金英等。南阳市文物考古研究所的郝玉建所长、崔本信副所长、梁玉波研究员、郭照川主任,镇平县文管所苏长军副所长等参加了部分钻探和发掘工作。中国社会科学院考古研究所王明辉研究员对大部分人骨进行了现场鉴定。

器物修复与整理工作始自2006年8月底,结束于2007年元月底。重庆市文物考古研究所蔡远富、刘燕、袁兴、张新月等承担了文物修复工作,郑州市文物考古研究院刘彦锋研究员承担了文物摄影工作,器物绘图由寇小石、许俊平负责,卡片制作由魏青利、程国锋、司红伟、张随芳负责,刘福来制作了器物拓片。研究生孙锦、周伟、倪纪文、范文娟、李昶、杨晓静及本科生周润山、金海旺、刘亦方、王双双、李文会、郭少飞、燕飞等也参加了资料整理工作。

2007年3月至2009年10月编写报告。主编李锋、邰向平,参编人员有魏青利、姚智辉、许俊平、张继华、程国锋、司红伟、张随芳。研究生魏青利、范文娟、李昶、杨晓静、孟萍等参与了图版编排、表格制作和校对工作。

发掘期间,国家文物局专家组徐光冀、信立祥、焦南峰、宋建忠先生和河南省文物管理局南水北调文物保护办公室张志清、秦文波、孔祥珍、董睿等领导对发掘现场和资料进行了检查与指导。国家文物局董保华副局长、关强司长,河南省文物局陈爱兰局长、孙英民副局长、杨振威处长,国家调水办领导,南阳市文物局陈同庆副局长、南阳市文物考古研究所郝玉建所长、崔本信副所长,郑州大学历史学院于兆兴书记、韩国河院长、王解放主任等,皆曾莅临工地视察、指导与慰问。南阳市委与政府、镇平县委与政府、安子营乡党委与政府、程庄村委，均为发掘工作提供了大力帮助。中央电视台、新华网、大河报等媒体，对发掘工作进行了有力的报道与宣传。对此，我们深表谢意！

三、地层堆积与分期

受20世纪六七十年代平整土地的影响，程庄墓地的文化层多遭破坏。因地层简单，本次发掘对工地地层统一编号。其中①层为近现代耕土层，可细分为两亚层：①a层为浅灰土，土质疏松，包含大量植物根茎，遍布整个发掘区；①b层为浅黄土，土质疏松，包含有少量石块，主要见于发掘区北部和西部。②层为黄褐土，土质稍黏硬，包含有炭粒和砖屑，仅见于发掘区西部少数探方内。②层下即为黄色纯净的生土。

现以发掘区北部的ⅡT0104东壁剖面、ⅡT0606西壁剖面和有打破关系的典型单位为例，对程庄墓地的堆积情况介绍如下：

ⅡT0104东壁剖面

①a层为浅灰土，厚10~18厘米，土质疏松，包含大量植物根茎，为现代耕土层。

①a层下为生土（图四）。

ⅡT0606西壁剖面

①a层为浅灰土，厚15~20厘米，土质疏松，包含大量植物根茎，为现代耕土层。

①b层为浅黄土，厚0~8厘米，土质疏松，包含有少量石块，亦为近现代耕土层。

②层为黄褐土，厚0~10厘米，土质稍黏硬，包含有炭粒和砖屑。

②层下为生土（图五）。

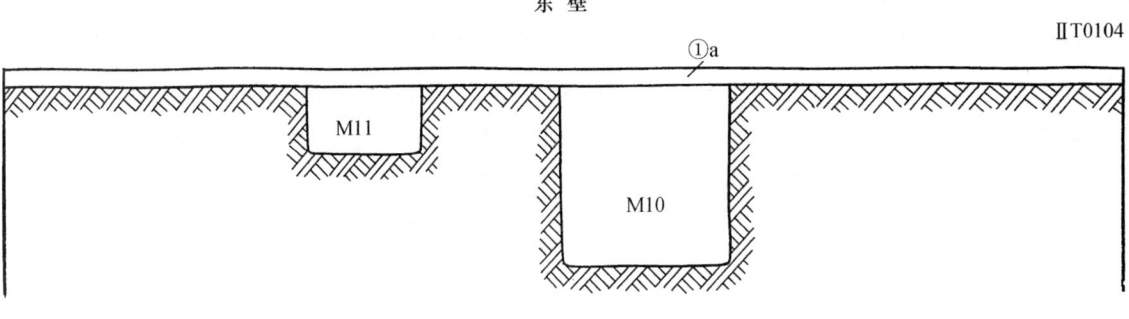

图四　ⅡT0104东壁剖面图

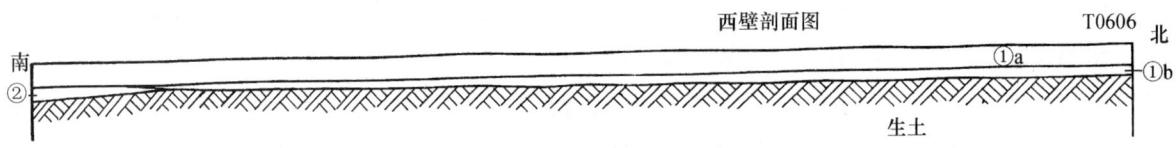

图五　T0606西壁剖面图

G3、M30、H6 打破关系剖面图

G3 为汉代灰沟，开口于①层下，打破东周墓葬 M30 和龙山灰坑 H6，M30 又打破了 H6（图六）。

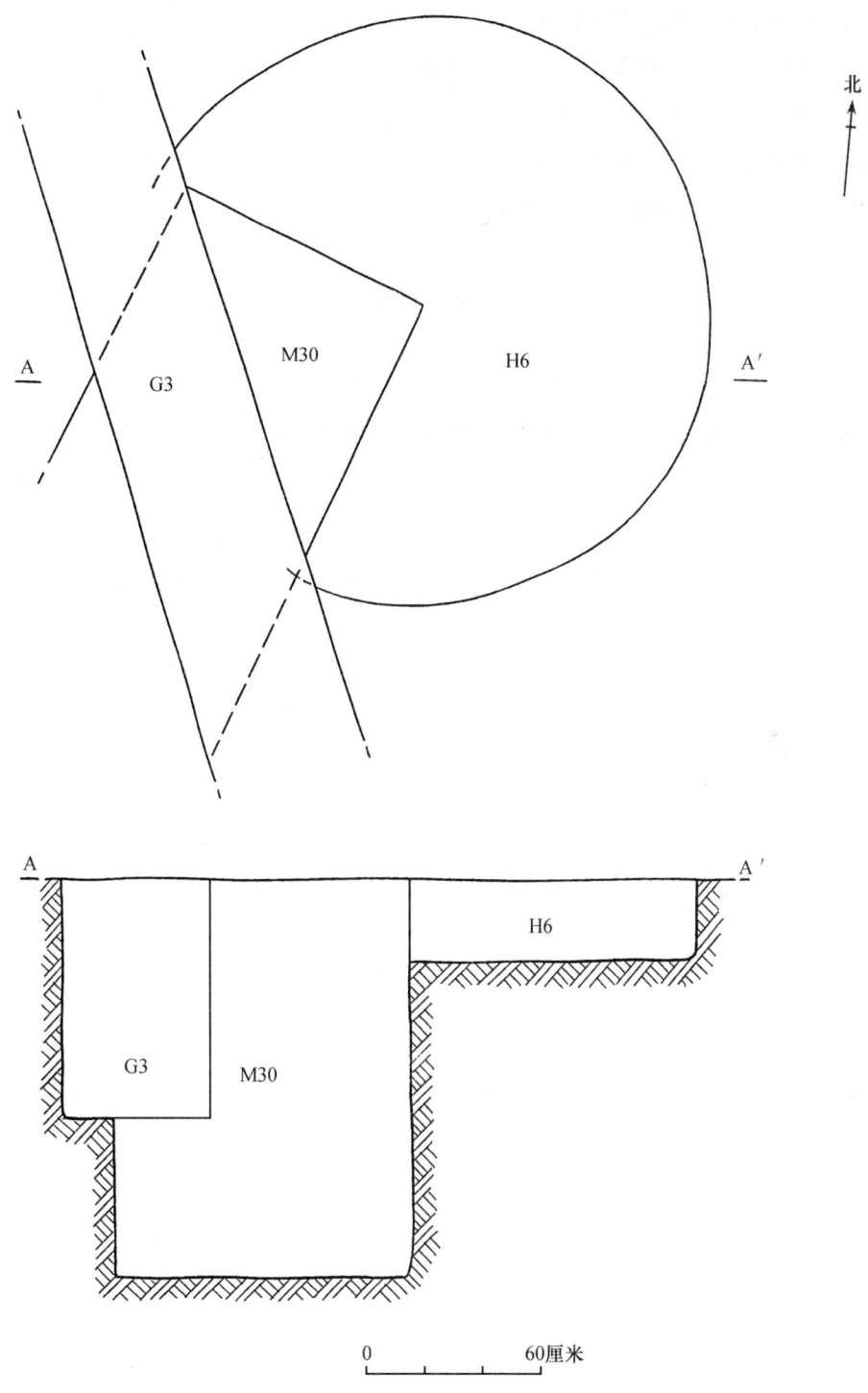

图六　G3、M30 和 H6 打破关系示意图

根据上述堆积关系和各单位出土遗物的差别，结合墓葬的填土及埋葬形式等特征，我们可将本次发掘的遗存分为五个时期：

第一期，龙山时期遗存。有灰坑15个，瓮棺1座。

第二期，东周时期墓葬。共121座。

第三期，汉代遗存。包括灰沟3条，墓葬43座。

第四期，唐代墓葬。共7座。

第五期，明清时期墓葬。共25座。

另有16座墓葬和1个井的年代不能确定。

注　释

[1]　（清）穆彰阿等：《嘉庆重修一统志》，中华书局，1986年。

[2]　河南省地方史志编纂委员会：《河南省志》，河南人民出版社，1994年。

第一章 龙山时期遗存

龙山时期的遗迹包括灰坑 15 个、瓮棺 1 座（图七）。

一、灰 坑

共 15 个，口部多呈圆形或近圆形，个别呈椭圆形。多直壁或斜壁内收，平底，也有呈锅底状的。深度一般在 30~50 厘米之间。

填土基本都呈深褐色，土质较硬，多无包含物，个别夹杂有烧土颗粒、炭粒。在 2 座灰坑中发现有少量龙山陶片。

根据壁、底部形状的不同，可将 15 个灰坑分为以下四类。

1. 直壁，平底或底部微凹的灰坑

共 6 座，口部均呈圆形。

H12 位于ⅡT0102 中部，开口于①层下，打破生土。口部呈圆形，直壁，底部微凹。口径 180、深 40~48 厘米。填土呈深褐色，土质较硬，无包含物（图八）。

H13 位于ⅡT0102 南部，开口于①层下，打破生土。口部呈圆形，直壁平底。口径 220、深 40 厘米。填土呈深褐色，土质稍硬，夹杂烧土颗粒、炭粒。坑内出土有泥质灰、褐陶，夹砂灰陶及磨光黑皮陶片，纹饰有绳纹、方格纹、附加堆纹，可辨器型有瓿、罐（图九）。

2. 斜壁或弧壁内收，平底或圜底的灰坑

共 5 座，口部呈圆形或近圆形。

H9 位于ⅡT0503 南部，开口于①层下，被东周墓葬 M67 打破，向下打破生土。口部呈圆形，弧壁内收，平底。口径 260、底径 236、深 56 厘米。填土呈深褐色，土质稍硬，无包含物（图一〇）。

H10 位于ⅡT0102 西部，开口于①层下，打破生土。口部呈圆形，斜壁内收，圜底。口径 200、底径 192、深 22~29 厘米。填土呈深褐色，土质较硬，无包含物（图一一）。

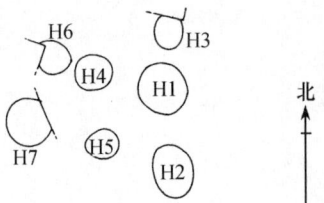
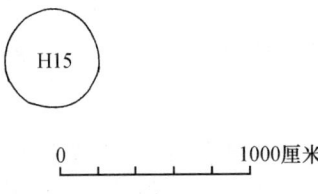

图七　龙山遗址分布图

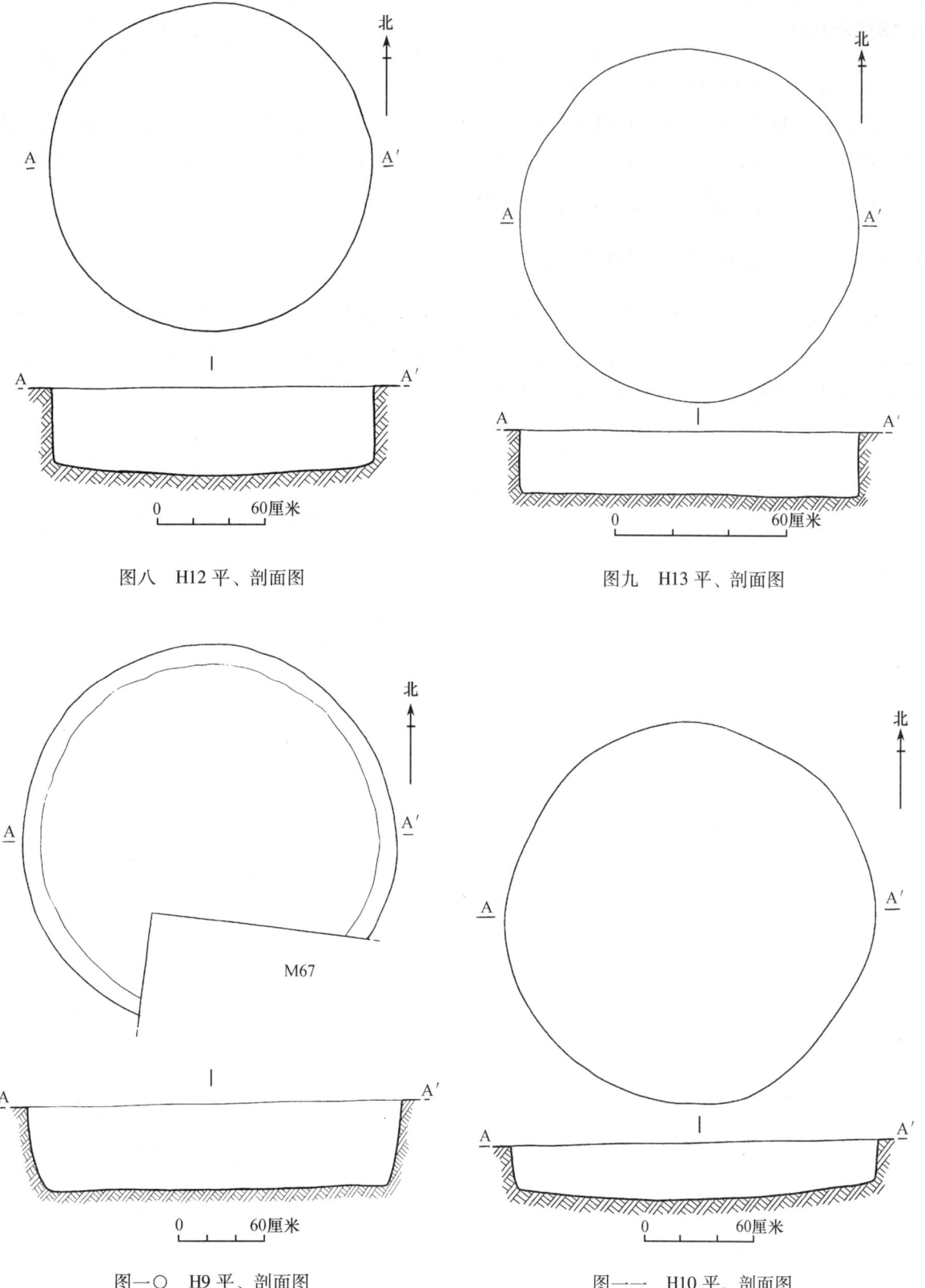

图八 H12 平、剖面图　　　　　图九 H13 平、剖面图

图一〇 H9 平、剖面图　　　　　图一一 H10 平、剖面图

3. 锅底状灰坑

共 3 座，口部呈圆形或椭圆形。

H15 位于Ⅲ T0403 东部，开口于①层下，打破生土。口部近圆形，壁、底呈不规则锅底状。口部直径 360、深 68 厘米。坑内填土呈深褐色，土质较硬，含少量烧土颗粒。出土有少量陶片，有夹砂灰陶、褐陶，饰细绳纹、附加堆纹（图一二）。

4. 壁不规则，上部直，下部斜收的灰坑

仅 1 座，即 H2。H2 位于Ⅱ T0105 南部，开口于①层下，打破生土。口部近椭圆形，壁上部直，下部斜收，平底。口部长径 298、短径 206 厘米；底部长径 194、短径 124 厘米；深 64 厘米。填土呈深褐色，土质较硬，无包含物（图一三）。

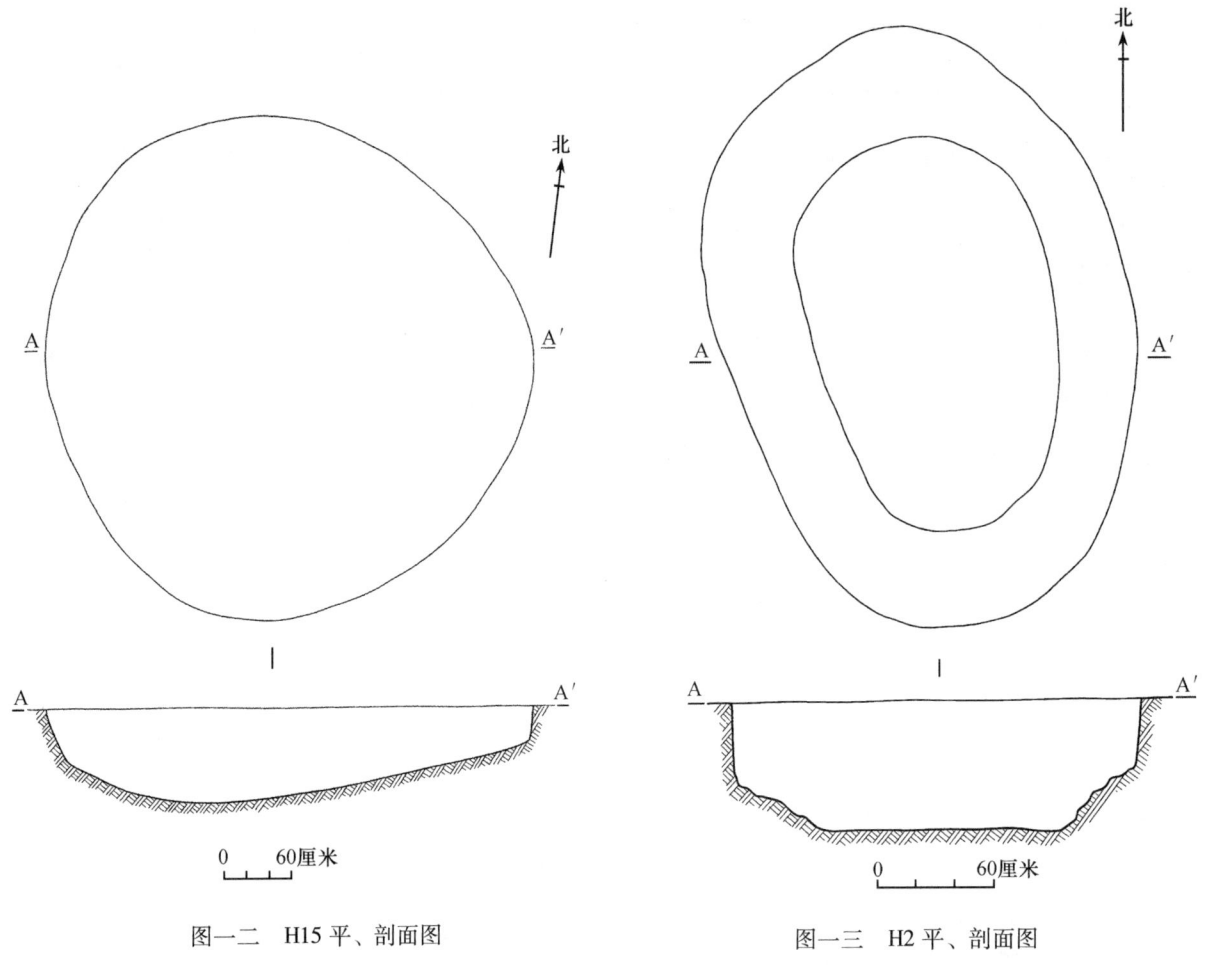

图一二　H15 平、剖面图　　　　　图一三　H2 平、剖面图

二、瓮 棺

1座。W1位于ⅡT0601西南部，开口于①层下，打破生土。口部呈圆形，壁弧收，圜底。口部直径60、深34厘米。填土为黄褐色五花土，土质较硬，夹杂有红烧土颗粒。

葬具为一瓮，夹砂灰陶，褐皮。残碎严重，仅余底部，鼓腹，小平底。未见人骨和随葬品（图一四）。

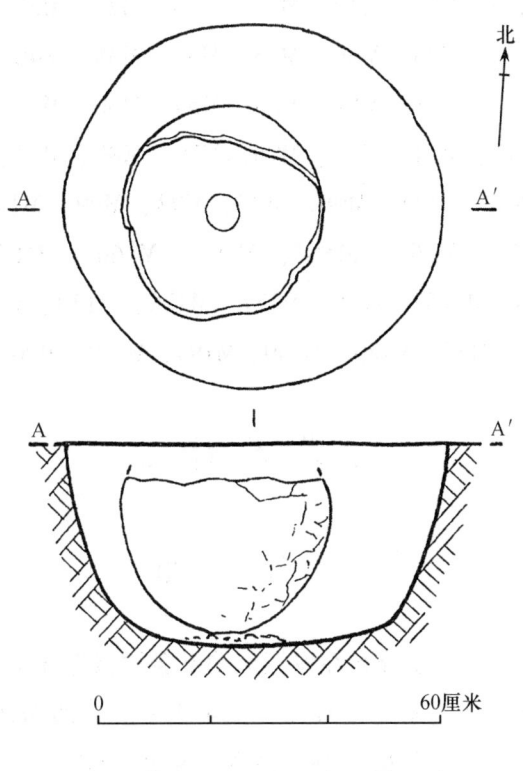

图一四 W1平、剖面图

第二章　东周时期墓葬

东周时期墓葬共 121 座，即：M1、M2、M3、M4、M5、M6、M7、M8、M9、M10、M11、M12、M13、M14、M15、M16、M17、M18、M19、M20、M21、M22、M23、M24、M25、M26、M27、M29、M30、M31、M32、M33、M34、M35、M36、M38、M40、M41、M43、M44、M45、M47、M48、M49、M50、M52、M53、M54、M58、M59、M60、M61、M62、M63、M64、M66、M67、M68、M70、M72、M73、M74、M75、M76、M79、M80、M81、M83、M84、M86、M87、M88、M89、M90、M91、M94、M95、M96、M97、M98、M99、M101、M102、M103、M105、M114、M146、M160、M162、M163、M164、M165、M166、M167、M168、M169、M170、M171、M172、M173、M174、M175、M176、M177、M178、M179、M180、M181、M182、M183、M184、M185、M186、M187、M188、M189、M190、M194、M199、M200、M203（图一五）。

一、墓葬综述

（一）分　布

东周时期的墓葬共 121 座，主要分布在发掘区第Ⅱ象限及第Ⅰ象限西部一排探方中，较为集中。东周墓葬之间相互有打破关系的仅有两组共 4 座墓葬，即 M189 打破 M188，M176 打破 M177。除此之外，其余墓葬间均无打破或叠压关系，说明墓地有一定的规划。

（二）墓葬方向

东周墓葬的方向相对杂乱。其中方向在 46°~135°之间者 40 座，约占 33.1%；136°~225°之间者 30 座，约占 24.8%；226°~315°之间者 19 座，约占 15.7%；316°~360°及 0°~45°之间者 32 座，约占 26.4%。可以看出，是以东向者居多，次为北、南向者，而西向者较少。

（三）形制与结构

从平面形状上看，这批墓葬可以分为两类。第一类是带墓道的墓葬，共 3 座，均只有一条

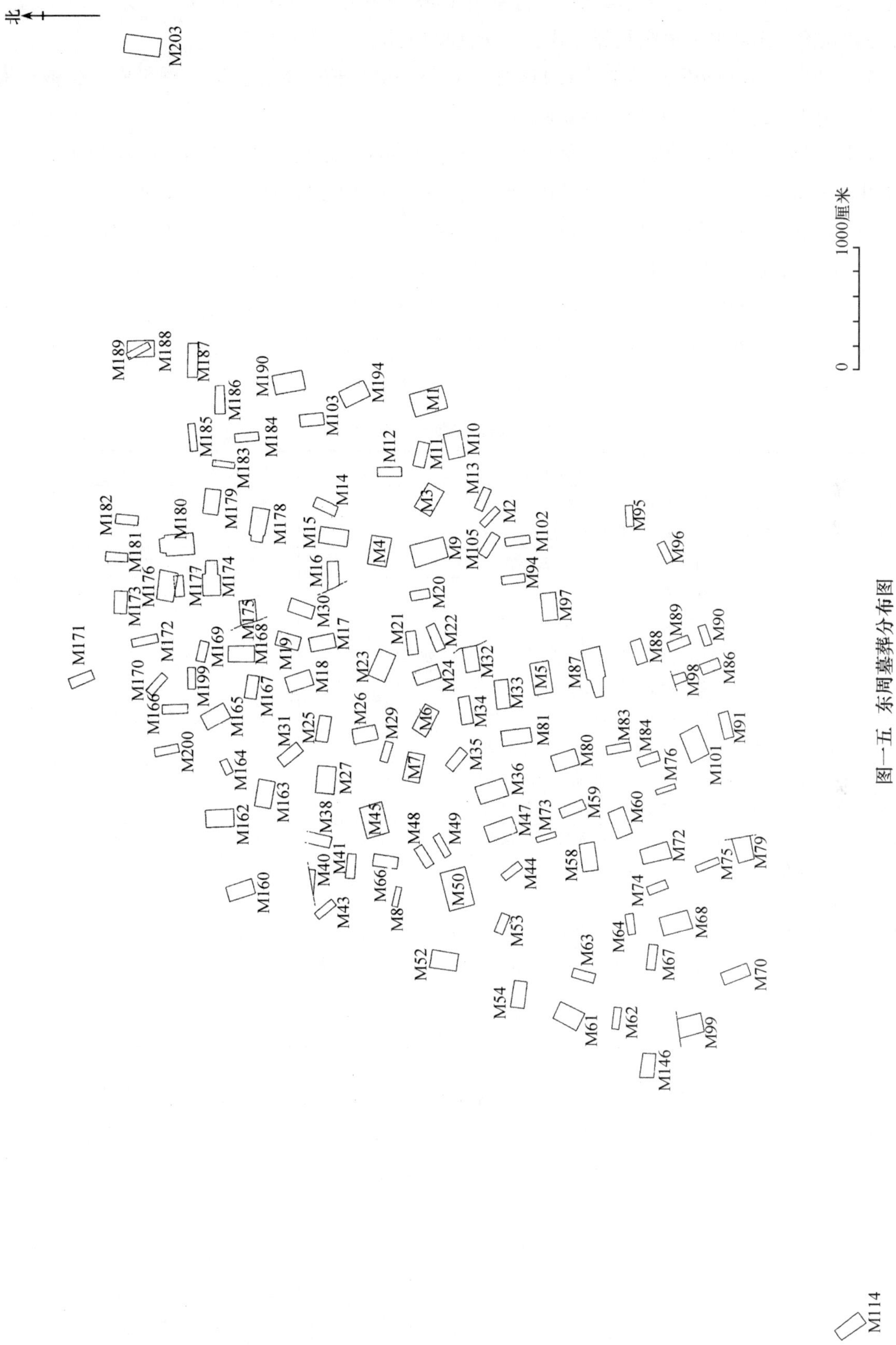

图一五 东周墓葬分布图

墓道。其中，M87的墓道为斜坡式，位于墓室西壁略偏北。M174为阶梯式墓道，位于墓室东壁，共两阶。M180的墓道则是竖井式，位于南壁中部。

第二类是长方形竖穴土坑墓，共118座。墓葬平面呈长方形，多数直壁平底，少数口大底小或者口小底大，但口、底尺寸相差都不大。

东周墓葬的规模相差较大。墓室长度在160～270厘米之间，宽度在32～197厘米之间，墓室面积在0.6～4.7平方米之间。墓口距地表在15～35厘米间，墓深6～190厘米。

有棺椁的墓葬在棺椁外填土，形成所谓"熟土二层台"。而有生土二层台的墓葬仅2座，其中M24在墓底四周留生土二层台，M16则仅东壁下有生土二层台。

有壁龛的墓葬共17座。其中M160、M170、M181、M182、M200的壁龛位于墓主头端墓壁上，M8、M49、M66、M73、M74、M75、M76、M83、M89、M105、M166、M167的壁龛则位于墓主身侧的墓壁上，通常在墓壁中部或偏近头端（表一）。

表一　程庄墓地壁龛统计表

墓葬	方向	壁龛	备注
M160	350°	位于北壁底部。横宽76、进深30、高29厘米	
M170	138°	位于墓主头端墓壁上。横宽58、进深14、高30厘米	
M181	10°	位于北壁。横宽68、进深18、高22厘米	
M182	15°	位于北壁。横宽70、进深16、高24厘米	
M200	346°	位于北壁。横宽48、进深20、高30厘米	
M8	284°	位于南壁偏西，上部已被破坏，宽32、进深21、残高8厘米	龛底略低于墓底
M49	246°	位于墓主右侧墓壁中下部，横宽40、进深14、高22厘米	
M66	10°	位于东壁中部。横宽46、进深5、高19厘米	只是为了放置随葬品而对墓壁稍加掏挖
M73	170°	位于东壁偏南。横宽54、进深20、高26厘米	龛底低于墓底16厘米左右
M74	174°	位于西壁中部。横宽56、进深22～26、高16厘米	
M75	344°	位于东壁中部。横宽68、进深26、高24厘米	
M76	172°	位于东壁偏南。横宽60、进深22、高24厘米	
M83	175°	位于东壁中部。横宽60、进深18、高16厘米	
M89	167°	位于西壁南端。横宽36、进深8、高16厘米	
M105	108°	位于南壁中下部。横宽56、进深16、高11厘米	
M166	5°	位于东壁北端。上部遭破坏，顶已不存。横宽58、进深31、残高20厘米	
M167	96°	位于北壁中部偏东。横宽66、进深30、高16厘米	

墓葬内的填土基本都是黄褐色五花土，有的夹杂有较多料姜石块。有两座墓的填土较为特殊：M45椁室以上填褐黄花土，椁室外则填以夹杂大量料姜石的姜黄土。M7内填土呈黄褐色，土质疏松，无包含物，但椁室内填土却含有大量料姜石。

（四）葬　具

121座东周墓葬中，有一棺一椁的共22座，仅有一棺的41座。还有26座墓葬内仅见一椁，而未见棺痕。其余32座墓葬则未发现葬具痕迹。

在12座墓的底部发现有沟槽，应与放置枕木有关。枕木多为两根，横向放置，M87椁底仅见一根。一般是在椁底，仅M47是在棺底。枕木均下陷入墓底，这可能与当地土质有关。当地土质坚硬，但吸水受潮时即变得松软，从而导致枕木下陷。

（五）葬　　式

除3座墓内未发现人骨，13座内因人骨腐朽过甚而无法辨认葬式外，其余墓葬均为单人葬。其中仰身直肢葬102座，占可辨认葬式的97%。死者一般双手交并于腹部，或一臂伸直，另一臂置于腹上。此外有俯身直肢葬1座，侧身直肢葬1座，侧身屈肢葬1座。

（六）随　葬　品

东周墓葬中，大多数都有随葬品，以陶器为大宗，另有少量铜饰件和小件铁器。仅26座墓葬中未见任何随葬品。

有壁龛的墓葬，均将随葬陶器置于壁龛内。其余多将陶器置于墓主身侧，有棺椁的墓葬中，陶器多在棺椁之间。部分墓葬将陶器放置在墓主头端，还有个别的放置在胸部或腿部。

兹将随葬品分类介绍如下。

1. 陶器

鬲　36件，经修复能分型式者28件。根据整体形态的差异，可以分为六型。

A型　13件。短束颈，弧腹，腹最大径偏上，三足收束，弧裆近平。可分四式。

Ⅰ式：3件。标本M88:2，夹砂褐胎，浅黄衣。器形较规整，形体小。平折沿，斜方唇，束颈，弧腹，弧裆近平，柱状足根。颈部以下饰绳纹。高12.5、口径12.4、腹径13.2厘米（图一六）。

Ⅱ式：5件。标本M24:3，夹砂褐红胎，灰黑皮。器形规整，器身较小，口径小于腹径，大于三足外切圆径。折沿，尖圆唇，矮直领，溜肩，弧腹，弧裆近平。颈下饰有凹弦纹数道，其下饰绳纹，肩部抹一道弦纹。高16.2、口径16、腹径17.5厘米（图一六）。

Ⅲ式：4件。标本M90:2，夹砂褐红胎，灰黑皮。器形规整，器身较大，口径小于腹径，也略小于三足外切圆径。仰折沿，圆唇，矮直领，上腹圆鼓，下腹斜收，弧裆，柱状足根。颈以下饰绳纹，肩部抹去一周。高18.3、口径14.3、腹径18.3厘米（图一六）。

Ⅳ式：1件。M80:1，夹砂灰陶。器形规整，口径小于腹径，并略等于三足外切圆径。卷沿，斜方唇，鼓肩，腹斜弧收，弧裆近平。肩部以下饰绳纹，上腹部抹一周弦纹。高14.7、口径13.2、腹径16.5厘米（图一六）。

B型　7件。小口，鼓肩，深腹，裆略垂。袋足较浅，而柱状实足根较长。肩部或有对称双半环耳。不分式。标本 M17：4，夹砂红褐胎，灰黑皮。侈口，平折沿，圆方唇，短束颈，圆耸肩，弧腹，微垂弧裆，圆柱状足。颈部饰一周凹弦纹，其下饰绳纹。口径 13.8、腹径 16.5、高 18.4 厘米（图五二，1）。标本 M81：6，夹砂红褐胎，灰黑衣。器形规整，形体较大。口微侈，口径远小于腹径，也小于三足外切圆径。直领，圆鼓肩，肩上有对称的两个桥形耳，深腹，上腹外鼓，下腹斜收，平裆微下垂，柱状足根。耳以下饰绳纹。高 21.8、口径 11.6、腹径 18.5 厘米（图一四二，1）。

C 型　3 件。器身矮扁，弧腹，三足收束。可分两式。

Ⅰ 式：2 件。标本 M186：2，夹砂灰陶，灰黑皮。器形较规整，平折沿，方唇，束颈，颈肩交接处起折，上腹稍鼓，下腹斜内收，弧裆近平，矮柱状足根。颈以下饰绳纹。高 14.6、口径 17.8、腹径 18.7 厘米（图一六）。

Ⅱ 式：1 件。M38：1，夹砂灰陶。器形规整，器身较大，口径小于腹径及三足外切圆径。平折沿，沿面有二周凹弦纹，圆唇，斜直领较矮，颈肩有明显分界，溜肩，弧腹斜内收，弧裆，袋足。颈部以下饰绳纹，肩部抹一周弦纹。高 16.5、口径 16.8、腹径 20 厘米（图一六）。

D 型　2 件。小口，肩部外鼓较甚。不分式。标本 M32：1，泥质灰陶，灰黑皮。器形较规整，三足外切圆径略小于口径，平折沿，斜方唇，鼓肩，斜腹，裆近平，柱状足。肩部有两道弦纹，以下饰绳纹。高 14.3、口径 15.4、腹径 18.7 厘米（图七九，1）。

E 型　2 件。器身瘦高，鼓肩，腹斜收，三足内收。标本 M84：2，夹砂红褐胎，灰黑皮。器形较规整，形体较小，口径小于腹径，大于三足外切圆径。平折沿，沿面有凹槽，圆鼓肩，深腹，下腹斜收，弧裆，柱状足根。颈以下饰绳纹，上腹抹一周弦纹。高 14.7、口径 14.5、腹径 15.5 厘米（图一四六，1）。

F 型　1 件。M160：2，夹砂褐红胎，灰黑皮。器身矮扁，较规整，形体较大。平折沿，沿面微凹，短束颈，折肩，弧腹，平裆略垂，柱状足根。腹、足饰绳纹，腹中部抹出一周弦纹。口径 19.2、高 15.7 厘米（图一八六，1）。

盂　40 件。根据整体形态的差异，可分七型。

A 型　25 件。形体较大；深腹；口径一般大于肩径或与肩径相若。可分三式。

Ⅰ 式：4 件。标本 M8：1，泥质灰陶，器形较规整，器身大。平折沿，厚方唇，颈略束、较高，上腹圆，下腹斜弧内收，平底。通体素面。高 16.1、口径 21.8、底径 10 厘米（图一六）。

Ⅱ 式：18 件。标本 M181：3，泥质灰陶。器形规整。宽平折沿，方唇，矮斜直领，颈部有一周凸弦纹，颈肩交接处起折，上腹略直，下腹弧收，平底。肩部饰有绳纹。高 12.9、口径 23、底径 11.3 厘米（图一六）。

Ⅲ 式：3 件。标本 M1：1，泥质褐胎，灰皮。折沿，圆唇，矮直颈，肩稍鼓，腹弧内收，平底。高 13.3、口径 22、底径 11.4 厘米（图一六）。

B 型　8 件。形体稍小；口沿较窄；口径多小于肩径。可分三式。

Ⅰ 式：3 件。标本 M24：2，泥质灰陶，器形规整，形体较小。平折沿，圆唇，束颈，上腹圆鼓，下腹斜弧内收，平底。素面。高 10.2、口径 16.2、腹径 16.8、底径 8.4 厘米（图一六）。

较规整。平折沿，方唇，
径 15.7、底径 8.1 厘米

形体较小。平折沿，圆
腹径 15 厘米（图一六）。
胎，灰黑皮。器形较规
面。高 7.8、口径 13.8、

矮直颈，颈、肩交接处
径 6.8、腹径 15.2 厘米

整，形体较小。平折沿，
米（图一三七，3）。
腹交接处起折，弧腹较
图二二六，2）。
规整，形体较小。平折
径 13.9、底径 8.1 厘米

六型。

盘较深，盘壁有两道折
（图一六）。
平底，矮柄，座沿起

矮柄，座沿微起台。高

座沿起台，沿缘稍内

矮柄，座沿起台。高

圆唇，内唇沿微敛，
米（图五二，3）。标本
座沿起台。高 9.7、口

D型　48件。高柄，折盘。可分四式。

Ⅰ式：5件。标本M162:3，泥质灰陶。口部近直，圆唇，浅折腹，盘底近平，高柱形柄，喇叭形座，斜方形座沿，沿面有一周凸棱。口径12、底径8.5、高17.7厘米（图一六）。

Ⅱ式：23件。标本M180:4，泥质红褐胎，灰黑皮。敞口，圆唇，浅弧盘，平底，高柄，座沿起台。高16.5、口径14.3、底径8.9厘米（图一六）。

Ⅲ式：14件。标本M101:9，泥质灰陶。敞口，浅弧盘，盘壁微折，平底，柄较高，座沿起台。高15.3、口径13.9、底径8厘米（图一六）。

Ⅳ式：6件。标本M80:9，泥质红褐胎，灰衣。敞口，沿近直，圆唇，浅弧腹，圜底，柱状高柄，豆柄下端饰三周凹弦纹，座沿起台。高18.1、口径14.3、底径9.1厘米（图一六）。

E型　23件。高柄，弧盘。分两式。

Ⅰ式：3件。标本M83:2，泥质灰陶。敞口，口沿内敛，圆唇，深弧盘，高柄，座沿起台，沿面稍内凹。高16.6、口径14、底径8.3厘米（图一六）。

Ⅱ式：20件。标本M6:2，泥质褐红胎，灰黑皮。敞口，圆唇，浅弧盘，圜底，圆柱形细高柄，喇叭形底座，座沿起台。口径14.2、底径8、高17.7厘米（图一六）。

F型　2件。高柄，折盘，口部近直。标本M163:6，泥质红褐胎，灰黑皮。直口，折盘，圜底，柄较高，座沿起台，沿面有一周凹槽。高15.9、口径13.8、底径10.4厘米（图一九〇，4）。

G型　1件。高柄，深盘，盘底有折棱。M168:4，泥质红褐胎，灰黑皮。敞口，圆唇，弧盘较深，圜底，高柄，座沿起台。高16.2、口径11.8、底径7.2厘米（图二〇一，2）。

罐　28件。可分型式者25件，分五型。

A型　12件。鼓腹；领部或领下常有对称两小孔。分三式。

Ⅰ式：3件。标本M88:1，泥质灰陶。器形不甚规整，形体小。口微侈，方唇，直领，上腹圆鼓，下腹弧内收，平底微凹。领部有对称的两孔。素面。轮制。肩部有一道凹弦纹。高9.9、口径10、腹径12.8、底径7.8厘米（图一六）。

Ⅱ式：7件。标本M17:1，泥质黄褐陶。侈口，卷沿，尖圆唇，圆肩，鼓腹，平底。颈部有两孔。口径10.9、底径6.1、高8.8厘米（图一六）。

Ⅲ式：2件。标本M81:3，泥质褐陶。器形较规整，形体小。直口，圆唇，上腹圆鼓，下腹弧内收，平底略内凹。领肩交接处有对称两孔。素面，轮制。高8.5、口径10.1、腹径12.8、底径7厘米（图一六）。

B型　4件。鼓肩，腹较深。分三式。

Ⅰ式：1件。M102:2，泥质褐红胎，灰皮。器形较规整，形体较小。敛口，矮直领，圆唇，上腹圆鼓，下腹弧收，平底微凹。上腹饰五周凹弦纹，轮制。高11.7、口径11.6、腹径15.3、底径6.6厘米（图一六）。

Ⅱ式：2件。标本M91:2，泥质灰白陶。器形规整，器身较小。敛口，圆唇，矮直领，上腹圆鼓，下腹斜收，平底微凹。素面。高12.9、腹径17.5、底径9.2厘米（图一六）。

Ⅲ式：1件。M89:3，泥质褐红胎，灰皮。器形规整，形体较小。直口，斜方唇，上腹圆鼓，下腹弧内收，凹圜底。素面。高6.1、口径5.1、腹径8.1、底径4.2厘米（图一六）。

C型 2件。小口，广肩，肩上或有对称横耳。标本M180:5，泥质红褐胎，灰黑皮。直口，圆唇，矮直领，上腹圆鼓，下腹斜收，平底。素面，轮制。高12.7、口径11.7、腹径18.8厘米（图二二二，5）。

D型 4件。矮领，鼓肩，肩上有对称双耳。标本M49:1，泥质黄褐陶，器形规整。小口微侈，矮领，方圆唇，圆鼓肩，下腹弧收，平底。肩部有两个对称桥形耳，耳上下各饰一周凹弦纹，下腹饰模糊连弧状纹。口径14、底径9.1、高15.4厘米（图一〇二，1）。

E型 3件。高领，口沿至肩附对称纵桥形耳，平底或圜底。标本M99:2，泥质灰陶。微侈口，高颈略束，自口至肩饰对称双耳，上腹圆鼓，下腹弧内收，小平底。肩及上腹饰纵向绳纹，中部抹出一道弦纹，下腹饰横向、斜向绳纹。高17.7、口径17.9、腹径21.8、底径6.8厘米（图一七二，1）。

鼎 53件，可分型式者44件。根据腹、底形态可分为八型。

A型 13件。上腹较直，下腹弧收；腹底为小平底。分两式。

Ⅰ式：7件。标本M179:2，泥质红褐胎，灰黑皮。盖顶弧起，上附三纽。子口承盖，弧腹内收，平底。肩附对称长方形双耳。盖顶有一周凹弦纹，腹中部有一周凸棱。通高22、口径17、腹径19.6、足高13.2厘米（图一六）。

Ⅱ式：6件。标本M1:3，泥质褐红胎，灰黑皮。器盖隆起，顶面有三个动物形纽，附两周凸棱。子口承盖，内敛，肩附对称长方形耳，上腹直，下腹弧收，平底，三蹄足。上腹中部有凸棱一周。通高26.5、口径21、足高16.3厘米（图一六）。

B型 12件。上腹较直，下腹微收；腹底为大平底。分两式。

Ⅰ式：10件。标本M103:1，泥质褐红胎，灰黑皮。盖顶隆起，子口承盖，肩附对称长方形双耳，弧腹，平底，三蹄足。腹中部饰一周凸棱。高21.6、口径19.2、腹径21.2、足高14厘米（图一六）。

Ⅱ式：2件。标本M27:3，泥质红褐陶。盖顶隆起，顶面上有两周凸棱，第二周凸棱上饰有三个半圆饼形纽。鼎身子口承盖，微敛，肩附对称长方形双耳，弧腹，平底，高蹄足，足下端较尖，足内侧有纵向凹槽。通高22.2、口径18.8、腹径21.2、足高13.2厘米（图一六）。

C型 4件。腹较直；圜底。可分三式。

Ⅰ式：1件。M33:2，泥质褐红胎，灰黑皮。盖顶隆起，附三纽，顶面有二周凸棱。鼎身子口承盖，微敛，肩附长方形双耳，上腹直，下腹弧收，圜底，三蹄足。腹中部有一周凸棱。高22.4、盖径21、口径18.7、腹径21.5、足高13厘米（图一六）。

Ⅱ式：1件。M101:1，泥质褐红胎，灰黑皮。盖顶隆起，上附三纽。鼎身子口承盖，内敛，肩附对称长方形双耳，腹较直，圜底近平，三蹄足。中腹处饰一周凸棱。通高26.8、口径19.3、盖径23.8、腹径24.8、足高14.2厘米（图一六）。

Ⅲ式：2件。标本M178:5，泥质褐红胎，灰黑皮。盖顶微弧，顶面上附一周凸棱，附三纽。鼎身子口内敛，肩附长方形双耳，均已残，腹壁较直，底近平，三细蹄足。残高26.8、盖径22.8、口径20.7、腹径24、足高16厘米（图一六）。

D型　2件。半球形深腹，圜底。标本M3:3，泥质灰褐陶。弧形顶盖，盖顶中心一桥形纽，周围附三曲尺形纽。鼎身敛口，子口承盖，圆鼓腹，圜底，三蹄足。肩附长方形穿孔双耳。盖顶面饰有二周凹弦纹，腹部饰一周凹弦纹。口径19、腹径20.8、通高23.2厘米（图二三，1）。

E型　1件。M146:2，泥质灰陶。盖顶弧起，上附三小纽。口内敛，子口承盖，肩附对称长方形双耳，外斜腹，大平底，三长蹄足。耳下饰一周凹弦纹。盖径21.2、口径19.5、腹径23.2、通高29.1、足高17.9厘米（图一八四，1）。

F型　3件。直腹较深，平底。标本M190:3，泥质灰胎，灰黑皮。盖顶弧起，顶面附有三纽，沿面有一周凸棱。子口承盖，直腹，平底，三蹄足。肩部附对称长方形耳。通高26、口径17.8、腹径21.2、足高13.2厘米（图二三九，1）。标本M163:10，泥质褐红胎，灰黑皮。形制、纹饰与M163:9近同，三足外撇。高26.8、口径17.7、盖径20.8、腹径21.2、足高16.4厘米（图一九〇，1）。

G型　5件。平折沿，束颈，浅腹，圜底。标本M181:4，夹砂灰陶。折沿，方唇，矮斜直领，肩腹交接处起折，浅弧腹，圜底，蹄足。颈部饰绳纹，腹部饰二周凹弦纹，底饰绳纹。通高19、口径26.5、足高14.4厘米（图二二四，1）。

H型　4件。束颈，腹呈圜底罐形，有深腹、浅腹之别。标本M76:2，夹砂褐红陶，灰黑皮。器形较规整，器身较小，口径小于腹径。口微侈，方唇，矮束颈，弧腹内收，圜底，柱状足。肩部饰有两道凹弦纹。高13.2、口径14.2、腹径15.8厘米（图一三五，1）。标本M165:4，夹砂黑褐陶。侈口，平折沿，圆唇，短束颈，弧腹，圜底，柱状足。中腹以下饰绳纹。口径18.3、足高9.2、通高15.6厘米（图一九五，1）。

敦　41件，可分型式者34件。依据纽足和器体的形态，可分为六型。

A型　22件。曲折扁纽（足），器体呈球形。

Ⅰ式：5件。M9:3，泥质褐红胎，黑灰皮。盖、身均呈半球形，相扣呈扁球体，盖、身各附三曲折形纽（足），稍外撇。器高17.8、腹径16.2、足高6.2厘米（图一六）。

Ⅱ式：15件。标本M6:5，泥质褐红胎，黑皮。方唇，盖与身形制相同，均呈半球形，上、下各附曲折形三纽（足），向外撇。腹径16.6、足高6.8、通高22厘米（图一六）。

Ⅲ式：2件。标本M27:14，泥质红褐胎，灰白皮。盖、身均呈半球形，相扣呈长椭球形，盖上、身下各附曲折形三纽（足），向外撇。通高22.2、腹径16、足高6.2厘米（图一六）。

B型　6件。曲折扁纽（足），盖、身微折，器体近盒形。

Ⅰ式：5件。标本M33:3，泥质褐红胎，灰黑皮。盖、身均为半球形，相合呈球形，上下各附三曲折形纽（足）。高27.2、腹径19.8、足高9.6厘米（图一六）。

Ⅱ式：1件。M174:4，泥质褐红胎，灰黑皮。身、盖均呈半球形，相扣呈高体椭球形，身、盖各附三足（纽），三足（纽）外撇。通高26.8、口径18.8、足高6.4厘米（图一六）。

C型　2件。曲折扁纽（足），盖顶及腹底呈尖圜形。标本M3:1，泥质灰褐陶。形如两件三足钵相扣，扁圆腹，圜底，曲折三纽（足）外撇。身、盖饰有凹弦纹。口径20.3、足高

4.4、通高 18.6 厘米（图二三，3）。

D 型　2 件。纽、足蜷曲。标本 M160:1，泥质灰陶。方唇，身、盖同形，相扣呈扁球形，上、下各附蜷曲三纽（足）。口径 20.8、足高 4.5、通高 22.4 厘米（图一八六，2）。

E 型　1 件。纽、足呈卷云形。M101:2，泥质褐红胎，灰黑皮。盖、身均呈半球形，各附三纽（足），向外撇。高 29.1、口径 20.4、足高 8.4 厘米（图一七四，4）。

F 型　1 件。扁纽（足），饰卷云纹。M30:1，泥质褐红胎，灰黑皮。仅余一半，呈半球状，三足外撇。腹部近口沿处有二周凹弦纹，足上饰云状纹。高 9.6、口径 16.4、足高 5.6 厘米（图七五）。

壶　77 件，可分型式者 65 件。分七型。

A 型　21 件。深腹，腹最大径偏上。颈部常有密集弦纹，有的有圈足。

Ⅰ式：5 件。标本 M200:1，泥质灰陶。器形规整。敞口，方唇，束颈，上腹鼓，下腹斜收，平底。颈与上腹各饰两周凹弦纹。口径 12.9、底径 9.6、高 27.6 厘米（图一六）。

Ⅱ式：11 件。标本 M79:1，泥质灰陶。器形不甚规整，形体较大，敞口，斜方唇，束颈，圆鼓肩，腹斜收，平底。颈部饰有 21 周凹弦纹。高 24.5、腹径 15.3 厘米（图一六）。

Ⅲ式：5 件。标本 M6:7，泥质红褐胎，灰白皮。敞口，束颈，耸圆肩，弧腹内收，平底。颈、肩部饰凹弦纹。口径 11.4、腹径 15.4、高 20.1 厘米（图一六）。

B 型　6 件。鼓腹，腹最大径近中部。有的有圈足。

Ⅰ式：1 件。M162:5，泥质灰褐陶。敞口，圆唇，束颈，鼓腹，平底，下接矮圈足。肩及上腹饰有凹弦纹。口径 13.4、底径 9.3、高 27.2 厘米（图一六）。

Ⅱ式：5 件。标本 M17:2，泥质灰陶，器形不甚规整。侈口，尖圆唇，束颈，溜肩，圆鼓腹，平底略内凹。口径 11.7、底径 7.2、高 22.4 厘米（图一六）。

C 型　3 件。大口，深腹。有的颈部饰密集弦纹，颈、肩部或有对称双耳。标本 M172:1，泥质红陶。平折沿，方圆唇，敞口，束颈，颈肩交接交接处有对称双耳，斜直腹，平底。颈肩部饰弦纹，肩部有一周凸棱。高 19.2、口径 13.1、底径 7.6 厘米（图二〇七，4）。标本 M48:1，泥质黄褐陶。侈口，平折沿，圆唇，斜直领较高，鼓肩，斜直腹，凹圜底。素面。口径 14.2、底径 9.1、高 20 厘米（图一〇〇，4）。

D 型　1 件。M96:1，夹砂灰陶。器形规整，器身较小。侈口，方唇，束高颈，圆鼓腹，矮圈足。高 18.9、口径 11、腹径 13.7、底径 9.8 厘米（图一六七，2）。

E 型　31 件。侈口，细颈，圆鼓腹，肩有对称双耳，平底或有圈足。

Ⅰ式：25 件。标本 M33:1，泥质褐红胎，灰黑皮。盖顶隆起，附三纽。敞口，束颈，斜肩，圆腹，平底，肩附对称双耳。高 36.2、盖径 11.5、口径 11.5、腹径 21.5、底径 11.7 厘米（图一六）。

Ⅱ式：2 件。标本 M68:6，泥质褐红胎，灰黑皮。敞口，束颈，肩部有对称双耳，已残，圆鼓腹，腹底平，矮圈足。素面。高 30.2、口径 13.3、腹径 19.2、底径 13、足高 3.1 厘米（图一六）。

Ⅲ式：4件。标本 M163∶1，泥质红褐胎，灰黑皮。盖顶隆起，上附三纽。口微侈，束颈较长，溜肩，肩附对称双盲耳，圆鼓腹，腹底圜形，圈足。素面。高42.3、盖径11.5、口径10.6、腹径21.4、底径13.3、足高5.2厘米（图一六）。

F型 2件。均出于M3。侈口，高领，圆鼓腹，矮圈足。标本 M3∶5，泥质灰陶。盖顶微弧，顶面饰有曲折形三纽，敞口，束颈，圆鼓腹，平底，矮圈足。肩部附对称双盲耳。颈、腹部饰有凹弦纹。口径11.5、腹径16.8、底径10.8、高30.5厘米（图二四，1）。

G型 1件。M182∶5，泥质灰白陶。口沿残，细颈，肩部饰对称双耳，圆鼓腹，假圈足，平底微凹。肩部饰及下腹有数周凹弦纹。残高28.1、腹径19.8、底径11.3厘米（图二二六，1）。

罍 6件。或可据青铜器中的同形制器物，称之为"浴缶"。可分三型。

A型 3件。矮领，广肩，圆鼓腹，圈足。肩有对称兽形双耳。标本 M5∶16，泥质灰陶。盖有圈足形捉手，小口，圆唇，矮直领，斜广肩，肩上附对称鸟首形双纽，上腹圆鼓，下腹斜收，平底，下接圈足。上腹饰六枚圆饼饰。盖径13.6、腹径23.6、底径15、通高26.1厘米（图三〇，4）。

B型 1件。标本 M27∶13，泥质灰褐陶。平顶盖，上附三纽。小口内敛，圆唇，斜肩，上腹圆鼓，下腹弧曲内收，平底。肩附对称兽首形双纽，纽间饰三周凹弦纹。口径8.2、底径14.7、通高11.8厘米（图七二，5）。

C型 2件。领稍高，圆鼓肩，下腹弧收，平底。肩有对称双耳。标本 M101∶5，泥质褐红胎，灰黑皮。矮领，方唇，唇沿面有凹槽，溜肩，肩饰对称双耳，圆鼓腹，平底微凹。素面。高18.1、口径12、腹径22.2、底径15.2厘米（图一七五，1）

小口鼎 7件。

A型 4件。折肩，上腹直，下腹弧收，平底或圜底。标本 M87∶14，泥质褐红胎，灰黑皮。盖顶弧，上附三纽。小口，矮领，广肩，肩下附长方形对称双耳，上腹直，下腹弧收，平底，三蹄足。腹部有一周凸棱。通高25.3、盖径14.1、口径11.5、腹径23.8、足高15.5厘米（图一五一，1）。标本 M101∶8，泥质褐红胎，灰黑皮。盖顶隆起，上附三纽。子口内敛，斜折肩，腹较直，圜底，三蹄足。上腹饰对称双耳，耳上部呈弧形；腹中部有一周凹弦纹。高24.2、盖径16.1、口径13.6、腹径24.1、足高13.8厘米（图一七四，2）。标本 M27∶12，泥质褐陶。盖顶近平，上饰三纽。小口，圆唇，矮领，斜肩，腹近直，平底，下接三蹄足，足下端较尖，上腹附对称长方形穿孔双耳。腹饰凹弦纹。盖径10.5、口径7.6、腹径16、足高10.6、通高18.1厘米（图七一，3）。

B型 1件。折肩，斜腹，平底。M163∶11，泥质红褐胎，灰黑皮。盖顶隆起。子口内敛，承盖，斜肩，腹斜收，平底，三高蹄足。上腹附对称双椭圆形耳，足上部饰卷云纹。高23.8、盖径12.2、口径10.2、腹径19.2、足高14.6厘米（图一九一，1）。

C型 2件。腹似小口罐，耳、足都极简略。标本 M50∶8，泥质褐胎，浅黄衣。小口内敛，矮领，圆唇，溜肩，肩附对称梯形板耳，鼓腹，平底，三矮蹄足。腹径15.6、口径11.1、足高6厘米（图一〇四，3）。

盉　4件。形似小口鼎，腹一侧有管状流。标本M5∶12，泥质褐红胎，灰黑皮。盖顶微隆，顶面饰三纽，小口，圆唇，矮直领，斜肩，肩部饰对称双盲耳，并有管状流，鼓腹，平底，三蹄足。腹中部饰两周凹弦纹。通高18.2、盖径11.1、口径8.6、腹径20.5、足高10厘米（图三〇，3）。标本M27∶11，泥质灰褐陶。平顶盖，上附三纽。小口内敛，圆唇，斜肩，弧腹近直，腹底平，三蹄足，足下端较尖。肩部饰对称横向双盲耳，上腹一侧有舌形流。盖径9、口径6.2、腹径13.6、通高13.9厘米（图七一，6）。

盘　13件，可复原者8件。根据腹、底形状分为三型。

A型　4件。折腹，平底或凹圜底。标本M33∶4，泥质褐红胎，灰黑皮。仰折沿，方唇，上腹稍鼓，下腹斜收，底微内凹。高6.4、口径24.8、底径14.9厘米（图八二，1）。标本M163∶3，泥质红褐胎，灰黑皮。平折沿，方唇，弧腹内收，平底。腹上部有二周凹弦纹。高4.6、口径18.7、底径8.9厘米（图一九〇，6）。

B型　2件。斜腹，圜底。标本M9∶5，泥质褐红胎，灰黑皮。平折沿，圆唇，短颈略束，浅腹，圜底。素面。口径20.2、高4厘米（图三九，6）。

C型　1件。斜腹，凹圜底。M27∶6，泥质灰褐陶。敞口，圆唇，腹极浅，凹圜底。口径17.8、底径15.4、高1.6厘米（图七二，7）。

D型　1件。弧腹，圜底，腹、底间无明显分界。M26∶9，泥质褐红胎，灰黑皮。平折沿，弧壁圜底。高2.9、口径14.8厘米（图六九，11）。

匜　13件，可复原者10件。根据口部形状分四型。

A型　5件。口部近圆形。标本M68∶2，泥质灰陶。敞口，口部近圆形，浅斜腹，平底微凹，流外侈不明显，相对一侧口沿微凸起。高2.8、口径11.1、底径5.4厘米（图一二四，6）。

B型　4件。口部呈横椭圆形。标本M5∶4，泥质褐红胎，灰黑皮。口部呈横长椭圆形，弧腹，圜底。槽状流，尾部饰一小纽为錾。口径10.9~12.7、身长14、高4.5厘米（图二九，5）。标本M80∶6，泥质红褐胎，灰衣。口部近椭圆，侧面呈凹弧形，弧壁圜底，流上侈。高4、口径9.8~11.2厘米（图一四〇，2）。

C型　1件。口部呈近三角形。M3∶11，泥质褐红胎，灰黑皮。流面平，流嘴长，弧壁平底。长15.1、宽9.9、高4.8厘米（图二四，3）。

壶形豆　14件，可复原者9件。根据柄的高矮又可分为两型。

A型　7件。高柄。标本M50∶11，泥质灰陶。盖顶弧，高直领，鼓腹，高柄，喇叭状圈足，足沿起台。高20、盖径6、口径5.6、腹径7.2、底径7.3厘米（图一〇五，5）。标本M5∶10，泥质灰陶，盖有黑灰皮。盖顶微隆，顶面饰有乳状三纽，侈口，束颈，颈、肩交接处起折，圆鼓腹，柱状柄，喇叭形底座，座沿起台。通高21.6、盖径6.3、口径5.9、腹径10.5、底径7.8厘米（图二九，3）。标本M163∶7，泥质红褐胎，灰黑皮。盖顶隆起。直口，圆鼓腹，高柄，柄下部残失。残高14.3、盖径8.4、口径8.1、腹径12厘米（图一九〇，3）。

B型　2件。矮柄。标本M27∶8，泥质褐陶。圆饼形盖。侈口，颈较长，扁鼓腹，矮柄，喇叭形圈足，足沿微起台。盖径6.5、口径5.9、腹径8.7、底径6.1、高13.6厘米（图七二，9）。

钵　1件。M94:1，泥质红陶。敛口，弧腹，下腹斜内收，小平底。高4.8、口径11.8、腹径12.6、底径5.2厘米（图一六三，1）。

盒　3件，均出于M174，未能复原。

此外还有器盖6件，可能是属于鼎、壶、盉、罍或壶形豆等器物的，但未发现相应的器身。

2. 铜器

铜铃　5件。均出于M25中，未能修复。

带钩　6件。标本M44:1，铜绿色。整体较瘦长，钩首似鸭首，线条清晰，钩体背面中部弧凹，尾向背面勾。腹面后半饰有四周凸棱。长8.4厘米（图九五）。

铜凿　1件。M87:6，长条形；直銎，銎部两侧有孔（图一五三，3）。

铜环　1件。M62:1，直径5.6厘米（图一一七，1）。

铜耳环　1件。M199:1。环形，表面满饰箍纹。直径2.2厘米（图二四三，2）。

铜饰件　1件。M199:2。呈扁椭圆管状。长径1.7、高1厘米（图二四三，1）。

铜片　2件。M64:1、2，长方形，素面无纹。长10、宽3厘米。

3. 铁器

铁匕首　1件。M185:1，锈蚀，断为数截。残长20.8、刃宽1.6厘米（图二三，1）。

铁器　1件。M62:3。近梯形牌饰，锈蚀较甚。

二、墓葬分述

M1

位置　位于ⅠT0104中部，北、西侧分别与M194及M10、M11相邻。

层位关系　①→M1→生土。

方向　174°。

形制与结构　长方形竖穴土坑，直壁平底。长256~265、宽176~188、深144厘米（图一七）。

填土为黑黄花土，土质较硬，无包含物。

葬具　一椁。位于墓室中部，已朽成灰。残存灰痕长214、宽121~125、残高14、厚1~1.5厘米。椁下有两根枕木，已朽。分别位于人骨颈椎与踝骨下，东西向，宽度分别为21（南）、17（北）、厚均为6厘米。未见棺痕。

人骨　1具，保存较差，仰身直肢葬，头向南，双手交并于腹上。男性，年龄30~35岁。

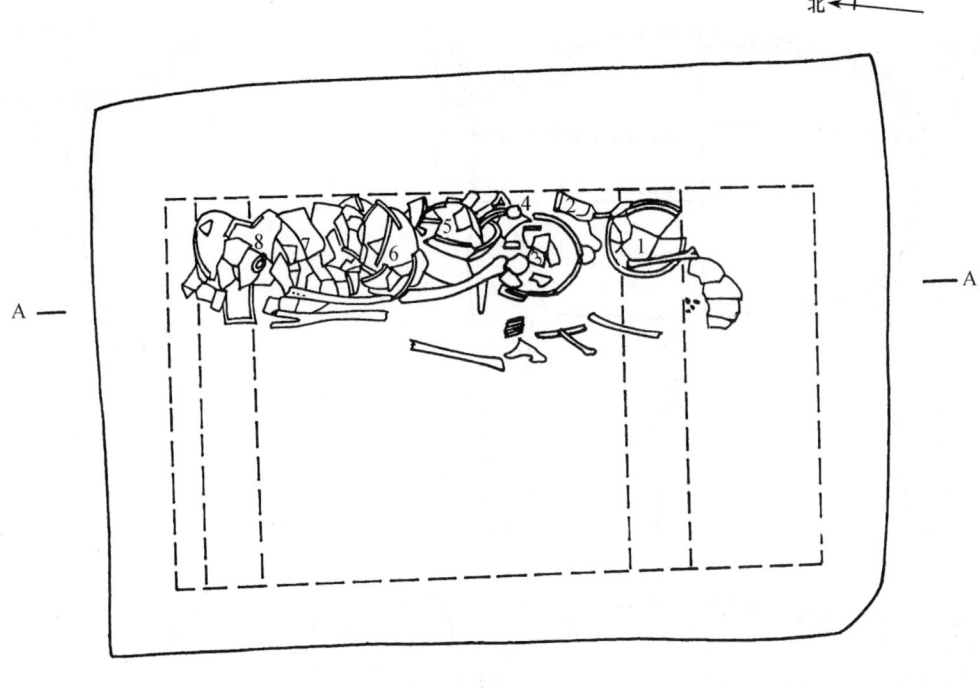

图一七　M1平、剖面及遗物分布图
1、6. 陶盂　2、4. 陶豆　3、5. 陶鼎　7、8. 陶壶

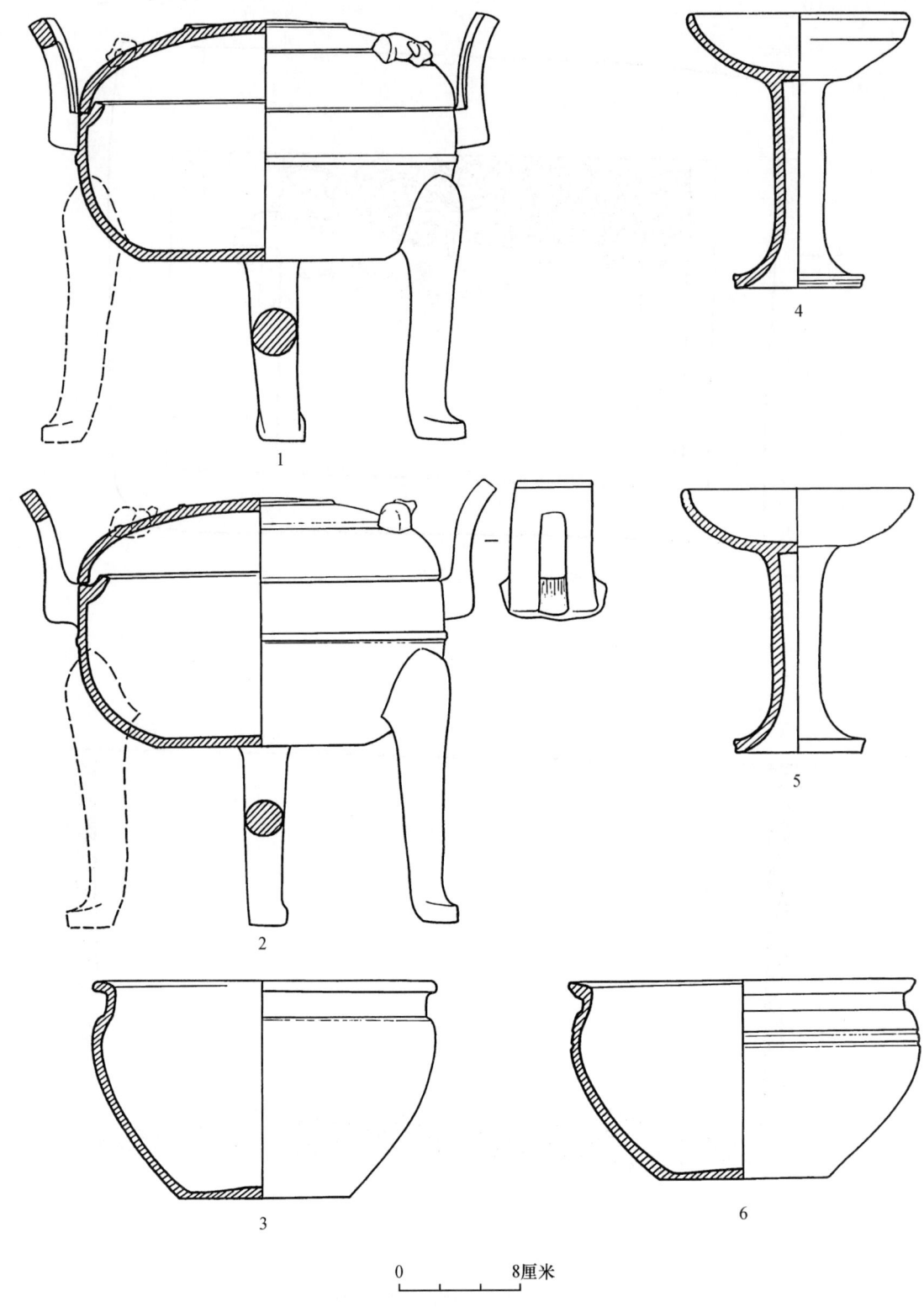

图一八　M1 出土陶器（1）

1、2. 鼎（M1:3、M1:5）　3、6. 盂（M1:1、M1:6）　4、5. 豆（M1:4、M1:2）

随葬器物　　随葬品 8 件，置于人骨右侧，均碎裂，从南向北分别为陶盂、陶豆、陶鼎、陶豆、陶鼎、陶盂、陶壶、陶壶（彩版七，2）。

陶鼎　2 件。M1:3，泥质褐红胎，灰黑皮。器盖隆起，顶面有三个动物形纽，附两周凸棱。子口承盖，内敛，肩附对称长方形耳，上腹直，下腹弧收，平底，三蹄足。上腹中部有凸棱一周。通高 26.5、口径 21、足高 16.3 厘米（图一八，1；图版一，1）。M1:5，泥质褐红胎，灰黑皮。器盖隆起，顶面有三个动物纽，附两周凸棱。子口承盖，内敛，肩附对称长方形耳，上腹直，下腹弧收，平底，三蹄足。上腹中部饰凸棱一周。通高 27.5、盖径 23.2、口径 21.2、腹径 23.8、足高 16.8 厘米（图一八，2；图版一，2）。

陶盂　2 件。M1:1，泥质褐胎，灰皮。折沿，圆唇，矮直颈，肩稍鼓，腹弧内收，平底。高 13.3、口径 22、底径 11.4 厘米（图一八，3；图版一，3）。M1:6，泥质灰陶。仰折沿，圆唇，短束颈，上腹圆，下腹弧收，平底。上腹饰二周凹弦纹。高 12.4、口径 21.4、腹径 21.8、底径 10.4 厘米（图一八，6；图版一，4）。

陶豆　2 件。M1:2，泥质褐陶，浅黄皮。敞口，弧盘，盘底较平，高柄，座沿起台。高 16.3、口径 14.6、底径 8.4 厘米（图一八，5；图版二，1）。M1:4，泥质灰陶，浅黄皮。弧盘，圜底，高柄，座沿起台。高 16.7、口径 13.9、底径 8.5 厘米（图一八，4；图版二，2）。

陶壶　2 件。M1:7，泥质灰陶，褐红胎，灰黑皮。敞口，束颈，肩附对称双半环耳，衔圆环，弧腹内收，平底，下接圈足。素面，轮制，耳模制。通高 37.5、口径 10.9、腹径 23.8、足径 13.2、圈足高 4.2 厘米（图一九，1；图版二，3）。M1:8，泥质灰陶，褐红胎，灰黑皮。

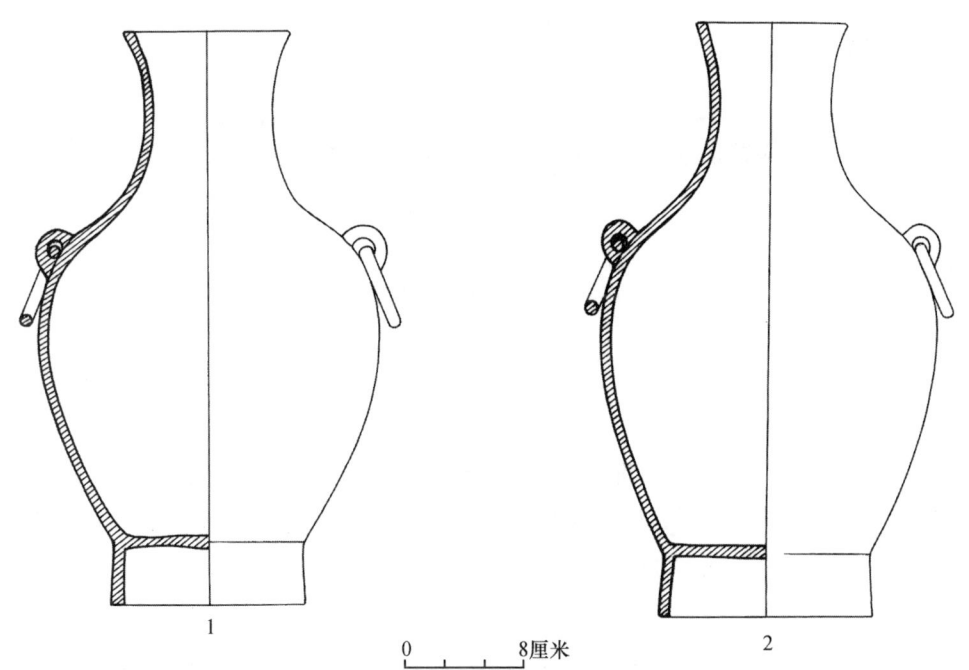

图一九　M1 出土陶器（2）
1、2. 壶（M1:7、M1:8）

敞口，束颈，肩附对称双半环耳，衔圆环，弧腹内收，平底，下接圈足。素面，轮制，耳模制。通高39、口径10.5、腹径23、足径14.7、圈足高4.4厘米（图一九，2；图版二，4）。

M2

位置　位于ⅡT0104西南部，其东侧为M13，西侧为M105。

层位关系　①→M2→生土。

方向　303°。

形制与结构　竖穴土坑墓。上部已被破坏，残存墓口长200、宽55~108、残存深度10厘米（图二〇）。

填土为黄褐色五花土，土质较硬，无包含物。

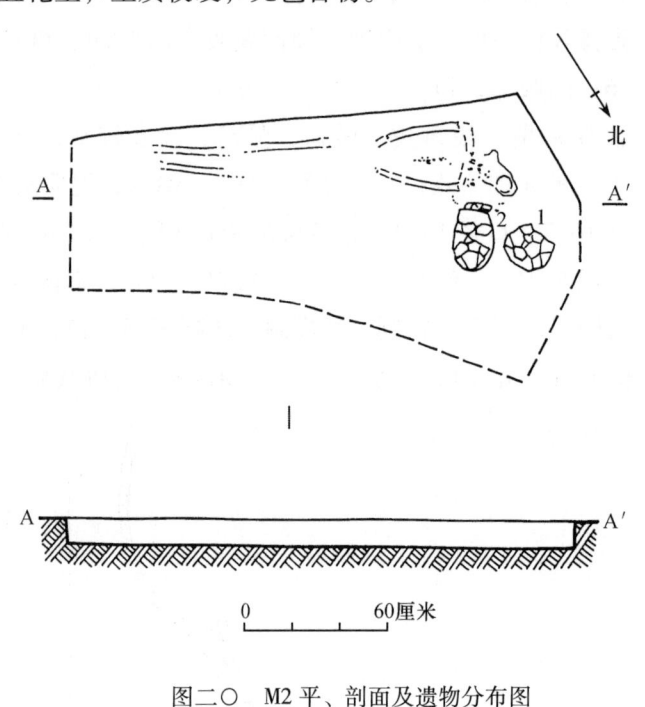

图二〇　M2平、剖面及遗物分布图
1. 陶鬲　2. 陶盂

葬具　不详。

人骨　1具，腐蚀严重，仅余四肢骨残段及头骨残片。仰身直肢葬，头向西，性别和年龄不辨。

随葬器物　该墓被扰。随葬品有陶鬲、陶盂各1件，均置于头部。出土时已残碎。

陶鬲　1件。M2:1，夹砂褐陶。弧腹，平裆，柱状足。饰绳纹。残高14厘米（图二一，2；图版三，1）。

陶盂　1件。M2:2，泥质褐红胎，灰皮。器形规整，器身较大。折沿，侈口圆唇，直颈较矮，上腹圆，下腹斜弧内收，平底。素面，轮制。口径23.6、底径13、高14.4厘米（图二一，1；图版三，2）。

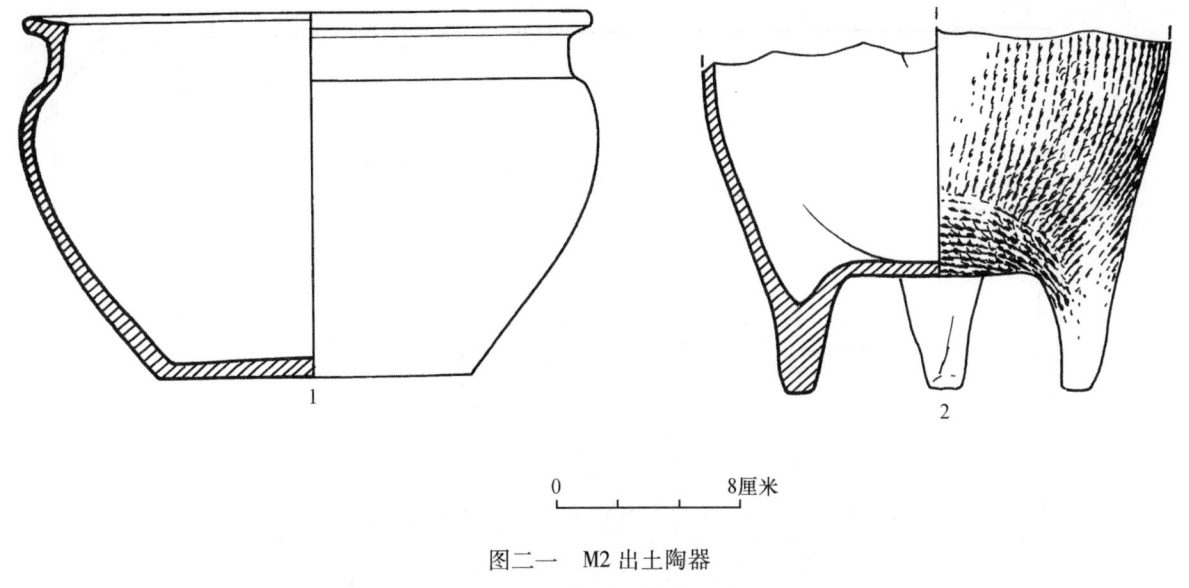

图二一 M2 出土陶器
1. 盂（M2:2） 2. 鬲（M2:1）

M3

位置 位于ⅡT0104中部，东、南、西分别与M12、M11、M10、M13、M9、M4相邻。

层位关系 ①→M3→生土。

方向 308°。

形制与结构 长方形竖穴土坑，口部因土膨胀而略内敛，平底。长230~238、宽158、深138厘米（图二二）。

填土为黄褐色五花土，土质较硬，无包含物。

葬具 一椁一棺。椁室位于墓室中部略偏东，已朽成灰。残存灰痕长204~212、宽102~120、残高12、厚0.3~0.5厘米。棺室位于椁室内偏西，已朽成灰。残存灰痕长204~212、宽64~84、残高12、厚0.3厘米。

人骨 1具，保存较差，仰身直肢葬，头向西，面略侧向北。男性，年龄50岁左右。

随葬器物 随葬品11件，放置在椁内棺外北侧。分别为陶敦2件、陶鼎2件、陶壶2件、陶豆3件、陶盘1件、陶匜1件。出土时大多碎裂，匜置于盘上。

陶鼎 2件。M3:3，泥质灰褐陶。弧形顶盖，盖顶中心一桥形纽，周围附三曲尺形纽。鼎身敛口，子口承盖，圆鼓腹，圜底，三蹄足。肩附长方形穿孔双耳。盖顶面饰有二周凹弦纹，腹部饰一周凹弦纹。口径19、腹径20.8、通高23.2厘米（图二三，1；图版五，1）。M3:4，质地、形态与M3:3近同。口径16.7、腹径19、高22厘米（图二三，2；图版五，2）。

陶敦 2件。M3:1，泥质灰褐陶。形如两件三足钵相扣，扁圆腹，圜底，曲折三纽（足）外撇。身、盖饰有凹弦纹。口径20.3、足高4.4、通高18.6厘米（图二三，3；图版五，3）。M3:2，形制与M3:1近同。口径20.8、高20.8厘米（图二三，7；图版五，4）。

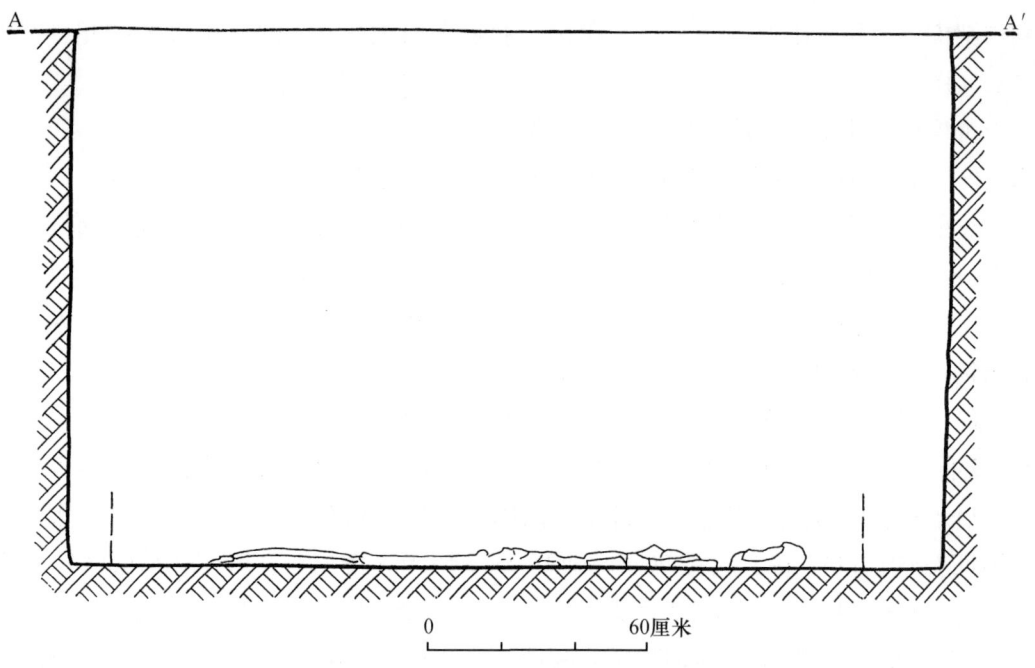

图二二　M3 平、剖面及出土遗物分布图
1、2. 陶敦　3、4. 陶鼎　5、6. 陶壶　7~9. 陶豆　10. 陶盘　11. 陶匜

第二章　东周时期墓葬

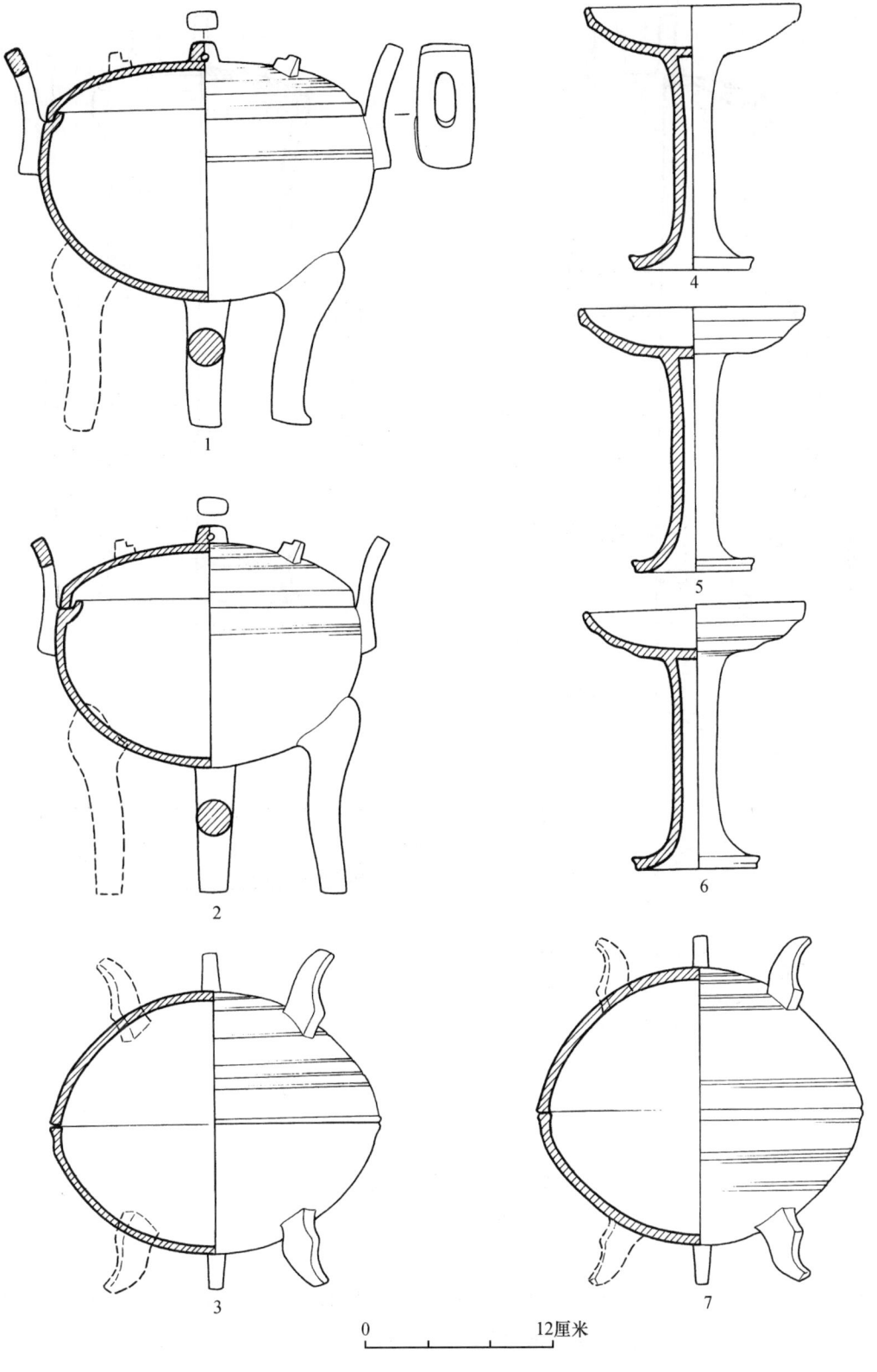

图二三　M3 出土陶器（1）
1、2. 鼎（M3:3、M3:4）　3、7. 敦（M3:1、M3:2）　4~6. 豆（M3:8、M3:7、M3:9）

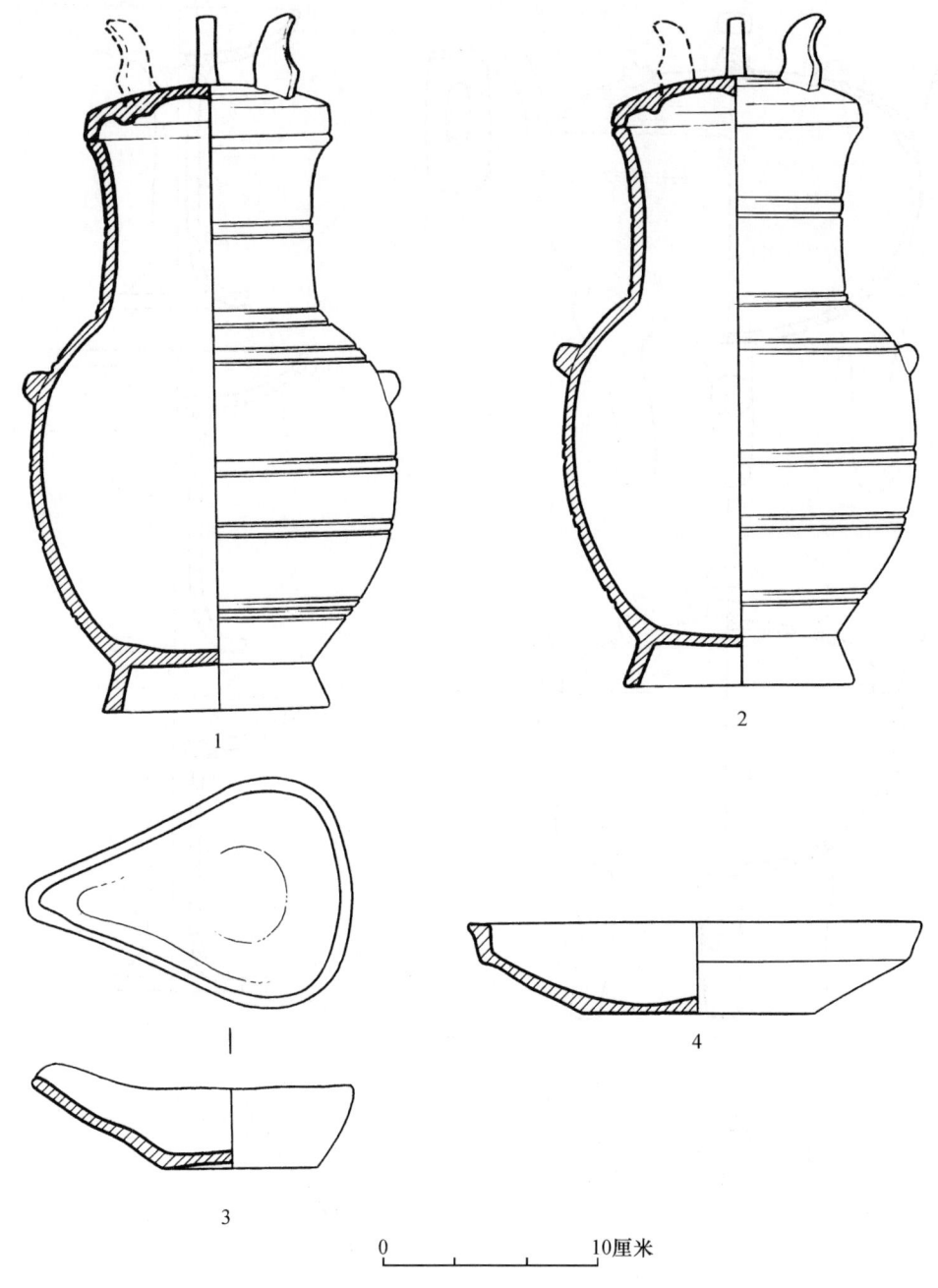

图二四 M3 出土陶器（2）
1、2. 壶（M3:5、M3:6） 3. 匜（M3:11） 4. 盘（M3:10）

陶豆 3件。M3:7，泥质灰陶。敞口，圆唇，浅弧腹圜底盘，圆柱形细柄，小喇叭形底座。口径14.2、底径7.9、高15.5厘米（图二三，5；图版六，1）。M3:8，质地、形态与M3:7近同。口径13.8、底径7.8、高16.5厘米（图二三，4；图版六，2）。M3:9，质地、形态与M3:7近同。口径13.8、底径7.7、高16厘米（图二三，6；图版六，3）。

陶壶 2件。M3:5，泥质灰陶。盖顶微弧，顶面饰有曲折形三纽，侈口，高领，圆鼓腹，平底，矮圈足。肩部附对称双盲耳。颈、腹部饰有凹弦纹。口径11.5、腹径16.8、底径10.8、高30.5厘米（图二四，1；图版五，5）。M3:6，质地、形态与M3:5近同。口径11.5、腹径16、底径10.8、高29.4厘米（图二四，2；图版五，6）。

盘 1件。M3:10，泥质褐红胎，灰黑皮。微敞口，平圆唇，浅折腹，平底。口径20.4、底径11、高10.4厘米（图二四，4；图版六，4）。

匜 1件。M3:11，泥质褐红胎，灰黑皮。流面平，流嘴长，弧壁平底。长15.1、宽9.9、高4.8厘米（图二四，3，图版六，5）。

M4

位置 位于ⅡT0105西南，北、东、南、西分别与M16、M15、M14、M12、M3、M9、M20、M23相邻。

层位关系 ①→G1→M4→生土。

方向 104°。

形制与结构 长方形竖穴土坑，直壁平底。西南部被G1打破。长248、宽150~160、深140厘米（图二五）。

填土为黄褐色五花土，土质较硬，无包含物。

葬具 一椁一棺。椁室位于墓室中部略偏北，已朽成灰。残存灰痕长204、宽85~96、残高14、厚0.3~0.5厘米。棺室位于椁室偏南，已朽成灰。残存灰痕长204、宽50~60、残高12、厚0.3厘米。

人骨 1具。保存较差，仰身直肢葬，头向东，双手交并于腹上。男性，年龄30~35岁。

随葬器物 随葬品11件，放置在椁内棺外人骨右侧。由东向西分别为陶壶2件、陶盘1件、陶鼎2件、陶豆1件、陶敦2件、陶豆3件。出土时多碎裂。

陶鼎 2件。M4:4，泥质褐红陶，灰黑衣。子口微敛，肩附对称长方形双耳，上腹直，下腹弧收，平底，三蹄状足。中腹外有一周凸棱。高21.7、口径18.2、腹径20、足高12.8厘米（图二六，1；图版三，3）。M4:5，未能修复。

陶敦 2件。M4:7，泥质褐胎，浅灰衣。身、盖形制相同，均呈半球形，盖、身各附三纽（足），外撇。通高20.4、腹径15.2、足高6.9厘米（图二六，9；图版三，4）。M4:8，泥质红褐胎，灰黑皮。仅余一半，呈半球形，附三足（纽），稍外撇。高10.2、口径15.4、足高6.6厘米（图二六，2；图版三，5）。

陶豆 4件，M4:6，泥质灰陶。敞口，浅弧盘，圜底，高柄，座沿起台，沿面有凹槽。高17.2、口径13.5、底径8.9厘米（图二六，3；图版四，1）。M4:9，泥质灰陶。敞口，浅弧盘，平底，高柄，座沿起台。高17、口径13.3、底径8.6厘米（图二六，5；图版四，2）。M4:10，泥质灰陶，敞口，浅弧盘，平底，高柄，座沿起台。高15.9、口径13、底径8.2厘米（图二六，4；图版四，3）。M4:11，泥质灰陶。敞口，沿近直，浅弧盘，平底，高柄，豆座顶面隆

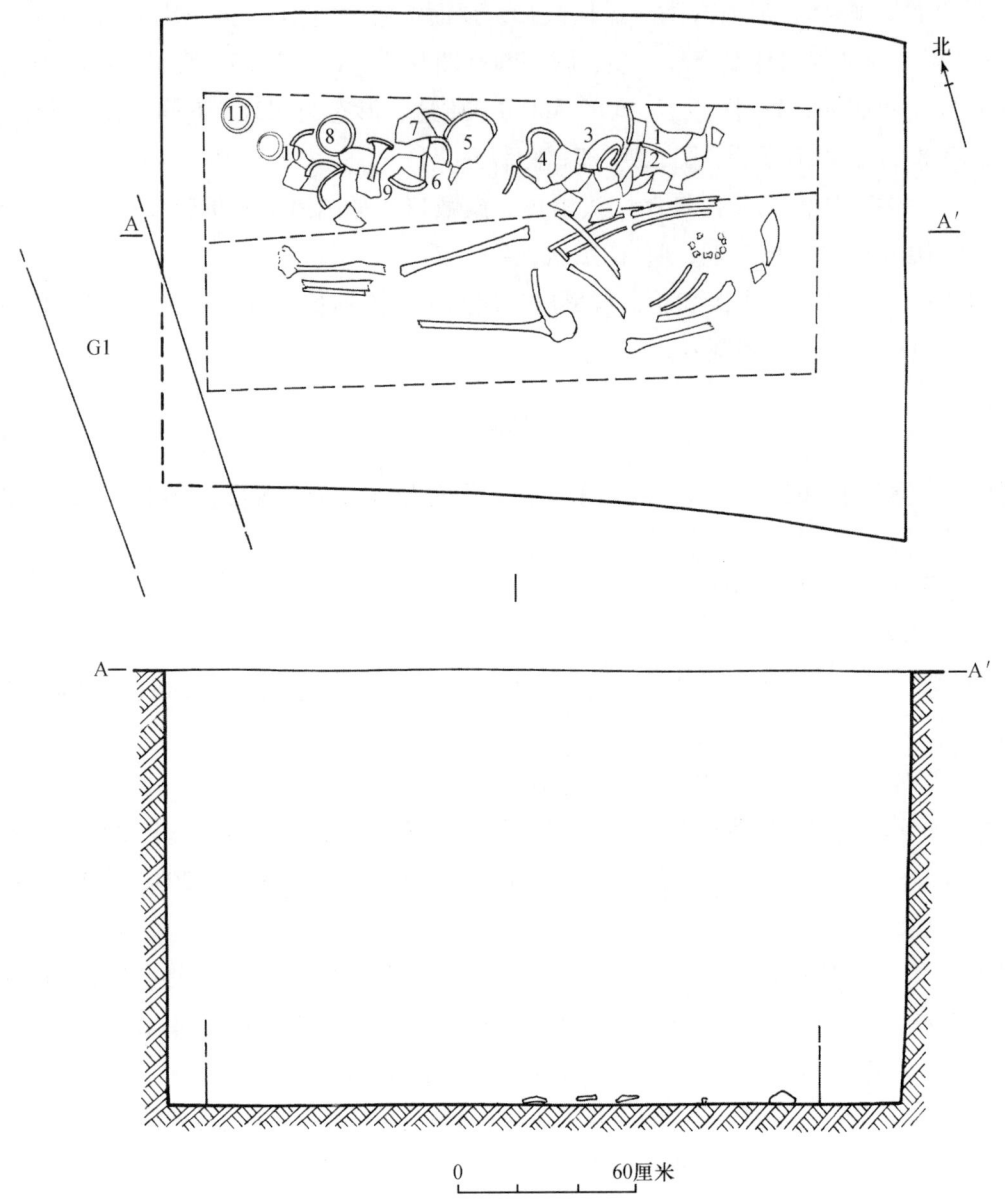

图二五 M4 平、剖面及遗物分布图
1、2. 陶壶 3. 陶盘 4、5. 陶鼎 6、9~11. 陶豆 7、8. 陶敦

起，座沿起台。高15.9、口径13、底径8.5厘米（图二六，6；图版四，4）。

陶壶 2件。M4:1，泥质褐红胎，黑灰衣。敞口，束颈，肩部附对称双盲耳，弧腹内收，平底。素面，轮制。高25.2、口径8.7、腹径17.4、底径8.8厘米（图二六，8；图版四，5）。M4:2，泥质褐红胎，黑灰皮。敞口，束颈，肩部附对称双盲耳，弧腹内收，平底。素面，轮制。高25.4、口径8.9、腹径16.8、底径9厘米（图二六，7；图版四，6）。

陶盘 1件，M4:3，未能修复。

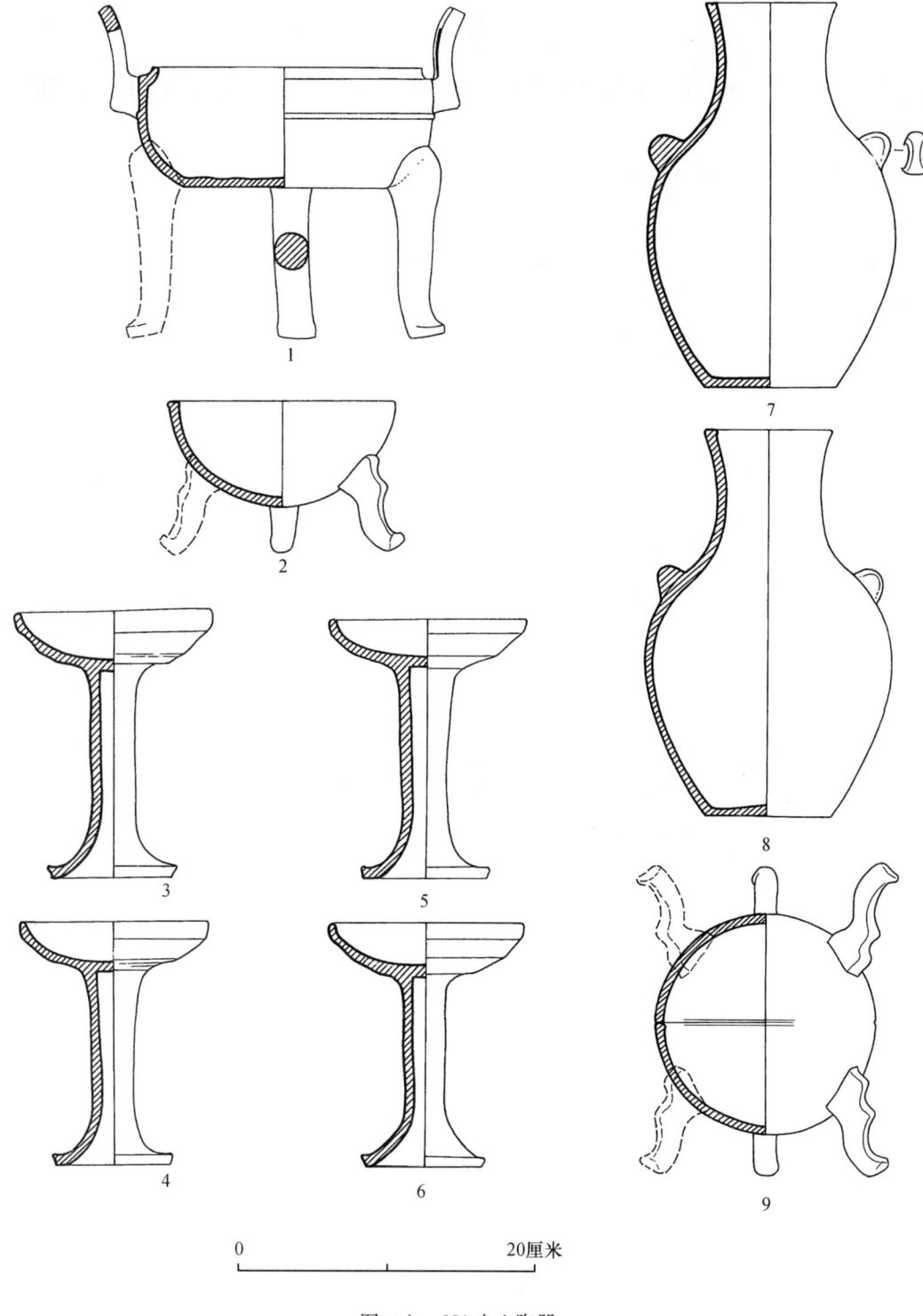

图二六 M4 出土陶器

1. 鼎（M4:4） 2、9. 敦（M4:8、M4:7） 3~6. 豆（M4:6、M4:10、M4:9、M4:11） 7、8. 壶（M4:2、M4:1）

M5

位置 位于ⅡT0303和ⅡT0203之间。北、东、南、西分别与M33、M97、M87、M80、M81相邻。

层位关系 ①→M5→生土。

方向 263°。

形制与结构 竖穴土坑，平面近梯形，直壁平底。长240~270、宽168~176、深156厘米（图二七）。

填土为黄褐色五花土，土质较硬，无包含物。

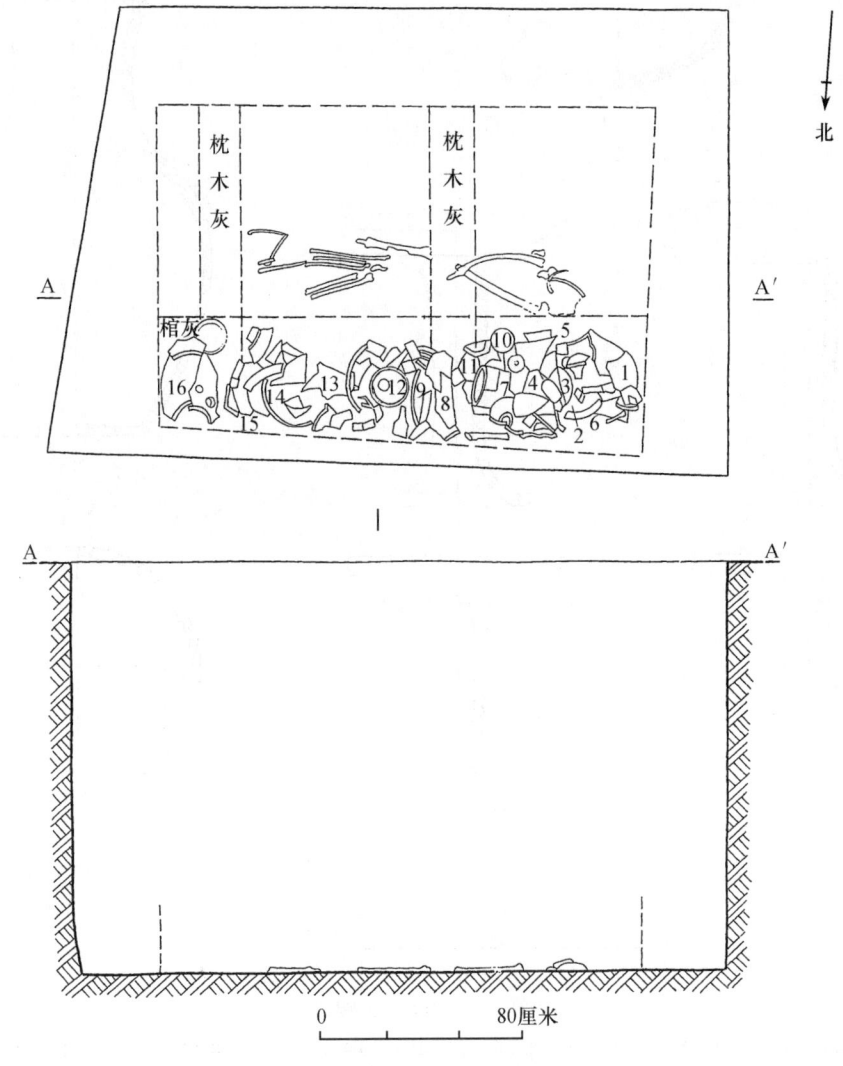

图二七 M5平、剖面及遗物分布图

1、7.陶壶 2、5、6.陶豆 3.陶盘 4.陶匜 8、9.陶鼎 10、11.陶壶形豆 12.陶盉 13、14.陶敦 15.陶小口鼎 16.陶罍

葬具　　一椁一棺。椁室位于墓室中部略偏北，已朽成灰。残存灰痕长190～199、宽122～134、残高22～28、厚0.3～0.5厘米。棺室位于椁室偏南，已朽成灰。残存灰痕长192～199、宽82厘米，高不详，厚1～1.5厘米。椁底有两根枕木，南北向，西侧枕木长134、宽16厘米；东侧枕木长120、宽20厘米，二者均厚10厘米。

人骨　　1具。保存较差，仰身直肢葬，头向西，双手交并于腹上。女性，年龄30～35岁。

随葬器物　　随葬陶器16件。放置在椁内棺外北侧。出土时多已碎裂。从西到东分别为壶2件、豆3件、盘1件、匜1件、鼎2件、壶形豆2件、盉1件、敦2件、小口鼎1件、罍1件。

陶鼎　　2件。M5:8，泥质褐红胎，灰黑皮。盖顶弧，上有两周凸棱，并饰有三个兽形纽；子口承盖，微敛；肩附对称长方形双耳；上腹直，下腹弧收；平底；高蹄足。腹中部有一周凸棱。通高29.6、口径23、腹径25.5、足高18.1厘米（图二八，1；图版七，1）。M5:9，形制与M5:8同，无盖。高29、口径22.9、腹径25.2、足高18厘米（图二九，2；图版七，2）。

陶小口鼎　　1件。M5:15，泥质褐红胎，灰黑皮。盖顶隆起，上饰三纽；小口内敛，方唇；斜肩，肩附对称长方形双耳；弧腹；平底；三蹄足。腹中部有两周凹弦纹。通高26.8、盖径13.9、口径11.2、腹径24、足高16.6厘米（图二九，1；图版七，3）。

陶敦　　2件。M5:13，泥质褐红胎，灰黑皮。身、盖同形，均为半球形，相扣呈球形；各附曲折形三纽（足），向外撇。通高25.6、口径20、足高8.7厘米（图三〇，1；图版八，1）。M5:14，形同M5:13。通高24.1、口径19.8、足高8.4厘米（图三〇，2；图版八，2）。

陶豆　　3件。M5:2，泥质灰陶。敞口，圆唇，浅弧盘，平底，柱状细高柄，喇叭形底座，座顶面隆起，座沿起台。高15.6、口径13.5、底径9厘米（图二八，3；图版七，4）。M5:5，泥质灰陶，浅灰皮。敞口，尖圆唇微敛，浅弧盘，平底，柱状细高柄，喇叭状底座，座沿起台，沿面有凹槽。高16.2、口径12.5、底径7.6厘米（图二八，4；图版七，5）。M5:6，泥质灰陶，灰白皮。敞口，圆唇微敛，浅弧盘，觚形矮柄，豆座顶面微隆，座沿起台。高9.3、口径11.1、底径6.3厘米（图二八，2；图版七，6）。

陶壶　　2件。M5:1，泥质褐红胎，灰白皮。盖顶隆起，顶面饰有三个曲折形纽，侈口，束颈，溜肩，肩饰对称双半环耳，上腹圆鼓，下腹弧收，平底，下接圈足。通高40.7、盖径11.3、口径11.2、腹径23.2、底径14.4厘米（图三一，1；图版八，3）。M5:7，形态与M5:1相同。通高36.6、口径10.8、腹径22.8、底径14.4厘米（图三一，2；图版八，4）。

陶壶形豆　　2件。M5:10，泥质灰陶，盖有黑灰皮。盖顶微隆，顶面饰有乳状三纽，侈口，束颈，颈、肩交接处起折，圆鼓腹，柱状柄，喇叭形底座，座沿起台。通高21.6、盖径6.3、口径5.9、腹径10.5、底径7.8厘米（图二九，3；图版八，5）。M5:11，形态与M5:10近同。通高21.4、盖径6.3、口径5.8、腹径10、底径7.9厘米（图二九，4；图版八，6）。

陶罍　　1件。M5:16，泥质灰陶。盖有圈足形捉手；小口，圆唇，矮直领；斜广肩，肩上附对称鸟首形双纽，上腹圆鼓，下腹斜收，平底，下接圈足。上腹饰六枚圆饼饰。盖径13.6、腹径23.6、底径15、通高26.1厘米（图三〇，4；图版九，1、2）。

陶盉　　1件。M5:12，泥质褐红胎，灰黑皮。盖顶微隆，顶面饰三纽，小口，圆唇，矮直

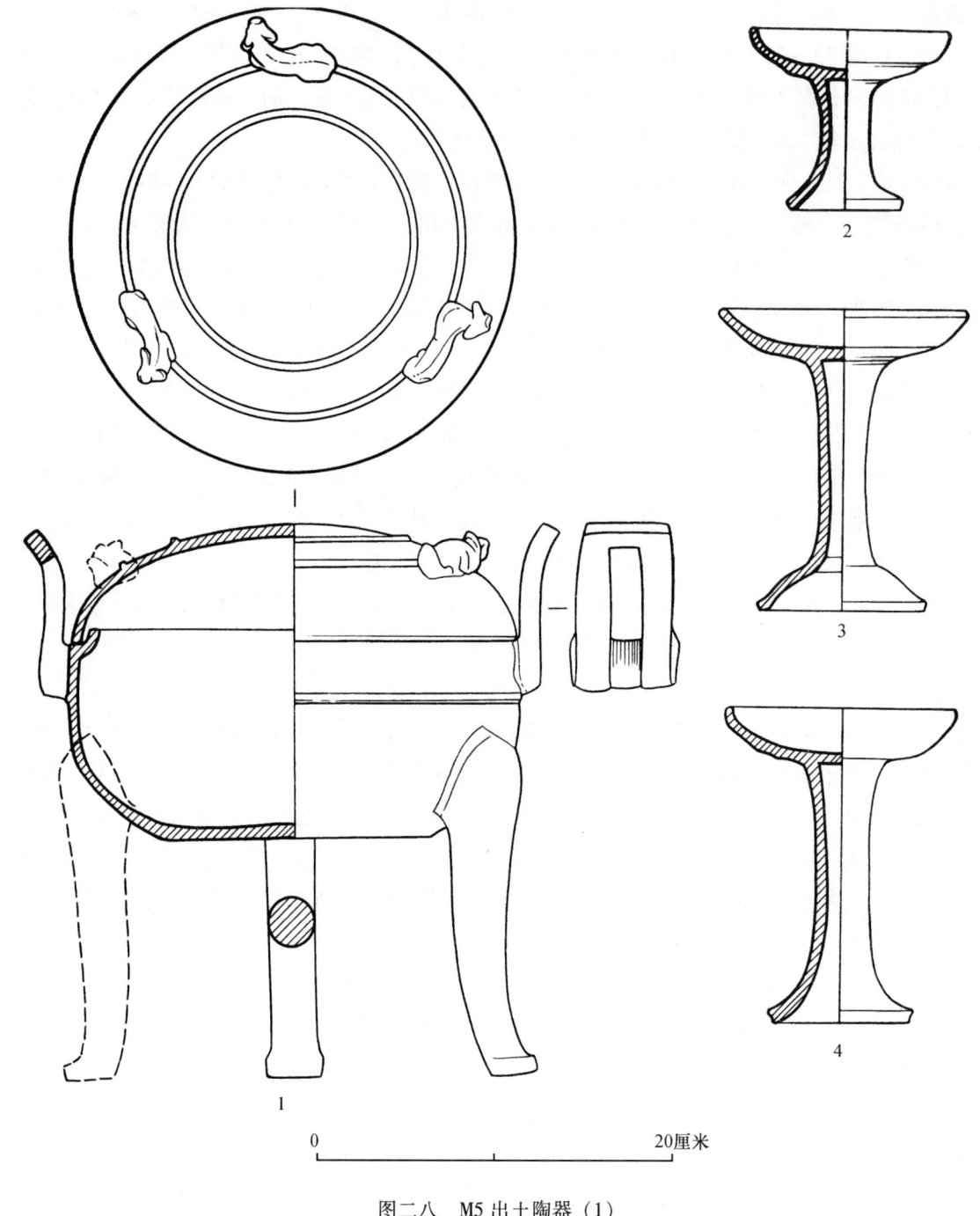

图二八 M5 出土陶器（1）
1. 鼎（M5:8） 2~4. 豆（M5:6、M5:2、M5:5）

领，斜肩，肩部饰对称双盲耳，并有管状流，鼓腹，平底，三蹄足。腹中部饰两周凹弦纹。通高18.2、盖径11.1、口径8.6、腹径20.5、足高10厘米（图三〇，3；图版九，3）。

陶盘 1件。M5:3，泥质褐红胎，灰黑皮。仰折沿，浅腹，近口处微折，圜底。口径23.9、高5.1厘米（图三〇，5；图版九，4）。

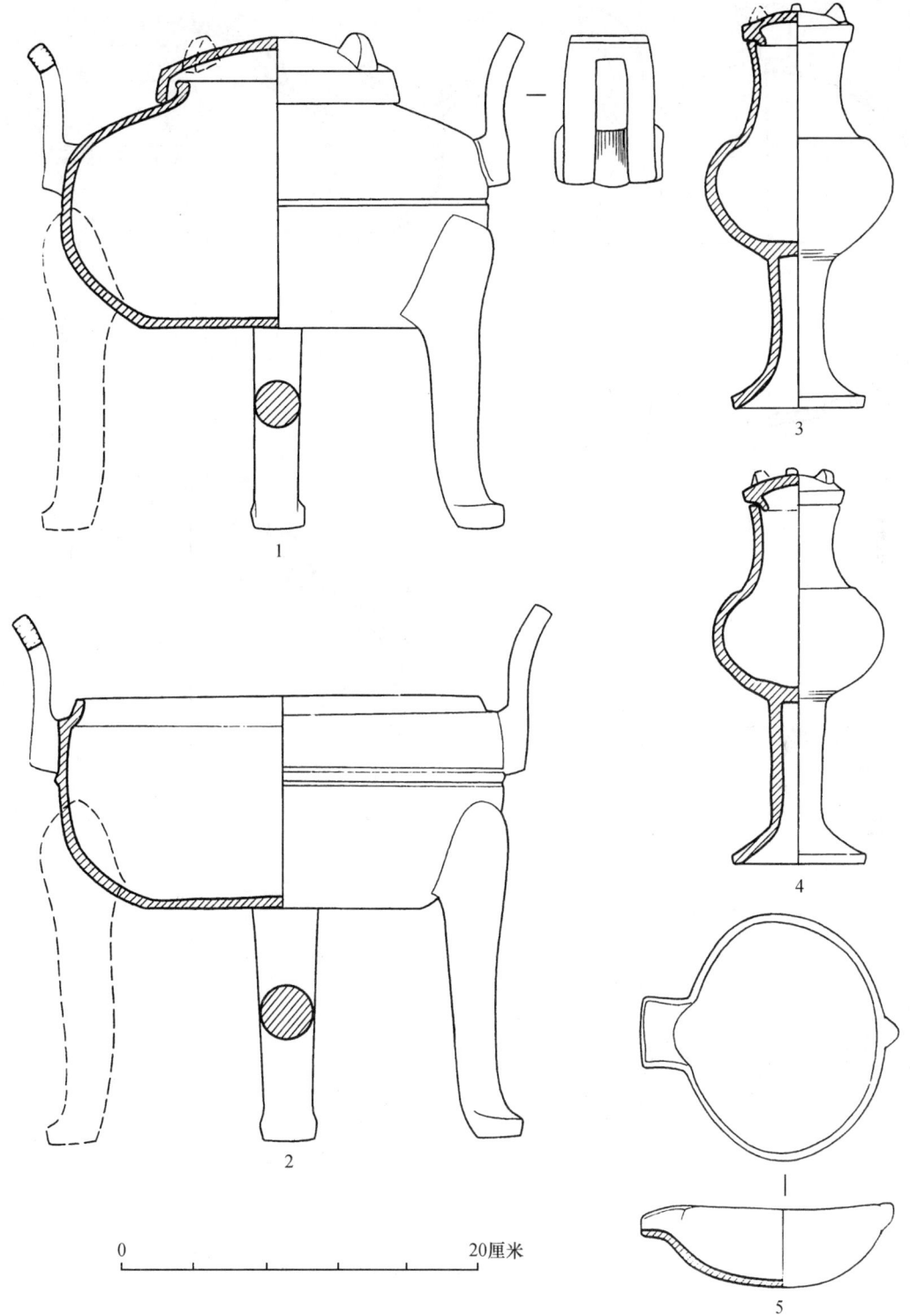

图二九 M5 出土陶器（2）

1. 小口鼎（M5:15） 2. 鼎（M5:9） 3、4. 壶形豆（M5:10、M5:11） 5. 匜（M5:4）

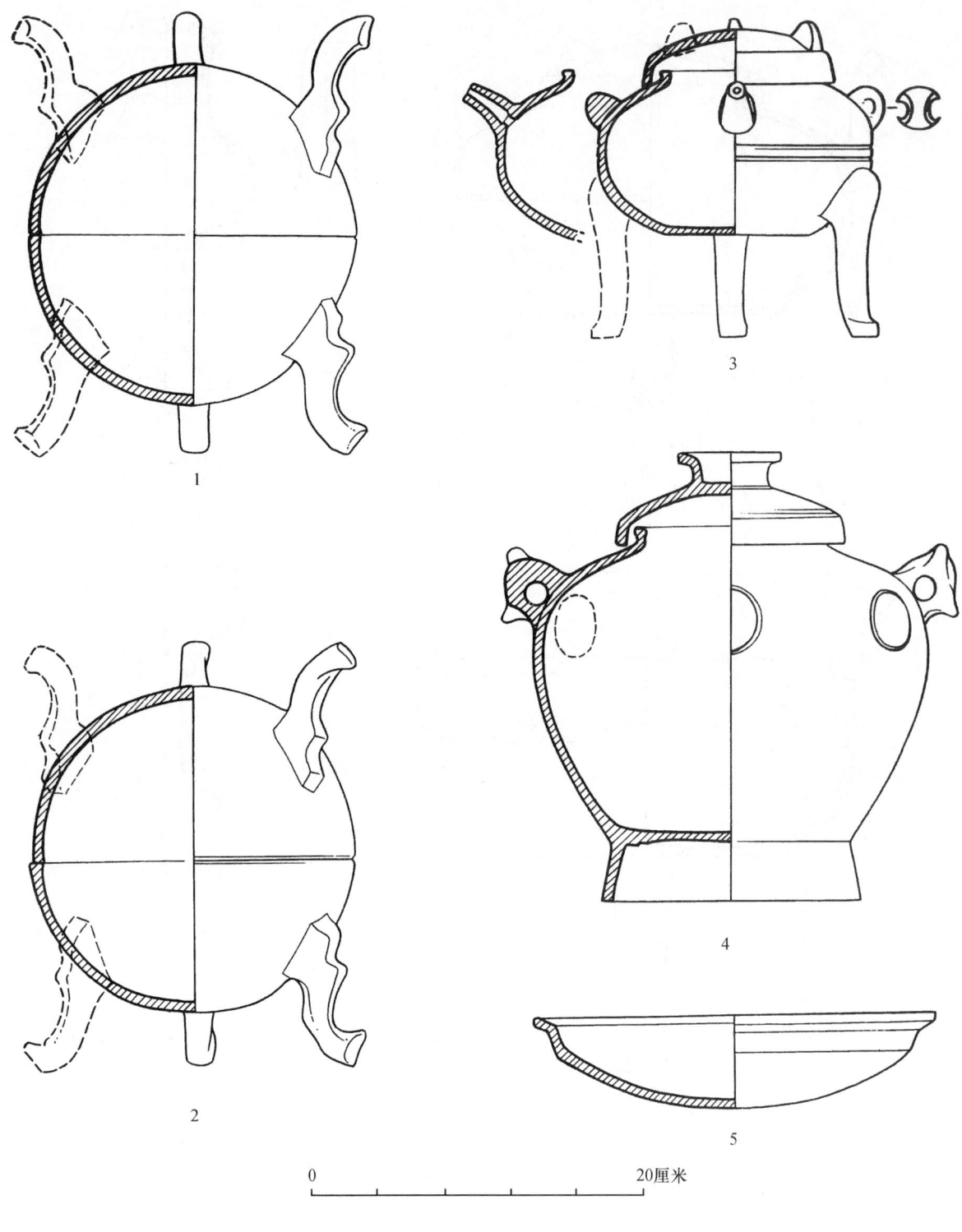

图三〇　M5 出土陶器（3）

1、2. 敦（M5:13、M5:14）　3. 盉（M5:12）　4. 罍（M5:16）　5. 盘（M5:3）

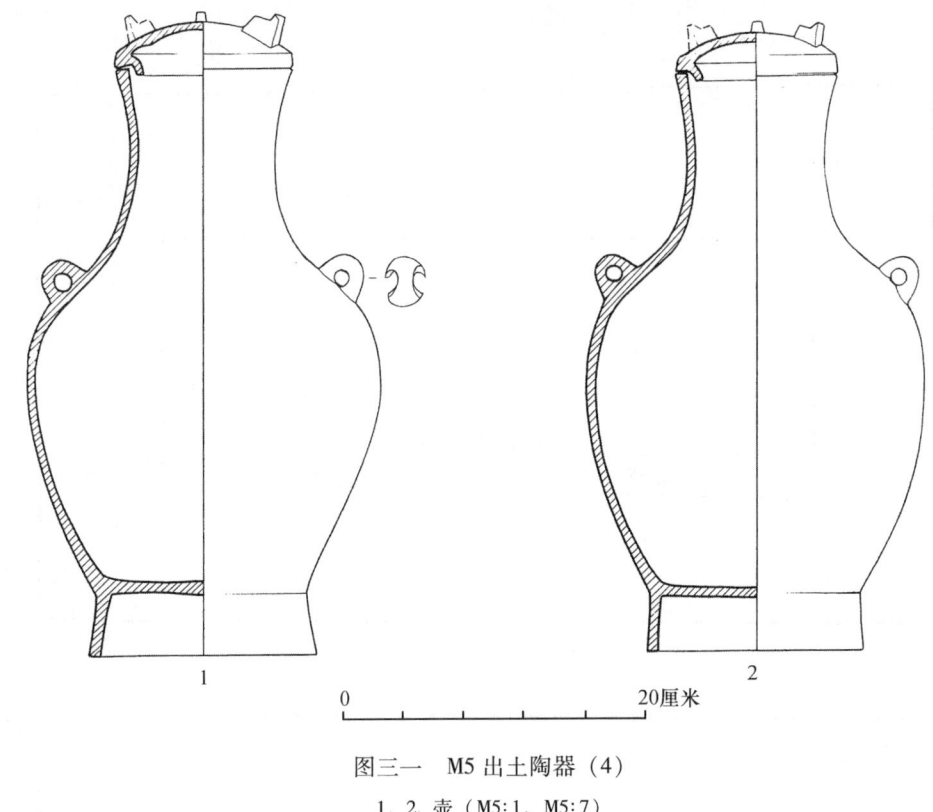

图三一 M5 出土陶器（4）
1、2. 壶（M5:1、M5:7）

陶匜　1件。M5:4，泥质褐红胎，灰黑皮。口部呈横长椭圆形，弧腹，圜底。槽状流，尾部饰一小纽为鋬。口径10.9~12.7、身长14、高4.5厘米（图二九，5；图版九，5）。

M6

位置　位于ⅡT0304东北部，北、东、南、西分别与M29、M26、M23、M24、M34、M35、M7相邻。

层位关系　①→M6→生土。

方向　126°。

形制与结构　长方形竖穴土坑，直壁平底。长246、宽140~144、深85厘米（图三二）。填土为黄褐花土，土质疏松，无包含物。

葬具　一椁。位于墓室中部，已朽成灰。残存灰痕长176、宽66~70、残高18、厚0.5厘米。未见棺痕。

人骨　1具。保存较差，仰身直肢葬，头向东南，面向上，双手交并于腹上。女性，年龄30~40岁。

随葬器物　随葬品7件，置于椁内人骨左侧，从头侧至足侧分别为陶豆2件、陶鼎1件、陶壶1件、陶敦1件、陶豆1件、陶壶1件。

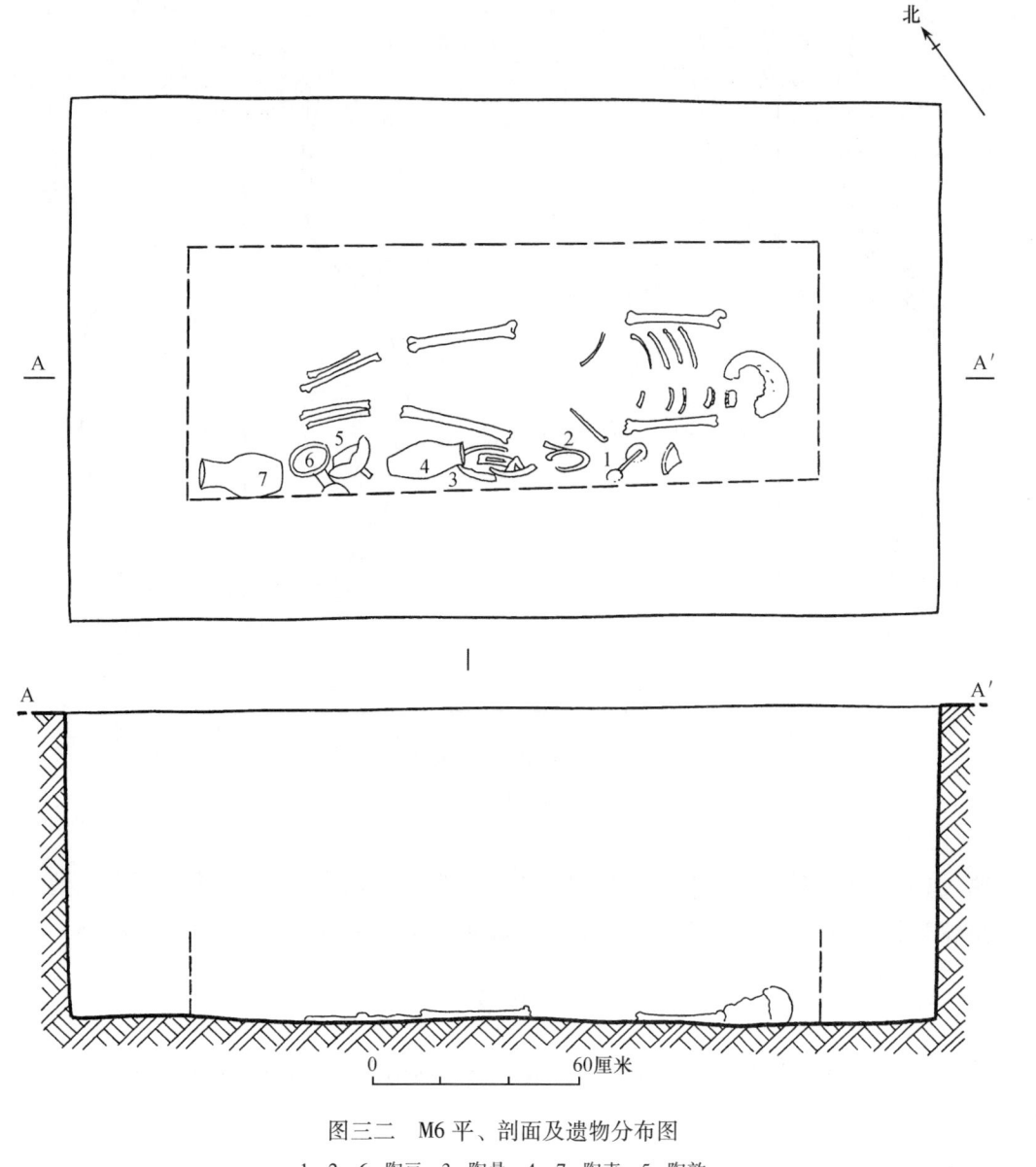

图三二　M6 平、剖面及遗物分布图
1、2、6. 陶豆　3. 陶鼎　4、7. 陶壶　5. 陶敦

陶鼎　1件。M6:3，泥质褐红胎，灰黑皮。盖残，子口微敛，上腹直，下腹弧，平底，高蹄足。肩附对称长方形双耳。腹中部饰有一周凸棱。口径17.5、腹径19.6、高21.7厘米（图三三，1；图版九，6）。

陶敦　1件。M6:5，泥质褐红胎，黑皮。方唇，盖与身形制相同，均呈半球形，上、下各附曲折形三纽（足），向外撇。腹径16.6、足高6.8、通高22厘米（图三三，2；图版一〇，1）。

陶豆　3件。M6:1，泥质褐红胎，灰黑皮。器形不甚规整。敞口，圆唇，浅弧盘，圜底，圆柱形细高柄，喇叭形底座，座沿起台。豆柄下端有三周凹弦纹。口径14.2、底径8、高17.9厘米（图三三，5；图版一〇，2）。M6:2，泥质褐红胎，灰黑皮。特征与M6:1相同，惟豆柄无弦纹。口径14.2、底径8、高17.7厘米（图三三，4；图版一〇，3）。M6:6，泥质灰褐陶。

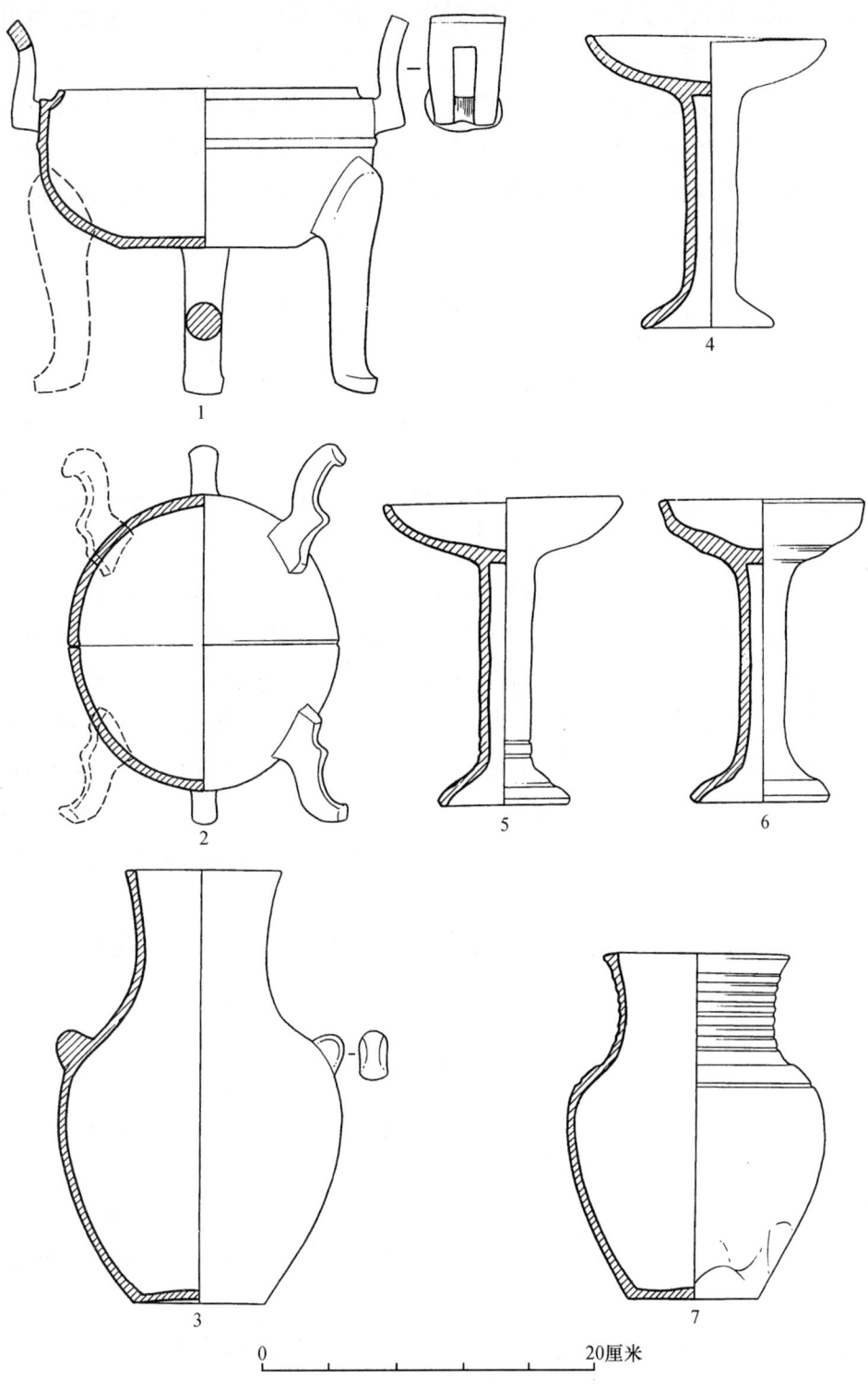

图三三　M6 出土陶器

1. 鼎（M6:3）　2. 敦（M6:5）　3、7. 壶（M6:4、M6:7）　4~6. 豆（M6:2、M6:1、M6:6）

口微敞，圆唇，弧盘微折，小平底，圆柱形细高柄，喇叭形底座，座顶面隆起，座沿起台。口径12.4、底径8.6、高17.1厘米（图三三，6；图版一〇，4）。

陶壶　2件。M6:4，泥质红褐胎，灰黑皮。敞口，束颈，上腹圆鼓，下腹弧收，凹圜底。肩附对称双盲耳。口径9.2、腹径16.9、底径8、高25.1厘米（图三三，3；图版一〇，5）。M6:7，泥质红褐胎，灰白皮。敞口，束颈，耸圆肩，弧腹内收，平底。颈、肩部饰凹弦纹。口径11.4、腹径15.4、高20.1厘米（图三三，7；图版一〇，6）。

M7

位置　位于ⅡT0304西北部，北、东、南分别与M29、M6、M35相邻。

层位关系　①→M7→生土。

方向　104°。

形制与结构　长方形竖穴土坑，直壁平底。长236、宽148～152、深130厘米（图三四）。

填土呈黄褐色，土质疏松，无包含物。但椁室填土内含有大量料姜石。

葬具　一椁。椁室位于墓室中部略偏北，已朽成灰。残存灰痕长164、宽108～116、残高40、厚0.5厘米。未见棺痕，据随葬品位置推测棺宽71厘米。

人骨　1具，保存较差，侧身屈肢葬，头向东，面向南。男性，年龄35～55岁。

随葬器物　均为陶器，置于人骨北侧，残碎较甚。器形可辨者有陶壶、陶豆各1件。

陶壶　1件。M7:1，泥质灰陶，浅黄衣。器形规整，器身较大。敞口，束颈，上腹圆鼓，下腹弧内收，平底微内凹。素面，轮制。高25.4、口径13.3、腹径16.7、底径9.3厘米（图三五，1；图版一一，1）。

陶豆　1件。M7:2，泥质灰陶，仅余豆盘。敞口，斜方唇，浅弧盘，盘底较平。残高3.2、口径11.9厘米（图三五，2；图版一一，2）。

M8

位置　位于ⅡT0405西南部，北、东两边分别与M41、M66和M48相邻。

层位关系　①→M02→M8→生土。

方向　284°。

形制与结构　长方形竖穴土坑。上部已被破坏，残存墓口长170、宽40、残存深度6厘米（图三六）。

南壁偏西有壁龛，上部已被破坏，横宽32、进深21、残存高8厘米。

填土为褐色五花土，土质疏松，无包含物。

葬具　不详。

人骨　1具，腐蚀严重，仰身直肢葬，头向西。男性，25～34岁。

随葬器物　陶鬲、陶盂各1件，均置于壁龛中（彩版五，1）。

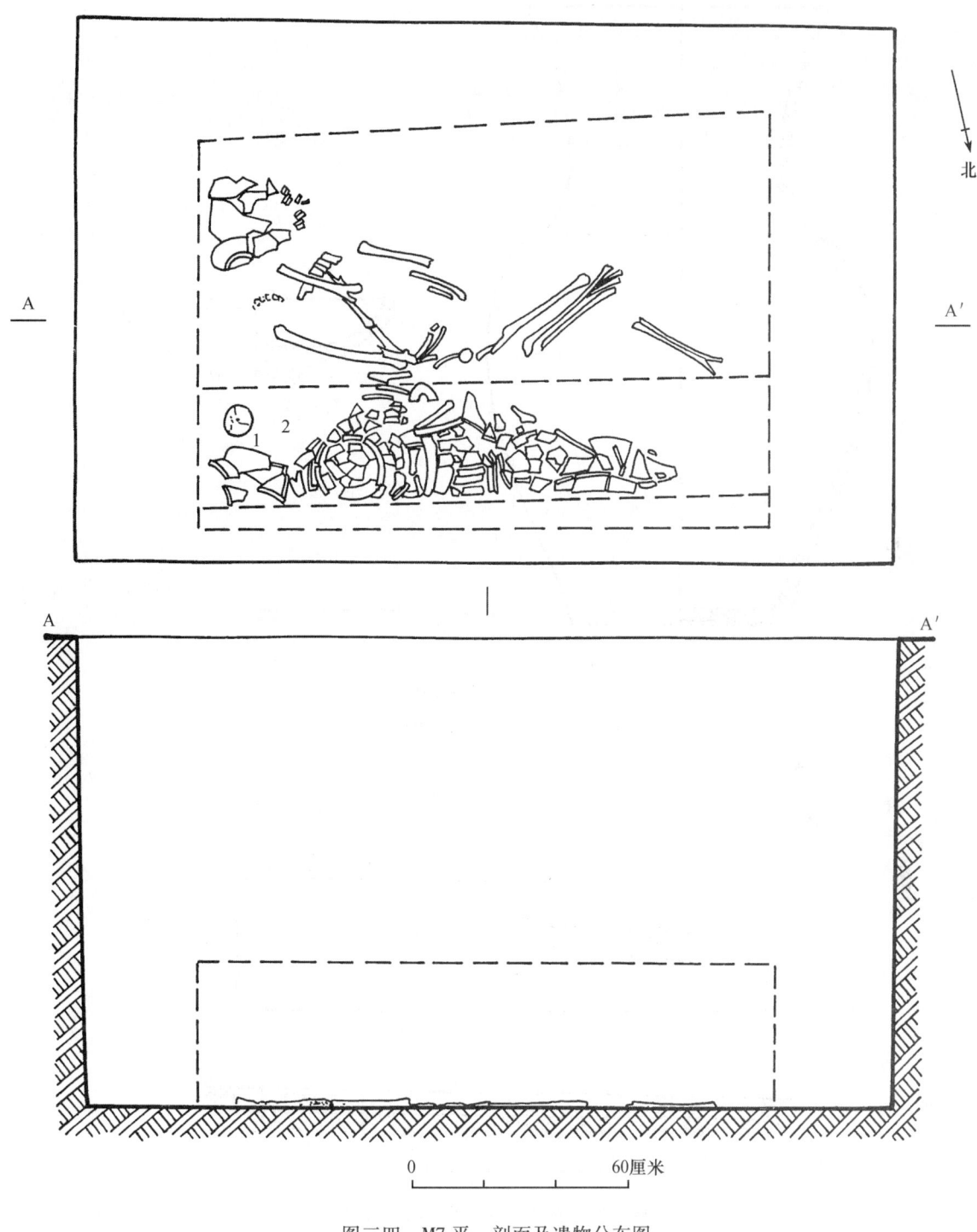

图三四 M7 平、剖面及遗物分布图
1. 陶壶 2. 陶豆

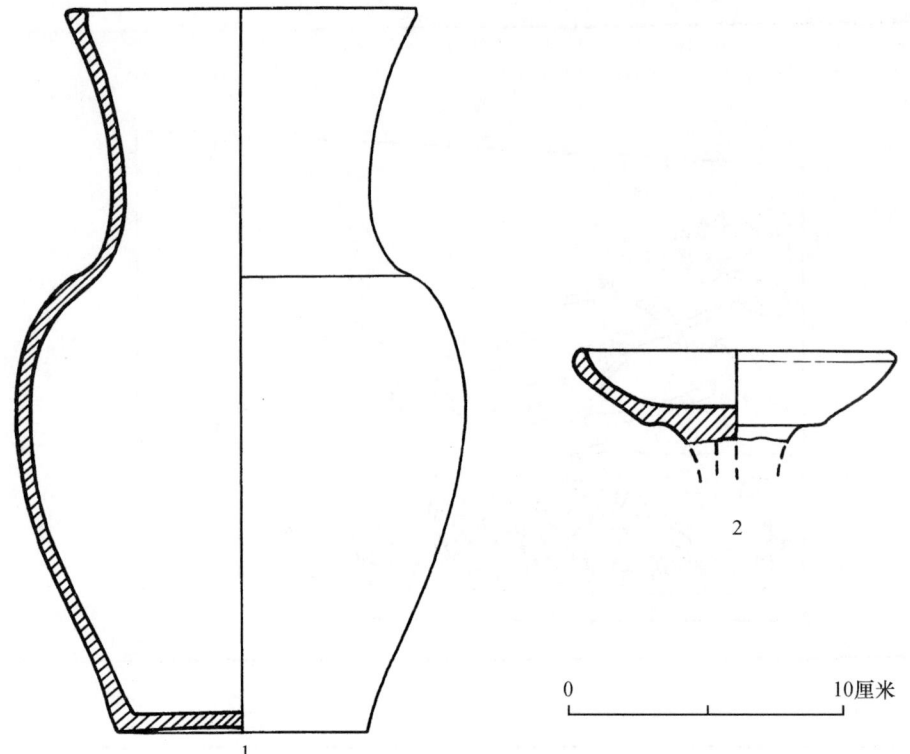

图三五　M7 出土陶器
1. 壶（M7:1）　2. 豆（M7:2）

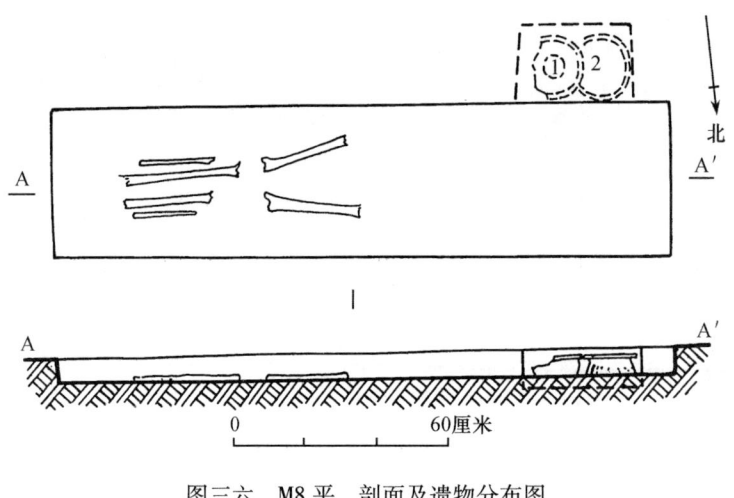

图三六　M8 平、剖面及遗物分布图
1. 陶盂　2. 陶鬲

陶鬲　1件。M8:2，夹砂灰陶，口径略等于腹径，器形不甚规整，器身大。平折沿，沿面有不规则凸棱，方唇，颈身有三道凹弦纹，溜肩，弧腹，平裆，袋状足。颈以下饰绳纹，器身轮制，足模制。通高21.5、口径21.7、腹径22厘米（图三七，1；图版一一，4）。

陶盂　1件。M8:1，泥质灰陶，器形较规整，器身大。平折沿，厚方唇，颈略束、较高，上腹圆，下腹斜弧内收，平底。通体素面，轮制。高16.1、口径21.8、底径10厘米（图三七，2；图版一一，3）。

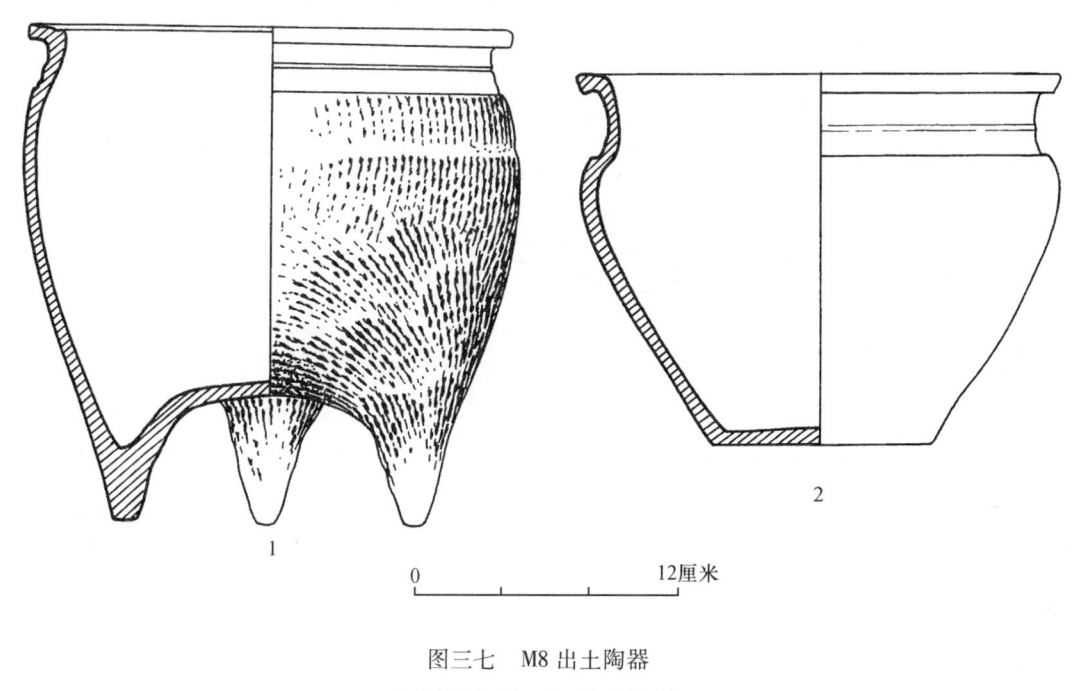

图三七　M8出土陶器
1. 鬲（M8:2）　2. 盂（M8:1）

M9

位置　位于ⅡT0104西北部，北、东、南、西分别与M4、M3、M13、M2、M105、M20相邻。

层位关系　①→G1→M9→生土。

方向　170°。

形制与结构　长方形竖穴土坑，直壁平底。长246、宽110~122、深120厘米（图三八）。填土为黄褐色五花土，土质较硬，黏性大，无包含物。

葬具　一椁一棺。椁室位于墓室中部，已朽成灰。残存灰痕长206、宽80、残高12、厚0.3~0.5厘米。棺室位于椁室内偏东，已朽成灰。残存灰痕长206、宽46厘米，高不详，厚0.3~0.5厘米。椁底有两根枕木支撑，东西向，长均为80、宽均为20、厚6厘米。

人骨　1具。保存较差，仅余头骨及部分肢骨，头向南，葬式不详。男性，年龄40~45岁。

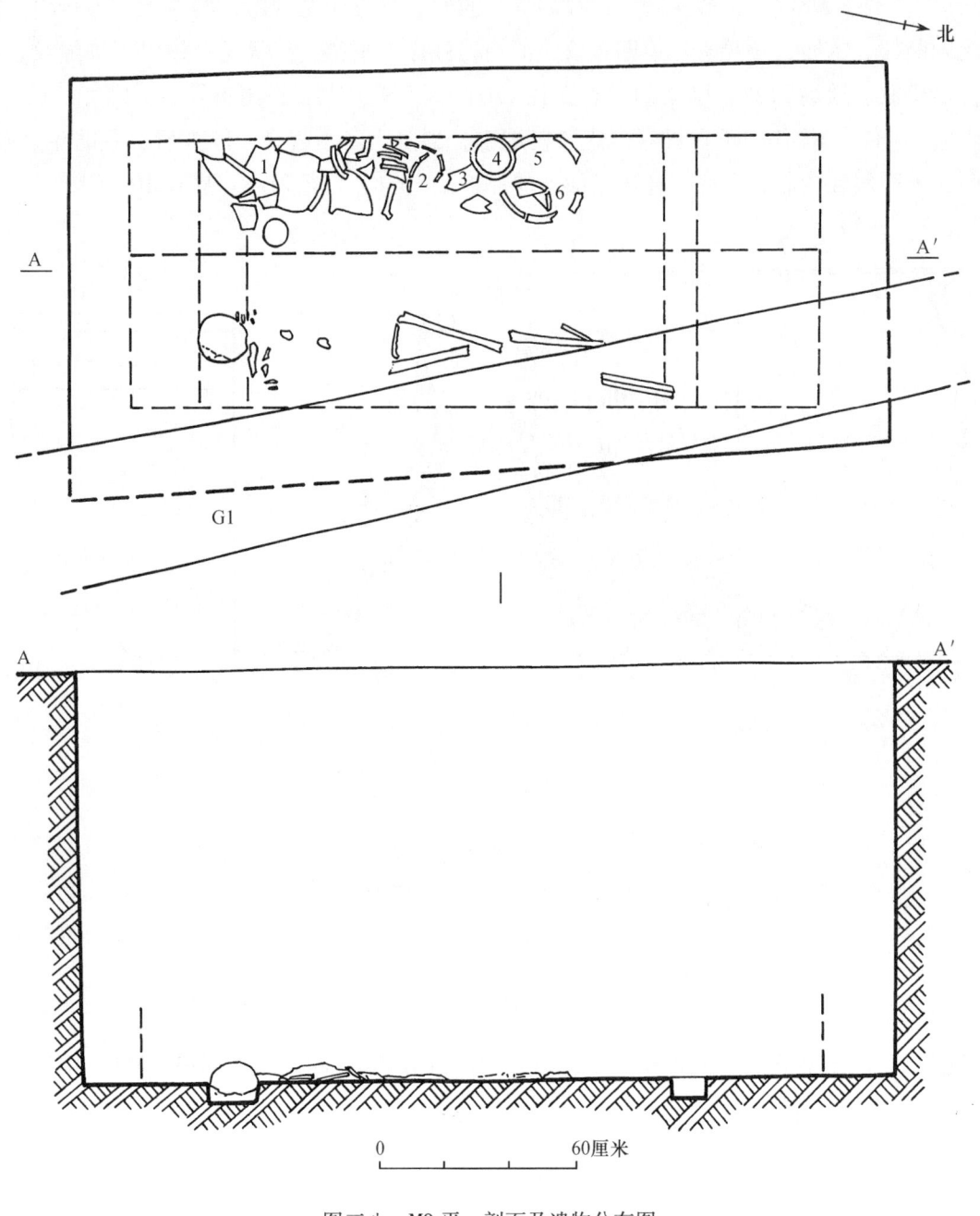

图三八 M9 平、剖面及遗物分布图
1. 陶壶 2. 陶鼎 3. 陶敦 4. 陶豆 5. 陶盘 6. 陶匜

随葬器物 6 件陶器，放置在椁内棺外西侧。残碎较甚。从南至北分别为陶壶、陶鼎、陶敦、陶豆、陶盘、陶匜。

陶鼎 1 件。M9:2，泥质褐红胎，灰黑皮。盖顶弧，子口承盖，内敛，肩附对称长方形双耳，弧腹，平底，蹄足。盖顶有四周凹弦纹，腹部饰一周凸棱。通高 20、盖径 18、口径 15.9、足高 12 厘米（图三九，1；图版一二，1）。

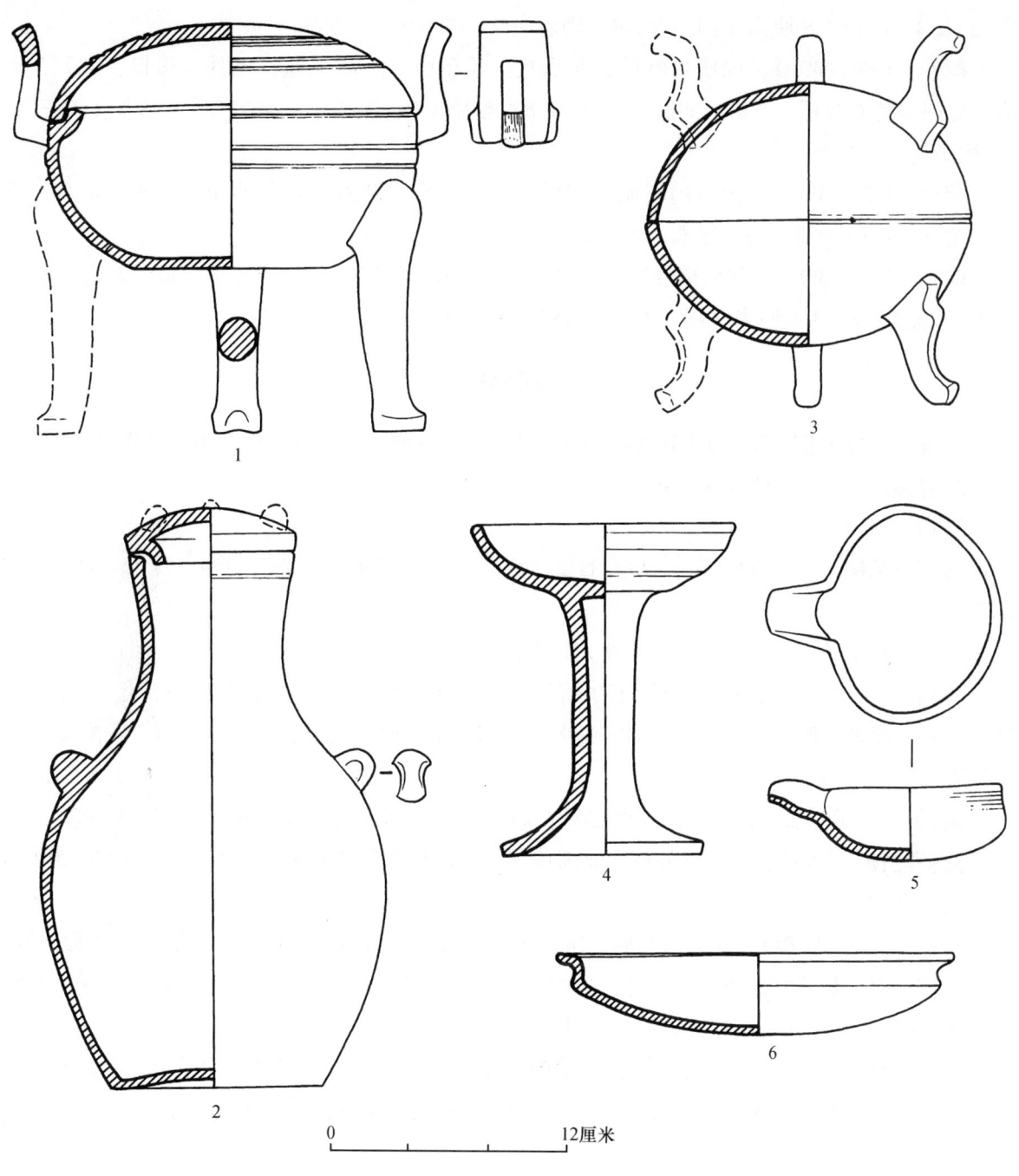

图三九 M9 出土陶器
1. 鼎（M9:2） 2. 壶（M9:1） 3. 敦（M9:3） 4. 豆（M9:4） 5. 匜（M9:6） 6. 盘（M9:5）

陶敦 1件。M9:3，泥质褐红胎，黑灰皮。盖、身均呈半球形，相扣呈扁球体，盖、身各附三曲折形纽（足），稍外撇。器高17.8、腹径16.2、足高6.2厘米（图三九，3；图版一二，2）。

陶豆 1件。M9:4，泥质褐红胎，灰皮。敞口，弧盘，圜底，高柄，座沿起台。高15.5、口径12.8、底径9.8厘米（图三九，4；图版一二，3）。

陶壶　1件。M9：1，泥质褐红胎，灰黑皮。盖顶弧，上附三纽，已残。侈口，束颈，溜肩，肩附对称双盲耳，圆腹，凹圜底。高27.8、盖径8.7、腹径17、底径10.3厘米（图三九，2；图版一二，4）。

陶盘　1件。M9：5，泥质褐红胎，灰黑皮。平折沿，圆唇，短颈略束，浅腹，圜底。素面，轮制。口径20.2、高4厘米（图三九，6；图版一二，5）。

陶匜　1件。M9：6，泥质褐红胎，灰黑皮。口近圆，流嘴上侈，流面平，弧壁圜底。高4、长12、口径8.8~9.4厘米（图三九，5；图版一二，6）。

M10

位置　位于ⅡT0104与ⅠT0104之间，北、东、西分别与M11、M1、M13、M3相邻。

层位关系　①→M10→生土。

方向　85°。

形制与结构　长方形竖穴土坑，直壁平底。长224~230、宽145~154、深154厘米（图四〇）。

填土为褐黄花土，土质较硬，黏性大，无包含物。

葬具　一棺一椁。椁室位于墓室中部，已朽成灰。残存灰痕长178~186、宽102、残高26、厚0.5厘米。棺室位于椁室中部略偏南，已朽成灰。残存灰痕长168、宽44、残高14、厚0.3厘米。

人骨　1具。保存较差，仰身直肢葬，头向东，双手交并于腹上。男性，年龄35~55岁。

随葬器物　5件，置于棺外椁内北部偏东，由东至西分别为陶鼎1件、陶壶1件、陶敦1件、陶豆2件。

陶鼎　1件。M10：1，泥质褐红胎，灰黑皮。盖残。子口承盖，内敛，上腹直，下腹弧收，平底，三蹄足。肩附对称长方形双耳，腹中部有二周凹弦纹。高22.7、口径19.5、腹径21.5、足高13.5厘米（图四一，1；图版一三，1）。

陶敦　1件。M10：3，泥质褐红胎，黑皮。方唇，盖与身形制相同，均呈半球状，器身略大于盖。盖上、身下各附三曲折形纽（足），向外撇。高20.5、盖径16.7、腹径17.5、足高6.1厘米（图四一，5；图版一三，2）。

陶豆　2件。M10：4，泥质褐红胎，浅灰皮。敞口，圆唇，浅弧盘，盘壁微有折棱，柱状高柄，座沿起台。高16.6、口径13.5、底径8.3厘米（图四一，3；图版一三，3）。M10：5，泥质褐红胎，浅灰皮。敞口，圆唇，浅弧盘，盘壁微有折棱，柱状高柄，座沿起台。高16.3、口径13.2、底径7.7厘米（图四一，4；图版一三，4）。

陶壶　1件。M10：2，泥质褐红胎，浅黄衣。敞口，方唇，束颈，肩部饰对称双盲耳，圆鼓腹，平底，下接圈足。轮制。高27.8、口径10.4、底径11.1、腹径19.4、足高2.4厘米（图四一，2；图版一三，5）。

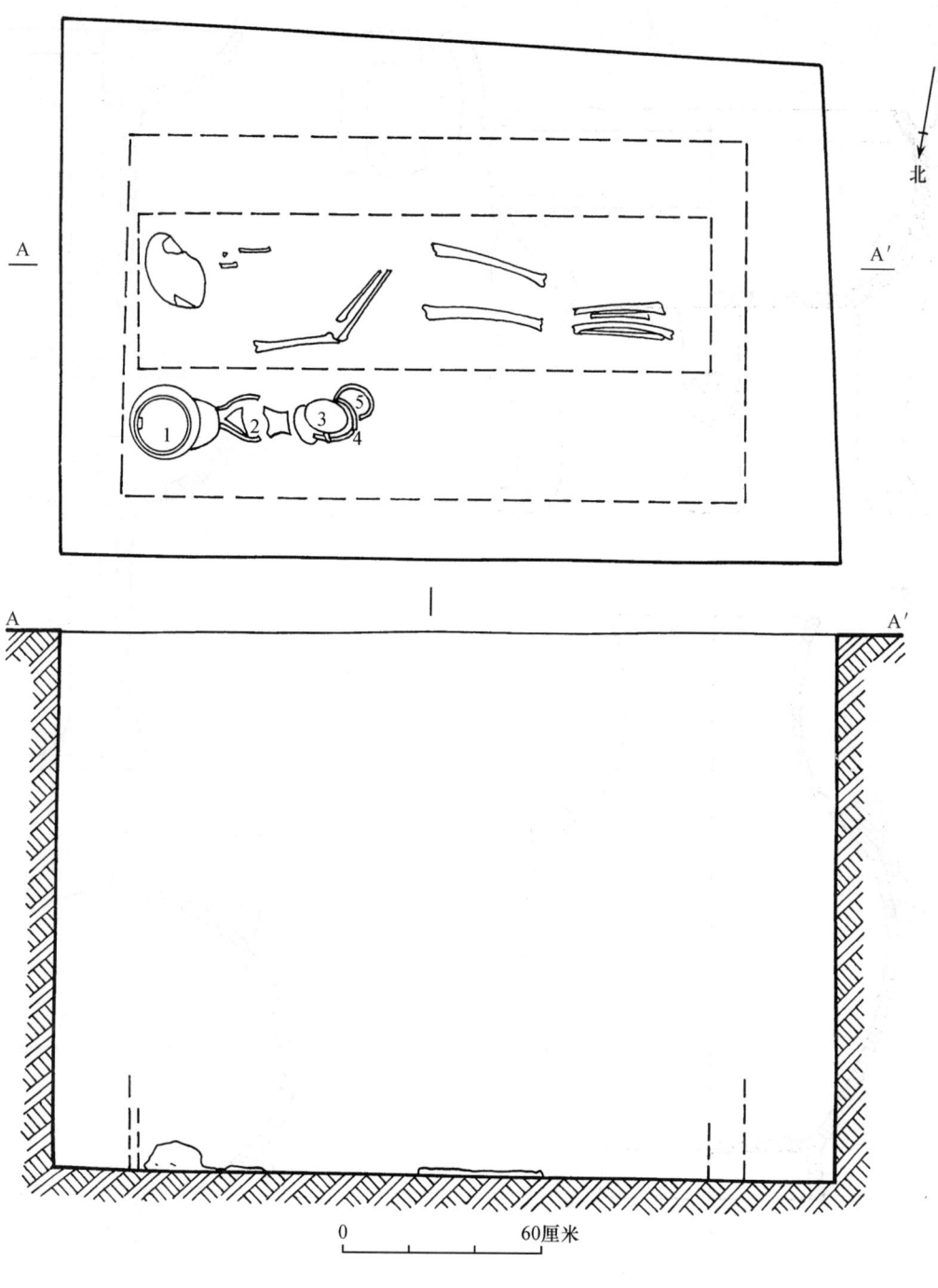

图四〇　M10 平、剖面及遗物分布图
1. 陶鼎　2. 陶壶　3. 陶敦　4、5. 陶豆

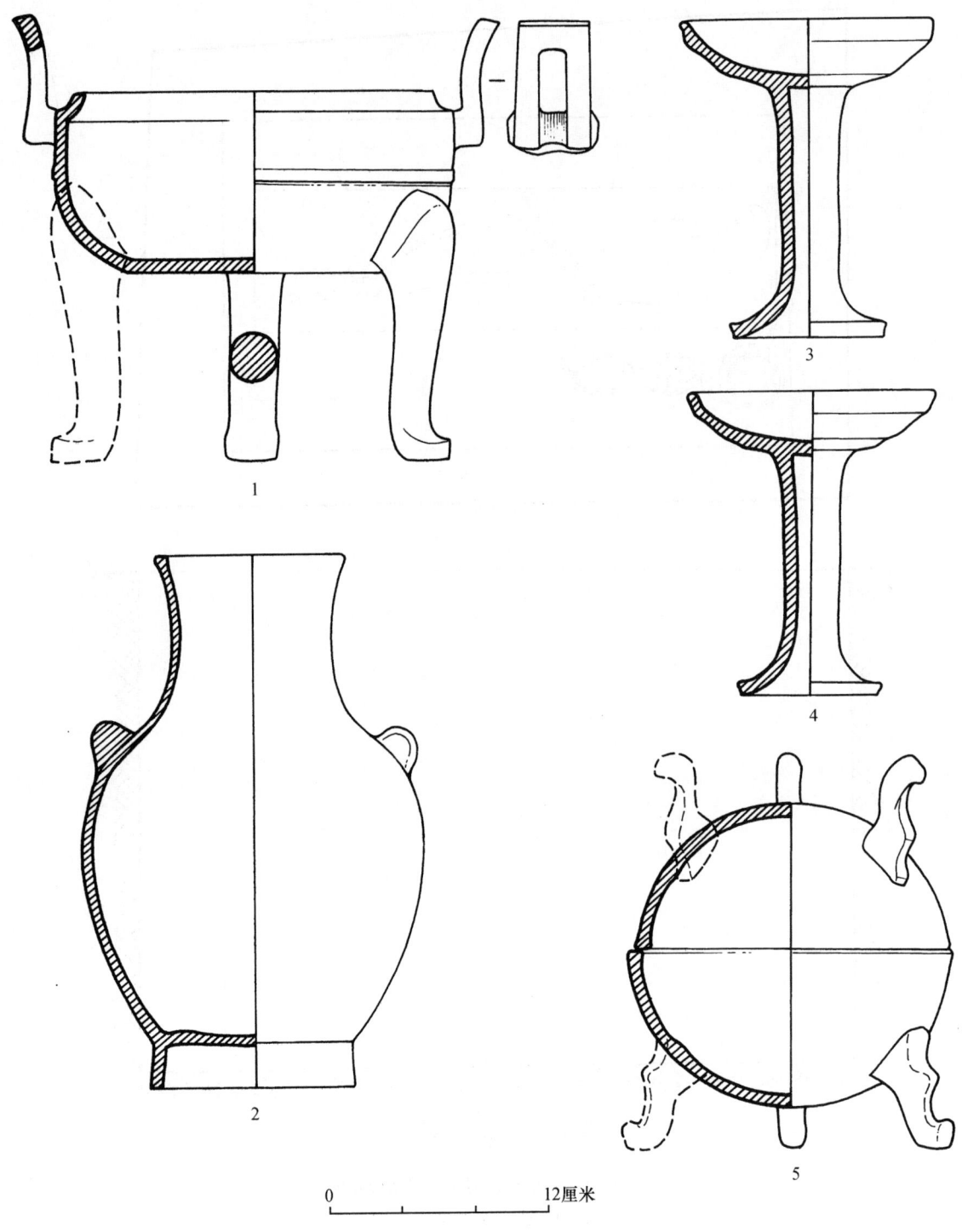

图四一 M10 出土陶器
1. 鼎（M10:1） 2. 壶（M10:2） 3、4. 豆（M10:4、M10:5） 5. 敦（M10:3）

M11

位置 位于ⅡT0104东部，部分向东进入ⅠT0104。其北、东、南、西分别与M12、M1、M10、M3相邻。

层位关系 ①→M11→生土。

方向 290°。

形制与结构 长方形竖穴土坑，直壁平底。长202、宽88~96、深60厘米（图四二）。填土为黄褐色五花土，土质较硬，黏性大，无包含物。

葬具 一棺。棺室位于墓室中部，已朽成灰。残存灰痕长164、宽30~40、残高12、厚0.3~0.5厘米。

人骨 1具，保存较差，仰身直肢葬，头向西，双手交并于腹上。性别不详，年龄25岁左右。

随葬器物 无。

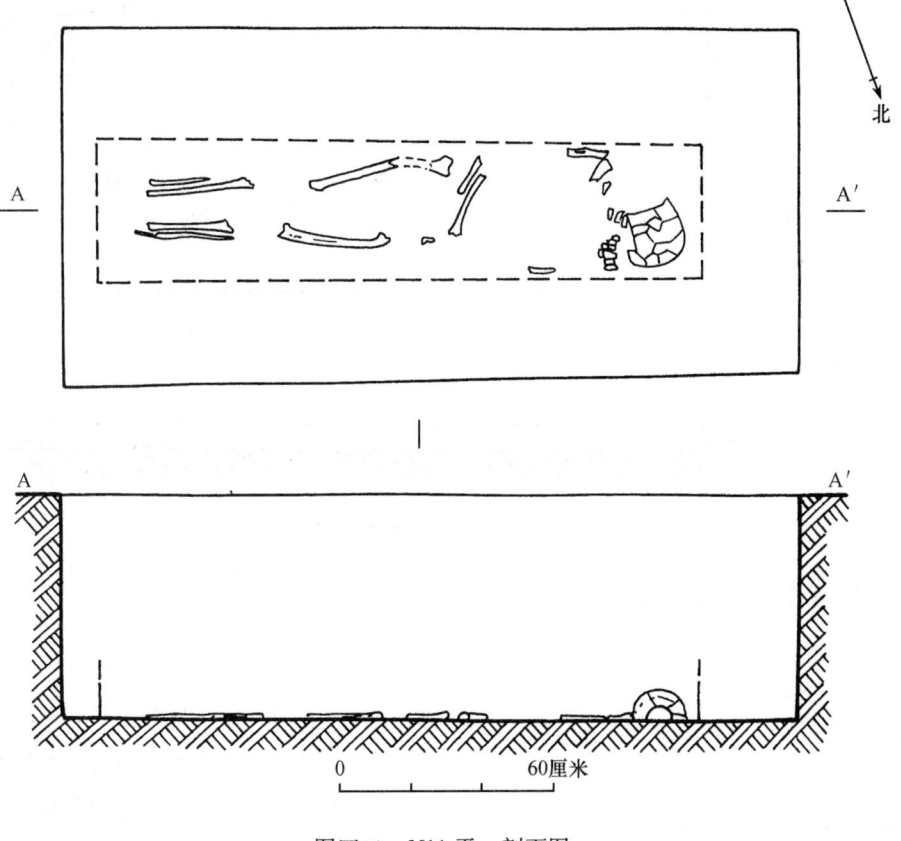

图四二 M11平、剖面图

M12

位置　位于ⅡT0104和ⅡT0105之间,南边与M3、M11相邻。

层位关系　①→M12→生土。

方向　195°。

形制与结构　长方形竖穴土坑。上部已被破坏,残存墓口长202、宽70~80、残存深度6厘米(图四三)。

填土为黄褐色五花土,土质较硬,无包含物。

葬具　不详。

人骨　1具,腐蚀严重,头向南,葬式不详,性别不辨,年龄15~20岁。

随葬器物　该墓被扰。随葬陶鬲、陶罐各1件,均置于头部右上方。

陶鬲　1件。M12:2,夹砂灰陶。火候低、质地差,未能复原。

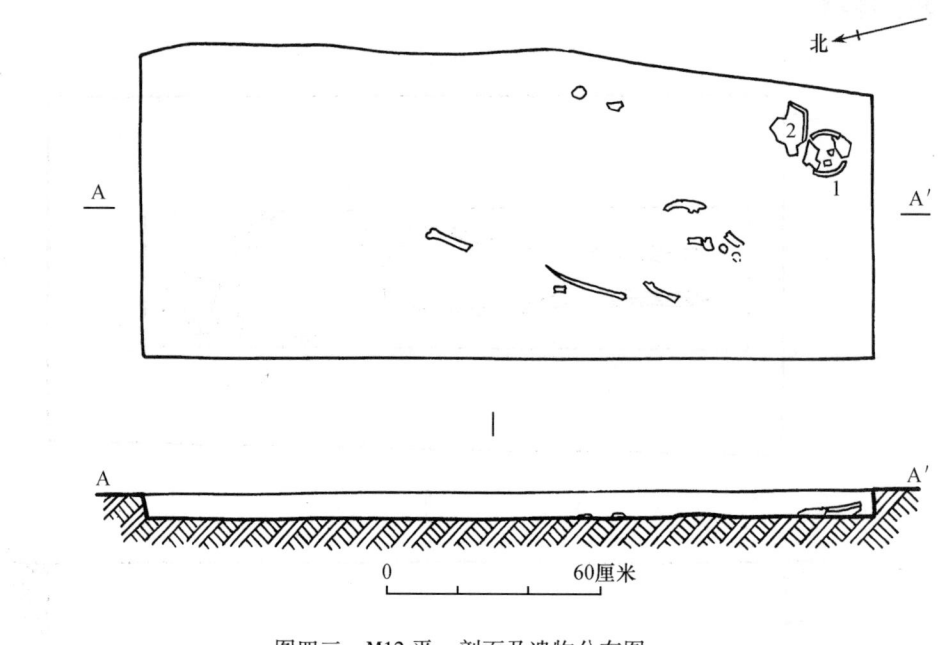

图四三　M12平、剖面及遗物分布图
1. 陶罐　2. 陶鬲

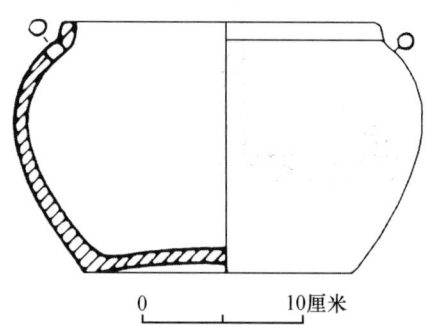

图四四　M12出土陶罐(M12:1)

陶罐　1件。M12:1,泥质灰陶,浅黄衣。器形规整,器身小,直口微敛,上腹圆,下腹弧内收,圜底。颈肩交接处有对称小圆孔。素面,轮制。高7.2、口径9.8、腹径12.6厘米(图四四;图版一三,6)。

M13

位置　位于ⅡT0104南部，西南与M2相邻。

层位关系　①→M13→生土。

方向　295°。

形制与结构　长方形竖穴土坑，口大底小，四壁下部内收，平底。墓口长201、宽70～80厘米；墓底长178、宽64～70厘米；墓深66厘米（图四五）。

填土为褐黄花土，土质较硬，黏性大，无包含物。

葬具　一棺，位于墓室东北侧，已朽成灰。残存灰痕长160、宽34、厚0.3厘米。

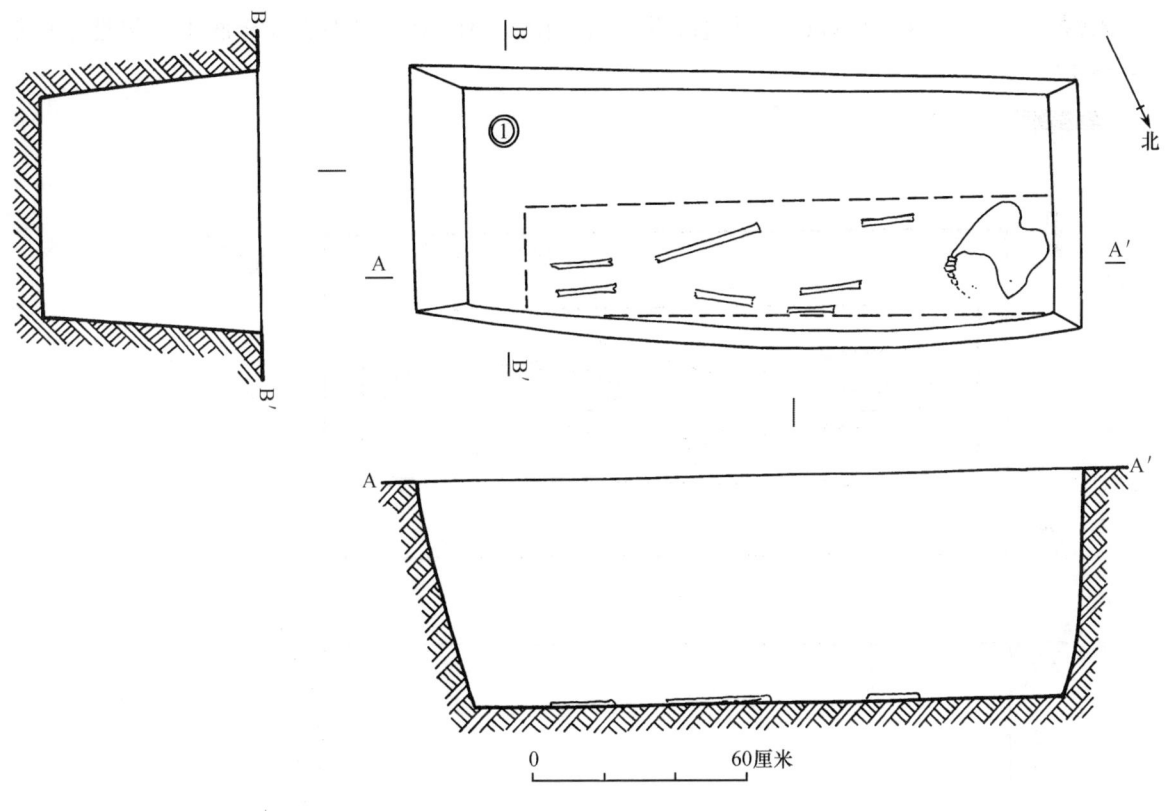

图四五　M13 平、剖面及遗物分布图
1. 陶盂

人骨　1具，腐蚀严重，仰身直肢葬，头向西，女性，25～30岁。

随葬器物　陶盂1件，置于足端棺外右侧，距墓底约45厘米。

陶盂　1件。M13:1，泥质灰陶，浅黄衣。器形规整，器身小。折沿，斜方唇，上腹圆，下腹斜弧内收，凹圜底。素面。高7、口径11.6、腹径12、底径6.8厘米（图四六；图版一四,1）。

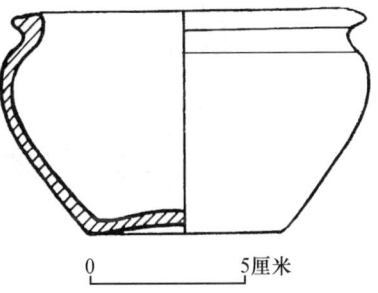

图四六　M13 出土陶盂（M13:1）

M14

位置 位于ⅡT0105中部，其西为M15。

层位关系 ①→M14→H1→生土。

方向 210°。

形制与结构 长方形竖穴土坑，直壁平底。长185、宽82、深98厘米（图四七）。填土为黄褐色五花土，土质较硬，黏性大，无包含物。

葬具 一棺。棺室位于墓室中部，已朽成灰。残存灰痕长168、宽42~50、残高28、厚0.3~0.5厘米。

人骨 1具，保存较好，仰身直肢葬，头向南，面向上，双手交并于腹上。男性，年龄40~45岁。

随葬器物 无。

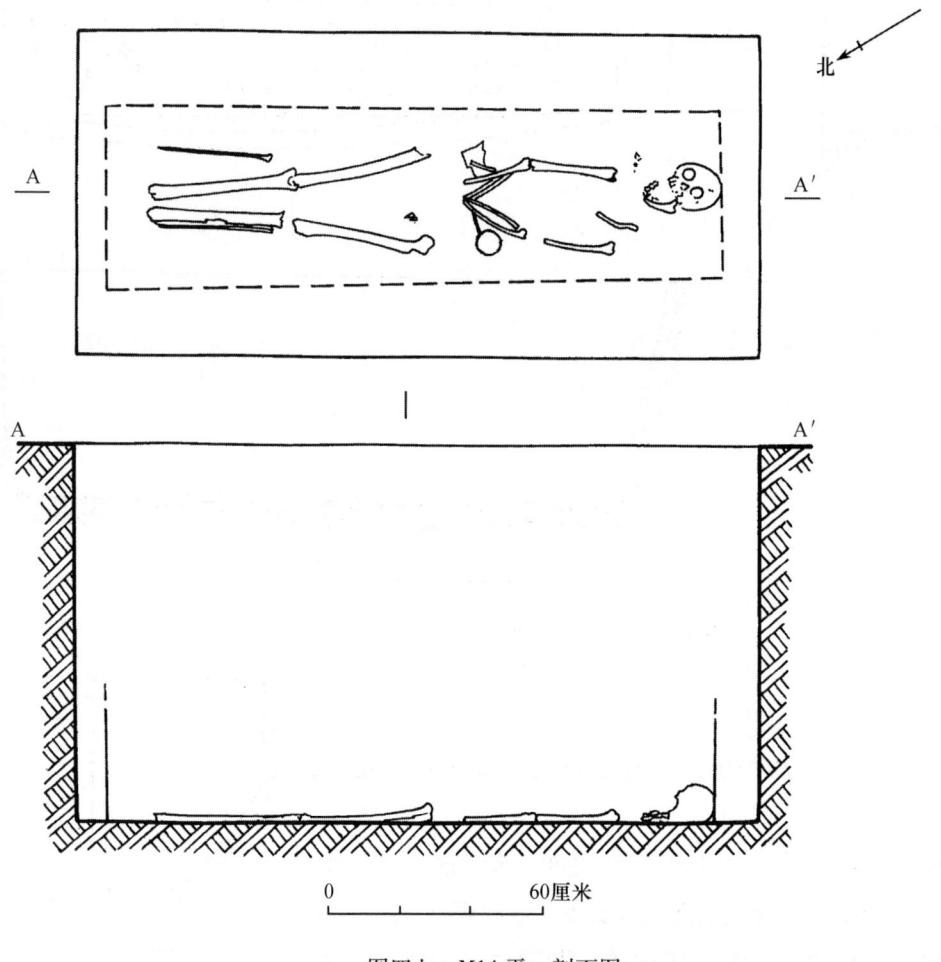

图四七 M14平、剖面图

M15

位置　　位于ⅡT0105西部，东、南、西分别为M14、M4、M16。

层位关系　　①→M15→H1→生土。

方向　　195°。

形制与结构　　长方形竖穴土坑，直壁平底。长234、宽140、深86厘米（图四八）。填土为黄褐色五花土，土质较硬，黏性大，无包含物。

葬具　　一棺。棺室位于墓室中部，已朽成灰。残存灰痕长194、宽78~82、残高16、厚0.1~0.3厘米。

人骨　　1具，保存较差，仰身直肢葬，头向南，面向东，双手交并于腹上。女性，年龄30~35岁。

随葬器物　　无。

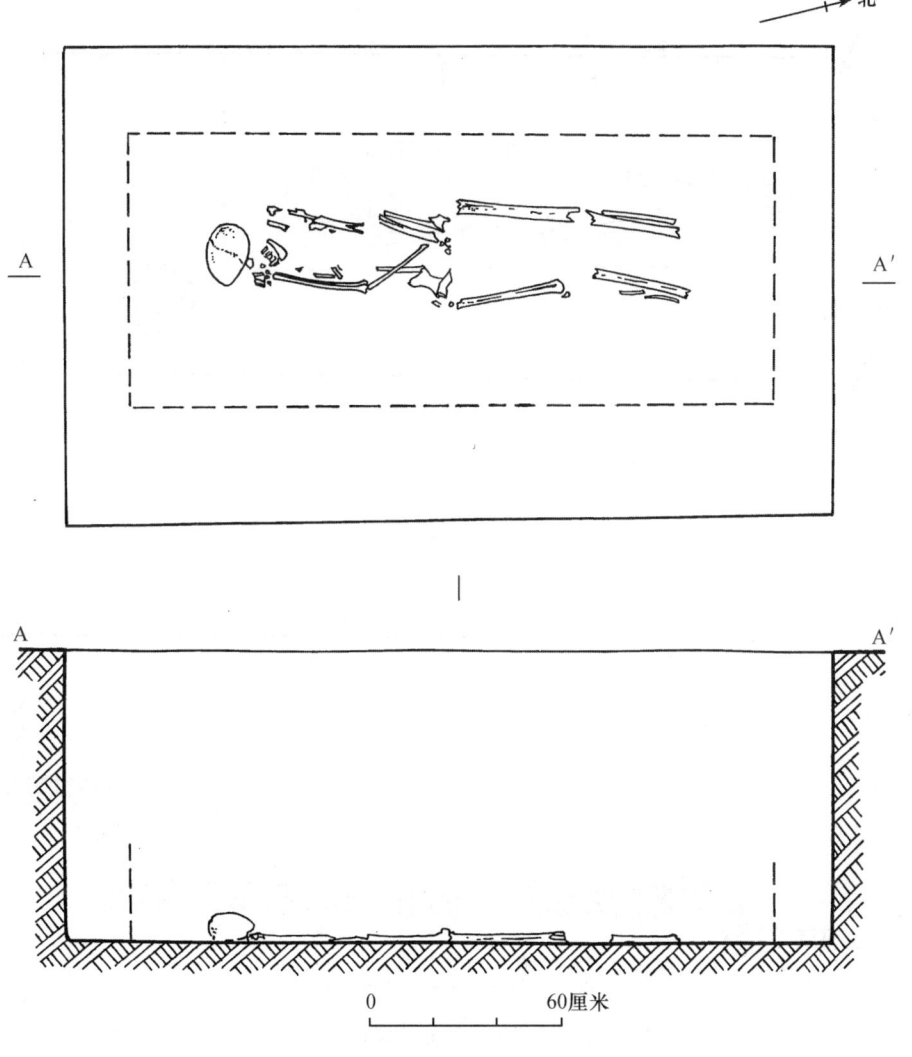

图四八　M15平、剖面图

M16

位置　位于ⅡT0205和ⅡT0105之间，东、南两边分别与M15、M4相邻。

层位关系　①→G1→M16→生土。

方向　94°。

形制与结构　长方形竖穴土坑，直壁平底。墓口长202~240、宽88、墓深68厘米。东壁下有生土二层台，宽27~34、高28厘米（图四九）。

填土为褐黄花土，土质疏松，无包含物。

葬具　一棺，位于墓室内北侧，已朽成灰。残存灰痕长154~180、宽60、残高18、厚1厘米。

人骨　1具，保存较好，仰身直肢葬，头向东，面略侧向南，双手交并于腹上。女性，年龄40岁左右。

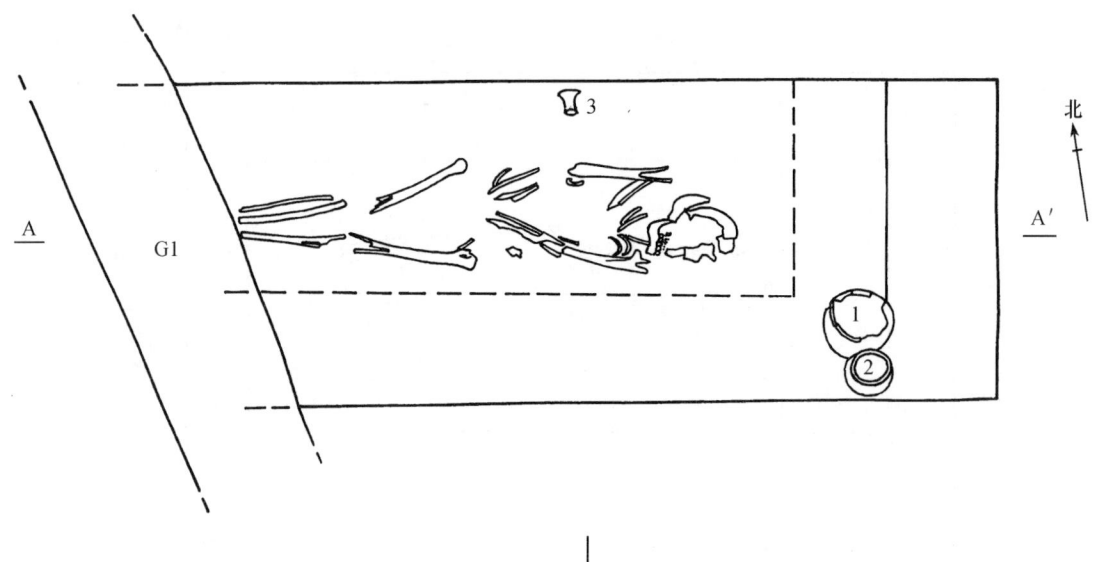

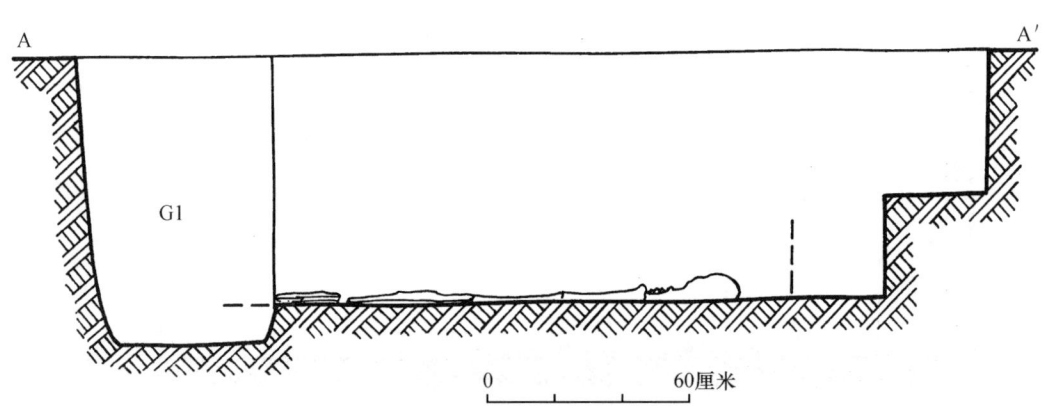

图四九　M16平、剖面及遗物分布图
1. 陶豆　2. 陶罐　3. 陶豆柄

随葬器物 陶鬲、陶罐各1件，放置于头端棺室外东南角。陶豆柄1件，置于棺内人骨右侧。

陶鬲 1件。M16:1，夹砂褐红陶，灰白皮。器形较规整，器身较大，口径小于腹径，三足外切圆径略小于口径。平折沿，圆唇，矮直领，上腹圆，下腹弧收，平裆微下垂，柱状足。肩部以下饰绳纹。通高18.3、口径13.6、腹径17.2厘米（图五〇，1；图版一一，5）。

陶罐 1件。M16:2，泥质灰陶，灰黑衣。器形规整，器身小。折沿，尖圆唇，矮直领，颈肩分界明显，上腹圆，下腹斜弧内收，平底。素面，轮制。高9.2、口径10.4、腹径12.3、底径7.6厘米（图五〇，2；图版一一，6）。

陶豆柄 1件。M16:3。火候低，质地较差。

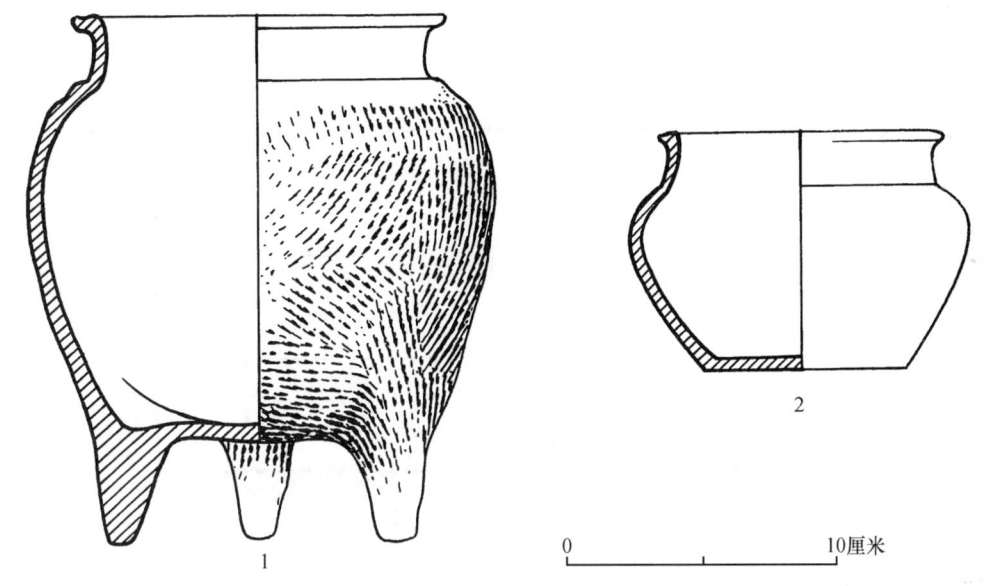

图五〇　M16出土陶器
1. 鬲（M16:1） 2. 罐（M16:2）

M17

位置 位于ⅡT0205中西部，北和西南分别与M18、M19、M30和M23相邻。

层位关系 ①→M17→生土。

方向 180°。

形制与结构 长方形竖穴土坑，直壁平底。墓口长216、宽111~113、墓深90厘米（图五一；彩版二，1）。

填土为褐黄花土，土质疏松，黏性大，无包含物。

葬具 一椁，棺痕不清。椁室位于墓室中部，已朽成灰。残存灰痕长184、宽70~80、残高30、厚3厘米。

人骨 1具，保存较好，仰身直肢葬，头向南，面向上，双手交并于腹上。男性，年龄约35~55岁。

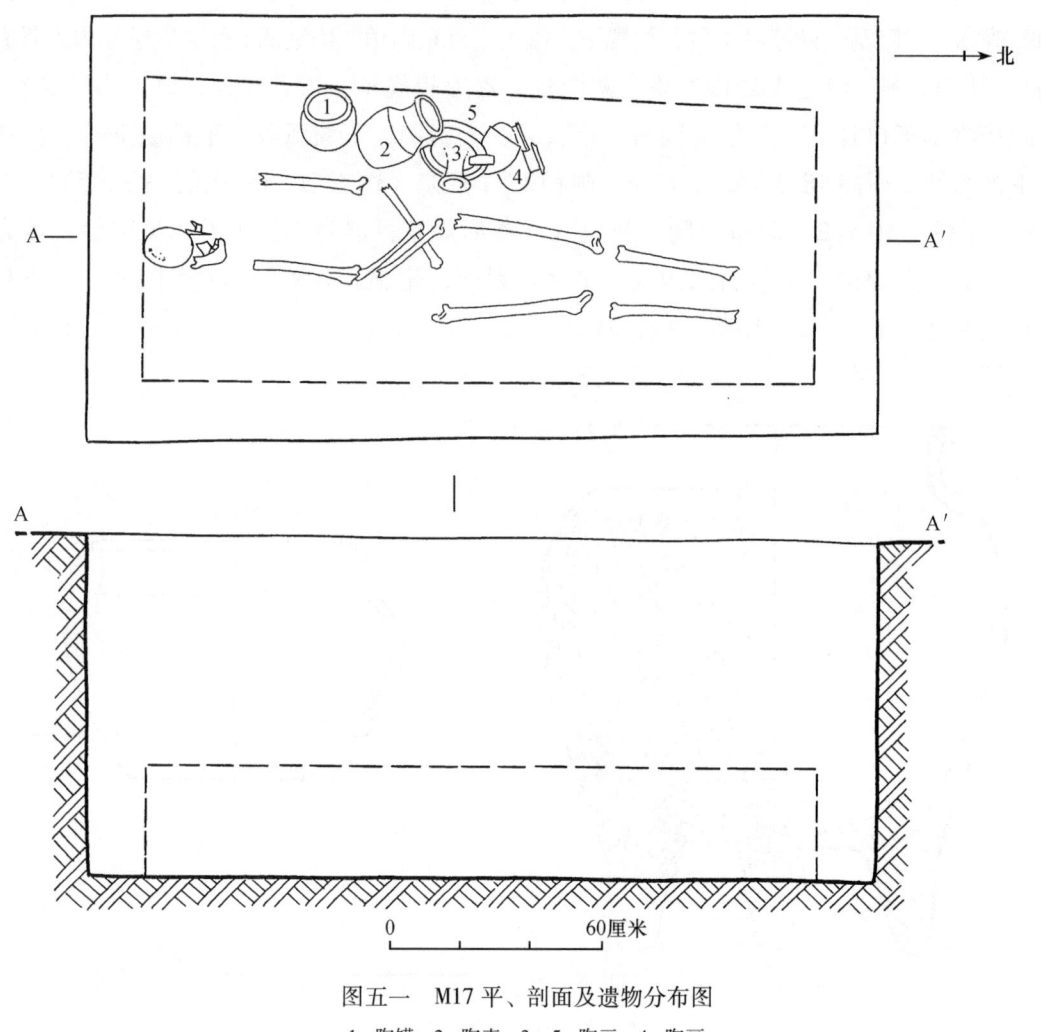

图五一 M17 平、剖面及遗物分布图
1. 陶罐 2. 陶壶 3、5. 陶豆 4. 陶鬲

随葬器物 置于人骨架左侧，从头到脚分别为陶罐1件、陶壶1件、陶豆2件、陶鬲1件。其中两豆相扣，鬲已碎裂。

陶鬲 1件。M17:4，夹砂红褐胎，灰黑皮。侈口，平折沿，圆方唇，短束颈，圆耸肩，弧腹，微垂弧裆，圆柱状足。颈部饰一周凹弦纹，其下饰绳纹。口径13.8、腹径16.5、高18.4厘米（图五二，1；图版一四，2）。

陶豆 2件。M17:3，泥质黄褐陶。敞口，圆唇，内唇沿微敛，浅弧腹盘，喇叭形矮柄，斜方形座沿。口径14.1、底径8.1、高12.7厘米（图五二，3；图版一四，3）。M17:5，泥质褐陶。敞口，圆唇，浅弧腹盘，喇叭形矮柄，斜方形座沿。口径11.6、底径6.3、高11.6厘米（图五二，4；图版一四，4）。

陶罐 1件。M17:1，泥质黄褐陶。侈口，卷沿，尖圆唇，圆肩，鼓腹，平底。颈部有两孔。口径10.9、底径6.1、高8.8厘米（图五二，5；图版一四，5）。

陶壶 1件。M17:2，泥质灰陶，器形不甚规整。侈口，尖圆唇，束颈，溜肩，圆鼓腹，平底略内凹。口径11.7、底径7.2、高22.4厘米（图五二，2；图版一四，6）。

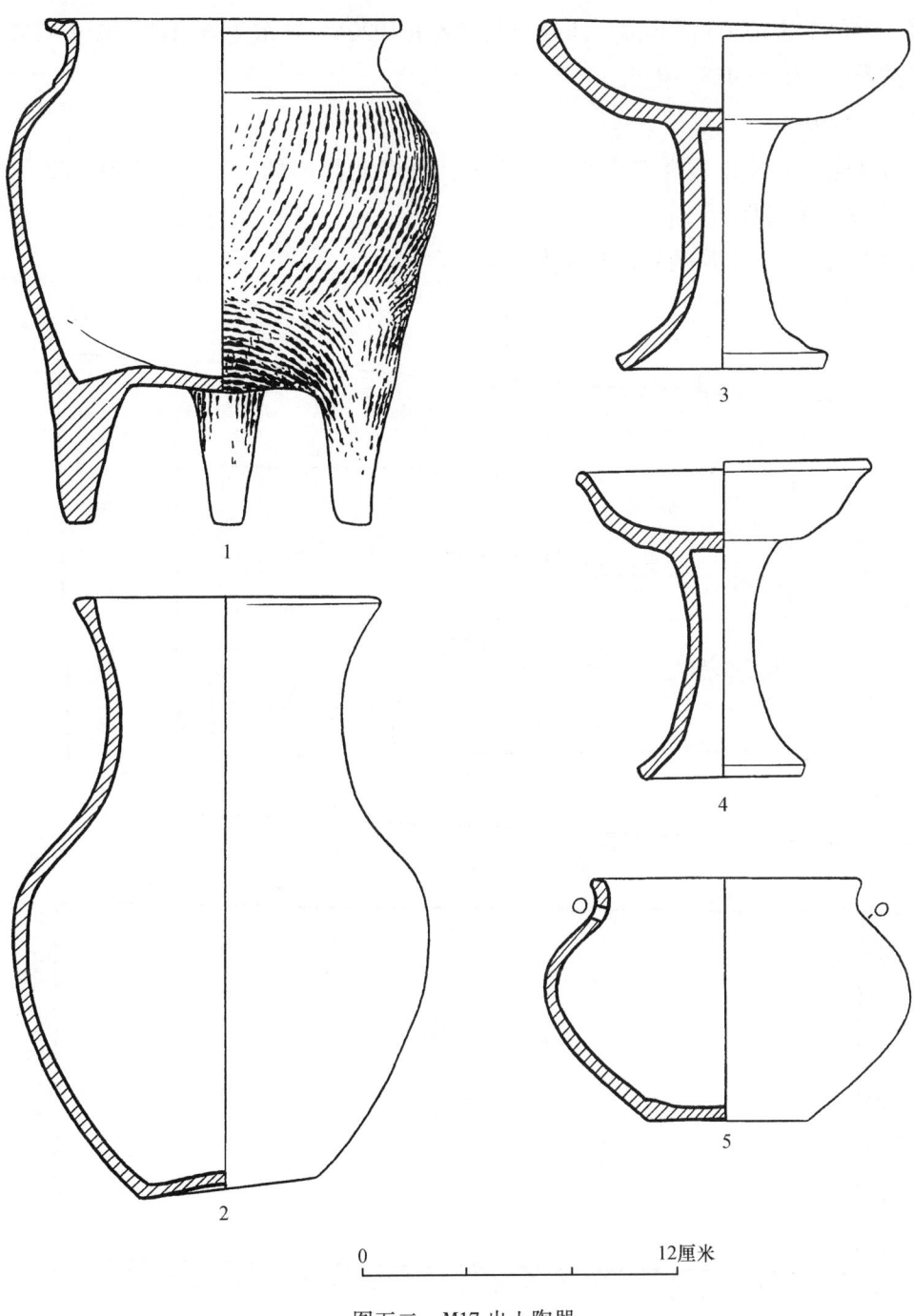

图五二 M17 出土陶器
1. 鬲（M17:4） 2. 壶（M17:2） 3、4. 豆（M17:3、M17:5） 5. 罐（M17:1）

M18

位置　位于ⅡT0205西北部，部分向北进入ⅡT0206。其东侧与M17、M19相邻。

层位关系　①→M18→生土。

方向　170°。

形制与结构　长方形竖穴土坑墓，直壁，墓底北高南低。墓口长230~233、宽120~126、墓深100厘米（图五三）。

填土为褐黄花土，土质稍硬，黏性大，无包含物。

图五三　M18平、剖面及遗物分布图
1. 陶壶　2. 陶鬲　3、4. 陶豆　5. 陶盂

葬具 一椁一棺，位于墓室中部，已朽成灰。残存椁灰长 175、宽 75~82、残高 18、厚 3 厘米；棺灰长 164、宽 60~66、残高 8、厚 1 厘米。

人骨 1 具。保存较好，仰身直肢，头向南，双手交并于腹上。女性，年龄约 35~55 岁。

随葬器物 放置于椁室东北角，人骨架腿部左侧。由南到北分别为陶壶 1 件、陶鬲 1 件、陶豆 2 件、陶盂 1 件。

陶鬲 1 件。M18:2，夹砂黄褐陶。侈口，平折沿，圆唇，短束颈，圆耸肩，弧腹，弧裆，柱状足。肩部饰有两周凹弦纹，器身饰绳纹。口径 15、腹径 17、高 16.8 厘米（图五四，1；图版一五，1）。

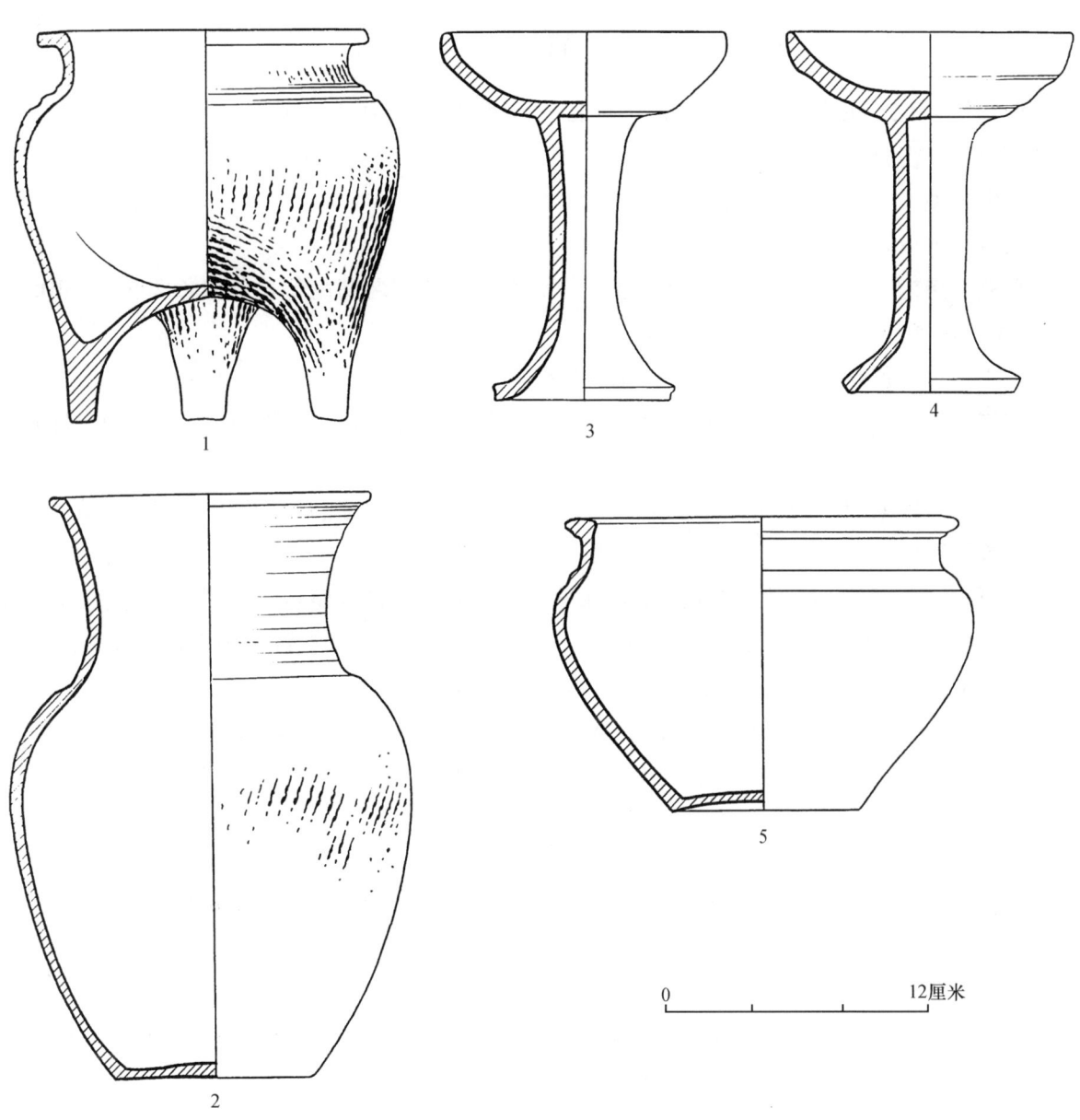

图五四 M18 出土陶器
1. 鬲（M18:2） 2. 壶（M18:1） 3、4. 豆（M18:3、M18:4） 5. 盂（M18:5）

陶盂　1件。M18:5，泥质红褐胎，灰黑皮。侈口，平折沿，尖圆唇，短束颈，圆肩，斜腹，平底略内凹。肩部饰有两周弦纹。口径 18、底径 8.7、高 12.5 厘米（图五四，5；图版一五，2）。

陶豆　2件。均泥质灰陶。敞口，尖圆唇，浅弧腹、折平底盘，柱形柄，喇叭形座，斜方形座沿。M18:3，口径 12.7、底径 8、高 15.9 厘米（图五四，3；图版一五，3）。M18:4，口径 13、底径 8、高 15.5 厘米（图五四，4；图版一五，4）。

陶壶　1件。M18:1，泥质黄褐陶。侈口，卷沿，尖圆唇，束颈，圆鼓肩，弧腹，平底。颈部饰凹弦纹，腹饰绳纹。口径 14.6、底径 9、高 25.4 厘米（图五四，2；图版一五，5）。

M19

位置　位于ⅡT0205 北部，部分向北进入ⅡT0206。其北、东、南、西分别与 M168、M30、M17、M18 相邻。

层位关系　①→M19→生土。

方向　196°。

形制与结构　该墓为长方形竖穴土坑墓，直壁，墓底北高南低。墓口长 206、宽 105~110、深 88~92 厘米（图五五）。

填土为黄褐色五花土，土质疏松，无包含物。

葬具　一棺。位于墓室中部，已朽成灰。残存棺灰长 184、宽 48、残高 24~28、厚 0.3 厘米。

人骨　1具。保存较差，仰身直肢葬，头向南，双手交并于腹上。性别与年龄不详。

随葬器物　陶盂、陶鬲各1件，放置于墓主头端棺外。

陶鬲　1件。M19:1。夹砂灰白陶，器形规整，三足外切圆径略等于口径。平折沿，圆唇，斜颈，溜肩，上腹圆鼓，下腹斜收，平裆，柱状足。肩部饰有几周弦纹，中腹以下饰绳纹。通高 15.2、口径 14.5、腹径 17.1 厘米（图五六，1；图版一六，1）。

陶盂　1件。M19:2，泥质红褐胎，灰黑皮，器形小。敞口，圆唇较厚，弧腹，凹圜底。素面，轮制。高 5.8、口径 9.5、腹径 10.8、底径 5.1 厘米（图五六，2；图版一六，2）。

M20

位置　位于ⅡT0204 东北部，东、西侧分别与 M4、M9 及 M21、M22 相邻。

层位关系　①→M20→生土。

方向　357°。

形制与结构　该墓为长方形竖穴土坑墓，直壁平底。长 170、宽 66~76、深 80 厘米（图五七）。

填土为浅褐色花土，土质疏松，黏性大，无包含物。

葬具　一棺。棺室位于墓室中部，已朽成灰。残存灰痕长 156、宽 40~52、残高 10、厚 0.3 厘米。

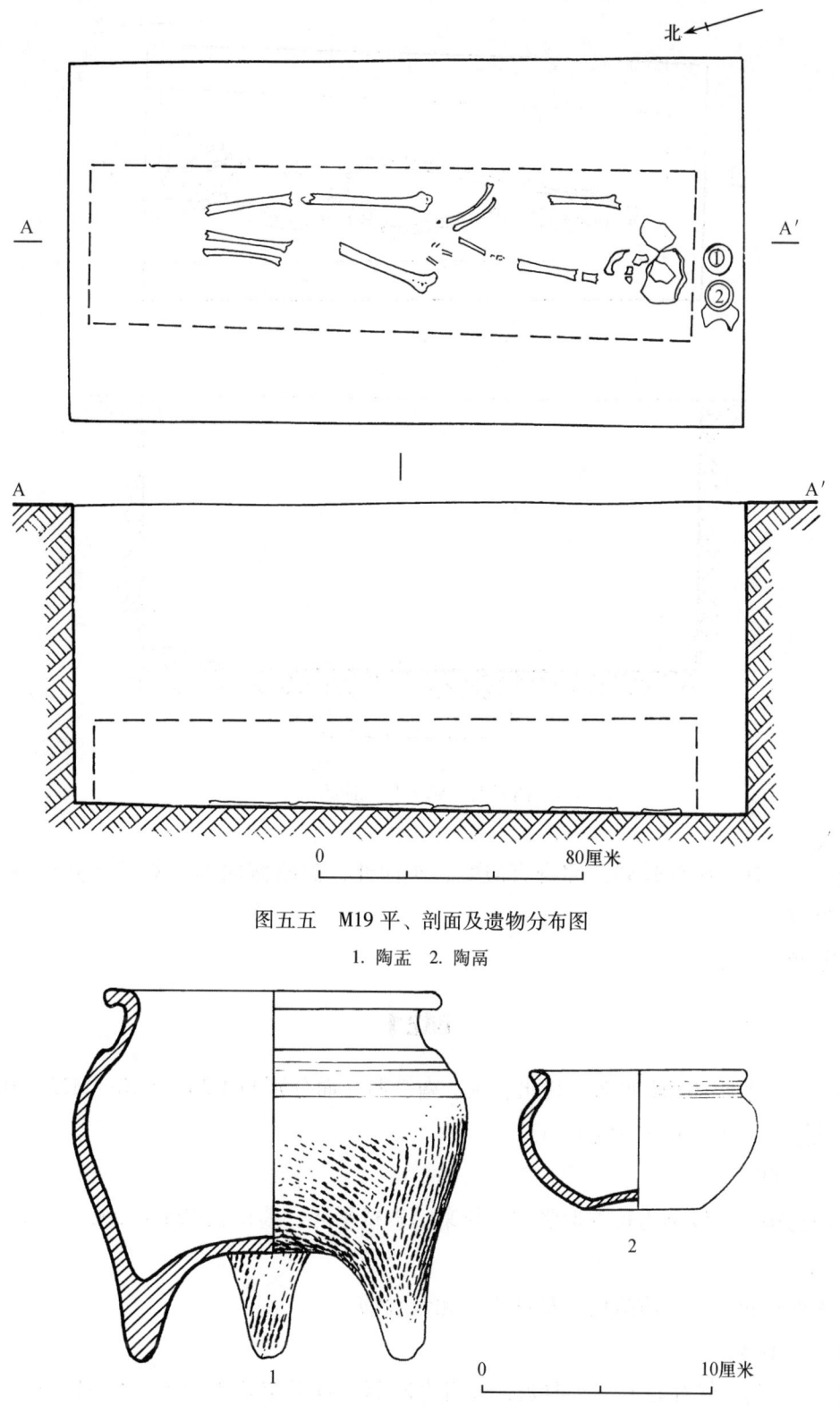

图五五　M19 平、剖面及遗物分布图

1. 陶盂　2. 陶鬲

图五六　M19 出土陶器

1. 鬲（M19∶1）　2. 盂（M19∶2）

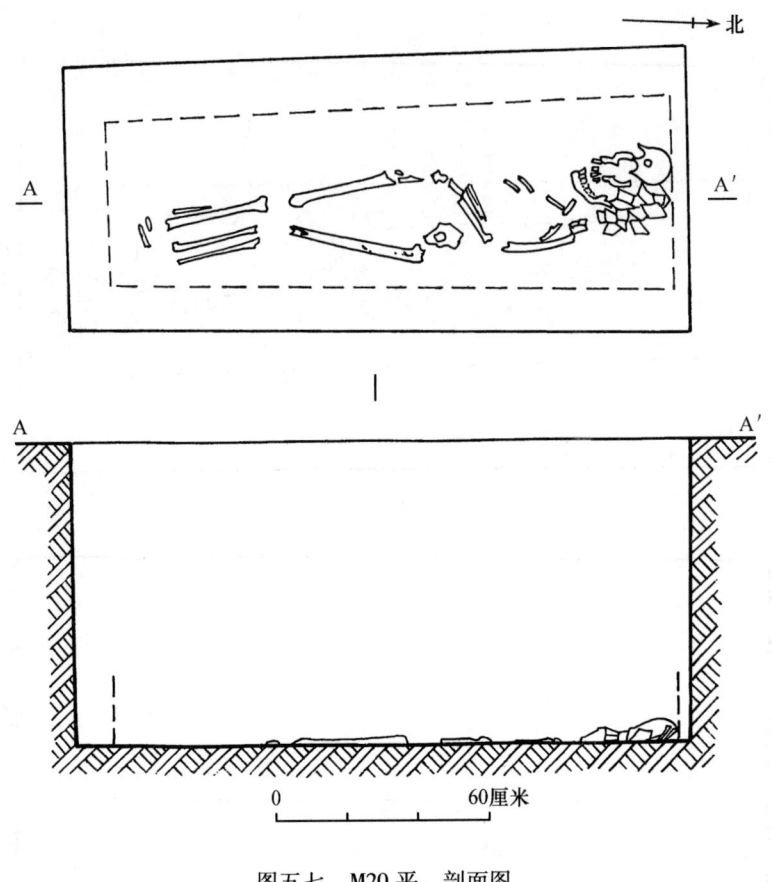

图五七 M20 平、剖面图

人骨 1具。保存较差，仰身直肢葬，头向北，面略侧向西，双手交并于腹上。女性，年龄20~25岁。

随葬器物 无。

M21

位置 位于ⅡT0204北部，其北、东、南、西三面分别与M23、M20、M22、M24相邻。

层位关系 ①→M21→生土。

方向 90°。

形制与结构 该墓为长方形竖穴土坑墓，直壁平底。墓口长196~199、宽84~89、深36厘米（图五八）。

填土为褐黄花土，土质疏松，黏性大，无包含物。

葬具 不详。

人骨 1具。保存较差，头向东，仰身直肢葬，双手交并于腹上。性别不详，年龄10~12岁。

随葬器物 陶鬲、陶盂各1件，放置于墓主头顶部。

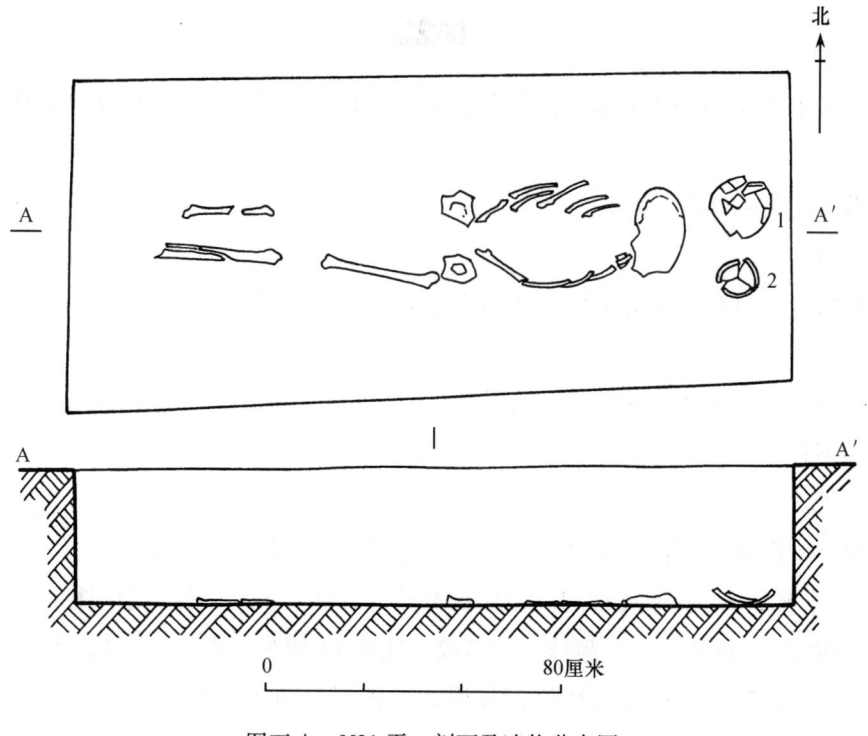

图五八　M21 平、剖面及遗物分布图
1. 陶盂　2. 陶鬲

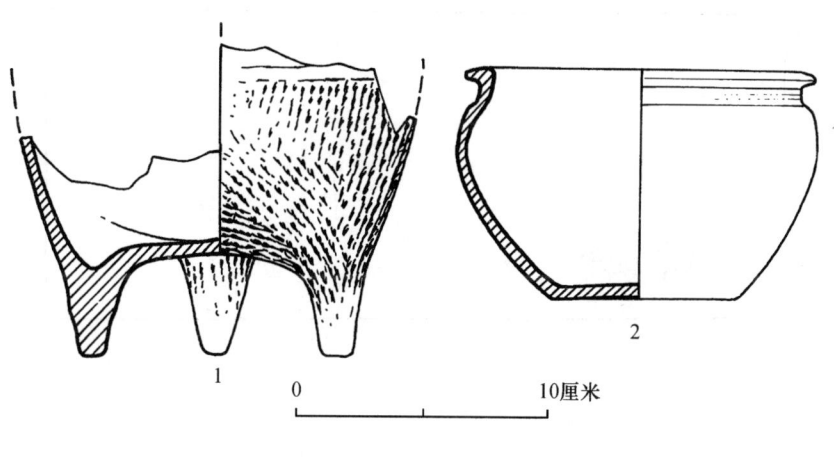

图五九　M21 出土陶器
1. 鬲（M21∶2）　2. 盂（M21∶1）

陶鬲　1件。M21∶2，上部残，夹砂，褐红胎，灰黑皮。弧腹，平裆，柱状足。饰绳纹，上腹抹一道弦纹。残高11厘米（图五九，1；图版一六，4）。

陶盂　1件。M21∶1，泥质灰陶。器形较小，不甚规整。平折沿，圆唇，矮直领，上腹圆，下腹斜弧内收，凹圜底。素面，轮制。高8.8、口径14.2、腹径14.8厘米（图五九，2；图版一六，3）。

M22

位置 位于ⅡT0204中部偏北，其北、东、西南和西北分别与M21、M20、M32和M24相邻。

层位关系 ①→M22→生土。

方向 68°。

形制与结构 该墓为长方形竖穴土坑墓，直壁平底。墓口长196~204、宽80~82、深40厘米（图六〇）。

填土为褐黄花土，土质疏松，无包含物。

葬具 不详。

人骨 无。

随葬器物 陶鼎、陶盂各1件，置于墓内东北。出土时已碎裂。

陶鼎 1件。M22:1，夹砂褐红陶。器形较规整，器身较小，口径小于腹径，略大于三足外切圆径。圜底，柱状足。饰绳纹，上腹抹一道弦纹。残高11厘米（图六一，1；图版一六，5）。

陶盂 1件。M22:2，泥质褐红胎，灰黑皮。器形较规整，器身小，平折沿，圆唇较薄，束颈，上腹圆，下腹斜弧内收，凹圜底。素面，仅肩部有一周凹弦纹。轮制。高8、口径11.5、腹径12.8、底径5.6厘米（图六一，2；图版一六，6）。

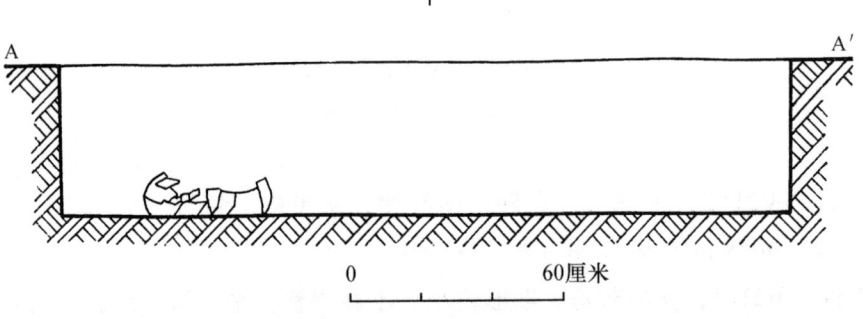

图六〇 M22平、剖面及遗物分布图
1. 陶鼎 2. 陶盂

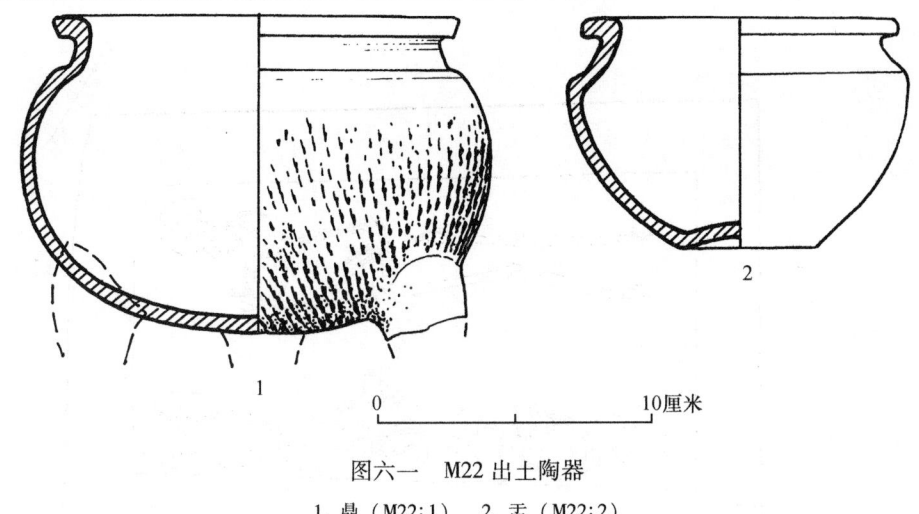

图六一　M22 出土陶器
1. 鼎（M22:1）　2. 盂（M22:2）

M23

位置　位于ⅡT0205 西南部，北、南、西分别与 M17、M18、M21、M24、M6、M25、M26 相邻。

层位关系　①→G2→M23→生土。

方向　123°。

形制与结构　该墓为长方形竖穴土坑墓，直壁平底。长 218～230、宽 138～146、深 102 厘米（图六二；彩版二，2）。

填土为深褐色花土，土质细腻，稍硬，无包含物。

葬具　一椁。位于墓室中部，已朽成灰。残存灰痕长 184、宽 92～102、残高 14、厚 0.3 厘米。未见棺痕。

人骨　1 具。保存较差，仰身直肢葬，头向东南，面略侧向北，双手交并于腹上。男性，年龄 35～55 岁。

随葬器物　8 件，除其中一件陶敦的一半仰置于人骨左胸部外，余皆放置在椁内人骨左侧，从头侧至足侧分别为陶豆 1 件、陶壶 2 件、陶敦 2 件、陶鼎 2 件、陶豆 1 件。

陶鼎　2 件。M23:6，泥质褐红胎，灰黑皮。子口内敛，上腹直，下腹弧收，平底，蹄足，肩附对称长方形双耳。腹中部饰一周凸棱。轮制。高 23.8、口径 19.6、足高 14 厘米（图六三，1；图版一七，1）。M23:7，泥质褐红胎，灰黑皮。子口内敛，上腹直，下腹弧收，平底，蹄足，肩附对称长方形双耳。腹中部附一周凸棱。高 23.4、口径 18.5、腹径 21.2、足高 14 厘米（图六三，2；图版一七，2）。

陶敦　2 件。M23:4，一半泥质灰陶，一半泥质褐陶。方唇，器身与盖形制相同，均呈半球状，相合呈球形，盖、身各附三曲折形纽（足），向外撇。器高 24.4、腹径 17.3、足高 7.2 厘米（图六三，3；图版一七，3）。M23:5，泥质褐红胎，灰黑皮。形制与 M23:4 近似。器高 21.3、口径 17.2、足高 7.6 厘米（图六三，4；图版一七，4）。

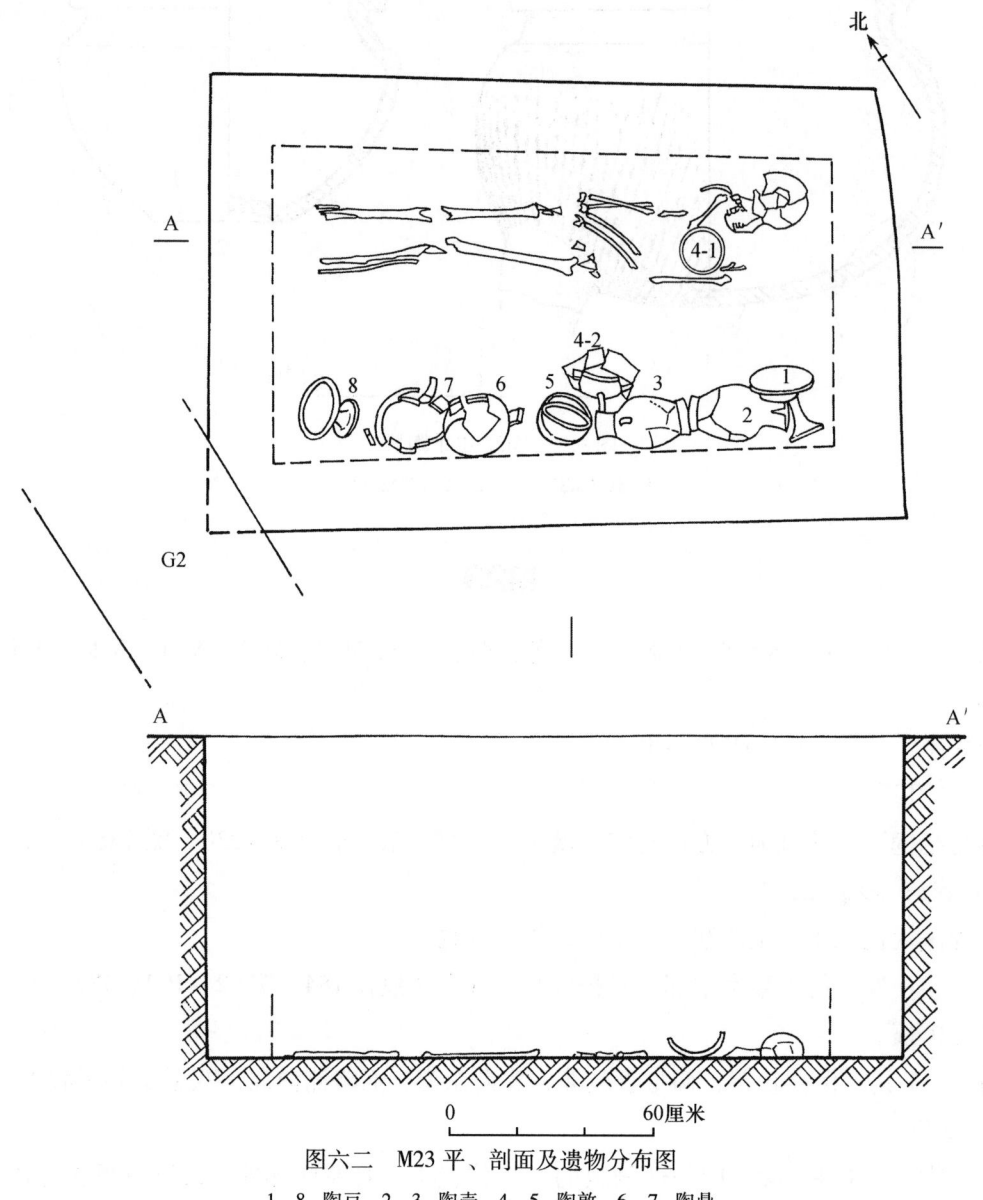

图六二 M23 平、剖面及遗物分布图
1、8. 陶豆　2、3. 陶壶　4、5. 陶敦　6、7. 陶鼎

陶豆　2件。M23:1，泥质灰陶。敞口，尖圆唇，浅弧盘，圜底，盘壁微有折棱，柱状高柄，座沿起台。豆柄下端饰二周凹弦纹。高19.6、口径15.8、底径10.2厘米（图六三，5；图版一七，5）。M23:8，泥质灰陶。形制与M23:1相同。高19.8、口径15.9、底径10.3厘米（图六三，6；图版一七，6）。

陶壶　2件。M23:2，泥质褐红胎，灰皮。盖顶弧，上附三纽，敞口，束颈，肩附对称双耳，腹圆鼓，平底，下接圈足。通高33.2、盖径10.5、口径10.3、腹径19.2、底径11.3、足高3.1厘米（图六四，2；图版一八，1）。M23:3，泥质褐红胎，灰皮。盖顶弧，上附三纽，敞口，束颈，肩附对称双盲耳，腹圆鼓，最大径偏上，平底，下接圈足。通高33、盖径10.3、口径10.1、腹径19.2、底径11.7、足高3.6厘米（图六四，1；图版一八，2）。

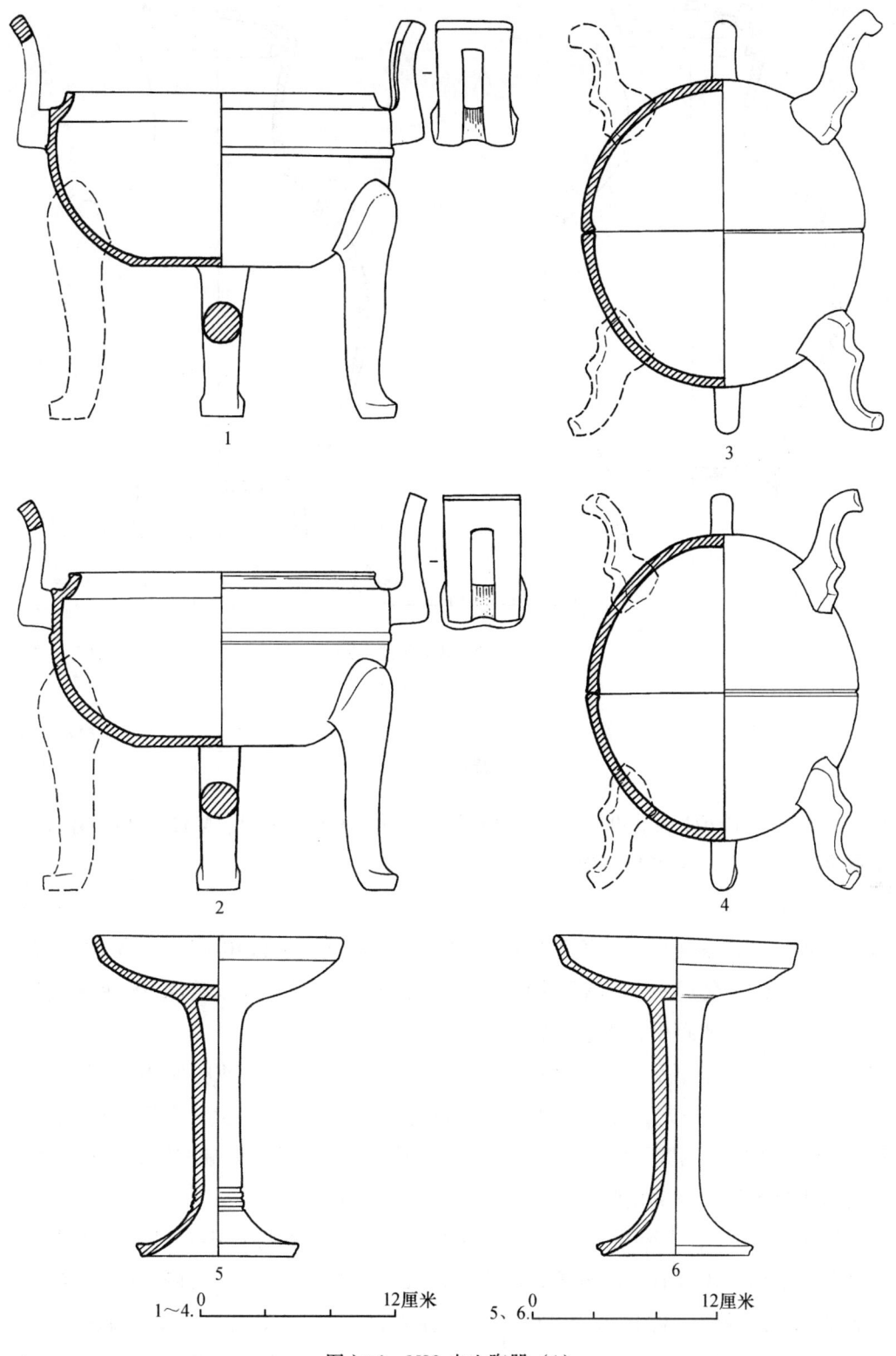

图六三　M23 出土陶器（1）

1、2. 鼎（M23:6、M23:7）　3、4. 敦（M23:4、M23:5）　5、6. 豆（M23:1、M23:8）

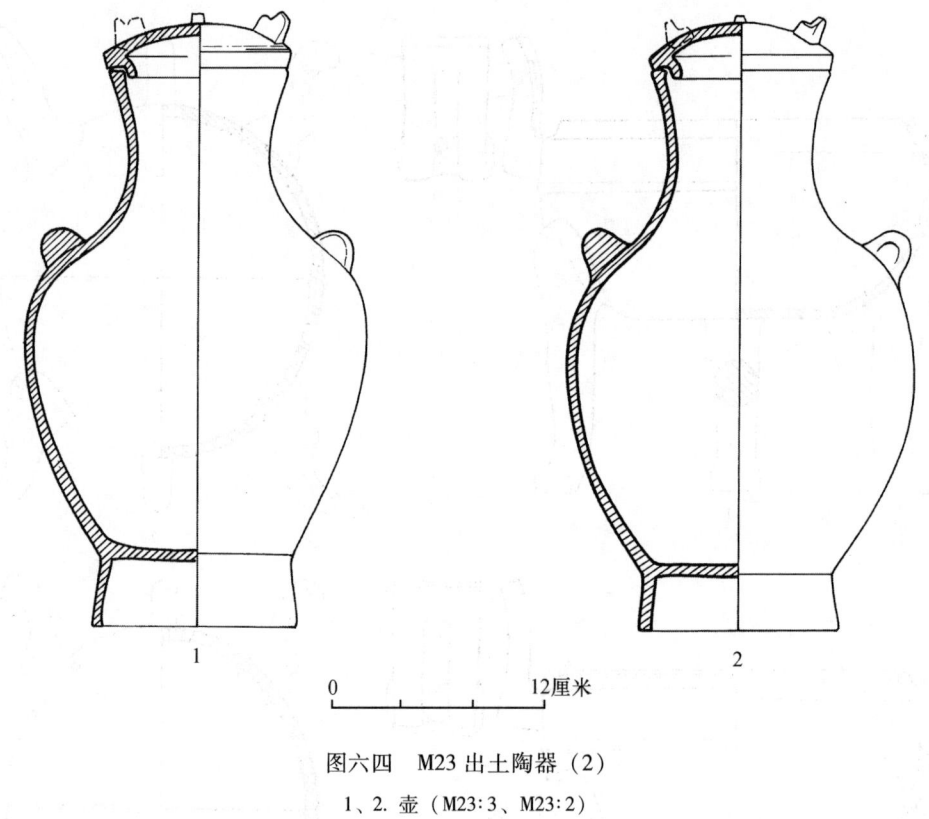

图六四　M23 出土陶器（2）
1、2. 壶（M23:3、M23:2）

M24

位置　　位于ⅡT0204 西北部，东、南和西南分别与 M21、M22、M32、M34 相邻。

层位关系　　①→G2→M24→生土。

方向　　166°。

形制与结构　　该墓为长方形竖穴土坑墓，口大底小。墓口长 210~216、宽 104 厘米。墓底四周留有生土二层台，宽 10~28、高 25 厘米。墓底长 186、宽 74 厘米。墓深 104 厘米（图六五）。填土呈黄褐色，土质疏松，无包含物。

葬具　　一棺。位于墓室中部，已朽成灰。残存棺灰长 158、宽 40、残高 50、厚 0.5 厘米。

人骨　　1 具。保存较差，仰身直肢葬，头向南，双手交并于腹上。女性，35~55 岁。

随葬器物　　3 件，均置于生土二层台上。其中陶豆 1 件置于头端左侧，陶鬲 1 件置于脚部右侧，陶盂 1 件放置于脚部左侧。

陶鬲　　1 件。M24:3，夹砂褐红胎，灰黑皮。器形规整，器身较小，口径小于腹径，大于三足外切圆径。折沿，尖圆唇，矮直领，溜肩，弧腹，弧裆近平。颈下饰有凹弦纹数道，其下饰绳纹，肩部抹一道弦纹。高 16.2、口径 16、腹径 17.5 厘米（图六六，1；图版一八，3）。

陶盂　　1 件。M24:2，泥质灰陶，器形规整，形体较小。平折沿，圆唇，束颈，上腹圆鼓，下腹斜弧内收，平底。素面。高 10.2、口径 16.2、腹径 16.8、底径 8.4 厘米（图六六，3；图版一八，4）。

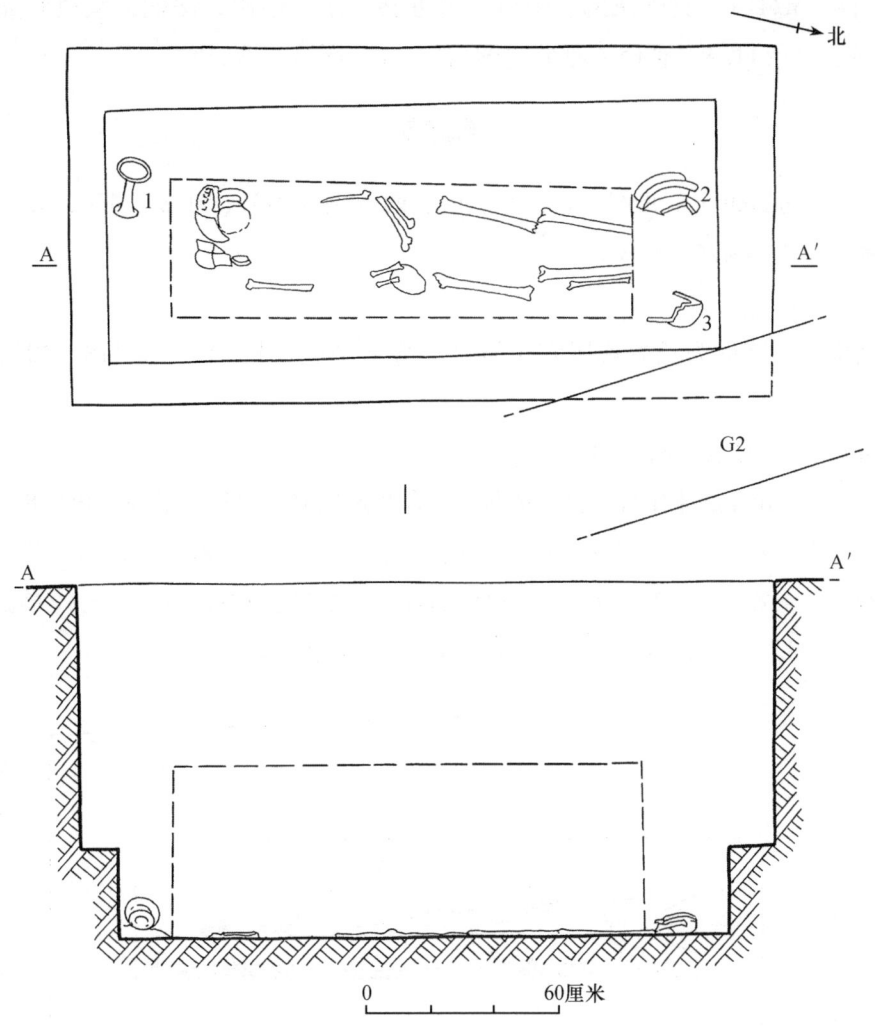

图六五　M24 平、剖面及遗物分布图

1. 陶豆　2. 陶盂　3. 陶鬲

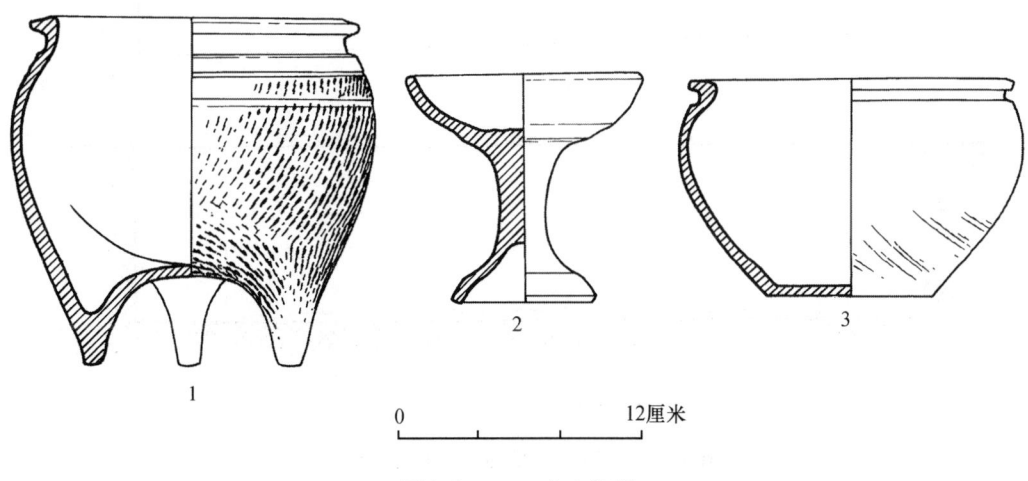

图六六　M24 出土陶器

1. 鬲（M24∶3）　2. 豆（M24∶1）　3. 盂（M24∶2）

陶豆　1件。M24:1，夹砂灰陶。敞口，斜方唇，弧盘略深，矮柄，座顶面隆起，座沿微起台。高10.8、口径11.4、底径7厘米（图六六，2；图版一八，5）。

M25

位置　　位于ⅡT0305东北部，北、东、南、西分别与M31、M18、M26、M27相邻。

层位关系　　①→M25→生土。

方向　　105°。

形制与结构　　该墓为长方形竖穴土坑墓，直壁平底。长216、宽118～122、深46厘米（图六七）。

填土为黄花土，土质细腻，无包含物。

葬具　　一棺。位于墓室中部，已朽成灰。残存灰痕长168～172、宽54、残高8、厚0.3厘米。

人骨　　1具。保存较差，仰身直肢葬，头向东，双手交并于腹部。女性，年龄25～34岁。

随葬器物　　铜铃5件，放置在人骨颈部和胸部。原可能为串绳系于颈上（彩版三，4）。

铜铃　5件。M25:1、2、3、4、5。残碎较甚，均未能修复。

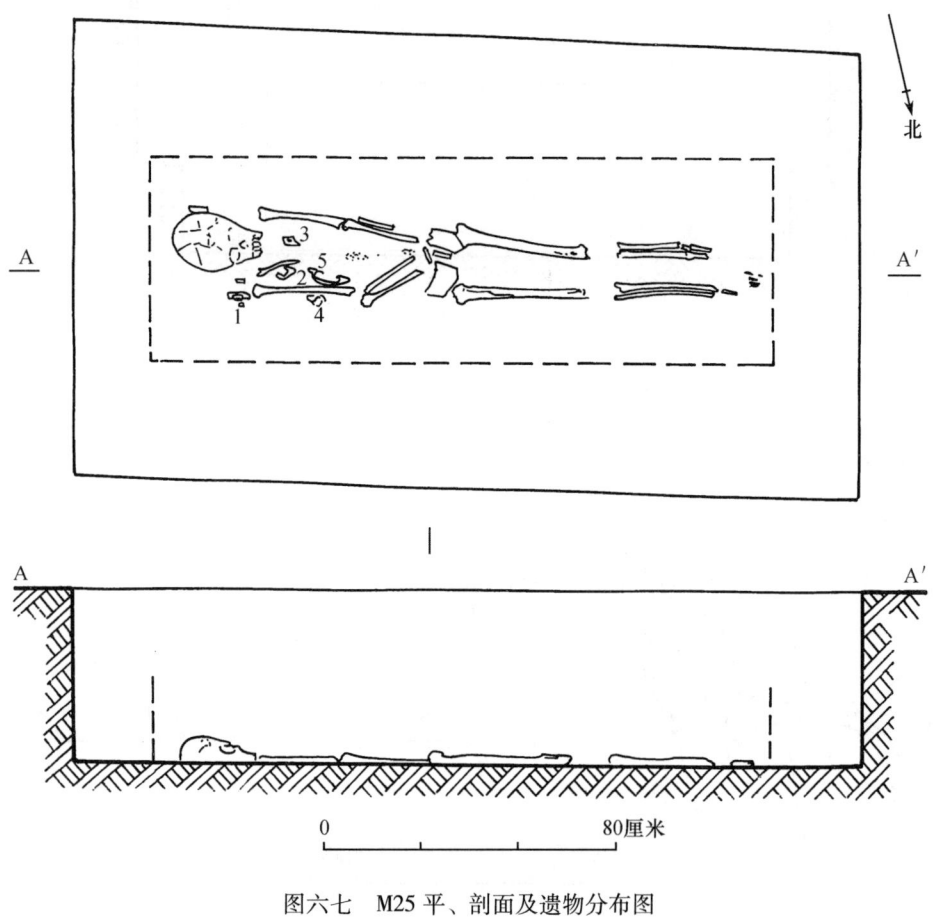

图六七　M25平、剖面及遗物分布图
1～5. 铜铃

M26

位置　位于ⅡT0305中南部，北、东、南、西分别与M25、M27、M23、M6、M29相邻。

层位关系　①→M26→生土。

方向　355°。

形制与结构　该墓为长方形竖穴土坑墓，口略大于底，平底。墓口长207、宽120厘米，墓底长205、宽116、墓深122厘米（图六八）。

填土呈灰褐色，土质坚硬，无包含物。

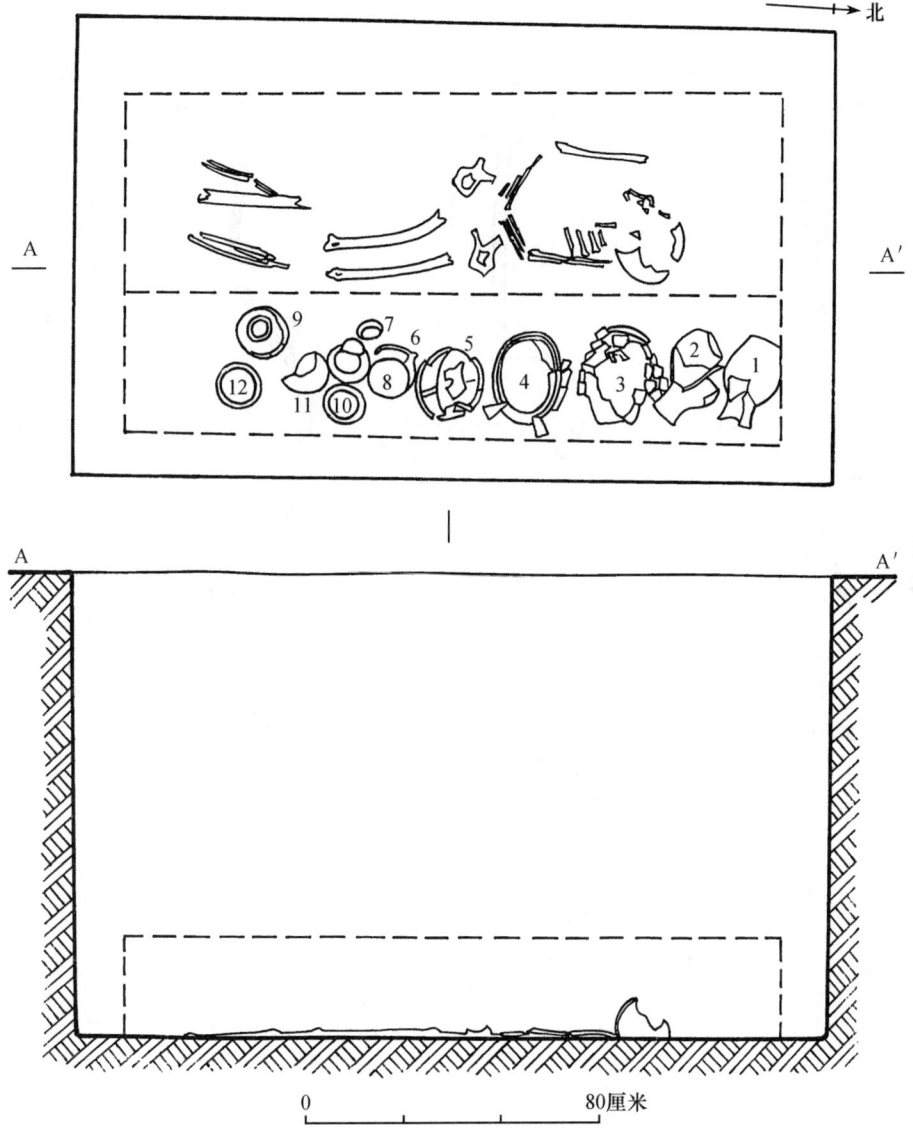

图六八　M26平、剖面及遗物分布图

1、2. 陶壶　3、4. 陶鼎　5、6. 陶敦　7、10~12. 陶豆　8. 陶匜　9. 陶盘

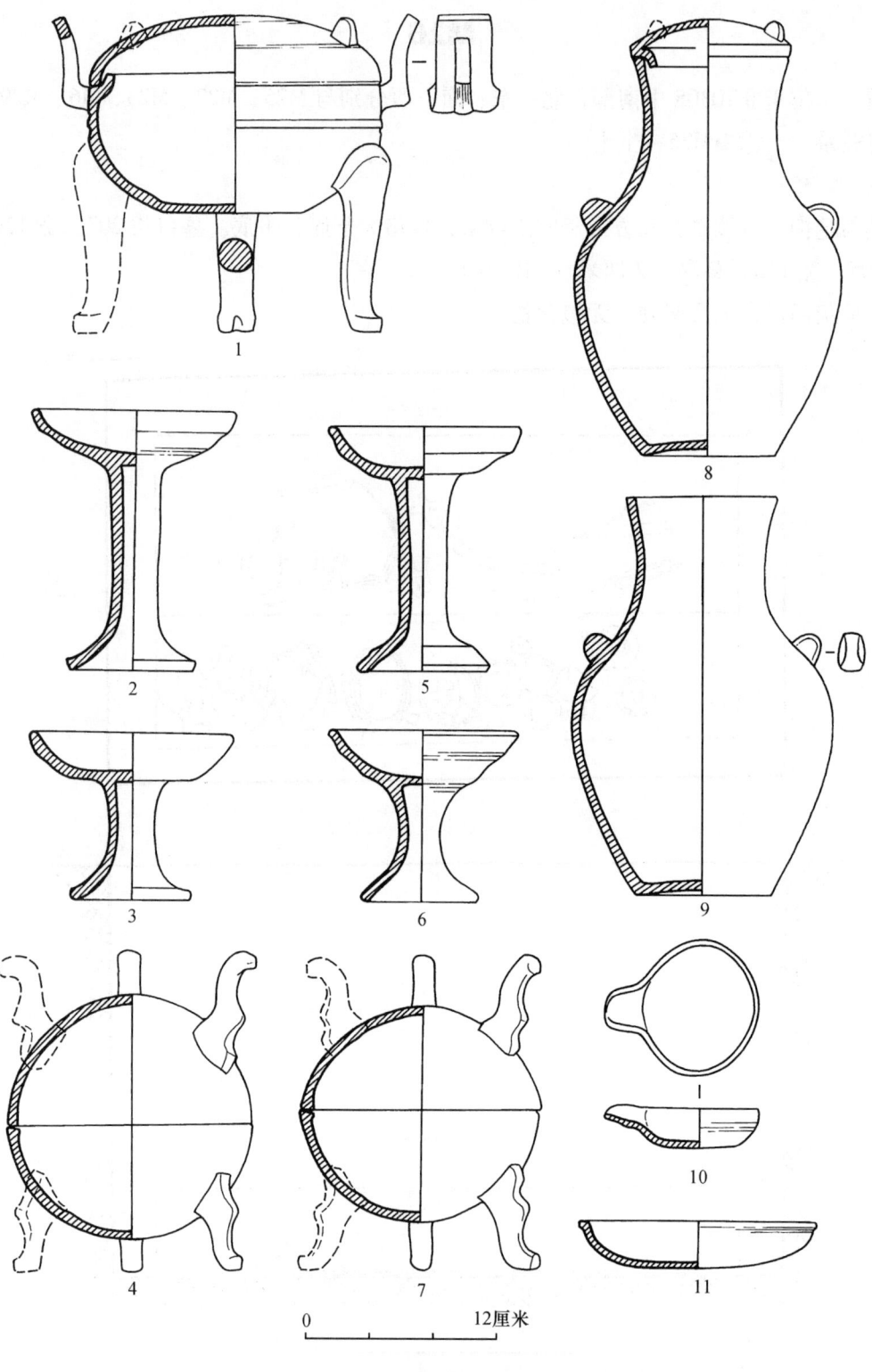

图六九 M26 出土陶器
1. 鼎（M26:4） 2、3、5、6. 豆（M26:11、M26:12、M26:10、M26:7） 4、7. 敦（M26:5、M26:6）
8、9. 壶（M26:2、M26:1） 10. 匜（M26:8） 11. 盘（M26:9）

葬具 一椁一棺。椁室位于墓室中部,已朽成灰。残存灰痕长180、宽88~95、残高26、厚1厘米。棺室位于椁室西侧,残存灰痕宽52~54、厚约0.5厘米。

人骨 1具。保存较差,仰身直肢葬,头向北,双手交并于腹上。女性,年龄25~34岁。

随葬器物 12件,放置在椁内棺外东侧。计有陶鼎2件、陶敦2件、陶豆4件、陶壶2件、陶盘1件、陶匜1件。

陶鼎 2件。M26:4,泥质褐红胎,灰黑皮。弧顶盖,顶面上附三纽(两个已残去),饰凹弦纹三周。鼎身子口微敛,肩附对称长方形双耳,上腹直,下腹弧收,平底,三蹄足。腹部有二周凹弦纹。高19.2、盖径18.4、口径16.6、腹径18.8、足高12厘米(图六九,1;图版二〇,1)。M26:3,未能修复。

陶敦 2件。M26:5,泥质褐红胎,黑灰皮。身、盖各半,相扣呈球形,各附三曲折足,三足(纽)外撇。高19.2、口径15.3、足高6厘米(图六九,4;图版一九,1)。M26:6,质地、形制与M26:5相近,惟器身略扁。高18.8、口径15、足高6.6厘米(图六九,7;图版一九,2)。

陶豆 4件。M26:7,夹砂褐红胎,敞口,弧盘稍深,圜底,矮柄,座沿微起台。高10.4、口径11.8、底径7.2厘米(图六九,6;图版一九,3)。M26:10,泥质灰陶。敞口,浅弧盘,平底,柱状高柄,豆座顶面隆起,座沿微起台。高14.6、口径12、底径8厘米(图六九,5;图版一九,4)。M26:11,泥质灰陶。敞口,浅弧盘,圜底,柱状高柄,座沿起台。高15.6、口径12.7、底径8.3厘米(图六九,2;图版一九,5)。M26:12,泥质灰陶。敞口,盘稍深,斜壁平底,矮柄,座沿起台。高10.2、口径12.4、底径7.5厘米(图六九,3;图版一九,6)。

陶壶 2件。M26:1,泥质褐红胎,灰黑皮。敞口,束颈,斜肩,肩附对称双盲耳,圆腹,凹圜底。高23.8、口径9.4、腹径16、底径8.8厘米(图六九,9;图版二〇,2)。M26:2,泥质褐红胎,黑灰皮。盖顶弧,顶面附三纽。壶身形制与M26:1相同。高26.4、盖径9.7、口径9.7、腹径16.5、底径8.5厘米(图六九,8;图版二〇,3)。

陶盘 1件。M26:9,泥质褐红胎,灰黑皮。平折沿,弧壁圜底。高2.9、口径14.8厘米(图六九,11;图版二〇,4)。

陶匜 1件。M26:8,泥质褐红胎,灰黑皮。口部大致呈圆形,一侧有槽状流,流嘴微上侈,弧壁平底。高2.8、长9.6、口径7.3~8.3厘米(图六九,10;图版二〇,5)。

M27

位置 位于ⅡT0305西北部,北、东、南、西分别与M163、M31、M25、M26、M29、M45、M38相邻。

层位关系 ①→M28→M27→生土。

方向 105°。

形制与结构 长方形竖穴土坑,口略大于底,底部平坦。口部长198~210、宽146~152厘米;底部长196~208、宽144~150厘米;深144厘米(图七〇;彩版三,1)。

填土为夹杂褐色杂质的黄花土,土质疏松,稍黏,包含有大量料姜石。

图七〇 M27 平、剖面及遗物分布图

1、2. 陶壶　3、4. 陶鼎　5. 陶匜　6. 陶盘　7、8. 陶壶形豆　9、10. 陶豆　11. 陶盉　12. 陶小口鼎　13. 陶罍　14、15. 陶敦

葬具　一椁一棺。椁室位于墓室中部略偏北，已朽成灰。残存灰痕长170~184、宽120、残高30、厚0.5厘米。棺室位于椁室内偏南，已朽成灰。残存灰痕长170~176、宽56、厚0.3厘米，高不详。墓底铺有一层青膏泥，厚约0.3厘米。

人骨　　1具。保存较差，仰身直肢葬，头向东，双手交并于腹上。女性，年龄30～40岁。

随葬器物　　15件，放置在椁内棺外北侧。由东向西分别为陶壶2件、陶鼎2件、陶盘1件、陶匜1件、壶形豆2件、陶豆2件、陶盉1件、小口鼎1件、陶罍1件、陶敦2件。

陶鼎　2件。M27:3，泥质红褐陶。盖顶隆起，顶面上有二周凸棱，第二周凸棱上饰有三个半圆饼形纽。鼎身子口承盖，微敛，肩附对称长方形双耳，弧腹，平底，高蹄足，足下端较尖，足内侧有纵向凹槽。通高22.2、口径18.8、腹径21.2、足高13.2厘米（图七一，1；图版二一，1）。M27:4，形态与M27:3近同，通高22.3、口径18.7、腹径21.2、足高13.1厘米（图七一，2；图版二一，2）。

陶小口鼎　1件。M27:12，泥质褐陶。盖顶近平，上饰三纽。小口，圆唇，矮领，斜肩，腹近直，平底，下接三蹄足，足下端较尖，上腹附对称长方形穿孔双耳。腹饰凹弦纹。盖径10.5、口径7.6、腹径16、足高10.6、通高18.1厘米（图七一，3；图版二三，1）。

陶敦　2件。M27:14，泥质红褐胎，灰白皮。盖、身均呈半球形，相扣呈长椭球形，盖上、身下各附曲折形三纽（足），向外撇。通高22.2、腹径16、足高6.2厘米（图七一，5；图版二一，3）。M27:15，形态与M27:14近同，通高23.7、腹径16.7、足高5.7厘米（图七一，4；图版二一，4）。

陶豆　2件。M27:9，泥质灰陶。敞口，圆唇，浅弧盘，圜底，柱状高柄，小喇叭形底座，顶面微隆，座沿起台。口径13、底径7.8、高16.9厘米（图七二，3；图版二一，5）。M27:10，形态与M27:9近同，但盘稍深，底座顶面不隆起，座沿起台明显。口径13.6、底径8.4、高16.1厘米（图七二，8；图版二一，6）。

陶壶　2件。M27:1，泥质褐陶。盖顶微弧，顶面饰三矮纽。敞口，束颈，腹上部圆鼓，下腹弧收，腹底平，下接喇叭形圈足。肩部饰对称双盲耳，并有数周凹弦纹。盖径11.4、口径11.2、底径13.6、通高34.8厘米（图七二，1；图版二二，1）。M27:2，形态与M27:1近同，颈肩交接处饰凹弦纹。盖径11.7、口径11.4、底径12.2、通高34.7厘米（图七二，2；图版二二，2）。

陶壶形豆　2件。M27:7，泥质褐陶。圆饼形盖。侈口，颈较长，扁鼓腹，矮柄，喇叭形圈足，足沿微起台。盖径6.2、口径5.8、腹径9.9、底径6.3、通高12.9厘米（图七二，4；图版二二，3）。M27:8，形态与M27:7近同，惟腹稍深。盖径6.5、口径5.9、腹径8.7、底径6.1、高13.6厘米（图七二，9；图版二二，4）。

陶罍　1件。M27:13，泥质灰褐陶。平顶盖，上附三纽。小口内敛，圆唇，斜肩，上腹圆鼓，下腹弧曲内收，平底。肩附对称兽首形双纽，纽间饰三周凹弦纹。口径8.2、底径14.7、通高11.8厘米（图七二，5；图版二二，5、6）。

陶盉　1件。M27:11，泥质灰褐陶。平顶盖，上附三纽。小口内敛，圆唇，斜肩，弧腹近直，腹底平，三蹄足，足下端较尖。肩部饰对称横向双盲耳，上腹一侧有舌形流。盖径9、口径6.2、腹径13.6、通高13.9厘米（图七一，6；图版二三，2）。

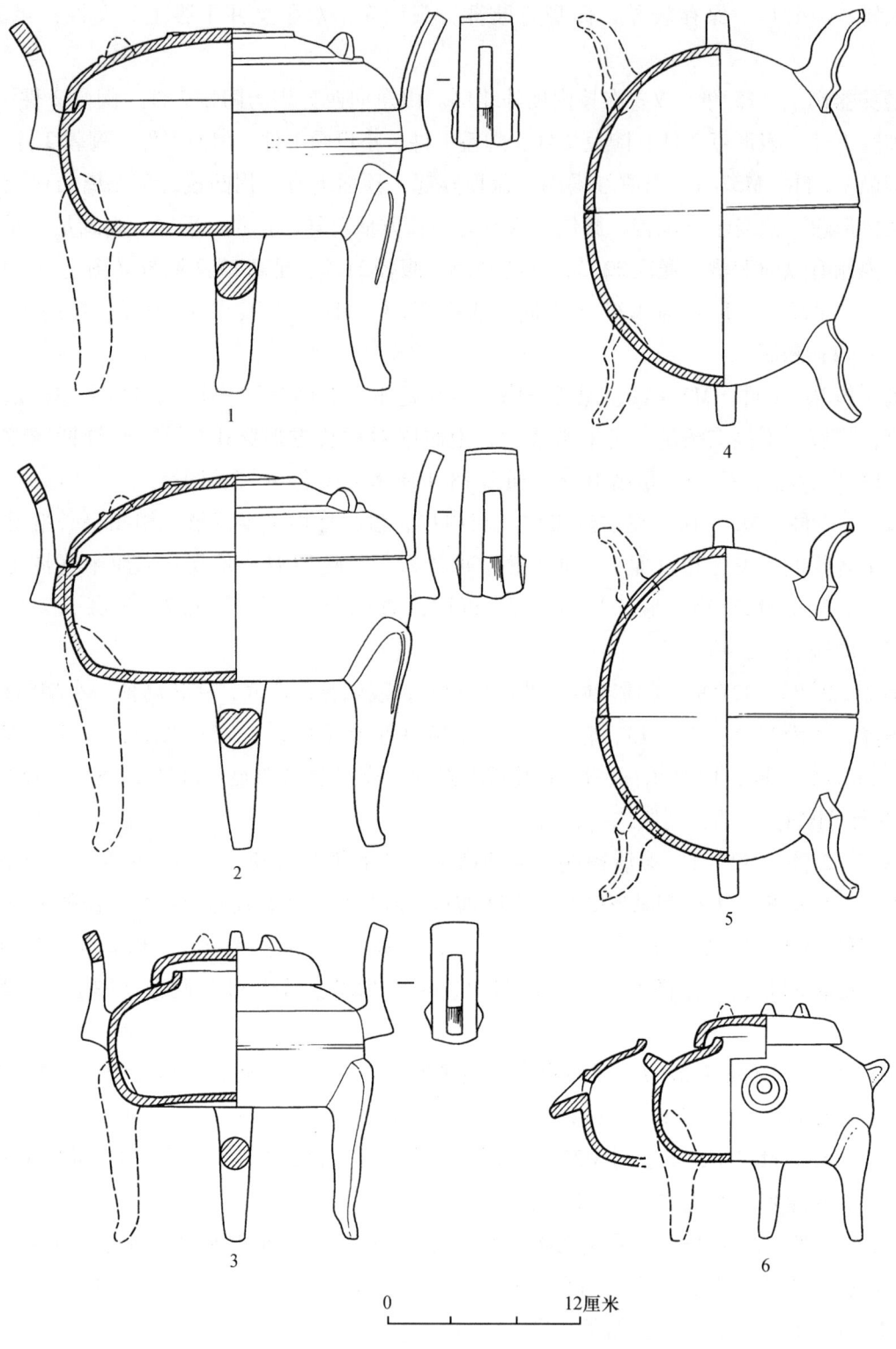

图七一 M27 出土陶器（1）

1、2. 鼎（M27:3、M27:4） 3. 小口鼎（M27:12） 4、5. 敦（M27:15、M27:14） 6. 盉（M27:11）

图七二　M27 出土陶器（2）

1、2. 壶（M27:1、M27:2）　3、8. 豆（M27:9、M27:10）　4、9. 壶形豆（M27:7、M27:8）　5. 罍（M27:13）
6. 匜（M27:5）　7. 盘（M27:6）

陶盘　1件。M27:6，泥质灰褐陶。敞口，圆唇，腹极浅，凹圜底。口径17.8、底径15.4、高1.6厘米（图七二，7；图版二三，3）。

陶匜　1件。M27:5，泥质灰褐陶。浅盘形，弧腹，平底，口部一侧有"风"字形流，流口微下侈。长14.6、口径11、底径7.3、高2.9、流长3.6厘米（图七二，6；图版二三，4）。

M29

位置　位于ⅡT0305南部，北、南、西分别与M26、M6、M7、M45相邻。

层位关系　①→M29→生土。

方向　110°。

形制与结构　长方形竖穴土坑，直壁平底。长170、宽70~76、深60厘米（图七三）。填土为黑褐色五花土，土质较硬，无包含物。

葬具　不详。

人骨　1具。保存较差，仰身直肢葬，头向东，双手交并于腹上。男性，年龄25~34岁。

随葬器物　无。

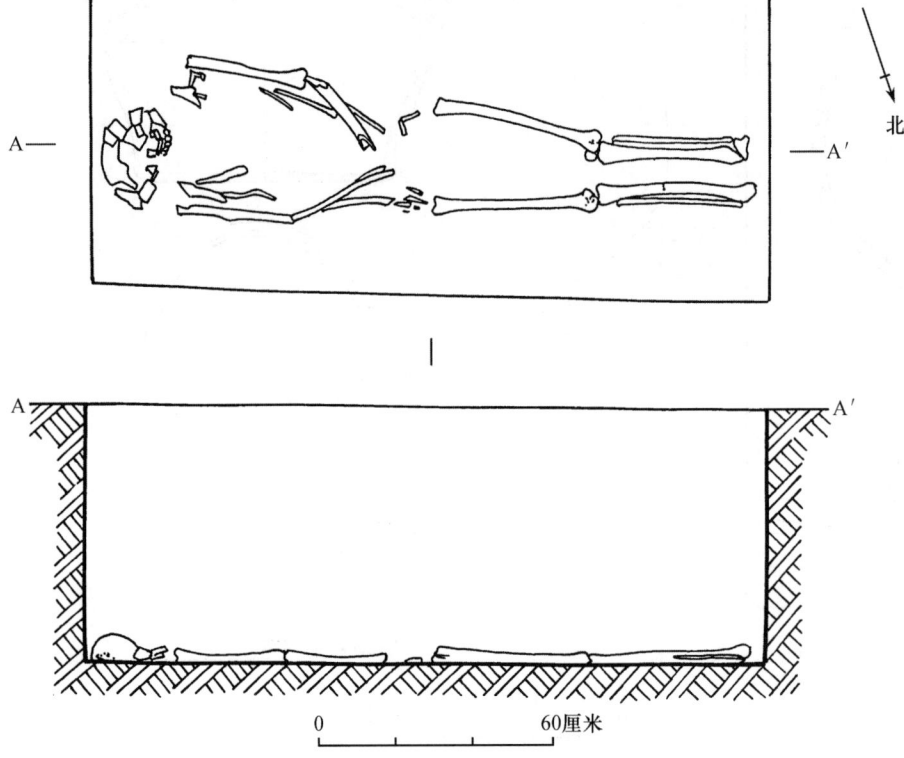

图七三　M29平、剖面图

M30

位置 位于ⅡT0205东北部,北、东南、西分别与M175、M16、M17、M19相邻。

层位关系 ①→G1→M30→H6→生土。

方向 205°。

形制与结构 该墓为长方形竖穴土坑墓,直壁平底。长224、宽116~120、深136厘米(图七四)。

填土为褐色五花土,土质细腻松软,无包含物。

葬具 一棺一椁。椁室位于墓室中部,已朽成灰。残存灰痕长198、宽95、残高48、厚0.3厘米;棺室位于椁内东南,已朽成灰。残存灰痕长198、宽62~68厘米,高度不详,厚0.3厘米。

人骨 1具。保存较差,仰身直肢葬,头向西南,双手交并于腹上。女性,年龄25~30岁。

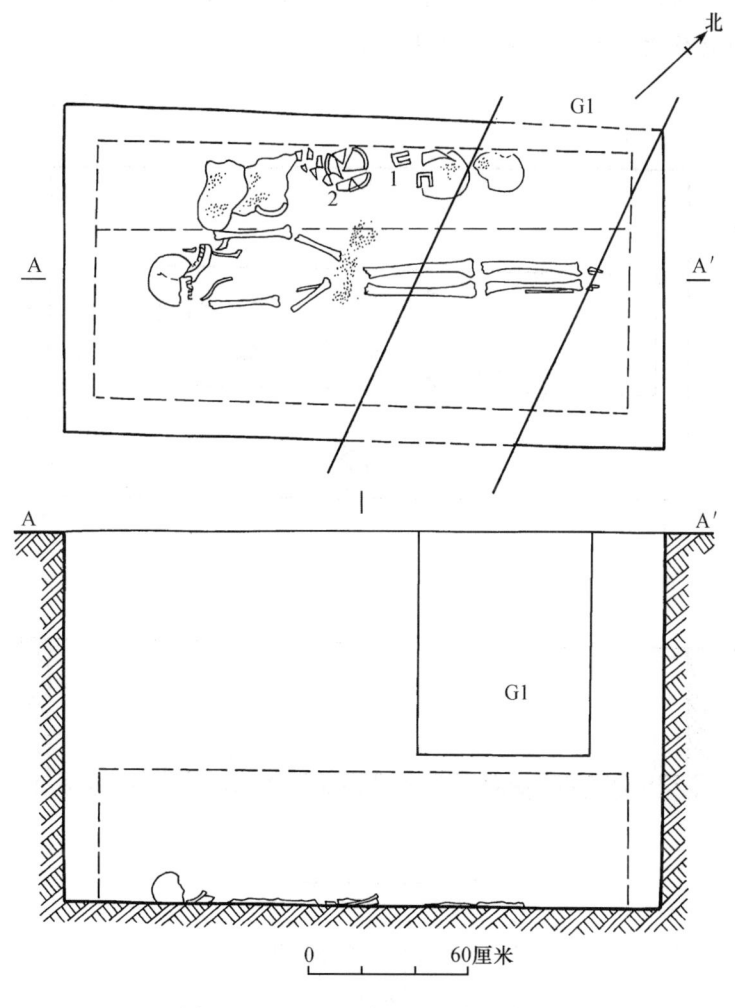

图七四 M30平、剖面及遗物分布图

1. 陶敦　2. 陶鼎

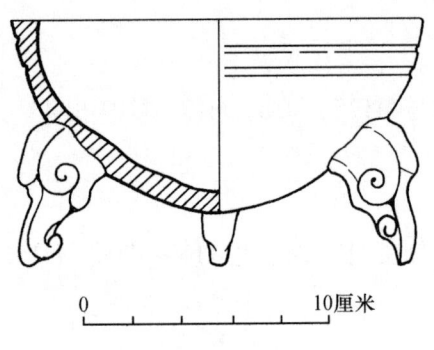

图七五　M30 出土陶敦（M30:1）

随葬器物　2件，放置在椁内棺外左侧，计有陶敦1件、陶鼎1件。

陶鼎　1件。M30:2，未能修复。

陶敦　1件。M30:1，泥质褐红胎，灰黑皮。仅余一半，呈半球状，三足外撇。腹部近口沿处有二周凹弦纹，足上饰云状纹。高9.6、口径16.4、足高5.6厘米（图七五；图版二三，5）。

M31

位置　位于ⅡT0306南部，部分向南进入ⅡT0305。其西北为M163，南为M25、M27。

层位关系　①→M31→生土。

方向　150°。

形制与结构　长方形竖穴土坑，直壁平底。长200、宽100、深40厘米（图七六）。填土为黄褐色五花土，土质疏松，无包含物。

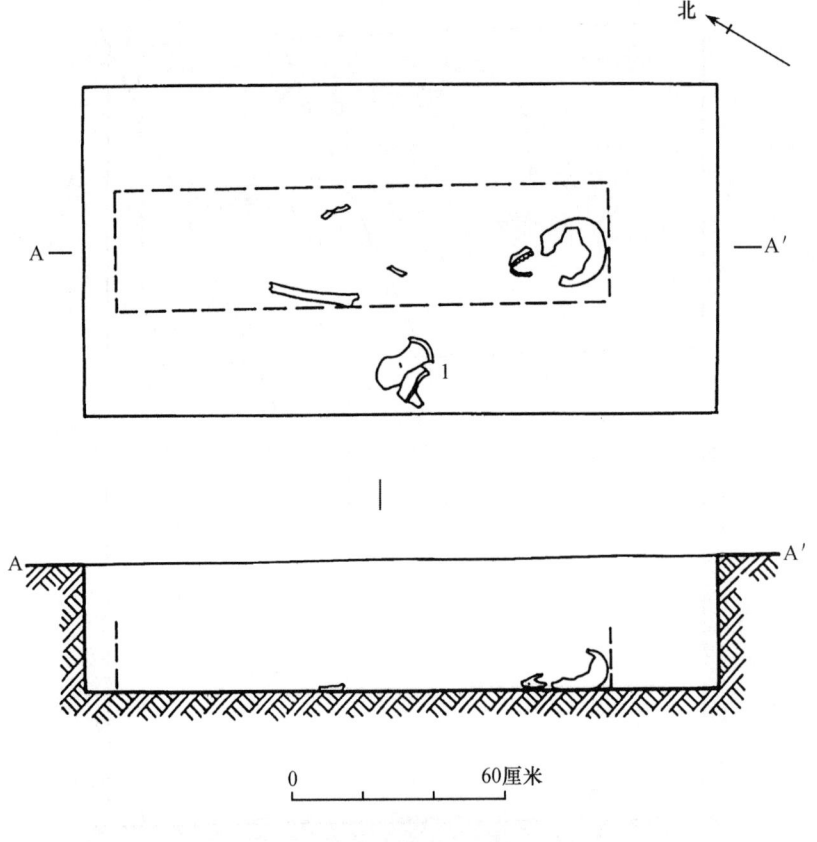

图七六　M31 平、剖面及遗物分布图
1. 陶鬲

葬具 一棺。位于墓室中部，已朽成灰。残存棺灰长156、宽36、残高10、厚0.3厘米。

人骨 1具。保存较差，仰身直肢葬，头向南，双手交并于腹上。性别与年龄不详。

随葬器物 陶鬲1件，置于人骨左侧。

陶鬲 1件。M31:1，泥质红褐胎，灰黑皮。器形不甚规整，三足外切圆径略小于口径。折沿，方唇，束颈，鼓肩，腹斜收，裆微下垂，柱状足。颈以下饰绳纹，肩部抹一道弦纹。器身轮制，足模制。高16.1、口径15.3、腹径18.3厘米（图七七；图版二三，6）。

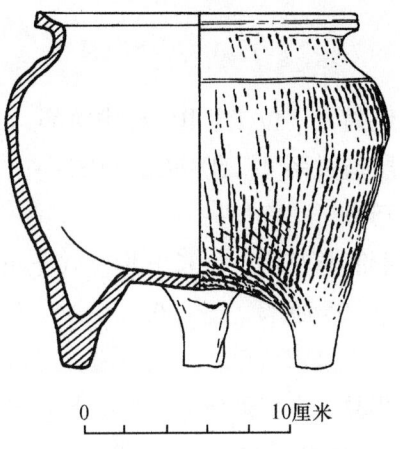

图七七 M31出土陶鬲（M31:1）

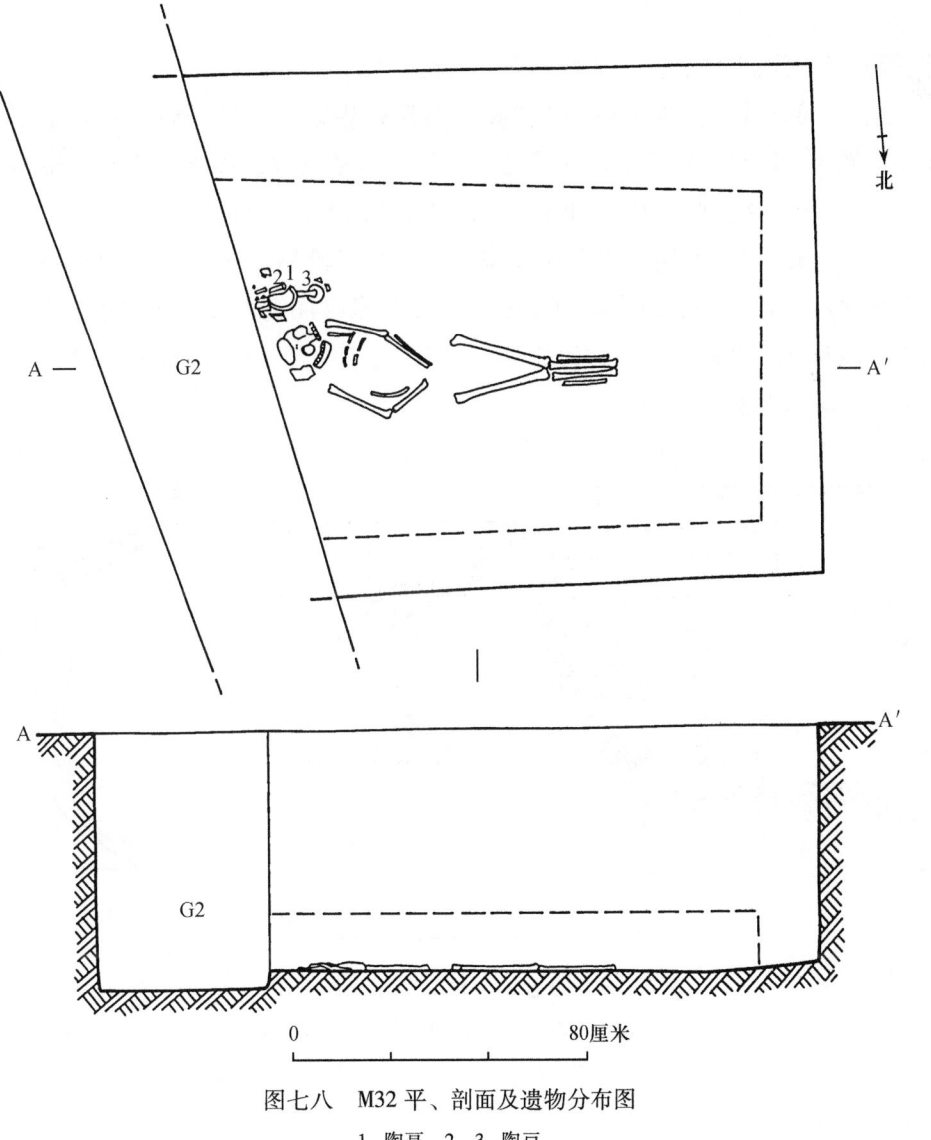

图七八 M32平、剖面及遗物分布图
1. 陶鬲　2、3. 陶豆

M32

位置 位于ⅡT0204中西部，北、西两侧分别与M22、M24及M33、M34相邻。

层位关系 ①→G2→M32→生土。

方向 97°。

形制与结构 长方形竖穴土坑，直壁平底。东部被G2打破，残存墓室长200~254、宽199、深95厘米（图七八）。

填土呈灰黄色，土质疏松，无包含物。

葬具 仅见椁痕。位于墓室中部，已朽成灰，东部被G2破坏，残长180~220、宽128~138、残高21~23、厚0.5厘米。

人骨 1具，保存较差，仰身直肢，头向东，双手交并于腹上。女性，年龄约50岁左右。

随葬器物 陶鬲1件、陶豆2件，置于头部左侧。

陶鬲 1件。M32:1，泥质灰陶，灰黑皮。器形较规整，三足外切圆径略小于口径，平折沿，斜方唇，鼓肩，斜腹，裆近平，柱状足。肩部有两道弦纹，以下饰绳纹。器身轮制，足模制。高14.3、口径15.4、腹径18.7厘米（图七九，1；图版二四，1）。

陶豆 2件。M32:2，泥质红褐胎，浅灰衣。直口，圆唇，折弧盘，柄较高，豆座顶面微隆起，座沿微起台。高13.7、口径11.6、底径7.8厘米（图七九，3；图版二四，2）。M32:3，泥质红褐胎，浅灰衣。直口，斜方唇，弧盘，豆柄矮，座沿起台。高8.6、口径11.2、底径5.7厘米（图七九，2；图版二四，3）。

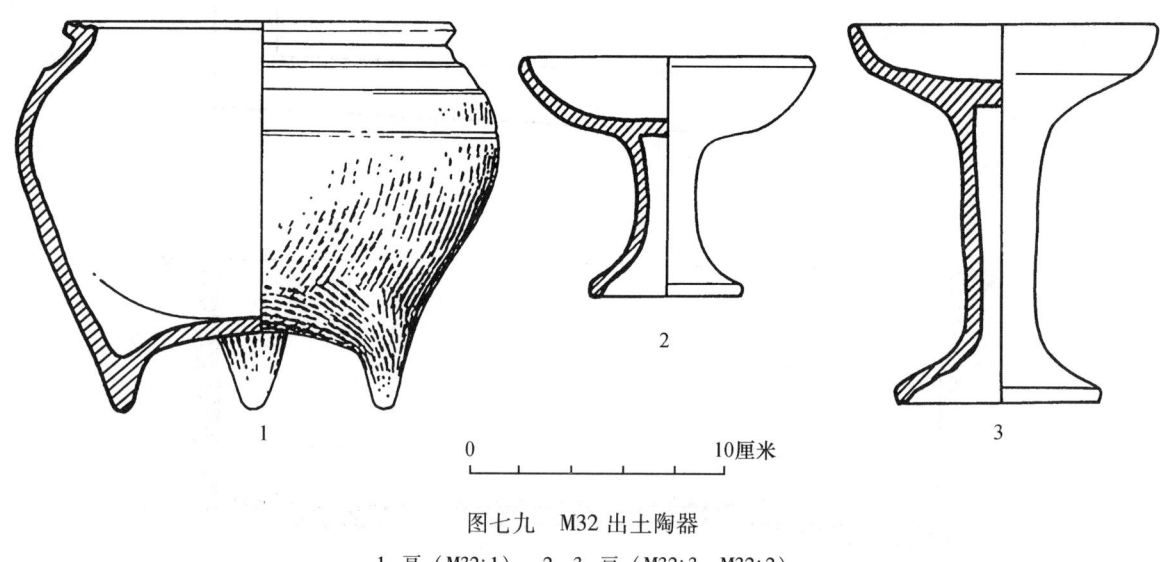

图七九 M32出土陶器
1. 鬲（M32:1） 2、3. 豆（M32:3、M32:2）

M33

位置 位于ⅡT0304东南部，北、东、南、西分别与M34、M32、M5、M81相邻。

层位关系 ①→M33→生土。

方向 105°。

形制与结构 长方形竖穴土坑，直壁平底。长228~235、宽131、深94厘米（图八〇）。填土为浅黄色五花土，土质坚硬，无包含物。

葬具 一椁。椁室位于墓室中部略偏北，已朽成灰。残存灰痕长186~194、宽96~105、残高14、厚0.5厘米。未见棺痕。

人骨 1具。保存较差，仰身直肢葬，头向东，面向上，双手交并于腹上。男性，年龄40~50岁。

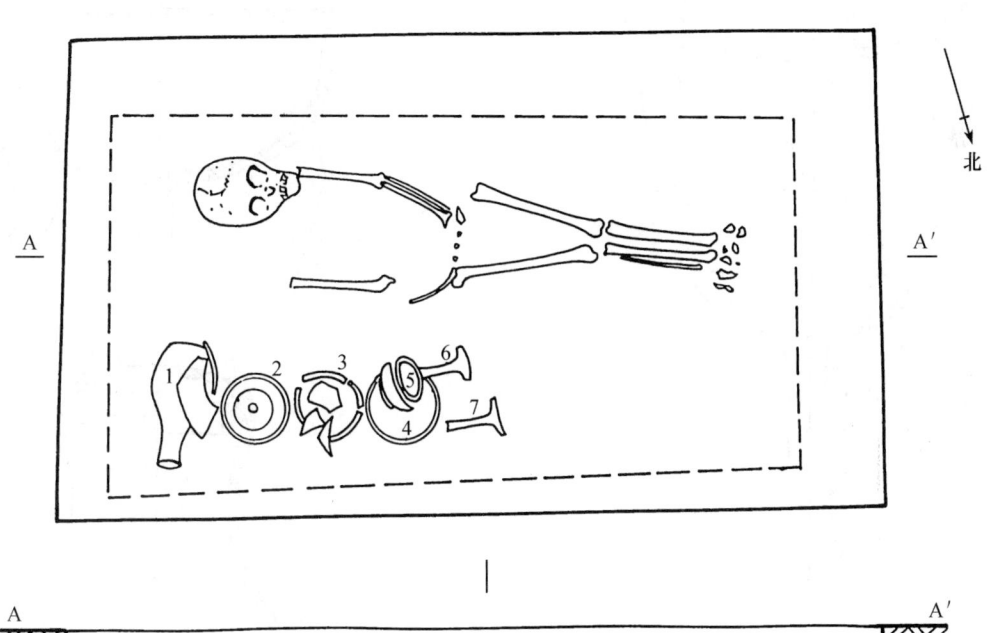

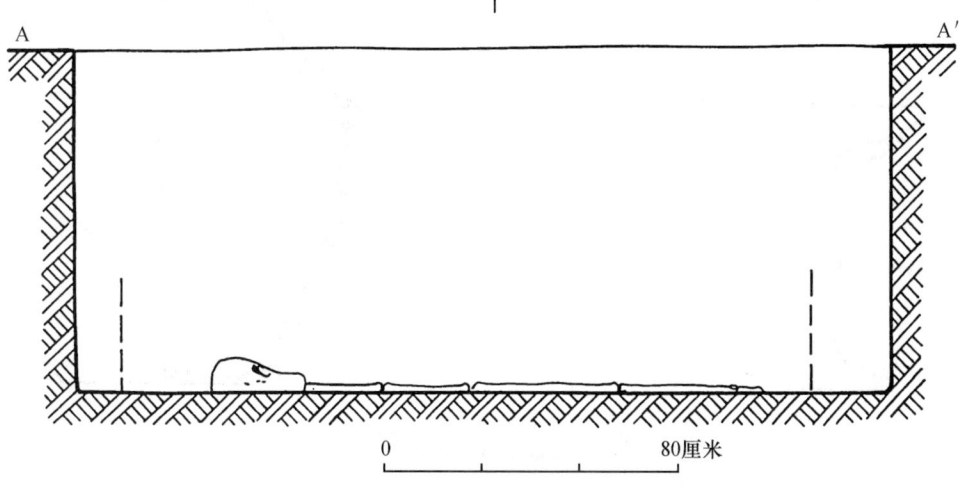

图八〇 M33平、剖面及遗物分布图
1. 陶壶 2. 陶鼎 3. 陶敦 4. 陶盘 5. 陶匜 6、7. 陶豆

随葬器物　7件，放置在椁内人骨上身右侧。由东向西分别为陶壶1件、陶鼎1件、陶敦1件、陶盘1件、陶匜1件、陶豆2件。

陶鼎　1件。M33:2，泥质褐红胎，灰黑皮。盖顶隆起，附三纽，顶面有二周凸棱。鼎身子口承盖，微敛，肩附长方形双耳，上腹直，下腹弧收，圜底，三蹄足。腹中部有一周凸棱。高22.4、盖径21、口径18.7、腹径21.5、足高13厘米（图八一，1；图版二四,6）。

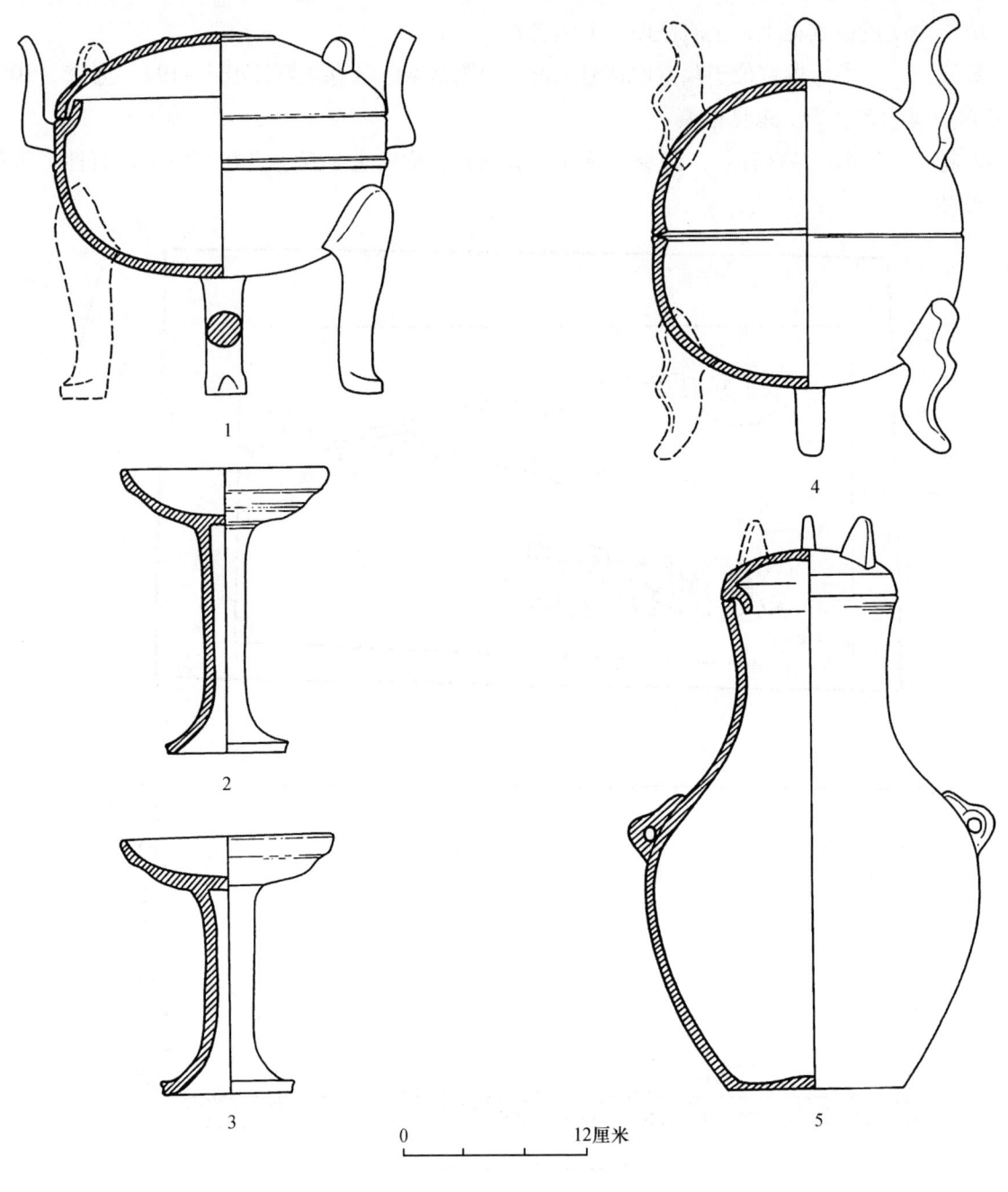

图八一　M33出土陶器（1）
1. 鼎（M33:2）　2、3. 豆（M33:7、M33:6）　4. 敦（M33:3）　5. 壶（M33:1）

陶敦　1件。M33:3，泥质褐红胎，灰黑皮。盖、身均为半球形，相合呈球形，上下各附三曲折形纽（足）。高27.2、腹径19.8、足高9.6厘米（图八一，4；图版二五，1）。

陶豆　2件。M33:6，泥质灰陶。敞口，浅弧盘，圜底，柱状高柄，座沿起台。高16.1、口径13.7、底径8.6厘米（图八一，3；图版二五，2）。M33:7，泥质灰陶。形制与M33:6相近，惟盘腹稍深。高17.9、口径13.4、底径8厘米（图八一，2；图版二五，3）。

陶壶　1件。M33:1，泥质褐红胎，灰黑皮。盖顶隆起，附三纽。敞口，束颈，斜肩，圆腹，平底，肩附对称双耳。高36.2、盖径11.5、口径11.5、腹径21.5、底径11.7厘米（图八一，5；图版二五，4）。

陶盘　1件。M33:4，泥质褐红胎，灰黑皮。仰折沿，方唇，上腹稍鼓，下腹斜收，底微内凹。高6.4、口径24.8、底径14.9厘米（图八二，1；图版二五，5）。

陶匜　1件。M33:5，泥质褐红胎，灰黑皮。口部近圆形，腹稍深，圜底，流口上侈。高6、长14.5、口径11.4厘米（图八二，2；图版二五，6）。

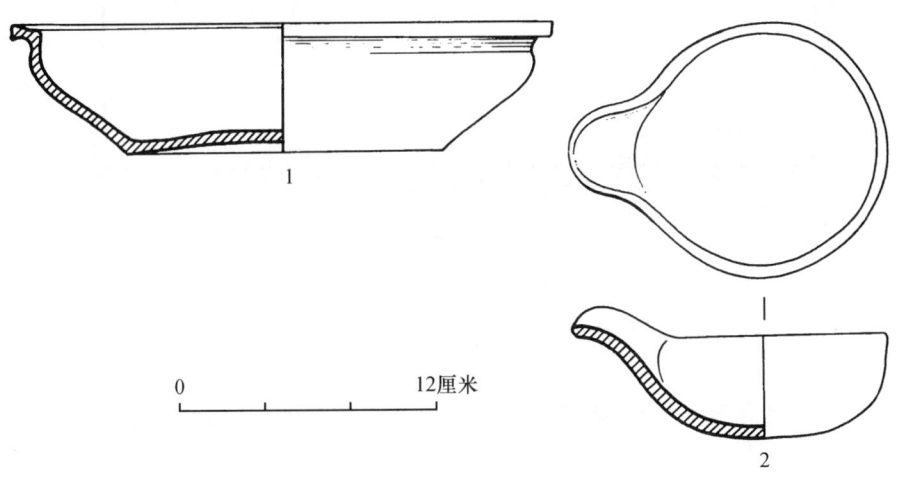

图八二　M33出土陶器（2）
1. 盘（M33:4）　2. 匜（M33:5）

M34

位置　位于ⅡT0304中东部，北、东、南、西侧分别与M6、M24、M32、M33、M81、M35相邻。

层位关系　①→M34→生土。

方向　88°。

形制与结构　长方形竖穴土坑，直壁平底。长238、宽108～114、深76厘米（图八三）。填土为黑褐色五花土，土质较硬，无包含物。

葬具　一棺一椁，已朽成灰。椁室位于墓室中部，长198、宽70、残高18、厚0.5厘米。棺室位于椁室北侧，长198、宽56、残高18、厚0.3厘米。

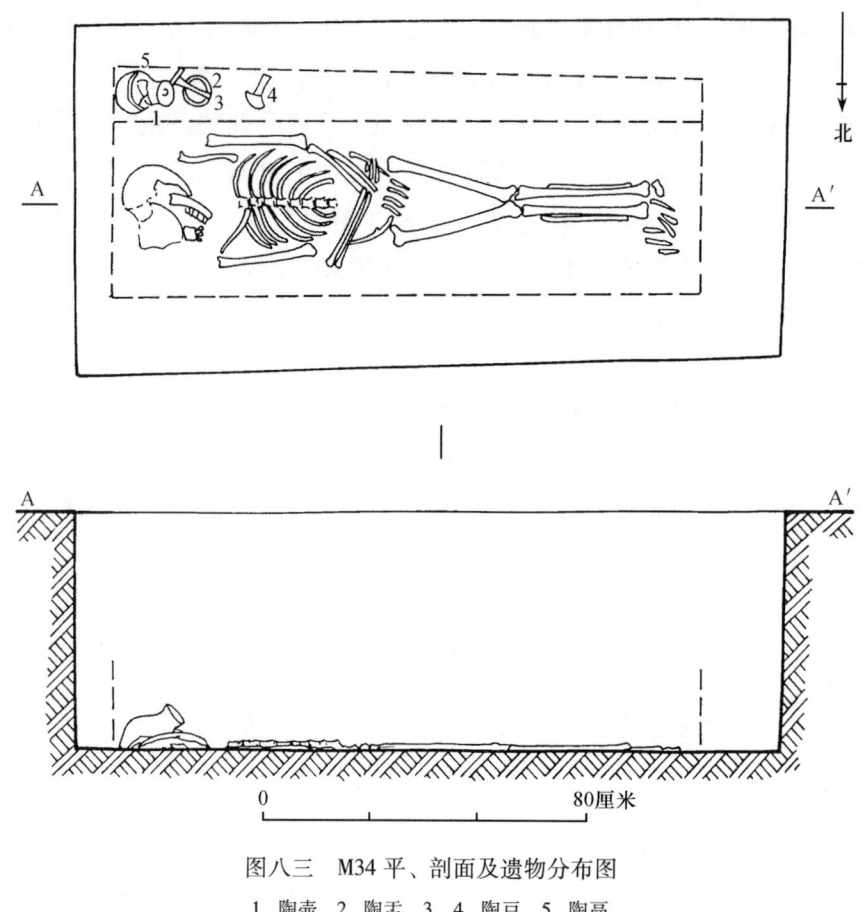

图八三 M34 平、剖面及遗物分布图
1. 陶壶 2. 陶盂 3、4. 陶豆 5. 陶鬲

人骨 1具。保存较差，仰身直肢葬，头向东，面略侧向北，双手交并于腹上。男性，年龄25～30岁。

随葬器物 5件，放置于头部左侧椁内，由东到西分别为陶壶1件、陶鬲1件、陶盂1件、陶豆2件。

陶鬲 1件。M34:5。残破过甚，未能修复。

陶豆 2件。M34:3，泥质灰陶。直口，圆唇，弧盘圜底，浅腹，高柄，座沿起台。高16.2、口径12.9、底径8厘米（图八四，4；图版二六，1）。M34:4，泥质灰陶。直口，圆唇，折盘平底，浅腹，高柄，座沿起台，沿面略内凹。高17.1、口径13.1、底径8.7厘米（图八四,3；图版二六，2）。

陶盂 1件。M34:2。泥质褐红胎，灰黑皮。器形较小，形制较规整。平折沿，方唇，束颈，上腹外鼓，下腹斜收，凹圜底。素面，轮制。高9.5、口径14.6、腹径15.7、底径8.1厘米（图八四，2；图版二六，3）。

陶壶 1件。M34:1，泥质褐红胎，灰皮。器形规整。敞口，圆唇，颈呈喇叭状，圆肩，弧腹内收，平底不甚规则。高26.4、口径11.5、腹径15.8、底径9.9厘米（图八四，1；图版二六，4）。

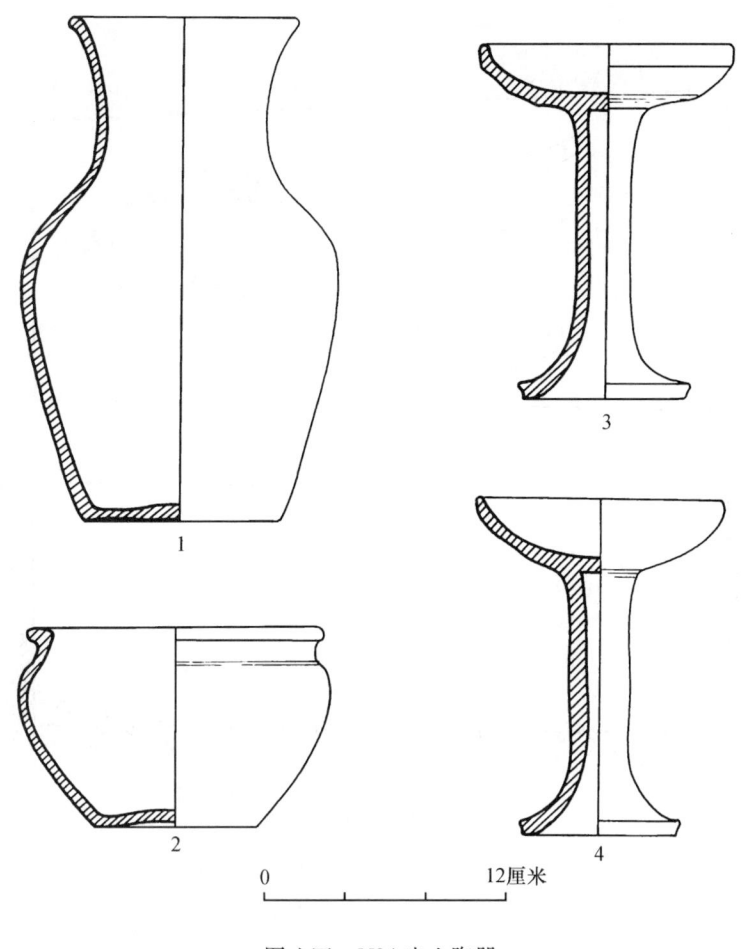

图八四 M34 出土陶器

1. 壶（M34:1） 2. 盂（M34:2） 3、4. 豆（M34:4、M34:3）

M35

位置　位于ⅡT0304中部，北、东、南、西分别与M6、M7、M34、M81、M36相邻。

层位关系　①→M35→生土。

方向　318°。

形制与结构　长方形竖穴土坑，直壁平底。长190、宽72~84、深64厘米（图八五）。填土为褐色五花土，土质较硬，无包含物。

葬具　不详。

人骨　1具。保存较差，仰身直肢葬，头向西北，双手交并于腹上。男性，年龄35~55岁。

随葬器物　3件，放置于腿部左侧，从北到南分别为陶鬲、陶豆、陶罐。

陶鬲　1件。M35:1。未能修复。

陶豆　1件。M35:2，泥质灰陶。直口，圆唇，弧折盘，圜底，盘浅，高柄，座沿起台，沿面有一周凹槽。高16.5、口径14.0、底径8.0厘米（图八六，1；图版二四，4）。

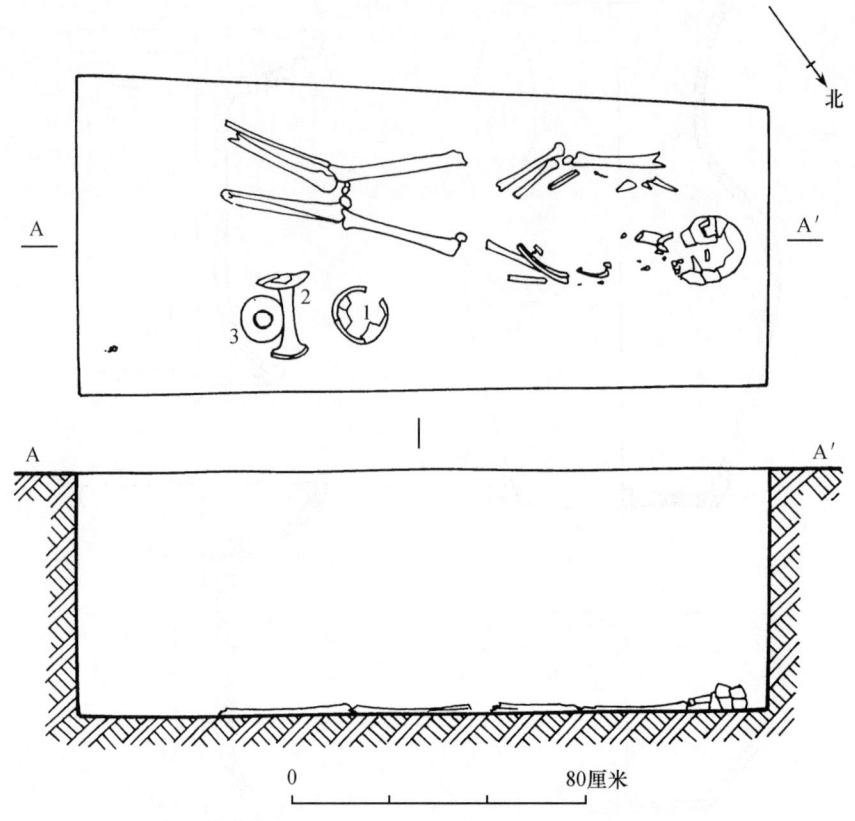

图八五　M35 平、剖面及遗物分布图
1. 陶鬲　2. 陶豆　3. 陶罐

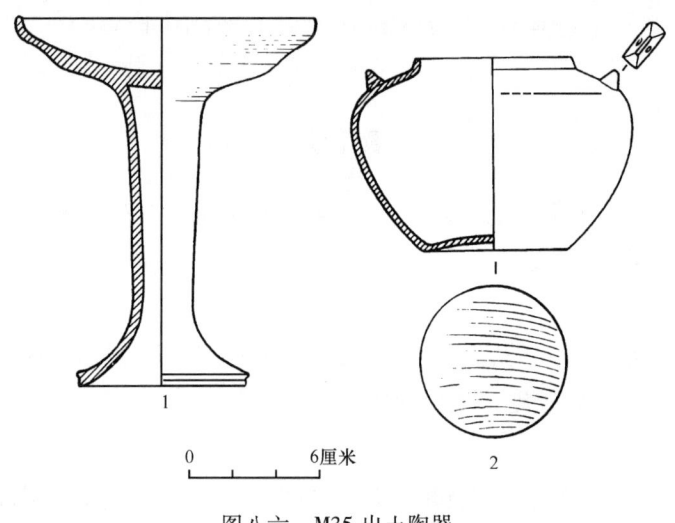

图八六　M35 出土陶器
1. 豆（M35:2）　2. 罐（M35:3）

陶罐　1件。M35:3，泥质褐红胎，灰黑皮。器形规整，形体小。小口略内敛，矮领，广肩，肩部有对称梯形双耳，中部有孔，上腹圆鼓，下腹弧内收，凹圜底。底部外侧有弧线纹。高8.6、口径7.2、腹径12.9、底径6.8厘米（图八六，2；图版二四，5）。

M36

位置　　位于ⅡT0304西南部，东、西侧分别与M35、M81及M47相邻。

层位关系　　①→M36→生土。

方向　　349°。

形制与结构　　该墓为长方形竖穴土坑墓，直壁平底。长230、宽134、深140厘米（图八七）。填土为深黄色五花土，土质较硬，无包含物。

葬具　　一棺。棺室位于墓室中部，已朽成灰。残存灰痕长194、宽94、残高46、厚0.3厘米。

人骨　　1具。保存较差，仰身直肢葬，头向北，双手交并于腹上。男性，年龄30~35岁。

随葬器物　　无。

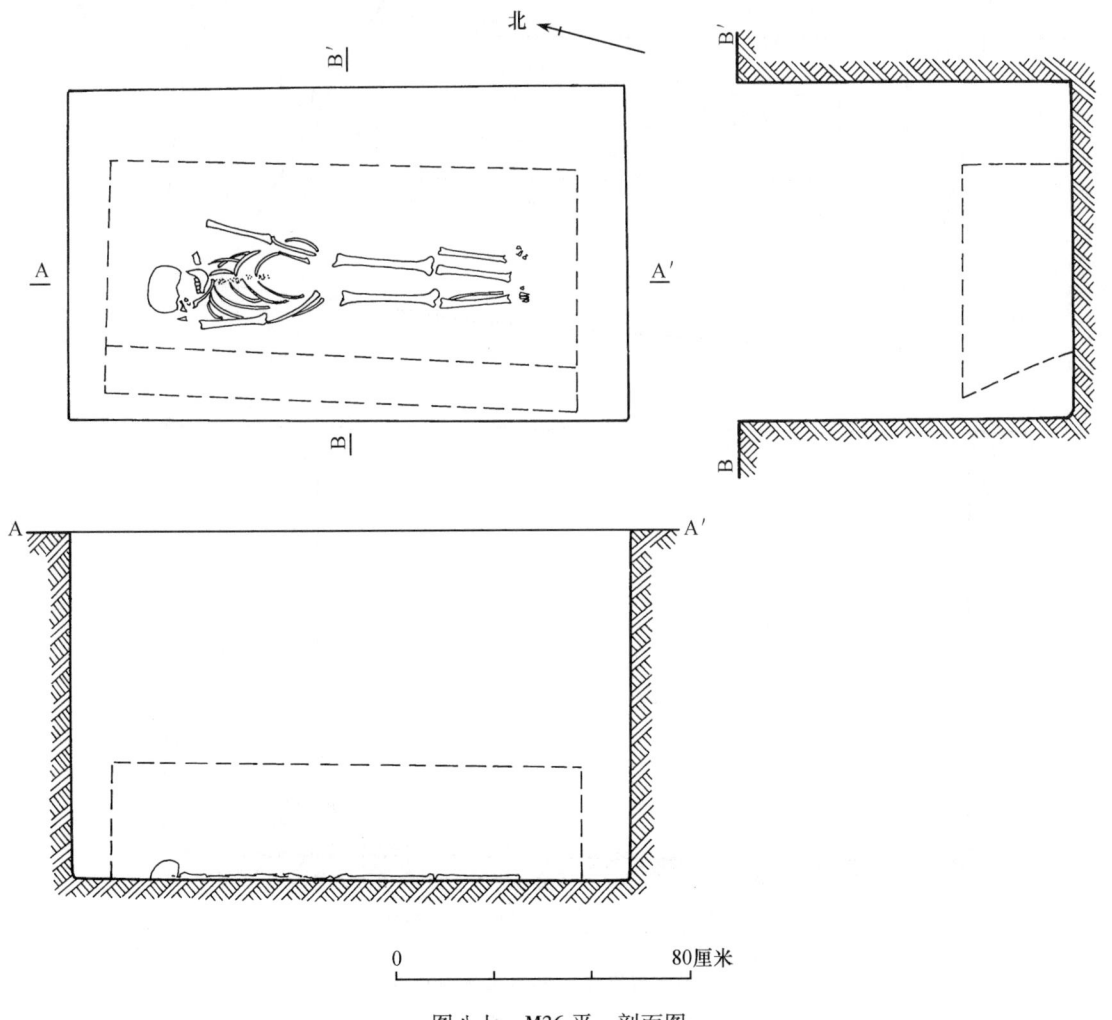

图八七　M36平、剖面图

M38

位置 位于ⅡT0405东北部，西、西南分别与M40、M41相邻。

层位关系 ①→M37→M38→生土。

方向 24°。

形制与结构 长方形竖穴土坑，直壁平底。长230、宽136~146、深120厘米（图八八）。填土为褐黄花土，土质较硬，黏性大，无包含物。

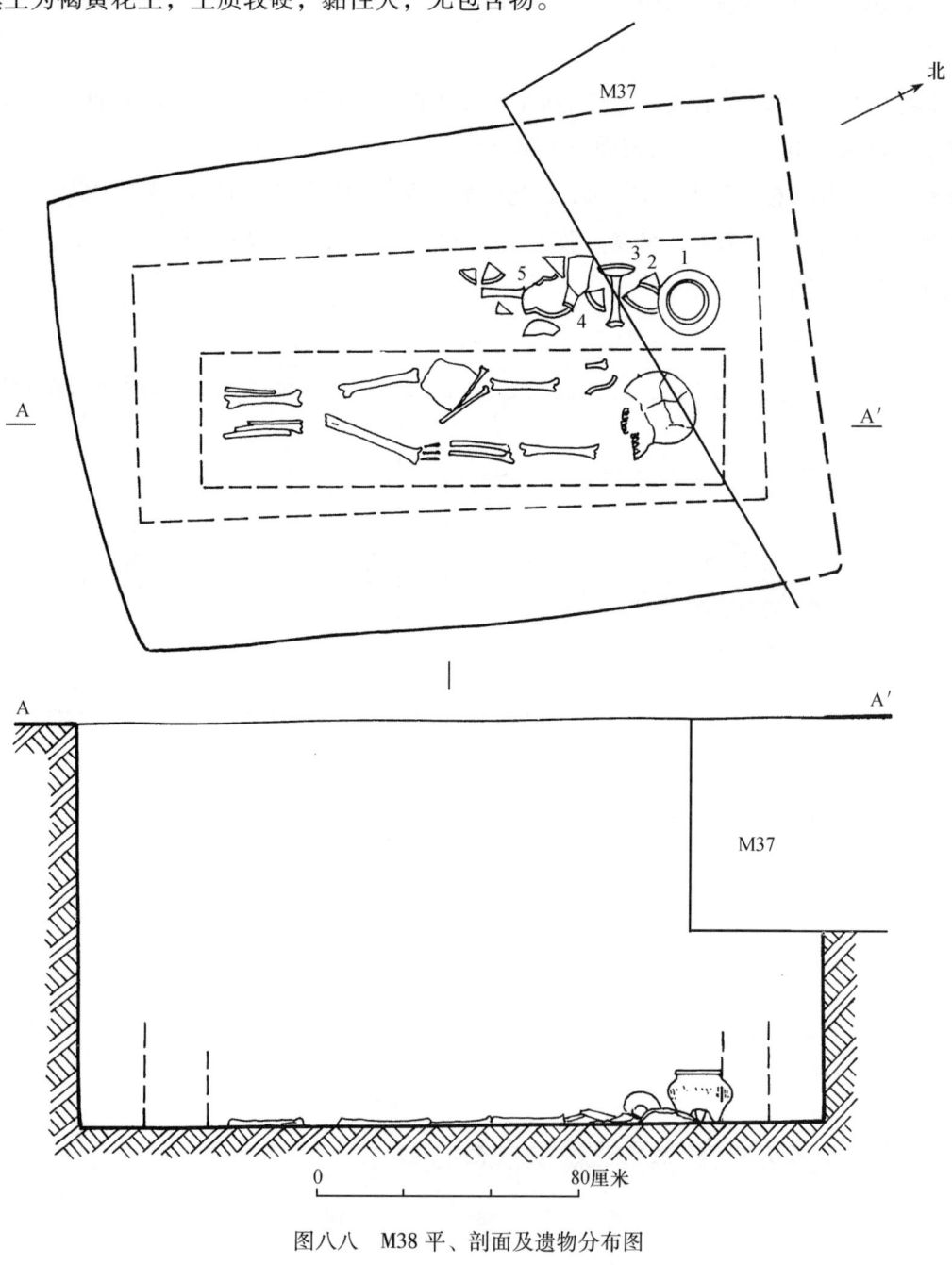

图八八 M38 平、剖面及遗物分布图
1. 陶鬲 2. 陶盂 3、5. 陶豆 4. 陶壶

葬具 一棺一椁，已朽成灰。椁室位于墓室中部，长194、宽78、残高19、厚0.8厘米。棺室位于椁室左侧，长160、宽40、残高10、厚0.3厘米。

人骨 1具。保存较差，仰身直肢，头向北，面略侧向东，双手交并于腹上。性别、年龄不详。

随葬器物 5件，置于头部右侧椁内，从北到南分别为陶鬲、陶盂、陶豆、陶壶、陶豆（彩版七，1）。

陶鬲 1件。M38:1，夹砂灰陶。器形规整，器身较大，口径小于腹径及三足外切圆径。平折沿，沿面有二周凹弦纹，圆唇，斜直领较矮，颈肩有明显分界，溜肩，弧腹斜内收，弧裆，袋足。颈部以下饰绳纹，肩部抹一周弦纹。高16.5、口径16.8、腹径20厘米（图八九，1；图版二七，1）。

陶盂 1件。M38:2，泥质灰陶。器形规整，器身较大。平折沿，圆唇，束颈，颈肩分界明显，上腹圆，下腹斜弧内收，平底。素面，轮制。高11.4、口径18.6、底径9.3厘米（图八九，4；图版二七，2）。

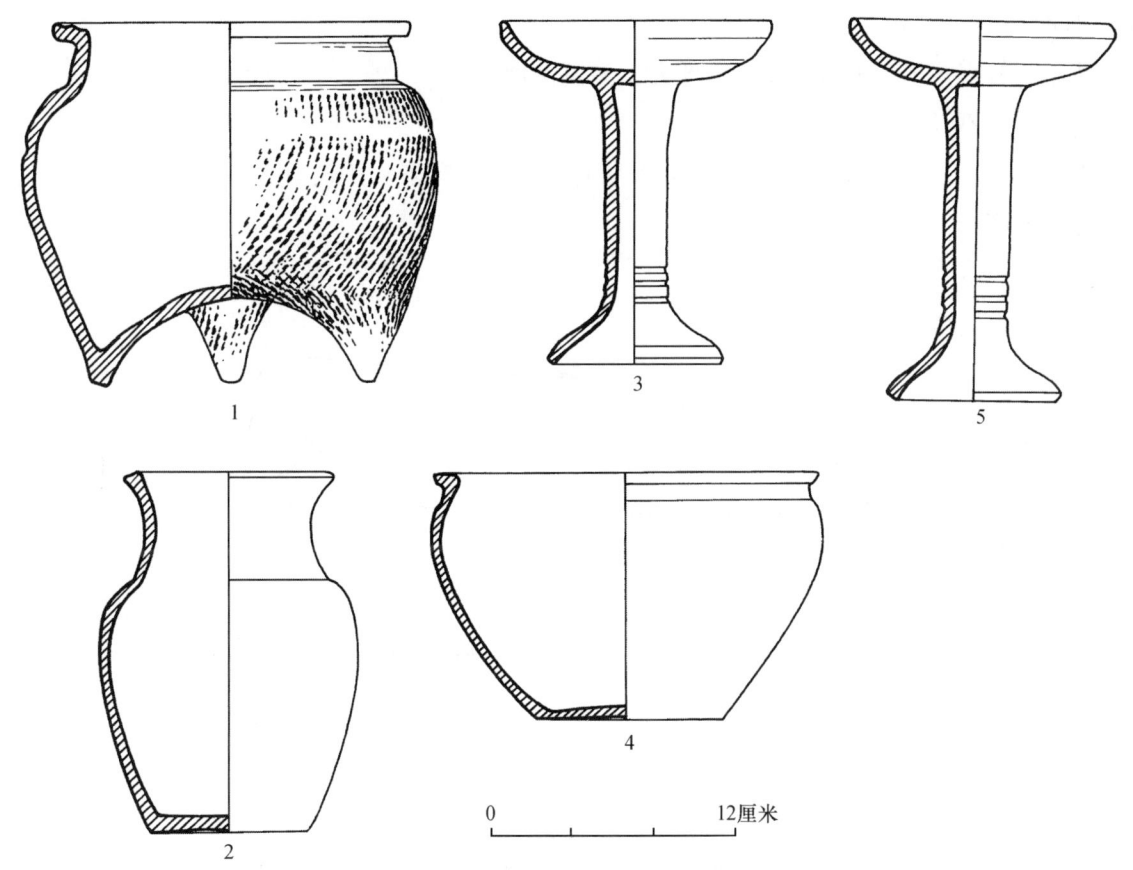

图八九　M38出土陶器
1. 鬲（M38:1）　2. 壶（M38:4）　3、5. 豆（M38:3、M38:5）　4. 盂（M38:2）

陶豆　2件。M38:3，泥质褐红胎，灰皮。直口，圆唇，浅弧盘，高柄，豆座顶面微隆起，座沿起台。豆柄下部饰有三周凹弦纹。高 15.7、口径 12.8、底径 8.3 厘米（图八九，3；图版二七，3）。M38:5，泥质灰陶。直口，圆唇，浅弧盘，高柄，豆座顶面微隆起，座沿起台。豆柄下部有三周凹弦纹。高 17.5、口径 12.8、底径 8.5 厘米（图八九，5；图版二七，4）。

陶壶　1件。M38:4，泥质灰陶。器形规整，器身较小。敞口，方唇，束颈，溜肩，弧腹，凹圜底。颈肩交界处饰有一周凹弦纹。轮制。高 16.6、口径 10.1、腹径 12.3、底径 7.9 厘米（图八九，2；图版二七，5）。

M40

位置　位于ⅡT0405 北部，东、南、西分别与 M38、M41、M43 相邻。

层位关系　①→M39→M40→生土。

方向　103°。

形制与结构　长方形竖穴土坑，直壁平底。西北部被 M39 打破，残长 85～184、宽 38、深 54 厘米（图九〇）。

填土为黄褐花土，土质较硬，黏性大，无包含物。

葬具　不详。

人骨　1 具。保存较差，仅有头骨及肢骨残段，头向东，葬式不明。性别、年龄不详。

随葬器物　无。

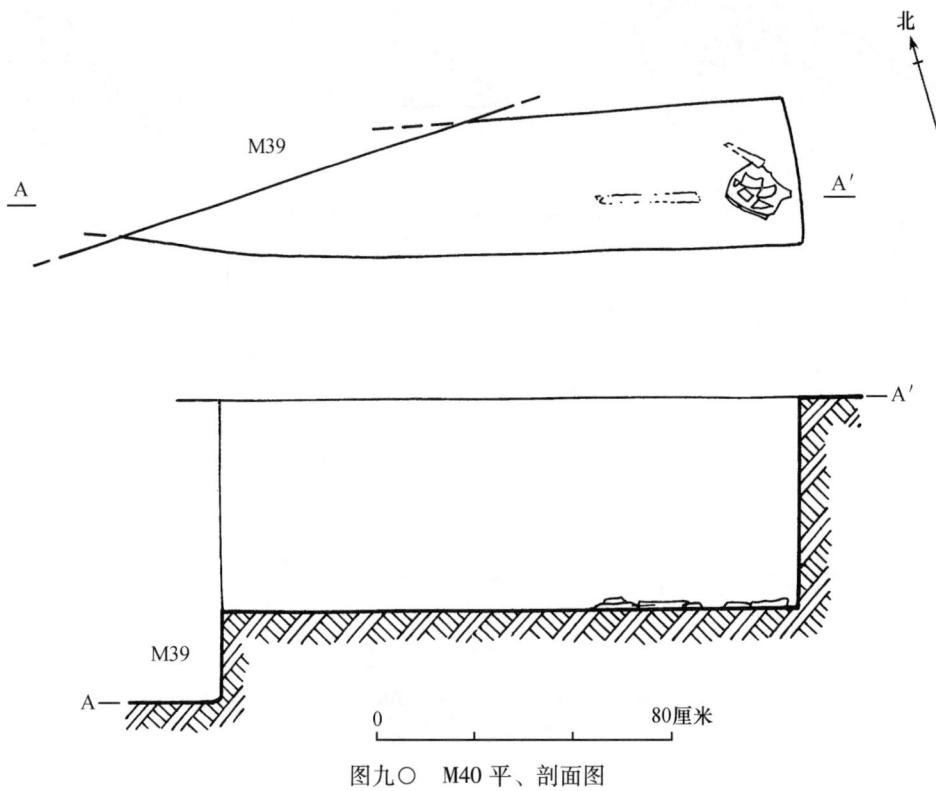

图九〇　M40 平、剖面图

M41

位置　位于ⅡT0405中部，北、南两侧分别与M38、M40、M43及M66、M8相邻。

层位关系　①→M41→生土。

方向　104°。

形制与结构　长方形竖穴土坑，直壁平底。长200、宽76、深64厘米。北壁下中部有一小坑，用以置放随葬陶器，小坑东西长56、南北宽26、底部低于墓底约4厘米（图九一）。

填土为褐黄花土，土质较硬，黏性大，无包含物。

葬具　一棺。位于墓室南侧，已朽成灰。长178、宽46、残高14、厚0.4厘米。

人骨　1具。保存较差，仰身直肢葬，头向东，面向上，双手交并于腹上。性别不明，年龄9~10岁。

随葬器物　陶鬲、陶盂各1件，置于棺外北部小坑内。

陶鬲　1件。M41:1，夹砂褐红陶。器形较规整，器身较大，三足外切圆径略等于口径。平折沿，斜方唇，直领，溜肩，弧腹，平裆，柱状足。肩部饰六道弦纹，以下饰绳纹，器身轮制，足模制。高19.2、口径17.1、腹径19.3厘米（图九二，1；图版二六，5）。

陶盂　1件。M41:2，夹砂褐红胎，灰衣。器形较小，规整。平折沿，圆唇较薄，上腹外鼓，下腹斜弧内收，平底。通体素面，轮制。高9.7、口径17.8、底径8.5厘米（图九二，2；图版二六，6）。

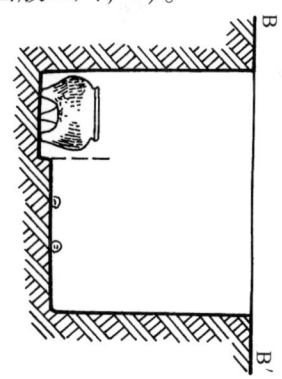
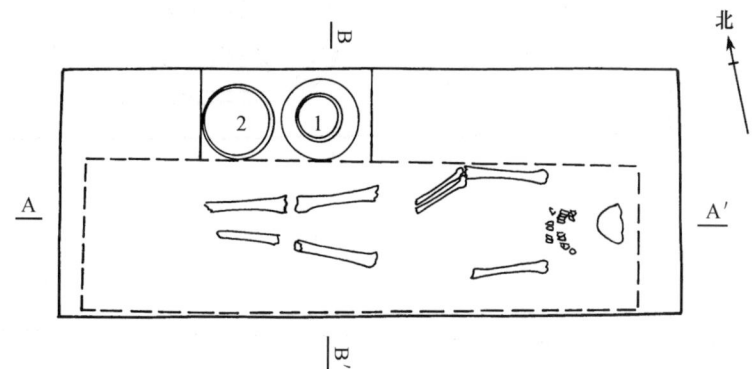
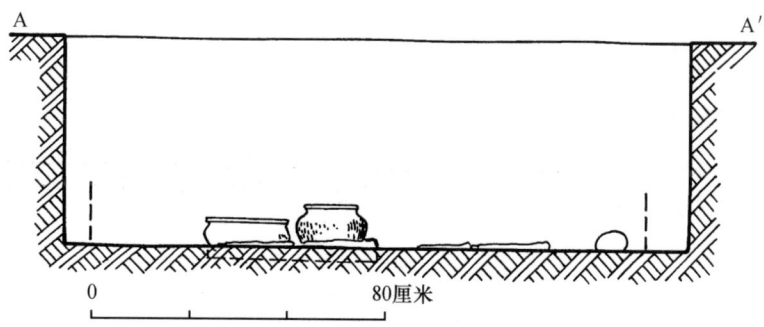

图九一　M41平、剖面及遗物分布图
1. 陶鬲　2. 陶盂

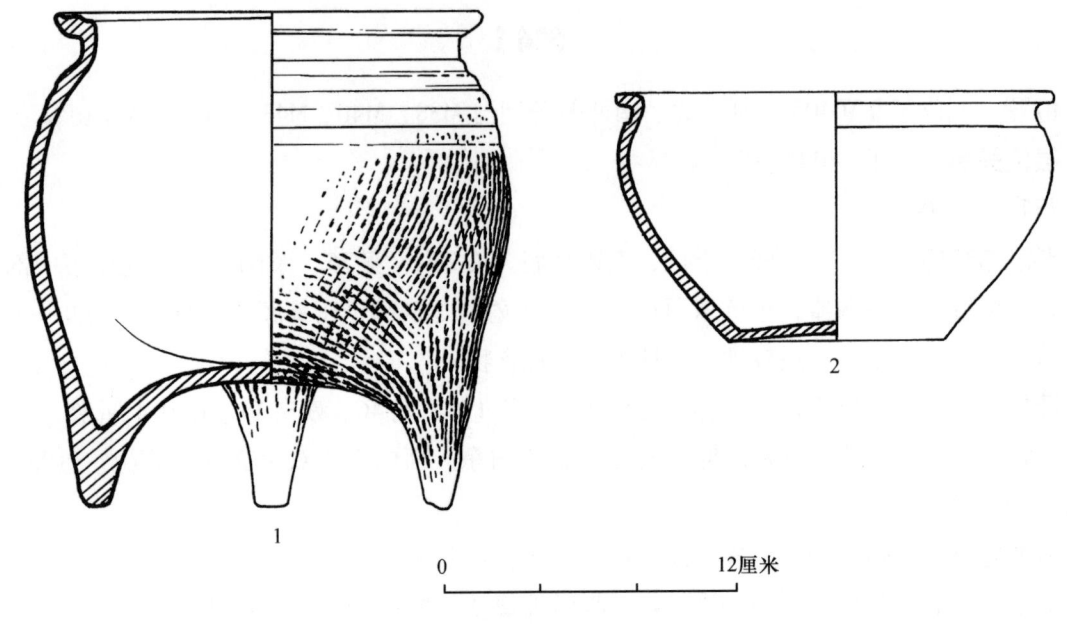

图九二　M41 出土陶器
1. 鬲（M41:1）　2. 盂（M41:2）

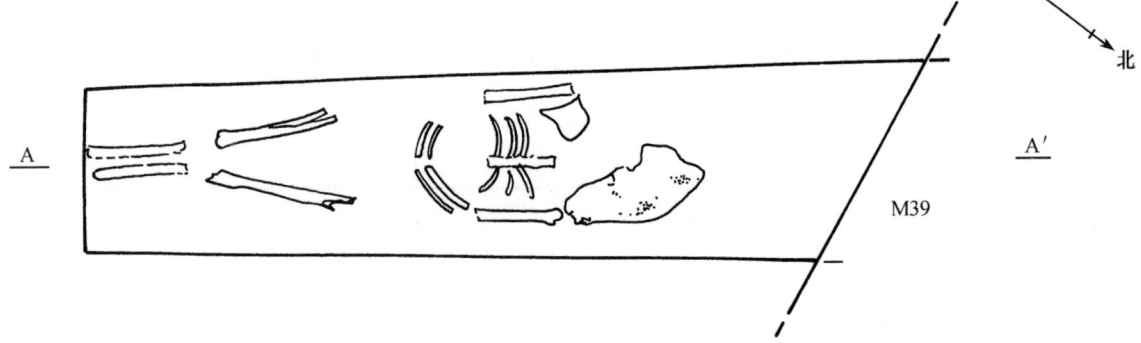

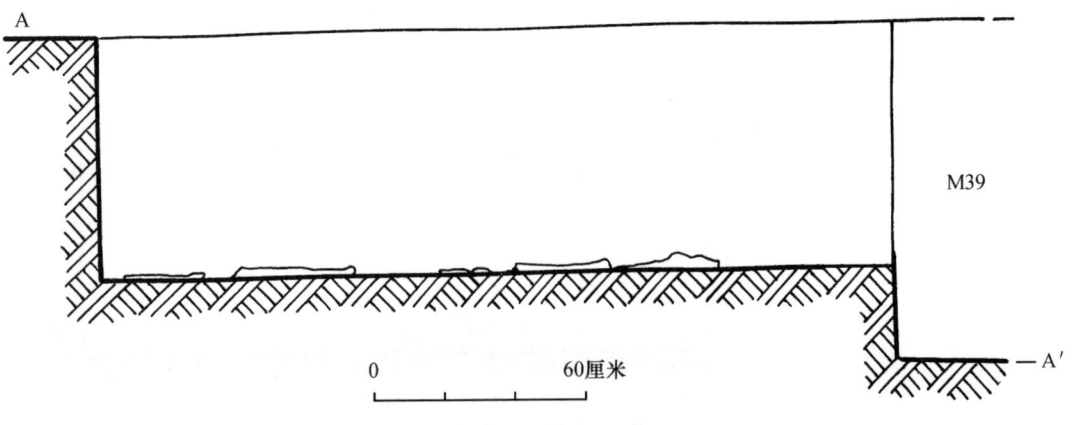

图九三　M43 平、剖面图

M43

位置　位于ⅡT0405西北部，东侧与M40、M41相邻。

层位关系　①→M39→M43→生土。

方向　322°。

形制与结构　长方形竖穴土坑，直壁平底。东北被M39打破，残长172~195、宽36~44、深54厘米（图九三）。

填土为黄褐花土，土质较硬，黏性大，无包含物。

葬具　不详。

人骨　1具，保存较差，仰身直肢葬，头向西北。性别、年龄不详。

随葬器物　无。

M44

位置　位于ⅡT0404南部，北、东、南、西分别与M50、M47、M73、M53相邻。

层位关系　①→M44→生土。

方向　146°。

形制与结构　长方形竖穴土坑，直壁平底。长170、宽60、深64厘米（图九四）。

填土为黄褐花土，土质较硬，黏性大，无包含物。

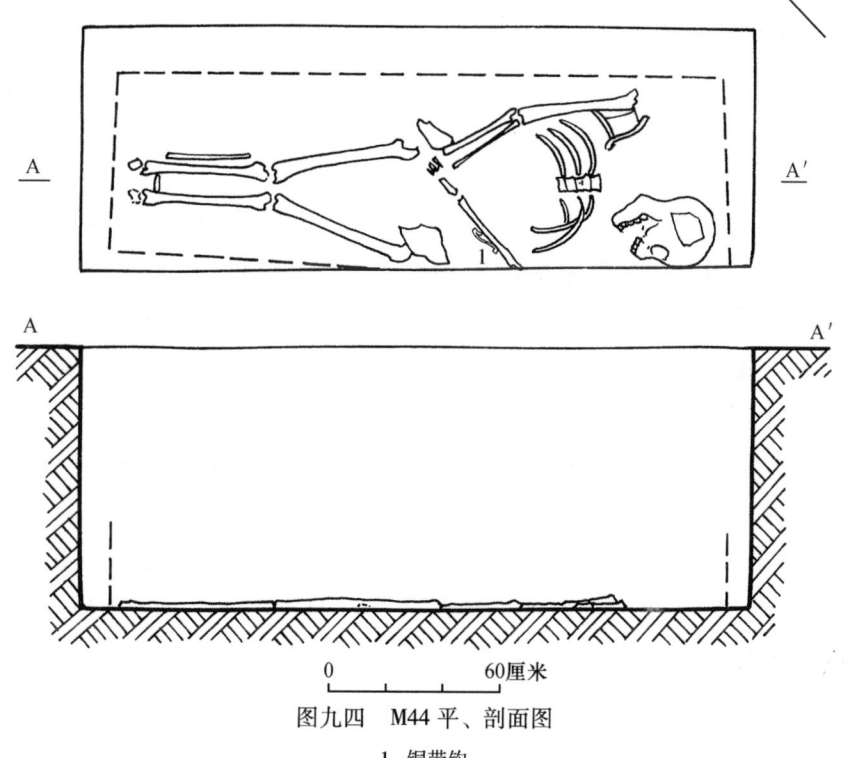

图九四　M44平、剖面图

1. 铜带钩

葬具 一棺。棺室位于墓室中部偏西,已朽成灰。残存灰痕长152~156、宽48、残高14、厚0.5厘米。

人骨 1具。保存较差,仰身直肢葬,头向东南,面向西,双手交并于腹上。女性,年龄40岁左右。

随葬器物 铜带钩1件,位于人骨左臂下。

铜带钩 1件。M44:1,铜绿色。整体较瘦长,钩首似鸭首,线条清晰,钩体背面中部弧凹,尾向背面勾。腹面后半饰有四周凸棱。长8.4厘米(图九五;图版二七,6)。

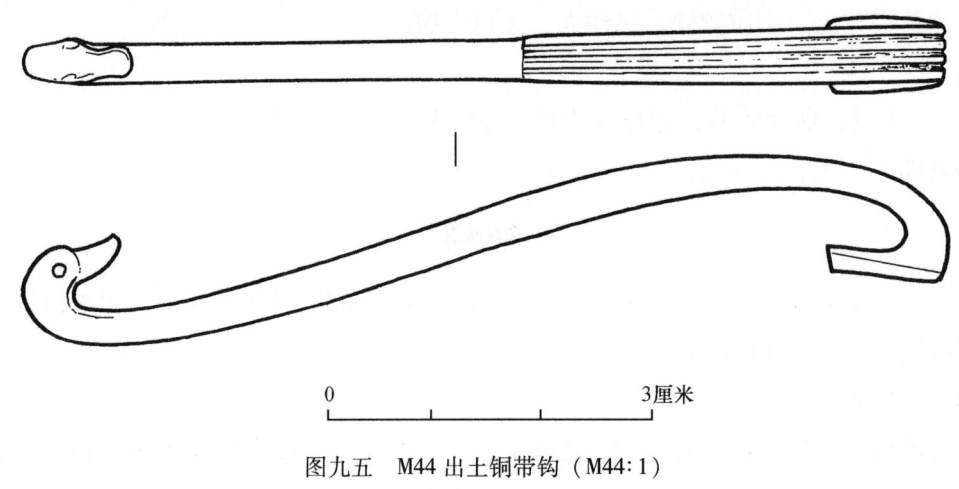

图九五　M44出土铜带钩(M44:1)

M45

位置 位于ⅡT0405东部,部分向东进入ⅡT0305。其北、东、南、西分别与M38、M27、M29、M7、M66相邻。

层位关系 ①→M45→生土。

方向 80°。

形制与结构 长方形竖穴土坑,口大底小,平底。墓底用姜黄土和料姜石平铺。墓室口部长277、宽184~192厘米;底部长258、宽180厘米;墓深183厘米(图九六)。

椁室以上填褐黄花土,土质较硬,黏性大,无包含物。椁室外填姜黄土,夹杂大量料姜石。

葬具 一椁一棺。椁室位于墓室中部,已朽成灰。残存灰痕长225、宽约122、残高58、厚3厘米。棺室位于椁室南侧,已朽成灰,残存灰痕长180、宽60、残高22、厚1厘米。

人骨 1具。保存较差,仰身直肢葬,头向东。男性,年龄35~40岁。

随葬器物 陶豆2件,放置在椁内棺外南侧。

陶豆 2件。M45:1,泥质灰陶。敞口,圆唇,弧壁,柱状高柄,豆座顶面隆起,座沿微起台。高17.1、口径12.7、底径8厘米(图九七,1;图版二八,1)。M45:2,泥质灰陶。敞口,圆唇,弧壁,平底,柱状高柄,座沿起台。高15.6、口径13.6、底径8厘米(图九七,2;图版二八,2)。

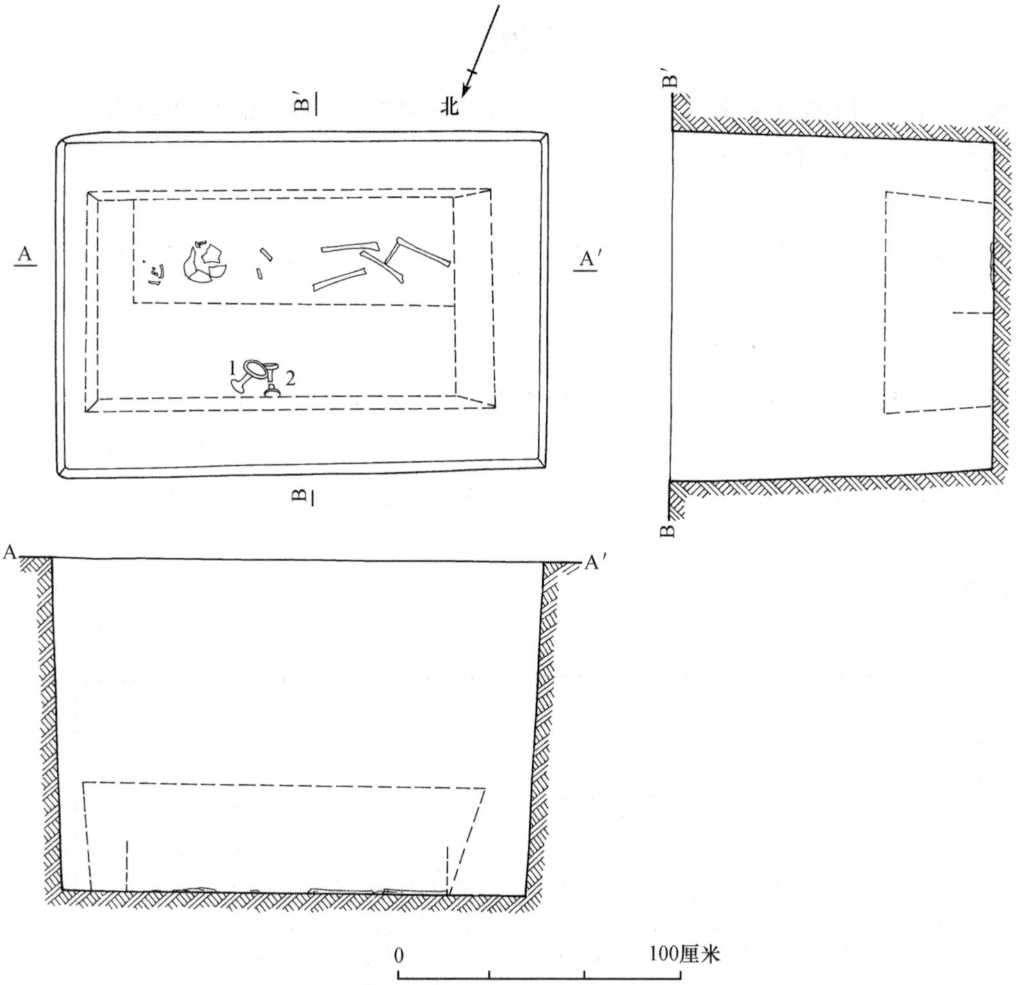

图九六　M45 平、剖面及遗物分布图

1、2. 陶豆

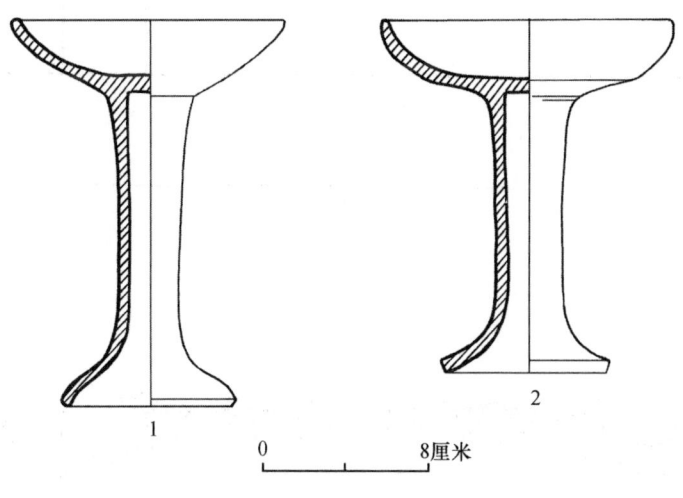

图九七　M45 出土陶器

1、2. 豆（M45:1、M45:2）

M47

位置　位于ⅡT0404东南部,北、南、西分别与M49、M36、M73、M44相邻。

层位关系　①→M47→生土。

方向　346°。

形制与结构　长方形土坑竖穴,直壁,墓底南端稍高于北端。长243~250、宽130、深60厘米(图九八)。

填土为黄褐花土,土质很硬,黏性大,无包含物。

葬具　一棺。棺室位于墓室中部,已朽成灰。残存灰痕长186、宽72~74、残高6、厚0.4厘米。棺底有两根枕木,北枕木长106、宽20~24、厚10厘米;南枕木长88、宽18、厚10厘米。

人骨　1具。保存较差,仰身直肢葬,头向北,面向西,双手交并于腹上。女性,年龄30~40岁。

随葬器物　无。

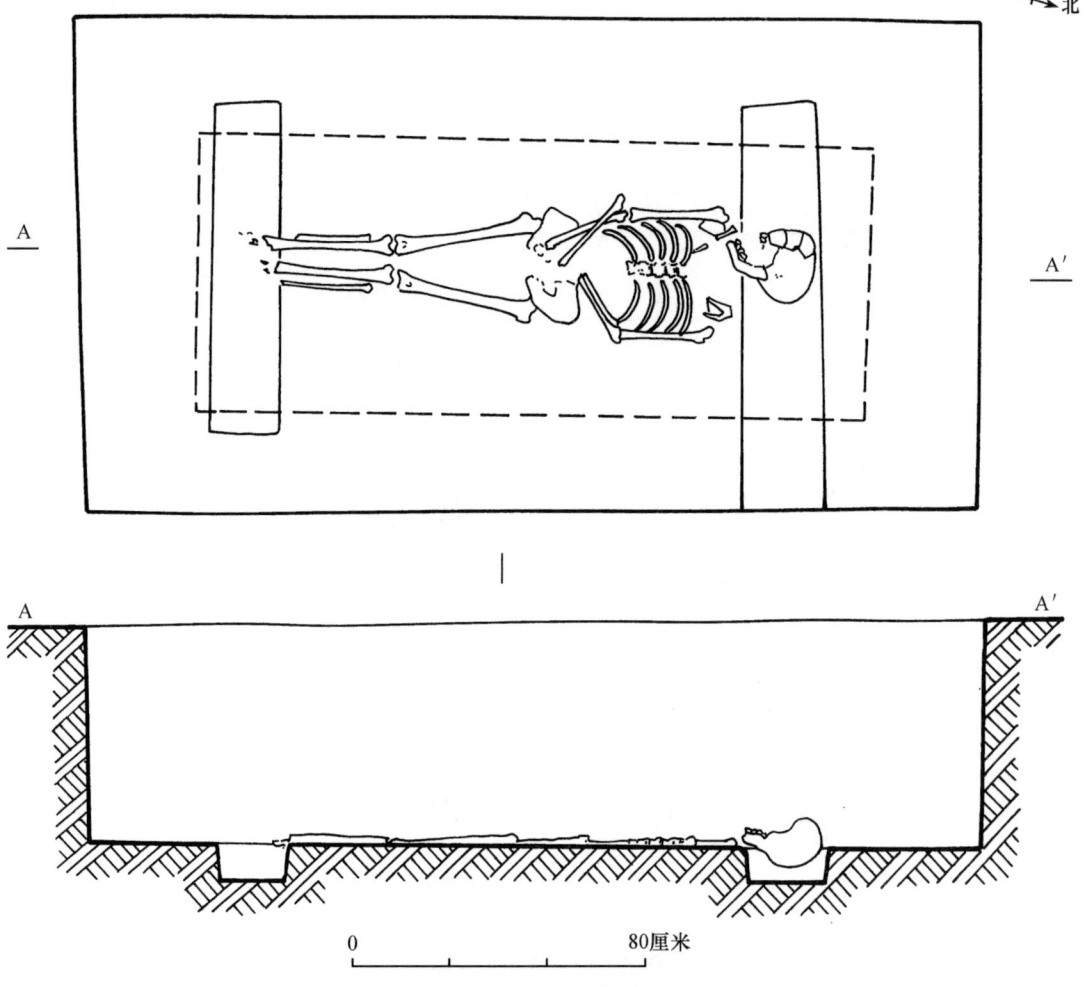

图九八　M47平、剖面图

M48

位置　　位于ⅡT0404北部，其南侧为M49。

层位关系　　①→M48→生土。

方向　　242°。

形制与结构　　长方形竖穴土坑，直壁平底。长180、宽76~84、深80厘米。墓主右侧放置随葬品处，墓壁略向外扩（图九九）。

填土为褐黄花土，土质较硬，黏性大，无包含物。

葬具　　一棺。位于墓室中部，已朽成灰。残存棺灰长160、宽39、残高10、厚0.3~0.5厘米。

人骨　　1具。保存较差，仰身直肢葬，头向西，左臂伸直，右臂弯曲置于下腹。女性，年龄14~18岁。

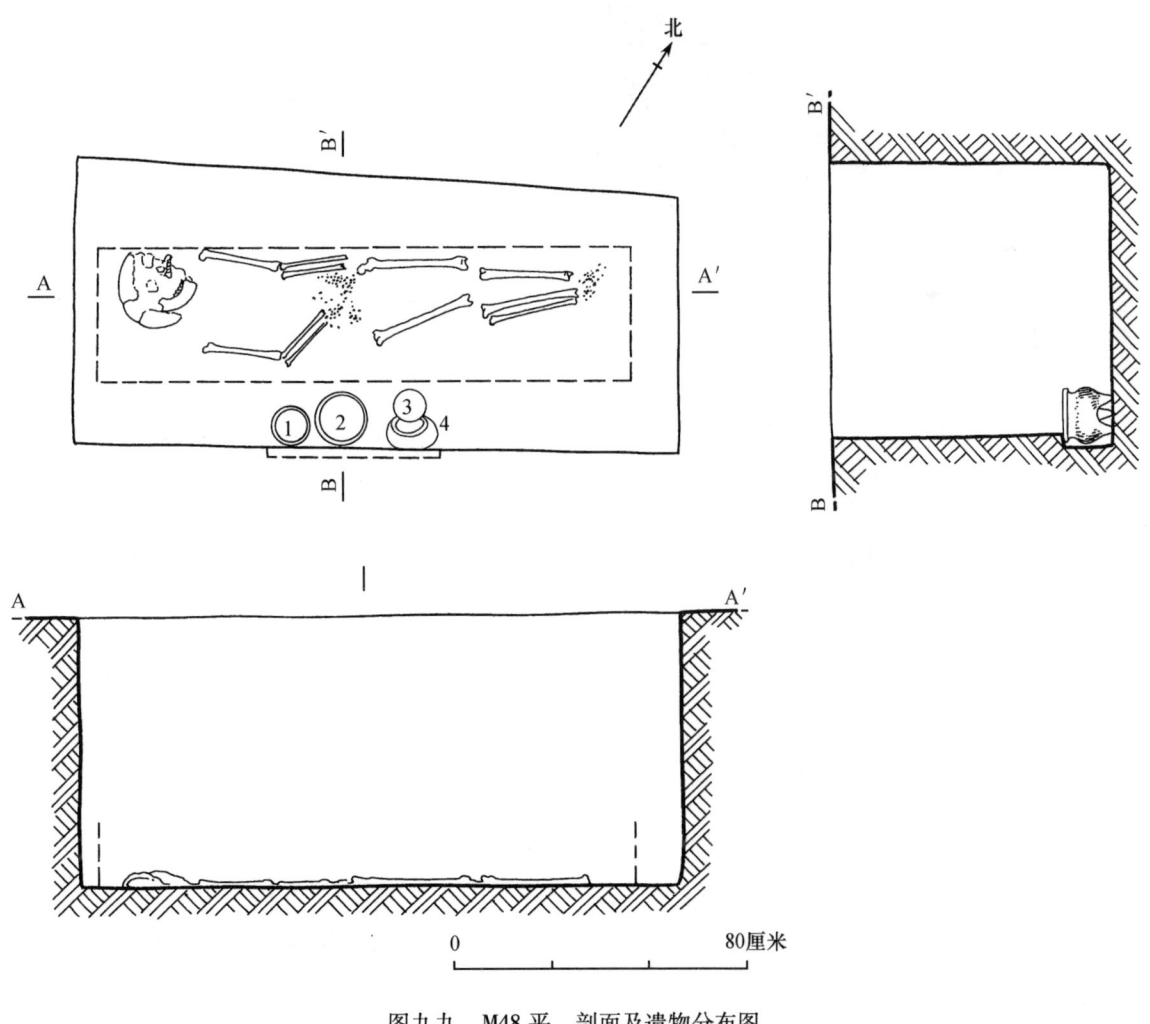

图九九　M48平、剖面及遗物分布图
1. 陶壶　2. 陶鬲　3. 陶豆　4. 陶罐

随葬器物　　4件，置于人骨右侧，由南向北分别为陶壶、陶鬲、陶豆、陶罐。

鬲　1件。M48:2，夹砂褐红陶，灰黑皮。侈口，卷沿，圆唇，短束颈，溜肩，弧腹，弧裆近平，乳突状矮足。颈部以下饰绳纹，肩部饰一周弦纹。口径17.4、腹径19、高15厘米（图一〇〇，1；图版二八，3）。

豆　1件。M48:3，泥质灰陶。敞口，尖圆唇，浅折弧盘，平底，高柄，喇叭形座，斜方形座沿。口径13.6、底径7.8、高15.2厘米（图一〇〇，2；图版二八，4）。

罐　1件。M48:4，泥质褐红胎，灰皮。器形规整，小口，方唇，矮直领，圆鼓肩，下腹弧收，平底。颈、肩交接处有对称小孔，肩部饰五道凹弦纹，不甚清晰。口径10.9、底径8.5、高11.2厘米（图一〇〇，3；图版二八，5）。

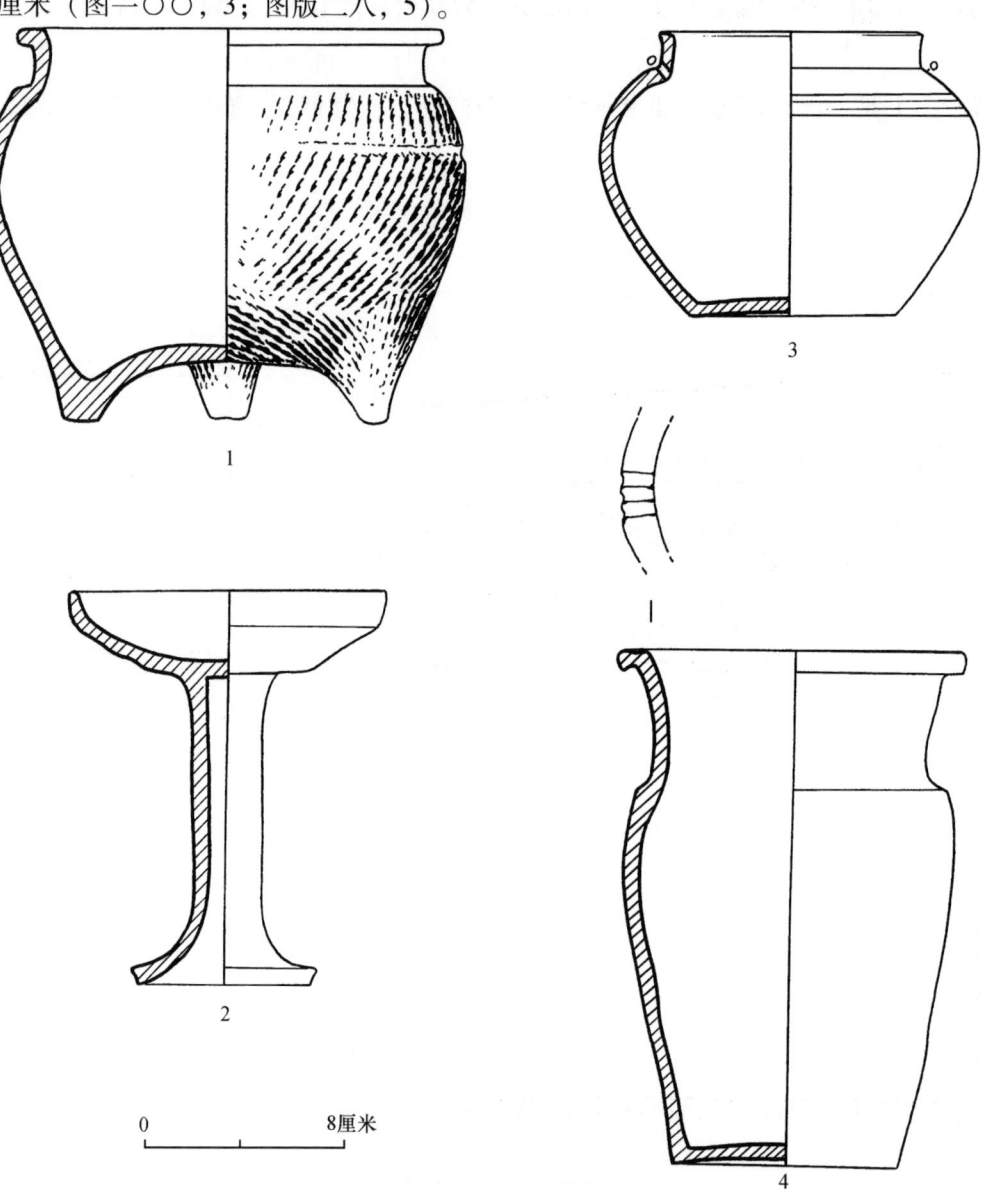

图一〇〇　M48出土陶器
1. 鬲（M48:2）　2. 豆（M48:3）　3. 罐（M48:4）　4. 壶（M48:1）

壶　1件。M48:1，泥质黄褐陶。侈口，平折沿，圆唇，斜直领较高，鼓肩，斜直腹，凹圜底。素面。口径14.2、底径9.1、高20厘米（图一〇〇，4；图版二八，6）。

M49

位置　位于ⅡT0404中北部，北侧与M48相邻。

层位关系　①→M49→生土。

方向　246°。

形制与结构　该墓为长方形竖穴土坑墓，直壁，墓底中部稍低。长192、宽60～70、深70厘米（图一〇一）。

墓主右侧墓壁中下部有壁龛，长方形，横宽40、进深14、高22厘米。

填土为褐黄花土，土质较硬，黏性大，无包含物。

葬具　一棺，位于墓室中部偏北，已朽成灰。残存棺灰长168、宽36～43、残高14、厚0.4厘米。

人骨　1具。保存较差，仰身直肢葬，头向西，面向上，双手交并于腹上。男性，年龄25岁左右。

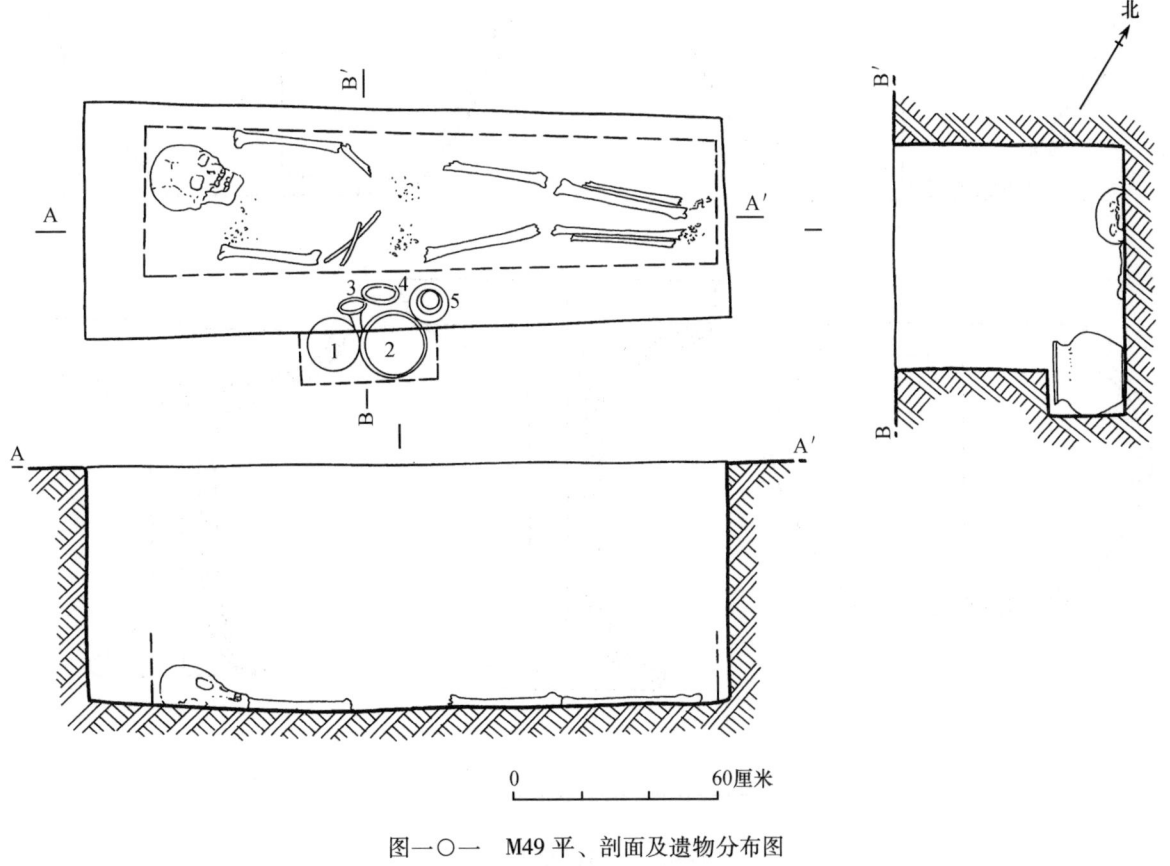

图一〇一　M49平、剖面及遗物分布图

1、2、5. 陶罐　3、4. 陶豆

随葬器物　5件。置于人骨右侧壁龛内外,由里而外分别为陶罐3件,豆2件。

罐　3件。M49:1,泥质黄褐陶,器形规整,小口微侈,矮领,方圆唇;圆鼓肩,下腹弧收;平底。肩部有两个对称桥形耳,耳上下各饰一周凹弦纹,下腹饰模糊连弧状纹。口径14、底径9.1、高15.4厘米(图一〇二,1;图版二九,1)。M49:2,泥质黄褐陶,器形规整。小口微侈,矮领,方圆唇;圆鼓肩,下腹弧收;平底。肩部有两个对称桥形耳,耳上下各饰一周凹弦纹。口径14.2、底径9.9、高15.3厘米(图一〇二,2;图版二九,2)。M49:5,泥质褐红陶。直口微敛,矮领,方唇,圆鼓肩,下腹弧收,凹圜底。领、肩之间有一周凹弦纹,并有对称两个小孔。口径10.7、底径8.4、高11.2厘米(图一〇二,3;图版二九,3)。

豆　2件。M49:3,泥质黄褐陶。敞口,圆唇;浅弧腹、折平底盘;高柄;喇叭形座,斜方形座沿。器形不甚规整。口径13.2、底径7.2、高14厘米(图一〇二,5;图版二九,4)。

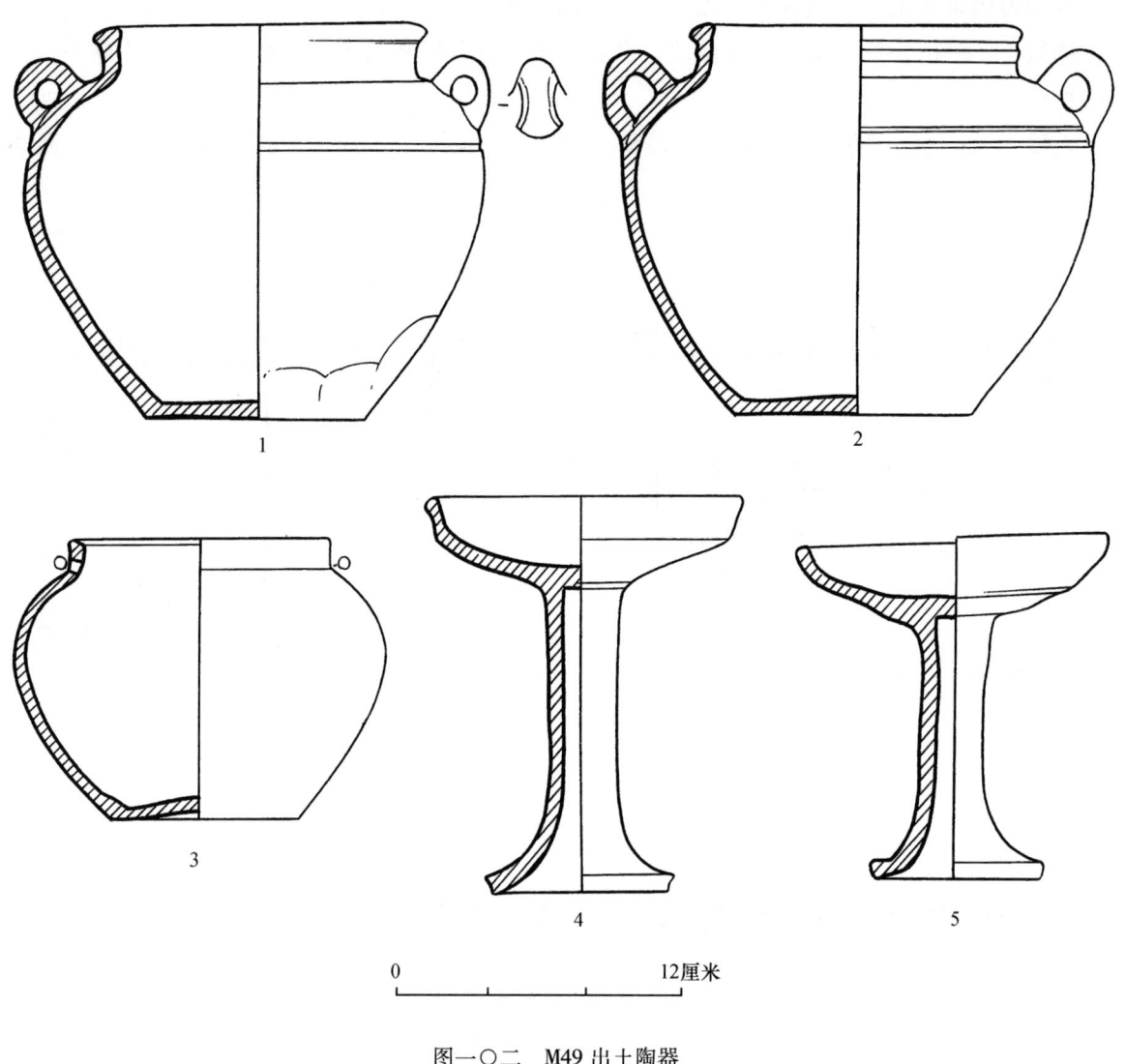

图一〇二　M49出土陶器

1~3. 罐(M49:1、M49:2、M49:5)　4、5. 豆(M49:4、M49:3)

M49:4，泥质灰褐陶。敞口，圆唇；浅折腹、折平底盘；高柄；喇叭形座，斜方形座沿。口径13.2、底径7.8、高15.6厘米（图一〇二，4；图版二九，5）。

M50

位置　　位于ⅡT0404西部，北、东、南、西分别与M8、M48、M49、M47、M44、M53、M52相邻。

层位关系　　①→M50→生土。

方向　　261°。

形制与结构　　长方形竖穴土坑墓，直壁平底。长198～204、宽130、深102厘米（图一〇三；彩版二，3）。

填土为褐黄五花土，土质较硬，黏性大，无包含物。

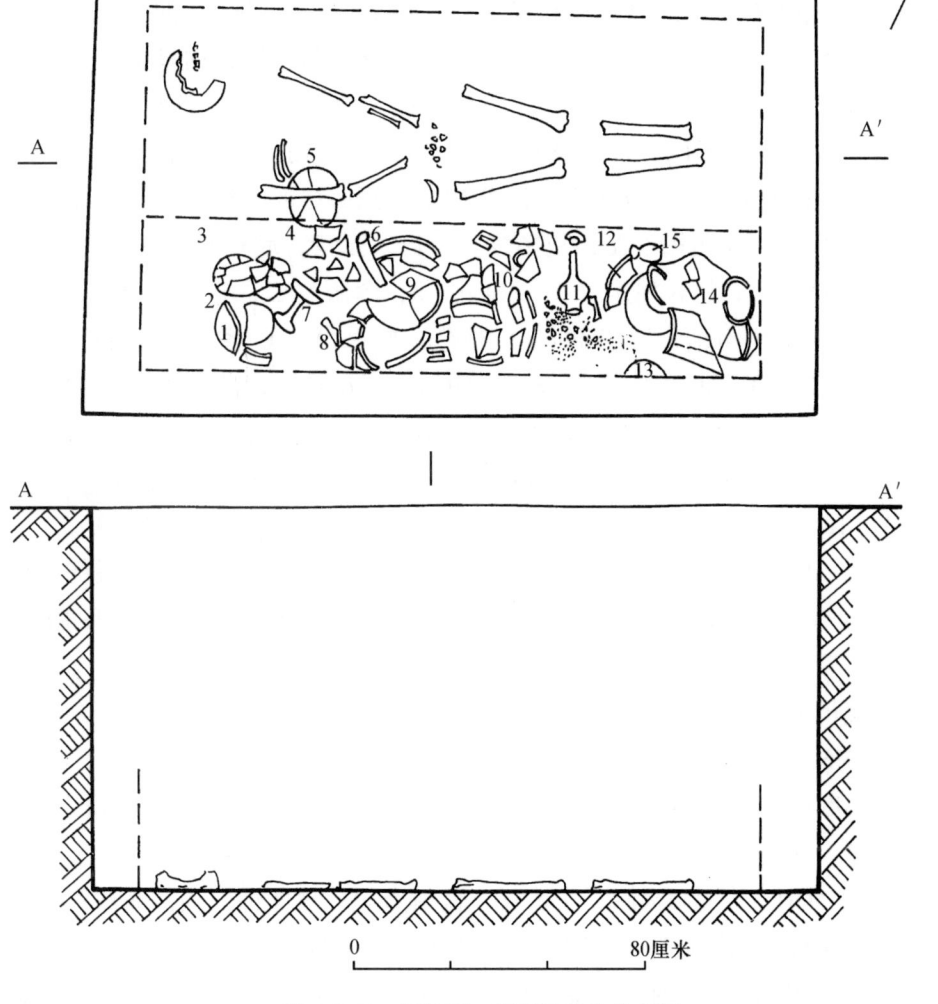

图一〇三　M50平、剖面及遗物分布图

1、4、7. 陶豆　2. 陶盘　3. 陶匜　5、6. 陶器盖　8. 陶小口鼎　9、10. 陶鼎　11、15. 陶壶形豆　12、13. 陶敦　14、16. 陶壶

葬具　一椁一棺。椁室位于墓室中部，已朽成灰。残存灰痕长164～174、宽94、残高22、厚0.3～0.5厘米。棺室位于椁室内偏北，已朽成灰。残存灰痕长165、宽56、高不详，厚0.3～0.5厘米。

人骨　1具。保存较差，仰身直肢葬，头向西，双手交并于腹上。男性，年龄20～25岁。

随葬器物　16件。放置在椁内棺外南侧。分别为陶豆3件、陶盘1件、陶匜1件、陶器盖2件、陶小口鼎1件、陶鼎2件、陶壶形豆2件、陶敦2件、陶壶2件。出土时大多碎裂。

陶鼎　2件。M50∶9，泥质红褐胎，灰黑皮。盖顶隆起，上有一周凸棱，并有三小纽。鼎身子口承盖，肩部饰对称长方形耳，上腹略直，下腹弧收，平底，三蹄足。高24.8、口径19.1、腹径21.2、足高14.2厘米（图一〇四，1；图版三〇，1）。M50∶10，泥质红褐胎，灰黑皮。盖顶弧，上附一周凸棱，并有三小纽。鼎身子口承盖，肩部饰对称长方形耳，弧腹，平底，腹底交接处转折明显，三蹄足。高25.2、口径19.3、腹径21.6、足高14.2厘米（图一〇四，2；图版三〇，2）。

陶小口鼎　1件。M50∶8，泥质褐胎，浅黄衣。小口内敛，矮领，圆唇，溜肩，肩附对称梯形板耳，鼓腹，平底，三矮蹄足。腹径15.6、口径11.1、足高6厘米（图一〇四，3；图版三〇，3）。

陶敦　2件。M50∶12，泥质褐红胎，灰黑皮。盖、身形制相同，均呈深腹钵形，顶（底）与腹壁有明显转折，相合呈盒形，盖、身上下各附三纽（足），外撇。器高21.2、口径18、足高5.6厘米（图一〇四，4；图版三一，1）。M50∶13，泥质褐红胎，灰黑皮。仅余一半，与M50∶12盖（或身）形制相同。高10.3、口17.9厘米（图一〇四，5；图版三一，2）。

陶豆　3件。M50∶1，泥质褐红胎，灰黑皮。敞口，弧盘，底较平，柱状高柄，座沿微起台。高14.6、口径11.9、底径8厘米（图一〇五，3；图版三〇，4）。M50∶4，泥质褐红胎，灰黑皮。弧盘较深，柱状高柄，座沿微向上翻卷。高13.8、口径13.3、底径8厘米（图一〇五，2；图版三〇，5）。M50∶7，泥质灰陶。敞口，弧盘较深，盘底较平，柱状柄稍高，座沿起台。高13、口径12.5、底径7.4厘米（图一〇五，1；图版三〇，6）。

陶壶　2件。M50∶14，器身未能修复，器盖为泥质褐红胎，灰黑皮。盖顶隆起，顶面纽已残。高2.9、直径13.2厘米（图一〇四，6；图版三一，3）。M50∶16，未能修复。

壶形豆　2件。M50∶11，泥质灰陶。盖顶弧，直领，鼓腹，高柄，喇叭状圈足，足沿起台。高20、盖径6、口径5.6、腹径7.2、底径7.3厘米（图一〇五，5；图版三一，4）。M50∶15，泥质灰陶。口微侈，直颈，圆鼓腹，高柄，喇叭形圈足，足沿起台。高17.5、口径5.3、腹径6.8、底径7.6厘米（图一〇五，4；图版三一，5）。

陶盘　1件。M50∶2，未能修复。

陶匜　1件。M50∶3，泥质灰胎，浅黄衣。口部呈圆形，弧壁平底，流嘴微上侈。高3.6、长13.3、底7.7厘米（图一〇四，9；图版三一，6）。

陶器盖　2件。M50∶5，泥质褐胎，灰黑衣。盖顶隆起，顶面饰二周凹弦纹，有一段直壁。器表有漆绘痕迹，惜不辨。高3.7、直径12.4厘米（图一〇四，8；图版三二，1）。M50∶6，泥质褐胎，灰黑衣。盖顶隆起，顶面饰三周凹弦纹，有一段直壁。器表有漆绘痕迹，难以辨认。高3.2、直径12.5厘米（图一〇四，7；图版三二，2）。

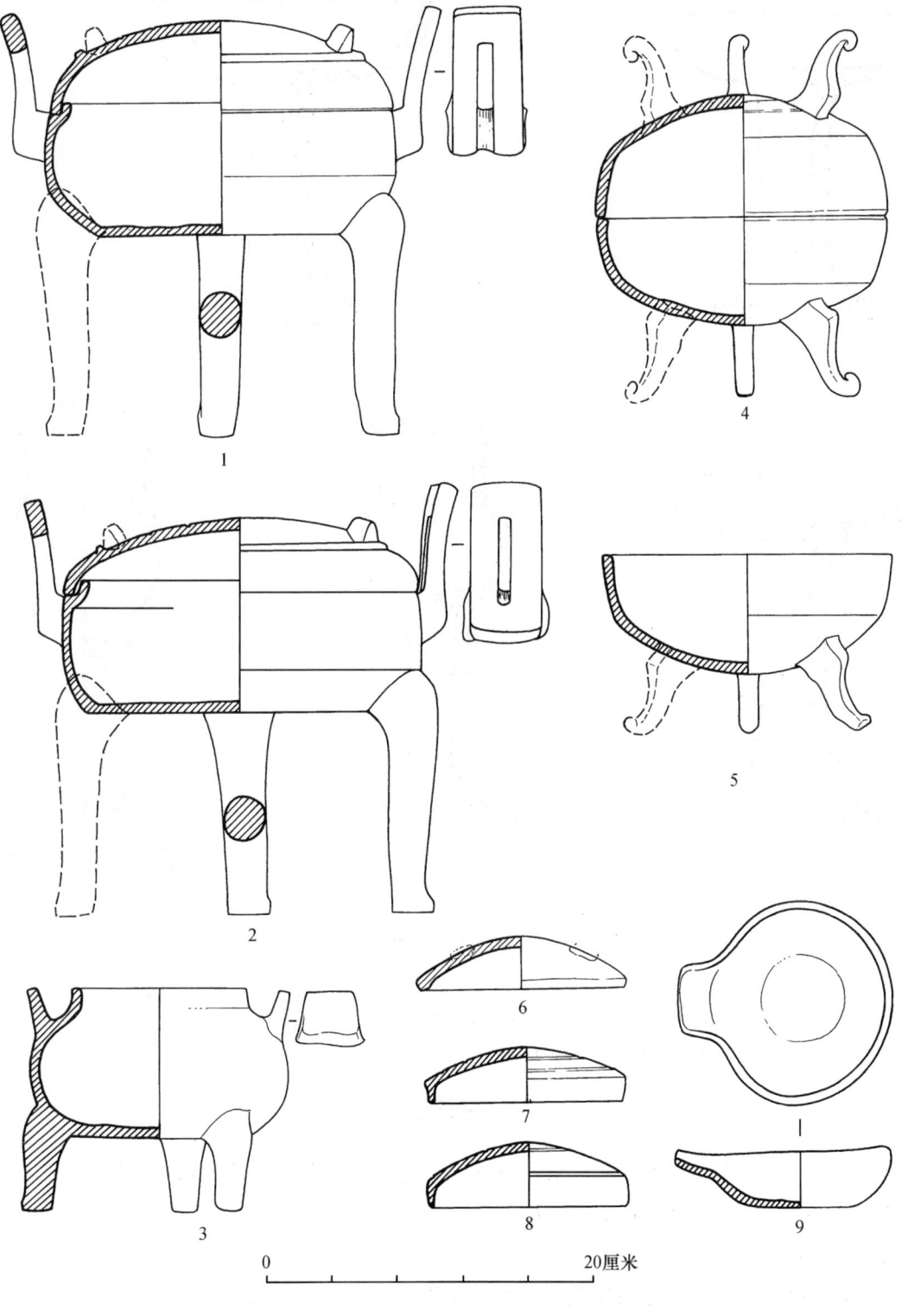

图一〇四 M50 出土陶器（1）

1、2. 鼎（M50:9、M50:10） 3. 小口鼎（M50:8） 4、5. 敦（M50:12、M50:13） 6. 壶盖（M50:14）
7、8. 器盖（M50:6、M50:5） 9. 匜（M50:3）

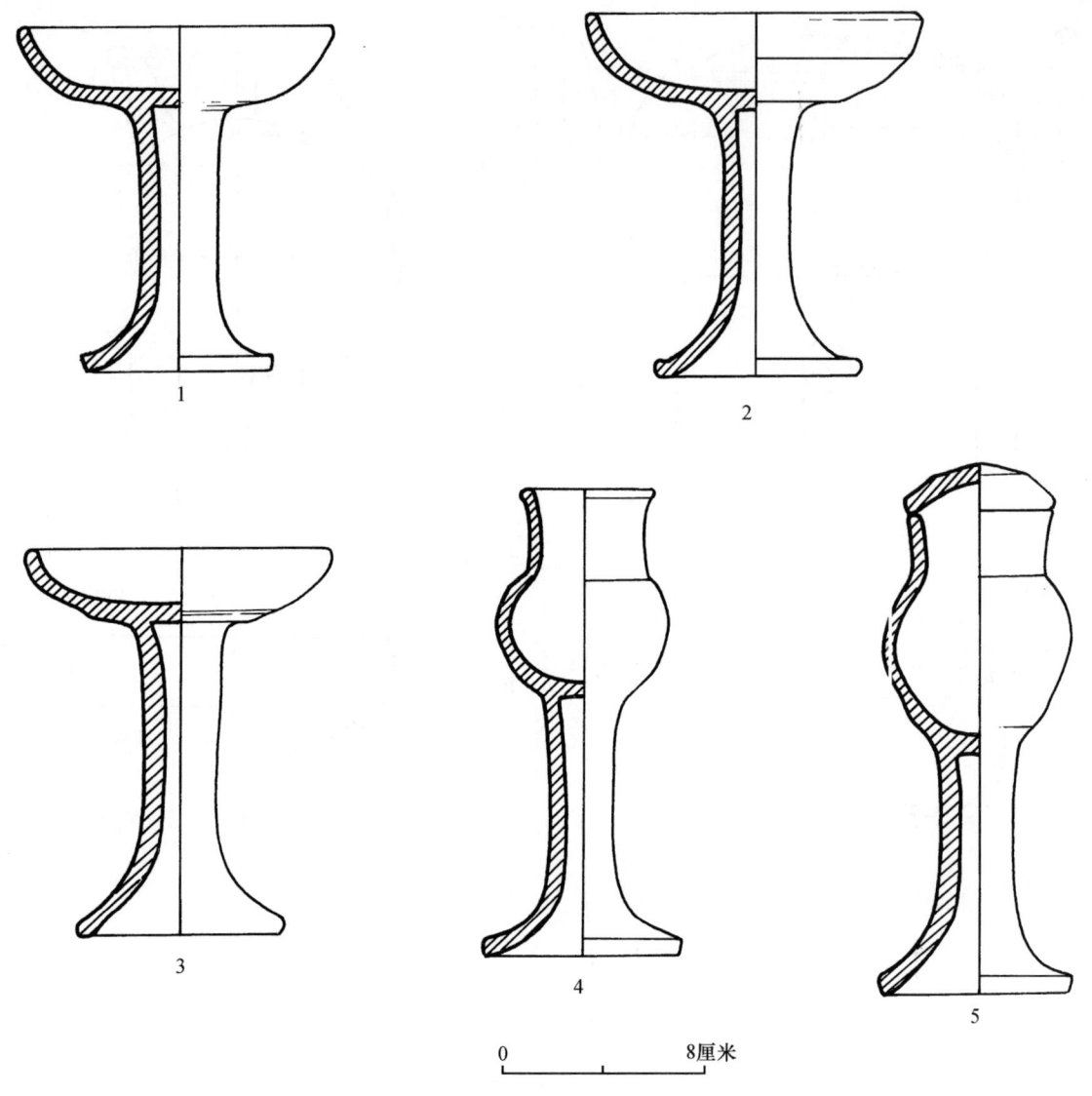

图一〇五　M50 出土陶器（2）

1~3. 豆（M50:7、M50:4、M50:1）　4、5. 壶形豆（M50:15、M50:11）

M52

位置　位于ⅡT0504 东北部，东、南侧分别与 M8、M50、M53、M54 相邻。

层位关系　①→M51→M52→生土。

方向　16°。

形制与结构　长方形土坑竖穴墓，西、南壁内收，东、北壁较直，口大底小。平底。西壁少部分被汉墓 M51 破坏。墓室口部长 224~235、宽 146~154 厘米；底部长 214~225、宽 132~140 厘米；墓深 122 厘米（图一〇六）。

填土为黄褐花土，土质较硬，黏性大，无包含物。

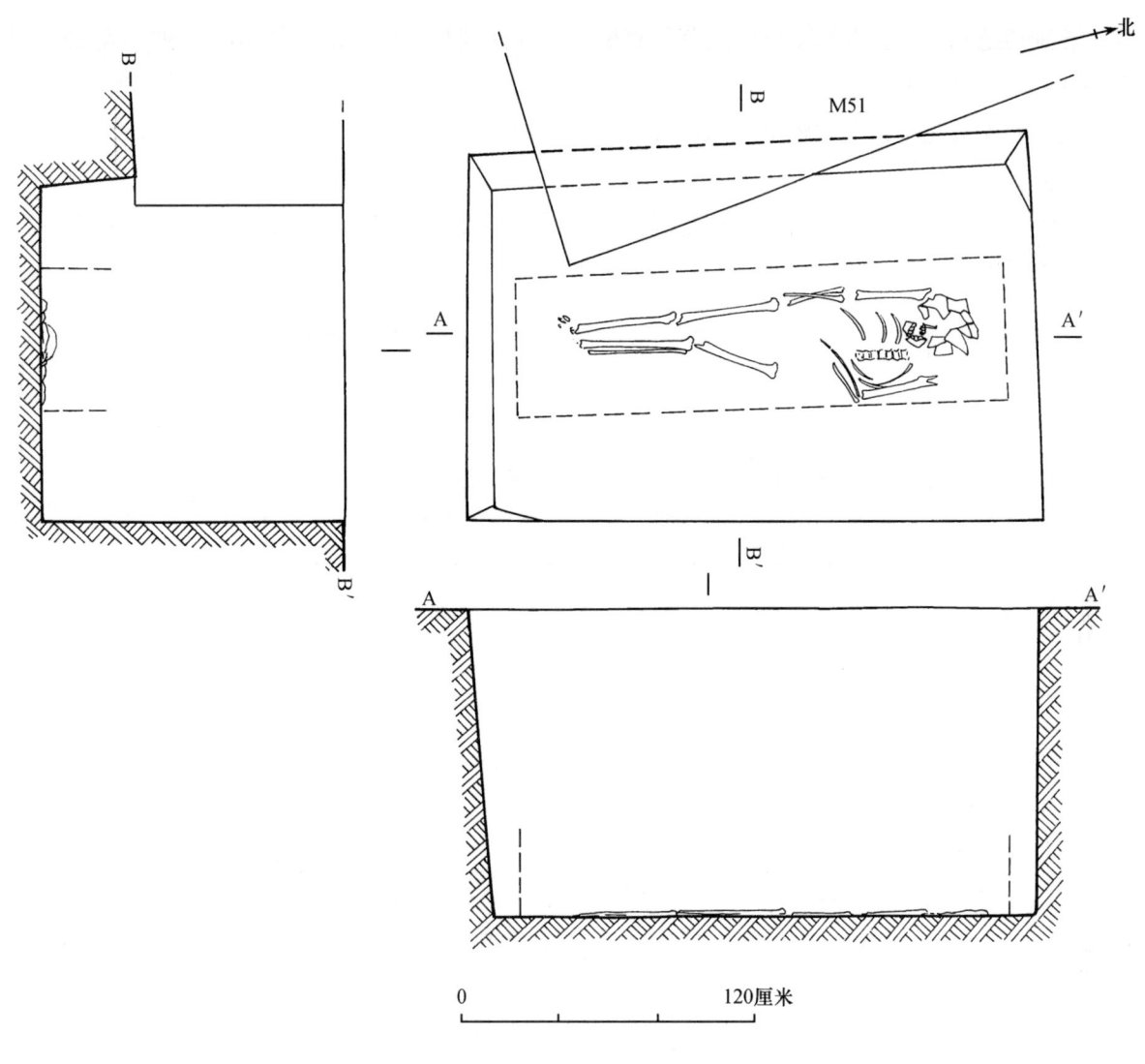

图一〇六　M52 平、剖面图

葬具　一棺。棺室位于墓室中部，已朽成灰。残存灰痕长 198～201、宽 56、残高 4、厚 0.5 厘米。

人骨　1 具。保存较差，仰身直肢葬，头向北，右臂伸直置于体侧，左手置腹上。女性，年龄 30～35 岁。

随葬器物　无。

M53

位置　位于ⅡT0504 东南部，部分向东进入ⅡT0404。其北、东、南、西分别与 M52、M50、M44、M55、M54 相邻。

层位关系　①→M53→生土。

方向　115°。

形制与结构　　长方形土坑竖穴墓,直壁,墓底西端稍高于东端。长 185~190、宽 63、深 42~48 厘米（图一〇七）。

填土为黄褐花土,土质较硬,黏性大,无包含物。

葬具　　不详。

人骨　　1 具。保存较差,仰身直肢葬,头向东,双手交并于腹上。女性,年龄 20~25 岁。

随葬器物　　无。

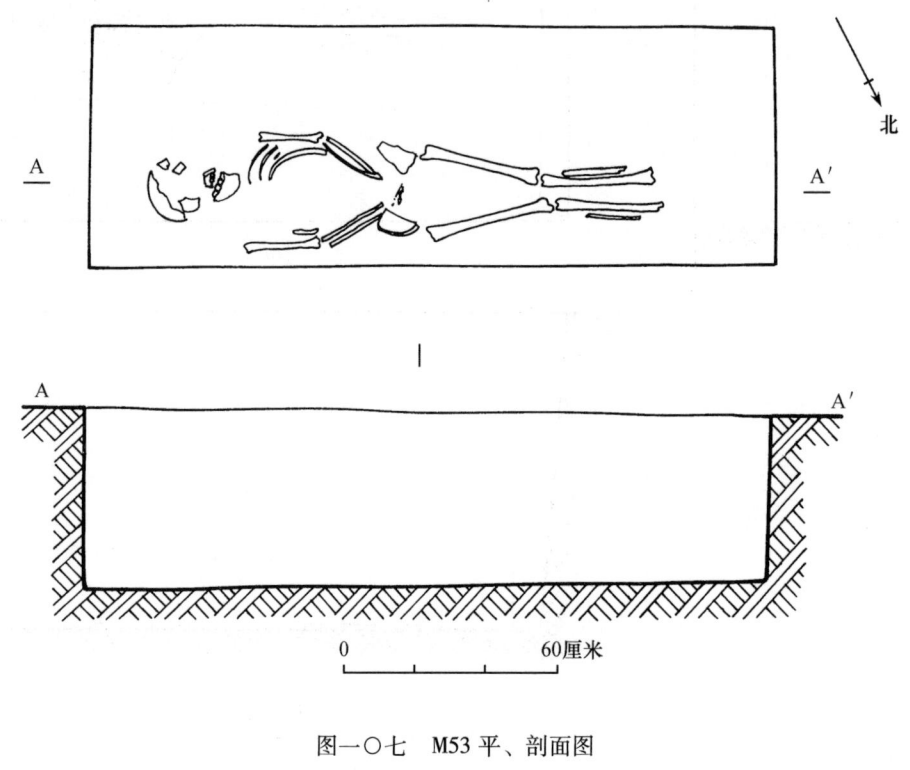

图一〇七　M53 平、剖面图

M54

位置　　位于ⅡT0504 南部,北、东、南分别与 M52、M53、M63、M61 相邻。

层位关系　　①→M54→生土。

方向　　278°。

形制与结构　　长方形土坑竖穴墓,直壁平底。口长 200、宽 108~116、深 110 厘米（图一〇八）。

填土为黄褐花土,土质较硬,黏性大,无包含物。

葬具　　一椁一棺。椁室位于墓室中部,已朽成灰。残存灰痕长 173、宽 50~62、残高 48、厚 0.3~0.5 厘米。棺室位于椁室中部,已朽成灰。残存灰痕长 173、宽 28~36、残高 10、厚 0.3~0.5 厘米。

人骨　　1 具,保存较差,仰身直肢葬,头向西,双手交并于腹上。女性,年龄 40 岁左右。

随葬器物　　无。

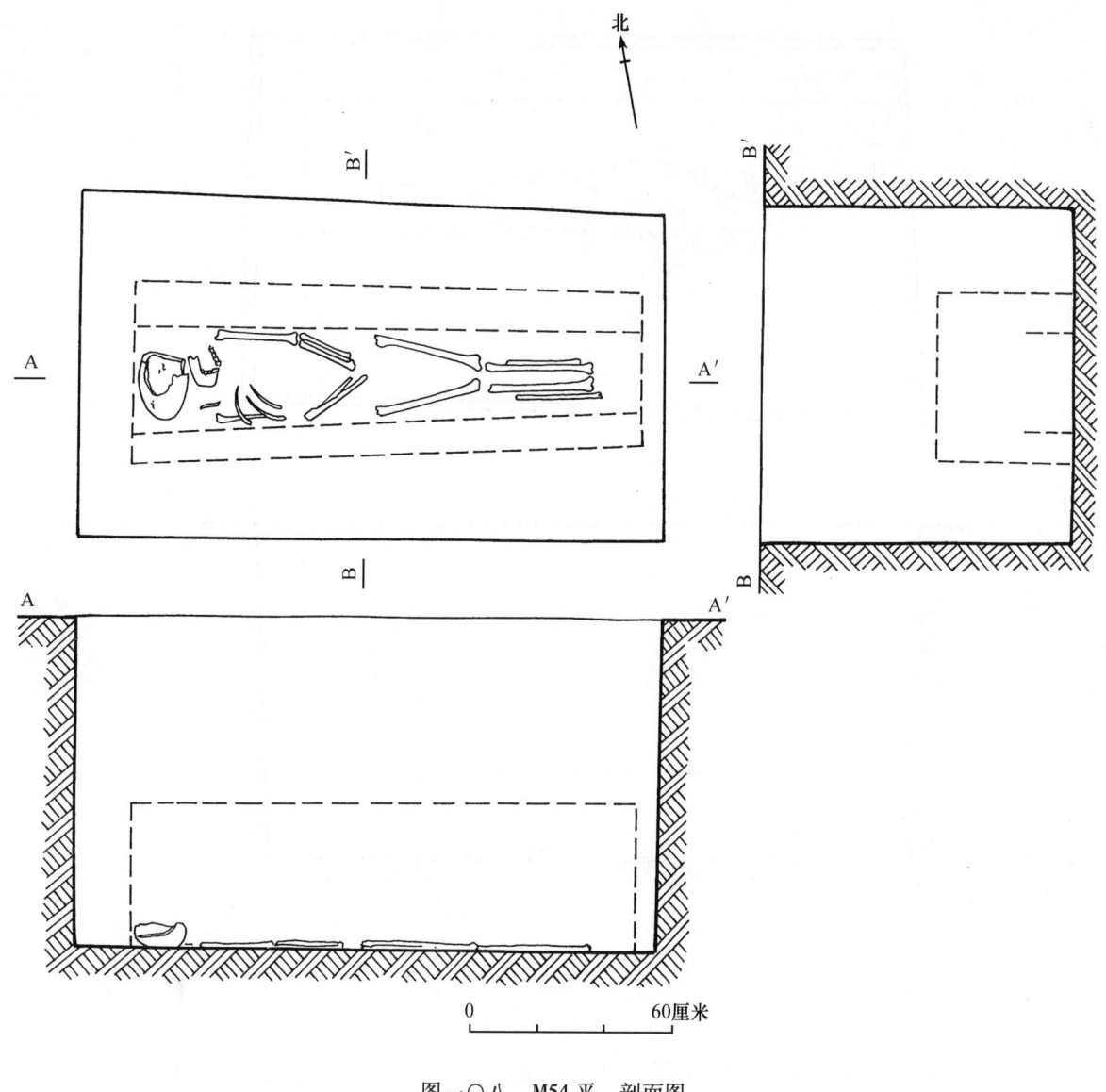

图一〇八 M54 平、剖面图

M58

位置　位于ⅡT0403 中部，北、东、南分别与 M73、M59、M60、M72 相邻。

层位关系　①→M58→生土。

方向　93°。

形制与结构　长方形土坑竖穴墓，口大底小，平底。口部长 210~220、宽 114~120 厘米；底部长 206~212、宽 110~116 厘米；墓深 104 厘米（图一〇九）。

填土为深黄色五花土，土质细腻，无包含物。

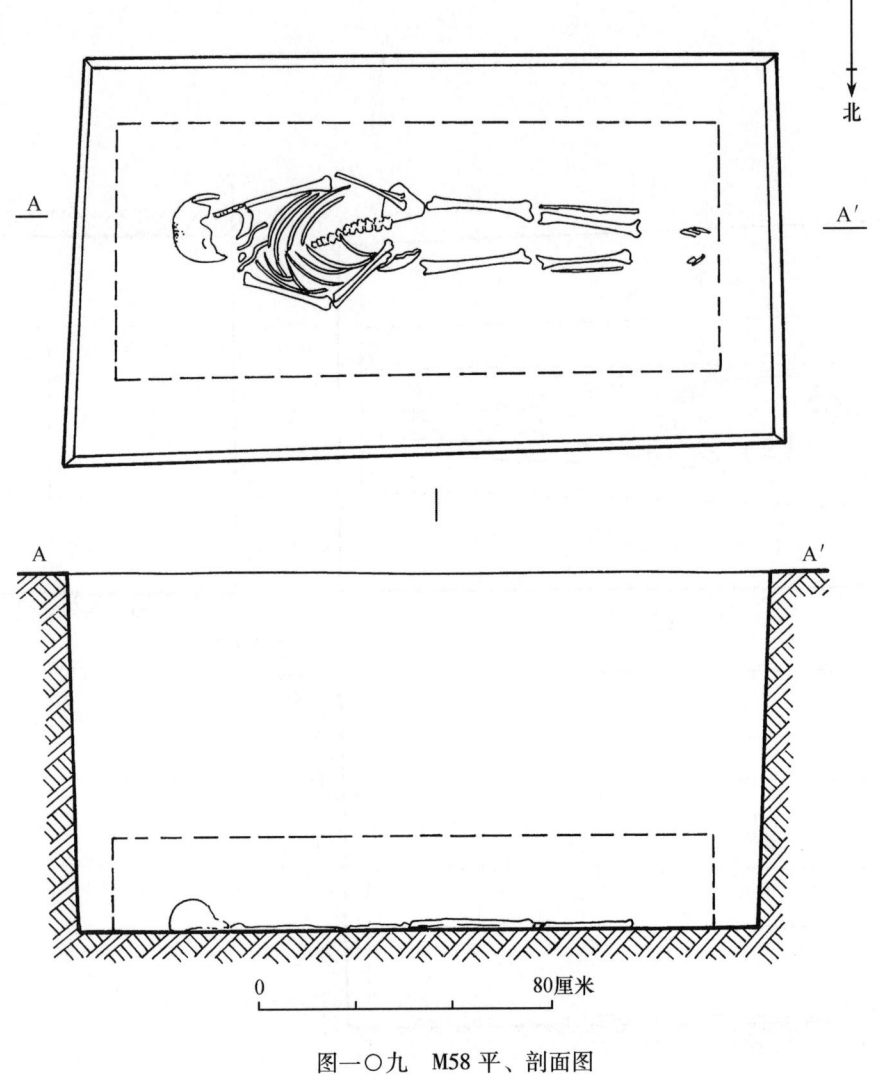

图一〇九　M58 平、剖面图

葬具　　一棺。棺室位于墓室中部，已朽成灰。残存灰痕长 184、宽 72~76、残高 26、厚 0.3 厘米。

人骨　　1 具。保存较好，仰身直肢葬，头向东，双手交并于腹上。女性，年龄 30 岁左右。

随葬器物　　无。

M59

位置　　位于 ⅡT0403 东部，北、东、南、西分别与 M73、M80、M60、M58 相邻。

层位关系　　①→M59→生土。

方向　　346°。

形制与结构　　长方形土坑竖穴墓，直壁平底。长 196、宽 70~80、深 65 厘米（图一一〇）。填土为褐色五花土，土质细腻、较硬，无包含物。

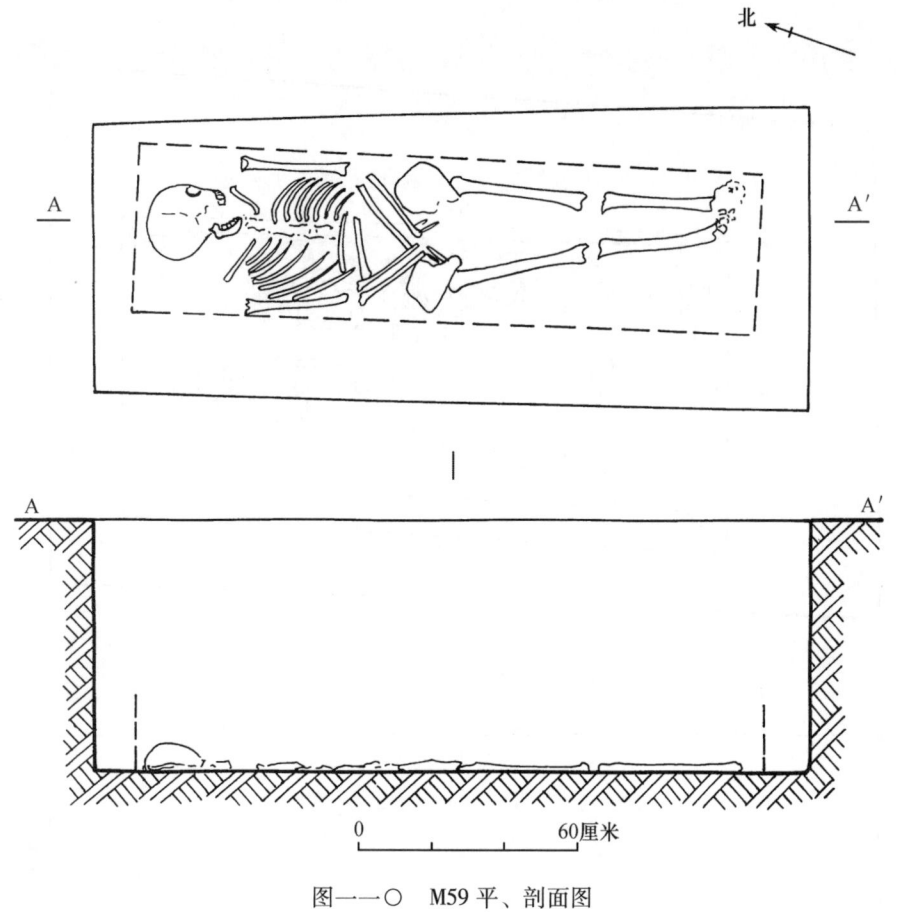

图一一〇 M59 平、剖面图

葬具 一棺。棺室位于墓室中部,已朽成灰。残存灰痕长 168~172、宽 44、残高 12、厚 0.3 厘米。

人骨 1 具。保存较差,仰身直肢葬,头向北,面向东,双手交并于腹上。男性,年龄 35 岁左右。

随葬器物 无。

M60

位置 位于ⅡT0403 东南部,北、南分别与 M59、M58、M76、M72 相邻。

层位关系 ①→M60→生土。

方向 48°。

形制与结构 长方形竖穴土坑墓,直壁平底。长 252、宽 146、深 98 厘米(图一一一)。填土为褐色五花土,土质疏松,无包含物。

葬具 一椁。椁室位于墓室中部,椁板四壁外倾,已朽成灰。厚 0.3、残高 34 厘米。顶部长 186、宽约 90~96 厘米;底部长 170、宽 74~80 厘米。未见棺痕。

人骨 1 具。保存较差,侧身直肢葬,头向东,面向西北。女性,年龄 30 岁左右。

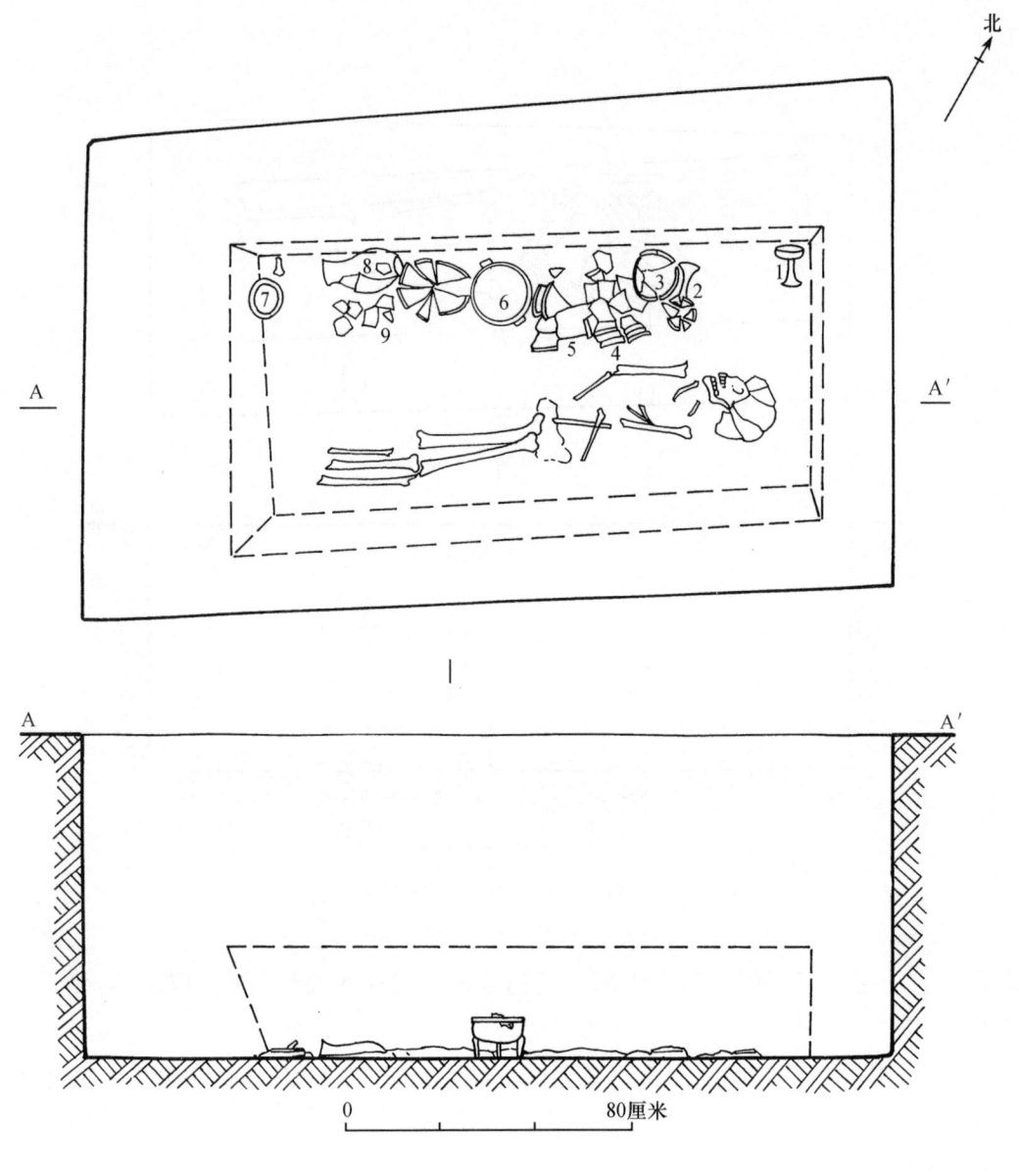

图一一一　M60 平、剖面及遗物分布图
1、2. 陶豆　3、9. 陶敦　4、5、8. 陶壶　6、7. 陶鼎

随葬器物　9 件，放置在椁内人骨右侧，由头端至足端分别为陶豆 2 件、陶敦 1 件、陶壶 2 件、陶鼎 1 件、陶壶 1 件、陶敦 1 件、陶鼎 1 件。出土时多碎裂。

陶鼎　2 件。M60:6，泥质褐红胎，黑灰皮。盖顶弧，顶上附有三纽。鼎身子口承盖，口微敛，浅腹，上腹直，下腹弧收，平底，三蹄足。肩附对称长方形双耳。盖顶饰凹弦纹，腹部也饰有二周凹弦纹。高 20.3、口径 16、腹径 18.4、足高 12.4 厘米（图一一二，2；图版三三，1）。M60:7，泥质褐红胎，黑灰皮。盖顶弧，顶上附有三纽。鼎身子口承盖，内敛，上腹直，下腹弧收，平底，三蹄足。肩附对称长方形双耳。盖顶饰凹弦纹，腹部饰一周凸棱。高 20.4、口径 17.2、腹径 20 厘米（图一一二，1；图版三三，2）。

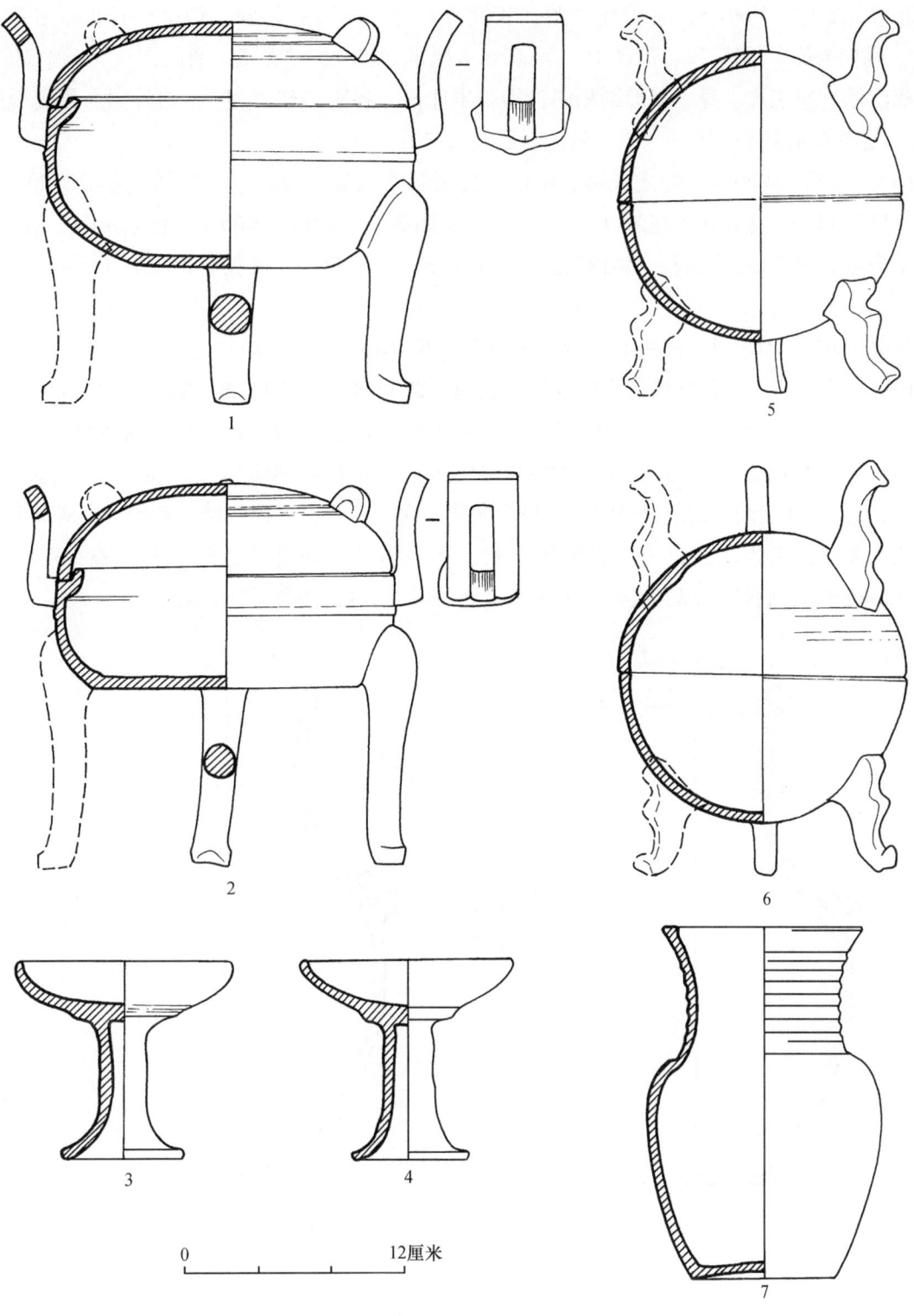

图一一二 M60 出土陶器（1）

1、2. 鼎（M60:7、M60:6） 3、4. 豆（M60:1、M60:2） 5、6. 敦（M60:9、M60:3） 7. 壶（M60:4）

陶敦　2件。M60∶3，泥质褐红胎，灰黑皮。身、盖形制相同，均呈半球形，各附三纽（足），稍向外撇。器高22、口径16、足高6.4厘米（图一一二，6；图版三三，3）。M60∶9，泥质褐红胎，灰黑皮。身、盖形制相同，均呈半球形，各附三纽（足），向外撇。器高20、口径16、足高6.4厘米（图一一二，5；图版三三，4）。

陶豆　2件。M60∶1，泥质灰陶。敞口，尖圆唇略内敛，浅弧盘，矮柄，座沿略起台。高10.6、口径11.8、底径6.6厘米（图一一二，3；图版三三，5）。M60∶2，泥质灰陶。敞口，尖圆唇略内敛，浅弧盘，矮柄，座沿略起台。高10.5、口径11.6、底径6.5厘米（图一一二，4；图版三三，6）。

陶壶　3件。M60∶4，泥质褐红胎，灰黑皮。器形不甚规整。敞口，方唇，束颈，圆鼓肩，弧腹内收，平底微凹。颈部饰密集凹弦纹。轮制。高18.4、口径11.2、腹径13.3、底径8厘米（图一一二，7；图版三四，1）。M60∶5，泥质褐红胎，灰黑皮。敞口，束颈，肩附对称双盲耳，上腹圆，下腹弧内收，平底。素面，轮制。高25、口径9.8、腹径17.2、底径8.8厘米（图一一三，2；图版三四，2）。M60∶8，器身为泥质灰陶，盖为泥质褐红胎，灰黑皮。盖顶弧，上附三纽。敞口，束颈，上腹圆，下腹弧内收，平底微凹。壶身有漆绘痕迹。高26.8、盖径10.5、口径9.6、腹径17.2、底径8.7厘米（图一一三，1；图版三四，3）。

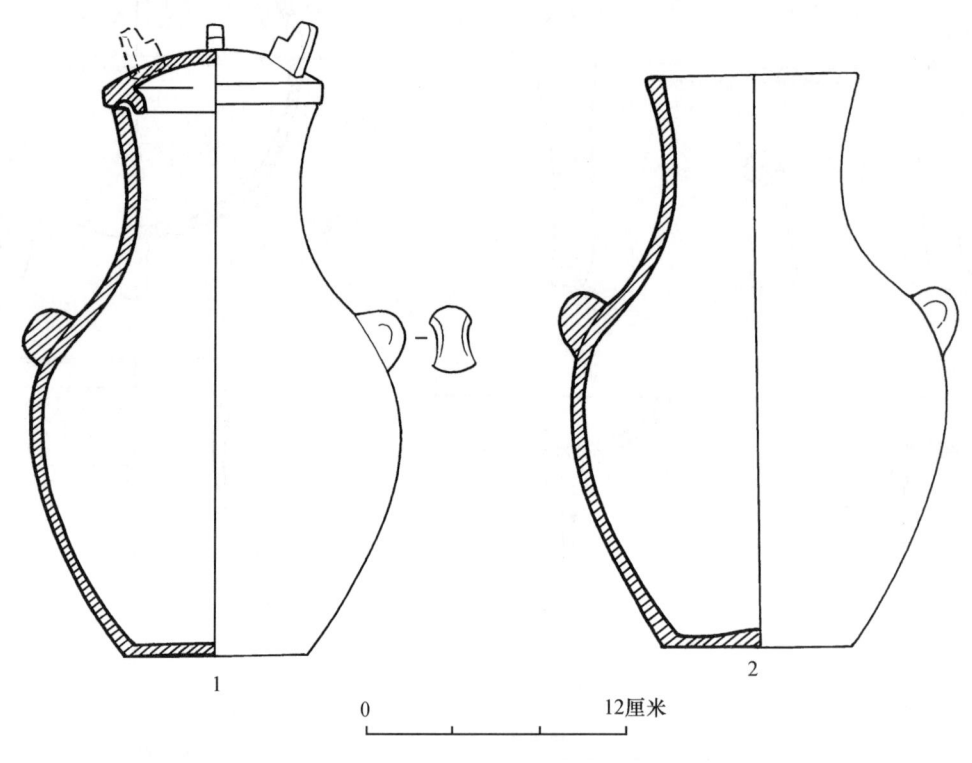

图一一三　M60出土陶器（2）
1、2. 壶（M60∶8、M60∶5）

M61

位置　位于ⅡT0503 西北部，北、东、南分别与 M54、M63、M62 相邻。

层位关系　①→M61→生土。

方向　32°。

形制与结构　长方形竖穴土坑墓，直壁平底。长 240、宽 150～156、深 109 厘米（图一一四）。

填土为褐黄花土，土质硬，黏性大，无包含物。

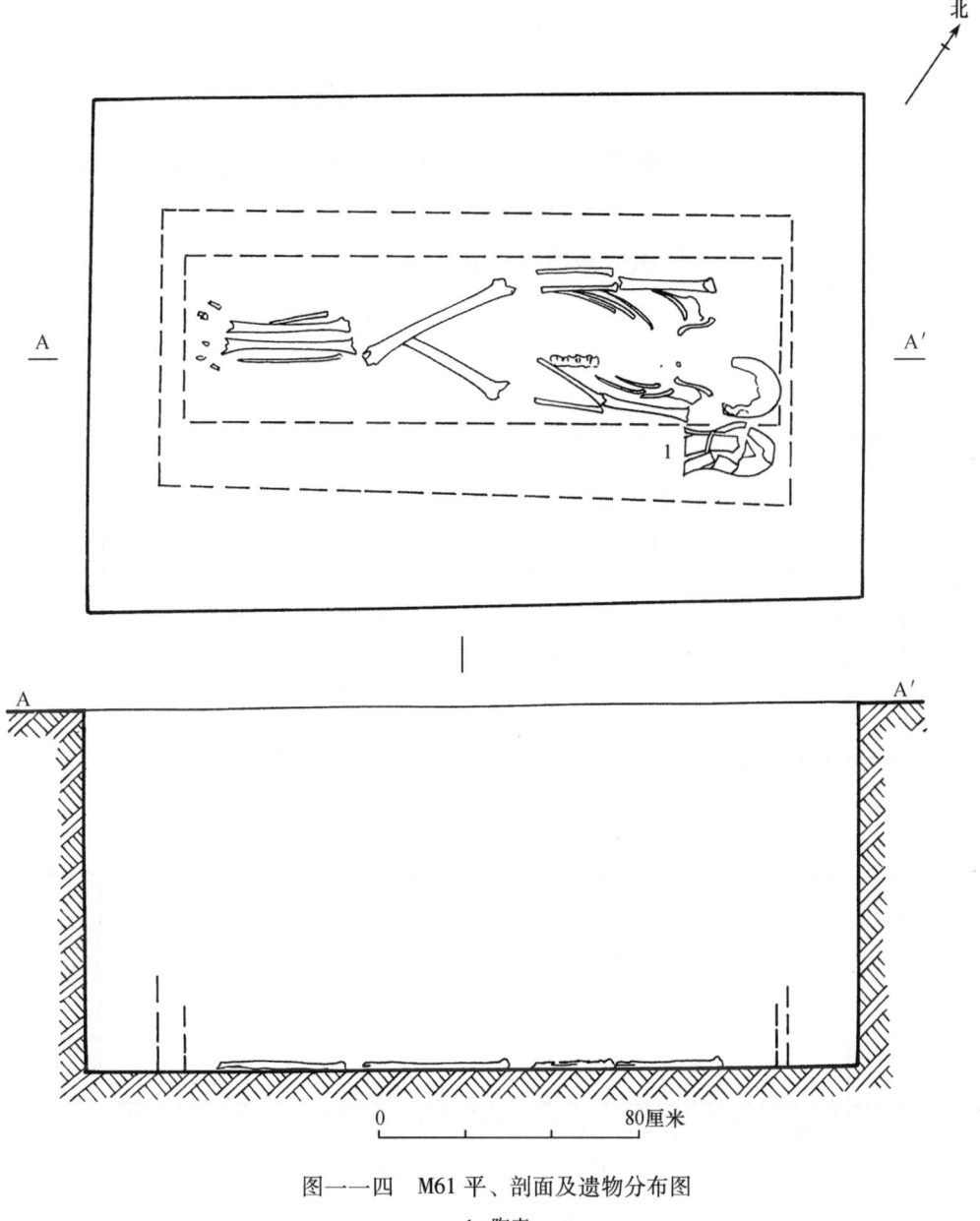

图一一四　M61 平、剖面及遗物分布图
1. 陶壶

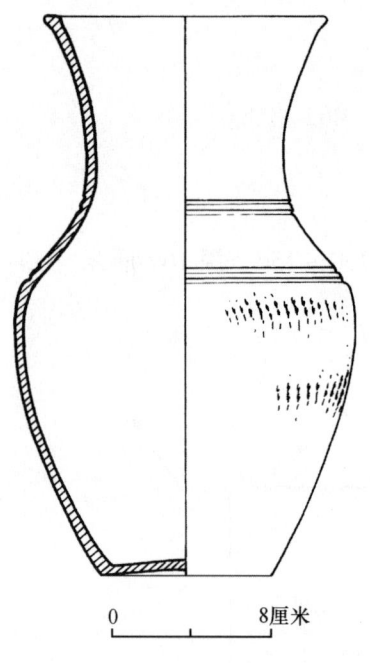

图一一五 M61 出土陶壶（M61∶1）

葬具 一椁一棺。椁室位于墓室中部，已朽成灰。残存灰痕长196、宽约84、残高16~18、厚1厘米。棺室位于椁室中部，已朽成灰。残存灰痕长183、宽50、残高8、厚0.5厘米。

人骨 1具。保存较差，仰身直肢葬，头向东，面向东南，右臂伸直，左手置于腹上，右腿置于左腿上。男性，年龄40~45岁。

随葬器物 仅1件陶壶，放置在椁内棺外东北角，已碎裂。

陶壶 1件。M61∶1，泥质灰陶。器形规整。敞口，束颈，腹最大径偏上，下腹弧内收，平底微内凹。颈、肩部各饰两周凹弦纹。高26.8、口径13.9、底径8.8厘米（图一一五；图版三四，4）。

M62

位置 位于ⅡT0503西部，北、南分别与M61、M63、M67、M99、M146相邻。

层位关系 ①→M62→生土。

方向 104°。

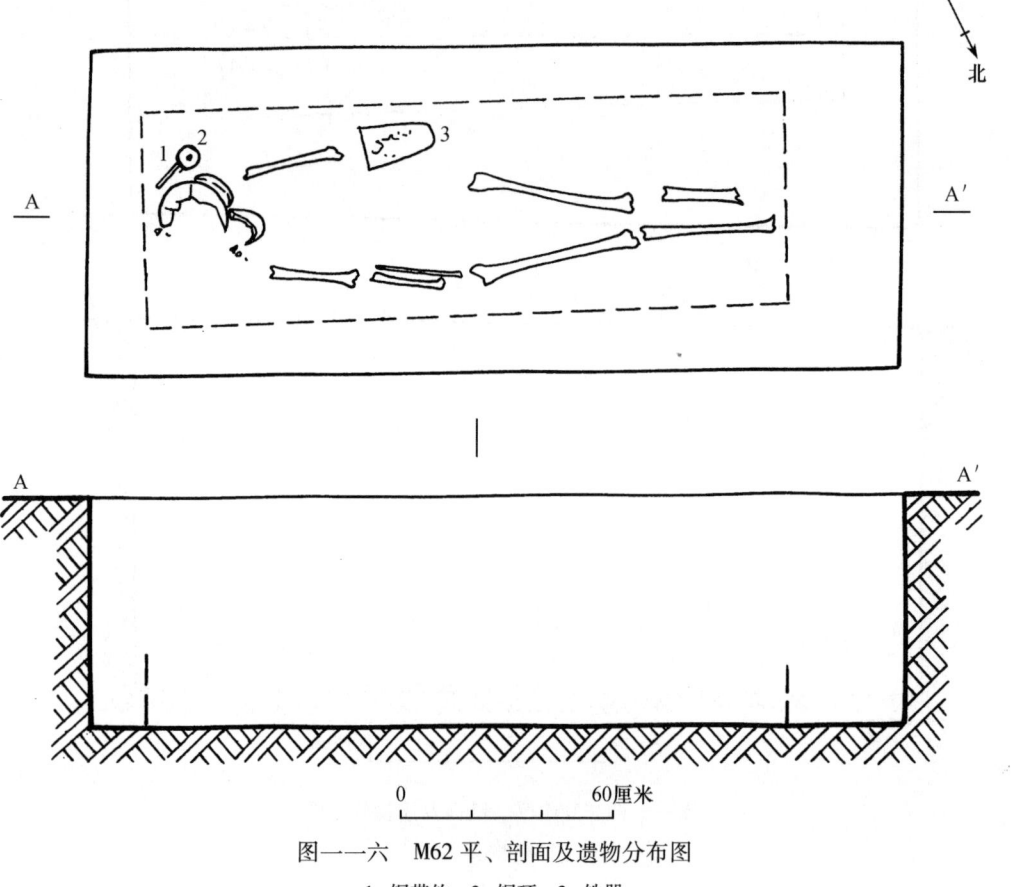

图一一六 M62 平、剖面及遗物分布图
1. 铜带钩 2. 铜环 3. 铁器

形制与结构　　长方形竖穴土坑墓，直壁平底。长180、宽68、深48厘米（图一一六）。填土为黄褐花土，土质较硬，黏性大，无包含物。

葬具　　一棺。棺室位于墓室中部，已朽成灰。残存灰痕长144、宽46、残高4、厚0.3~0.5厘米。

人骨　　1具。保存较差，俯身直肢葬，头向东。男性，年龄35~55岁。

随葬器物　　3件，铜带钩、铜环放置在头骨左侧，带钩钩于环内，铁器放置在左前臂处。

铜带钩　1件。M62:2。铜绿色。钩首鸭嘴形，背面中部弧凹，后部一圆纽。腹面后半饰有四周凸棱。长15.3厘米（图一一七，2；图版三四，5）。

铜环　1件。M62:1。铜绿色。无纹饰。直径5.6厘米（图一一七，1；图版三四，6）。

铁器　1件。M62:3。近梯形牌饰，锈蚀较甚。

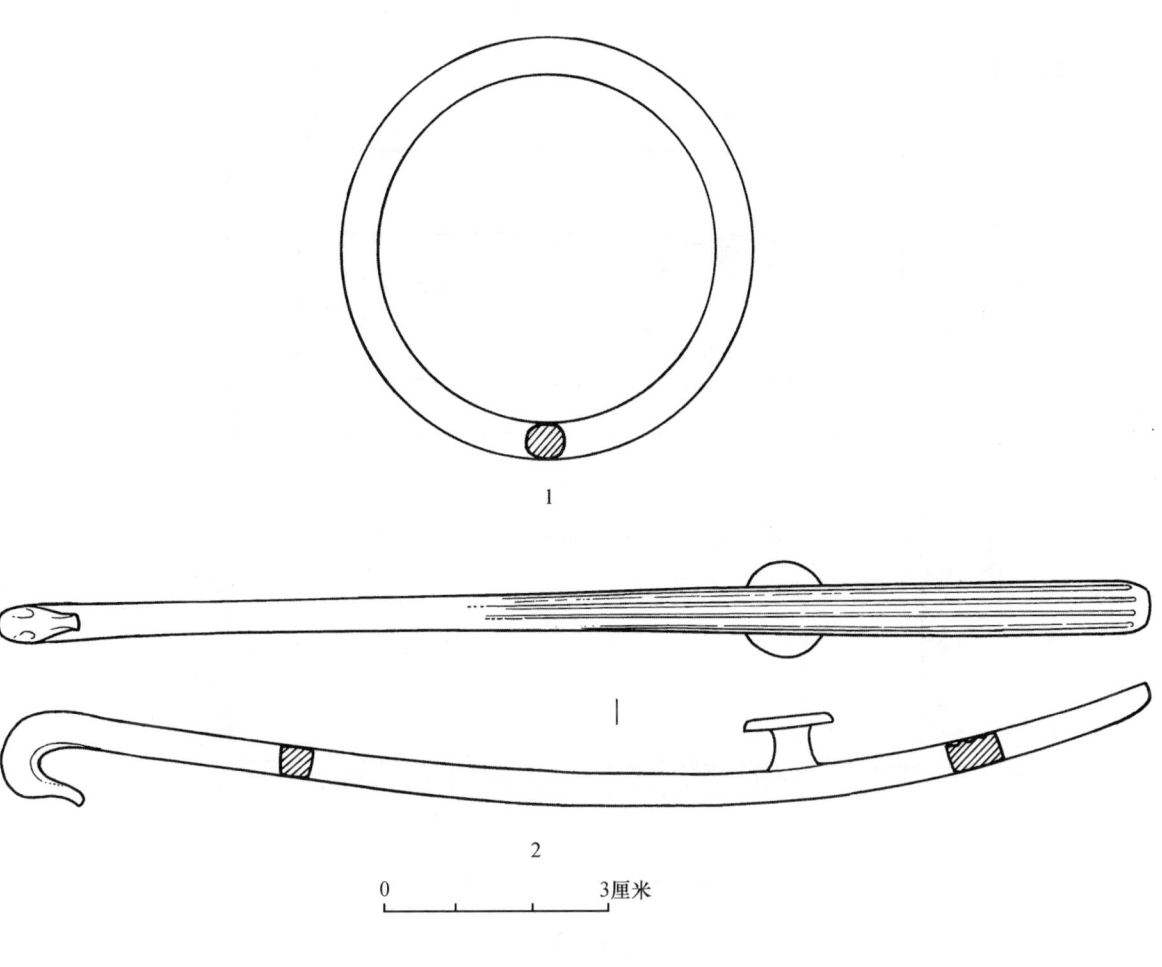

图一一七　M62出土铜器
1. 铜环（M62:1）　2. 铜带钩（M62:2）

M63

位置 位于ⅡT0503中部，北、南、西分别与M54、M64、M67、M62、M61相邻。

层位关系 ①→M63→生土。

方向 18°。

形制与结构 长方形土坑竖穴，直壁平底。长190、宽72~75、深58厘米（图一一八）。填土为黄褐花土，土质较硬，黏性大，无包含物。

葬具 一棺。棺室位于墓室中部，已朽成灰。残存灰痕长165、宽36~42、残高9、厚0.3~0.5厘米。

人骨 1具。保存较差，仰身直肢葬，头向北，面向西，双手交并于腹上。女性，年龄35岁左右。

随葬器物 无。

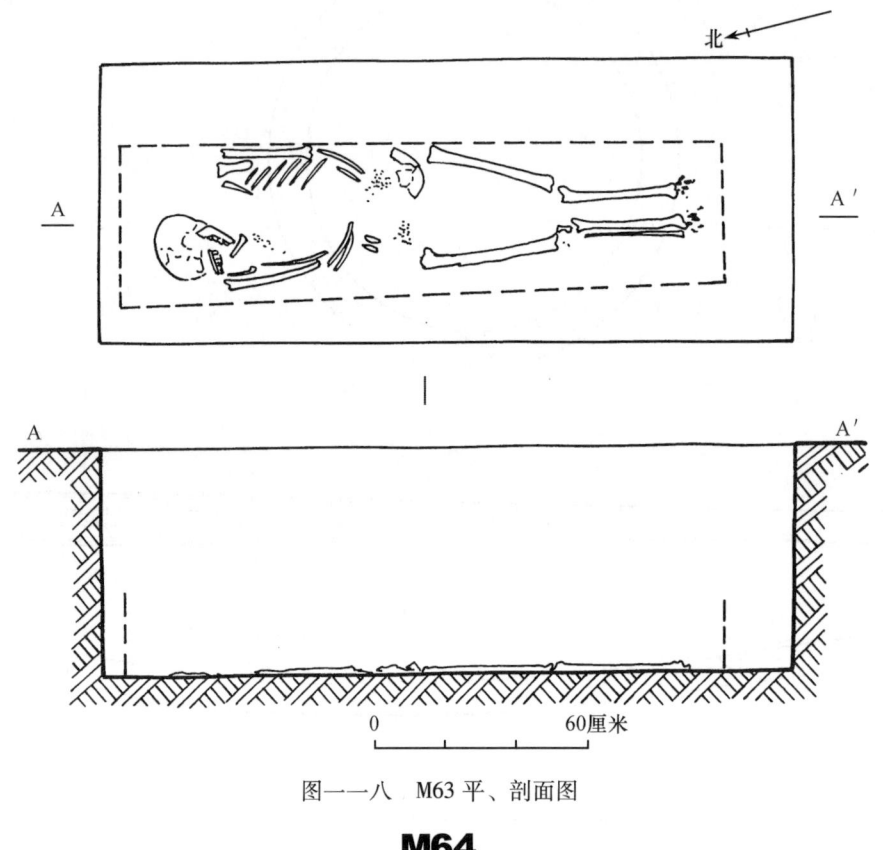

图一一八 M63平、剖面图

M64

位置 位于ⅡT0503东南，其西南为M67。

层位关系 ①→M64→生土。

方向 89°。

形制与结构 长方形竖穴土坑墓，直壁平底。长180、宽63~68、深63厘米（图一一九）。填土为黄褐花土，土质较硬，黏性大，无包含物。

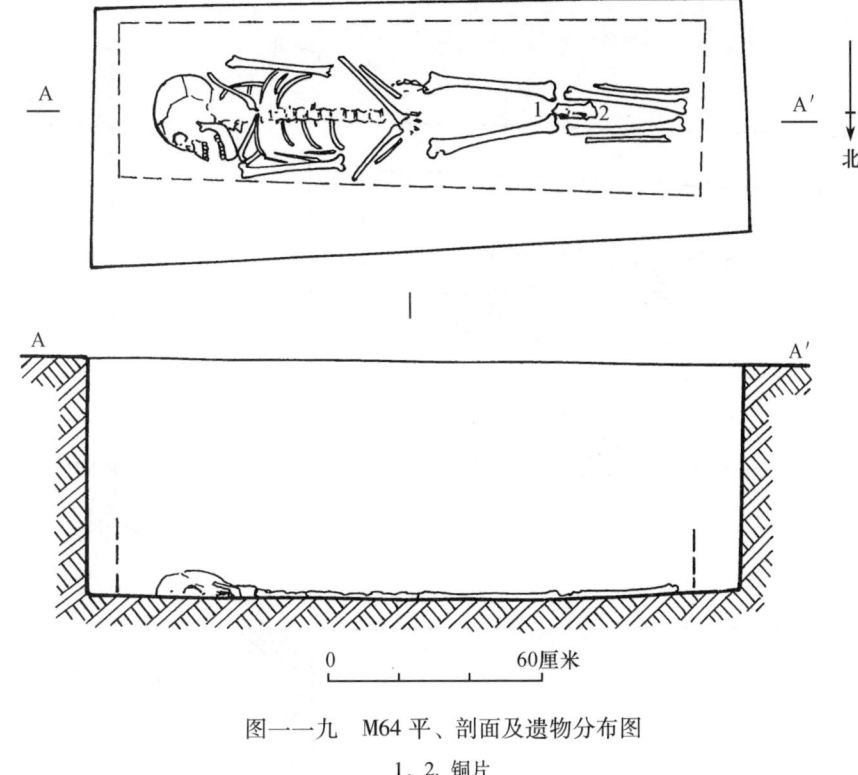

图一一九　M64 平、剖面及遗物分布图
1、2. 铜片

葬具　一棺。棺室位于墓室中部稍偏南，已朽成灰。残存灰痕长 158~162、宽 40~46、残高 13、厚 0.3~0.5 厘米。

人骨　1 具。保存较差，仰身直肢葬，头向东，面向北，双手交并于下腹。男性，年龄 30 岁左右。

随葬器物　青铜片 2 件，放置在人骨两膝之间。

铜片　2 件。M64:1、2，均长方形，大小相同。素面无纹。长 10、宽 3 厘米。

M66

位置　位于ⅡT0405 南部，北、东、南、西三面分别与 M41、M45、M48、M8 相邻。

层位关系　①→M01→M66→生土。

方向　10°。

形制与结构　长方形竖穴土坑墓，直壁平底。长 200、宽 100、深 74 厘米（图一二〇）。东壁中部有壁龛，呈长方形，横宽 46、进深 5、高 19、龛底高于墓底 10 厘米左右。实际上只是为了放置随葬品而对墓壁稍加掏挖。

填土为褐黄花土，土质较硬，黏性大，无包含物。

葬具　一棺。位于墓室中部，已朽成灰。残存灰痕长 170、宽 52~64、残高 19、厚 0.3 厘米。

人骨　1 具。保存较差，仰身直肢葬，头向北，面向东，双手交并于腹上。男性，年龄 30~35 岁。

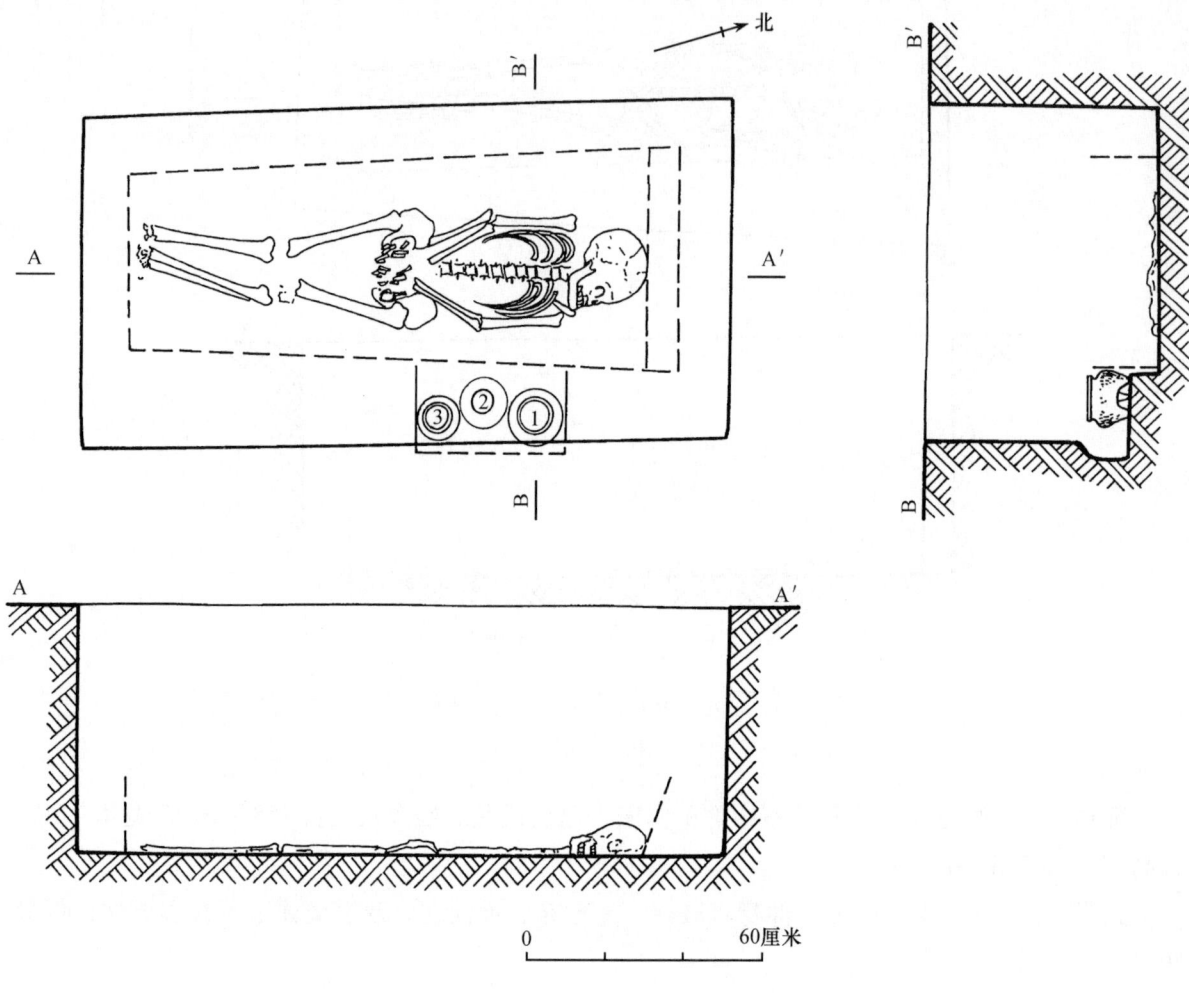

图一二〇 M66 平、剖面及遗物分布图
1. 陶鬲 2. 陶罐 3. 陶壶

随葬器物 3 件。置于人骨东侧壁龛内外，由北到南分别为陶鬲、陶罐、陶壶。

陶鬲 1 件。M66：1，夹砂褐红胎，灰衣。器形规整，形体较大。平折沿，圆唇，溜肩，上腹圆，下腹弧内收，弧裆，柱状足。肩部饰有三周凹弦纹，以下饰绳纹。高 17.3、口径 16.9、腹径 18.5 厘米（图一二一，1；图版三二，3）。

陶罐 1 件。M66：2，泥质灰陶。器形不甚规整，形体小。直口，方唇，上腹圆鼓，下腹弧内收，凹圜底，肩部有刻划菱形纹。其下有一周凹弦纹，领部有对称的两孔。高 9.2、口径 8.5~9.7、底径 6.3、腹径 12.6 厘米（图一二一，3；图版三二，4）。

陶壶 1 件。M66：3，泥质灰陶。器形规整，形体较小。敞口，圆唇，束颈，上腹圆鼓，下腹斜收，平底微凹。素面。轮制。高 17.8、口径 12.2、底径 8.2 厘米（图一二一，2；图版三二，5）。

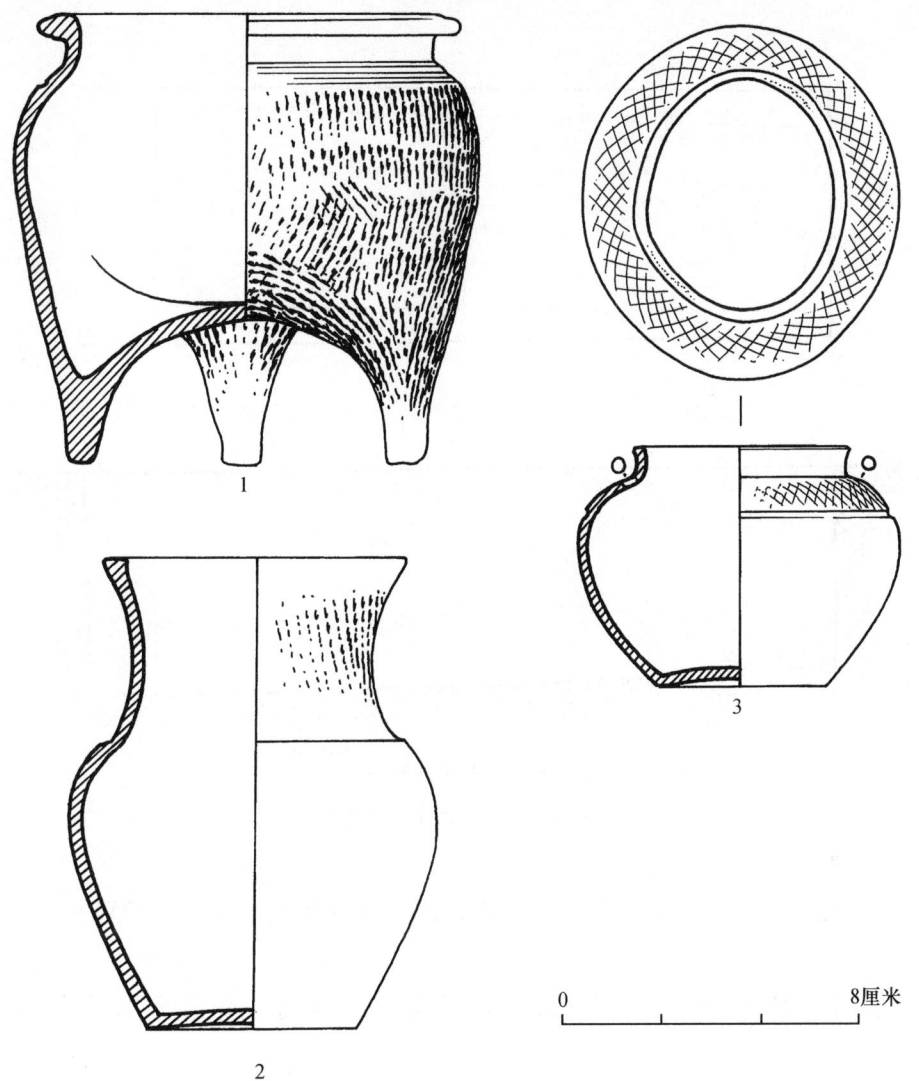

图一二一　M66 出土陶器

1. 鬲（M66:1）　2. 壶（M66:3）　3. 罐（M66:2）

M67

位置　位于ⅡT0502 与ⅡT0503 之间，东、西侧分别与 M64、M68 及 M62、M99 相邻。

层位关系　①→M67→H9→生土。

方向　103°。

形制与结构　长方形土坑竖穴墓，直壁，墓底东高西低。长 206、宽 64~69、深 52~59 厘米（图一二二）。

填土为浅黄色五花土，土质疏松，无包含物。

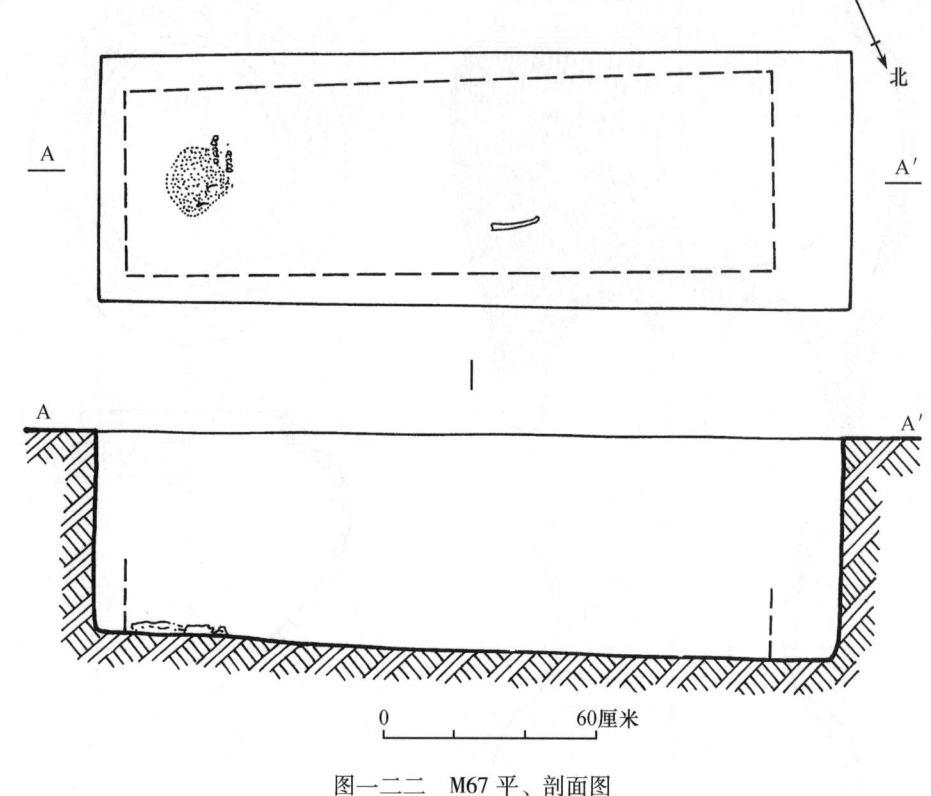

图一二二 M67 平、剖面图

葬具 一棺。棺室位于墓室中部,已朽成灰。残存灰痕长176、宽50~54、残高3~8、厚0.2厘米。

人骨 1具。保存较差,仅见头骨和一段下肢骨,头向东,葬式不明。性别不详,年龄30岁左右。

随葬器物 无。

M68

位置 位于ⅡT0502东北部,北、东、南、西分别与M67、M64、M74、M75、M70、M99相邻。

层位关系 ①→M68→生土。

方向 172°。

形制与结构 长方形竖穴土坑墓,直壁平底。长248、宽148~164、深110厘米(图一二三)。填土为褐色五花土,土质较硬,无包含物。

葬具 一椁一棺。椁室位于墓室中部,已朽成灰,由于椁板倾倒而口大底小。口部长182~185、宽约102~104厘米;底部长160~162、宽92厘米;残高46、厚0.4厘米。棺室位于椁室内略偏西,已朽成灰。残存灰痕长158、宽40、残高40、厚0.4厘米。

人骨 1具。保存较差,仰身直肢葬,头向南,双手交并于腹上。女性,年龄30~40岁。

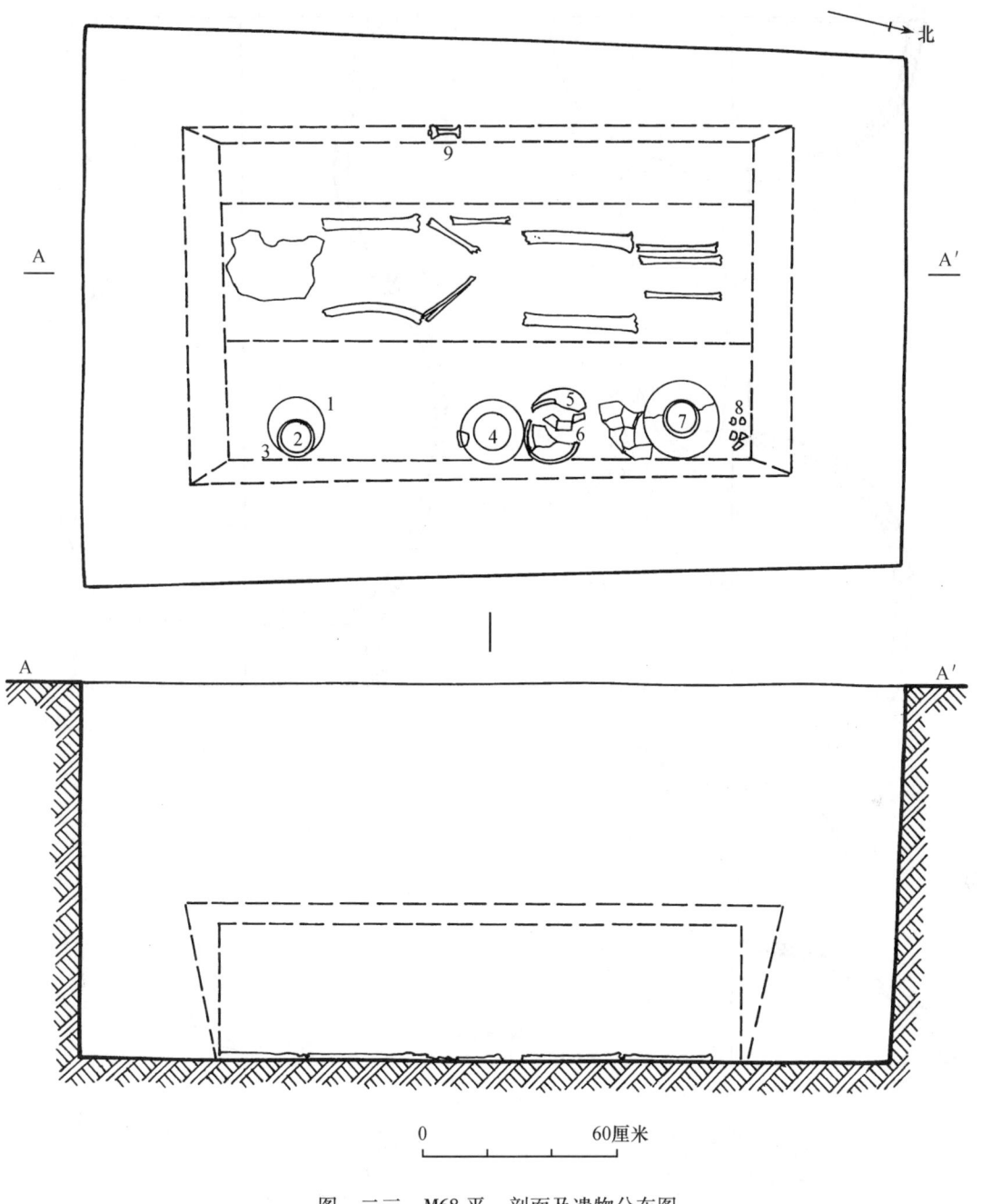

图一二三　M68 平、剖面及遗物分布图
1. 陶盘　2. 陶匜　3、7. 陶器盖　4、5. 陶敦　6. 陶壶　8. 陶鼎　9. 陶豆

随葬器物　9件。均置于椁内棺外。其中棺外西侧中部有陶豆1件，距墓底约40厘米；余皆置于棺外东侧，计有陶鼎1件、陶敦2件、陶壶1件、陶盘1件、陶匜1件、陶器盖2件。

陶鼎　1件。M68:8，未能修复。

陶敦　2件。M68:4，泥质灰陶。仅余一半，近似半球形，腹微折，下附三曲折形足，足外撇。高12、口径17.5、足高5.6厘米（图一二四，1；图版三五，1）。M68:5，泥质褐红胎，

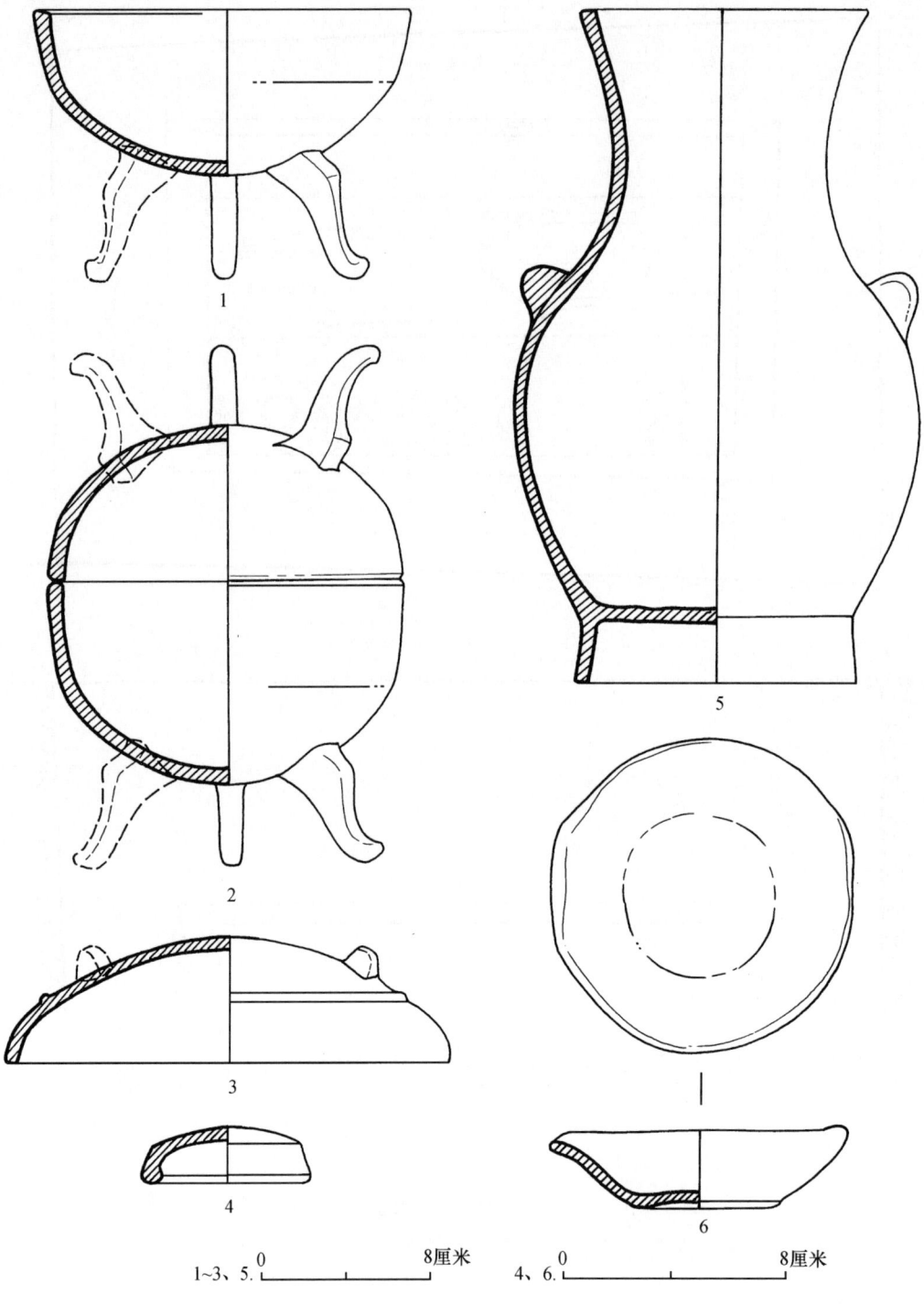

图一二四　M68 出土陶器

1、2. 敦（M68:4、M68:5）　3、4. 器盖（M68:7、M68:3）　5. 壶（M68:6）　6. 匜（M68:2）

灰黑皮，盖、身均近似半球形，腹微折，而器身相对较深，盖上、身下各附三曲折形纽（足），外撇。高23.2、口径16.5、足高5.4厘米（图一二四，2；图版三五，2）。

陶豆　1件。M68：9，未能修复。

陶壶　1件。M68：6，泥质褐红胎，灰黑皮。敞口，束颈，肩部有对称双耳，已残，圆鼓腹，腹底平，矮圈足。素面，轮制。高30.2、口径13.3、腹径19.2、底径13、足高3.1厘米（图一二四，5；图版三五，3）。

陶盘　1件。M68：1，未修复起。

陶匜　1件。M68：2，泥质灰陶。敞口，口部近圆形，浅斜腹，平底微凹，流外侈不明显，相对一侧口沿微凸起。高2.8、口径11.1、底径5.4厘米（图一二四，6；图版三五，4）。

陶器盖　2件。M68：3，泥质灰陶。盖顶隆起。高1.9、直径6厘米（图一二四，4；图版三五，5）。M68：7，泥质褐红胎，灰黑皮。盖顶隆起，上饰三小纽，并有一周凸棱。高5.6、直径21厘米（图一二四，3；图版三五，6）。

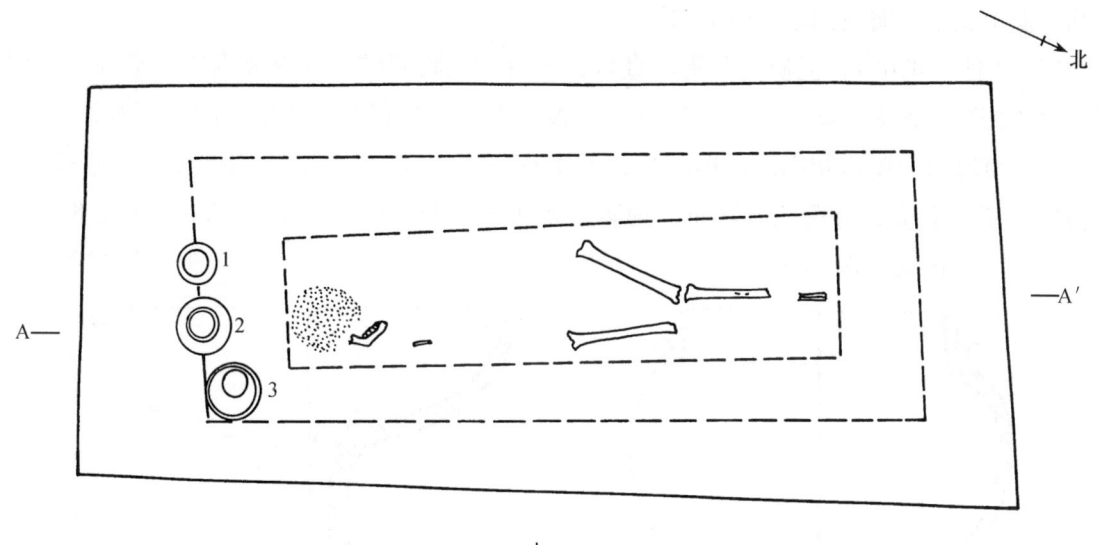

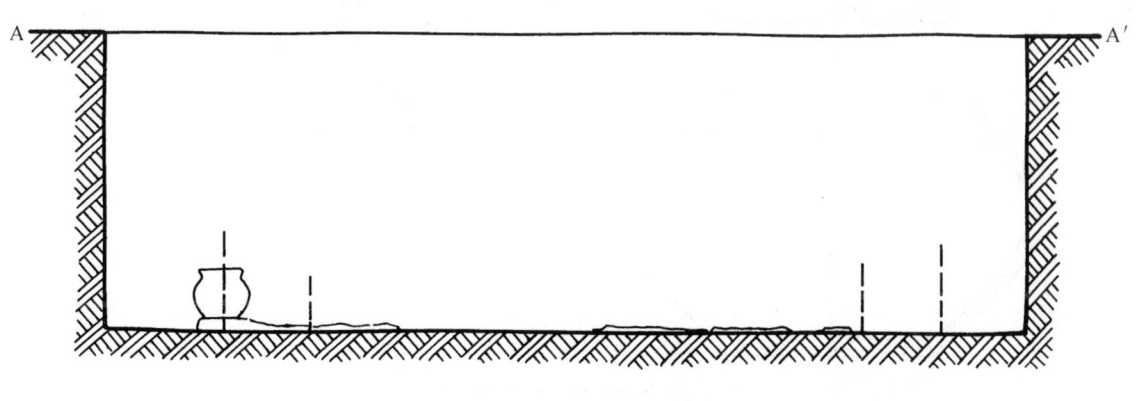

图一二五　M70平、剖面及遗物分布图

1、2. 陶罐　3. 陶豆

M70

位置 位于ⅡT0502南部，西北、东北分别为M99、M68。

层位关系 ①→M70→生土。

方向 162°。

形制与结构 长方形竖穴土坑墓，直壁平底。长248～260、宽103～112、深78厘米（图一二五）。

填土为深黄色五花土，土质疏松，无包含物。

葬具 一棺一椁，已朽成灰。椁室位于墓室中部，长198、宽72、残高16、厚0.5厘米。棺室位于椁室中部，长153、宽34～38、残高4、厚0.2厘米。

人骨 1具。保存较差，仰身直肢葬，头向南，双手交并于腹上。性别不详，年龄30～40岁。

随葬器物 3件。置于墓主头端椁内棺外，由西到东分别为陶罐2件、陶豆1件。其中陶罐均口向上正放，陶豆则盘口向下扣置。

陶罐 2件。M70:1，泥质浅灰陶。直口，方唇，上腹圆鼓，下腹弧内收，平底。领肩交接处有对称两孔，素面。高10.4、口径10.1、腹径14.2、底径8.2厘米（图一二六，1；图版三六，1）。M70:2，泥质灰陶。器形规整，形体较小。直口，方唇，上腹圆鼓，下腹弧内收，平底微凹。领肩交接处有两孔。素面，轮制。高9.2、口径12.1、腹径15.5、底径8.0厘米（图一二六，2；图版三六，2）。

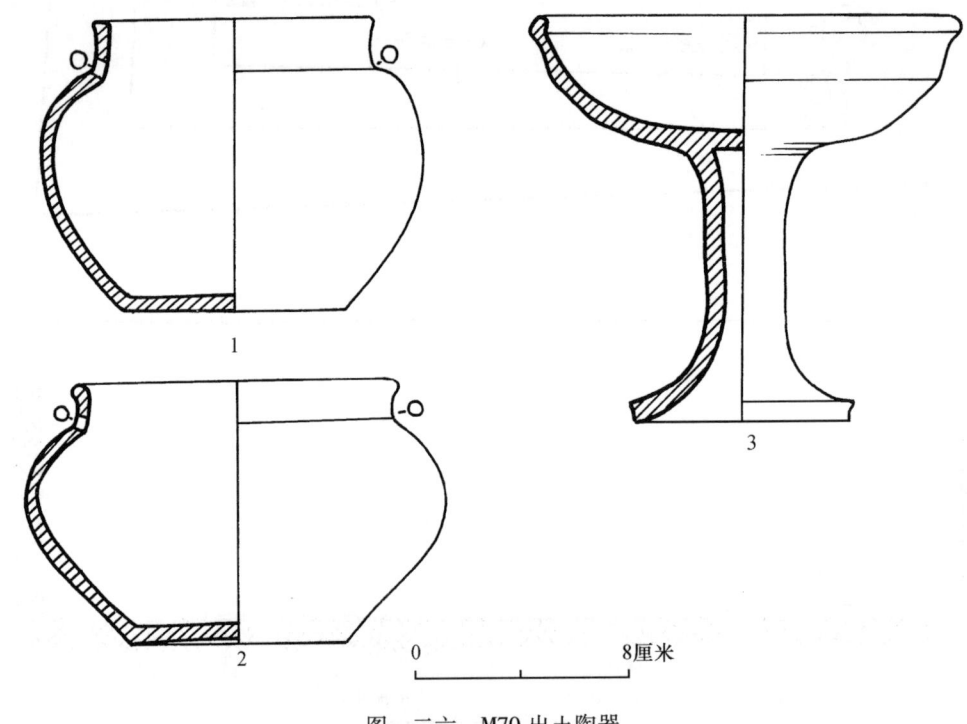

图一二六 M70出土陶器

1、2. 罐（M70:1、M70:2） 3. 豆（M70:3）

陶豆　1件。M70:3，泥质浅灰陶。豆盘较大，敞口，圆唇，唇缘略内敛，深弧盘，圜底，高柄，座沿呈斜方形，沿面内凹。高14.4、口径15.8、底径8厘米（图一二六，3；图版三六，3）。

M72

位置　位于ⅡT0402与ⅡT0403之间，北、东、南、西分别与M58、M60、M76、M75、M74相邻。

层位关系　①→M72→生土。

方向　350°。

形制与结构　土坑竖穴墓，平面呈梯形，直壁平底。长260、宽120～152、深72厘米（图一二七）。

填土为褐色五花土，土质细腻，无包含物。

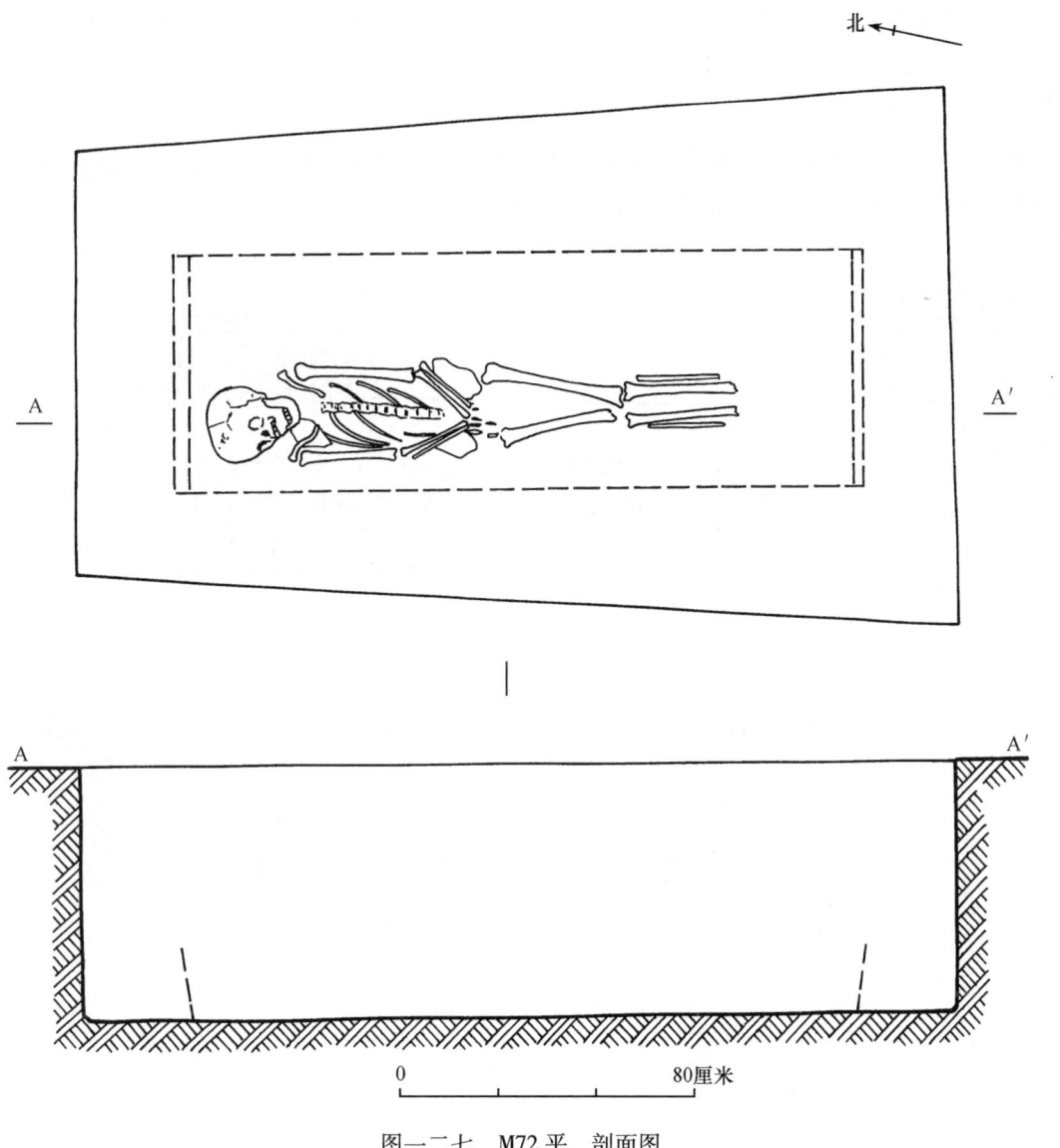

图一二七　M72平、剖面图

葬具　一棺。棺室位于墓室中部，南、北棺板外倾，已朽成灰。残存灰痕上部长 205、底部长 198、宽 68、残高 20、厚 0.3 厘米。

人骨　1 具。保存较差，仰身直肢葬，头向北，面向上，双手交并于腹上。男性，年龄 35 岁左右。

随葬器物　无。

M73

位置　位于ⅡT0403 北部，其北、南分别与 M44、M47 及 M58、M59 相邻。

层位关系　①→M73→生土。

方向　170°。

形制与结构　长方形竖穴土坑，直壁平底。长 166、宽 40～50、深 34 厘米（图一二八）。东壁偏南有壁龛，呈长方形，横宽 54、进深 20、高 26 厘米。龛底低于墓底 16 厘米左右。填土为褐黄色五花土，土质较硬，黏性大，无包含物。

葬具　不详。

人骨　1 具。保存较差，仰身直肢葬，头向南，双手交并于腹上。男性，年龄 30 岁左右。

随葬器物　2 件。置于壁龛内，由南向北分别为陶盂、陶鬲。

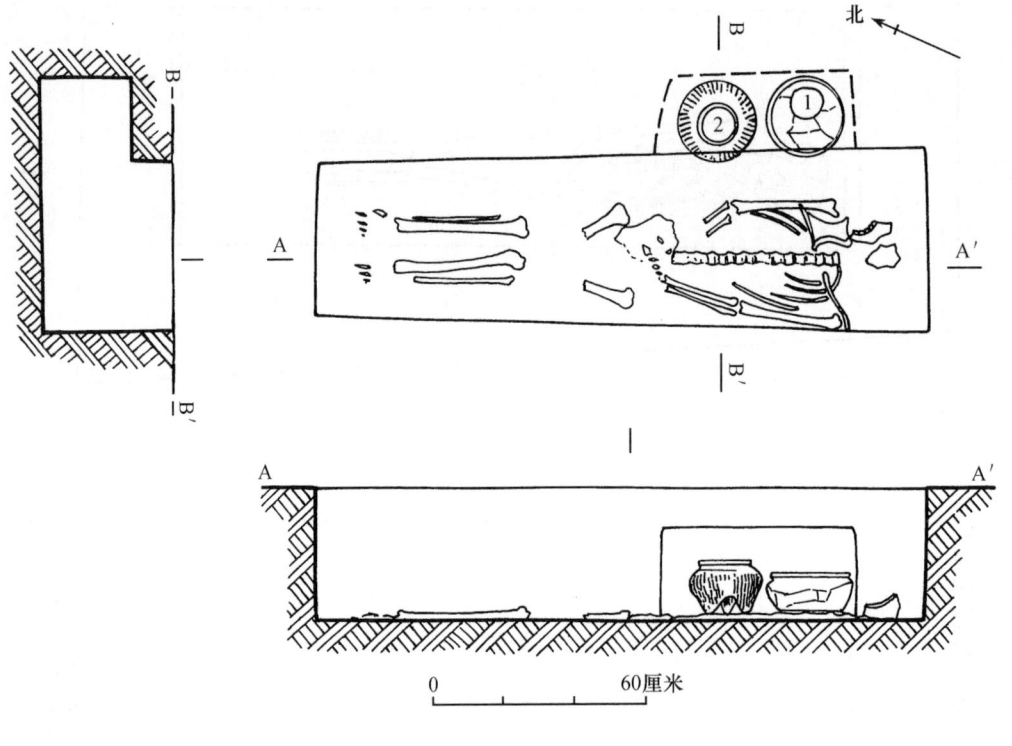

图一二八　M73 平、剖面及遗物分布图
1. 陶盂　2. 陶鬲

陶鬲　1件。M73:2，夹砂褐红胎，灰黑衣。器形较规整，形体较大。口部内敛，口径小于腹径，略等于三足外切圆径。平折沿，沿面有两周凹弦纹，圆唇，矮领，圆肩，深弧腹，平裆微下垂，袋足，柱状足根。颈以下通体饰绳纹，肩部及中腹处抹出两周弦纹。高20.7、口径16.1、腹径20.3厘米（图一二九，1；图版三六，5）。

陶盂　1件。M73:1，泥质褐红胎，灰衣。器形较规整，形体较大。平折沿，沿面有一道凹弦纹，方唇较厚，高直领，鼓肩，下腹弧内收，平底。颈部饰有三周凹弦纹，肩部饰有四周凹弦纹。高15.4、口径21.8、底径12.5厘米（图一二九，2；图版三六，4）。

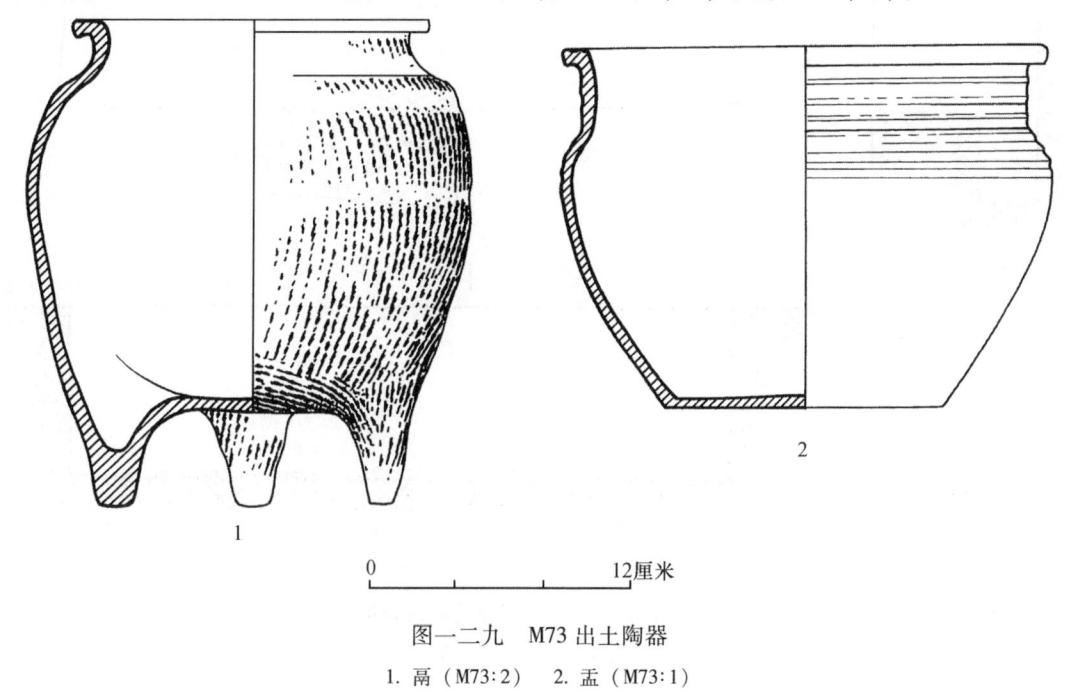

图一二九　M73出土陶器
1. 鬲（M73:2）　2. 盂（M73:1）

M74

位置　位于ⅡT0402西北部，东、南、西侧分别与M72、M75、M68相邻。

层位关系　①→M74→生土。

方向　174°。

形制与结构　长方形竖穴土坑，直壁平底。长176~188、宽74~84、深44厘米（图一三〇）。

西壁中部有壁龛，呈长方形，横宽56、进深22~26、高16厘米。

填土为浅褐色五花土，土质细腻疏松，无包含物。

葬具　不详。

人骨　1具。保存较差，仰身直肢葬，头向南，面向上，双手交并于腹上。女性，年龄25岁左右。

随葬器物　3件，置于壁龛内，由南向北分别为陶壶、陶盂、陶鬲。

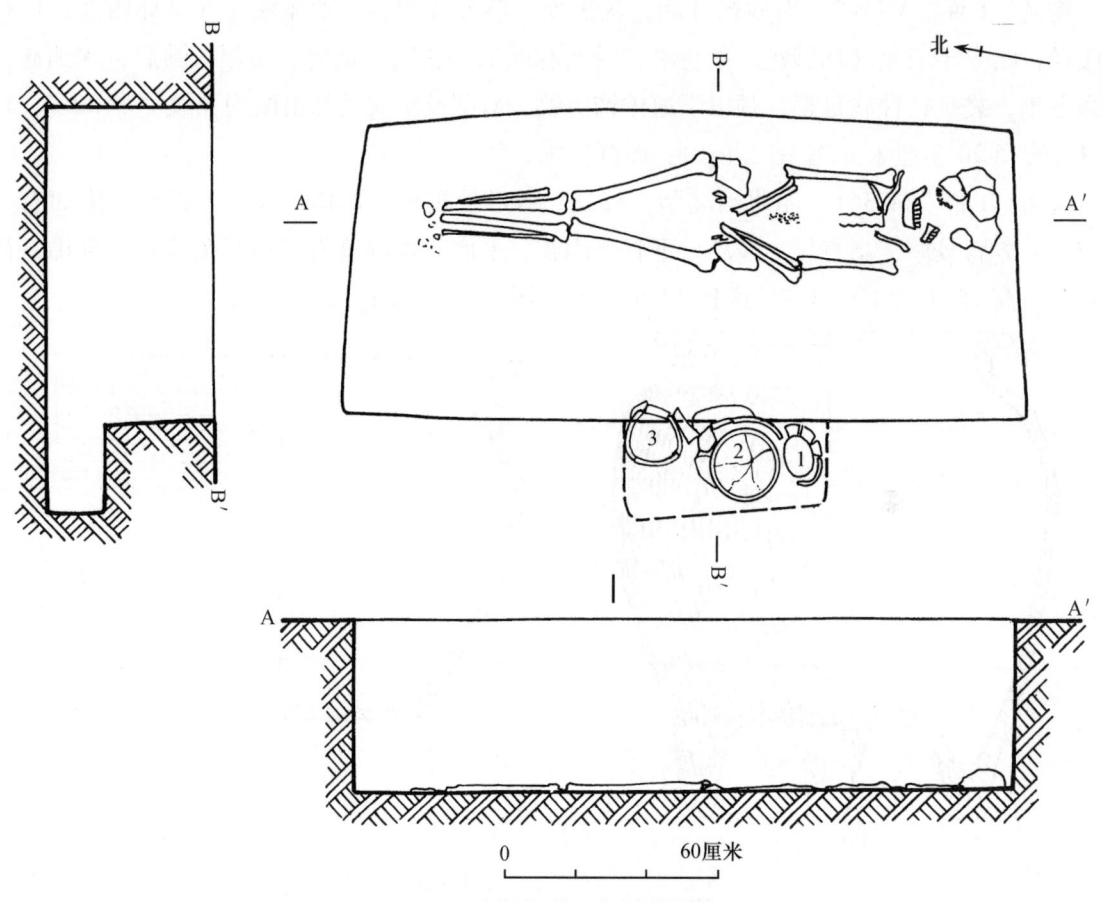

图一三〇　M74 平、剖面及遗物分布图
1. 陶壶　2. 陶盂　3. 陶鬲

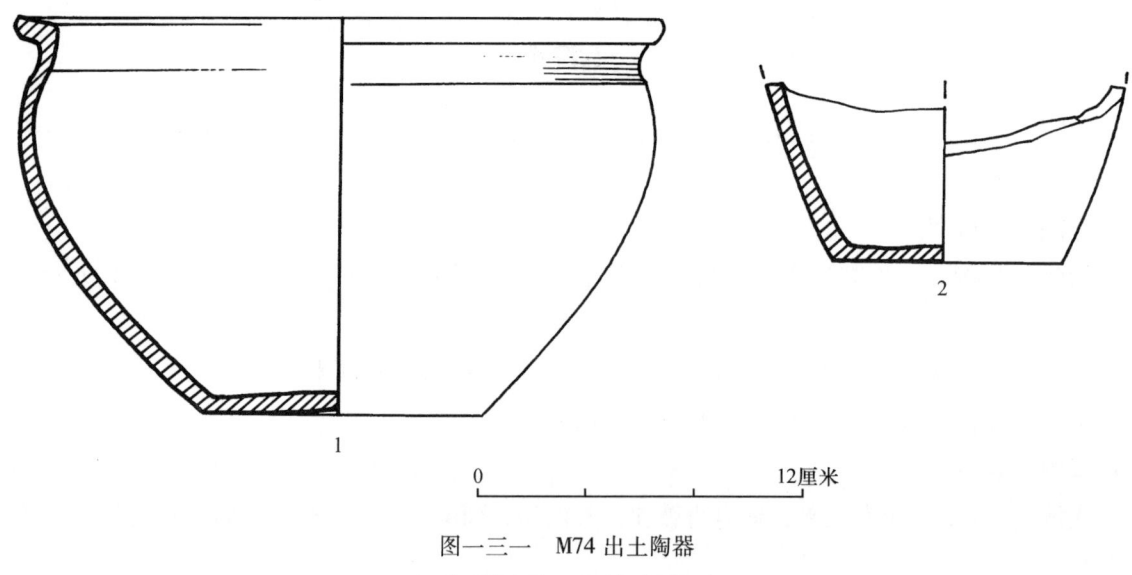

图一三一　M74 出土陶器
1. 盂（M74:2）　2. 壶（M74:1）

陶鬲　1件。M74:3，因残破过甚，未能修复。

陶盂　1件。M74:2，泥质褐红胎，灰黑皮。仰折沿，圆唇，束颈，肩微鼓，下腹弧收，平底。颈部饰数周凹弦纹。通高13.9、口径24、底径14.8厘米（图一三一，1；图版三六，6）。

陶壶　1件。M74:1，仅残余底部。泥质灰陶。下腹弧内收，平底。残高8.1、底径8.6厘米（图一三一，2）。

M75

位置　位于ⅡT0402中西部，北、东、南侧分别与M74、M72、M76、M79相邻。

层位关系　①→M75→生土。

方向　344°。

形制与结构　长方形竖穴土坑墓，直壁平底。长210、宽62~68、深56厘米（图一三二）。东壁中部有壁龛，呈长方形，横宽68、进深26、高24厘米。

填土为浅褐色五花土，土质疏松，无包含物。

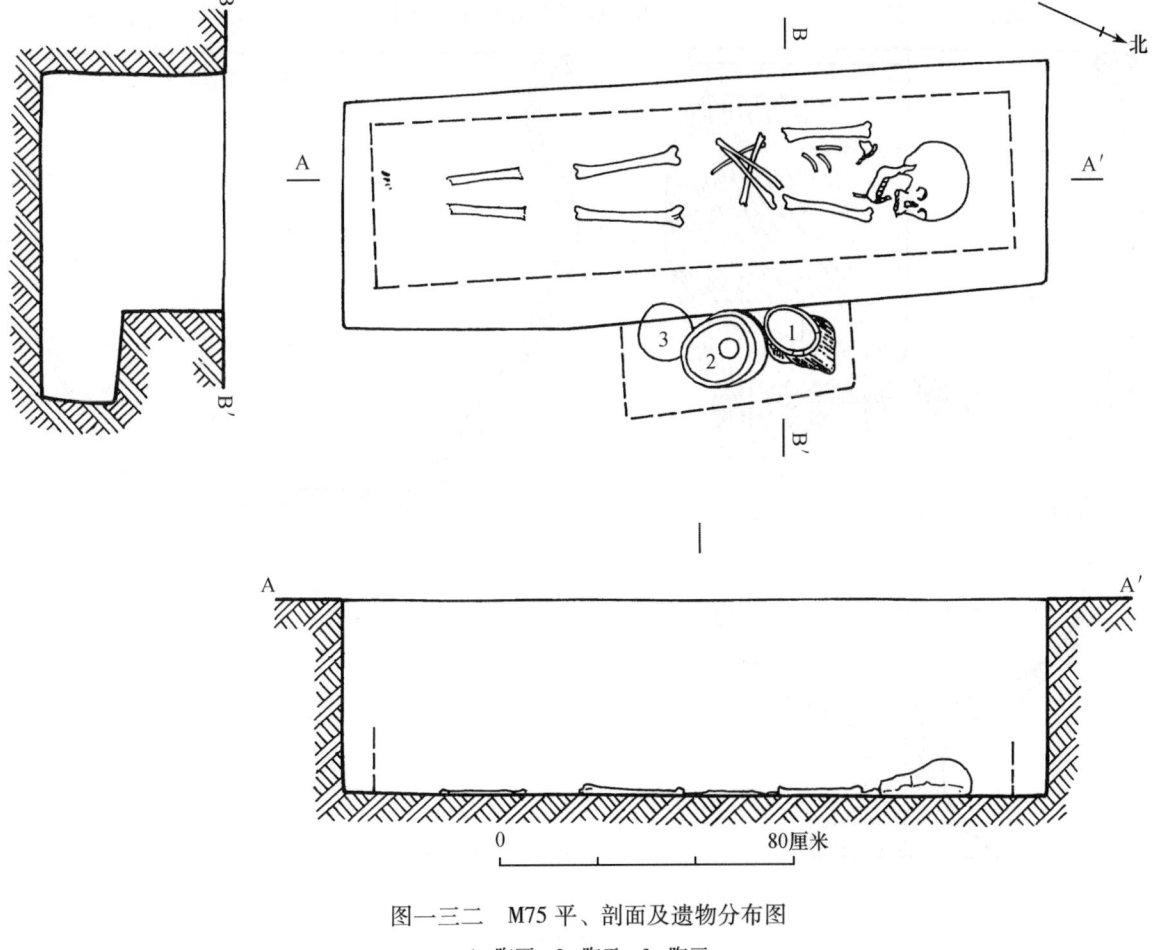

图一三二　M75平、剖面及遗物分布图
1. 陶鬲　2. 陶盂　3. 陶豆

葬具 一棺。位于墓室中部,已朽成灰。残存灰痕长190、宽44~48、残高14、厚0.4厘米。

人骨 1具。保存较差,仰身直肢葬,头向北,面略侧向东,双手交并于腹上。女性,年龄30岁左右。

随葬器物 3件。置于壁龛内。由北向南依次为陶鬲、陶盂、陶豆。其中鬲、盂为口向上正放,豆则是盘口向下扣置(彩版五,2)。

陶鬲 1件。M75:1,夹砂褐红陶,黑皮。器形较规整,器身较大,口径略小于腹径,而与三足外切圆径相若。平折沿,沿面有二道凹弦纹,圆唇,束颈,溜肩,弧腹,弧裆较高,袋足。颈以下通体饰绳纹,肩部抹出一道弦纹。高17、口径16.8、腹径18.4厘米(图一三三,1;图版三七,1)。

陶盂 1件。M75:2,泥质灰陶。器形较规整,器身大。平折沿,沿面有两道凹弦纹,方唇较厚,束颈较高,圆鼓肩,下腹斜收,平底。通体饰有绳纹,但又被抹去,仅余痕迹,肩部有一周凹弦纹。轮制。高16.3、口径21.4、底径10.4厘米(图一三三,3;图版三七,2)。

陶豆 1件。M75:3,泥质褐红胎,灰衣。敞口,斜方唇,弧盘较深,盘壁有两道折棱,矮柄,座顶面微隆起,座沿起台。高8.8、口径13.9、底径7.8厘米(图一三三,2;图版三七,3)。

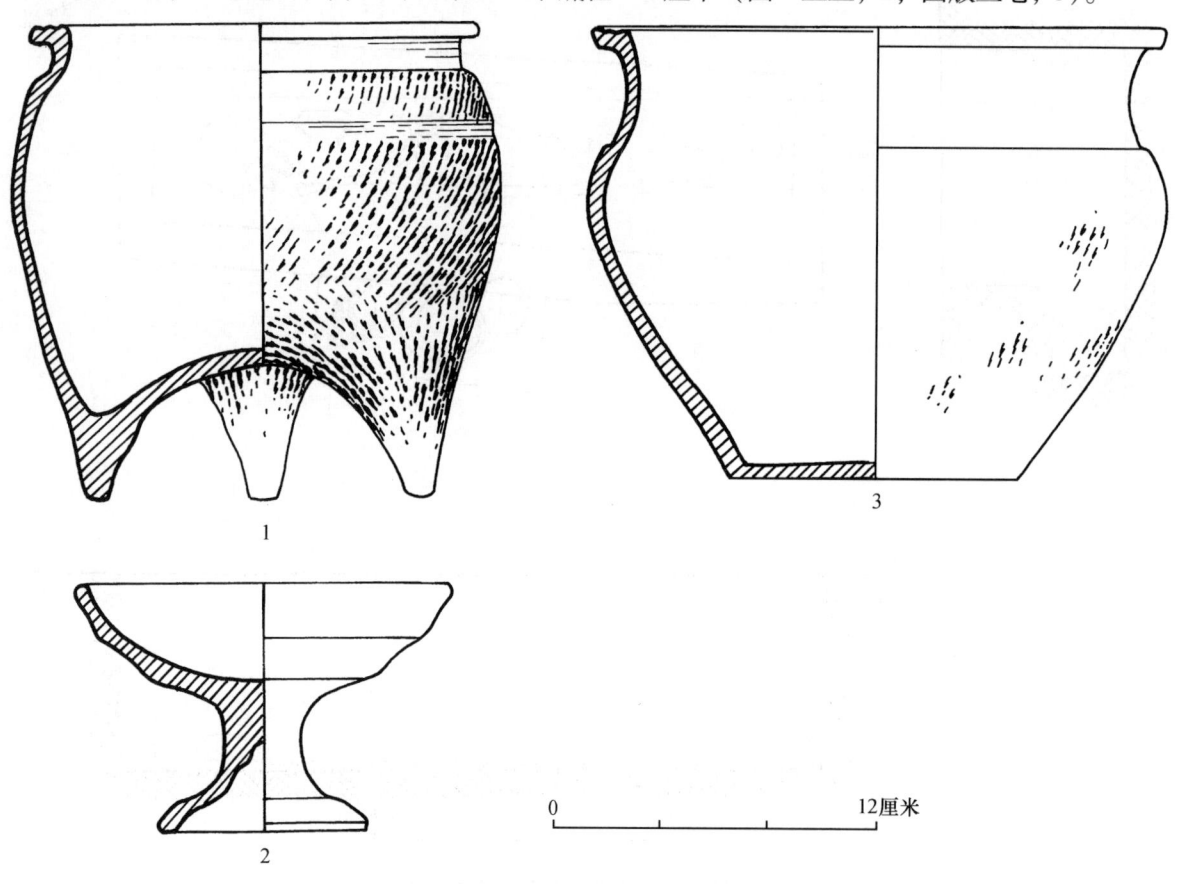

图一三三 M75出土陶器
1. 鬲(M75:1) 2. 豆(M75:3) 3. 盂(M75:2)

M76

位置　位于ⅡT0402东北部，部分向东进入ⅡT0302。其东、西两侧分别与M84、M72相邻。

层位关系　①→M76→生土。

方向　172°。

形制与结构　长方形竖穴土坑墓，直壁平底。长189、宽32、深44厘米（图一三四）。东壁偏南有壁龛，呈长方形，横宽60、进深22、高24厘米。填土为黄褐色五花土，土质稍硬，无包含物。

葬具　不详。

人骨　1具。保存较差，仰身直肢葬，头向南，面向西。男性，年龄40岁左右。

随葬器物　3件。置于壁龛内，有陶壶、陶罐、陶鼎，其中陶罐置于陶鼎内。

陶鼎　1件。M76:2，夹砂褐红陶，灰黑皮。器形较规整，器身较小，口径小于腹径。口微侈，方唇，矮束颈，弧腹内收，圜底，柱状足。肩部饰有两道凹弦纹。高13.2、口径14.2、腹径15.8厘米（图一三五，1；图版三七，4）。

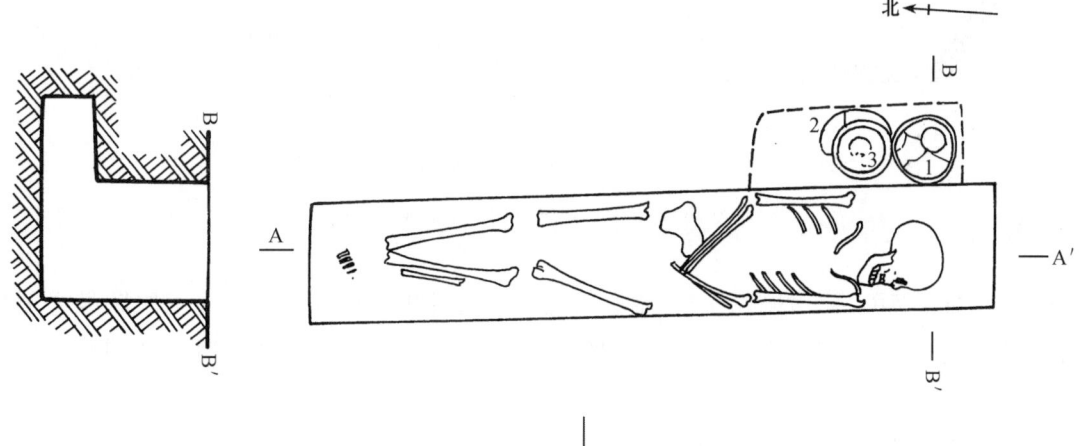

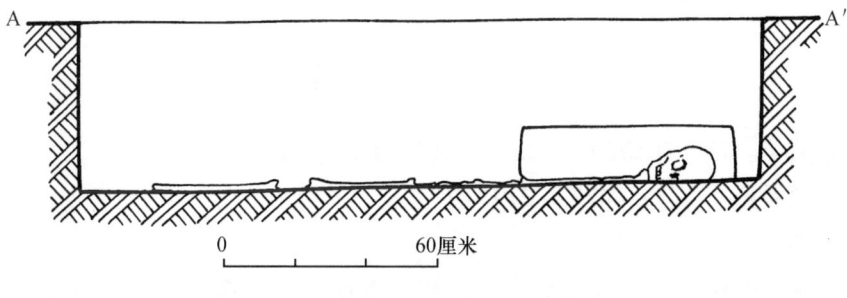

图一三四　M76平、剖面及遗物分布图
1. 陶壶　2. 陶鼎　3. 陶罐

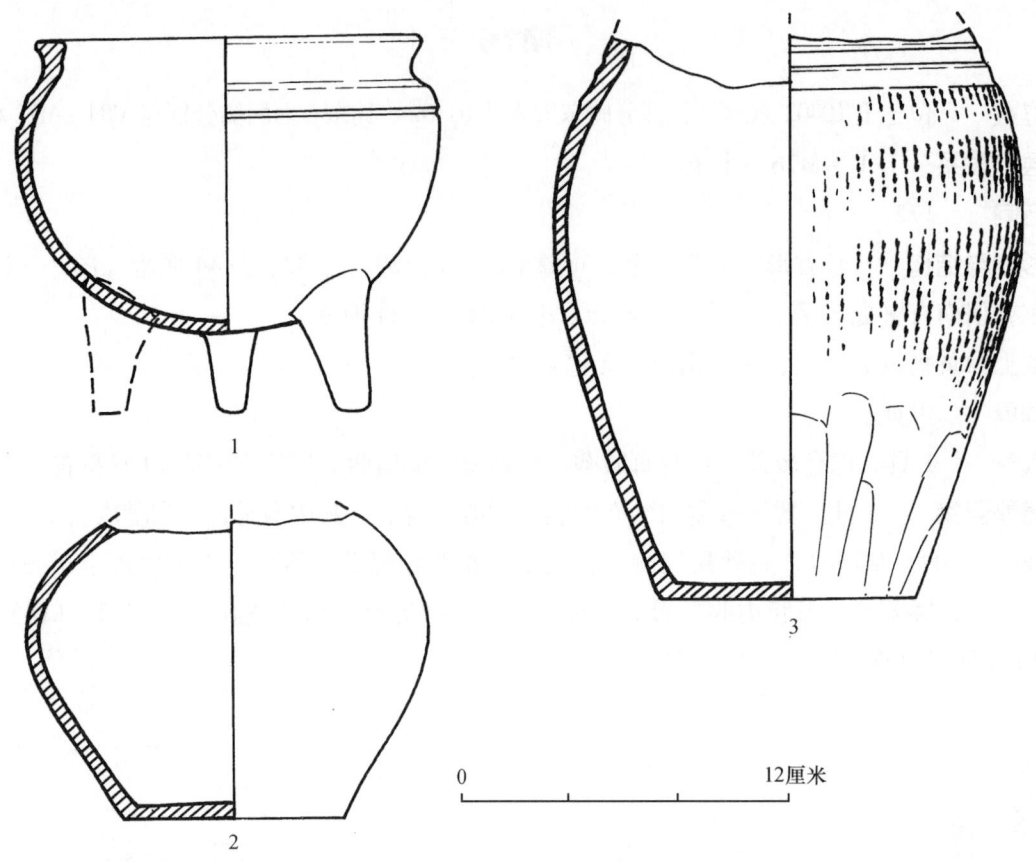

图一三五 M76 出土陶器
1. 鼎（M76:2） 2. 罐（M76:3） 3. 壶（M76:1）

陶罐 1件。M76:3，泥质灰陶。器形较规整，器身小，口部已残去。上腹圆鼓，下腹微内曲，斜收，平底。通体素面。轮制。残高10.6、腹径14.5、底径8.4厘米（图一三五，2；图版三七，5）。

陶壶 1件。M76:1，泥质灰陶。口部已残去，上腹圆，下腹弧内收，平底。肩部饰有两周凹弦纹，以下饰绳纹，上腹抹去两周，下腹有拍打痕迹。残高20、腹径17、底径9.6厘米（图一三五，3；图版三七，6）。

M79

位置 位于ⅡT0402南部，北侧与M75相邻。

层位关系 ①→M77→M79→生土。

方向 78°。

形制与结构 长方形竖穴土坑墓，直壁平底。东部被汉墓M77打破。长226~234、宽148~160、深92厘米（图一三六）。

填土为黄褐色五花土，土质松软，无包含物。

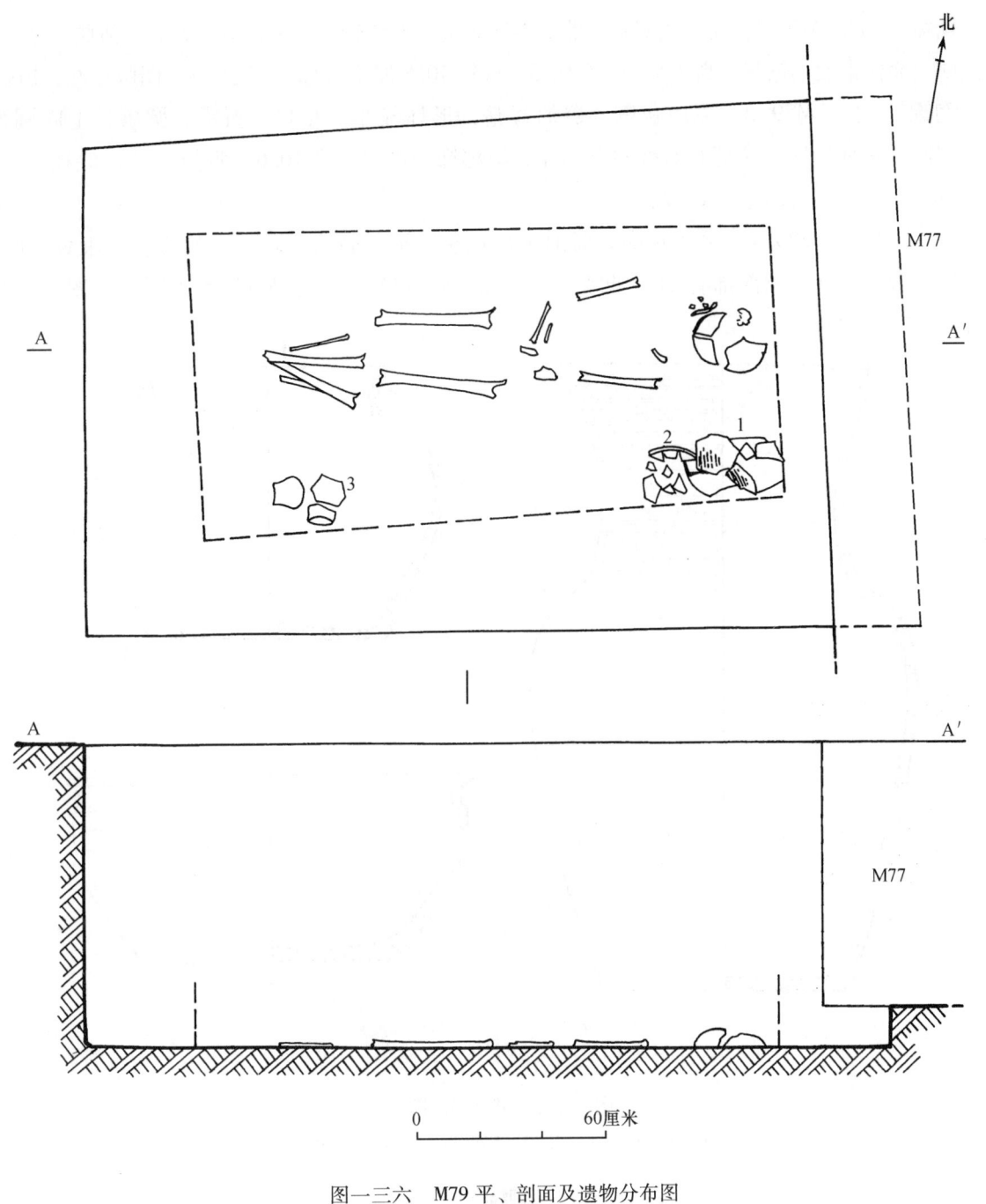

图一三六　M79 平、剖面及遗物分布图
1. 陶壶　2. 陶盂　3. 陶罐

葬具　一椁。位于墓室中部，已朽成灰。残存灰痕长 182、宽 82~92、高约 12、厚 1 厘米。未见棺痕。

人骨　1 具。保存较差，仰身直肢葬，头向东，双手交并于腹上。性别不详，年龄 30~40 岁。

随葬器物　3 件。置于人骨南侧，其中墓主头侧有陶壶、陶盂各 1 件，足侧有陶罐 1 件。均已碎裂。

陶盂　1件。M79:2，泥质浅灰陶。器形不甚规整，形体较小。平折沿，方唇，弧腹内收，平底微凹。通体素面。轮制。高7.4、口径16.5、底径10.5厘米（图一三七，3；图版三八，1）。

陶罐　1件。M79:3，泥质灰陶。器形规整，形体较小。小口，折沿，圆唇，上腹圆鼓，下腹斜收，平底微凹。颈部有对称两个小孔，肩部饰网格纹。高10.6、腹径13.8、底径9.6厘米（图一三七，2；图版三八，2）。

陶壶　1件。M79:1，泥质灰陶。器形不甚规整，形体较大，敞口，斜方唇，束颈，圆鼓肩，腹斜收，平底。颈部饰有21周凹弦纹。高24.5、口径13.5、腹径15.3厘米（图一三七，1；图版三八，3）。

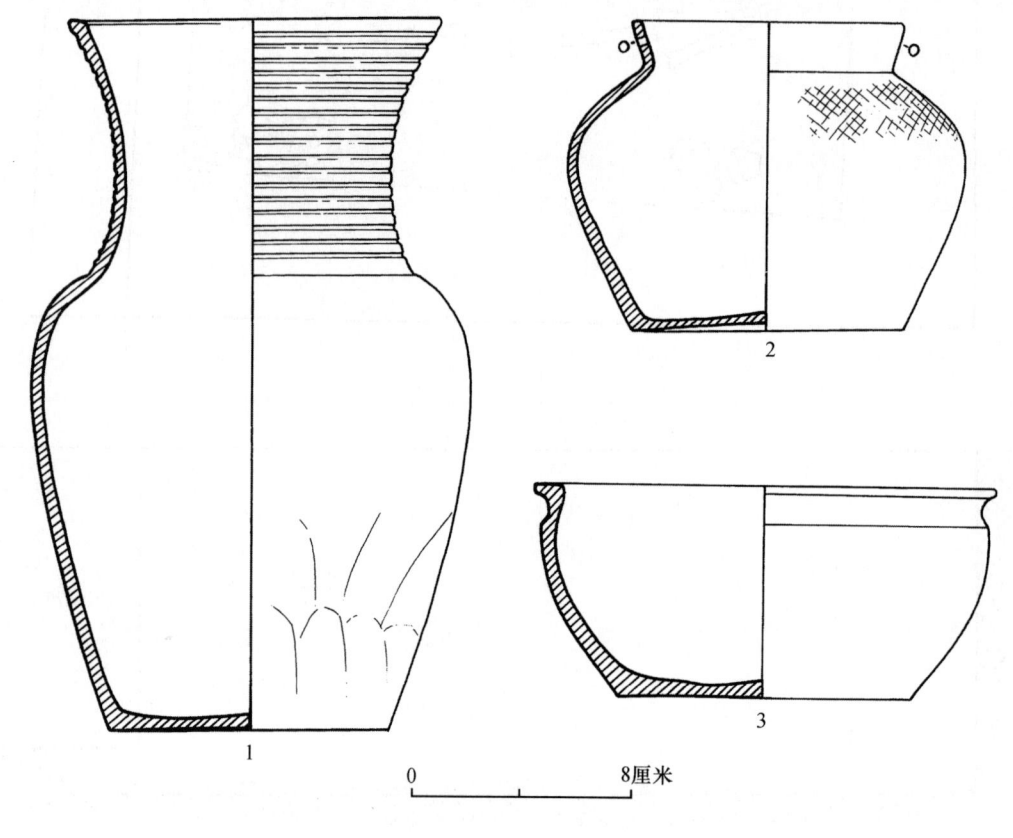

图一三七　M79 出土陶器
1. 壶（M79:1）　2. 罐（M79:3）　3. 盂（M79:2）

M80

位置　位于ⅡT0303西北部，北、东、南、西分别与M81、M5、M83、M59相邻。

层位关系　①→M82→M80→生土。

方向　350°。

形制与结构　长方形竖穴土坑墓，直壁平底。长225、宽140~146、深146厘米（图一三八）。

填土为褐黄花土，土质较硬，黏性大，无包含物。

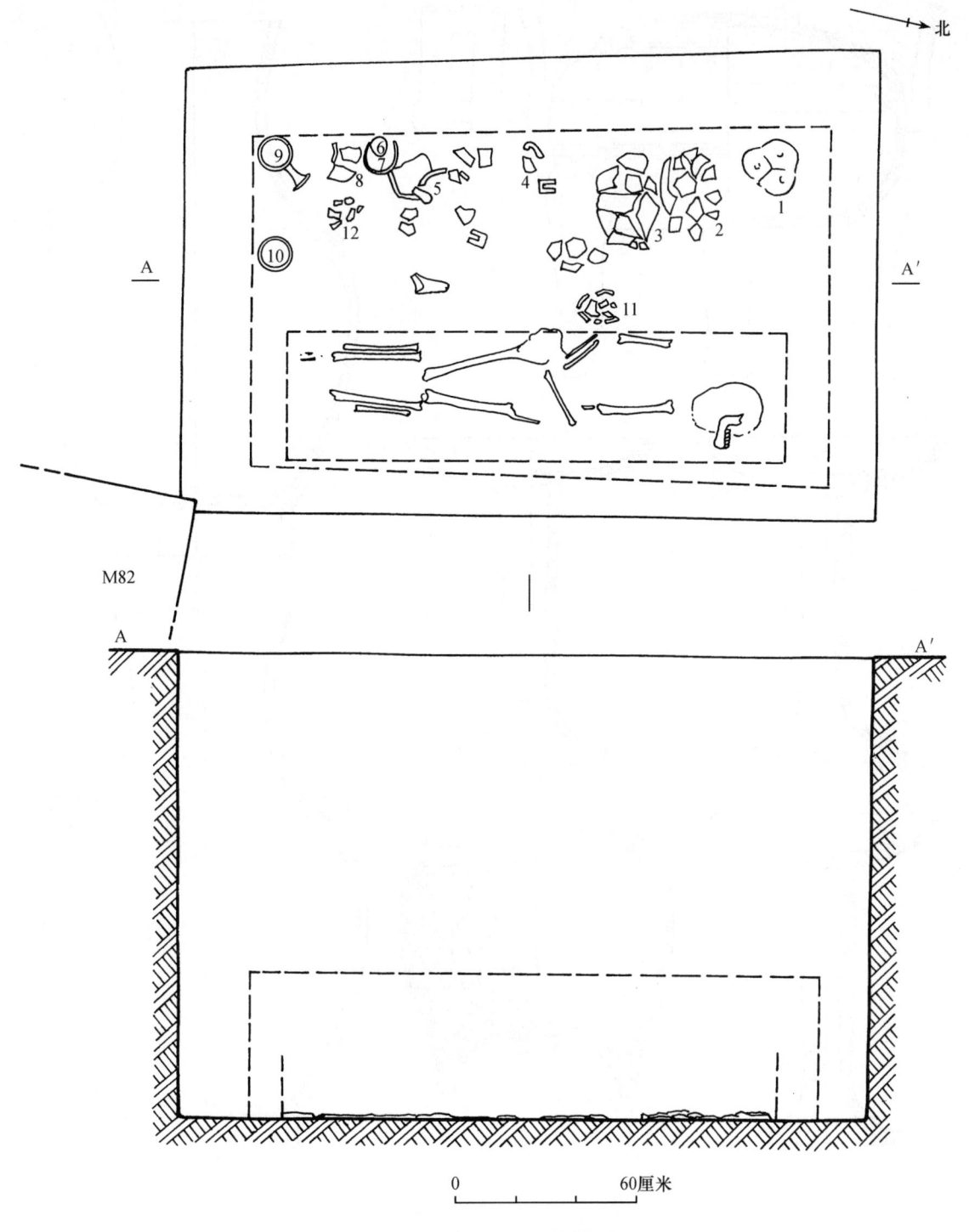

图一三八 M80 平、剖面及遗物分布图

1. 陶鬲 2、3. 陶壶 4、5. 陶鼎 6. 陶匜 7、9、10. 陶豆 8. 陶盂 11、12. 陶敦

图一三九 M80 出土陶器（1）

1. 鼎（M80:4） 2~4. 豆（M80:7、M80:10、M80:9） 5. 鬲（M80:1） 6、7. 壶（M80:2、M80:3）

葬具　　一椁一棺。椁室位于墓室中部，已朽成灰。残存灰痕长186、宽约102～114、残高46、厚3厘米。棺室位于椁内东侧，已朽成灰。残存灰痕长160、宽40、残高16、厚1厘米。

人骨　　1具。保存较差，仰身直肢葬，头向北，双手交并于腹上。男性，年龄40～45岁。

随葬器物　　12件。放置在椁内棺外西侧。残碎较甚。分别为陶鼎2件、陶敦2件、陶豆3件、陶壶2件、陶鬲1件、陶罐1件、陶匜1件。

陶鬲　1件。M80:1，夹砂灰陶。器形规整，口径小于腹径，并略等于三足外切圆径。卷沿，斜方唇，鼓肩，腹斜弧收，弧裆近平。肩部以下饰绳纹，上腹部抹一周弦纹。高14.7、口径13.2、腹径16.5厘米（图一三九，5；图版三八，4）。

陶盂　1件。M80:8，夹砂褐红胎，浅灰衣。器形较规整，形体较小。平折沿，圆唇，上腹圆鼓，下腹弧收，凹圜底。素面，轮制。高9.4、口径14.1、腹径15厘米（图一四〇，1；图版三八，5）。

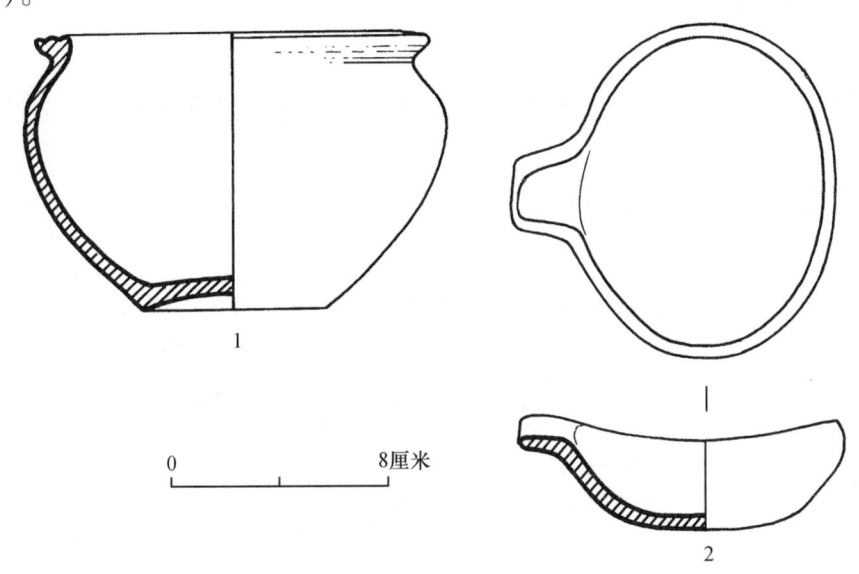

图一四〇　M80出土陶器（2）
1. 盂（M80:8）　2. 匜（M80:6）

陶鼎　2件。M80:4，泥质褐红胎，灰黑皮。盖顶隆起，顶面上附三个纽，并有两周凸棱。鼎身子口承盖，口内敛，肩附对称长方形双耳，上腹直，下腹弧收，平底，三蹄足。中腹有一周凸棱。通高21.2、足高12.7、腹径21.4、口径19.2厘米（图一三九，1；图版三八，6）。M80:5，未能修复。

陶敦　2件。M80:11，M80:12，均未能修复。

陶豆　3件。M80:7，泥质褐红胎，灰衣。敞口，口沿近直。圆唇，浅弧腹，圜底，柱状高柄，豆柄下端饰三周凹弦纹，座沿起台。高18.7、口径14.1、底径9.3厘米（图一三九，2；图版三九，1）。M80:9，泥质红褐胎，灰衣。形制与M80:7近同。高18.1、口径14.3、底径9.1厘米（图一三九，4；图版三九，2）。M80:10，泥质红褐胎，灰衣。形制与M80:7近同。高19、口径14、底径8.6厘米（图一三九，3；图版三九，3）。

陶壶 2件。M80:2，泥质褐红胎，灰黑皮。器形较规整，形体较大。敞口，束颈，圆腹，腹底平，矮圈足，肩部饰对称双盲耳。素面，轮制。高30.7、口径10.3、腹径19.8、底径11.7厘米（图一三九，6；图版三九，4）。M80:3，泥质褐红胎，灰黑皮。形制与M80:2近同。素面，轮制。高31.3、口径10.3、腹径19.7、底径11.3厘米（图一三九，7；图版三九，5）。

陶匜 1件。M80:6，泥质红褐胎，灰衣。口部近椭圆，侧面呈凹弧形，弧壁圜底，流口上侈。高4、口径9.8~11.2厘米（图一四〇，2；图版三九，6）。

M81

位置 位于ⅡT0304与ⅡT0303之间，北、东、西南分别与M35、M34、M33、M5及M80相邻。

层位关系 ①→M81→生土。

方向 0°。

形制与结构 长方形竖穴土坑墓，直壁平底。长240、宽116~128、深54厘米（图一四一）。

填土为褐黄花土，土质较硬，黏性大，无包含物。

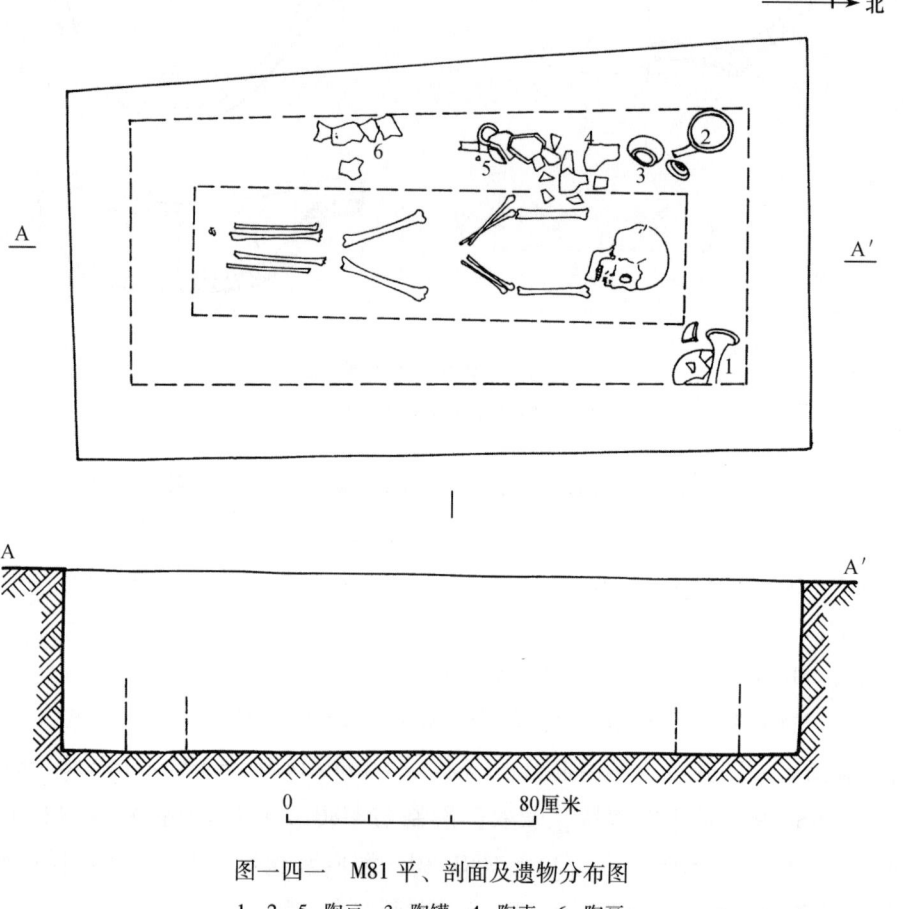

图一四一 M81平、剖面及遗物分布图
1、2、5. 陶豆 3. 陶罐 4. 陶壶 6. 陶匜

葬具　　一棺一椁，已朽成灰。椁室位于墓室中部，灰痕长 200、宽 88、残高 14、厚 0.8 厘米。棺位于椁室中部，灰痕长 160、宽 40、残高 8、厚 0.4 厘米。

人骨　　1 具。保存较差，仰身直肢葬，头向北，面向东，双手交并于腹上。男性，年龄 35~40 岁。

随葬器物　　6 件。置于墓主头端及西侧椁内棺外，残碎较甚。其中头端东、西两侧分别放置陶豆 1 件；棺外西侧由北向南依次放置陶罐、陶壶、陶豆、陶鬲各 1 件。

陶鬲　　1 件。M81:6，夹砂红褐胎，灰黑衣。器形规整，形体较大。口微侈，口径远小于腹径，也小于三足外切圆径。直领，圆鼓肩，肩上有对称的两个桥形耳，深腹，上腹外鼓，下腹斜收，平裆微下垂，柱状足根。耳以下饰绳纹。高 21.8、口径 11.6、腹径 18.5 厘米（图一四二，1；图版四〇，1）。

陶豆　　3 件。M81:1，泥质灰陶。器形不甚规整。敞口，圆唇，浅弧盘，高柄，座沿起台，沿面内凹。高 17、口径 13.6、底径 8 厘米（图一四二，5；图版四〇，2）。M81:2，泥质灰黑

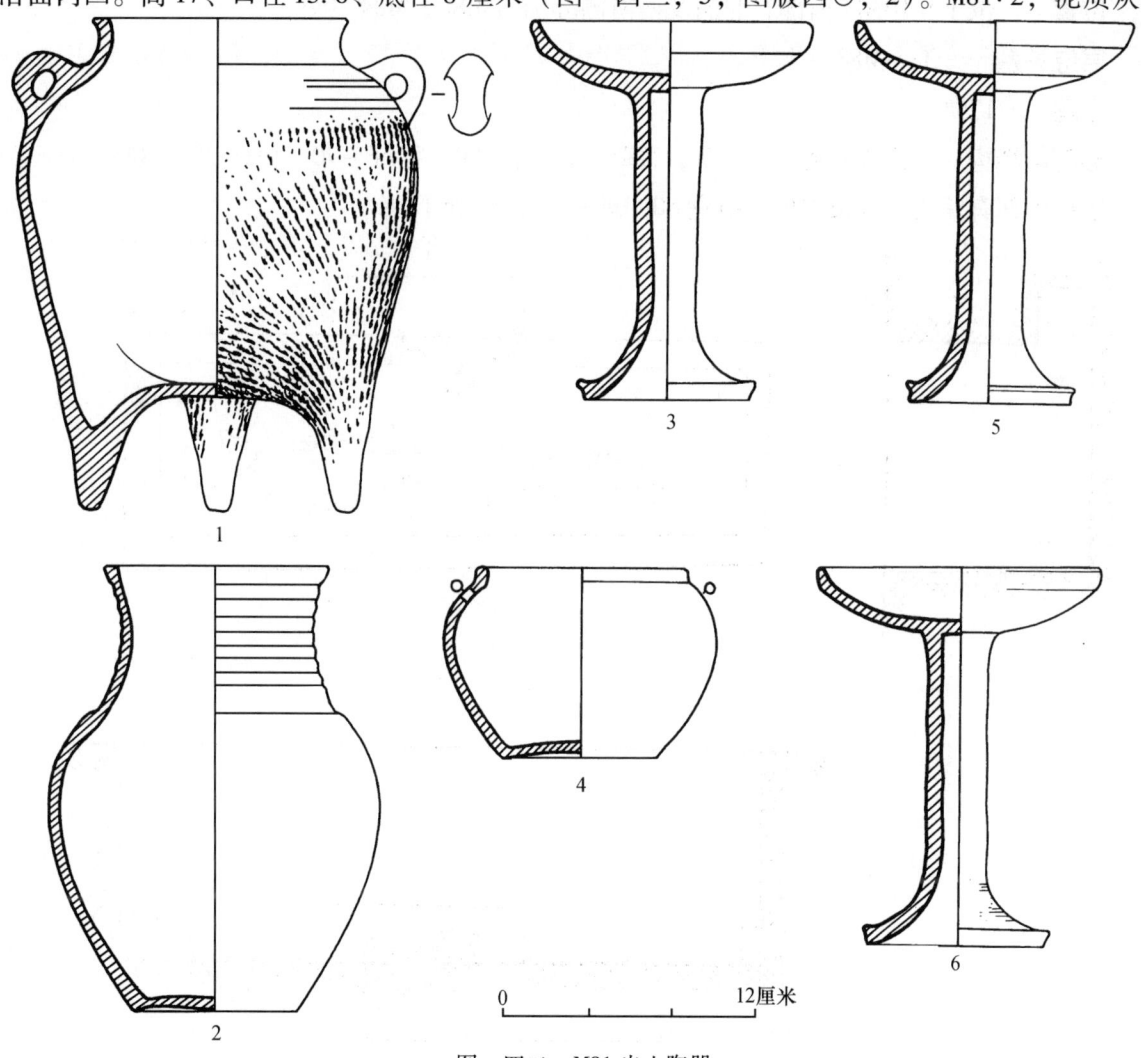

图一四二　M81 出土陶器
1. 鬲（M81:6）　2. 壶（M81:4）　3、5、6. 豆（M81:5、M81:1、M81:2）　4. 罐（M81:3）

陶，敞口，圆唇，浅弧腹，高柄，座沿起台，沿面稍内凹。高17、口径13.6、底径8.7厘米（图一四二，6；图版四〇，3）。M81:5，泥质灰陶。敞口，圆唇，浅弧腹，高柄，座沿起台，沿面稍内凹。高17.1、口径13.3、底径8.5厘米（图一四二，3；图版四〇，4）。

陶罐　1件。M81:3，泥质褐陶。器形较规整，形体小。直口，圆唇，上腹圆鼓，下腹弧内收，平底略内凹。领肩交接处有对称两孔。素面，轮制。高8.5、口径10.1、腹径12.8、底径7厘米（图一四二，4；图版四〇，5）。

陶壶　1件。M81:4，泥质灰陶。器形较规整，形体较小。侈口，束颈较高，上腹圆鼓，下腹弧内收，平底。颈部饰11周凹弦纹。高20、口径10.5、底径7.9、腹径15.6厘米（图一四二，2；图版四〇，6）。

M83

位置　位于ⅡT0303南部，北侧及西南侧分别与M80、M84相邻。

层位关系　①→M83→生土。

方向　175°。

形制与结构　长方形竖穴土坑墓，直壁平底。长200、宽66~70、深64厘米（图一四三）。东壁中部有壁龛，呈长方形，横宽60、进深18、高16厘米。

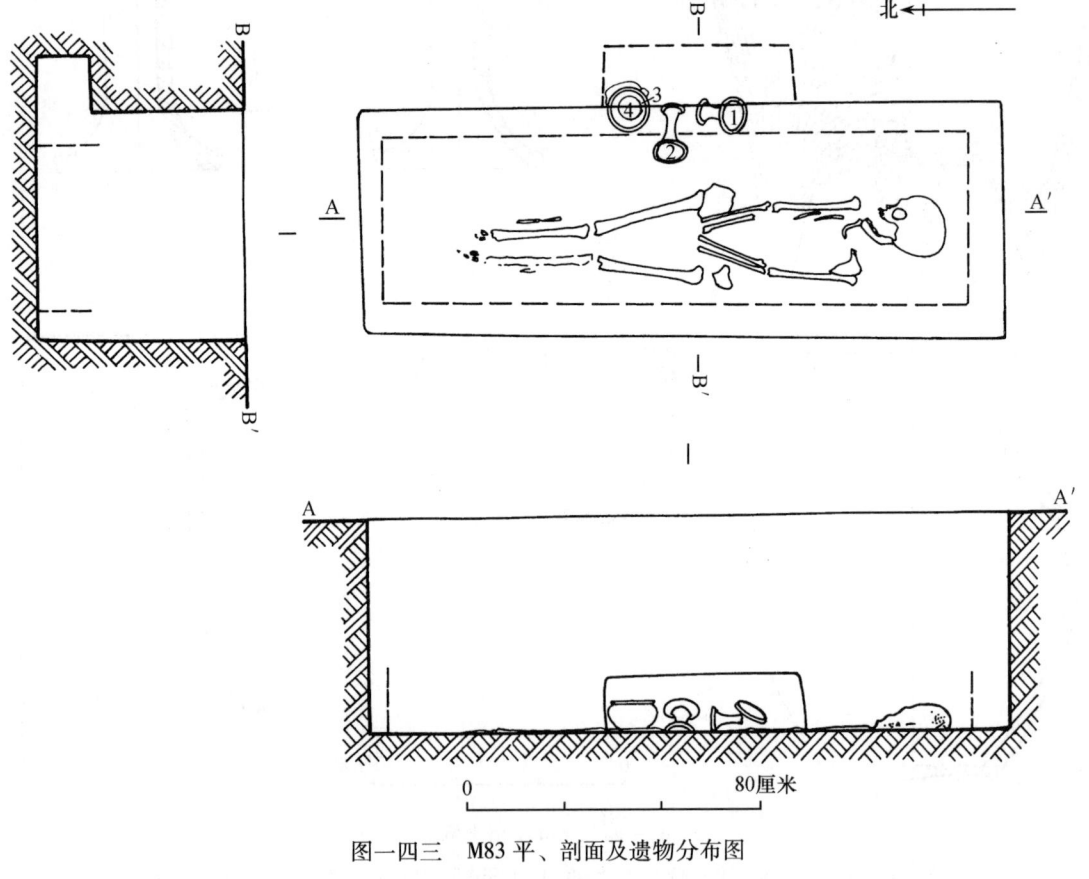

图一四三　M83平、剖面及遗物分布图
1、2. 陶豆　3. 陶罐　4. 陶盂

填土为褐黄花土，土质较硬，黏性大，无包含物。

葬具 一棺。位于墓室中部，已朽成灰。残存灰痕长182、宽52、残高16、厚0.5厘米。

人骨 1具。保存较差，仰身直肢葬，头向南，面向东，双手交并于腹上。女性，年龄40岁左右。

随葬器物 4件。置于壁龛内，由南向北依次为陶豆2件、陶罐1件，另有陶盂1件，置于陶罐内。

陶盂 1件。M83:4，泥质灰陶。器形规整，形体较小。平折沿，方唇，束颈，上腹外鼓，下腹弧内收，平底。素面。轮制。高7.2、口径13.9、底径8.1厘米（图一四四，2；图版四一，1）。

陶豆 2件。M83:1，泥质褐红胎，灰衣。敞口，圆唇，深弧盘，矮柄，座沿起台。高12.3、口径12.9、底径7.7厘米（图一四四，4；图版四一，2）。M83:2，泥质灰陶。敞口，口沿内敛，圆唇，深弧盘，高柄，座沿起台，沿面稍内凹。高16.6、口径14、底径8.3厘米（图一四四，3；图版四一，3）。

陶罐 1件。M83:3，夹砂灰陶。器形较规整，形体较大。侈口，圆唇，束颈，口沿至肩部饰对称桥形耳，溜肩，上腹圆鼓，下腹弧内收，平底。颈部以下饰绳纹。高20.4、口径16.8、腹径19、底径6.5厘米（图一四四，1；图版四一，4）。

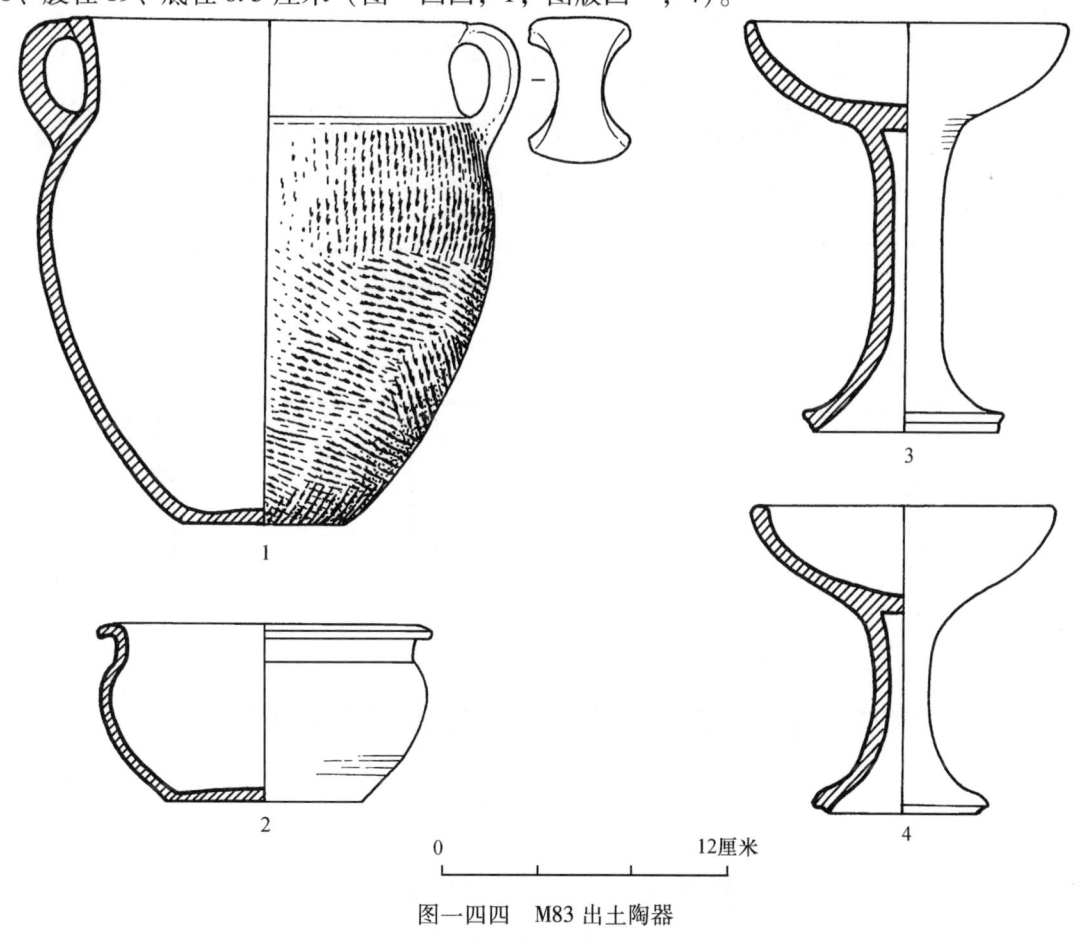

图一四四 M83出土陶器

1. 罐（M83:3） 2. 盂（M83:4） 3、4. 豆（M83:2、M83:1）

M84

位置　位于ⅡT0302西北部，部分向北进入ⅡT0303。东北、西南分别与M83、M76相邻。

层位关系　①→M84→生土。

方向　175°。

形制与结构　长方形竖穴土坑，直壁平底。长202、宽78、深80厘米（图一四五）。填土为黄褐色五花土，土质松软，无包含物。

葬具　一棺。位于墓室中部，已朽成灰。残存灰痕长156～162、宽46、残高14、厚0.5厘米。

人骨　1具。保存较差，仰身直肢葬，头向南，面向上，双手交并于腹上。女性，年龄30～35岁。

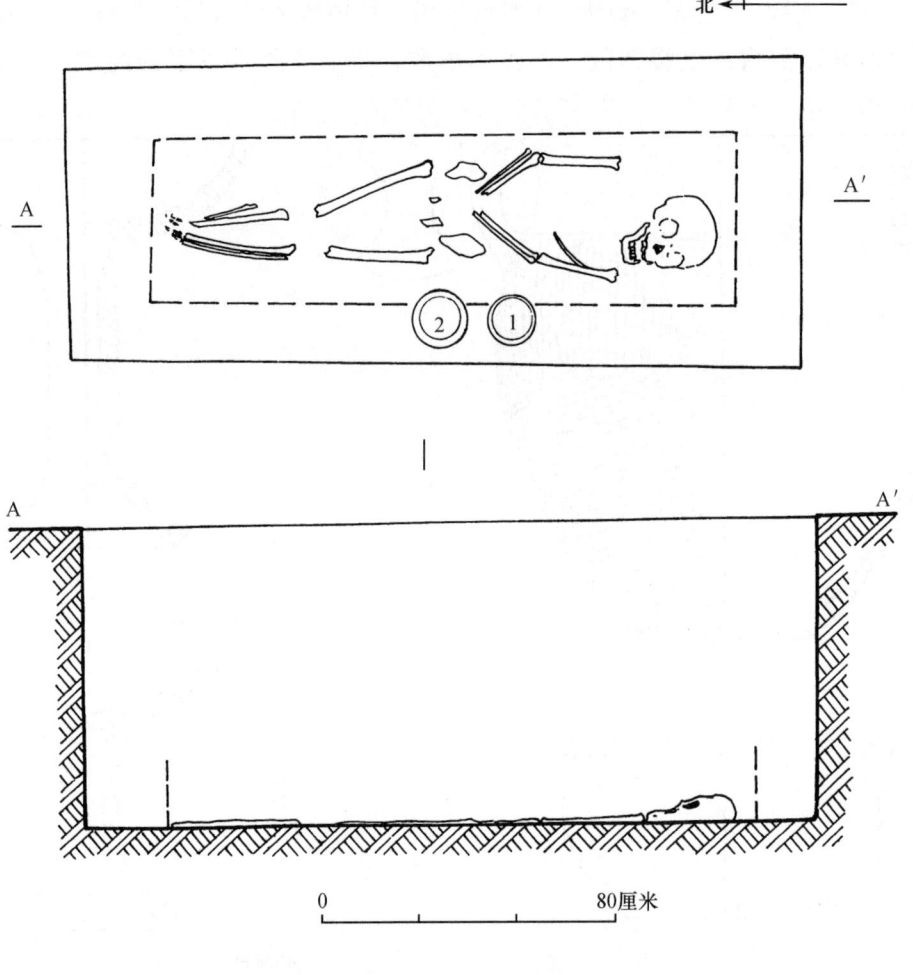

图一四五　M84平、剖面及遗物分布图
1. 陶盂　2. 陶鬲

随葬器物　2件。置于棺外西侧，由南向北依次为陶盂、陶鬲。

陶鬲　1件。M84:2，夹砂红褐胎，灰黑皮。器形较规整，形体较小，口径小于腹径，大于三足外切圆径。平折沿，沿面有凹槽，圆鼓肩，深腹，下腹斜收，弧裆，柱状足根。颈以下饰绳纹，上腹抹一周弦纹。高14.7、口径14.5、腹径15.5厘米（图一四六，1；图版四一，5）。

陶盂　1件。M84:1，泥质红褐胎，灰黑皮。器形较规整，形体较小，卷沿，圆唇，束颈，上腹圆鼓，下腹斜收，平底。素面，轮制。高7.8、口径13.8、腹径14.7、底径7.9厘米（图一四六，2；图版四一，6）。

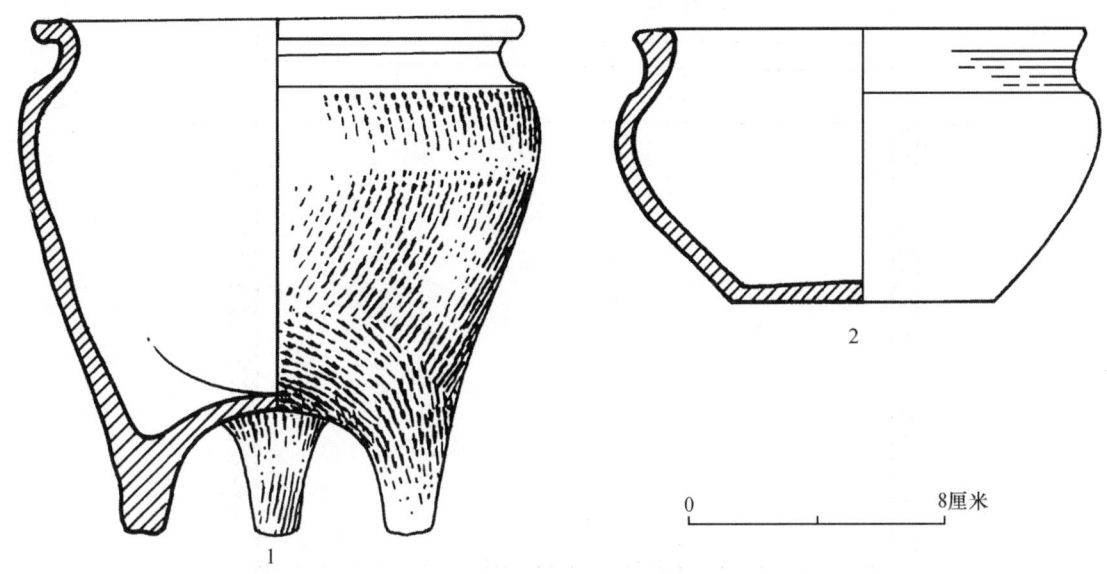

图一四六　M84出土陶器
1. 鬲（M84:2）　2. 盂（M84:1）

M86

位置　位于ⅡT0202和ⅡT0302之间。北、东、西侧分别与M98、M89、M90及M91相邻。

层位关系　①→M86→生土。

方向　167°。

形制与结构　长方形竖穴土坑，西壁下部稍内收，余三壁较直，平底。墓口长174、宽90厘米；墓底长174、宽84厘米；墓深118厘米（图一四七）。

填土为浅褐色五花土，土质疏松，无包含物。

葬具　不详。

人骨　1具。保存较差，仰身直肢葬，头向南，面略侧向东，右臂伸直置于体侧，左手置腹上。女性，年龄30岁左右。

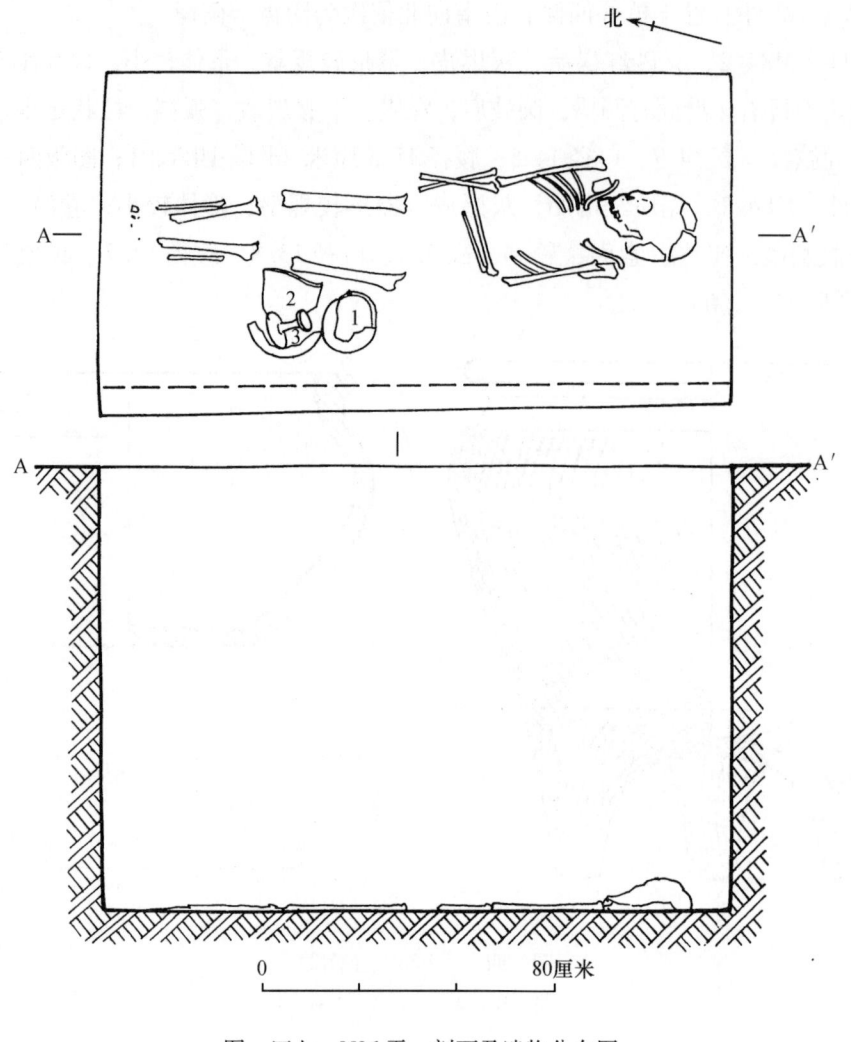

图一四七　M86平、剖面及遗物分布图
1. 陶罐　2. 陶盂　3. 陶豆

随葬器物　3件。置于墓主腿部西侧，由南向北依次为陶罐1件、陶盂1件，另有陶豆1件，扣置于陶盂内。

陶罐　1件。M86:1，口部残。夹砂红褐陶。圆鼓腹，腹最大径偏上，平底。肩部有一道凹弦纹。残高12、肩径14.5、腹径15.6、底径7.2厘米（图一四八，2；图版四二，1）。

陶盂　1件。M86:2，泥质褐红胎，灰黑皮。器形规整，形体较大，口沿下折，斜方唇，束颈，上腹圆鼓，下腹斜内收，平底。肩部有一周凹弦纹。轮制。高15.3、口径21.2、底径9.3厘米（图一四八，3；图版四二，2）。

陶豆　1件。M86:3，泥质灰陶。敞口，圆唇，浅弧盘，矮柄，座沿起台，沿缘稍内凹。高10.4、口径13、底径6.4厘米（图一四八，1；图版四二，3）。

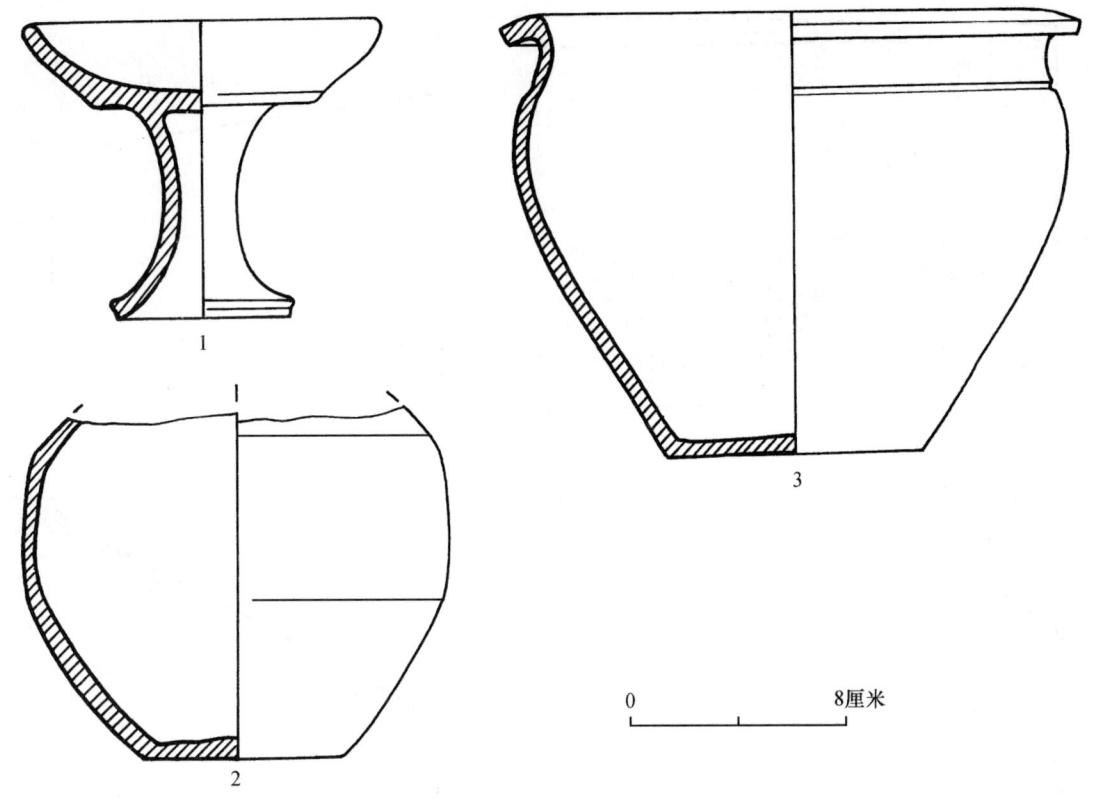

图一四八　M86 出土陶器
1. 豆（M86:3）　2. 罐（M86:1）　3. 盂（M86:2）

M87

位置　位于ⅡT0203 与ⅡT0303 之间，北、东、南、西分别与 M5、M97、M88、M83、M80 相邻。

层位关系　①→M87→生土。

方向　257°。

形制与结构　带斜坡墓道的竖穴土坑墓，直壁平底。墓道位于墓室西壁略偏北，西窄东宽。上口长 156、底坡长 180、宽 70~100、深 0~86、坡底距墓底 78 厘米。墓室长 250、宽 144~156、深 164 厘米（图一四九）。

填土为褐黄花土，土质较硬，黏性大，无包含物。

葬具　一椁一棺。椁室位于墓室中部，已朽成灰。残存灰痕长 204、宽约 136、残高 8、厚 4 厘米。棺室位于椁室南侧，残存灰痕不明显。椁下东部有一枕木，但西侧未见。

人骨　1 具。保存较差，仰身直肢葬，头向西。男性，年龄 35~45 岁。

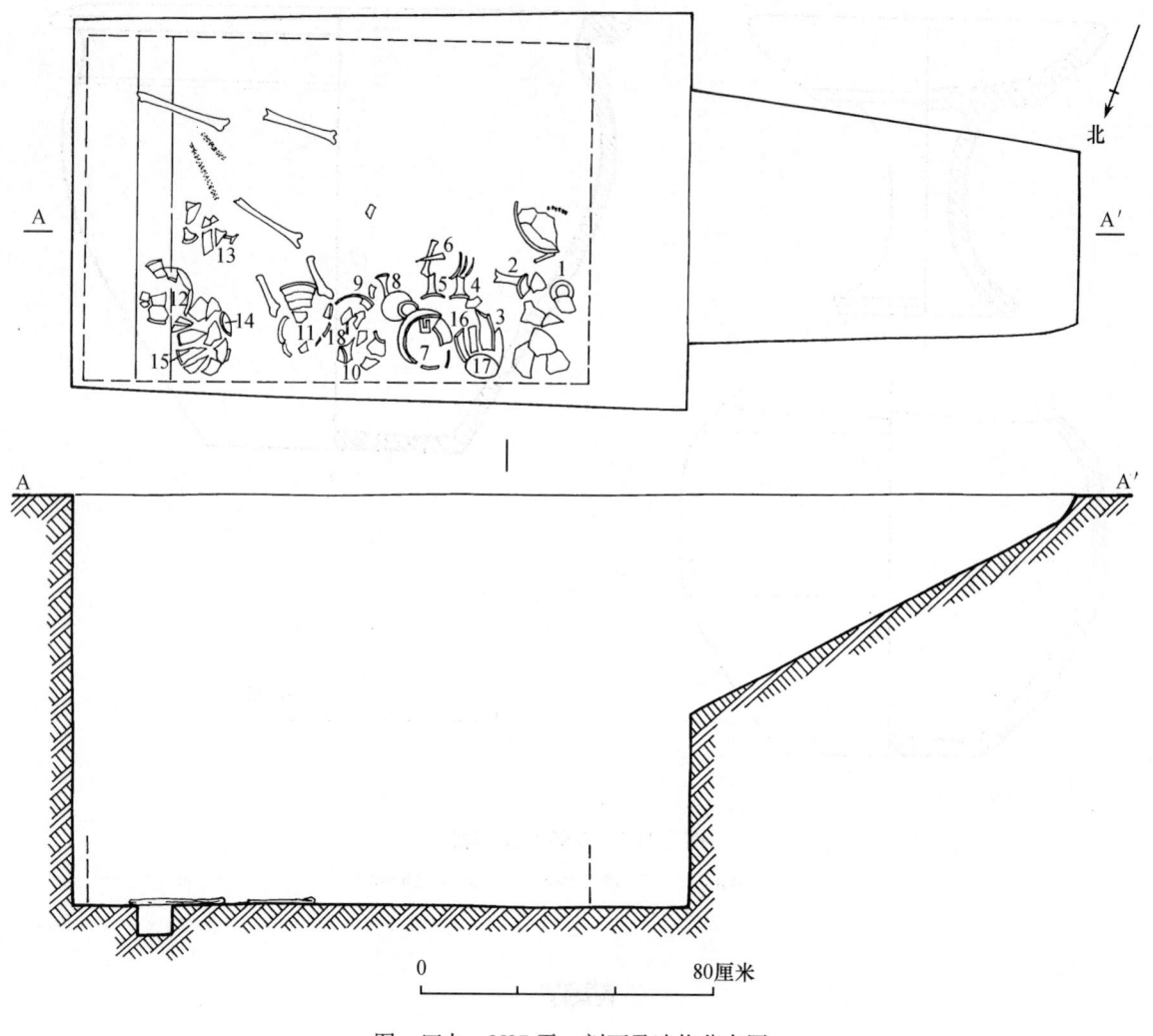

图一四九　M87 平、剖面及遗物分布图

1、3. 陶壶　2、4、5. 陶豆　6. 铜凿　7、11. 陶鼎　8、13. 陶壶形豆　9、10. 陶敦　12. 陶罍　14. 陶小口鼎　15. 陶盉　16. 陶盘　17. 陶匜　18. 铜带钩

随葬器物　18 件。放置在椁内人骨左侧。分别为陶鼎 2 件、陶敦 2 件、陶豆 3 件、陶壶 2 件、小口鼎 1 件、壶形豆 2 件、陶罍 1 件、陶盉 1 件、陶盘 1 件、陶匜 1 件、铜凿 1 件、铜带钩 1 件（图版二，2）。

陶鼎　2 件。M87:7，泥质褐红胎，灰黑皮。子口内敛，肩附对称长方形双耳，上腹略直，下腹弧内收，平底，三蹄足。腹部有一周凸棱。高 30、口径 23、腹径 26、足高 17.5 厘米（图一五〇，2；图版四二，4）。M87:11，泥质褐红胎，灰黑皮。子口微敛，肩附对称长方形双耳，上腹略直，下腹弧内收，平底，三蹄足。腹部有二周凹弦纹。高 28.4、口径 24、腹径 27.2、足高 17.8 厘米（图一五〇，1；图版四二，5）。

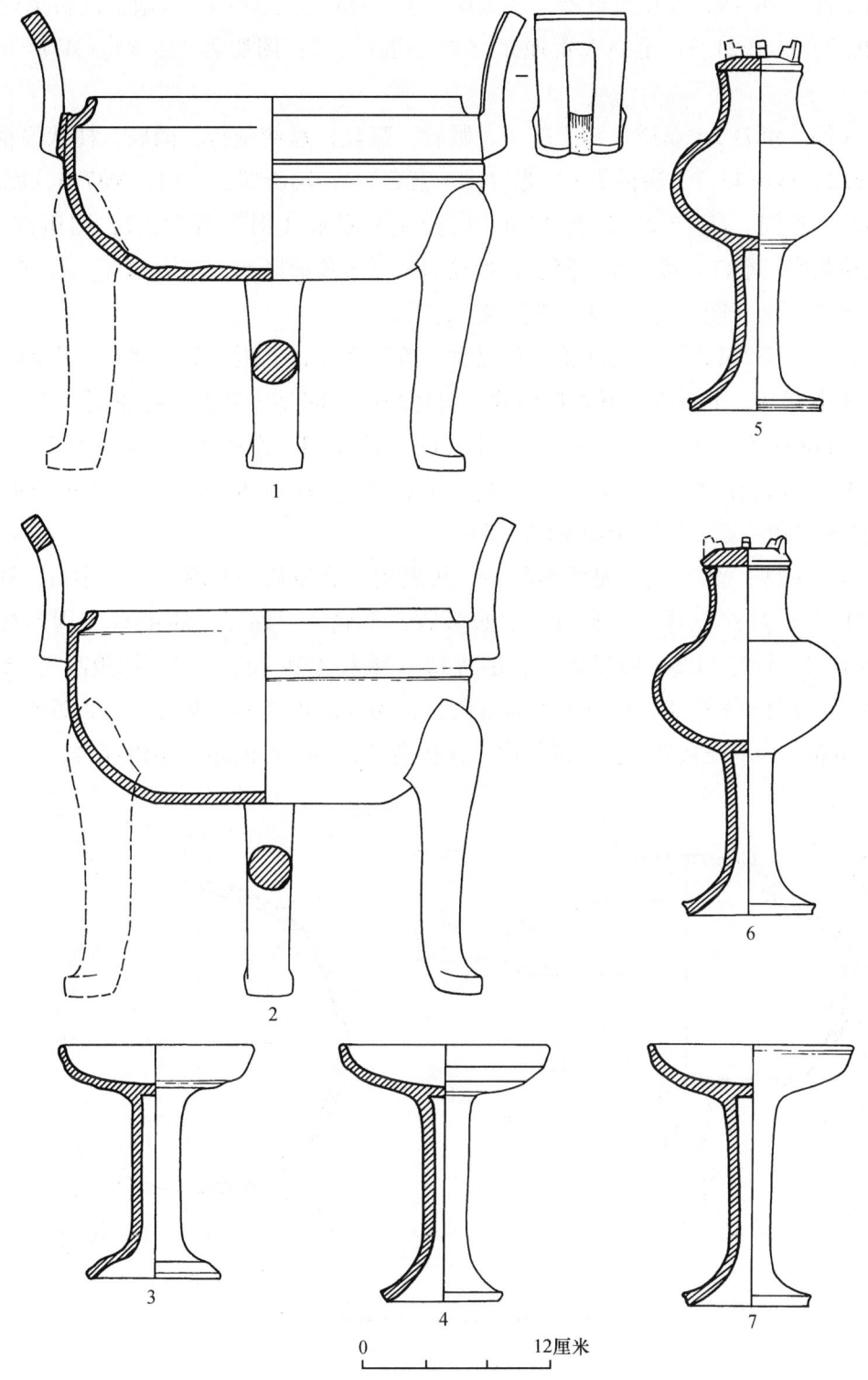

图一五〇　M87 出土陶器（1）
1、2. 鼎（M87:11、M87:7）　3、4、7. 豆（M87:5、M87:2、M87:4）　5、6. 壶形豆（M87:8、M87:13）

陶敦　2件。M87:9，泥质褐红胎，灰黑皮。盖、身均呈半球形，各附三曲折形纽（足），外撇。高28.2、口径21.3、足高8.4厘米（图一五一，2；图版四二，6）。M87:10，未能修复。

陶豆　3件。M87:2，泥质灰陶。敞口，圆唇，弧盘，盘壁微折，圜底，柱状高柄，座沿起台。高16.2、口径13.7、底径7.8厘米（图一五〇，4；图版四三，1）。M87:4，泥质灰陶。形制与M87:2近同。高16.2、口径13.4、底径8.4厘米（图一五〇，7；图版四三，2）。M87:5，泥质灰陶。敞口，弧折盘，圜底，柄较高，豆座顶面隆起，座沿起台。高14.5、口径12.6、底径8.5厘米（图一五〇，3；图版四三，3）。

陶壶　2件。M87:1，泥质褐红胎，灰黑皮。盖顶隆起，上附三纽。侈口，束颈，肩部饰对称双耳，双耳衔环，上腹鼓，下腹弧内收，腹底较平，圈足。素面。身轮制，盖、耳模制。通高39.3、口径11.8、腹径23、底径14厘米（图一五二，1；图版四三，4）。M87:3，泥质褐红胎，灰黑皮。形制与M87:1近似，惟肩部双耳未衔环。通高38.8、口径11.4、腹径22.8、底径13.5厘米（图一五二，2；图版四三，5）。

陶小口鼎　1件。M87:14，泥质褐红胎，灰黑皮。盖顶弧，上附三纽。小口，矮领，广肩，肩下附长方形对称双耳，上腹直，下腹弧收，平底，三蹄足。腹部有一周凸棱。通高25.3、盖径14.1、口径11.5、腹径23.8、足高15.5厘米（图一五一，1；图版四三，6）。

陶壶形豆　2件。M87:8，豆身为泥质灰陶，盖为泥质褐红胎，灰皮。盖顶近平，上附三纽，侈口，束颈，颈肩交接处起折，圆鼓腹，柱状高柄，喇叭形圈足，足沿起台，沿面有一周

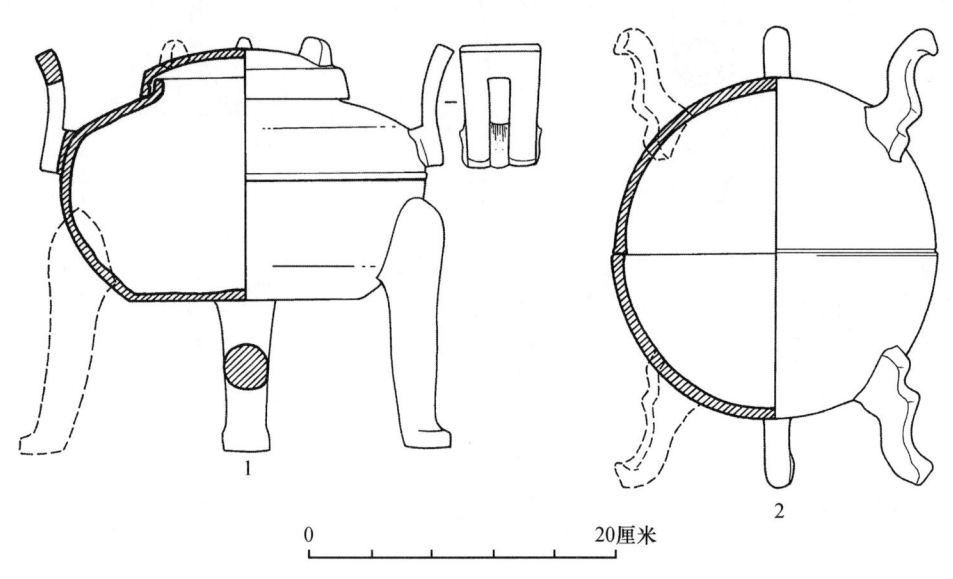

图一五一　M87出土陶器（2）
1. 小口鼎（M87:14）　2. 敦（M87:9）

凹槽。高23.2、口径5.5、腹径11.5、底径8.7厘米（图一五〇，5；图版四四，1）。M87：13，豆身泥质灰陶，盖为泥质褐红胎，灰皮。形制与M87：8大致相同。高23.2、口径5.8、腹径12.1、底径8.4厘米（图一五〇，6；图版四四，2）。

陶罍　1件。M87：12，泥质褐红胎，灰黑皮。小口，矮领，圆唇，广肩，肩附对称双耳，肩腹交界处附六个圆饼饰，上腹圆鼓，下腹弧收，腹底较平，圈足。轮制，耳及饼状饰模制。高18.8、口径10.3、腹径22.2、底径11.3厘米（图一五三，1；图版四四，3）。

陶盉　1件。M87：15，残破较甚，仅修复器盖。泥质褐红胎，灰黑皮。盖顶微隆，上附三纽。高3.2、直径11.2厘米（图一五三，2；图版四四，4）。

陶盘　1件。M87：16，未能修复。

陶匜　1件。M87：17，未能修复。

铜凿　1件。M87：6，青灰泛绿。长条形，直銎，銎口呈梯形，銎部两侧有孔，双面刃。通长9.7cm（图一五三，3；图版四四，5）。

铜带钩　1件。M87：18，青灰泛绿。鸭嘴形钩首，尾部一圆纽。饰卷云纹。通长5.3厘米（图一五三，4；图版四四，6）。

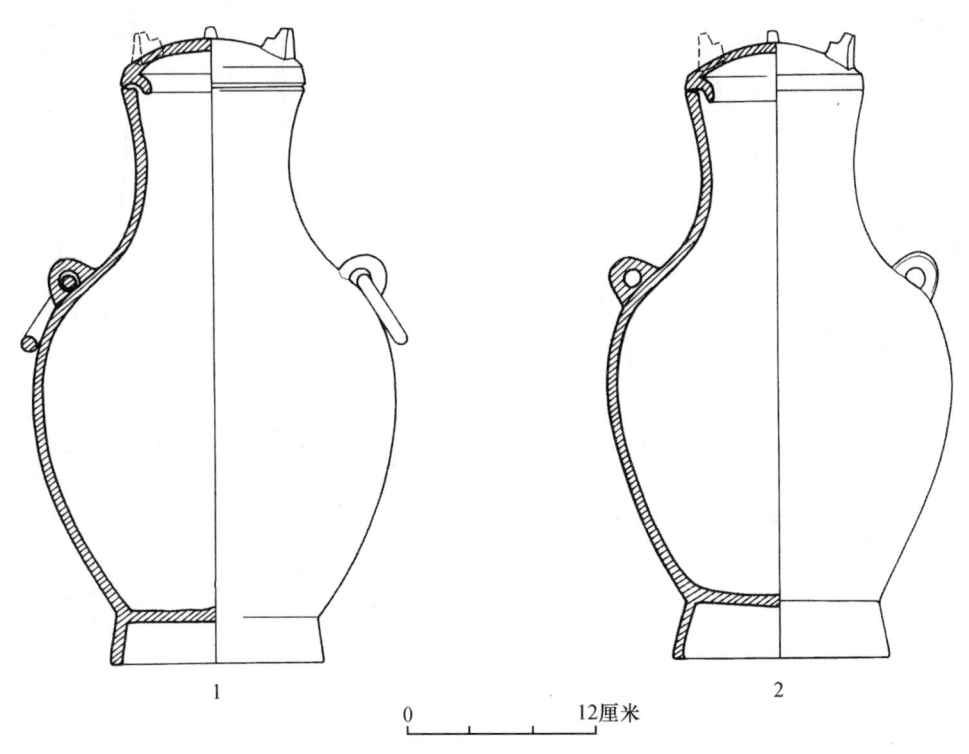

图一五二　M87出土陶器（3）
1、2. 壶（M87：1、M87：3）

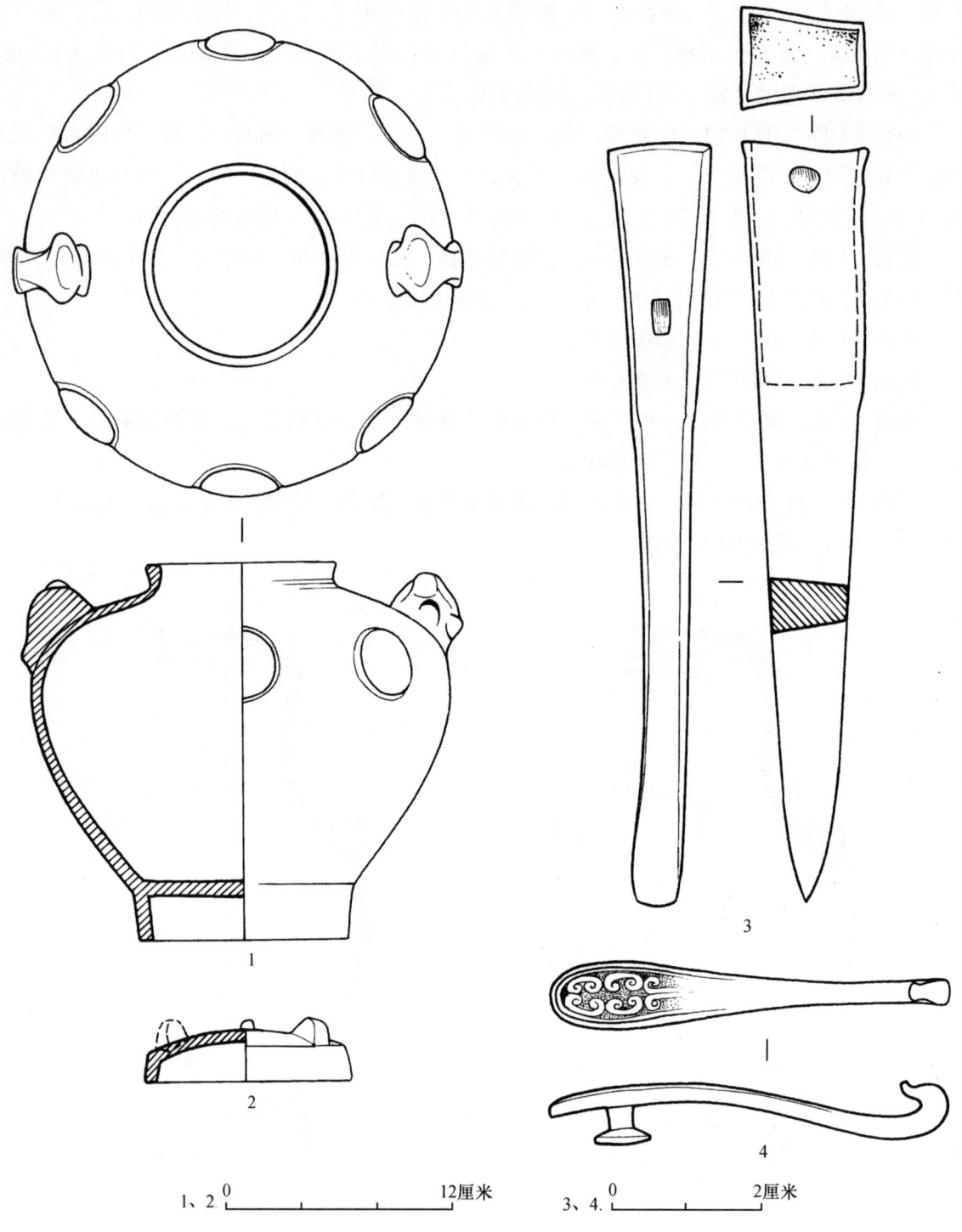

图一五三　M87 出土陶器（4）
1. 陶罍（M87:12）　2. 陶盉盖（M87:15）　3. 铜凿（M87:6）　4. 铜带钩（M87:18）

M88

位置　位于ⅡT0202西北部，部分向北进入ⅡT0203。其南侧与M89、M98相邻。

层位关系　①→M88→生土。

方向　255°。

形制与结构　长方形竖穴土坑墓，直壁平底。长185、宽98、深86厘米（图一五四）。填土为褐色五花土，土质疏松，无包含物。

葬具　不详。

人骨　1具。保存较差，仰身直肢葬，头向西。女性，年龄35～55岁。

随葬器物　陶鬲、陶罐各1件，置于墓内西南角。

陶鬲　1件。M88:2，夹砂褐胎，浅黄衣。器形较规整，形体小。平折沿，斜方唇，束颈，

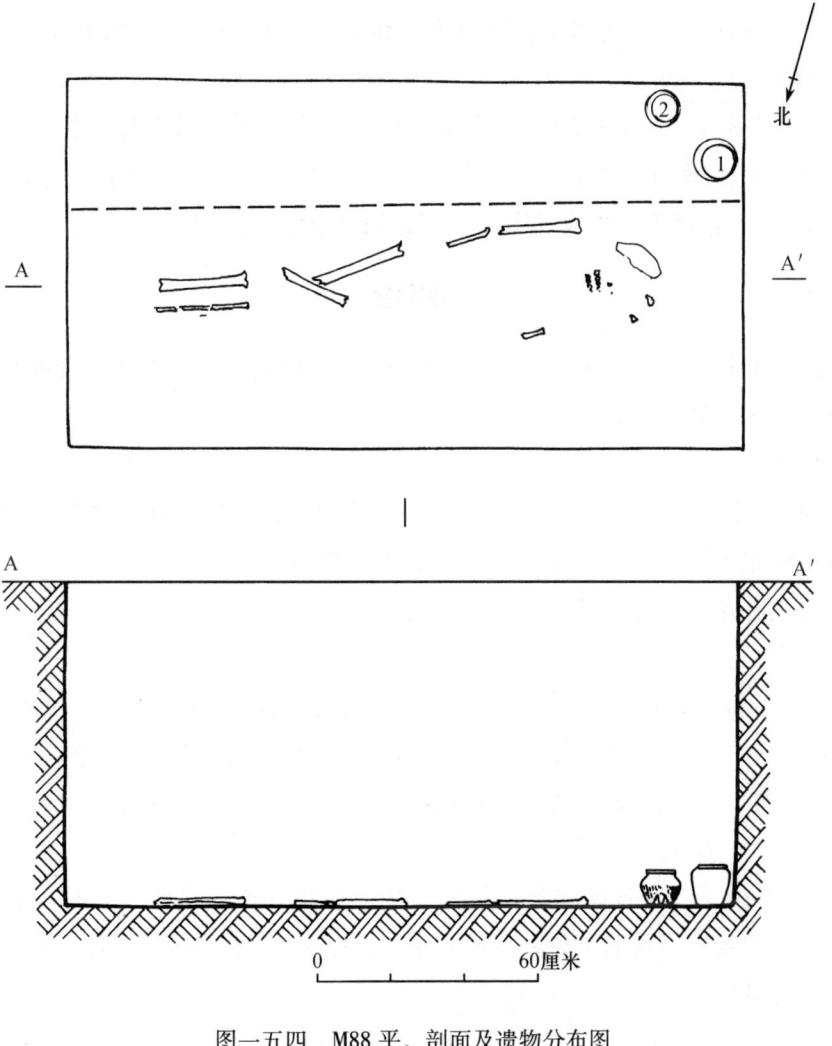

图一五四　M88平、剖面及遗物分布图
1. 陶罐　2. 陶鬲

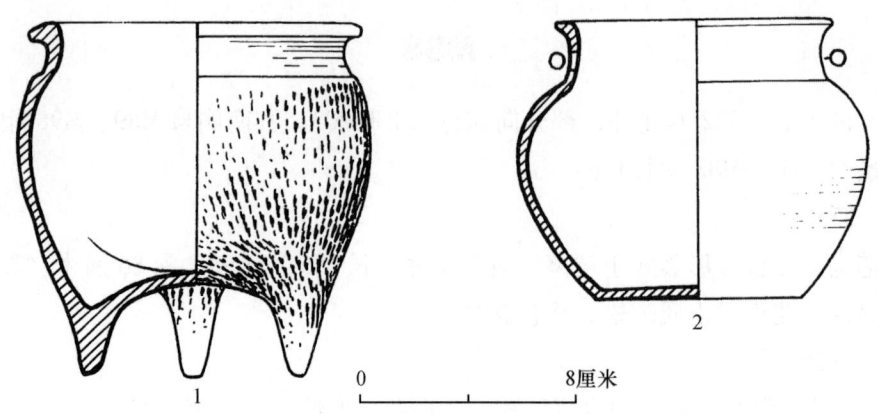

图一五五 M88 出土陶器
1. 鬲（M88:2） 2. 罐（M88:1）

弧腹，弧裆近平，柱状足根。颈部以下饰绳纹。高12.5、口径12.4、腹径13.2厘米（图一五五，1；图版四五，1）。

陶罐 1件。M88:1，泥质灰陶。器形不甚规整，形体小。口微侈，方唇，直领，上腹圆鼓，下腹弧内收，平底微凹。领部有对称的两孔。素面。轮制。肩部有一道凹弦纹。高9.9、口径10、腹径12.8、底径7.8厘米（图一五五，2；图版四五，2）。

M89

位置 位于ⅡT0202中西部，北、南、西分别与M88、M90、M86、M98相邻。

层位关系 ①→M89→生土。

方向 167°。

形制与结构 长方形竖穴土坑墓，直壁平底。长176、宽74~78、深78厘米（图一五六）。西壁南端有壁龛，呈长方形，横宽36、进深8、高16厘米。

填土为黄褐色五花土，土质疏松，无包含物。

葬具 不详。

人骨 1具。保存较差，仰身直肢葬，头向南，面向西。性别不详，年龄16~18岁。

随葬器物 3件。置于壁龛内外，由南向北依次为陶壶、陶豆、陶罐。

陶豆 1件。M89:2，仅余豆盘。泥质灰陶。敞口，方唇，浅弧盘。口径23.1、残高4.8厘米（图一五七，3；图版四五，3）。

陶罐 1件。M89:3，泥质褐红胎，灰皮。器形规整，形体较小。直口，斜方唇，上腹圆鼓，下腹弧内收，凹圜底。素面。轮制。高6.1、口径5.1、腹径8.1、底径4.2厘米（图一五七，2；图版四五，4）。

陶壶 1件。M89:1，泥质灰陶。器形规整，形体较小。侈口，斜直领，圆鼓肩，腹斜收，平底。高20、口径12.5、腹径15.2、底径8.6厘米（图一五七，1；图版四五，5）。

第二章 东周时期墓葬

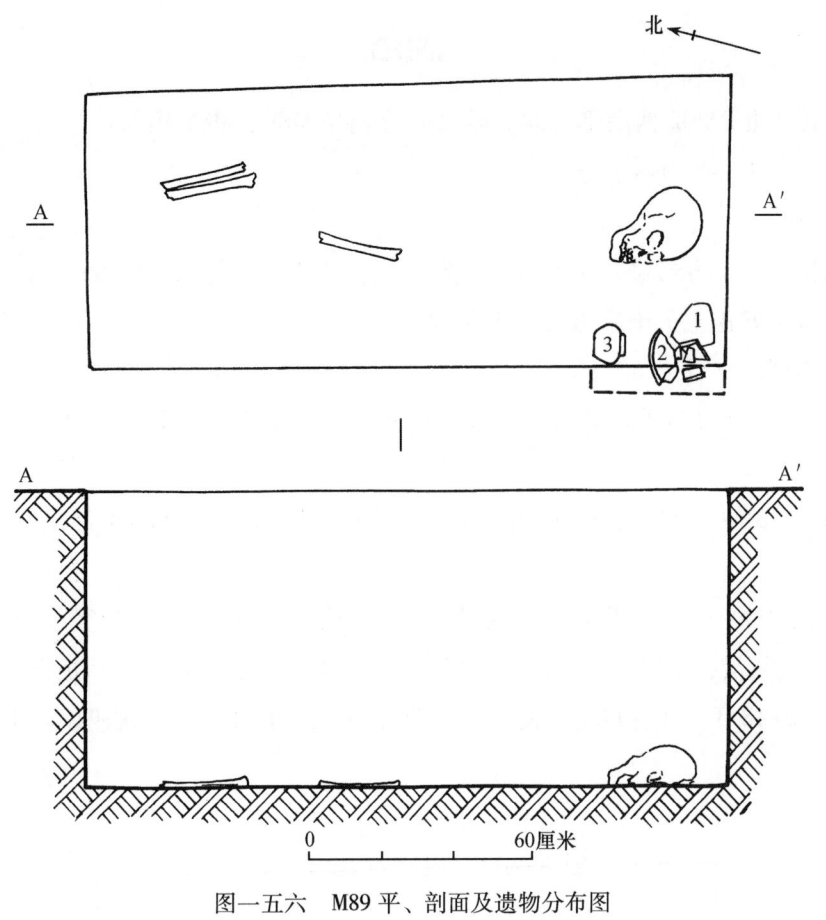

图一五六 M89 平、剖面及遗物分布图
1. 陶壶 2. 陶豆 3. 陶罐

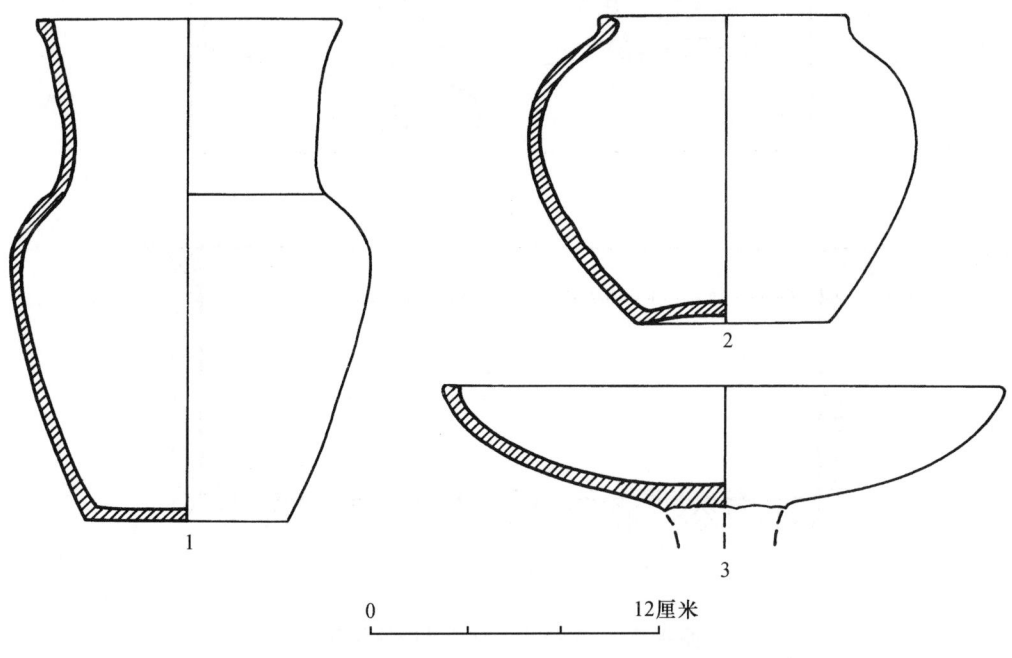

图一五七 M89 出土陶器
1. 壶（M89:1） 2. 罐（M89:3） 3. 豆（M89:2）

M90

位置　位于ⅡT0202西南部,北、西两侧分别与M89、M86相邻。

层位关系　①→M90→生土。

方向　78°。

形制与结构　长方形竖穴土坑墓,直壁平底。长170、宽68、深66厘米(图一五八)。填土为黄褐色五花土,土质疏松,无包含物。

葬具　不详。

人骨　1具。保存较差,仰身直肢葬,头向东,双手交并于腹上。性别不详,年龄35~55岁。

随葬器物　3件。其中陶鬲、陶盂各1件,置于墓主左侧;铜带钩1件,出土于墓口下约20厘米填土中。

陶鬲　1件。M90:2,夹砂褐红胎,灰黑皮。器形规整,器身较大,口径小于腹径,也略小于三足外切圆径。仰折沿,圆唇,矮直领,上腹圆鼓,下腹斜收,弧裆,柱状足根。颈以下饰绳纹,肩部抹去一周。高18.3、口径14.3、腹径18.3厘米(图一五九,1;图版四六,1)。

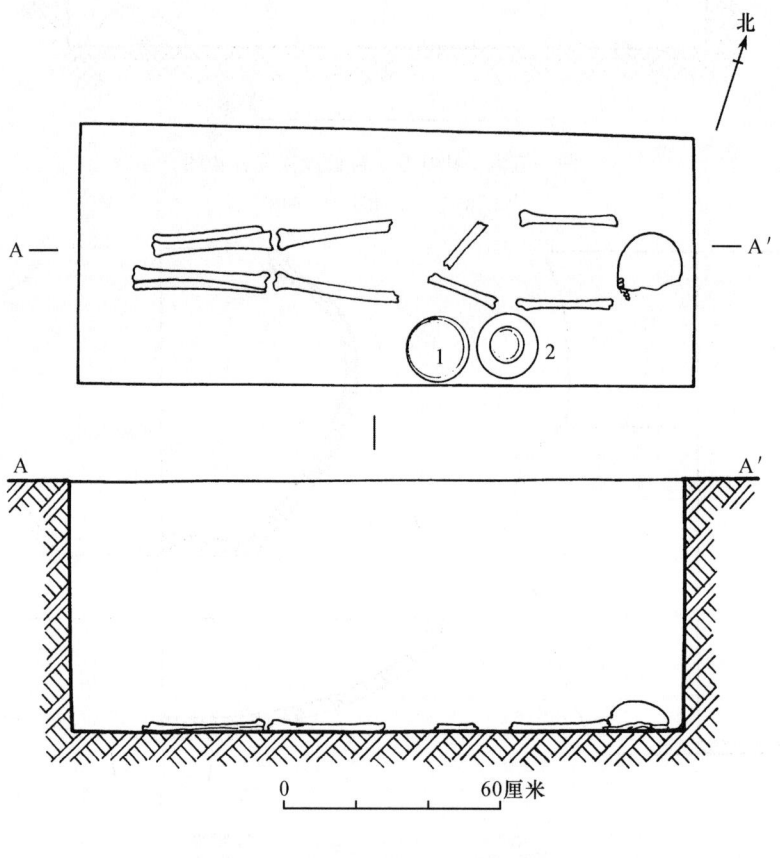

图一五八　M90平、剖面及遗物分布图
1. 陶盂　2. 陶鬲

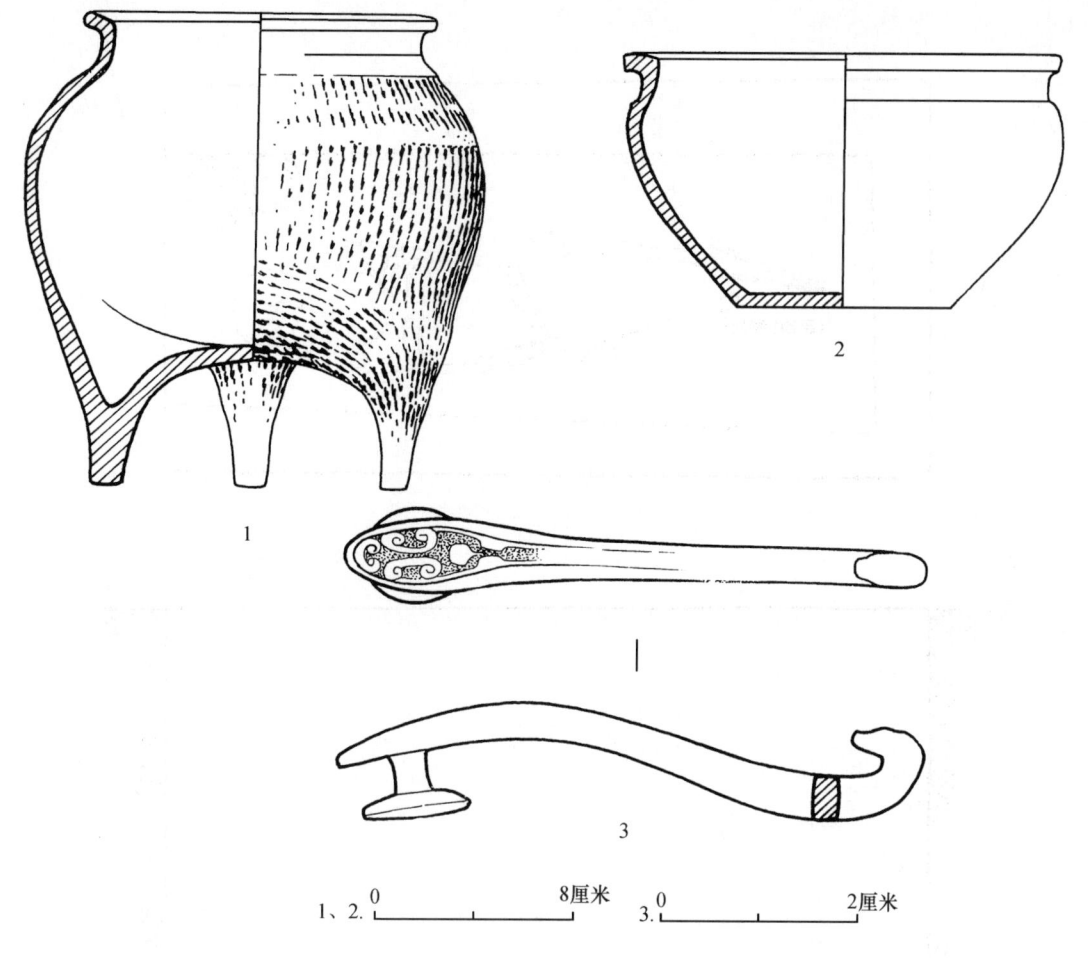

图一五九 M90 出土器物
1. 陶鬲（M90:2） 2. 陶盂（M90:1） 3. 铜带钩（M90:3）

陶盂 1件。M90:1，泥质褐红胎，灰皮。器形规整，器身较小，仰折沿，方唇，束颈，上腹圆鼓，下腹斜收，平底微凹。素面。轮制。高10.1、口径17.5、底径8.7厘米（图一五九，2；图版四六，2）。

铜带钩 1件。M90:3，青灰泛绿。鸭嘴形钩首，钩身鸭腹状，脊面中部弧凹，尾部饰云状纹，圆纽。通长5.8厘米（图一五九，3；图版四六，3）。

M91

位置 位于ⅡT0302南部，北、东、西侧分别与M101、M98、M86、M79相邻。

层位关系 ①→M91→生土。

方向 77°。

形制与结构 长方形竖穴土坑墓，直壁平底。长210、宽104、深132厘米（图一六〇）。

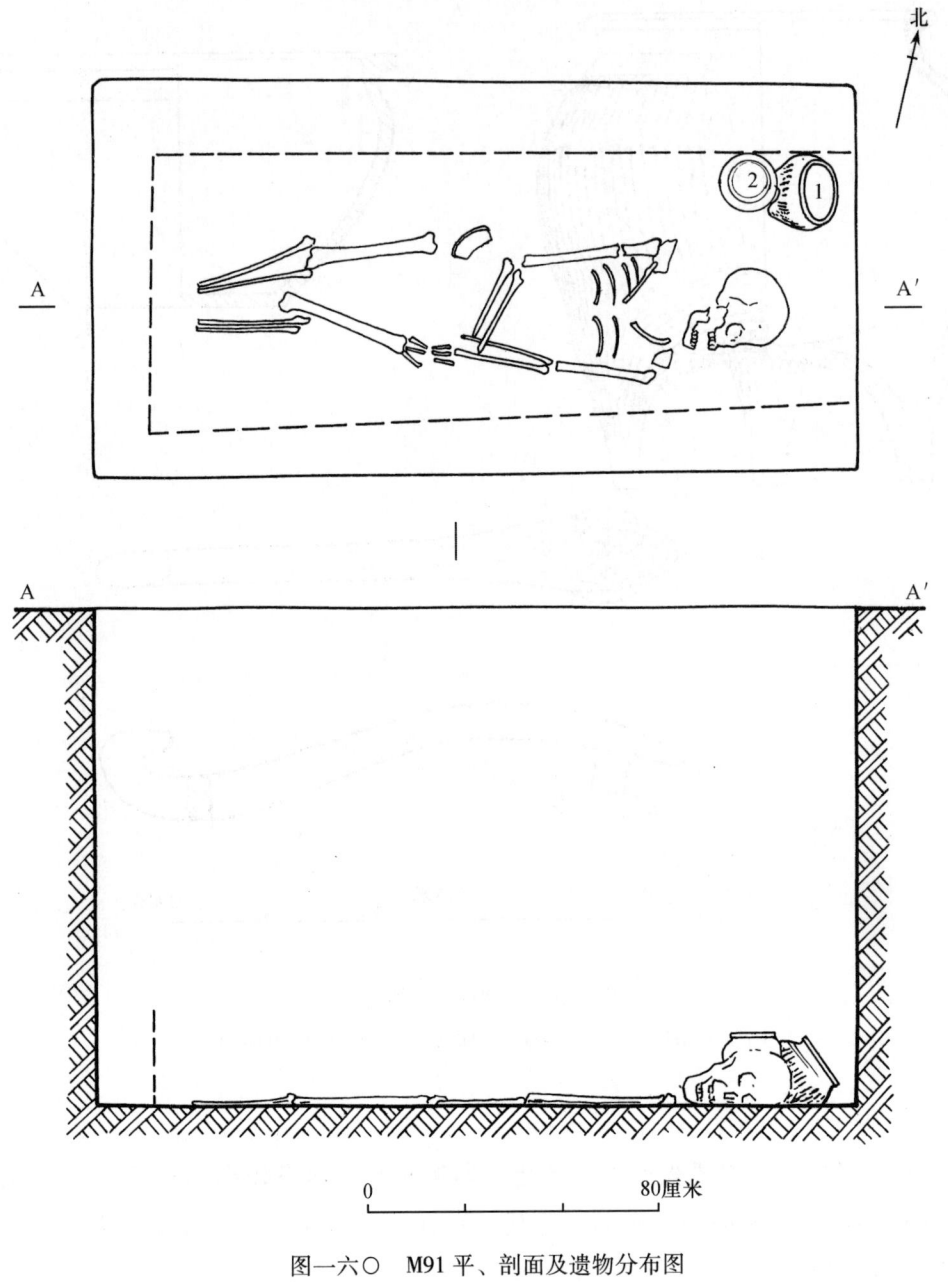

图一六〇　M91 平、剖面及遗物分布图
1. 陶鬲　2. 陶罐

填土为黄褐色五花土，土质疏松，无包含物。

葬具　一椁，位于墓室中部偏东，已朽成灰。残存灰痕长194、宽70、高约22、厚0.5厘米。未见棺痕。

人骨　1具。保存较差，仰身直肢葬，头向东，面向南，双手交并于腹上。男性，年龄35岁左右。

随葬器物　2件。置于椁内东北角，东侧为陶鬲，西侧为陶罐。

陶鬲　1件。M91∶1，夹砂褐红胎，黑皮。器形规整，器身较大，口径小于腹径，也略小于三足外切圆径。平折沿，圆唇，束颈，上腹圆鼓，下腹弧收，弧裆近平。颈以下饰绳纹，肩部抹一周弦纹。高17.2、口径15.2、腹径19.4厘米（图一六一，1；图版四六，4）。

陶罐　1件。M91:2，泥质灰白陶。器形规整，器身较小。敛口，圆唇，矮直领，上腹圆鼓，下腹斜收，平底微凹。素面，轮制。高12.9、腹径17.5、底径9.2厘米（图一六一，2；图版四六，5）。

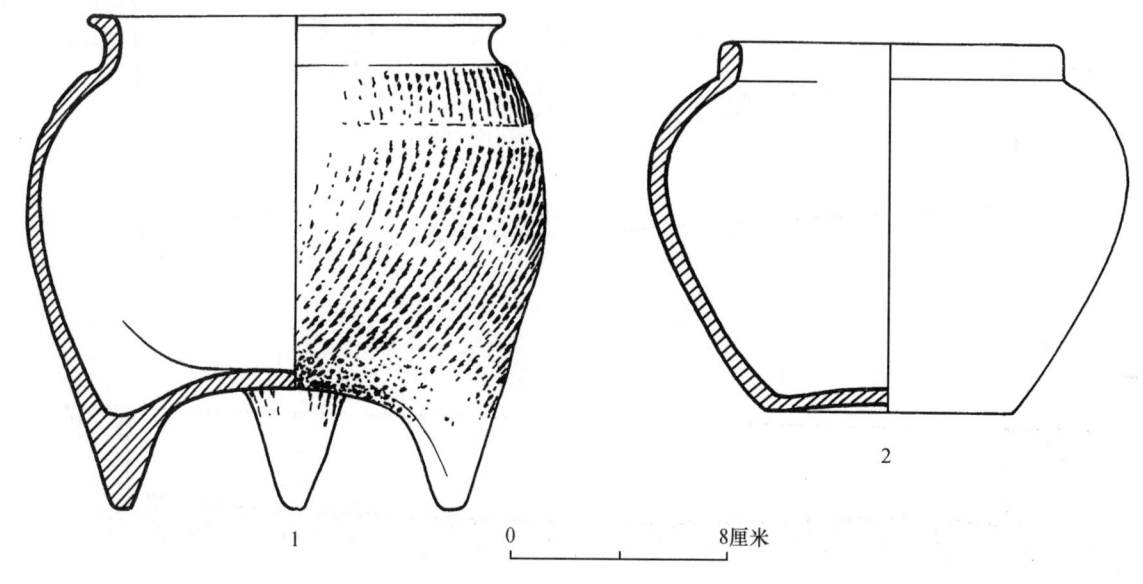

图一六一　M91出土陶器
1. 鬲（M91:1）　2. 罐（M91:2）

M94

位置　位于ⅡT0203与ⅡT0204之间。其东侧及西南侧分别与M102、M105和M97相邻。

层位关系　①→M94→生土。

方向　174°。

形制与结构　长方形竖穴土坑墓，直壁，墓底中部略下凹。长200、宽72~78、深20~24厘米（图一六二）。

填土为褐黄花土，土质较硬，黏性大，无包含物。

葬具　不详。

人骨　1具。保存较差，仰身直肢葬，头向南，双手交并于腹上。性别不详，年龄30~35岁。

随葬器物　3件。置于墓主头端西南角，其中陶钵1件，陶壶2件。

陶壶　2件。M94:2，仅残余底部。泥质灰陶。弧腹，下腹斜收，平底微凹。残高10.8、底径9厘米（图一六三，2）。M94:3，残破较甚，未能修复。

陶钵　1件。M94:1，泥质红陶。敛口，弧腹，下腹斜内收，小平底。高4.8、口径11.8、腹径12.6、底径5.2厘米（图一六三，1）。

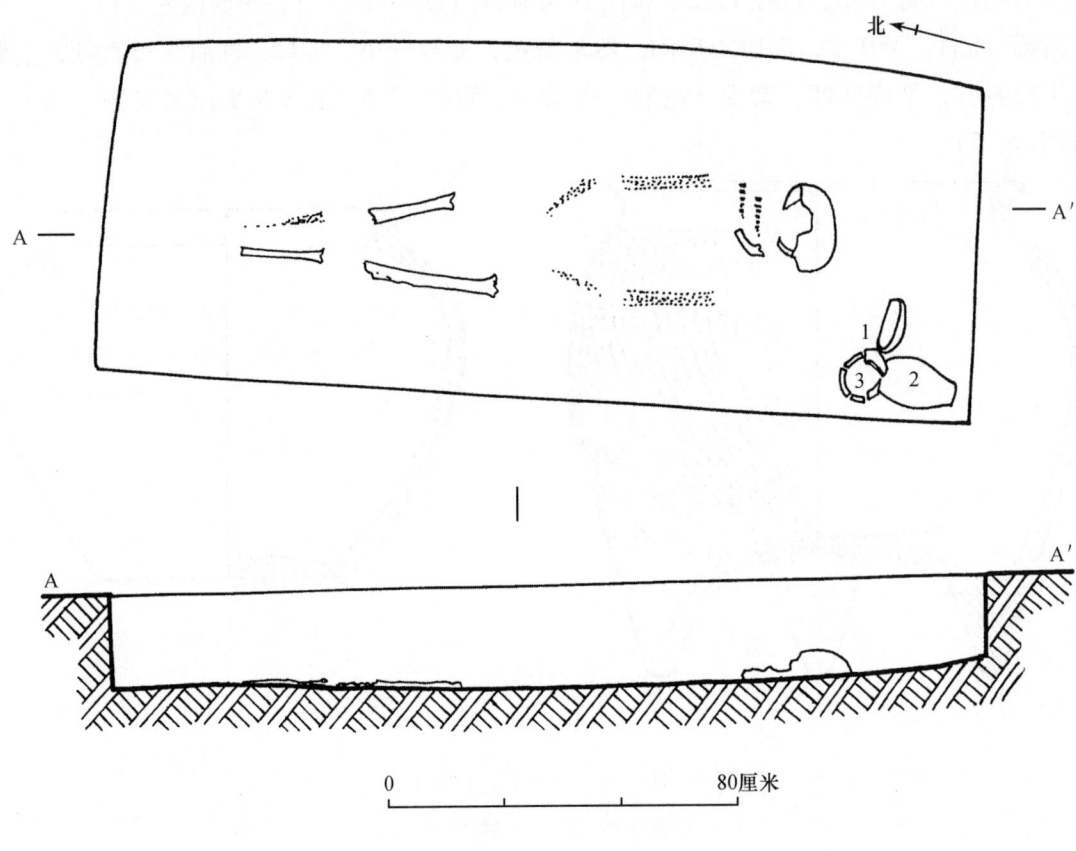

图一六二　M94 平、剖面及遗物分布图
1. 陶钵　2、3. 陶壶

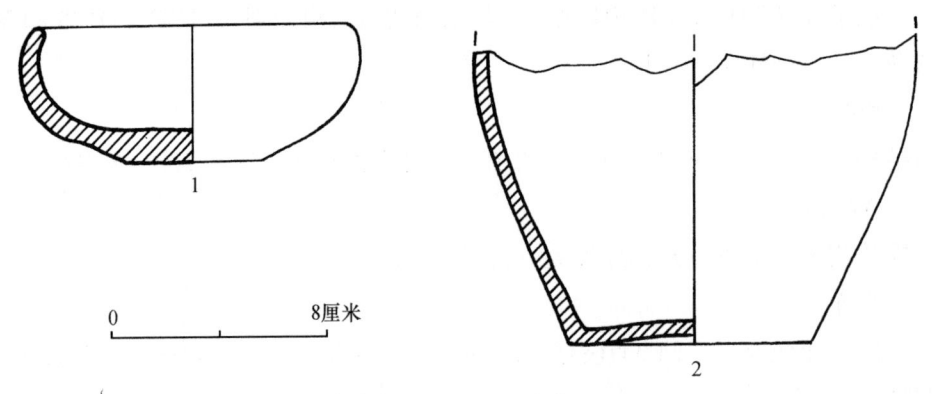

图一六三　M94 出土陶器
1. 钵（M94:1）　2. 壶（M94:2）

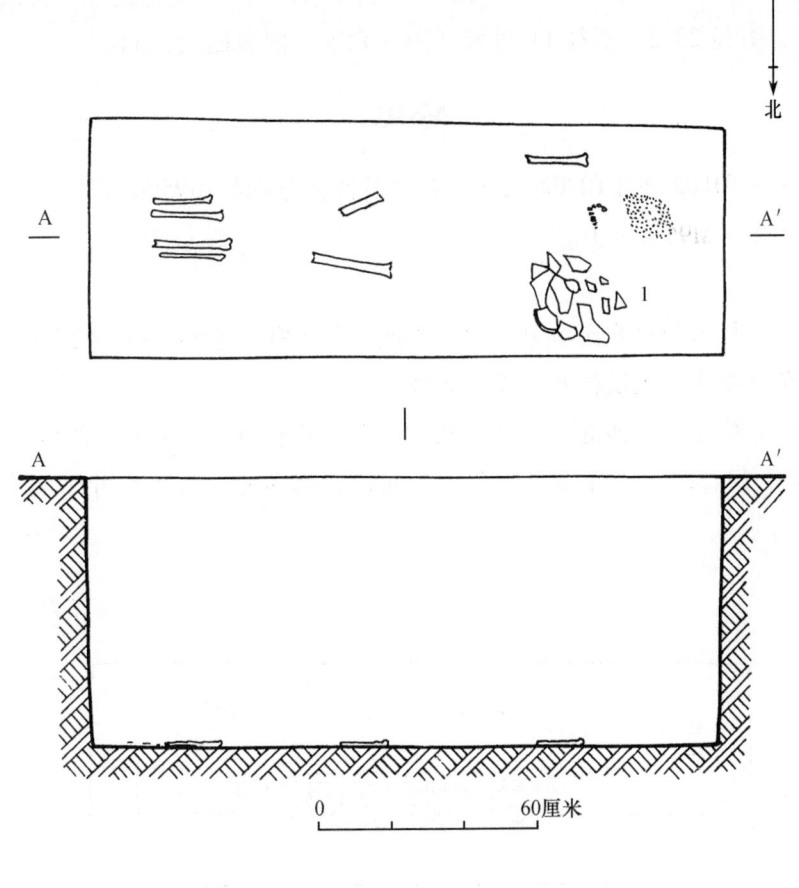

图一六四　M95 平、剖面及遗物分布图
1. 陶罐

M95

位置　　位于ⅡT0102 北部，西南与 M96 相邻。

层位关系　　①→M95→生土。

方向　　270°。

形制与结构　　长方形竖穴土坑墓，直壁平底。长 174、宽 62、深 72 厘米（图一六四）。

填土为褐色五花土，土质细腻松软，无包含物。

葬具　　不详。

人骨　　1 具。保存较差，仰身直肢葬，头向西。女性，年龄 35～55 岁。

随葬器物　　陶罐 1 件，置于墓主颈部北侧。

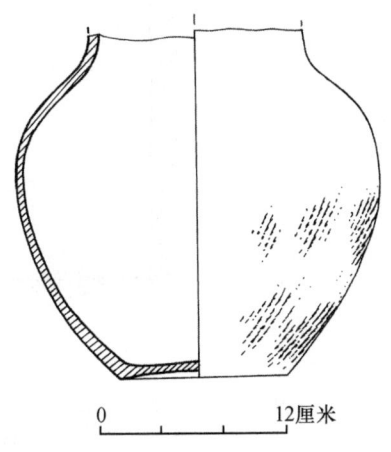

图一六五　M95 出土陶罐（M95：1）

陶罐　1件。M95:1，口部已残失。夹砂褐红胎，浅黄衣。圆鼓腹，平底微凹。下腹饰有绳纹。残高20.7、腹径23.2、底径11厘米（图一六五；图版四六，6）。

M96

位置　位于ⅡT0102和ⅡT0202之间。东北及西侧分别与M95和M90、M89、M88相邻。

层位关系　①→M96→生土。

方向　72°。

形制与结构　长方形竖穴土坑墓，直壁平底。长180、宽58、深84厘米（图一六六）。填土为黄褐色五花土，土质松软，无包含物。

葬具　一棺。位于墓室西北，已朽成灰。残存灰痕长168、宽40、高约30、厚0.3厘米。

人骨　1具。保存较差，仰身直肢葬，头向东，面向北，双手交并于腹上。男性，年龄

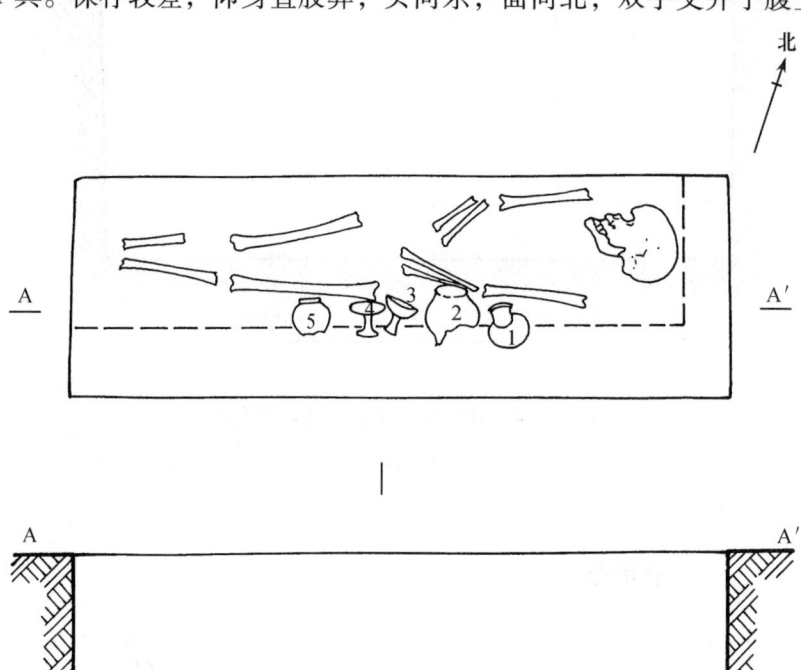

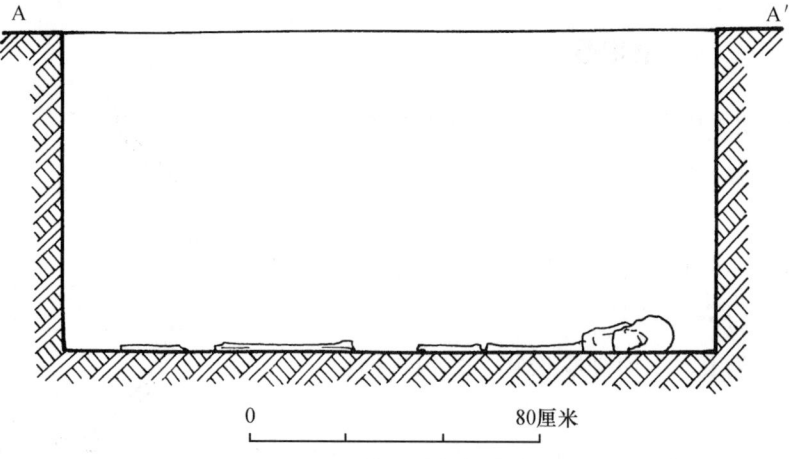

图一六六　M96平、剖面及遗物分布图
1. 陶壶　2. 陶鬲　3、4. 陶豆　5. 陶罐

30~35岁。

随葬器物　5件。位于墓室南墓主身侧,其中陶壶1件、陶鬲1件略偏东,距墓底20~22厘米;陶豆2件、陶罐1件略偏西,距墓底12~15厘米。

陶鬲　1件。M96:2,口部残失。夹砂灰陶。器形较规整。上腹圆鼓,下腹斜直内收,平裆微下垂,柱状足根。肩部饰有二周凹弦纹,其下饰绳纹。残高14、腹径15.3厘米(图一六七,1;图版四七,1)。

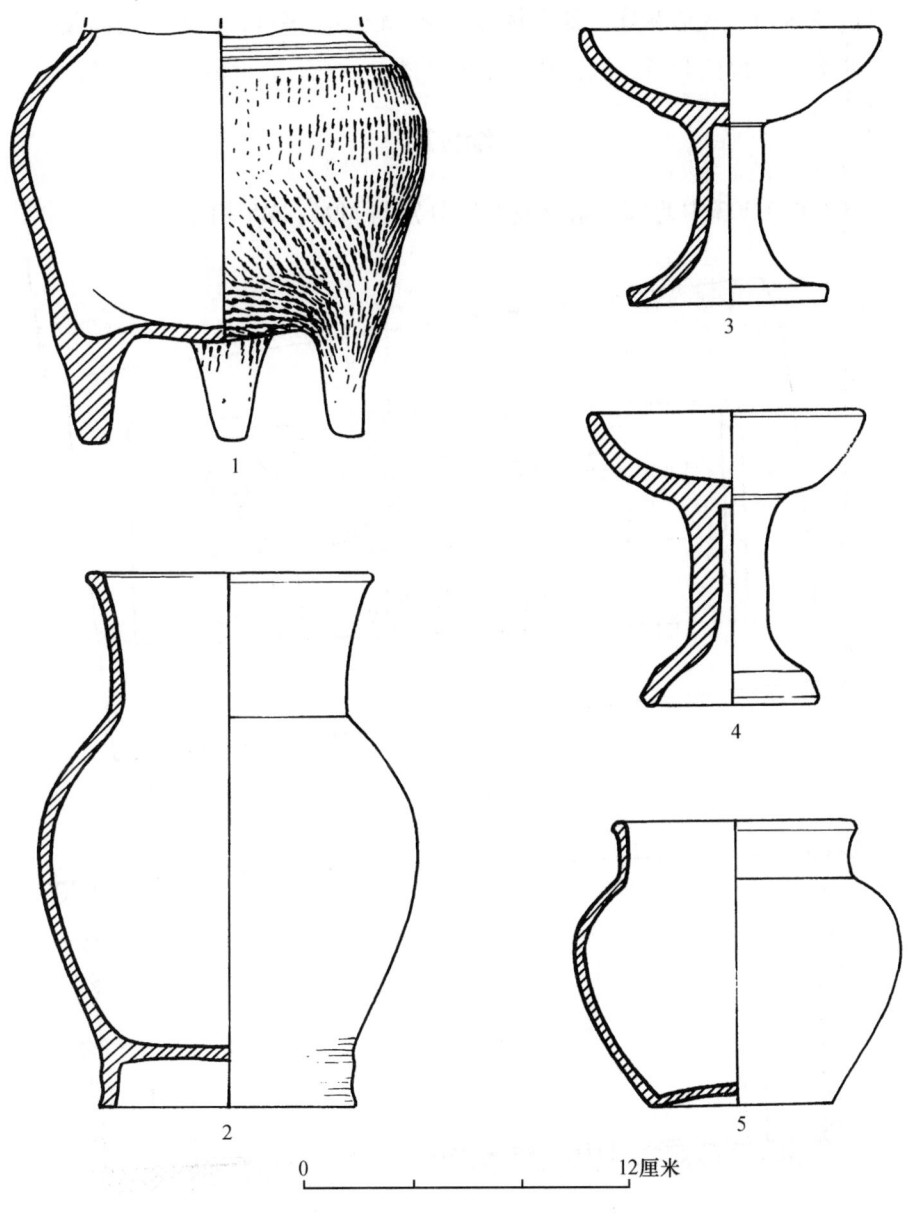

图一六七　M96出土陶器
1. 鬲(M96:2)　2. 壶(M96:1)　3、4. 豆(M96:4、M96:3)　5. 罐(M96:5)

陶豆 2件。M96:3，夹砂灰陶。敞口，圆唇，浅弧盘，柄较矮，豆座顶面隆起，座沿微起台。高10.3、口径10.3、底径6.8厘米（图一六七，4；图版四七，2）。M96:4，夹砂红陶。敞口，圆唇，弧盘稍深，矮柄，座沿起台。高9.7、口径11.3、底径7.2厘米（图一六七，3；图版四七，3）。

陶罐 1件。M96:5，夹砂灰陶。器形规整，器身较小。口微侈，方唇，直领，上腹圆鼓，下腹弧内收，平底微凹。素面。轮制。高10、口径9.3、腹径12.1、底径7厘米（图一六七，5；图版四七，4）。

陶壶 1件。M96:1，夹砂灰陶。器形规整，器身较小。侈口，方唇，束高颈，圆鼓腹，矮圈足。高18.9、口径11、腹径13.7、底径9.8厘米（图一六七，2；图版四七，5）。

M97

位置 位于ⅡT0203中北部，东北及西侧分别与M94、M5相邻。

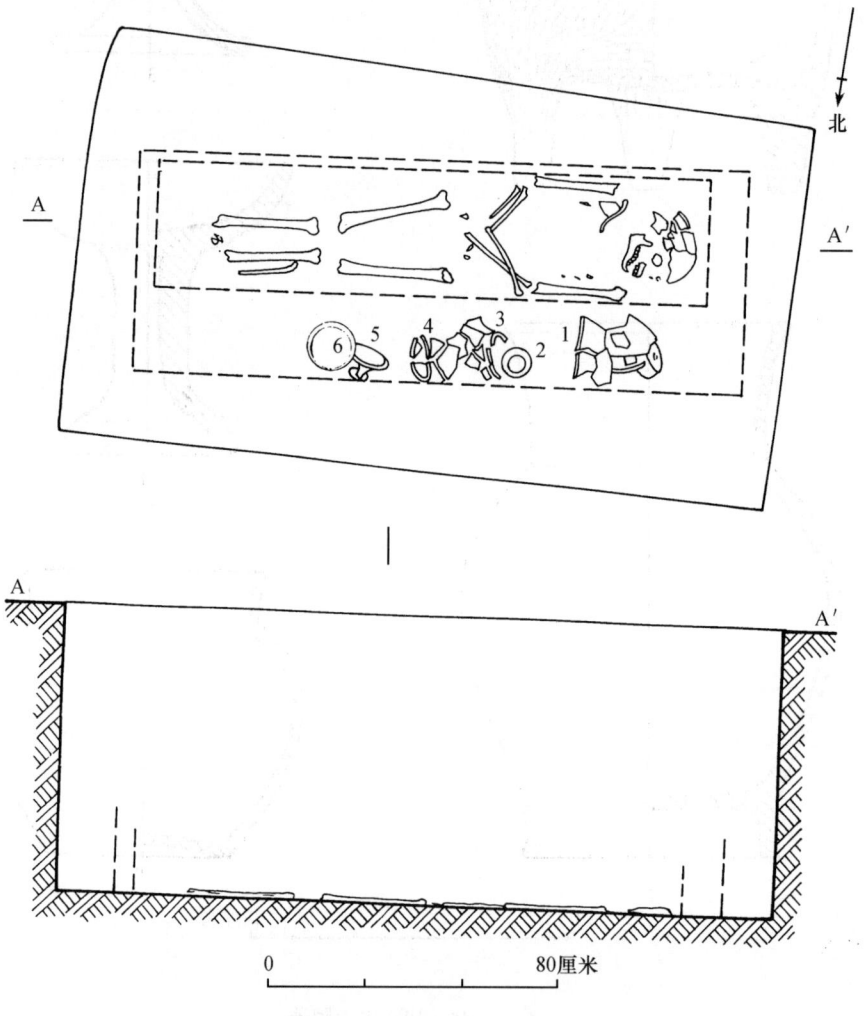

图一六八 M97平、剖面及遗物分布图
1. 陶壶 2. 陶器盖 3. 陶鬲 4. 陶盂 5、6. 陶豆

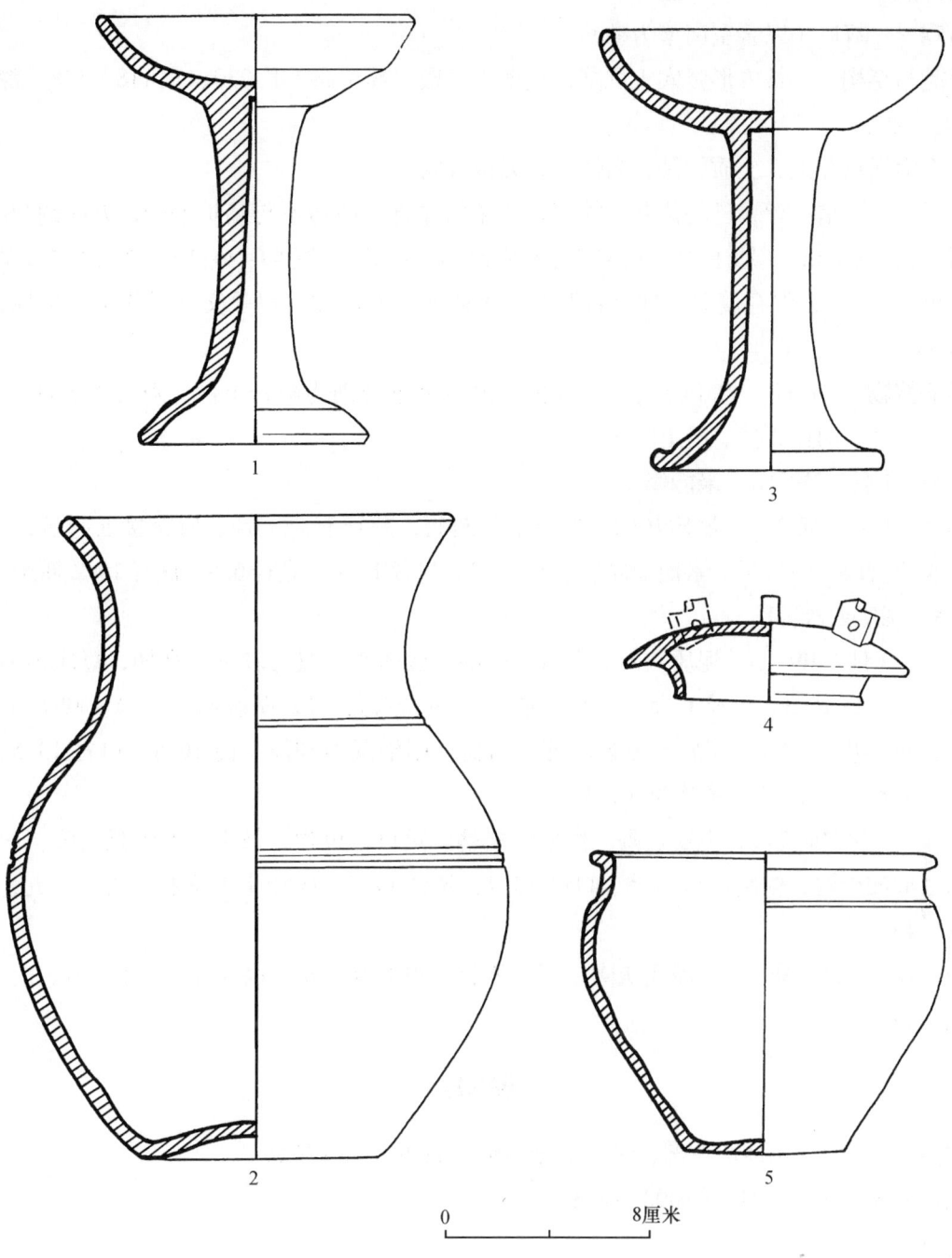

图一六九 M97 出土陶器
1、3. 豆（M97:5、M97:6） 2. 壶（M97:1） 4. 器盖（M97:2） 5. 盂（M97:4）

层位关系　①→M97→生土。

方向　271°（以墓室南壁为准）。

形制与结构　长方形竖穴土坑墓，直壁，墓底东部略高。长230、宽118～128、深91厘米（图一六八）。

填土为褐黄花土，土质较硬，黏性大，无包含物。

葬具　一棺一椁，已朽成灰。椁室位于墓室中部，四边不与墓圹平行，方向约263°，长200、宽72、残高12、厚1厘米。棺室位于椁室南侧，长180、宽40、残高6、棺板厚0.5厘米。

人骨　1具。保存较差，仰身直肢葬，头向西，面向北，双手交并于腹上。男性，年龄25岁左右。

随葬器物　6件。置于椁内棺外北侧。由西至东分别为陶壶1件、陶器盖1件、陶鬲1件、陶盂1件、陶豆2件。出土时多已碎裂。

陶鬲　1件。M97:3，未能修复。

陶盂　1件。M97:4，泥质灰陶。仰折沿，圆唇，斜矮直颈，颈、肩交接处起折，上腹圆鼓，下腹斜直收，底近平。素面。轮制。高11.3、口径14.4、底径6.8、腹径15.2厘米（图一六九，5；图版四八，1）。

陶豆　2件。M97:5，泥质灰陶。敞口，圆唇，浅弧盘，盘底较平，高柄，豆座顶面隆起，座沿微起台。高16.2、口径12.5、底径9厘米（图一六九，1；图版四八，2）。M97:6，泥质红褐胎，灰黑皮。敞口，圆唇，弧盘较深，高柄，座沿圆唇加厚。高16.8、口径13.5、底径9.2厘米（图一六九，3；图版四八，3）。

陶壶　1件。M97:1，泥质灰陶。器形较规整。敞口，束颈，鼓腹，下腹弧内收，凹圜底。腹上饰二周凹弦纹。轮制。高24.5、口径15.4、腹径19.4、底径9.3厘米（图一六九，2；图版四八，4）。

陶器盖　1件。M97:2，泥质灰陶。顶盖弧起，顶上有三纽。高4厘米（图一六九，4；图版四八，5）。

M98

位置　位于ⅡT0302东部，东、南侧分别与M89、M86相邻。

层位关系　①→M85→M98→生土。

方向　345°。

形制与结构　长方形土坑竖穴墓，直壁平底。北部被汉墓M85打破，残长80、宽46、深64厘米（图一七〇）。

填土为黄褐色五花土，土质疏松，无包含物。

葬具　不详。

人骨　1具。保存较差，头部被M85破坏，足向南。仰身直肢葬，性别不详，年龄25～34岁。

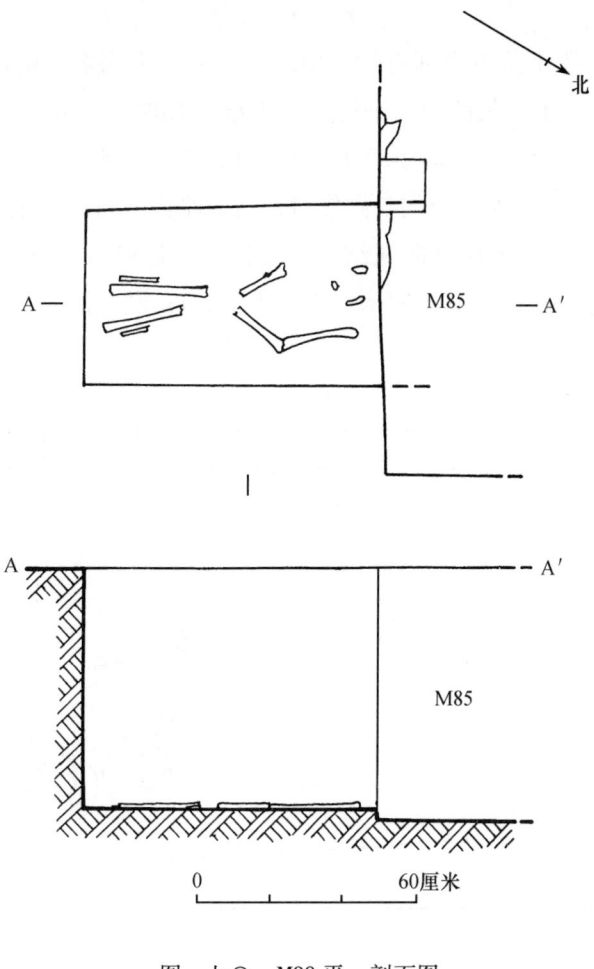

图一七〇　M98 平、剖面图

随葬器物　　无。

M99

位置　　位于ⅡT0502 与ⅡT0602 之间。北、东、南分别与 M62、M146、M67、M68、M70 相邻。

层位关系　　①→M65→M99→生土。

方向　　353°。

形制与结构　　长方形竖穴土坑墓，直壁平底。北部被汉墓 M65 打破，墓室长 249、宽 152、深 108 厘米（图一七一）。

填土为黄褐色五花土，土质疏松，无包含物。

葬具　　一椁。椁室位于墓室中部，已朽成灰。长 200、宽 112~126、残高 16、厚 0.5 厘米。未见棺痕。

人骨　　1 具。保存较差，仰身直肢葬，头向北，双手交并于腹上。男性，年龄 40 岁左右。

随葬器物 2件。置于墓主头部左侧。由北向南分别为陶盂、陶罐各1件。

陶盂 1件。M99:1，泥质灰白陶。平折沿，方唇，颈略束，颈肩交接处起折，上腹圆鼓，下腹斜内收，平底微凹。高13.7、口径22.8、底径12厘米（图一七二，2；图版四九，1）。

陶双耳罐 1件。M99:2，泥质灰陶。微侈口，高颈略束，自口至肩饰对称双耳，上腹圆鼓，下腹弧内收，小平底。肩及上腹饰纵向绳纹，中部抹出一道弦纹，下腹饰横向、斜向绳纹。高17.7、口径17.9、腹径21.8、底径6.8厘米（图一七二，1；图版四九，2）。

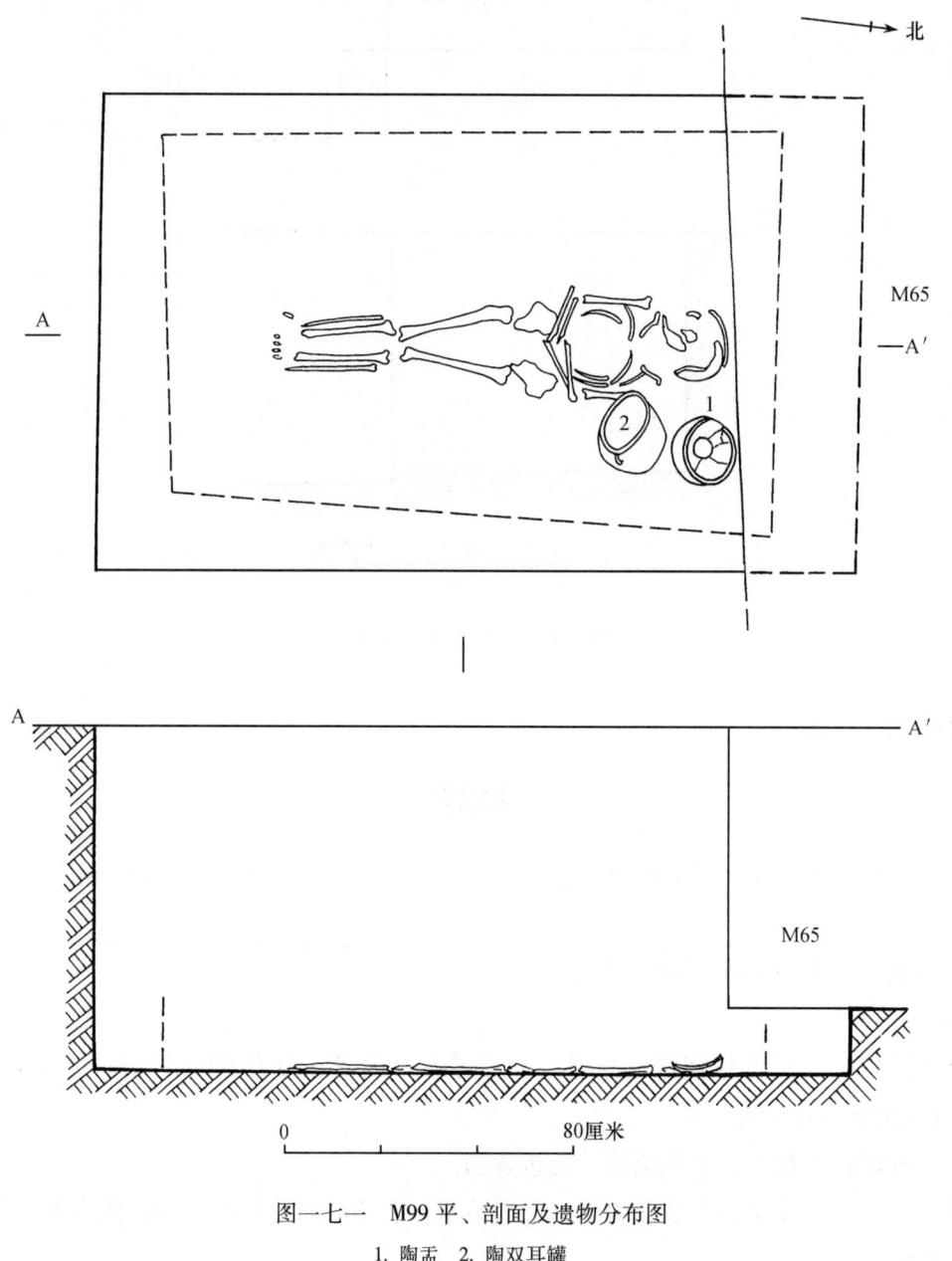

图一七一 M99平、剖面及遗物分布图
1. 陶盂 2. 陶双耳罐

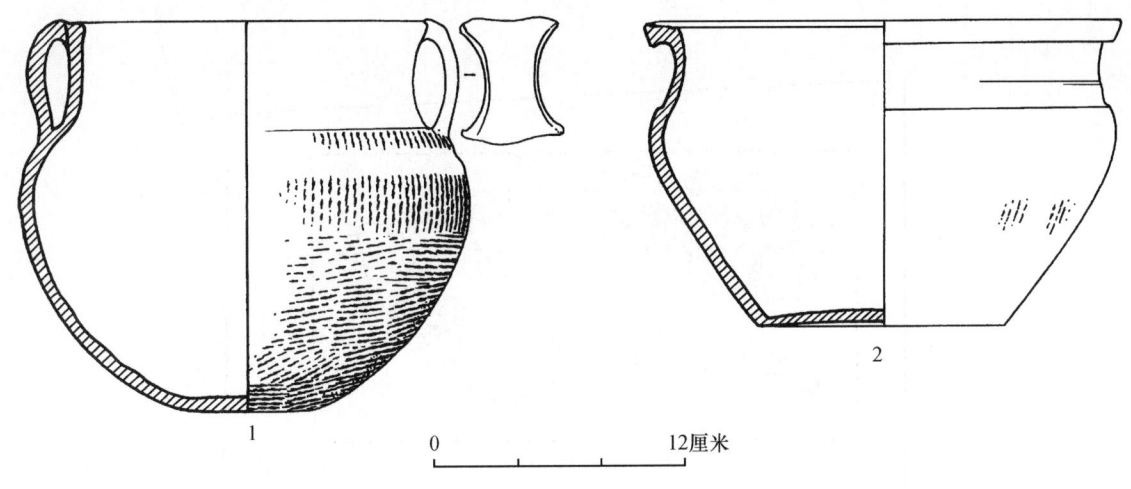

图一七二　M99 出土陶器
1. 双耳罐（M99∶2）　2. 盂（M99∶1）

M101

位置　　位于ⅡT0302 中部偏西，北、东、南分别与 M84、M76、M98、M91 相邻。

层位关系　　①→M101→生土。

方向　　74°。

形制与结构　　竖穴土坑墓，平面呈梯形，直壁平底。长 270、宽 164~188、深 164 厘米（图一七三；彩版三，2）。

填土为黄褐色五花土，土质疏松，无包含物。

葬具　　一椁。椁室位于墓室中部略偏西北，已朽成灰。残存灰痕长 216、宽约 110、残高 38、厚 0.3 厘米。未见棺痕。

人骨　　1 具。保存较差，仰身直肢葬，头向东，面略侧向北，双手交并于腹上。性别、年龄不详。

随葬器物　　10 件。放置在椁内人骨右侧。出土时均已碎裂。分别为陶鼎 2 件、陶敦 2 件、陶豆 2 件、陶壶 2 件、小口鼎 1 件、陶罍 1 件。

陶鼎　　2 件。M101∶1，泥质褐红胎，灰黑皮。盖顶隆起，上附三纽。鼎身子口承盖，内敛，肩附对称长方形双耳，腹较直，圜底近平，三蹄足。中腹处饰一周凸棱。通高 26.8、口径 19.3、盖径 23.8、腹径 24.8、足高 14.2 厘米（图一七四，1；图版五〇，1）。M101∶3，器身未能复原。盖为泥质褐红胎，灰黑皮。顶部隆起，上附三纽。盖径 23.4、高 5.2 厘米（图一七四，3；图版五〇，2）。

陶小口鼎　　1 件。M101∶8，泥质褐红胎，灰黑皮。盖顶隆起，上附三纽。子口内敛，斜折肩，腹较直，圜底，三蹄足。上腹饰对称双耳，耳上部呈弧形；腹中部有一周凹弦纹。高 24.2、盖径 16.1、口径 13.6、腹径 24.1、足高 13.8 厘米（图一七四，2；图版五〇，3）。

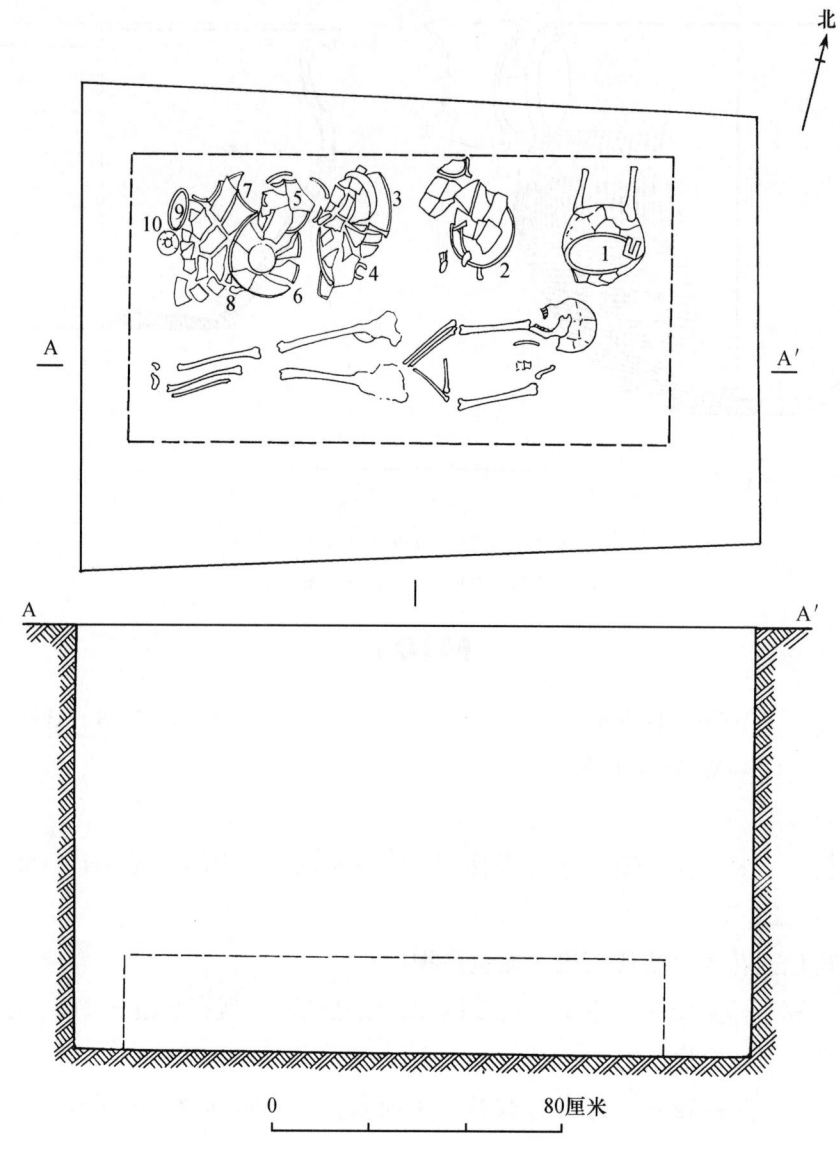

图一七三　M101 平、剖面及遗物分布图
1、3. 陶鼎　2、4. 陶敦　5. 陶罍　6、7. 陶壶　8. 陶小口鼎　9、10. 陶豆

陶敦　2件。M101:2，泥质褐红胎，灰黑皮。盖、身均呈半球形，各附三纽（足），向外撇。高29.1、口径20.4、足高8.4厘米（图一七四，4；图版五〇，4）。M101:4，未能修复。

陶豆　2件。M101:9，泥质灰陶。敞口，浅弧盘，盘壁微折，平底，柄较高，座沿起台。高15.3、口径13.9、底径8厘米（图一七四，6；图版四九，3）。M101:10，泥质灰陶。敞口，弧折盘，柄较高，座沿起台。高15.9、口径13.8、底径8厘米（图一七四，5；图版四九，4）。

陶壶　2件。M101:6，泥质褐红胎，灰黑皮。盖顶隆起，上附三纽。侈口，束颈较细长，圆鼓腹，肩附对称双盲耳，底部残。残高39.6、盖径11.8、口径11.6、腹径24厘米（图一七五，2）。M101:7，未能修复。

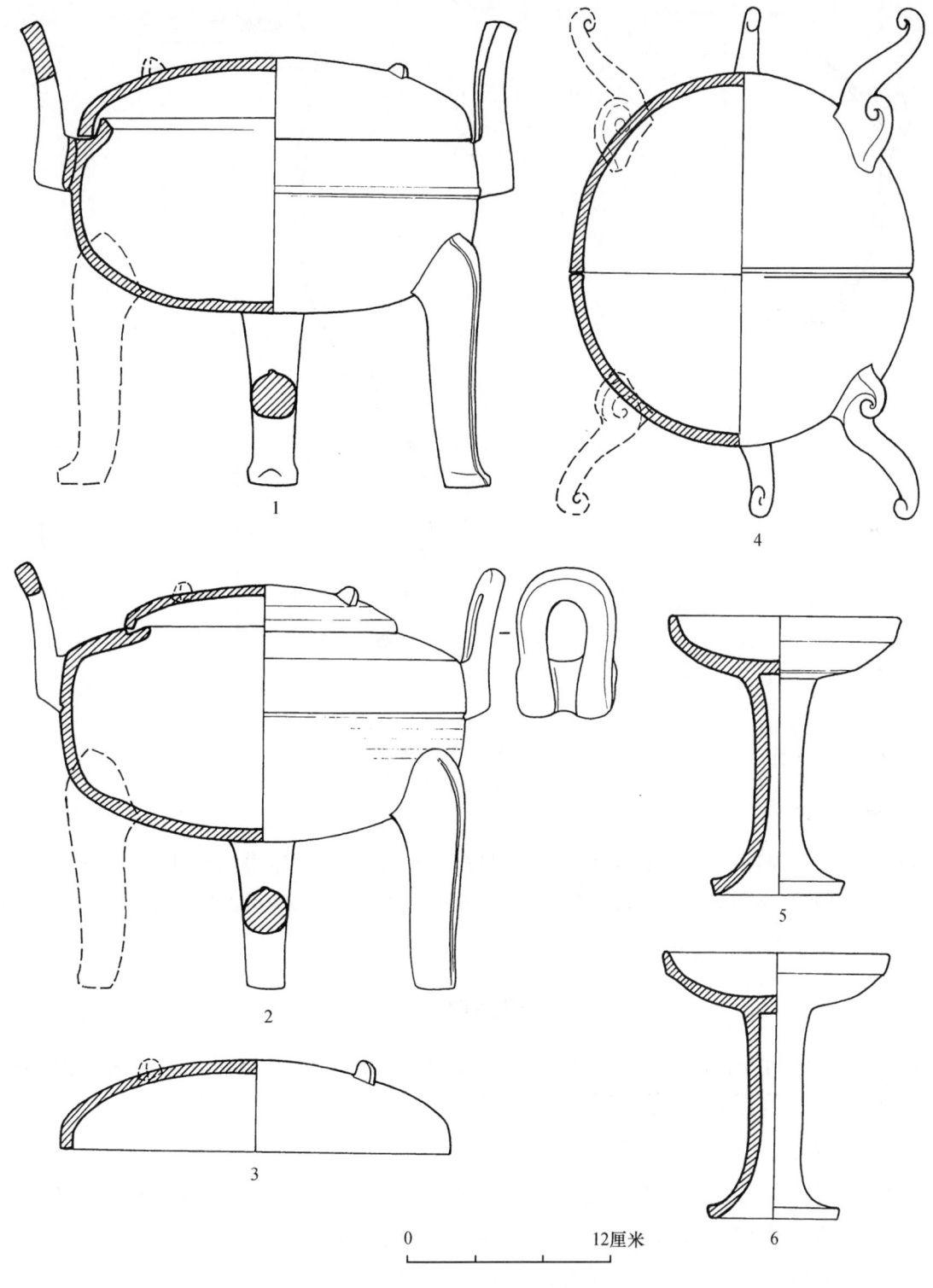

图一七四　M101 出土陶器（1）

1. 鼎（M101:1）　2. 小口鼎（M101:8）　3. 鼎盖（M101:3）　4. 敦（M101:2）　5、6. 豆（M101:10、M101:9）

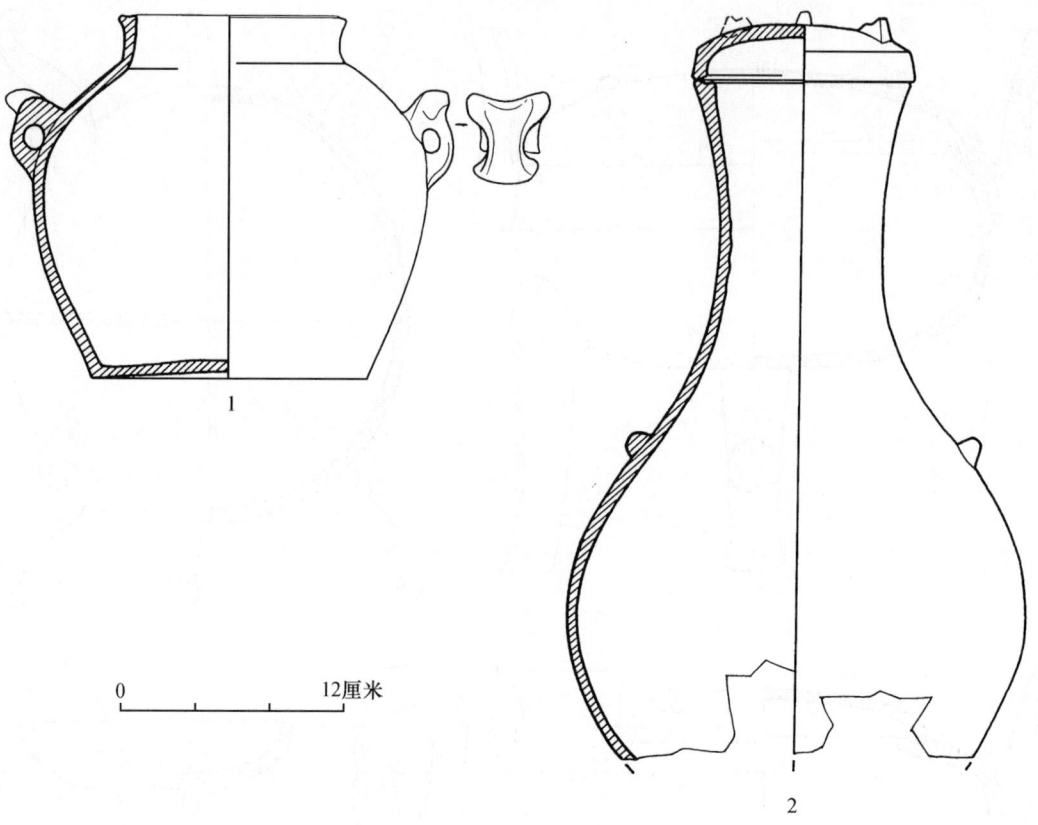

图一七五　M101 出土陶器（2）
1. 罍（M101:5）　2. 壶（M101:6）

陶罍　1件。M101:5，泥质褐红胎，灰黑皮。矮领，方唇，唇沿面有凹槽，溜肩，肩饰对称双耳，圆鼓腹，平底微凹。素面。轮制。高18.1、口径12、腹径22.2、底径15.2厘米（图一七五，1；图版五〇，5、6）。

M102

位置　位于ⅡT0103西北部，部分向北进入ⅡT0104。北、西侧分别与M105、M94相邻。

层位关系　①→M102→生土。

方向　357°。

形制与结构　长方形竖穴土坑墓，斜壁平底，口略大于底。墓口长190、宽66~74厘米；墓底长186、宽62~68厘米；墓深78厘米（图一七六）。

填土为褐黄花土，土质较硬，黏性大，包含少量夹砂陶片。

葬具　一棺。位于墓室中部偏东南，已朽成灰。残存灰痕长168、宽52~58厘米，高度不明，厚0.5厘米。

人骨　1具。保存较差，仰身直肢葬，头向北，面向东，双手交并于腹上。女性，年龄

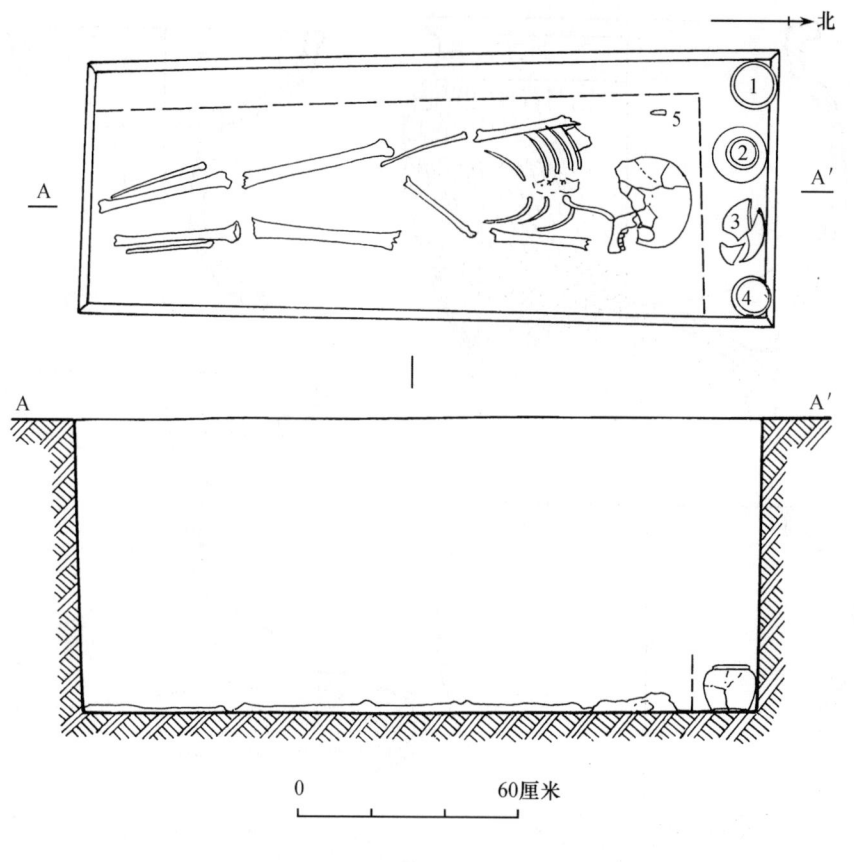

图一七六　M102 平、剖面及遗物分布图
1. 陶鬲　2. 陶罐　3、4. 陶豆　5. 铜带钩

30 岁左右。

随葬器物　5 件。其中陶器 4 件，均置于头端棺外，由西至东分别为陶鬲 1 件、陶罐 1 件、陶豆 2 件。另有铜带钩 1 件，置于棺内墓主头骨西侧。

陶鬲　1 件。M102:1，夹砂褐红胎，灰黑皮。器形较规整，器身较小，口径小于腹径，而略大于三足外切圆径。平折沿，方唇，束颈，圆鼓肩，弧腹，弧裆，柱状足根。颈部有三周凹弦纹痕迹，颈以下饰绳纹，上腹抹一周弦纹。高 13.9、口径 14、腹径 16.2 厘米（图一七七，1；图版五一，1）。

陶豆　2 件。M102:3，泥质褐红胎，灰皮。敞口，圆唇，深弧盘，圜形盘底，矮柄，座沿起台。高 9.7、口径 11.4、底径 7.4 厘米（图一七七，3；图版五一，3）。M102:4，泥质褐红胎，灰皮。敞口，圆唇，浅弧盘，盘底较平，矮柄，座沿起台。高 9.2、口径 12.1、底径 7.7 厘米（图一七七，4；图版五一，2）。

陶罐　1 件，M102:2，泥质褐红胎，灰皮。器形较规整，形体较小。敛口，矮直领，圆唇，上腹圆鼓，下腹弧收，平底微凹。上腹饰五周凹弦纹，轮制。高 11.7、口径 11.6、腹径 15.3、底径 6.6 厘米（图一七七，2；图版五一，4）。

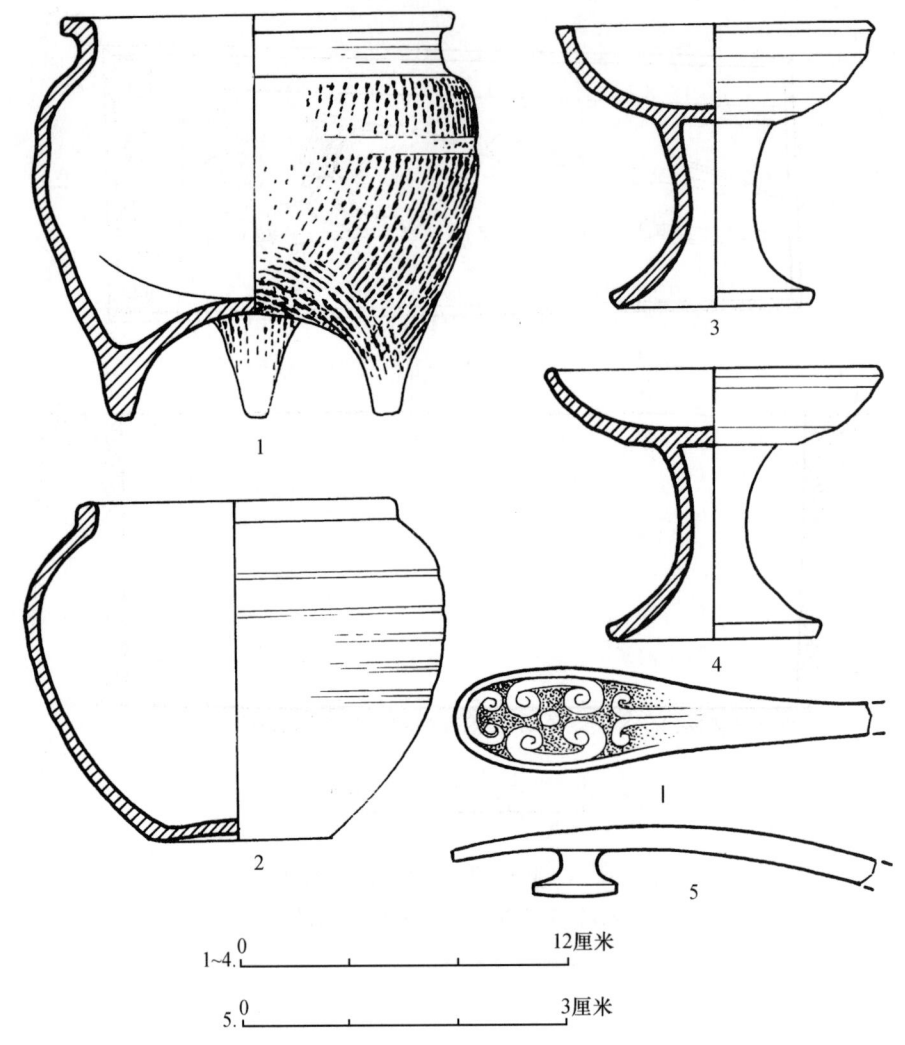

图一七七　M102 出土器物
1. 陶鬲（M102:1）　2. 陶罐（M102:2）　3、4. 陶豆（M102:3、M102:4）　5. 铜带钩（M102:5）

铜带钩　1件。M102:5。青灰泛绿。钩首已残，钩尾上饰卷云纹，圆纽。残长3.8厘米（图一七七，5；图版五一，5）。

M103

位置　位于ⅠT0105西部，北、东、南分别与M184、M190、M194相邻。

层位关系　①→M103→生土。

方向　350°。

形制与结构　长方形竖穴土坑墓，直壁平底。长220、宽144~154、深140厘米（图一七八）。

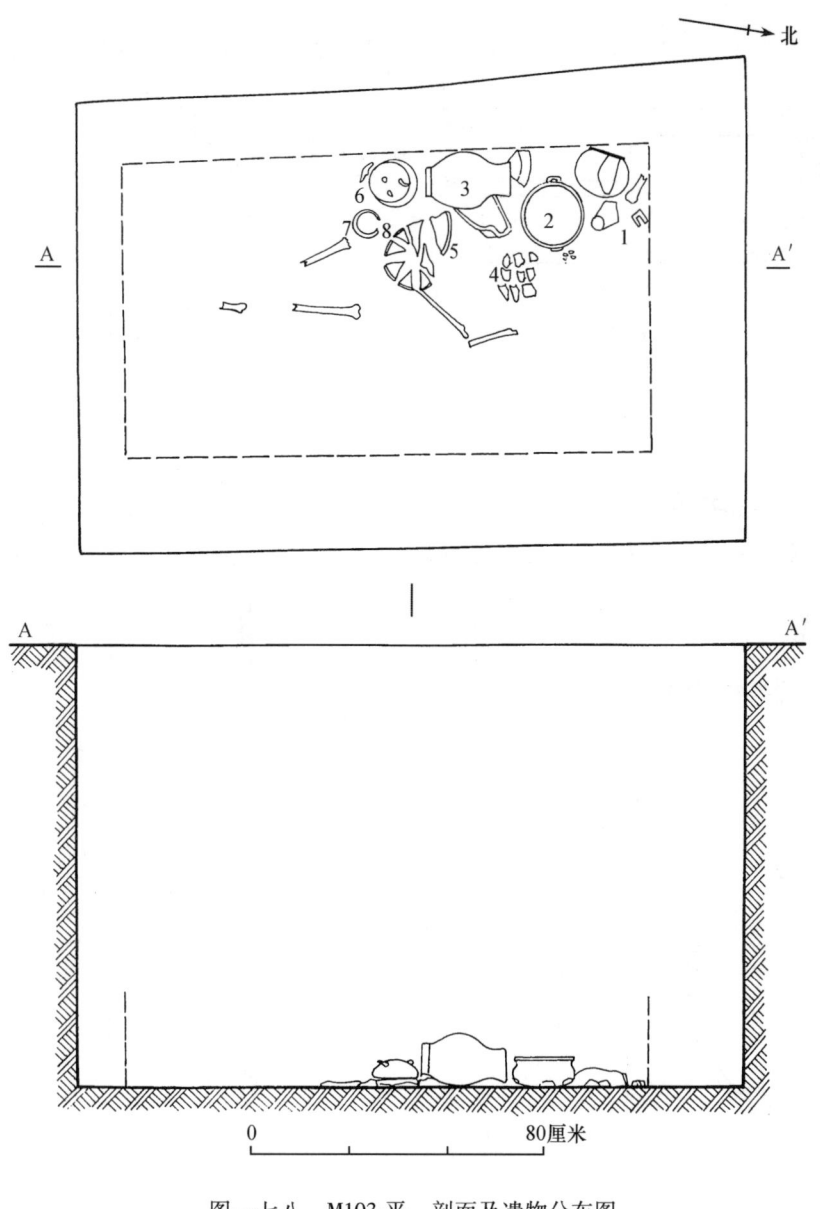

图一七八　M103 平、剖面及遗物分布图
1、2. 陶鼎　3、4. 陶壶　5、6. 陶敦　7. 陶盘　8. 陶匜

填土为褐黄花土，土质较硬，黏性大，无包含物。

葬具　一椁。椁室位于墓室中部，已朽成灰。残存灰痕长 172、宽约 93~96、残高 29、厚 4 厘米。未见棺痕。

人骨　1 具。保存较差，头向北，葬式不明。性别、年龄不详。

随葬器物　8 件。放置在椁内人骨右侧。分别为陶鼎 2 件、陶敦 2 件、陶壶 2 件、陶盘 1 件、陶匜 1 件。

陶鼎　2 件。M103:1，泥质褐红胎，灰黑皮。盖顶隆起，子口承盖，肩附对称长方形双

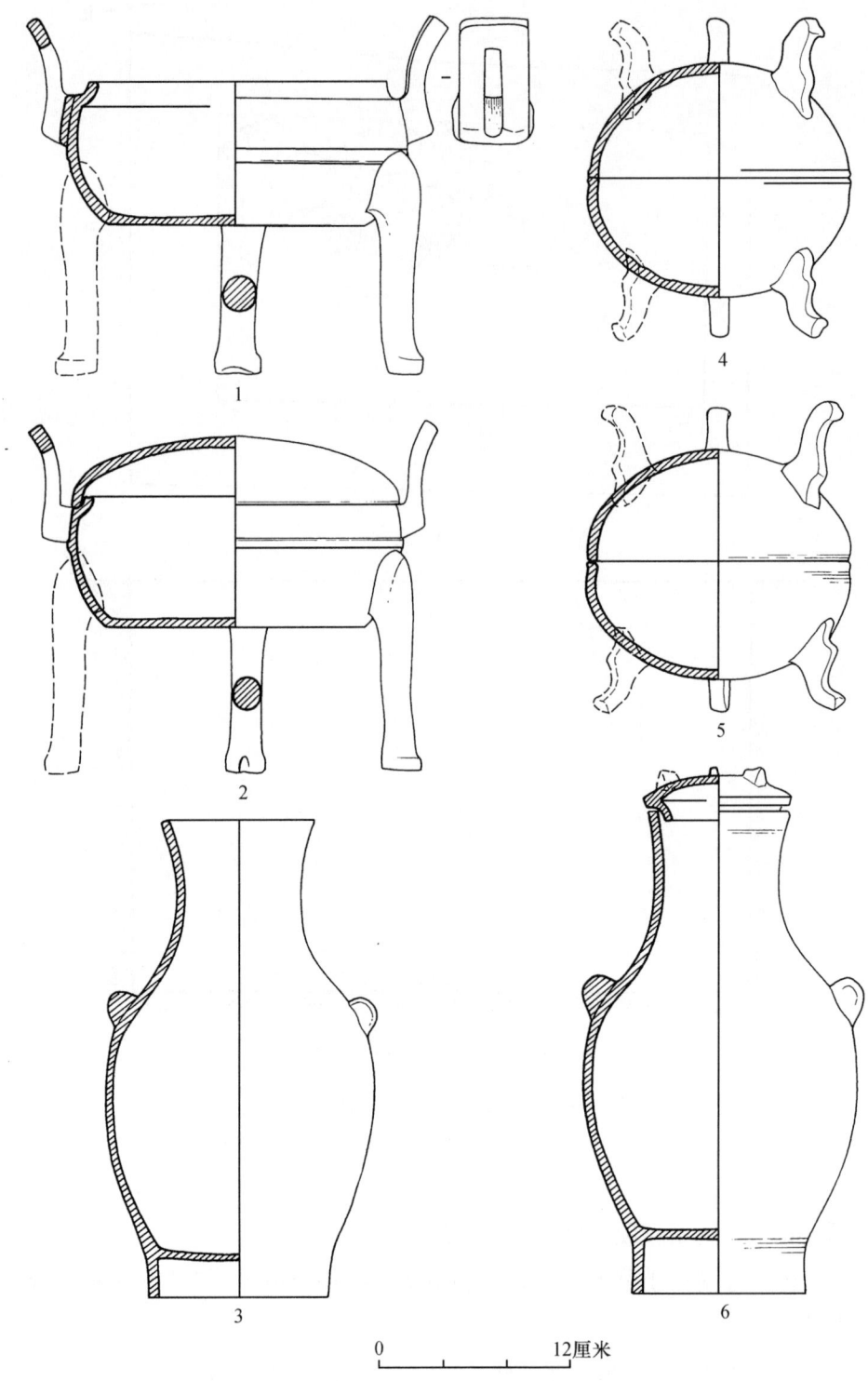

图一七九 M103 出土陶器

1、2. 鼎（M103:2、M103:1） 3、6. 壶（M103:4、M103:3） 4、5. 敦（M103:5、M103:6）

耳，弧腹，平底，三蹄足。腹中部饰一周凸棱。高 21.6、口径 19.2、腹径 21.2、足高 14 厘米（图一七九，2；图版五二，1）。M103:2，泥质褐红胎，灰黑皮。形制纹饰与 M103:1 近同，惟无器盖。高 21.9、口径 18.9、腹径 21.3、足高 13.4 厘米（图一七九，1；图版五二，2）。

陶敦　2 件。M103:5，泥质褐红胎，灰黑皮。盖、身均呈半球形，口微敛，相扣呈扁球形，盖上、身下各附三纽（足），稍外撇。高 19.3、口径 16.4、足高 5.2 厘米（图一七九，4；图版五二，3）。M103:6，泥质红褐胎，灰黑皮。形制与 M103:5 近同。高 18.8、口径 16.4、足高 5.6 厘米（图一七九，5；图版五二，4）。

陶壶　2 件。M103:3，泥质红褐胎，灰黑皮。盖顶隆起，顶面饰三小纽，口微侈，束颈，溜肩，肩附对称双盲耳，腹底近平，圈足。素面。轮制。高 32、口径 7.9、盖径 10.2、腹径 17.2、底径 11.2 厘米（图一七九，6；图版五二，5）。M103:4，泥质红褐胎，灰黑皮。形制与 M103:3 近同，惟无器盖。素面。轮制。高 29.2、口径 10.1、腹径 17.2、底径 11.7 厘米（图一七九，3；图版五二，6）。

陶盘　1 件。M103:7，未能修复。

陶匜　1 件。M103:8，未能修复。

M105

位置　位于 ⅡT0104 西南部，东、南、西南分别与 M2、M102、M94 相邻。

层位关系　①→M105→生土。

方向　108°。

形制与结构　长方形竖穴土坑墓，直壁平底。长 176、宽 36～42、深 42 厘米（图一八〇）。南壁中下部有壁龛，呈长方形，横宽 56、进深 16、高 11 厘米。

填土为褐黄花土，土质较硬，黏性大，无包含物。

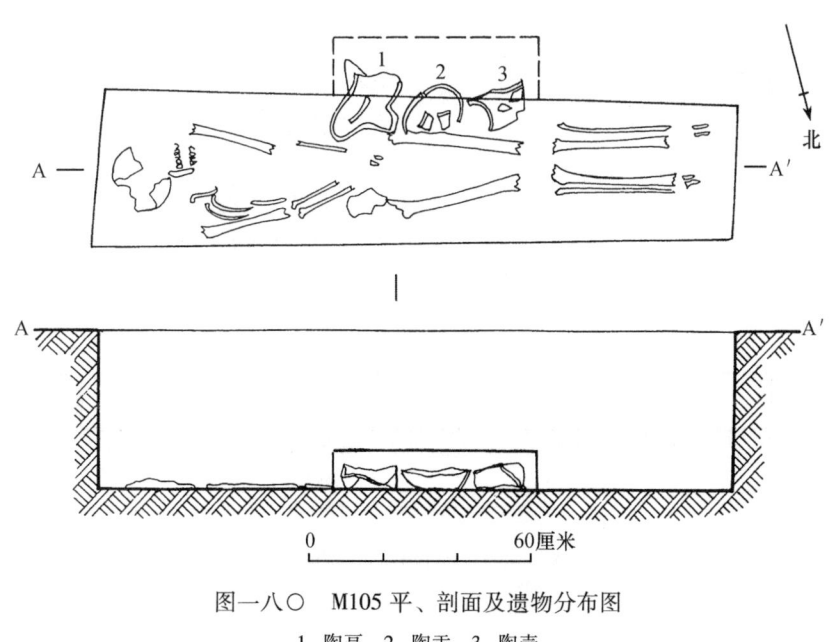

图一八〇　M105 平、剖面及遗物分布图

1. 陶鬲　2. 陶盂　3. 陶壶

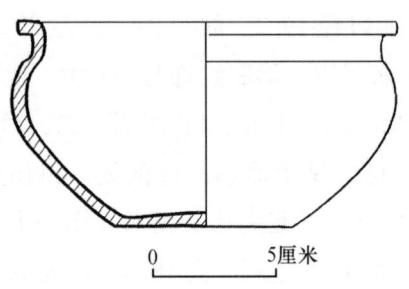

图一八一　M105 出土陶盂（M105∶2）

葬具　不详。

人骨　1具。保存较差，仰身直肢葬，头向东，双手交并于腹上。男性，年龄40岁左右。

随葬器物　3件。置于壁龛内，由东至西分别为陶鬲、陶盂、陶罐。

陶鬲　1件。M105∶1，残破较甚，未能修复。

陶盂　1件。M105∶2，泥质红陶。平折沿，方唇，矮束颈，颈肩交接处起折，上腹圆鼓，下腹斜内收，平底。轮制。高8.1、口径15.5、底径7.6厘米（图一八一；图版五三，1）。

陶壶　1件。M105∶3，残破较甚，未能修复。

M114

位置　位于ⅡT0801中部。

层位关系　①→M114→生土。

方向　137°。

形制与结构　长方形土坑竖穴墓，直壁平底。长190、宽42~55、深15厘米（图一八二）。填土为黄褐色五花土，土质疏松，无包含物。

葬具　不详。

人骨　1具。保存较差，仰身直肢葬，头向东南，面向西，双手交并于腹上。性别、年

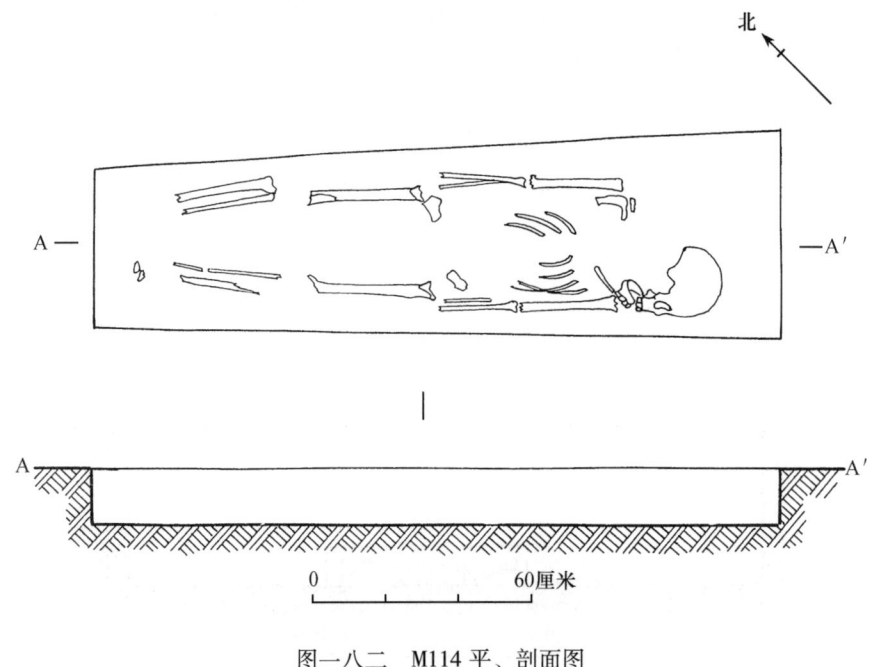

图一八二　M114 平、剖面图

龄不详。

随葬器物　无。

M146

位置　位于ⅡT0603东南部，东北、东南分别与M62、M99相邻。

层位关系　①→M146→生土。

方向　283°。

形制与结构　长方形竖穴土坑墓，直壁平底。长210~214、宽129~131、深108厘米（图一八三）。

填土为黄褐色五花土，土质疏松，无包含物。

葬具　一椁。椁室位于墓室中部，已朽成灰。残存灰痕长194、宽约86、残高22、板厚0.3厘米。未见棺痕。

人骨　1具。保存较差，仰身直肢葬，头向西。性别、年龄不详。

随葬器物　4件，放置在椁内墓主上身左侧。由西至东分别为陶敦、陶鼎、陶豆、陶壶（彩版六，2）。

陶鼎　1件。M146:2，泥质灰陶。盖顶弧起，上附三小纽。口内敛，子口承盖，肩附对称长方形双耳，外斜腹，大平底，三长蹄足。耳下饰一周凹弦纹。盖径21.2、口径19.5、腹径23.2、通高29.1、足高17.9厘米（图一八四，1；图版五四，1）。

陶敦　1件。M146:1，泥质灰陶。身、盖同形，相扣略呈盒状，上下各附三卷云形纽（足）。口径18.4、通高20.5、足高4.8厘米（图一八四，2；图版五四，2）。

陶豆　1件。M146:3，泥质灰陶。敞口，沿部近直，浅弧腹，平底，柄稍高，座沿起台。高15.3、底径8.5厘米（图一八四，3；图版五四，3）。

陶壶　1件。M146:4，泥质灰陶。敞口，方唇，束颈，颈肩交接处起折，鼓肩，腹斜收，平底微凹。肩部一周凹弦纹。轮制。口径13、腹径16.1、底径9.6、高24.6厘米（图一八四，4；图版五四，4）。

M160

位置　位于ⅡT0406西部，东面与M162相邻。

层位关系　①→M160→生土。

方向　350°。

形制与结构　长方形竖穴土坑墓，直壁平底。长206、宽132、深104厘米（图一八五）。北壁底部有壁龛，呈长方形，横宽76、进深30、高29厘米（彩版三，3）。

填土为黄褐色五花土，土质疏松，无包含物。

葬具　一椁一棺。椁室位于墓室中部，已朽成灰。残存灰痕长188、宽90~100、残高42、厚1厘米。棺室位于椁室中部，已朽成灰。残存灰痕长176、宽38~53、残高10、厚0.5厘米。

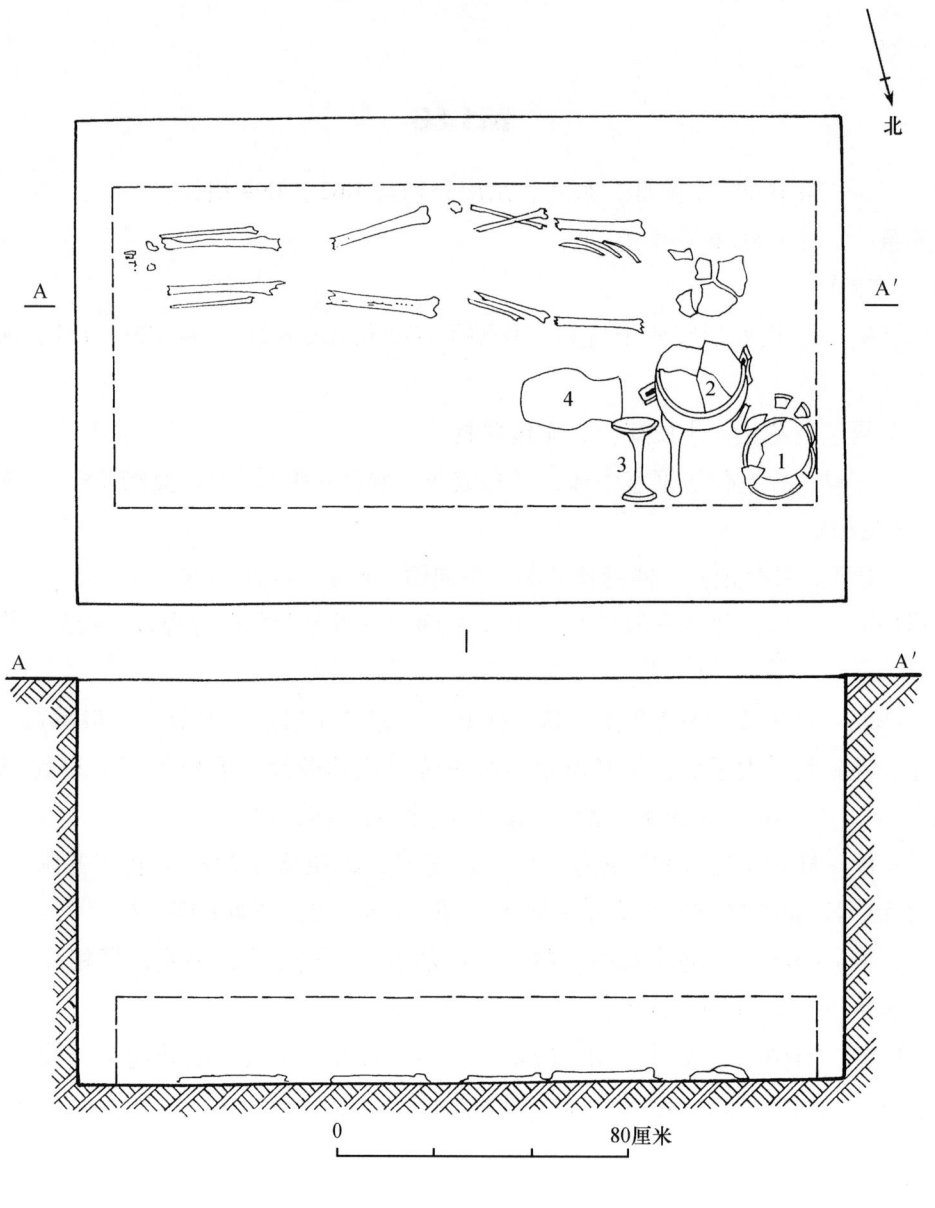

图一八三　M146 平、剖面及遗物分布图
1. 陶敦　2. 陶鼎　3. 陶豆　4. 陶壶

人骨　1 具。保存较差，仰身直肢葬，头向北，面向上。性别、年龄不详。

随葬器物　4 件。放置于头龛内，由西至东分别为陶敦、陶鼎、陶壶、陶豆。

陶鼎　1 件。M160:2，夹砂褐红胎，灰黑皮。器形较规整，形体较大。平折沿，沿面微凹，短束颈，折肩，弧腹，平裆略垂，柱状足根。腹、足饰绳纹，腹中部抹出一周弦纹。口径 19.2、高 15.7 厘米（图一八六，1；图版五五，1）。

陶敦　1 件。M160:1，泥质灰陶。方唇，身、盖同形，相扣呈扁球形，上、下各附蜷曲三

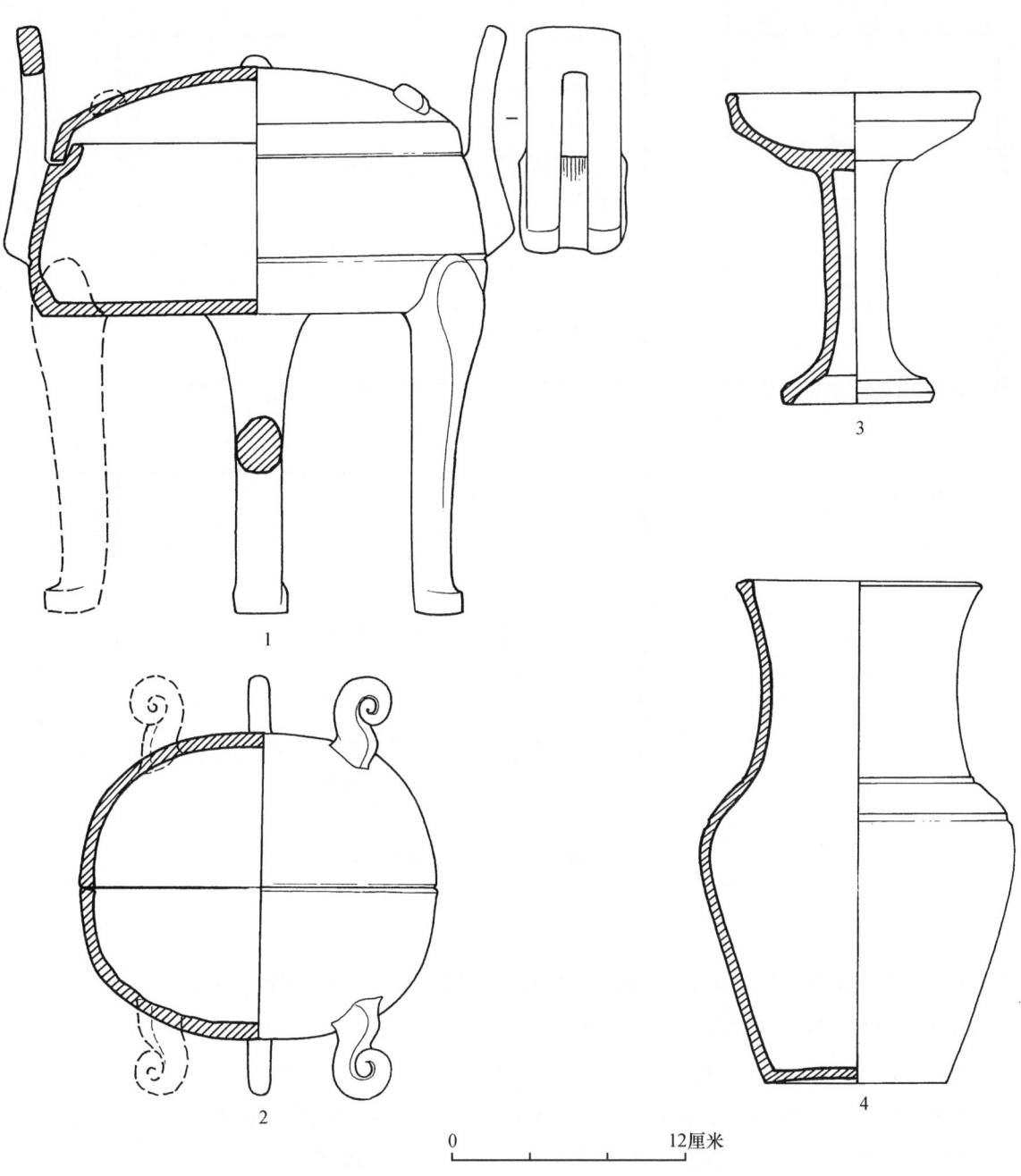

图一八四　M146 出土陶器
1. 鼎（M146:2）　2. 敦（M146:1）　3. 豆（M146:3）　4. 壶（M146:4）

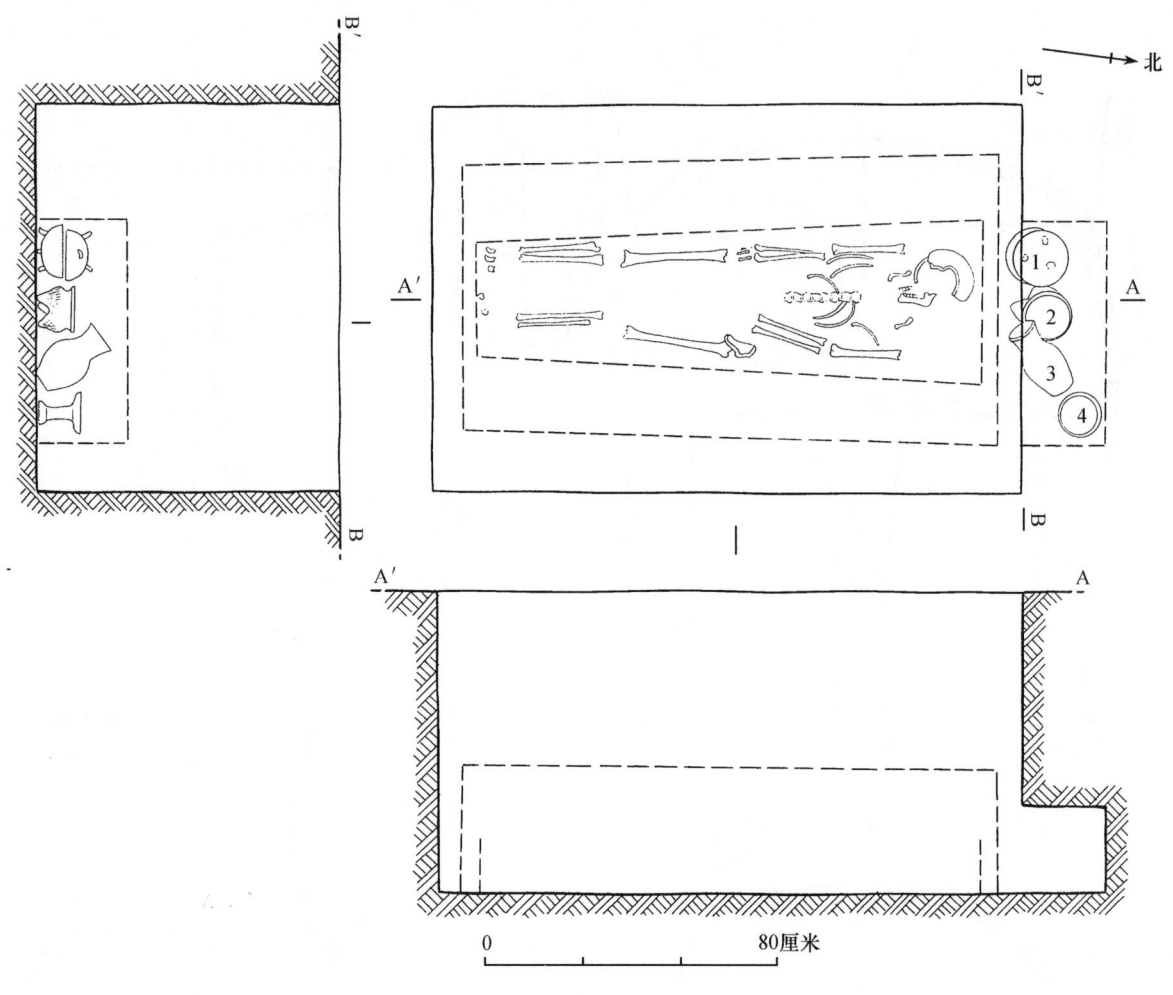

图一八五 M160 平、剖面及遗物分布图
1. 陶敦 2. 陶鬲 3. 陶壶 4. 陶豆

纽（足）。口径20.8、足高4.5、通高22.4厘米（图一八六，2；图版五五，2）。

陶豆 1件。M160:4，泥质褐胎，灰黑皮。敞口，圆唇，弧盘较深，平底，觚形矮柄，斜方形座沿。口径12、底径6.8、高10.7厘米（图一八六，3；图版五五，3）。

陶壶 1件。M160:3，泥质灰陶，器形不甚规整。敞口，圆唇，束颈，上腹圆鼓，下腹弧收，平底，下接矮圈足。颈下及肩部饰凹弦纹。口径13.5、腹径16.3、底径10.1、高25.4厘米（图一八六，4；图版五五，4）。

M162

位置 位于ⅡT0306与ⅡT0406之间，东、南、西三面分别与M164、M163、M160相邻。

层位关系 ①→M162→生土。

方向 4°。

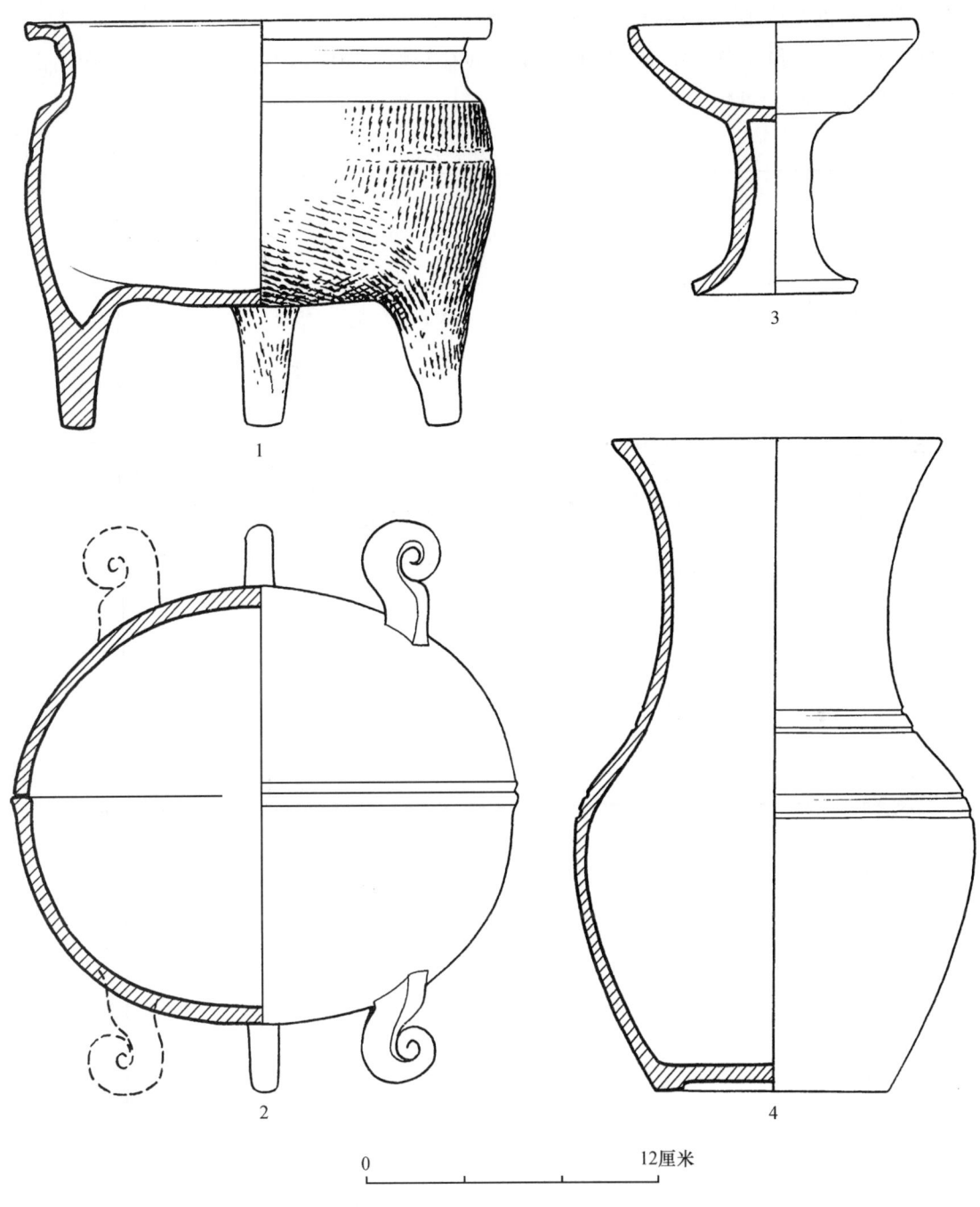

图一八六　M160 出土陶器

1. 鬲（M160:2）　2. 敦（M160:1）　3. 豆（M160:4）　4. 壶（M160:3）

形制与结构　　长方形竖穴土坑墓,直壁平底。长230、宽156~160、深122厘米(图一八七)。

填土为黄褐色五花土,土质疏松,无包含物。

葬具　　一椁。位于墓室中部,已朽成灰。残存灰痕长204~210、宽78~85、残高24、厚0.8厘米。未见棺痕。

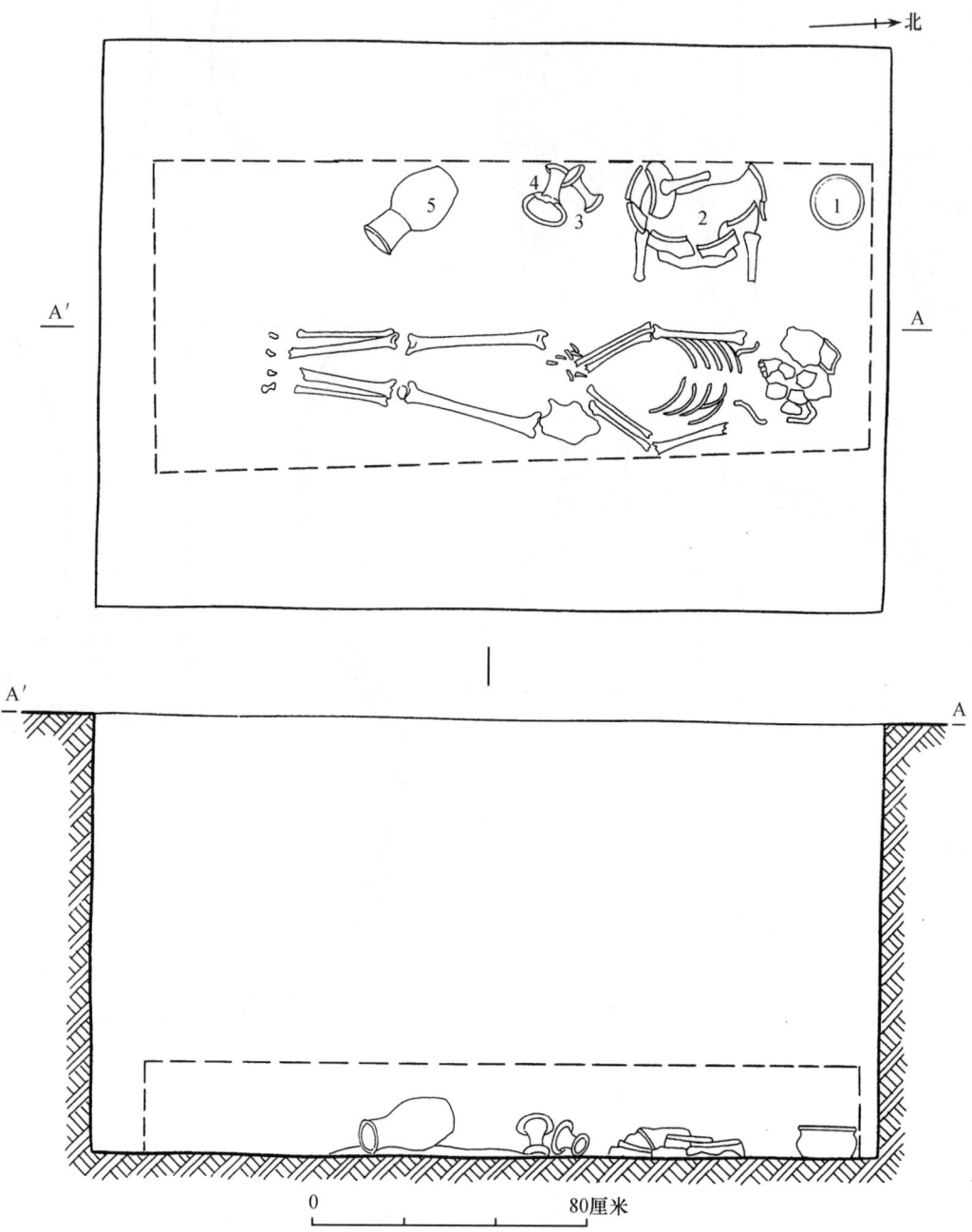

图一八七　M162平、剖面及遗物分布图
1. 陶盂　2. 陶鼎　3、4. 陶豆　5. 陶壶

人骨　1具。保存较差，仰身直肢葬，头向北，双手交并于腹上。性别、年龄不详。

随葬器物　5件。置于人骨右侧，从北到南分别为陶盂1件、陶鼎1件、陶豆2件、陶壶1件。

陶盂　1件。M162:1，泥质黄褐陶，器形规整。折沿，斜方唇，短束直颈，上腹鼓，下腹斜直内收，平底微凹。颈部饰凹弦纹，腹饰模糊绳纹和不规则划纹。口径22.3、底径11、高12.9厘米（图一八八，5；图版五三，2）。

陶鼎　1件。M162:2，夹砂灰褐陶。平折沿，方唇，短束直颈，颈肩交接处起折，腹微弧，圜底，腹底交界处有明显转折，高蹄足。颈及上腹饰有凹弦纹，底饰绳纹。口径28.8、足高15.2、通高19.7厘米（图一八八，1；图版五三，3）。

陶豆　2件。M162:3，泥质灰陶。口部近直，圆唇，浅折腹，盘底近平，高柱形柄，喇叭形座，斜方形座沿，沿面有一周凸棱。口径12、底径8.5、高17.7厘米（图一八八，3；图版五三，4）。M162:4，泥质灰陶。口近直，圆唇，浅折腹，盘底近平，高柱形柄，喇叭形座，斜方形座沿。口径12.3、底径7.9、高14.9厘米（图一八八，4；图版五三，5）。

陶壶　1件。M162:5，泥质灰褐陶。敞口，圆唇，束颈，鼓腹，平底，下接矮圈足。肩及上腹饰有凹弦纹。口径13.4、底径9.3、高27.2厘米（图一八八，2；图版五三，6）。

M163

位置　位于ⅡT0306西南部，北、东、南、西分别与M162、M164、M31、M27、M38相邻。

层位关系　①→M163→生土。

方向　106°。

形制与结构　长方形土坑竖穴墓，西壁直，余三壁下部外张，平底。口部长230、宽160厘米；底部长234、宽163～168厘米；墓深146厘米（图一八九）。

填土为黄褐色五花土，土质疏松，含大量料姜石块。

葬具　一椁。椁室位于墓室中部，已朽成灰。残存灰痕长186、宽约100～106、残高26、厚1厘米。椁底有两根枕木，东枕木长100、西枕木长105、宽均为16、厚4厘米。未见棺痕。

人骨　1具。保存较差，仰身直肢葬，头向东。性别、年龄不详。

随葬器物　15件。放置在椁内人骨右侧。分别为陶鼎2件、陶敦2件、陶壶2件、陶罍1件、陶豆2件、小口鼎1件、壶形豆2件、陶盘1件、陶钵1件、陶器盖1件。出土时均碎裂。

陶鼎　2件。M163:9，泥质褐红胎，灰黑皮。盖顶近平，上附三小纽。子口承盖，肩附对称长方形双耳，腹较直，平底，三蹄足。腹饰一周凹弦纹，足上部饰云纹。高27.6、口径18.5、腹径21.6、足高16.4厘米（图一九〇，2；图版五六，1）。M163:10，泥质褐红胎，灰黑皮。形制、纹饰与M163:9近同，三足外撇。高26.8、口径17.7、盖径20.8、腹径21.2、

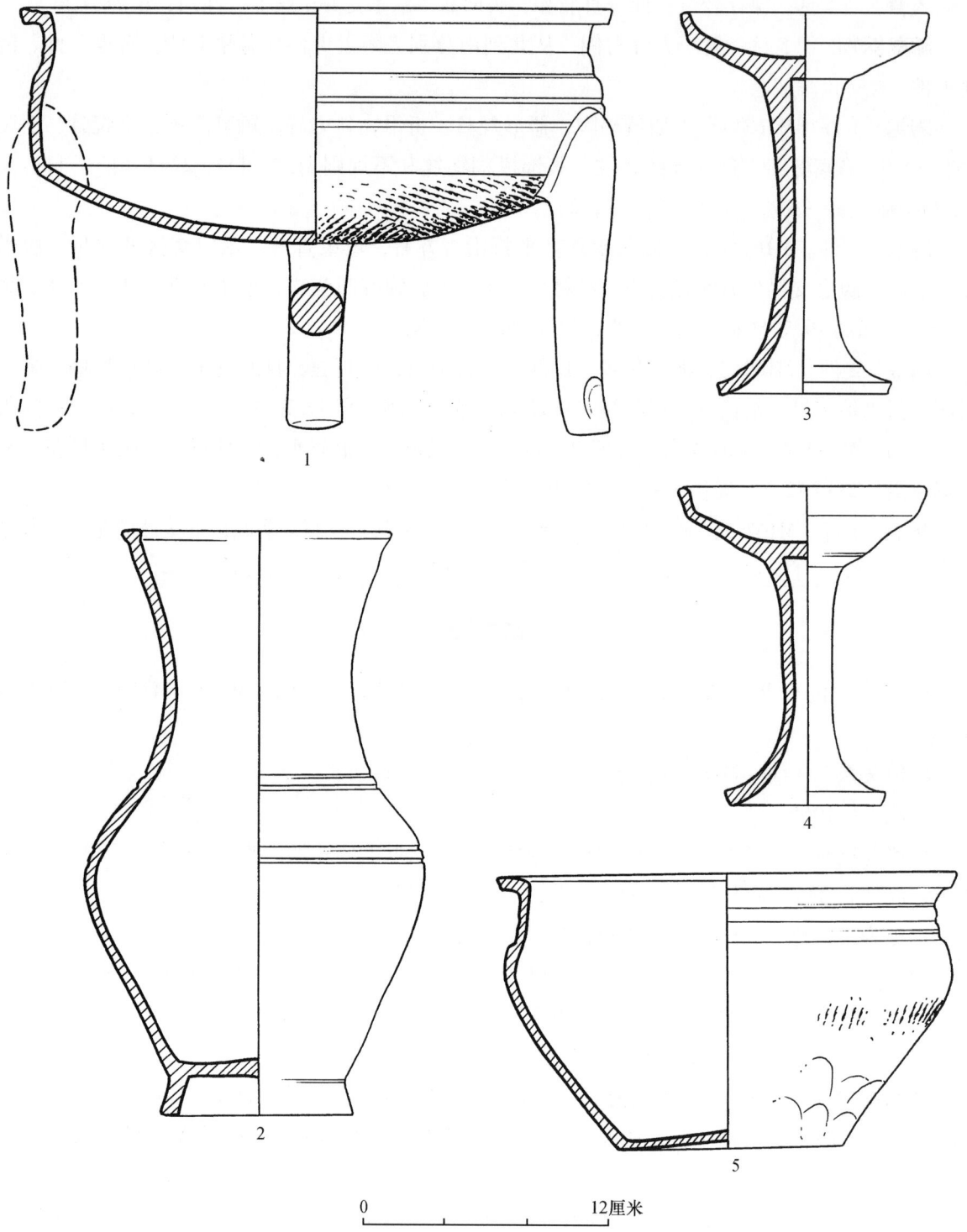

图一八八　M162 出土陶器
1. 鼎（M162:2）　2. 壶（M162:5）　3、4. 豆（M162:3、M162:4）　5. 盂（M162:1）

足高16.4厘米（图一九〇，1；图版五六，2）。

陶敦　2件。M163：12，泥质灰胎，灰黑皮。盖、身均呈半球形，各附三纽（足），稍外撇。腹饰数周弦纹。高26.2、口径17.8、足高8.4厘米（图一九一，2；图版五六，3）。M163：13，泥质灰胎，灰黑皮。形制、纹饰与M163：12近同。高26.4、口径17.6、足高8.4厘米（图一九一，5；图版五六，4）。

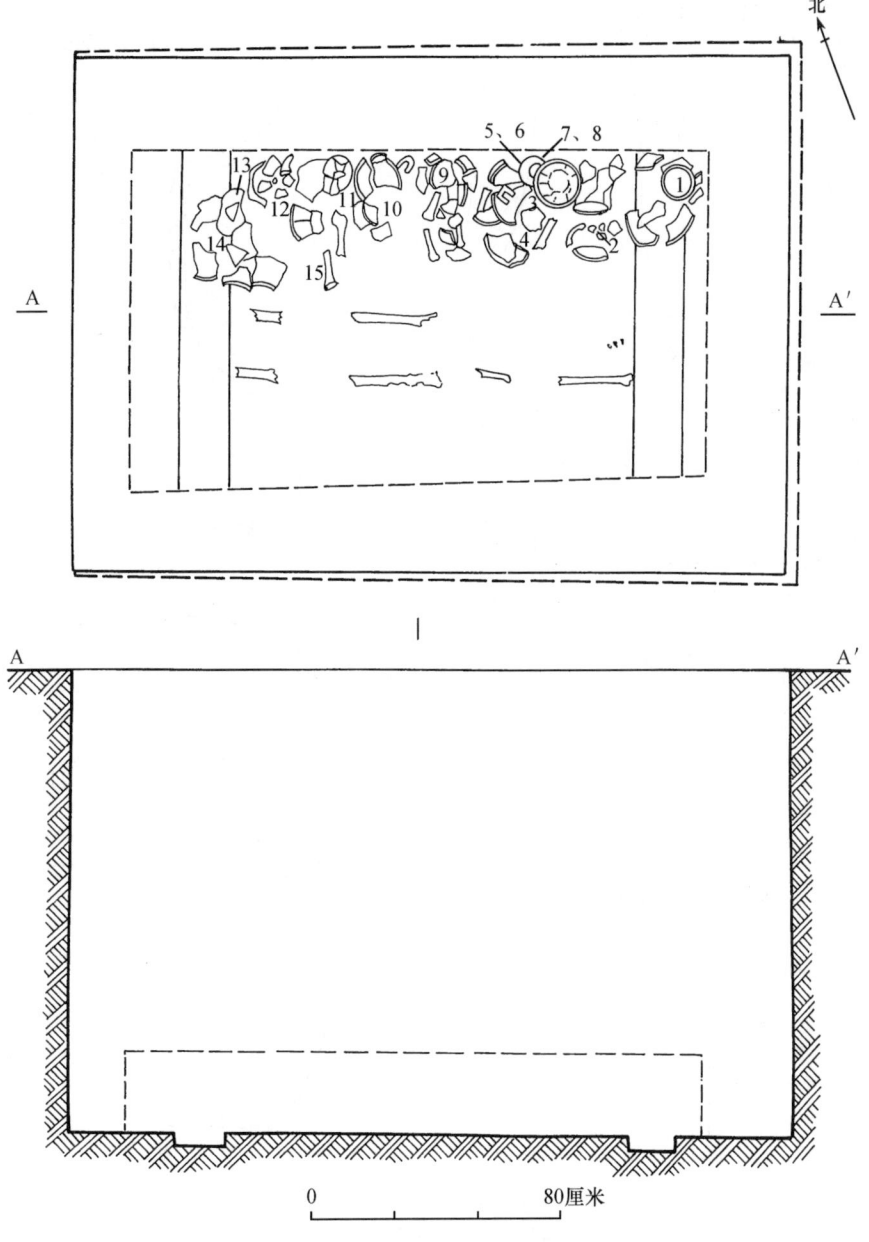

图一八九　M163平、剖面及遗物分布图

1、2. 陶壶　3. 陶盘　4. 陶匜　5、6. 陶豆　7、8. 陶壶形豆　9、10. 陶鼎　11. 陶小口鼎　12、13. 陶敦　14. 陶壶　15. 陶器盖

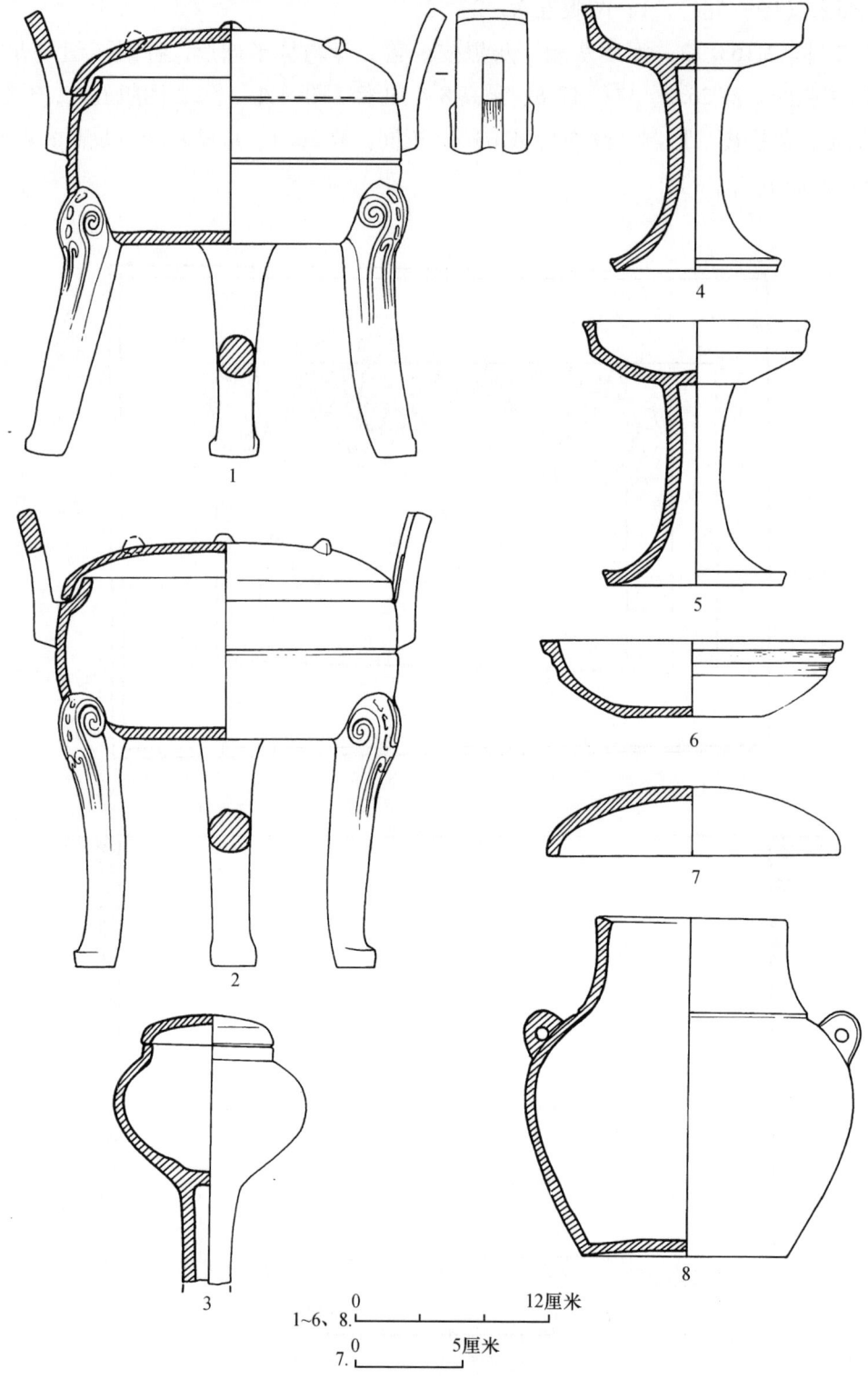

图一九〇　M163 出土陶器（1）

1、2. 鼎（M163:10、M163:9）　3. 壶形豆（M163:7）　4、5. 豆（M163:6、M163:5）
6. 盘（M163:3）　7. 器盖（M163:15）　8. 罍（M163:14）

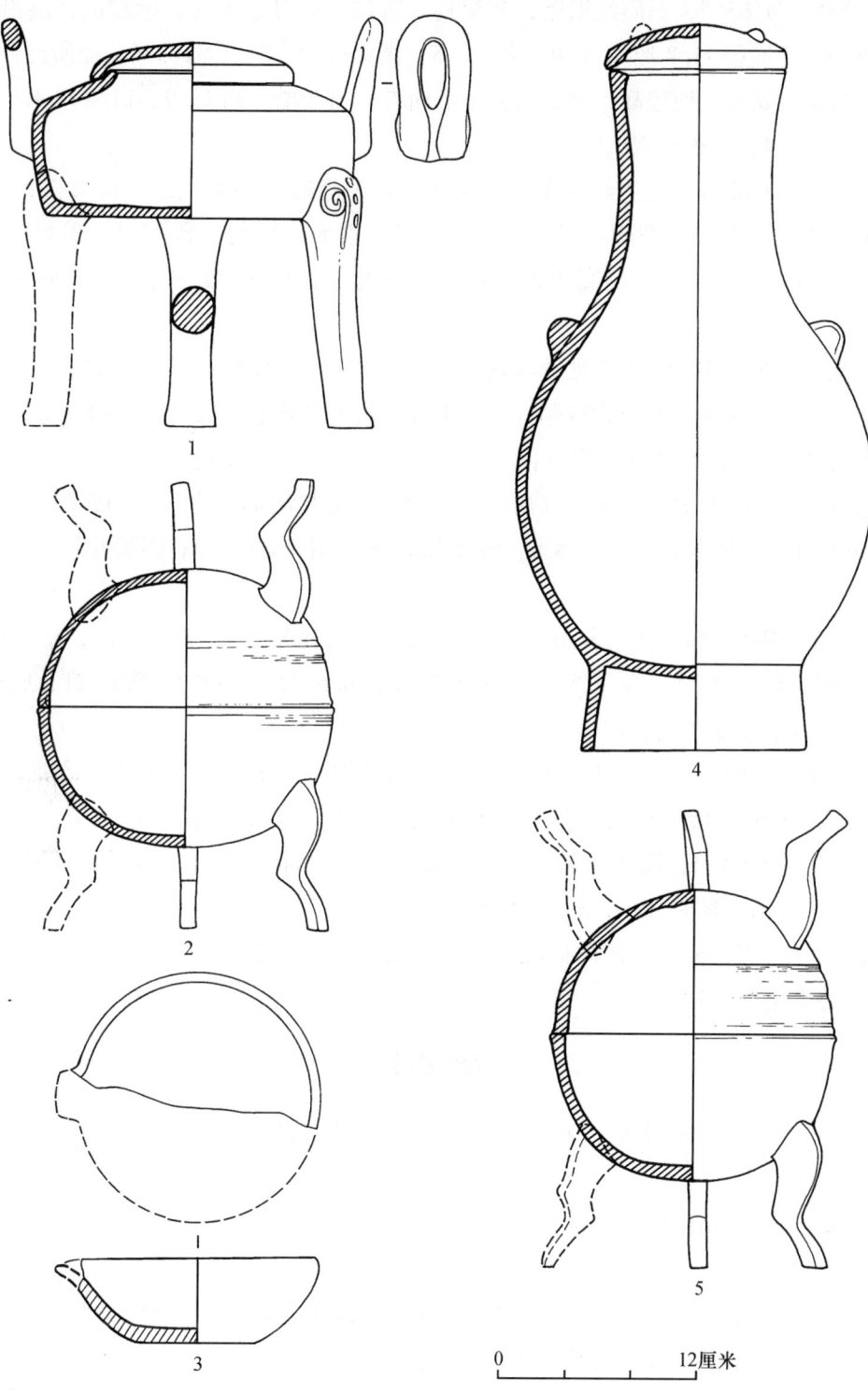

图一九一　M163 出土陶器（2）
1. 小口鼎（M163:11）　2、5. 敦（M163:12、M163:13）　3. 匜（M163:4）　4. 壶（M163:1）

陶豆　2件。M163:5，泥质红褐胎，灰黑皮。直口，折盘，平底，柄较高，座沿起台。高15.6、口径13.9、底径11.8厘米（图一九〇，5；图版五六，5）。M163:6，泥质红褐胎，灰黑皮。直口，折盘，圜底，柄较高，座沿起台，沿面有一周凹槽。高15.9、口径13.8、底径10.4厘米（图一九〇，4；图版五六，6）。

陶壶　2件。M163:1，泥质红褐胎，灰黑皮。盖顶隆起，上附三纽。口微侈，束颈较长，溜肩，肩附对称双盲耳，圆鼓腹，腹底圜形，圈足。素面，轮制。高42.3、盖径11.5、口径10.6、腹径21.4、底径13.3、足高5.2厘米（图一九一，4；图版五七，1）。M163:2，未能修复。

陶小口鼎　1件。M163:11，泥质红褐胎，灰黑皮。盖顶隆起。子口内敛，承盖，斜肩，腹斜收，平底，三高蹄足。上腹附对称双椭圆形耳，足上部饰卷云纹。高23.8、盖径12.2、口径10.2、腹径19.2、足高14.6厘米（图一九一，1；图版五七，2）。

陶壶形豆　2件。M163:7，泥质红褐胎，灰黑皮。盖顶隆起。直口，圆鼓腹，高柄，柄下部残失。残高14.3、盖径8.4、口径8.1、腹径12厘米（图一九〇，3；图版五七，3）。M163:8，未能修复。

陶罍　1件。M163:14，泥质灰陶，灰黑皮。口微敛，斜方唇，直领稍高，肩附对称双耳，耳有小孔，圆鼓腹，凹圜底。颈下饰一周凹弦纹。高20.6、口径12.2、腹径21、底径13.5厘米（图一九〇，8；图版五七，4）。

陶盘　1件。M163:3，泥质红褐胎，灰黑皮。平折沿，方唇，弧腹内收，平底。腹上部有二周凹弦纹。高4.6、口径18.7、底径8.9厘米（图一九〇，6；图版五七，5）。

陶匜　1件。M163:4，泥质红褐胎，灰黑皮。仅余一半，敞口，圆唇，弧腹，平底。高3.8、口径10.9厘米（图一九一，3，图版五七，6）。

陶器盖　1件。M163:15，泥质褐红胎，灰黑皮。盖顶隆起。高3.1、口径13.6厘米（图一九〇，7；图版五八，1）。

M164

位置　位于ⅡT0306中部，北、东、南、西分别与M200、M165、M167、M31、M163、M162相邻。

层位关系　①→M164→生土。

方向　256°。

形制与结构　长方形竖穴土坑墓，直壁平底。长200、宽80、深60厘米（图一九二）。填土为黄褐色五花土，土质疏松，无包含物。

葬具　一棺。位于墓室中部偏北，已朽成灰。残存灰痕长162、宽42、残高4、厚0.3厘米。

人骨　1具。保存较差，仰身直肢葬，头向西，双手交并于腹上。性别、年龄不详。

随葬器物　陶罐2件，置于棺外西南角。

陶罐　2件。M164:1，泥质灰陶。器形规整。侈口，矮领，圆肩，圆鼓腹，底近平。肩上

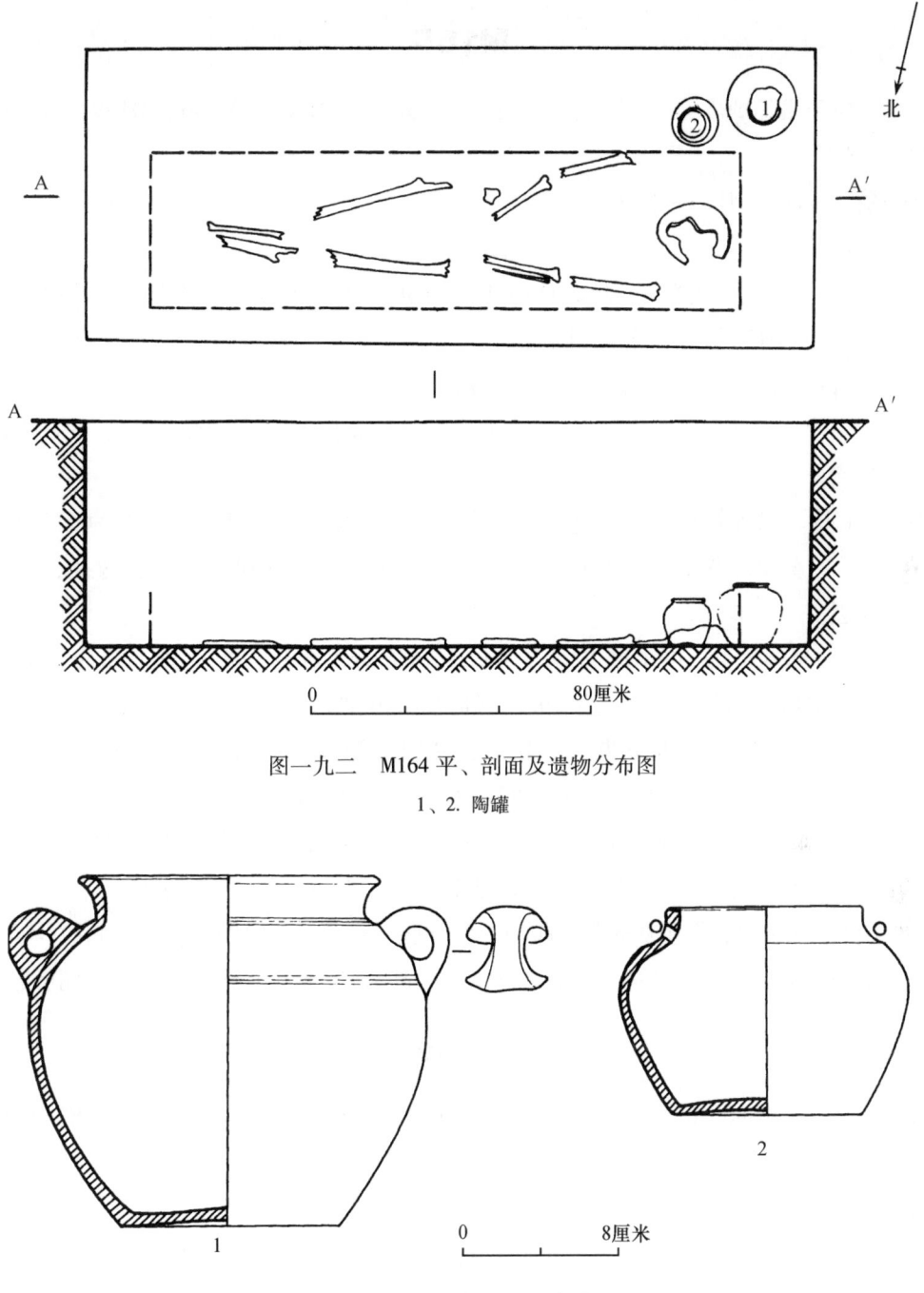

图一九二 M164 平、剖面及遗物分布图
1、2. 陶罐

图一九三 M164 出土陶器
1、2. 罐（M164:1、M164:2）

有对称双半环耳，耳上下方均饰有一周凹弦纹。器身轮制，耳模制。口径15.4、腹径20.5、底径11.7、高17.1厘米（图一九三，1；图版五八，2）。M164:2，泥质灰陶。器形规整。直口，圆唇，矮直领，肩部起折，上腹圆鼓，下腹斜收，平底微凹。颈肩交接处有对称双孔。素面，轮制。高10.3、口径10.4、腹径15、底径9.9厘米（图一九三，2；图版五八，3）。

M165

位置　位于ⅡT0306东部，北、东、南、西分别与M200、M166、M199、M169、M168、M167、M164相邻。

层位关系　①→M165→生土。

方向　150°。

形制与结构　长方形竖穴土坑，南壁下部外张，余三壁较直，平底。口部长230、底部长233、宽140、深102厘米（图一九四）。

填土为黄褐色五花土，土质疏松，无包含物。

葬具　一椁。位于墓室中部，已朽成灰。残存灰痕长192、宽90～100、残高24、厚0.8厘米。未见棺痕。

人骨　1具。保存较差，仰身直肢葬，头向东南，双手交并于腹上。性别、年龄不详。

随葬器物　4件。置于椁室内东南角，墓主头部右侧。分别为陶壶、陶豆、陶双耳罐和陶鼎。均已碎裂。

陶鼎　1件。M165∶4，夹砂黑褐陶。侈口，平折沿，圆唇，短束颈，弧腹，圜底，柱状足。中腹以下饰绳纹。口径18.3、足高9.2、通高15.6厘米（图一九五，1；图版五九，1）。

陶豆　1件。M165∶2，泥质褐灰陶。敞口，圆唇，深弧钵形盘，平底，觚形矮柄，座沿起台。口径12.5、底径7.5、高10.1厘米（图一九五，4；图版五九，2）。

陶罐　1件。M165∶3，泥质灰陶。侈口，尖圆唇，圆鼓腹，腹最大径略偏上，平底。肩附对称双半环耳。口径12、底径7.8、高14.6厘米（图一九五，2；图版五九，3）。

陶壶　1件。M165∶1，泥质灰褐陶。敞口，斜方唇，束颈，上腹圆鼓，下腹斜收，平底。肩饰一周凸棱，腹部饰两周凹弦纹。口径12.2、底径7.3、高20.3厘米（图一九五，3；图版五九，4）。

M166

位置　位于ⅡT0306东北角，东、南、西分别与M170、M199、M165、M200相邻。

层位关系　①→M166→生土。

方向　5°。

形制与结构　竖穴土坑墓，直壁平底。长210、宽56～68、深22厘米（图一九六）。

墓室东壁北端有壁龛，呈长方形，上部遭破坏，顶已不存。横宽58、进深31、残高20厘米。

填土为黄褐色五花土，土质疏松，无包含物。

葬具　不详。

人骨　1具。保存较差，仰身直肢葬，头向北。性别、年龄不详。

随葬器物　2件，置于壁龛内，由北至南分别为陶豆、陶壶。

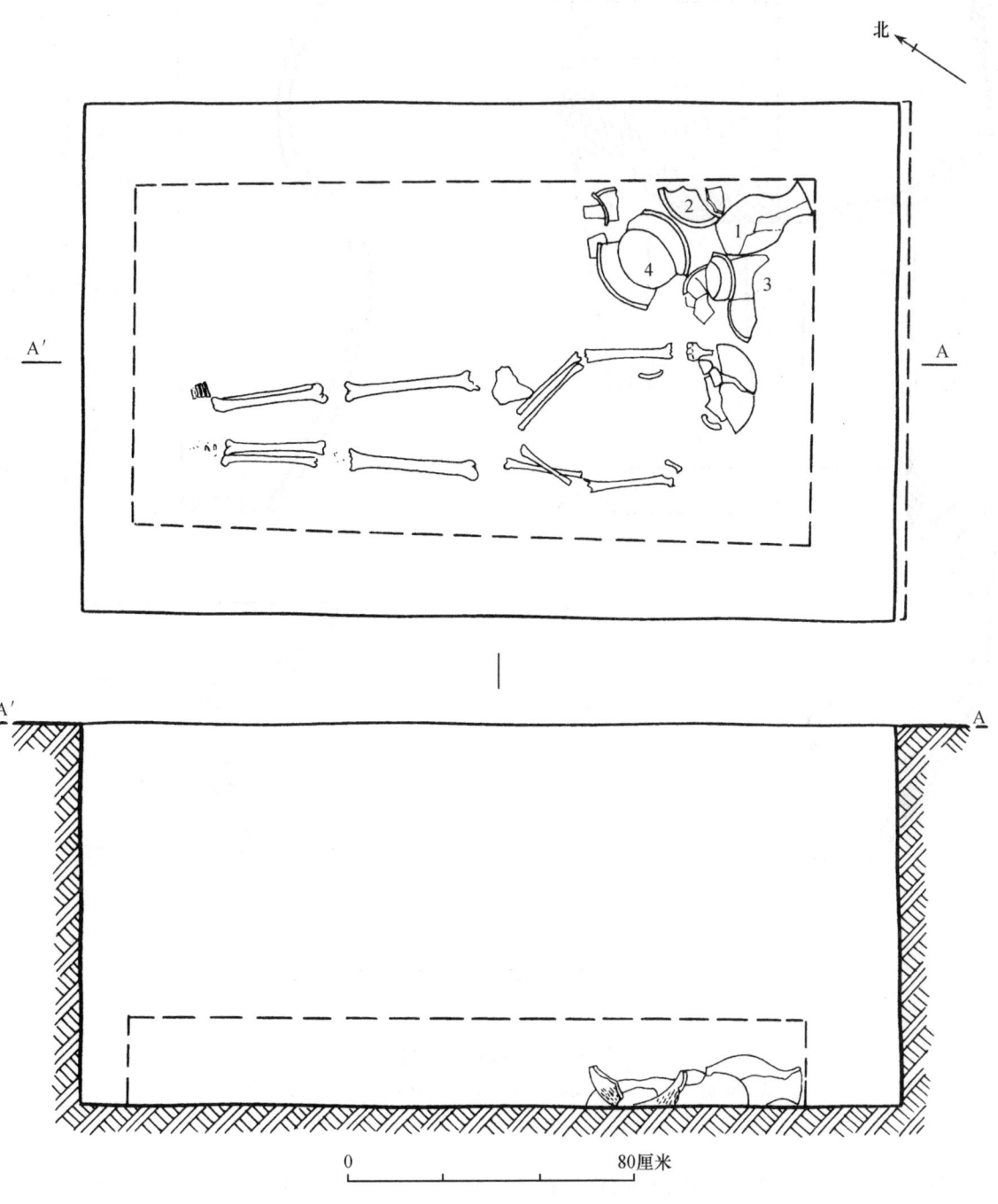

图一九四　M165 平、剖面及遗物分布图
1. 陶壶　2. 陶豆　3. 陶罐　4. 陶鼎

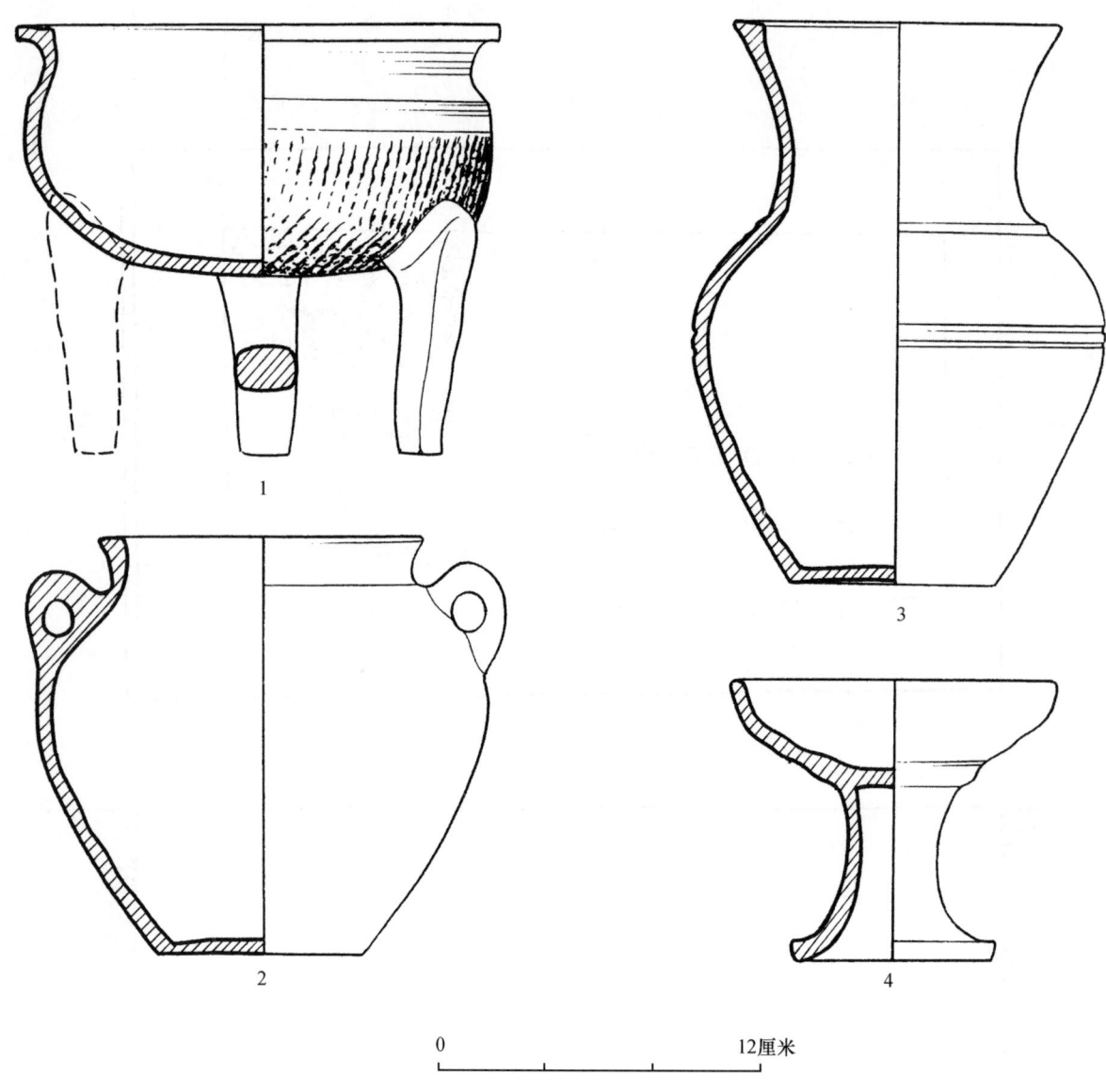

图一九五　M165 出土陶器
1. 鼎（M165:4）　2. 罐（M165:3）　3. 壶（M165:1）　4. 豆（M165:2）

陶豆　1件。M166:1，泥质灰陶。敞口，圆唇，浅弧盘，平底，矮柄，座沿起台。高10.4、口径12.2、底径7.2厘米（图一九七，1；图版五九，5）。

陶壶　1件。M166:2，泥质灰陶。仅残余下半部。弧腹内收，平底，下接圈足。残高14、肩径14.4、底径9.8厘米（图一九七，2；图版五九，6）。

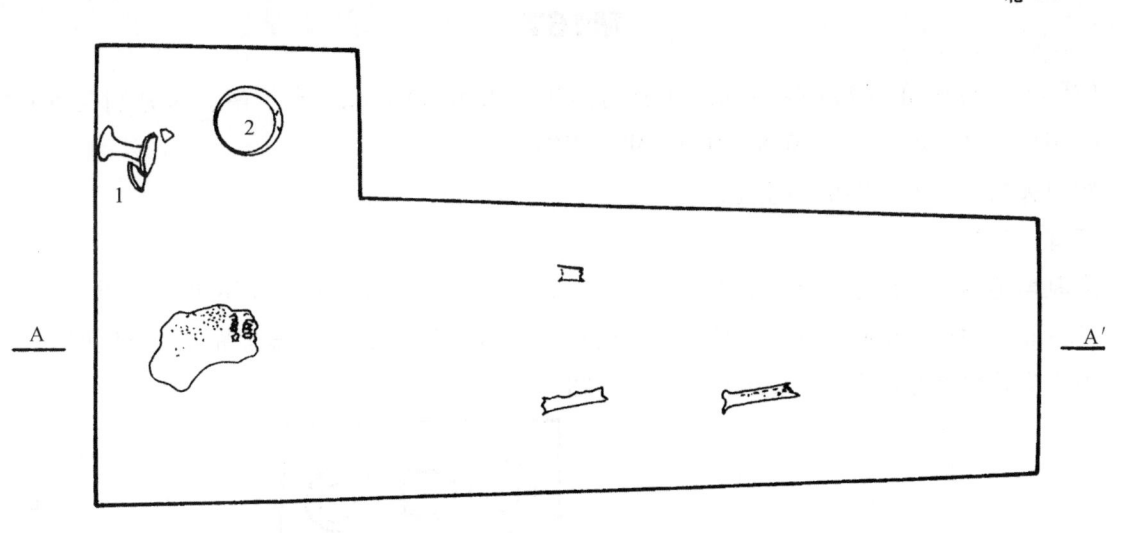

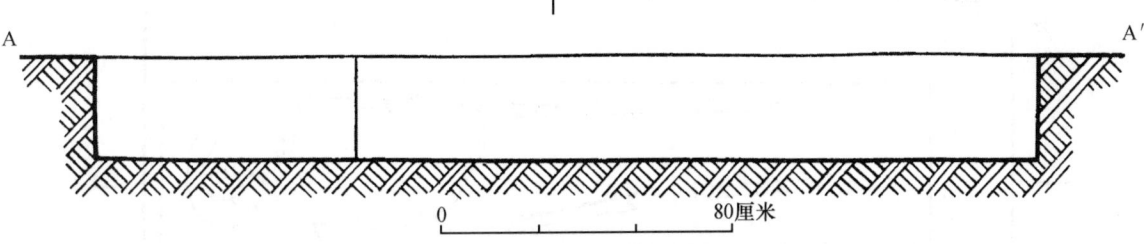

图一九六　M166 平、剖面及遗物分布图
1. 陶豆　2. 陶壶

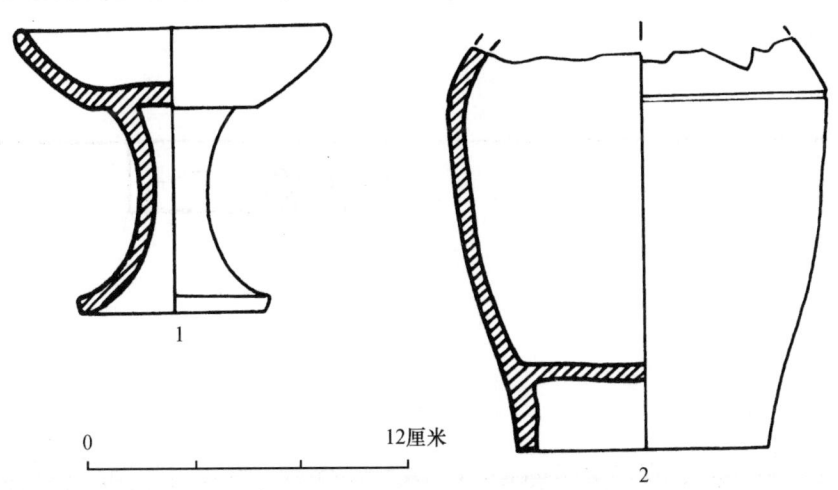

图一九七　M166 出土陶器
1. 豆（M166:1）　2. 壶（M166:2）

M167

位置　位于ⅡT0206西南部，部分向西进入ⅡT0306。北、东、南、西分别与M165、M199、M169、M168、M19、M18、M25、M31相邻。

层位关系　①→M167→生土。

方向　96°。

形制与结构　长方形竖穴土坑墓，直壁平底。长210、宽86~94、深78厘米（图一九八）。墓室北壁中部偏东有壁龛，呈长方形，横宽66、进深30、高16、龛底距墓底62厘米。填土为黄褐色五花土，土质疏松，无包含物。

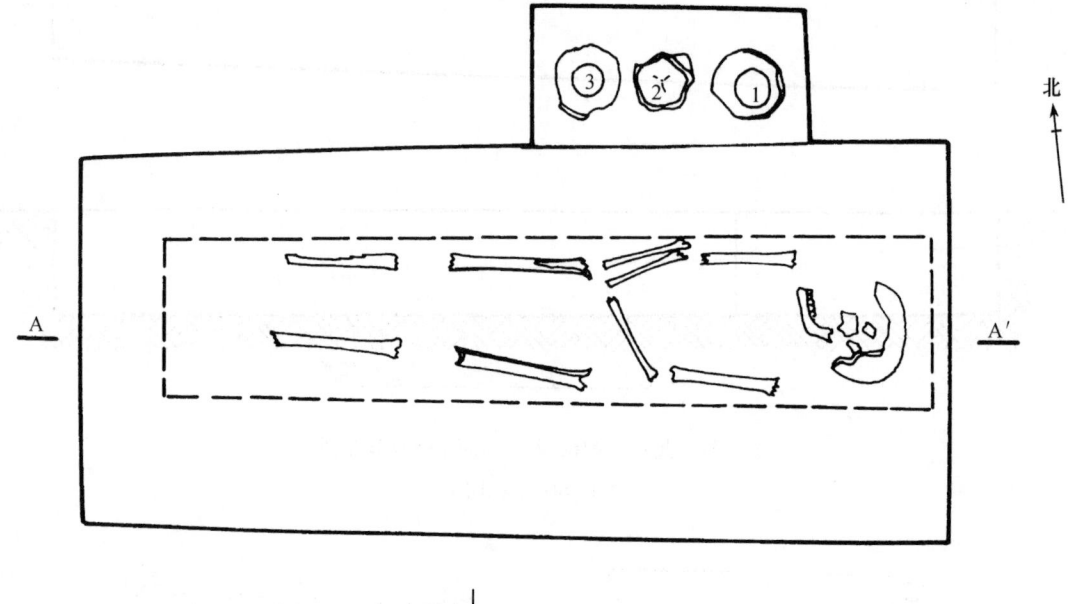

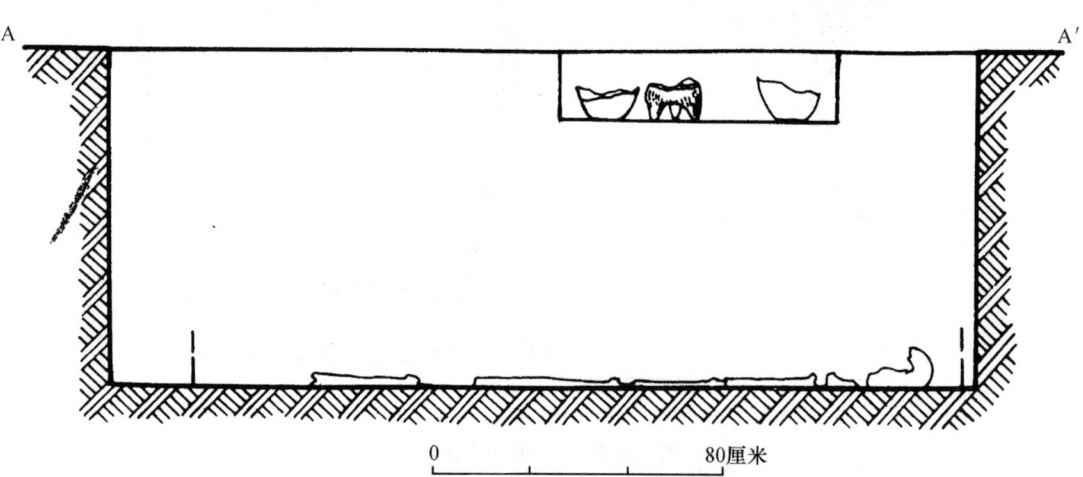

图一九八　M167 平、剖面及遗物分布图
1. 陶盂　2. 陶鬲　3. 陶壶

葬具　一棺。位于墓室中部稍偏东，已朽成灰。残存灰痕长186、宽38、残高10、厚0.4厘米。

人骨　1具。保存较差，仰身直肢葬，头向东，面略侧向北，双手交并于腹上。性别、年龄不详。

随葬器物　3件，置于壁龛内，由东至西分别为陶盂、陶鬲、陶壶。均已残碎。

陶鬲　1件。M167:2，夹砂红陶。器形不甚规整，口径小于腹径，大于三足外切圆径。折沿，方唇，矮斜直领，圆鼓肩，下腹斜收，弧裆，柱状足。颈以下饰绳纹。器身轮制，足模制。高15.8、口径14.8、腹径16.4厘米（图一九九，1；图版五八，4）。

陶盂　1件。M167:3，泥质灰陶。器形较规整，平折沿，圆唇，矮直领，颈、肩交接处起折，弧腹内收，平底。素面，轮制。高10.8、口径16.6、底径7.8厘米（图一九九，3；图版五八，5）。

陶壶　1件。M167:1，泥质灰陶。仅残余下半部。弧腹，平底。残高11.6、底径9.8厘米（图一九九，2；图版五八，6）。

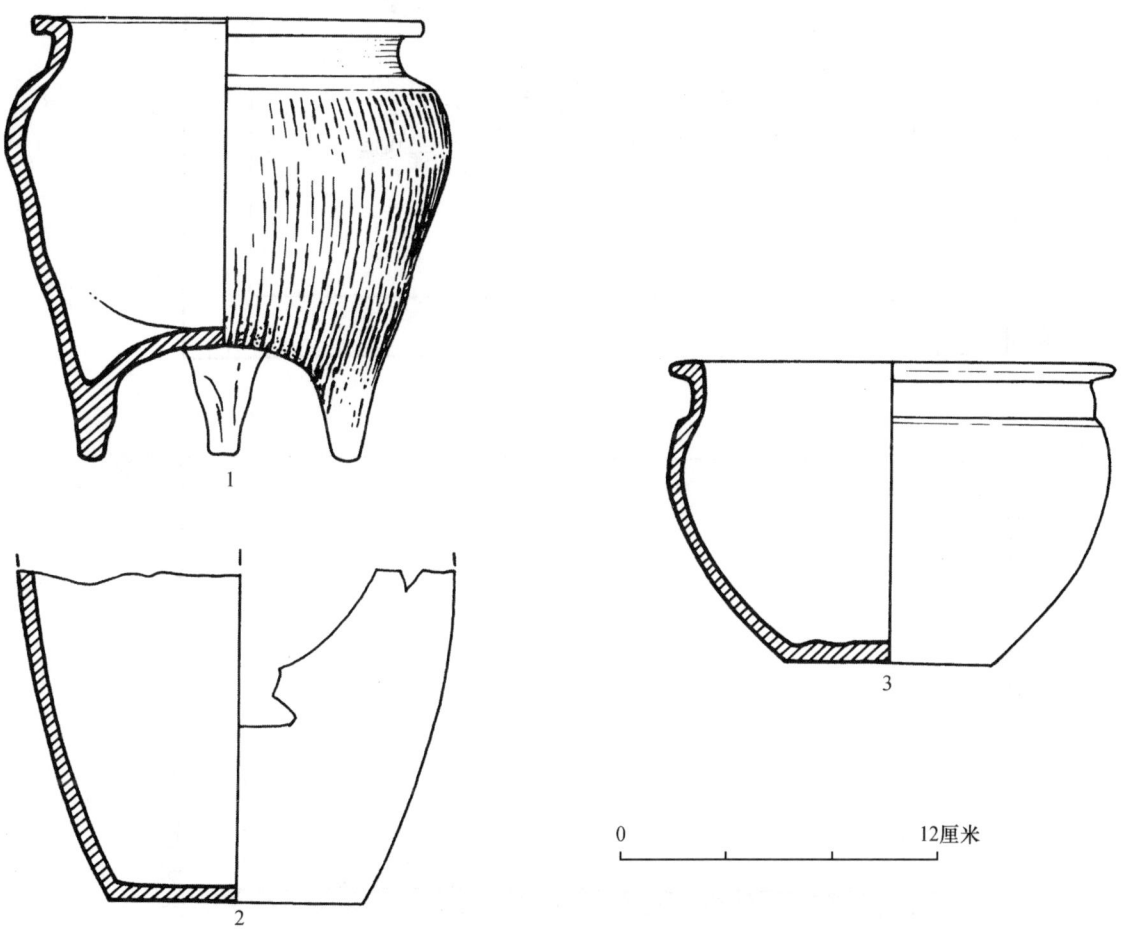

图一九九　M167出土陶器
1. 鬲（M167:2）　2. 壶（M167:1）　3. 盂（M167:3）

M168

位置　位于ⅡT0206西南部，北、东、南、西分别与M169、M175、M19、M167、M165相邻。

层位关系　①→M168→生土。

方向　359°。

形制与结构　长方形竖穴土坑墓，南壁下部稍外张，余三壁为直壁，平底。墓室口部长250、底部长252、宽136~140、深126厘米（图二〇〇）。

填土为黄褐色五花土，土质疏松，无包含物。

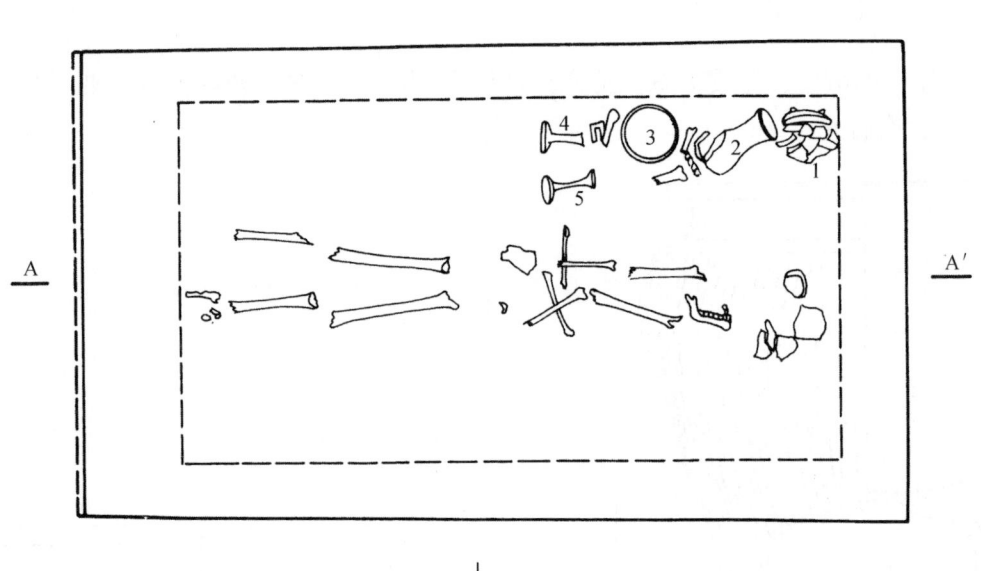

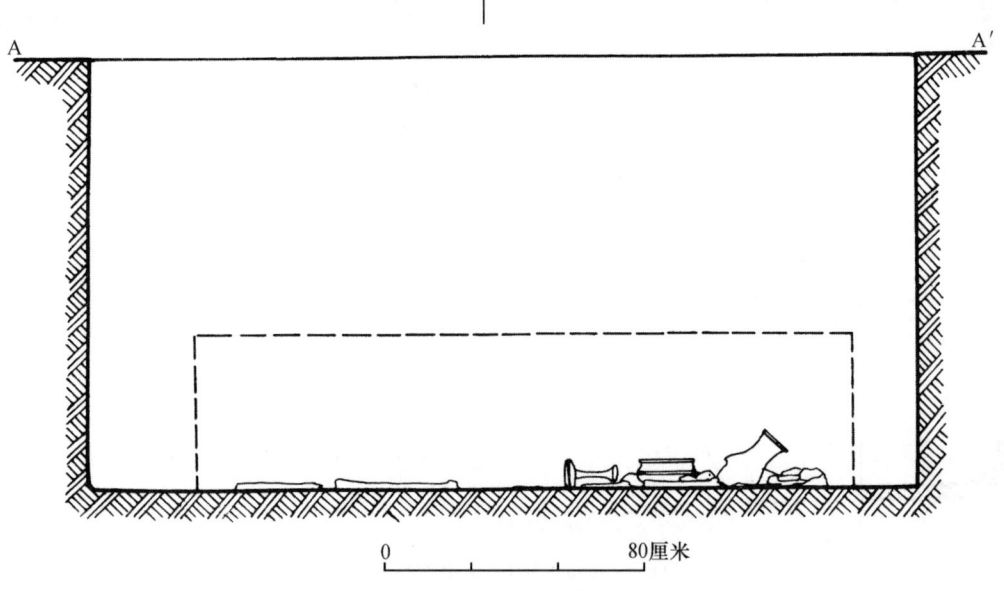

图二〇〇　M168平、剖面及遗物分布图
1. 陶敦　2. 陶壶　3. 陶鼎　4、5. 陶豆

葬具　一椁。椁室位于墓室中部，已朽成灰。残存灰痕长200、宽约107、残高46、厚1厘米。未见棺痕。

人骨　1具。保存较差，仰身直肢葬，头向北。性别、年龄不详。

随葬器物　5件，放置在椁内西北。从北到南分别为陶敦1件、陶壶1件、陶鼎1件、陶豆2件。

陶鼎　1件。M168:3，泥质褐红胎，灰黑皮。子母口，肩部附对称长方形耳，腹较直，平底，三蹄足。未见器盖。高19.4、口径17.3、足高14厘米（图二〇一，1；图版六〇，1）。

陶敦　1件。M168:1，泥质褐红胎，灰黑皮。仅余一半。腹呈半球形，尖圜底，三扁足（纽）已残。残高8.4、口径17.9厘米（图二〇一，5；图版六〇，2）。

陶豆　2件。M168:4，泥质红褐胎，灰黑皮。敞口，圆唇，弧盘较深，圜底，高柄，座沿起台。高16.2、口径11.8、底径7.2厘米（图二〇一，2；图版六〇，3）。M168:5，泥质红褐胎，灰黑皮。敞口，圆唇，浅弧盘，圜底，高柄，座沿起台。高14、口径13.5、底径14厘米（图二〇一，3；图版六〇，4）。

陶壶　1件。M168:2，泥质灰陶。盖顶弧起，上附三纽，顶面上饰有两周凹弦纹。侈口，束颈较长，肩附对称双盲耳，圆鼓腹，圜底，圈足。通高32.2、盖径11.7、口径11.7、腹径17.6厘米（图二〇一，4；图版六〇，5）。

M169

位置　位于ⅡT0206中部偏北，其南侧和西侧分别与M168、M199相邻。

层位关系　①→G1→M169→生土。

方向　108°。

形制与结构　长方形土坑竖穴墓，西壁下部略外张，余三壁较直，中部被G1打破。墓口长200、底部长202、宽73、深64~78厘米（图二〇二）。

填土为黄褐色五花土，土质疏松，无包含物。

葬具　一棺。棺室位于墓室中部，已朽成灰。残存灰痕长156、宽46、残高8、厚0.4厘米。

人骨　1具。保存较差，仰身直肢葬，头向东，面向南。性别、年龄不详。

随葬器物　无。

M170

位置　位于ⅡT0207西南部，部分向南进入ⅡT0206。北、东、南、西分别与M171、M172、M199、M166相邻。

层位关系　①→M170→生土。

方向　138°。

形制与结构　长方形竖穴土坑墓，直壁平底。长190、宽64、深50厘米（图二〇三）。

墓主头端墓壁上有壁龛，呈长方形，横宽58、进深14、高30厘米。

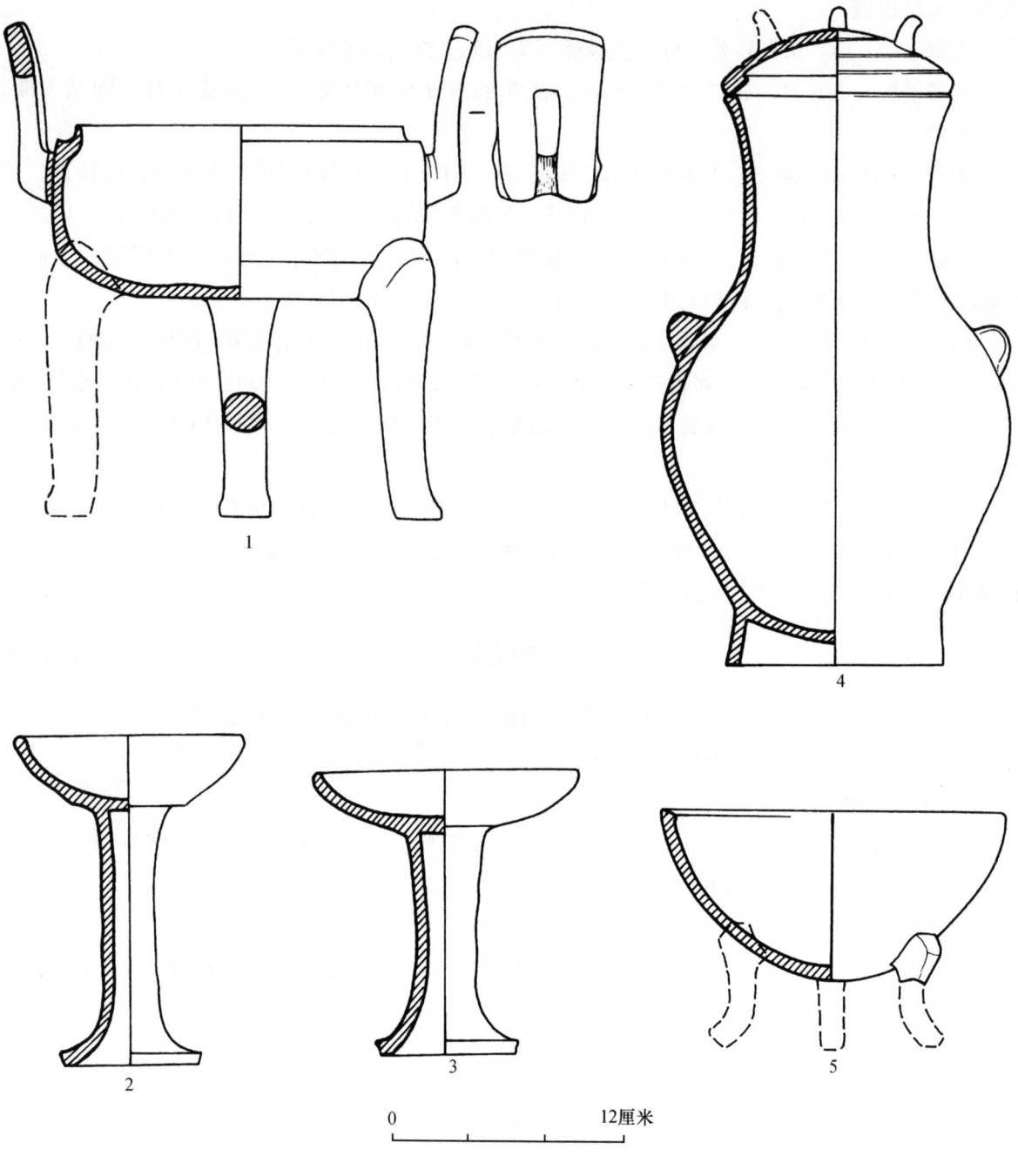

图二○一　M168 出土陶器
1. 鼎（M168:3）　2、3. 豆（M168:4、M168:5）　4. 壶（M168:2）　5. 敦（M168:1）

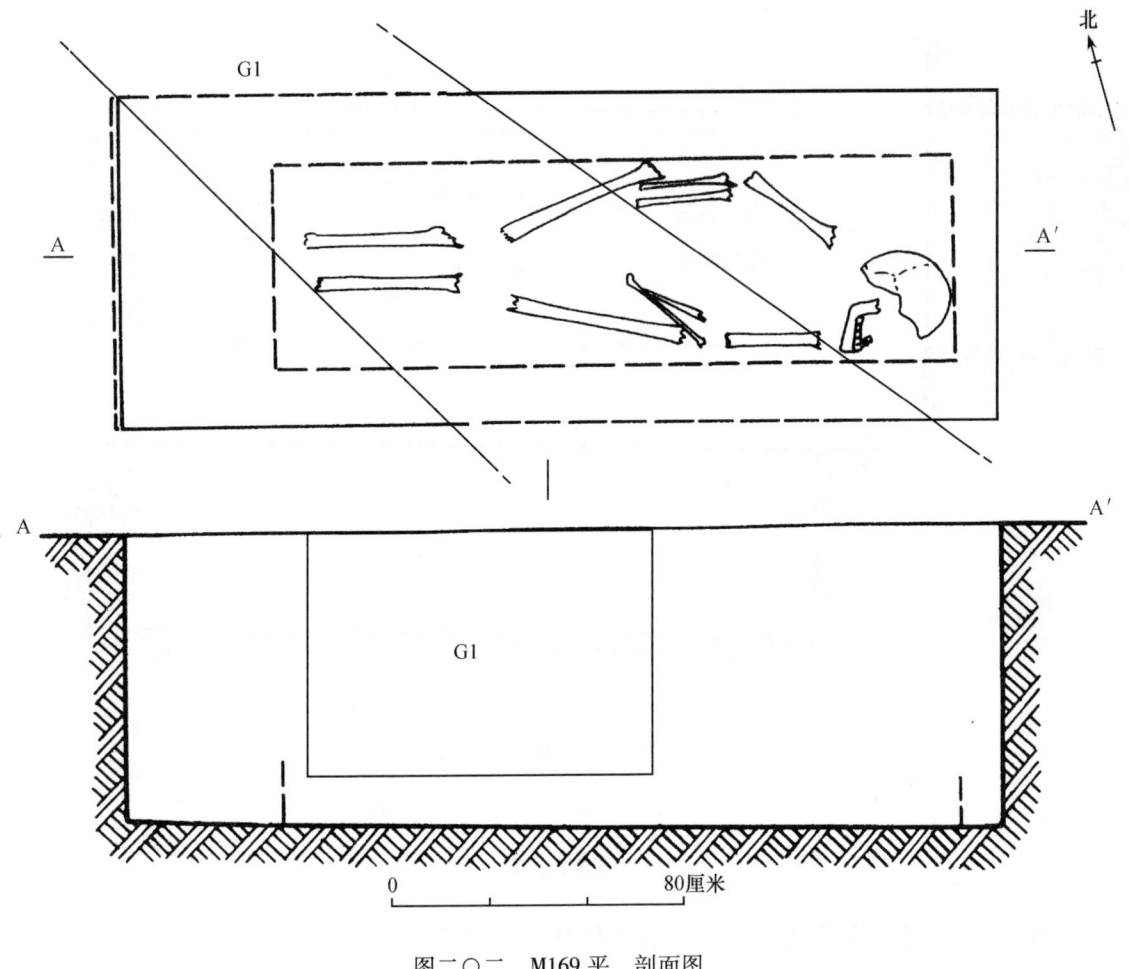

图二〇二　M169 平、剖面图

填土为褐黄花土，土质疏松，无包含物。

葬具　一棺。位于墓室中部略偏西南，已朽成灰。残存灰痕长190、宽58、残高32、厚0.5厘米。

人骨　1具。保存较差，仰身直肢葬，头向东南，双手交并于腹上。性别、年龄不详。

随葬器物　3件，置于壁龛内，分别为陶盂、陶罐、陶豆各1件，其中陶豆置于陶罐内。

陶盂　1件。M170:1，泥质灰陶。器形规整。宽平折沿，圆唇，矮直领，颈、肩交接处起折，上腹圆，下腹斜内收，平底。颈部饰弦纹，下腹有部分绳纹。轮制。高14.7、口径14.1、底径10.5厘米（图二〇四，2；图版六一，1）。

陶豆　1件。M170:2，泥质灰陶。敞口，圆唇，弧盘微折，柄较高，座沿起台。高15.2、口径13、底径6.9厘米（图二〇四，1；图版六一，2）。

陶罐　1件。M170:3，泥质灰陶。中口，矮直领，颈肩交接处起折，口至肩饰对称双耳，上腹圆鼓，下腹斜收，平底。上腹饰绳纹。轮制。高13.6、口径13.3、腹径14.7、底径8厘米（图二〇四，3；图版六一，3）。

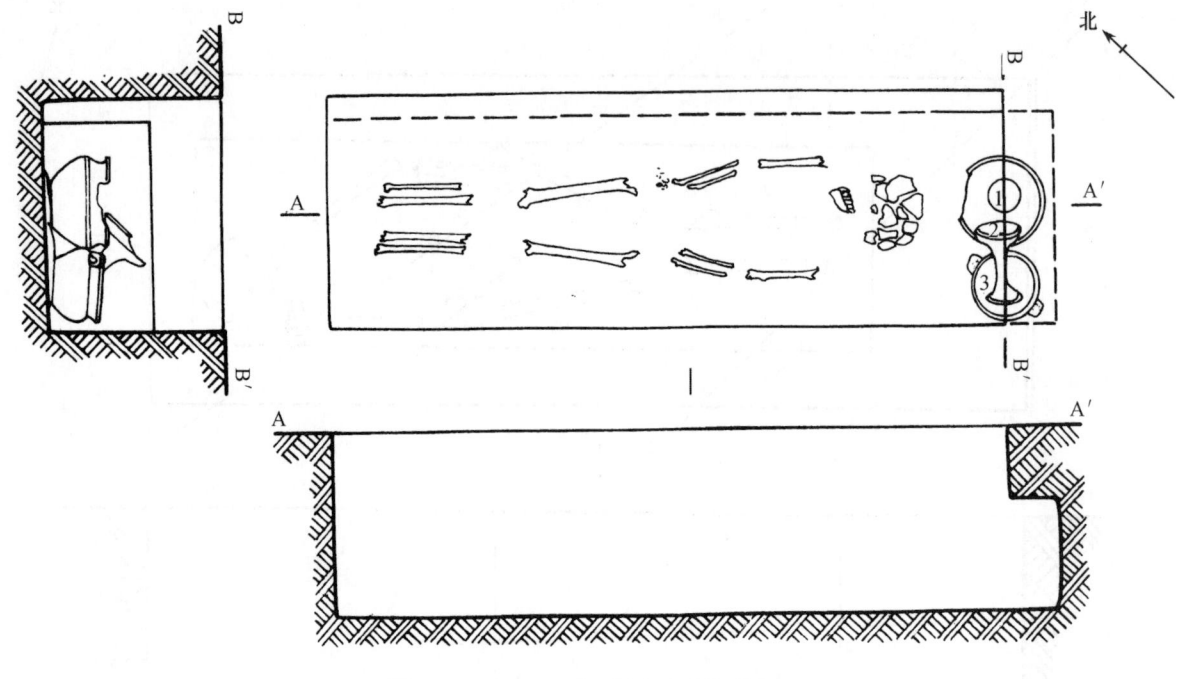

图二〇三 M170 平、剖面及遗物分布图
1. 陶盂 2. 陶豆 3. 陶罐

M171

位置 位于ⅡT0207西北部，其南侧有M170、M172。

层位关系 ①→G1→M171→生土。

方向 340°。

形制与结构 长方形土坑竖穴墓，口大底小，四壁稍弧，下部收束，平底。西半口部被G1打破。口部长210、宽120厘米；底部长202、宽116厘米；墓深90厘米（图二〇五）。

填土为含黄褐土的青灰花土，土质细腻，含少量红烧土颗粒。

葬具 不详。

人骨 无。

随葬器物 无。

M172

位置 位于ⅡT0207南部，北、东、南、西分别与M171、M173、M176、M177、M169、M199、170相邻。

层位关系 ①→M172→生土。

方向 4°。

形制与结构 长方形竖穴土坑墓，直壁平底。长220、宽120～127、深126厘米（图二

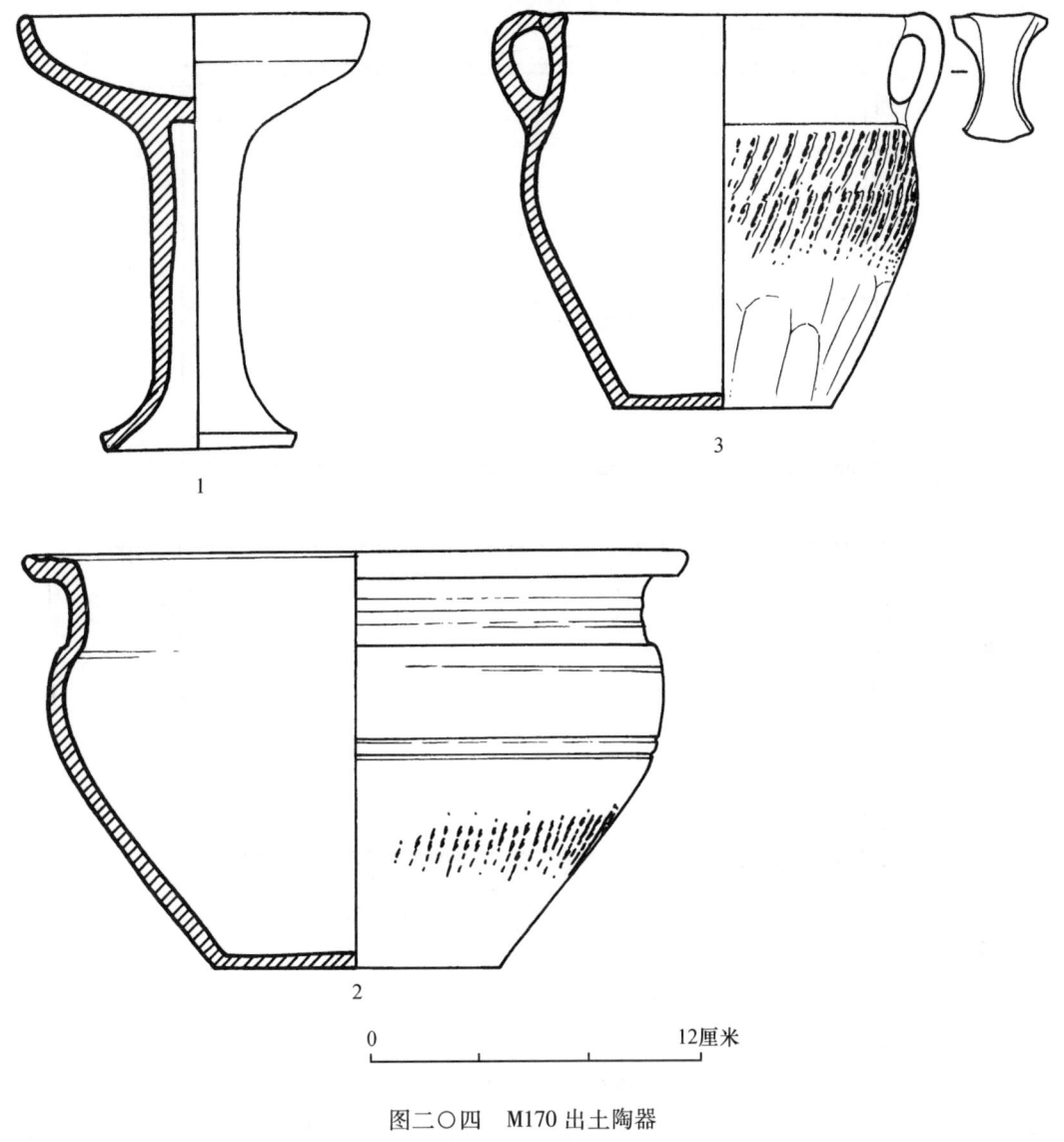

图二〇四 M170 出土陶器
1. 豆（M170:2） 2. 盂（M170:1） 3. 罐（M170:3）

〇六；彩版二，4）。

填土为黄褐色五花土，土质疏松，无包含物。

葬具 一棺。位于墓室中部，已朽成灰。残存灰痕长180、宽56、残高36、厚0.8厘米。

人骨 1具。保存较差，仰身直肢葬，头向北，双手交并于腹上。性别、年龄不详。

随葬器物 4件。置于棺外东部偏北，由北至南分别为陶壶、陶盂、陶豆、陶盂。

陶盂 2件。M172:2，泥质灰陶。器形规整。平折沿，方唇，矮领略束，上腹圆鼓，下腹斜直内收，平底微凹。颈部饰凹弦纹，中腹处饰有绳纹。轮制。高13.2、口径23.6、底径12.5厘米（图二〇七，2；图版六二，1）。M172:4，泥质灰陶。器形规整。平折沿，方唇，矮领略束，上腹圆鼓，下腹斜直内收，平底微凹。颈部饰数周弦纹，中腹处饰有绳纹。高11.9、口径

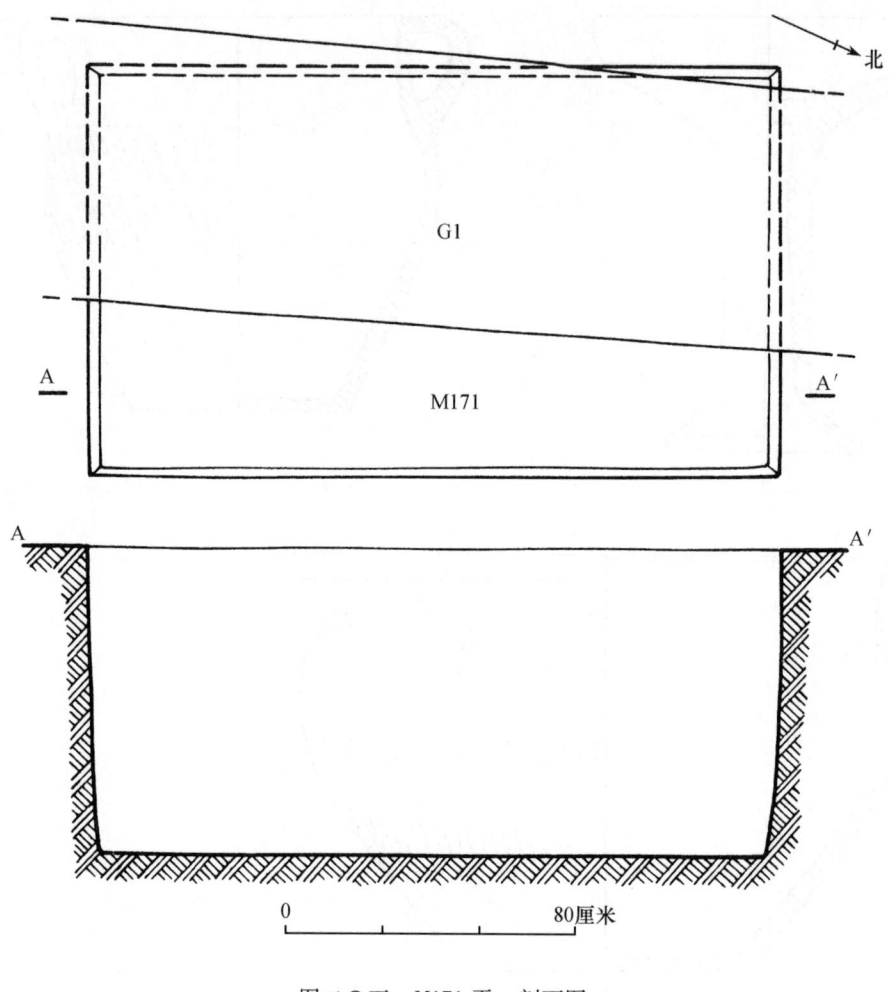

图二〇五　M171 平、剖面图

22.9、底径 12 厘米（图二〇七，1；图版六二，2）。

陶豆　1 件。M172:3，泥质深灰陶。敞口，尖圆唇，浅弧盘，矮柄，座沿起台。高 10.3、口径 12.3、底径 7 厘米（图二〇七，3；图版六二，3）。

陶壶　1 件。M172:1，泥质红陶。平折沿，方圆唇，敞口，束颈，颈肩交接处有对称双耳，斜直腹，平底。颈肩部饰弦纹，肩部有一周凸棱。轮制。高 19.2、口径 13.1、底径 7.6 厘米（图二〇七，4；图版六二，4）。

M173

位置　位于ⅡT0207 东南部，东、南、西分别与 M181、M176、M172、M171 相邻。

层位关系　①→M173→生土。

方向　96°。

形制与结构　长方形竖穴土坑墓，直壁平底。长 190、宽 112～114、深 116 厘米（图二〇八）。

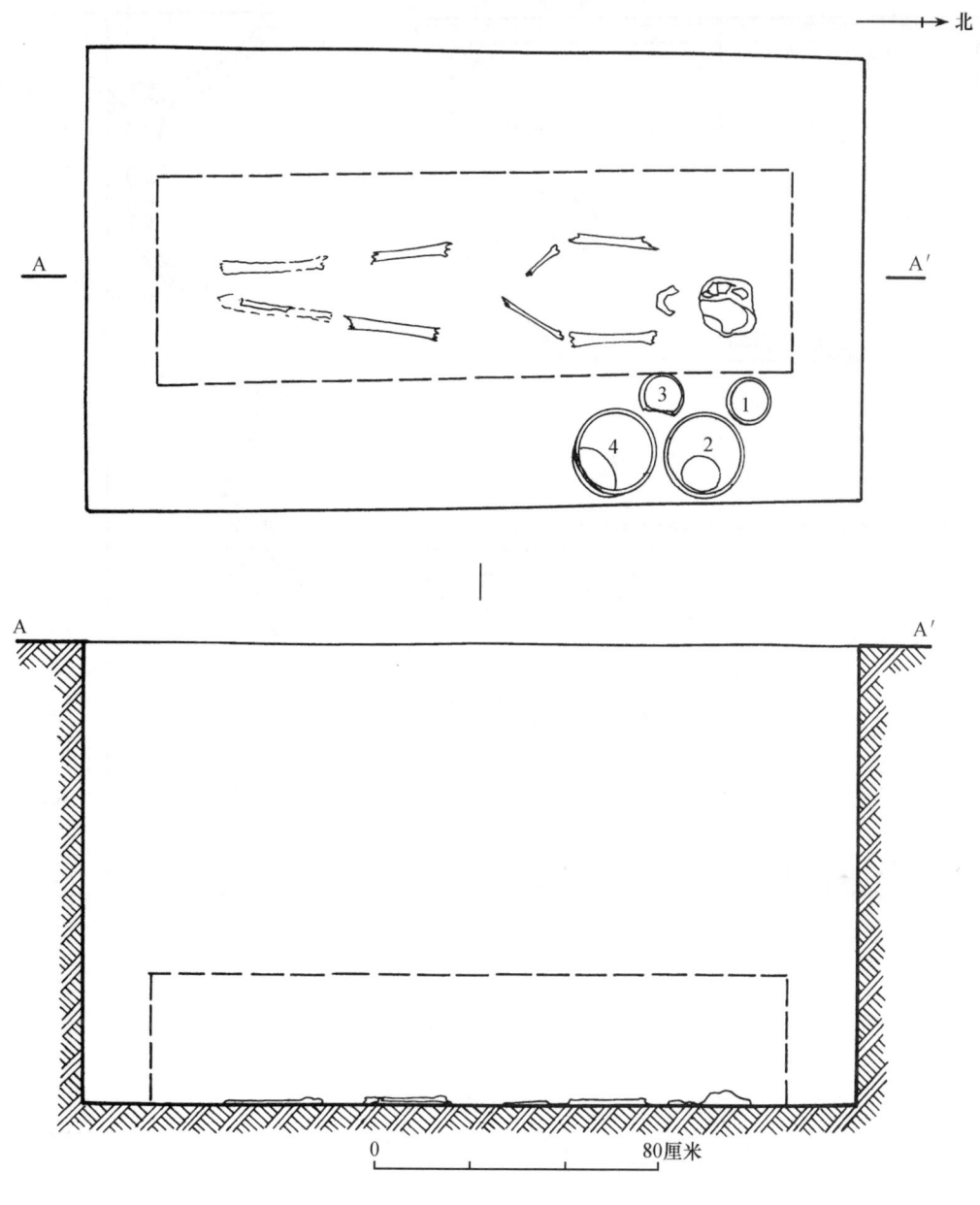

图二〇六　M172 平、剖面及遗物分布图
1. 陶壶　2、4. 陶盂　3. 陶豆

填土为黄褐色五花土，土质疏松，无包含物。

葬具　一棺。位于墓室中部，已朽成灰。残存灰痕长170、宽60、残高26、厚0.5厘米。

人骨　1具。保存较差，仰身直肢葬，头向东，面向上，右臂伸直，左手置于腹上。性别、年龄不详。

随葬器物　陶鼎1件，置于棺室内墓主头右侧。

陶鼎　1件。M173:1，泥质红褐胎，灰黑皮。宽平折沿，方唇，矮直颈，颈肩交接处起

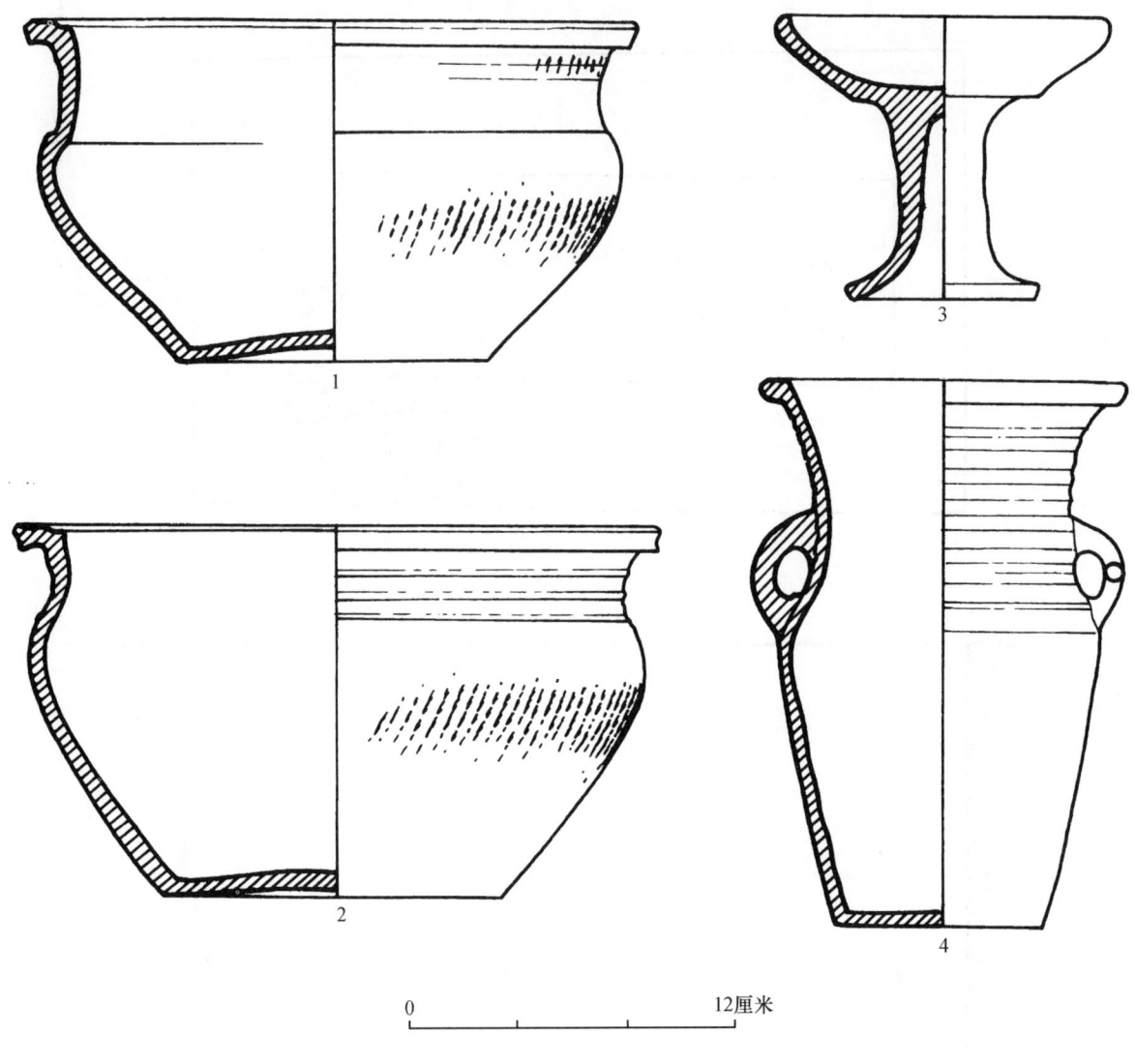

图二〇七 M172 出土陶器
1、2. 盂（M172:4、M172:2） 3. 豆（M172:3） 4. 壶（M172:1）

折，腹微弧，圜底，蹄足。鼎足已残。肩腹部饰二周凹弦纹，底饰绳纹。残高11.5、口径27.3厘米（图二〇九；图版六〇，6）。

M174

位置 位于ⅡT0206与ⅡT0106之间，北、东、南、西分别与M176、M177、M180、M179、M178、M175、M169相邻。

层位关系 ①→M174→生土。

方向 96°。

形制与结构 带阶梯墓道的竖穴土坑墓。墓道位于墓室东壁，口部长115、宽110厘米。

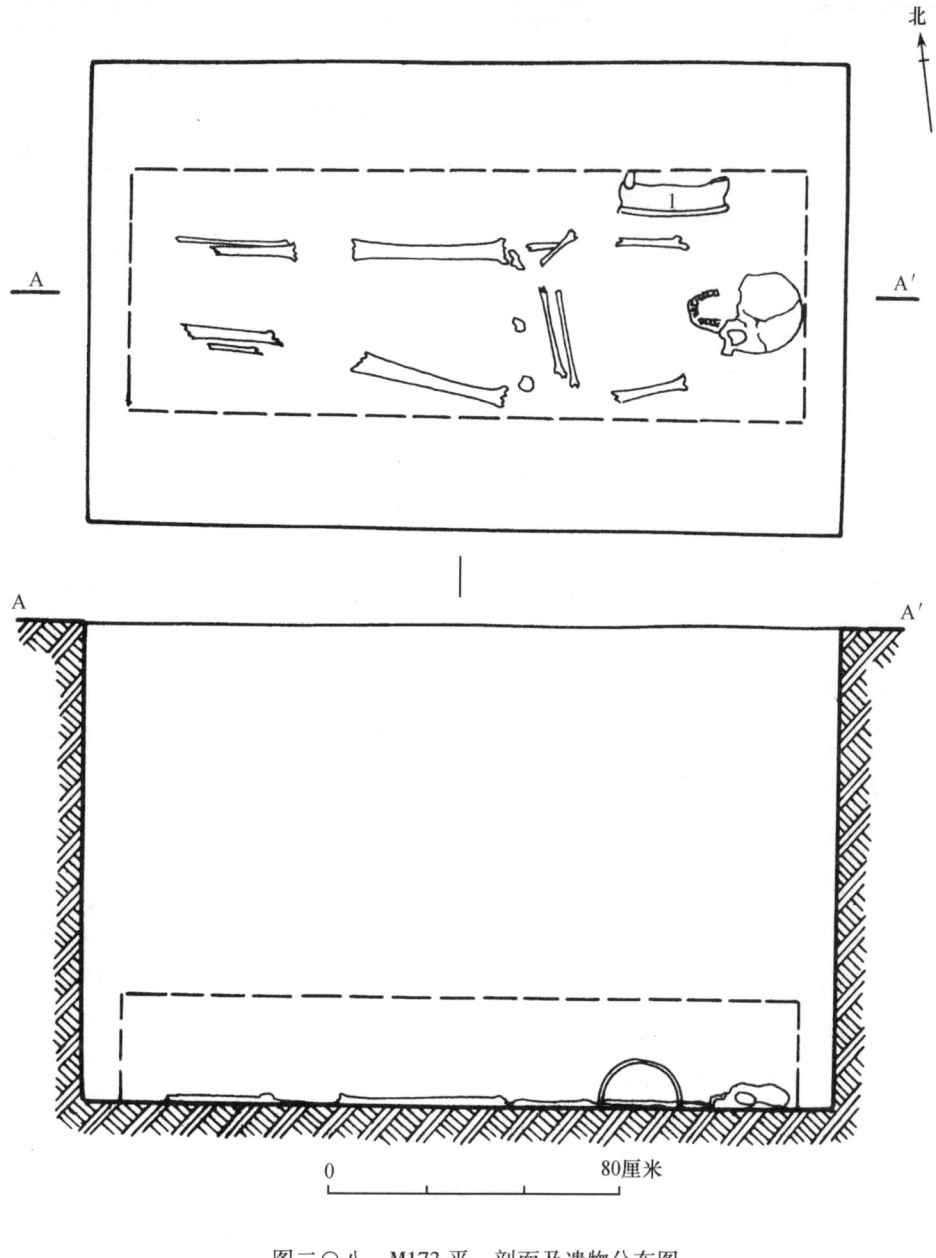

图二〇八 M173 平、剖面及遗物分布图
1. 陶鼎

共两阶,第一阶长 80、深 30 厘米;第二阶长 35、深 60 厘米。墓室呈长方形,东、西壁下部外张,南、北壁较直,平底。墓室口部长 245、底部长 252、宽 170、深 190 厘米(图二一〇;彩版四,1)。

填土为黄褐色五花土,土质较硬,含较多料姜石。

葬具 一椁。椁室位于墓室中部,已朽成灰。残存灰痕长 200、宽约 124、残高 60、厚 3 厘米。椁底有两根枕木,南北向,大小相同,均长 124、宽 14、厚 5 厘米。未见棺痕。

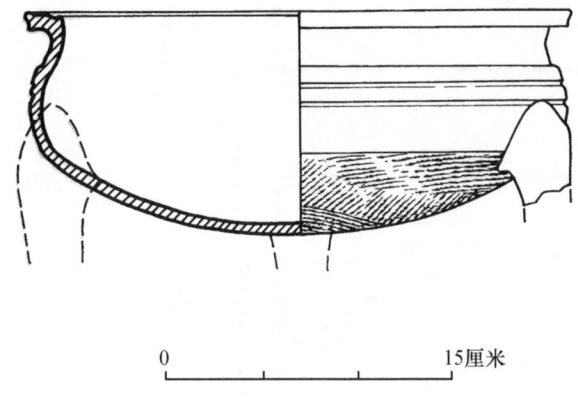

图二○九 M173 出土陶鼎（M173∶1）

人骨 1具。保存较差，稍凌乱，头向东，葬式不明。性别、年龄不详。

随葬器物 11件。放置在椁内人骨南侧。计有陶鼎2件、陶敦1件、陶豆2件、陶壶1件、陶壶形豆2件、陶盒3件。出土时多残碎。

陶鼎 2件。M174∶2，泥质褐红胎，灰黑皮。盖顶微弧，顶面上有一周凸棱，附三纽。鼎身子口内敛，肩附对称长方形双实耳，腹较直，底近平，三细蹄足。素面，有漆绘痕迹；通高26、盖径23.6、口径21.6、腹径24.8、足高15.4厘米（图二一一，1；图版六四，1）。M174∶3，未能修复。

陶敦 1件。M174∶4，泥质褐红胎，灰黑皮。身、盖均呈半球形，相扣呈高体椭球形，身、盖各附三足（纽），三足（纽）外撇。通高26.8、口径18.8、足高6.4厘米（图二一一，2；图版六四，2）。

陶豆 2件。M174∶5，泥质灰陶。敞口，浅弧盘，圜底，柱状细高柄，豆柄近足部饰有三周凹弦纹，座沿起台，沿面有凹槽。高20.2、口径14.4、底径10.2厘米（图二一一，5；图版六四，3）。M174∶6，泥质灰陶。形制与M174∶5相同。高19.7、口径14.3、底径11.1厘米（图二一一，6；图版六四，4）。

陶壶 1件。M174∶1，未能修复。

陶壶形豆 2件。M174∶7，泥质灰黑陶。直口，方唇，直领较高，圆鼓腹，腹底有柄，已残。残高10.4、腹径8.8、口径6.7厘米（图二一一，4；图版六四，5）。M174∶8，泥质灰黑陶。直口微敛，方唇，直领较高，圆鼓腹，腹底有柄，其下残。残高8.5、口径6.4、腹径9.4厘米（图二一一，3；图版六四，5）。

陶盒 3件。M174∶9、M174∶10、M174∶11，均残甚，未能修复。

M175

位置 位于ⅡT0206东南部，东北及南侧、西侧分别与M174、M30、M19、M168、M169相邻。

层位关系 ①→G1→M175→生土。

方向 80°。

形制与结构 长方形竖穴土坑墓，直壁平底，西部被G1打破。长260、宽151～160、深112厘米（图二一二）。

填土为黄褐色五花土，土质疏松，无包含物。

葬具 一椁。位于墓室中部，已朽成灰。残存灰痕长200～204、宽90～105、残高32、厚0.8厘米。未见棺痕。

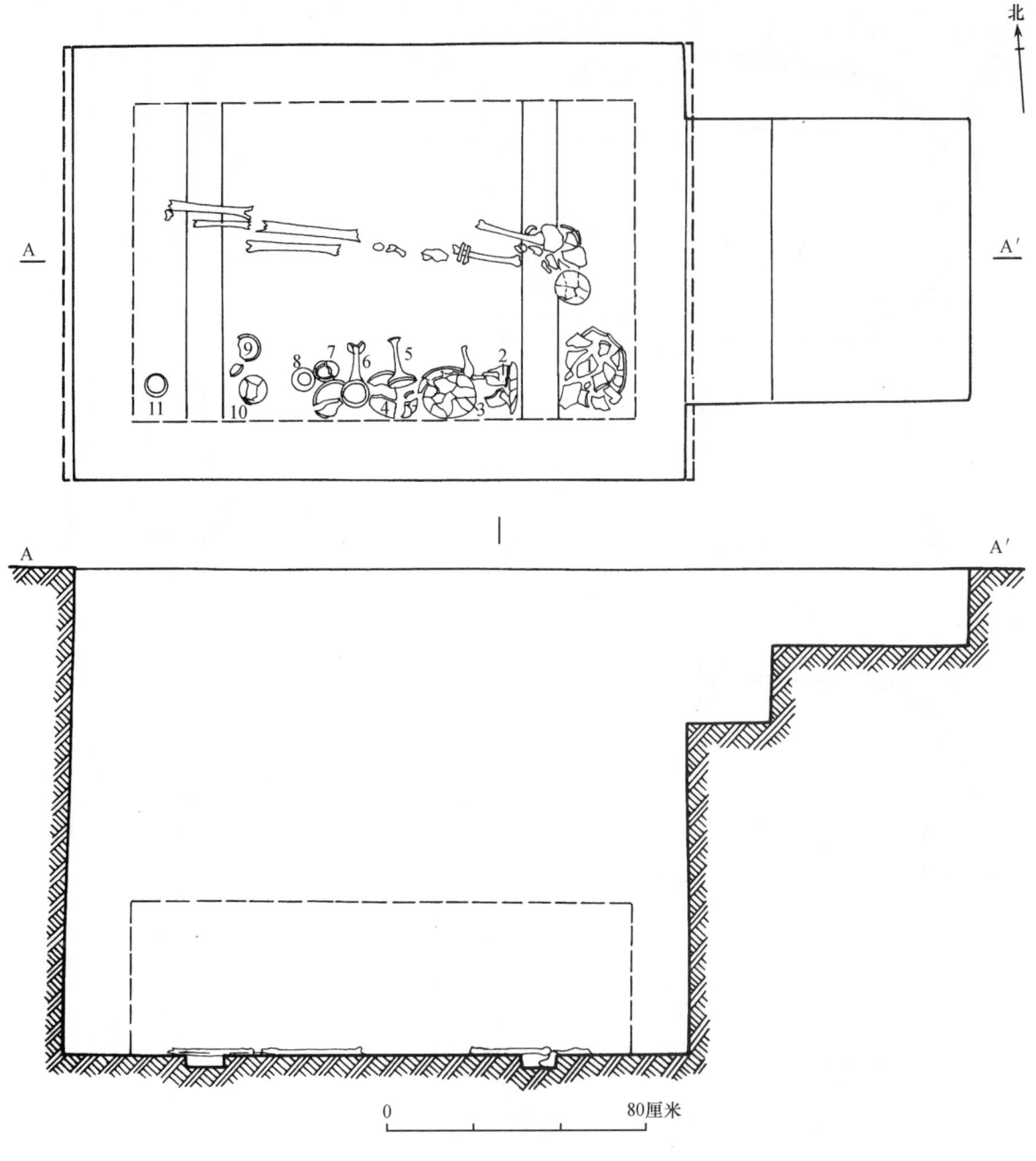

图二一〇 M174 平、剖面及遗物分布图
1. 陶壶 2、3. 陶鼎 4. 陶敦 5、6. 陶豆 7、8. 陶壶形豆 9~11. 陶盒

人骨 1具。保存较差，仰身直肢葬，头向东，双手交并于腹上。性别、年龄不详。

随葬器物 共4件，置于椁室内墓主头部左侧，由东至西分别为陶鼎、陶盂、陶壶和铜带钩。

陶鼎 1件。M175：1，夹砂褐红胎，黑灰皮。器形不甚规整，三足外切圆径小于口径。平折沿，沿面有一周凹槽，方圆唇，束颈，弧腹，圜底，扁足。肩部以下饰绳纹。器身轮制，足

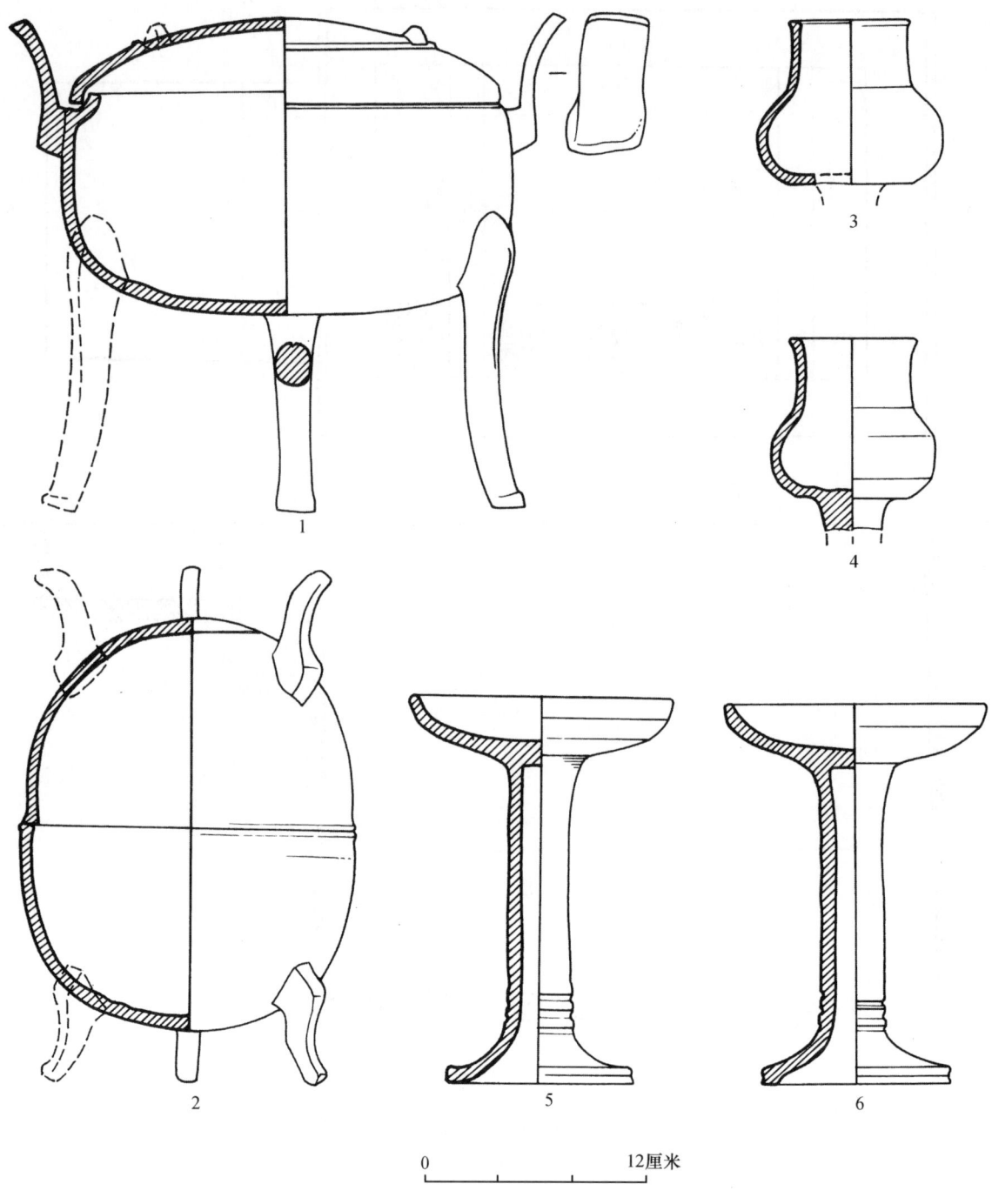

图二一一　M174 出土陶器

1. 鼎（M174:2）　2. 敦（M174:4）　3、4. 壶形豆（M174:8、M174:7）　5、6. 豆（M174:5、M174:6）

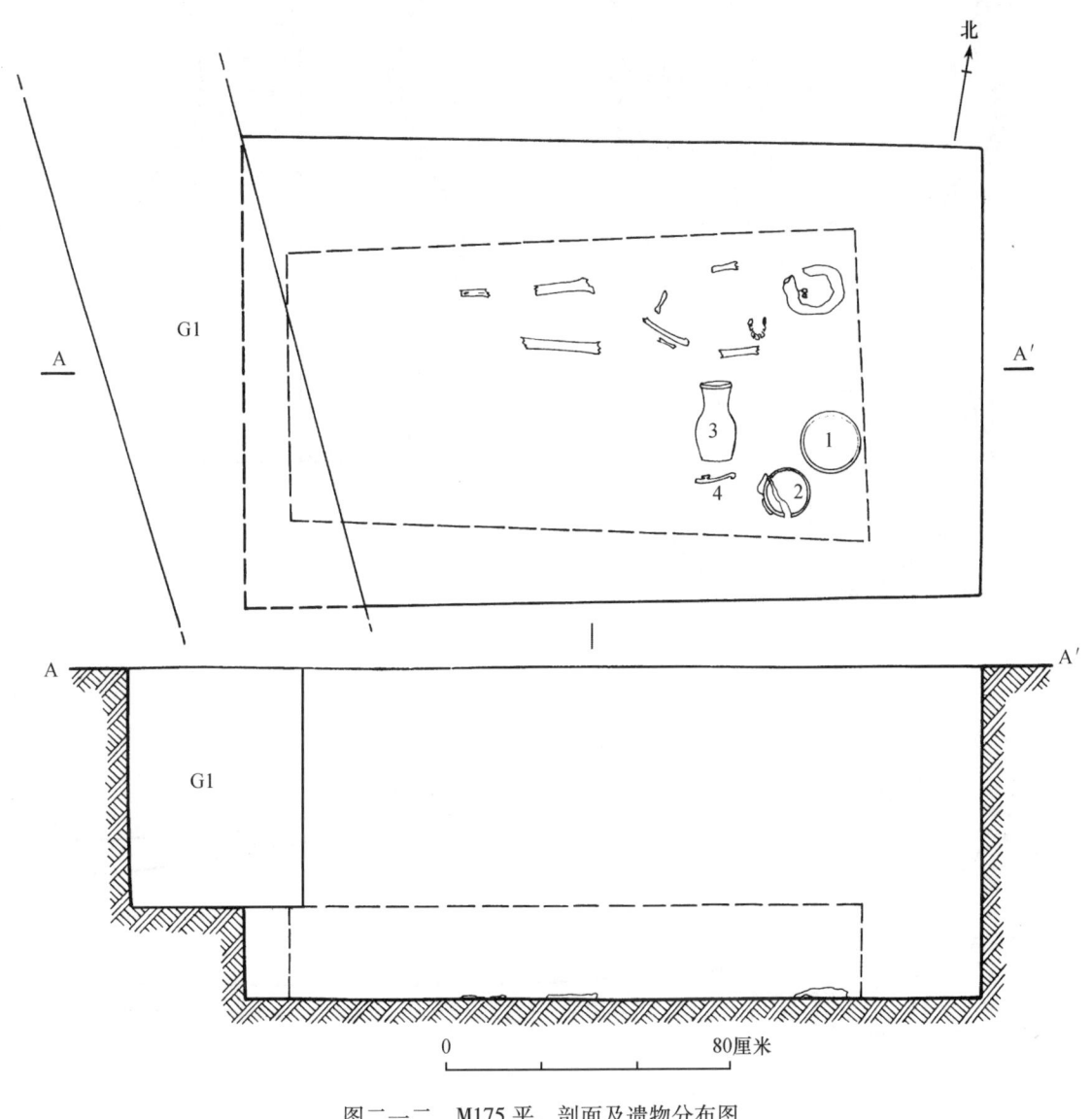

图二一二　M175 平、剖面及遗物分布图
1. 陶鼎　2. 陶盂　3. 陶壶　4. 铜带钩

模制。高13.3、口径18.4厘米（图二一三，1；图版六五，1）。

陶盂　1件。M175：2，泥质灰陶。器形规整。平折沿，圆唇，矮直领，上腹圆鼓，下腹斜收，平底。素面，轮制。高8.7、口径16.2、底径8厘米（图二一三，2；图版六五，2）。

陶壶　1件。M175：3，泥质灰陶。敞口，方唇，束颈，上腹圆鼓，下腹斜内收，平底。颈肩处饰凹弦纹。高20.9、口径12.1、腹径14.6、底径8.9厘米（图二一三，3；图版六五，3）。

铜带钩　1件。M175：4，青绿色。钩首呈鸭头状，线条清晰，钩体近似鸭腹，脊中部弧凹，尾部饰云卷纹，圆纽。通长12.3厘米（图二一三，4；图版六五，4）。

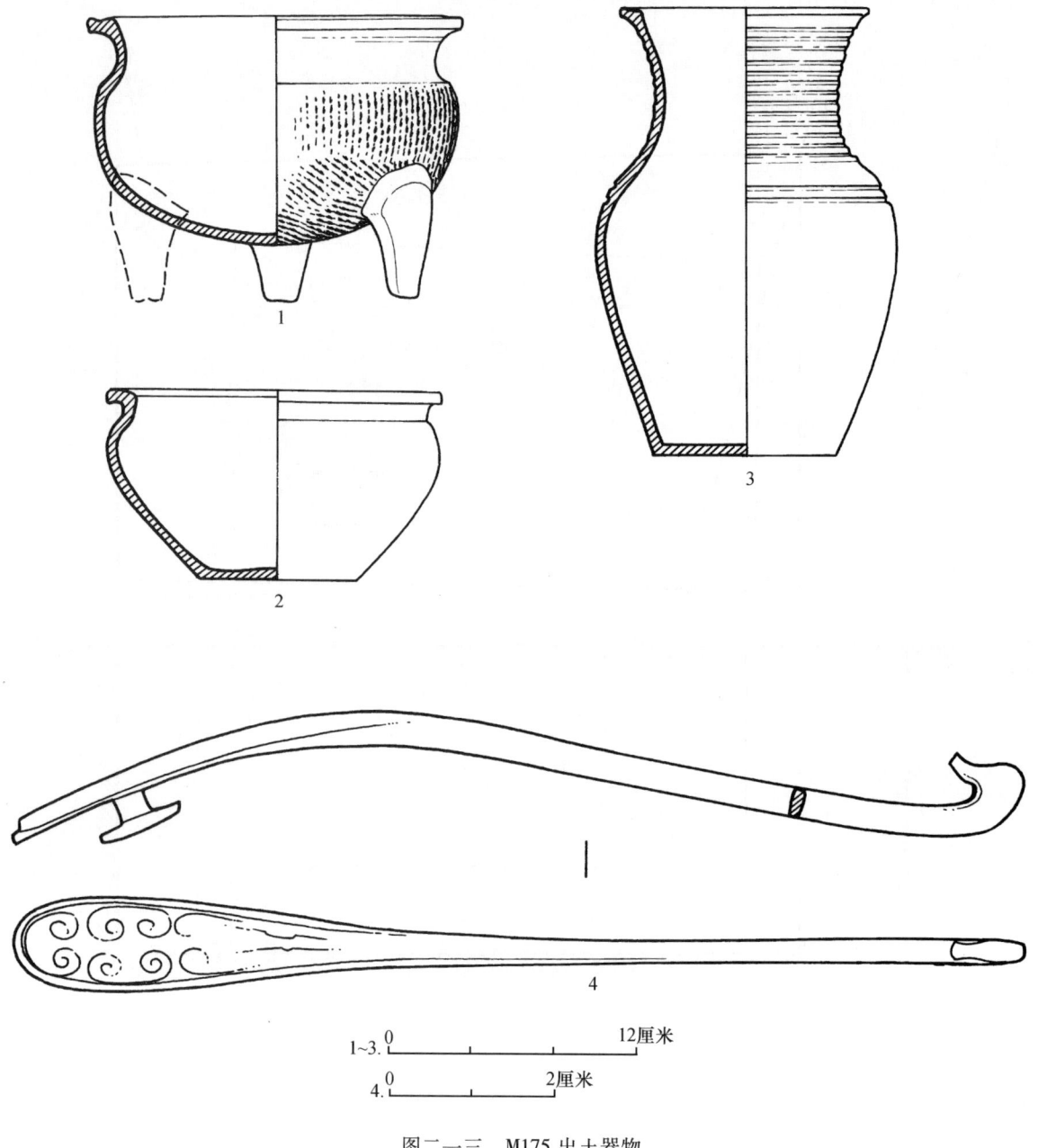

图二一三　M175 出土器物

1. 陶鼎（M175:1）　2. 陶盂（M175:2）　3. 陶壶（M175:3）　4. 铜带钩（M175:4）

M176

位置　位于ⅡT0206 东北部，部分向东进入ⅡT0106。北、东、南、西分别与 M173、M180、M174、M172 相邻。

层位关系　①→M176→M177→生土。

方向　284°。

形制与结构　　长方形竖穴土坑墓，直壁平底。长240、宽139~154、深108厘米（图二一四）。

填土为黄褐色五花土，土质疏松，无包含物。

葬具　　一椁。位于墓室中部，已朽成灰。残存灰痕长202、宽90~98、残高32、厚0.8厘米。椁下有南北向枕木两条，西侧枕木长96、东侧枕木长90、宽均为18、厚均为4厘米。未见棺痕。

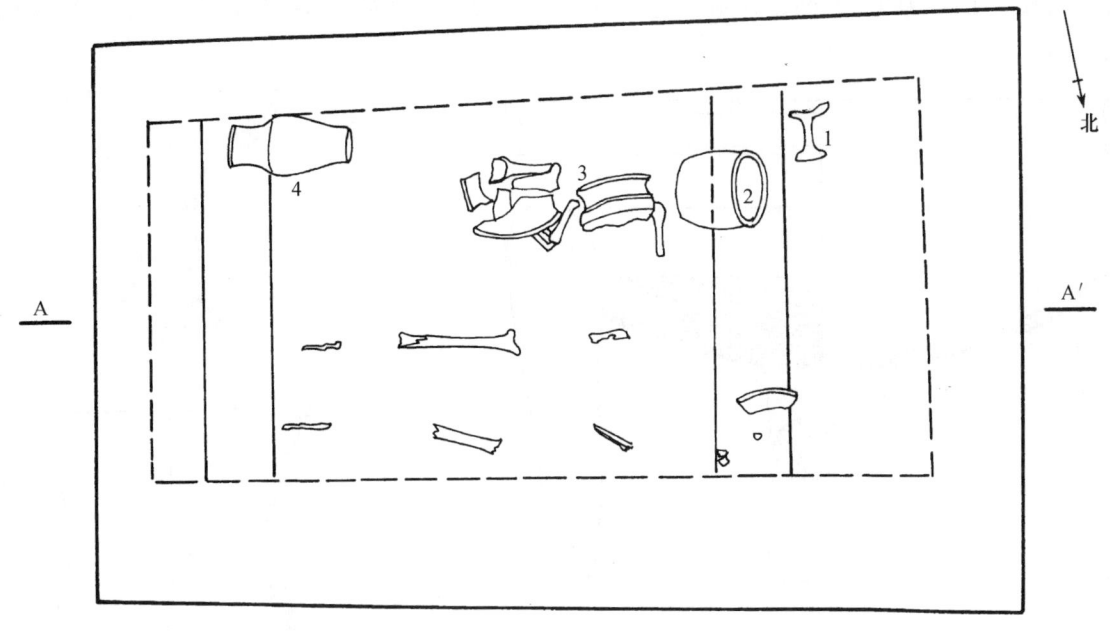

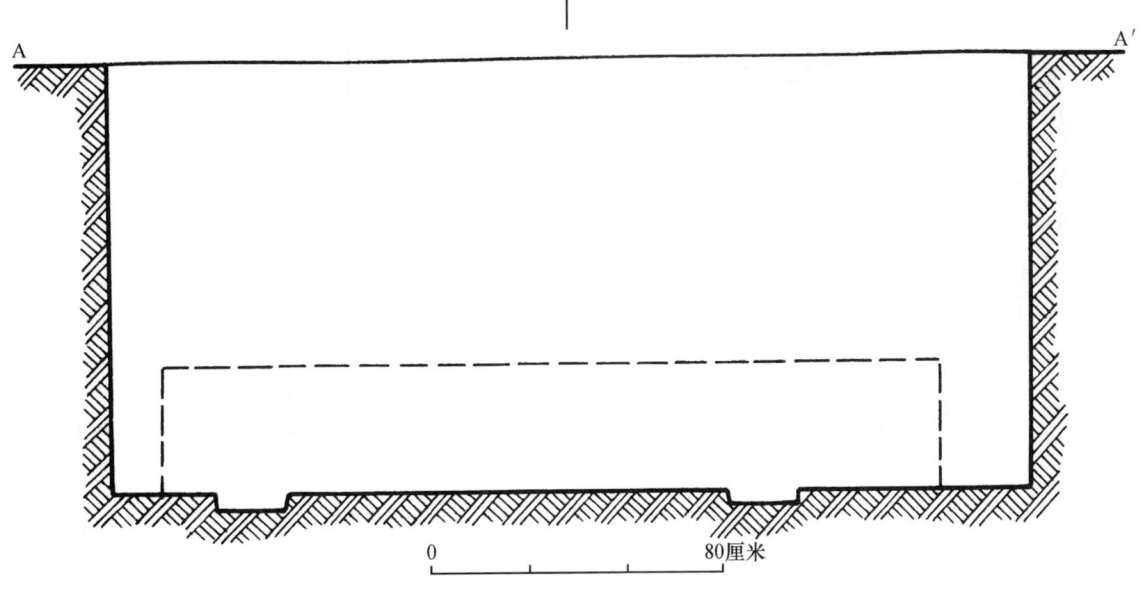

图二一四　M176平、剖面及遗物分布图

1. 陶豆　2. 陶盂　3. 陶鼎　4. 陶壶

人骨 1具。保存较差，仰身直肢葬，头向西，双手交并于腹上。性别、年龄不详。

随葬器物 4件。置于椁室内人骨南侧，由西至东分别为陶豆、陶盂、陶鼎、陶壶。

陶鼎 1件。M176:3，泥质灰陶。平折沿，圆唇，短直颈，颈、肩交接处起折，浅直腹，圜底，三蹄足。腹中部饰一周凹弦纹，底饰绳纹。高20.1、口径27.8、足高16厘米（图二一五，1；图版六六，1）。

陶盂 1件。M176:2，泥质灰陶。平折沿，圆唇，短直颈，颈腹交接处起折，上腹圆鼓，下腹斜内收，平底微凹。素面，轮制。高15.1、口径22.7、底径12厘米（图二一五，2；图版六六，2）。

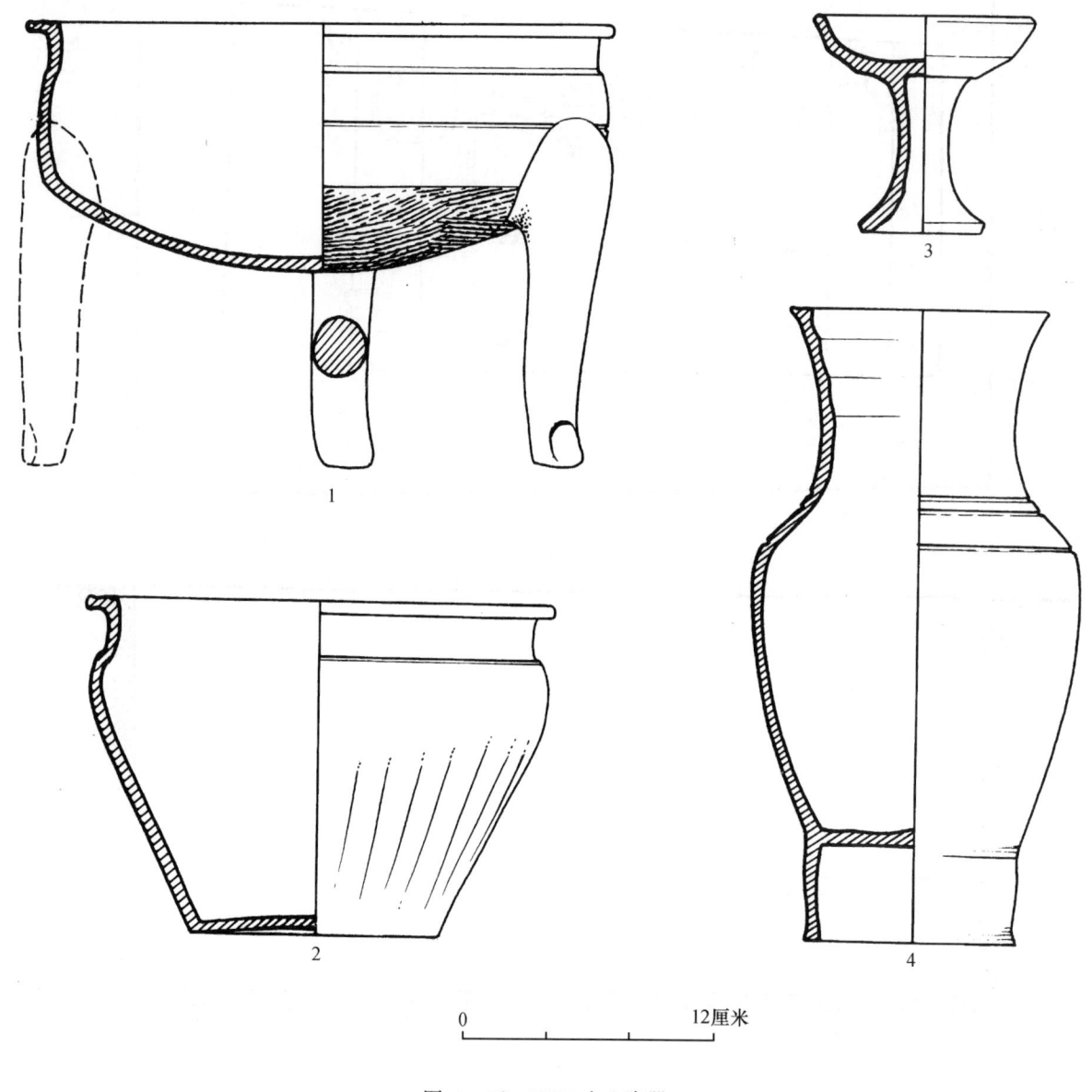

图二一五 M176出土陶器

1. 鼎（M176:3） 2. 盂（M176:2） 3. 豆（M176:1） 4. 壶（M176:4）

陶豆　1件。M176:1，泥质灰陶。敞口，弧盘，平底，矮柄，豆座顶面微隆起，座沿起台。高10、口径10.5、底径6.3厘米（图二一五，3；图版六六，3）。

陶壶　1件。M176:4，泥质灰白陶。敞口，束颈，溜肩，弧腹内收，腹底较平，圈足。肩部饰有三周凹弦纹。高29.2、口径12、腹径15.2、底径10厘米（图二一五，4；图版六六，4）。

M177

位置　位于ⅡT0206东北部，北、东、南、西分别与M172、M173、M180、M174、M169相邻。

层位关系　①→M176→M177→生土。

方向　89°。

形制与结构　长方形土坑竖穴墓，直壁平底。北侧被M176破坏。长200、残宽46~72、深58厘米（图二一六）。

填土为黄褐色五花土，土质疏松，无包含物。

葬具　一棺。棺室位于墓室中部偏南，已朽成灰。残存灰痕长155、宽34~40、残高4、厚0.3厘米。

人骨　1具，保存较差，仰身直肢葬，头向东，双手交并于腹上。性别、年龄不详。

随葬器物　无。

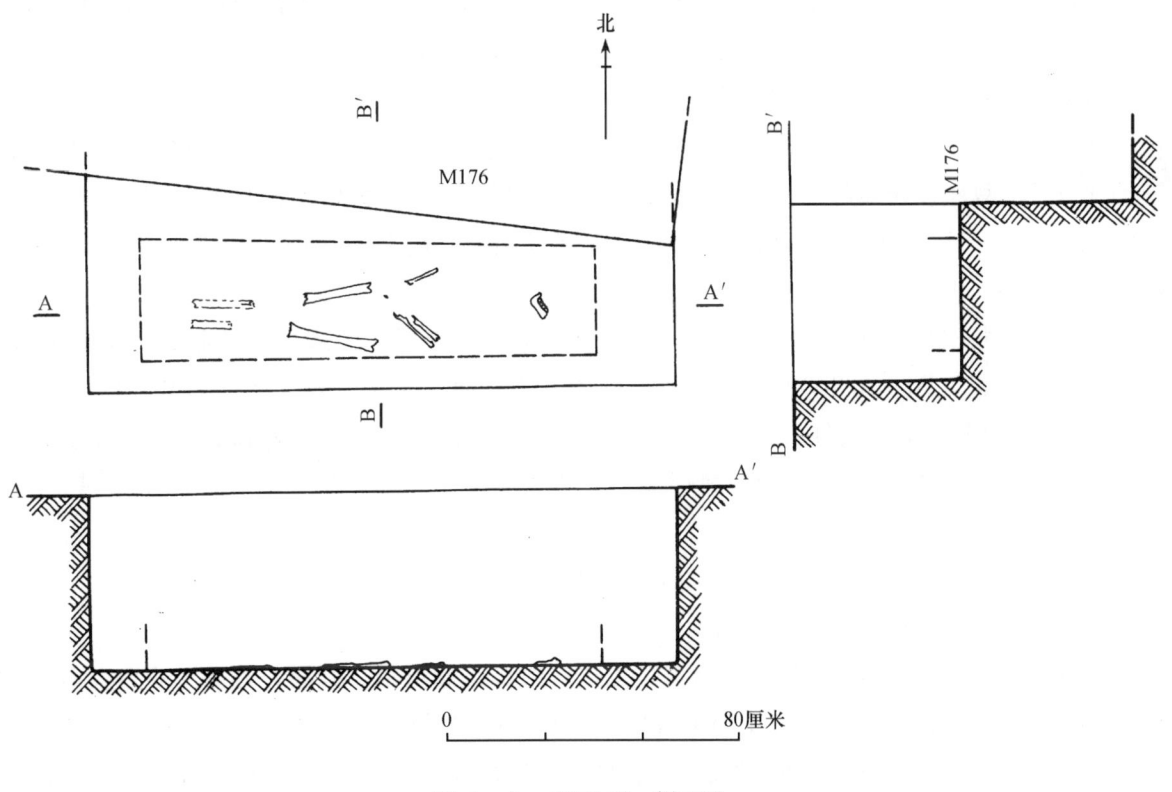

图二一六　M177平、剖面图

M178

位置 位于ⅡT0106南部，北、南、西分别与M174、M180、M179、M183、M14、M15、M16、M30、M175相邻。

层位关系 ①→M178→H3→生土。

方向 283°。

形制与结构 长方形土坑竖穴，四壁中上部因土膨胀而内倾，使墓室口小底大，平底。口部长238、宽160～168厘米；底部长247、宽172厘米；墓深126厘米（图二一七；彩版四，2）。

填土为黄褐色五花土，土质黏硬，无包含物。

葬具 一椁。椁室位于墓室中部，已朽成灰。残存灰痕长186、宽约108、残高32、厚1厘米。椁底有两根枕木，南北向，大小相同，均长108、宽9、厚5厘米。

人骨 1具。保存较差，仅存头骨残片及肢骨残段，头向西，葬式不明。性别、年龄不详。

随葬器物 15件，放置在椁内人骨南侧。计有陶鼎2件、陶敦2件、陶豆2件、陶壶3件、陶壶形豆2件、陶小口鼎1件、陶盉1件、陶盘1件、陶匜1件。

陶鼎 2件。M178:5，泥质褐红胎，灰黑皮。盖顶微弧，顶面上附一周凸棱，附三纽。鼎身子口内敛，肩附长方形双耳，均已残，腹壁较直，底近平，三细蹄足。残高26.8、盖径22.8、口径20.7、腹径24、足高16厘米（图二一八，1；图版六二，5）。M178:6，未能修复。

陶小口鼎 1件。M178:10，泥质褐红胎，灰黑皮。直口内敛，肩部饰对称双盲耳，扁鼓腹，平底，三蹄足。腹径15.4、口径8.3、足高7.2厘米（图二一八，7；图版六二，6）。

陶敦 2件。M178:7、9，均未能修复。

陶豆 2件。M178:1，泥质灰陶。敞口，沿稍内敛，浅弧盘，圜底，柱状高柄，近足部有三周凹弦纹，豆座顶面隆起，座沿起台。高18.7、口径14.7、底径8.8厘米（图二一八，5；图版六三，1）。M178:2，泥质灰陶。形制与M178:1近同。高18.8、口径14.7、底径8.8厘米（图二一八，3；图版六三，2）。

陶壶 3件。M178:8，泥质褐红胎，灰黑皮。敞口，束颈，颈肩交接处起折，上腹圆鼓，下腹弧收，平底。颈部饰凹弦纹。高15.5、口径10.3、底径7.4厘米（图二一八，4；图版六三，3）。M178:11，泥质褐红胎，灰黑皮。盖顶弧起，上附三纽。壶身敞口，长颈较细，圆鼓腹，圈足残。残高39.1、口径12、腹径23.8、足高4厘米（图二一八，6；图版六三，4）。M178:12，未能修复。

陶壶形豆 2件。M178:13、14，均未能修复。

陶盉 1件。M178:15，未能修复。

陶盘 1件。M178:4，泥质褐红胎，灰黑皮。敞口，仰折沿，圆唇，浅腹，腹壁弧收，凹圜底。高2.1、口径16.8、底径11厘米（图二一八，8；图版六三，5）。

陶匜 1件。M178:3，泥质褐红胎，灰黑皮。口部呈圆形，敛口，一侧有槽状流，流微上仰，浅腹，小平底。长13.6、口径12.1、高2.5、底4.8厘米（图二一八，2；图版六三，6）。

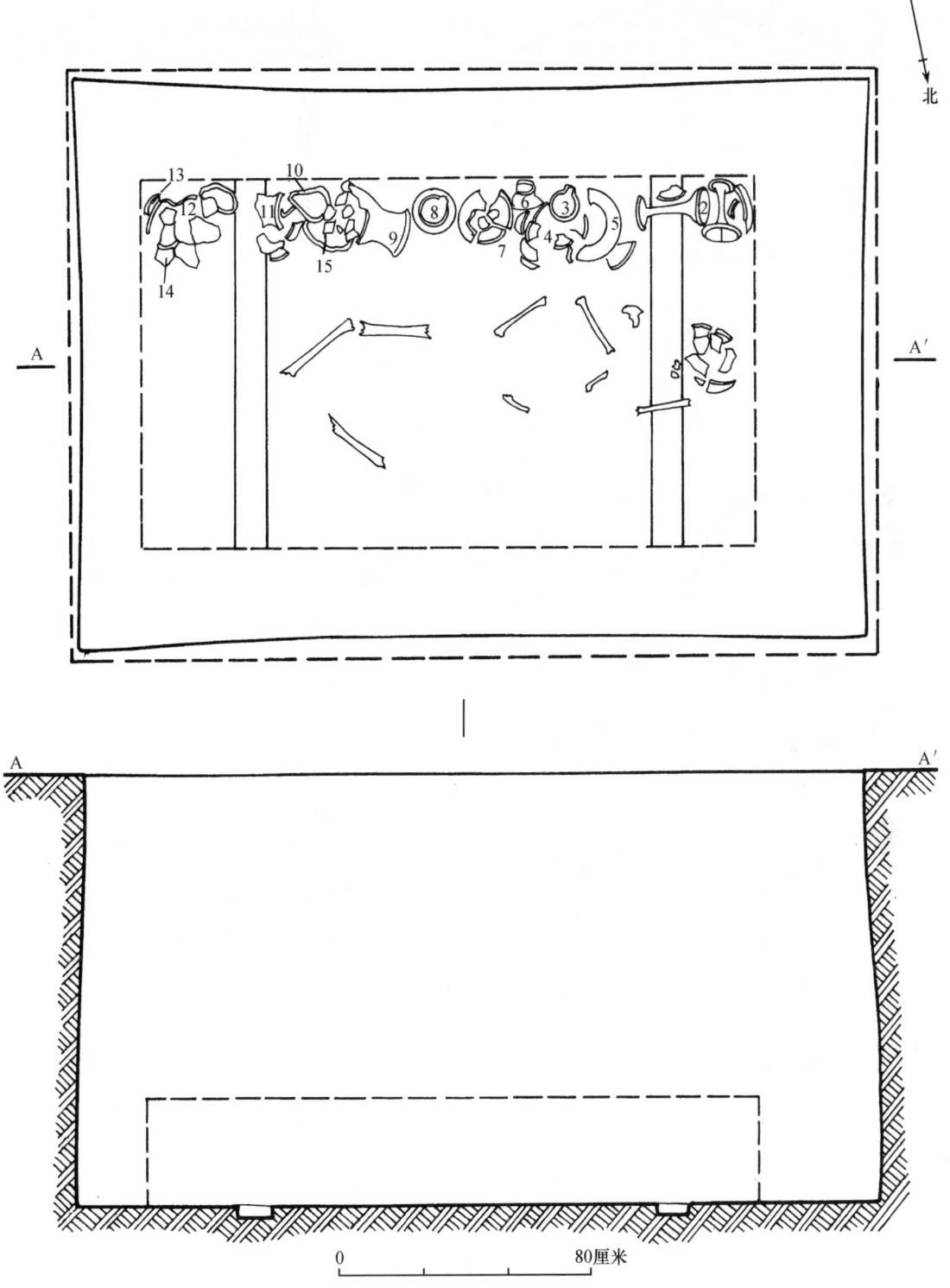

图二一七　M178 平、剖面及遗物分布图

1、2. 陶豆　3. 陶匜　4. 陶盘　5、6. 陶鼎　7、9. 陶敦　8、11、12. 陶壶　10. 陶小口鼎　13、14. 陶壶形豆　15. 陶盉

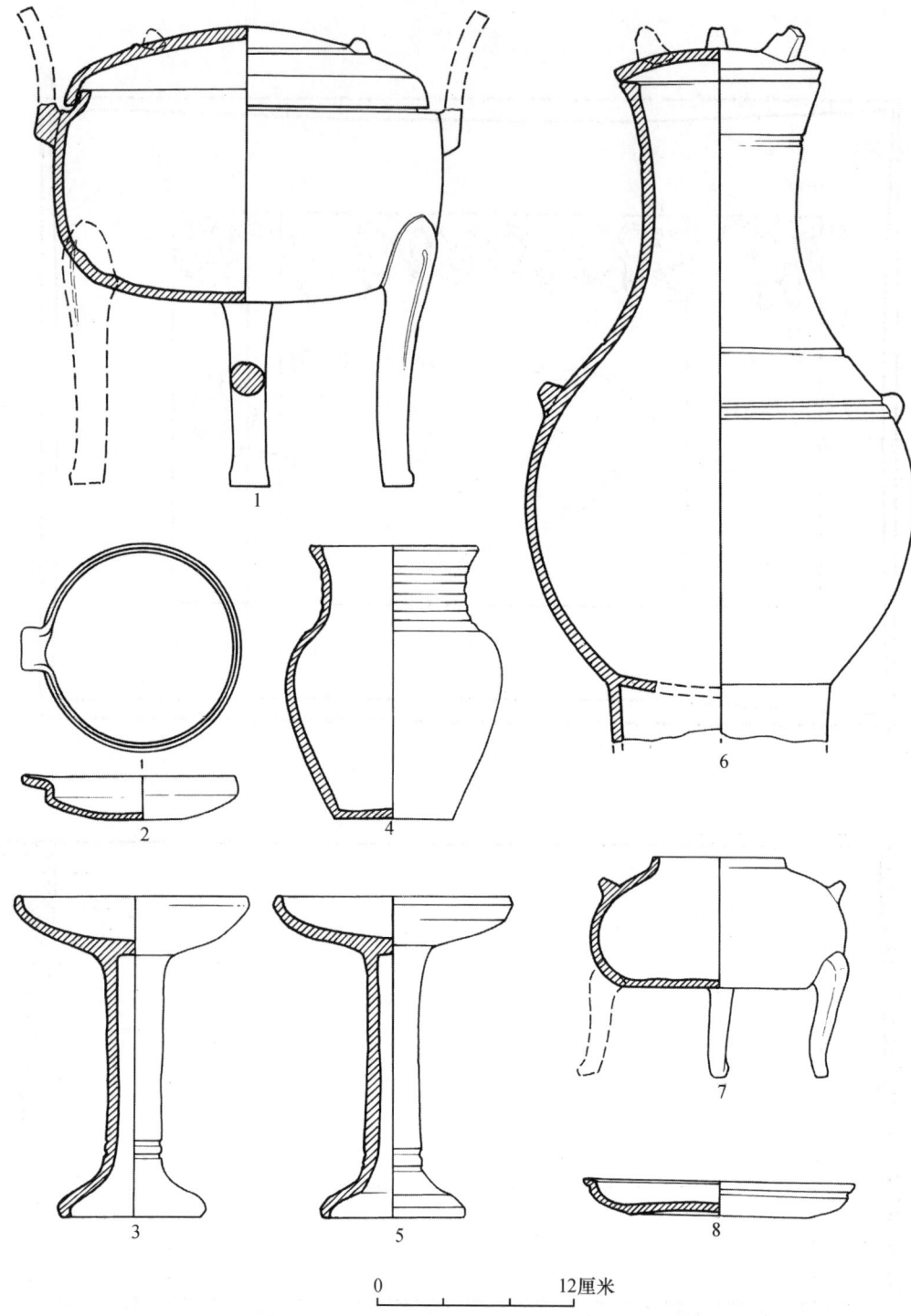

图二一八　M178 出土陶器

1. 鼎（M178:5）　2. 匜（M178:3）　3、5. 豆（M178:2、M178:1）　4、6. 壶（M178:8、M178:11）
7. 小口鼎（M178:10）　8. 盘（M178:4）

M179

位置　位于ⅡT0106中部，东、南、西分别与M183、M178、M174、M180相邻。

层位关系　①→M179→生土。

方向　280°。

形制与结构　长方形竖穴土坑，东壁下部略向外张，平底。口部长220、宽140厘米；底部长224、宽140厘米；墓深120厘米（图二一九）。

填土为黄褐色五花土，土质疏松，无包含物。

葬具　一椁。椁室位于墓室中部，已朽成灰。残存灰痕长185、宽约104~106、残高40、厚1厘米。椁底有两根枕木，南北向。西侧枕木长106、东侧枕木长104、宽均为18、厚均为6厘米。未见棺痕。

人骨　1具。保存较差，仰身直肢葬，头向西。性别、年龄不详。

随葬器物　3件，放置在椁内人骨上半身右侧。从西到东分别为陶壶、陶鼎、陶盂。

陶鼎　1件。M179:2，泥质红褐胎，灰黑皮。盖顶弧起，上附三纽。子口承盖，弧腹内收，平底。肩附对称长方形双耳。盖顶有一周凹弦纹，腹中部有一周凸棱。通高22、口径17、腹径19.6、足高13.2厘米（图二二〇，1；图版六一，4）。

陶盂　1件。M179:3，泥质褐陶，灰黑皮。平折沿，方唇较厚，斜直束颈，颈腹交接处起折，上腹圆鼓，下腹斜收，平底略内凹。素面，轮制。高12.1、口径20、底径10.1厘米（图二二〇，2；图版六一，5）。

陶壶　1件。M179:1，泥质灰陶。敞口，方唇，束颈，溜肩，弧腹内收，平底微凹。颈、肩部饰凹弦纹。轮制。高25.3、口径13.7、腹径16.1、底径9.4厘米（图二二〇，3；图版六一，6）。

M180

位置　位于ⅡT0106西北部，北、南、西分别与M181、M182、M179、M174、M176、M177相邻。

层位关系　①→M180→生土。

方向　2°（以墓道方向为准）。

形制与结构　带竖井墓道的长方形竖穴土坑墓。墓道为长方形竖井式，位于北壁中部，长40、宽120、深50、底部距墓底76厘米。

墓室四壁下部稍外张，口小底大，平底。口部长240、宽164厘米；底部长246、宽173厘米；墓深126厘米（图二二一）。

填土为黄褐色五花土，土质疏松，无包含物。

葬具　一椁。椁室位于墓室中部，已朽成灰。残存灰痕长190、宽约110、残高36、厚1厘米。椁底有两根枕木支撑，东西向，规格相同，长110、宽14、厚4厘米。

人骨　1具，保存较差，仰身直肢葬，头向南，面向西，双手交并于腹上。性别、年龄不详。

随葬器物　5件，放置在椁内东南、人骨右侧。从南到北分别为陶壶1件、陶盂1件、

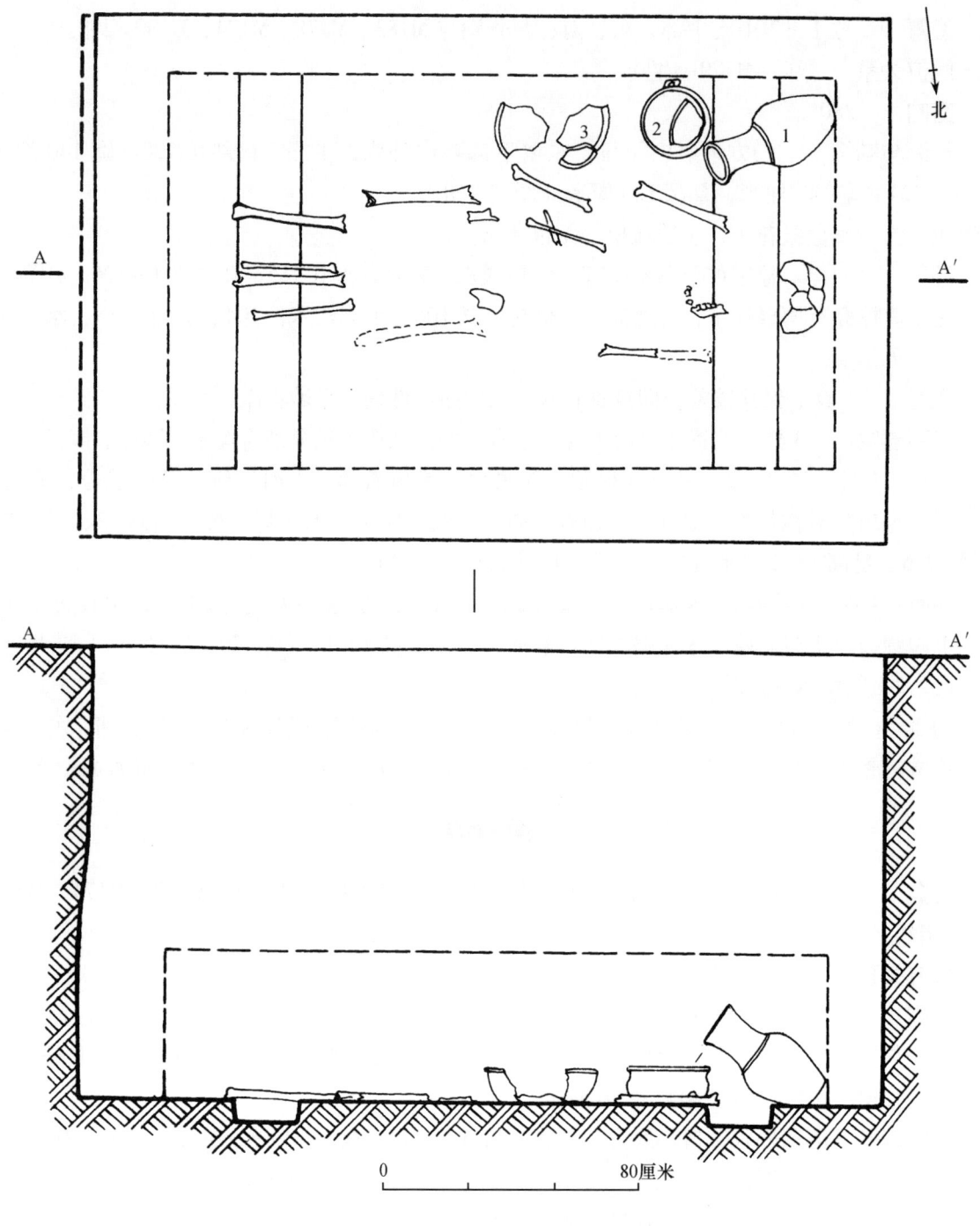

图二一九　M179 平、剖面及遗物分布图
1. 陶壶　2. 陶鼎　3. 陶盂

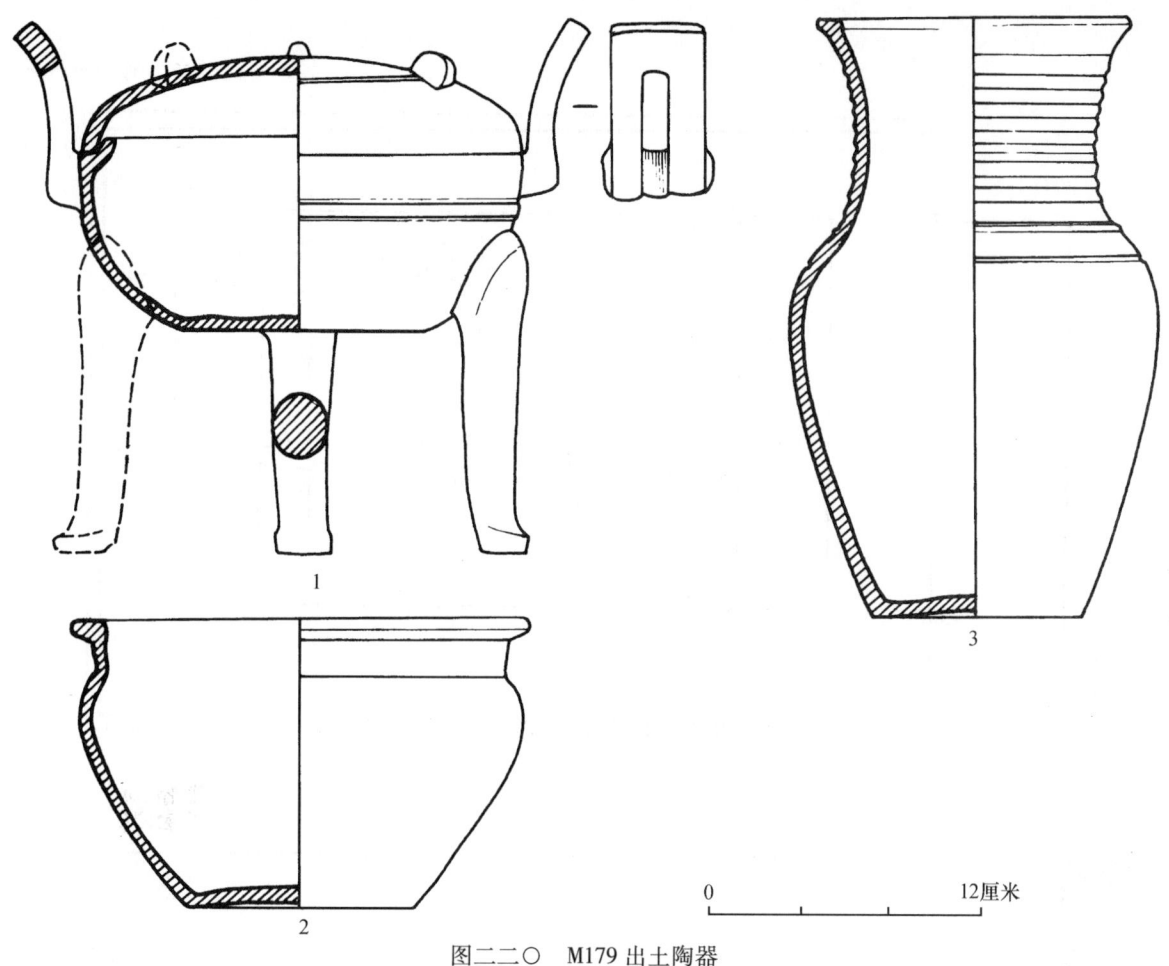

图二二〇　M179 出土陶器
1. 鼎（M179:2）　2. 盂（M179:3）　3. 壶（M179:1）

陶豆 2 件、陶罐 1 件（彩版六，3）。

陶鬲　1 件。M180:2，泥质灰陶。带盖，盖顶微弧。器形规整，三足外切圆径大于口径。直口，圆唇，上腹圆鼓，下腹斜收，弧裆，柱状足根。下腹部有少量绳纹。器身轮制，盖、足模制。通高 19.2、盖径 10.8、口径 11.2、腹径 18.5 厘米（图二二二，1；图版六七，1）。

陶豆　2 件。M180:3，泥质红褐胎，灰黑皮。高柄，敞口，尖圆唇，浅弧盘，平底，座沿起台。高 13.6、口径 13.4、底径 8 厘米（图二二二，4；图版六七，2）。M180:4，泥质红褐胎，灰黑皮，敞口，圆唇，浅弧盘，平底，高柄，座沿起台。高 16.5、口径 14.3、底径 8.9 厘米（图二二二，3；图版六七，3）。

陶罐　1 件。M180:5，泥质红褐胎，灰黑皮。直口，圆唇，矮直领，上腹圆鼓，下腹斜收，平底。素面，轮制。高 12.7、口径 11.7、腹径 18.8 厘米（图二二二，5；图版六七，4）。

陶壶　1 件。M180:1，泥质红褐胎，灰黑皮。敞口，折沿，方唇，束颈较高，肩腹交接处起折，上腹鼓，下腹弧收，平底。颈部饰凹弦纹。高 25、口径 13.9、腹径 17、底径 9.4 厘米（图二二二，2；图版六七，5）。

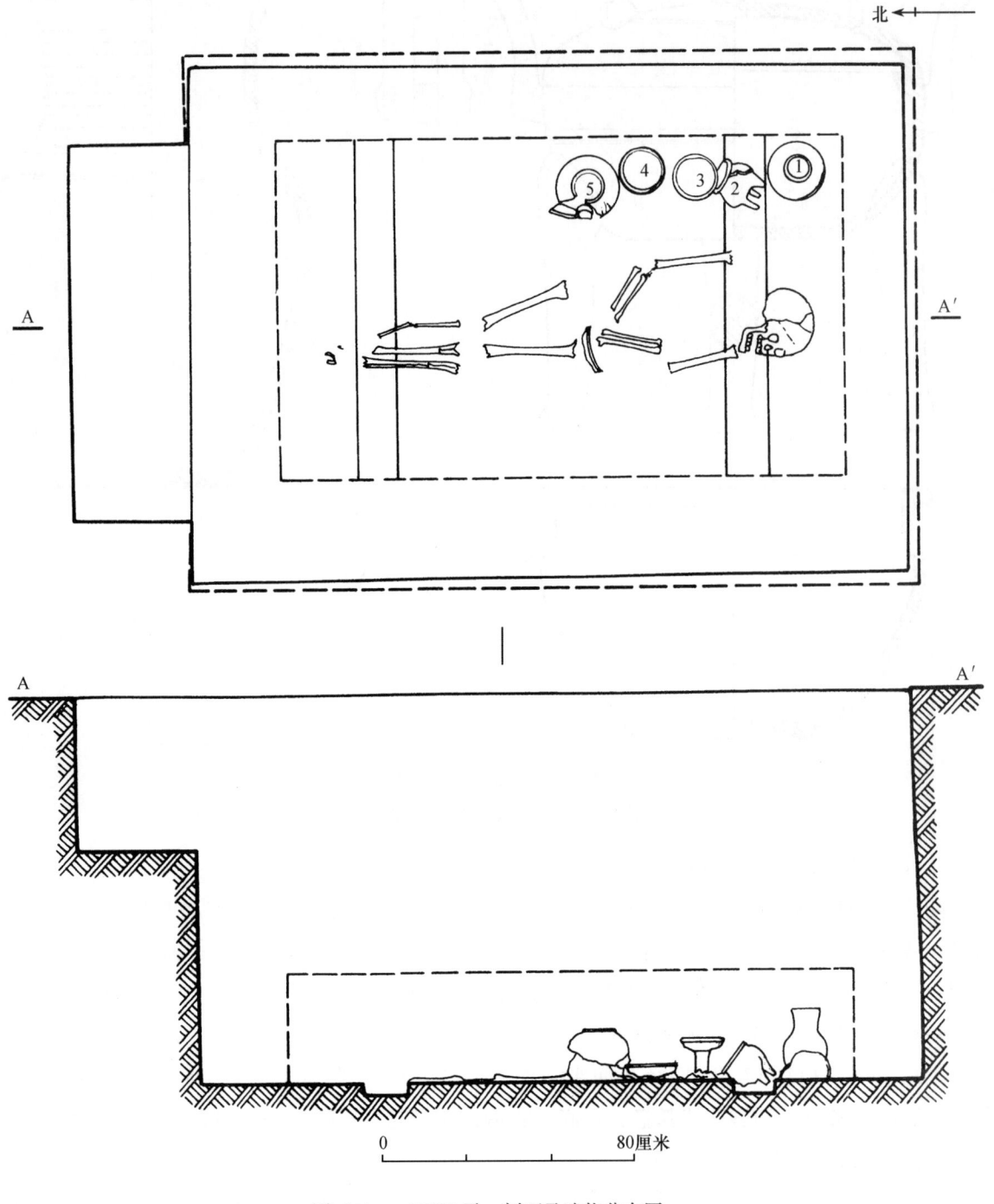

图二二一　M180 平、剖面及遗物分布图
1. 陶壶　2. 陶鬲　3、4. 陶豆　5. 陶罐

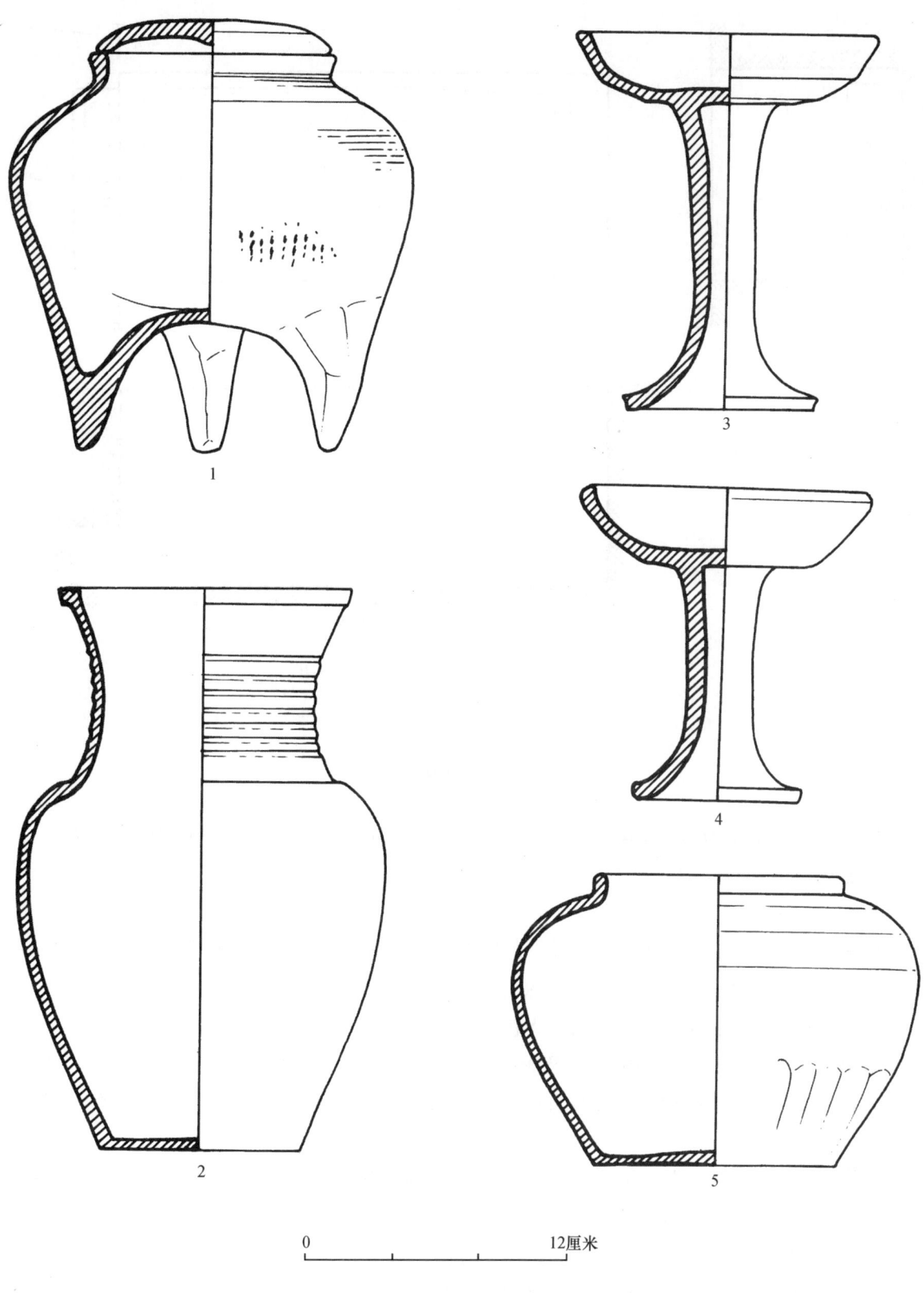

图二二二　M180 出土陶器

1. 鬲（M180:2）　2. 壶（M180:1）　3、4. 豆（M180:4、M180:3）　5. 罐（M180:5）

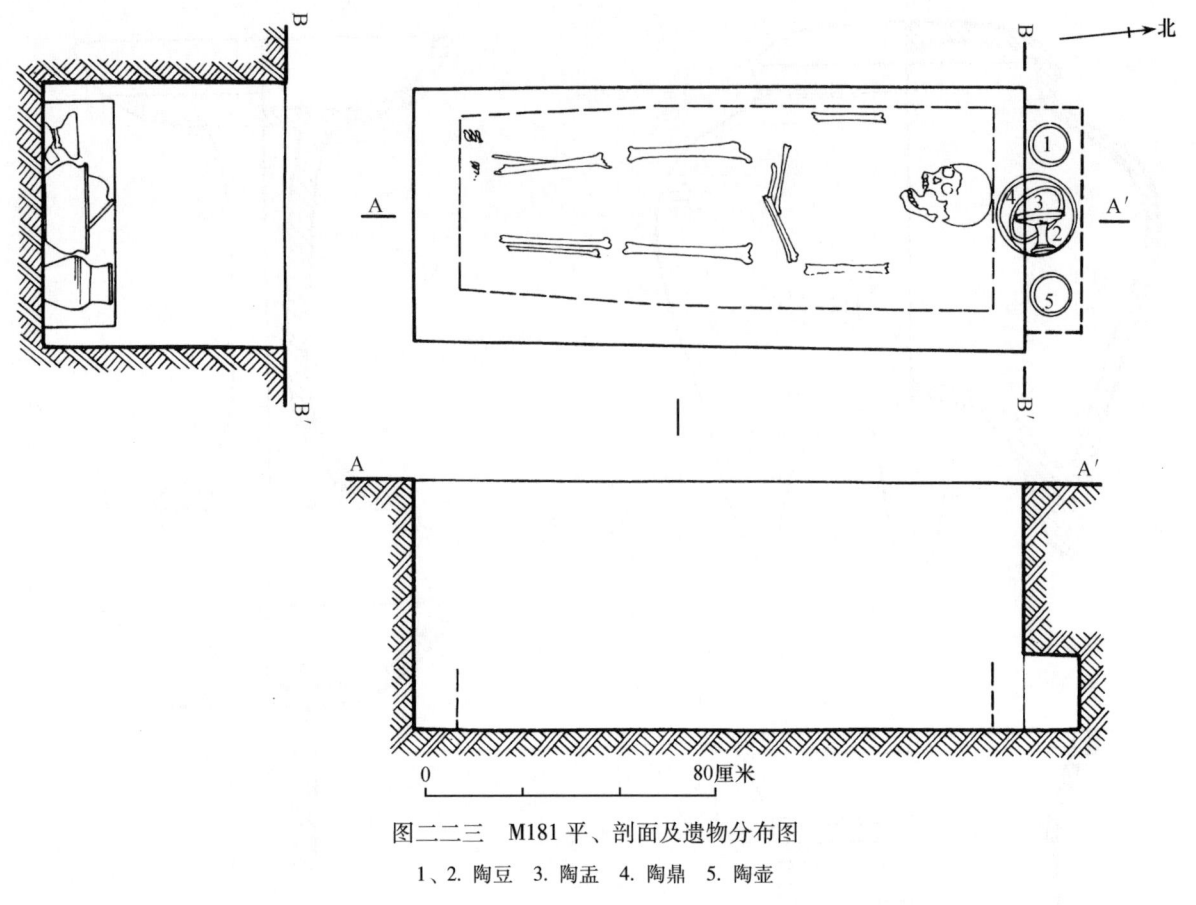

图二二三 M181 平、剖面及遗物分布图
1、2. 陶豆 3. 陶盂 4. 陶鼎 5. 陶壶

M181

位置 位于ⅡT0107西南部，东、南、西分别与M182、M180、M176、M173相邻。

层位关系 ①→M181→生土。

方向 10°。

形制与结构 长方形竖穴土坑墓，直壁平底。长190、宽76~80、深76厘米（图二二三）。墓室北壁有壁龛，呈长方形，横宽68、进深18、高22厘米。
填土为黄褐色五花土，土质疏松，无包含物。

葬具 一棺。位于墓室中部，已朽成灰。残存灰痕长165、宽50~62、残高10、厚0.3厘米。

人骨 1具。保存较差，仰身直肢葬，头向北，面略侧向西，双手交并于腹上。性别、年龄不详。

随葬器物 5件，置于壁龛内，从西到东分别为陶豆、陶鼎、陶壶各1件；另有陶豆、陶盂各1件，置于陶鼎内（彩版六，1）。

陶鼎 1件。M181:4，夹砂灰陶。折沿，方唇，矮斜直领，肩腹交接处起折，浅弧腹，圜底，蹄足。颈部饰绳纹，腹部饰两周凹弦纹，底饰绳纹。通高19、口径26.5、足高14.4厘米（图二二四，1；图版六八，1）。

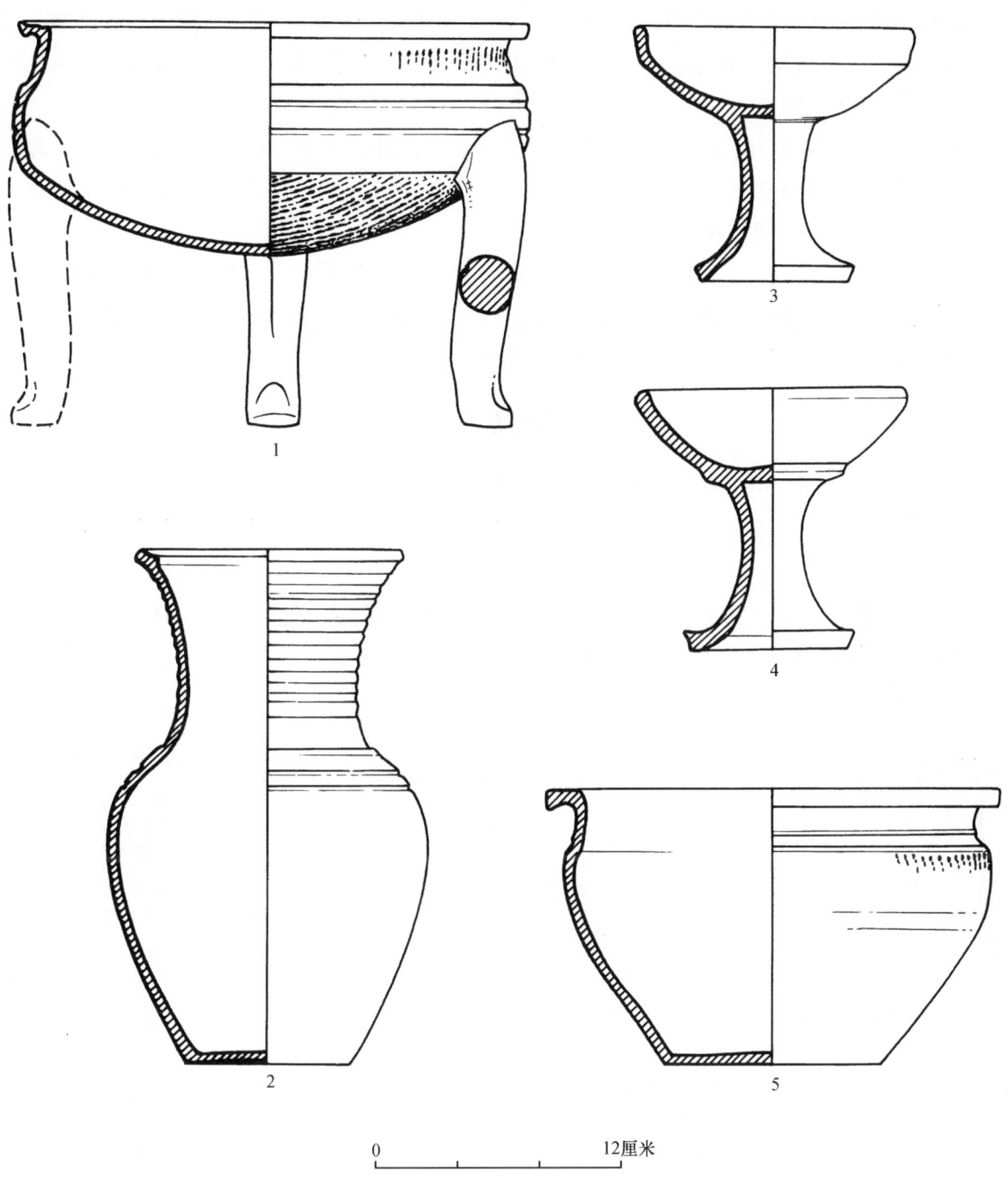

图二二四　M181 出土陶器

1. 鼎（M181:4）　2. 壶（M181:5）　3、4. 豆（M181:1、M181:2）　5. 盂（M181:3）

陶豆　2件。M181:1，泥质灰陶。直口，圆唇，深盘，圜底，矮柄，座沿起台。高12、口径14.5、底径8厘米（图二二四，3；图版六八，2）。M181:2，泥质灰陶。敞口，尖圆唇，深盘，弧腹，平底，矮柄，座沿起台，沿上缘隆起。高12.2、口径13.7、底径8.4厘米（图二二四，4；图版六八，3）。

陶壶　1件。M181:5，泥质灰陶。敞口，仰折沿，方唇，束颈，颈肩交接处起折，上腹圆鼓，下腹弧内收，平底微凹。颈、肩部饰有凹弦纹。高24.5、口径13.5、腹径15.5、底径8.4厘米（图二二四，2；图版六八，4）。

陶盂　1件。M181:3，泥质灰陶。器形规整。宽平折沿，方唇，矮斜直领，颈部有一周凸弦纹，颈肩交接处起折，上腹略直，下腹弧收，平底。肩部饰有绳纹。轮制。高12.9、口径23、底径11.3厘米（图二二四，5；图版六八，5）。

M182

位置　位于ⅡT0107南部，西边与M181相邻。

层位关系　①→M182→生土。

方向　15°。

形制与结构　长方形竖穴土坑，直壁平底。长180、宽74、深60厘米（图二二五）。墓室北壁有壁龛，呈长方形，横宽70、进深16、高24厘米。

填土为黄褐色五花土，土质疏松，无包含物。

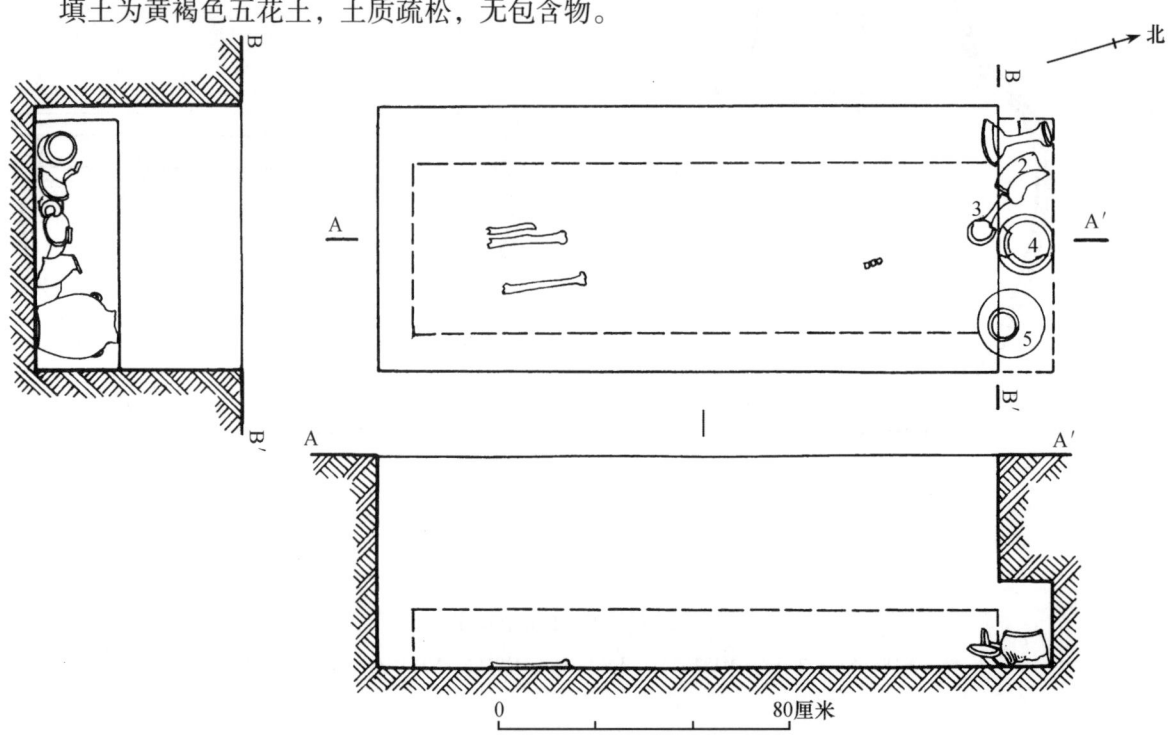

图二二五　M182平、剖面及遗物分布图
1、3. 陶豆　2. 陶盂　4. 陶瓯　5. 陶壶

葬具　　一棺。位于墓室中部略偏北，已朽成灰。残存灰痕长170、宽48、残高15、厚0.4厘米。

人骨　　1具。保存较差，头向北，葬式不辨。墓主性别、年龄不详。

随葬器物　　5件，置于壁龛内，由西至东分别为陶豆、陶罐、陶豆、陶鬲、陶壶。

陶鬲　1件。M182:4，未能修复。

陶盂　1件。M182:2，泥质灰白陶。卷沿，圆唇，束颈，颈腹交接处起折，弧腹内收，平底。腹中部有一周凸棱。轮制。高12.5、口径26.7、底径14.2厘米（图二二六，2；图版六九，1）。

陶豆　2件。M182:1，泥质灰白陶。敞口，圆唇，深弧盘，矮柄，座沿起台。高10.1、口径11.7、底径6.5厘米（图二二六，3；图版六九，2）。M182:3，残破较甚，未能修复。

陶壶　1件。M182:5，泥质灰白陶。口沿残，细颈，肩部饰对称双耳，圆鼓腹，假圈足，平底微凹。肩部饰及下腹有数周凹弦纹。残高28.1、腹径19.8、底径11.3厘米（图二二六，1；图版六九，3）。

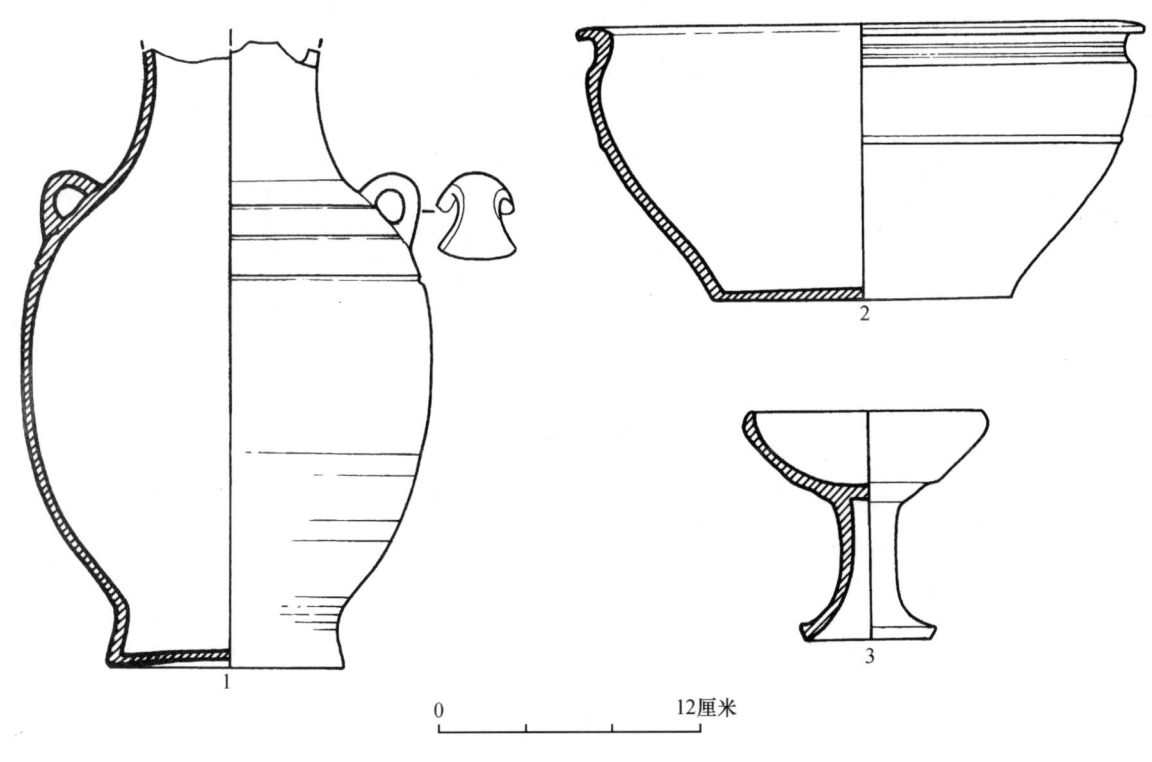

图二二六　M182出土陶器
1. 壶（M182:5）　2. 盂（M182:2）　3. 豆（M182:1）

M183

位置　位于ⅡT0106东部，其东、西侧分别与M185、M184及M179相邻。

层位关系　①→M183→生土。

方向　191°。

形制与结构　长方形土坑竖穴墓，直壁平底。长170、宽46、深18厘米（图二二七）。填土为黄褐色五花土，土质黏硬，无包含物。

葬具　不详。

人骨　1具。保存较差，仅剩部分牙齿和少量头骨碎片，头向南，葬式不明。性别、年龄不详。

随葬器物　无。

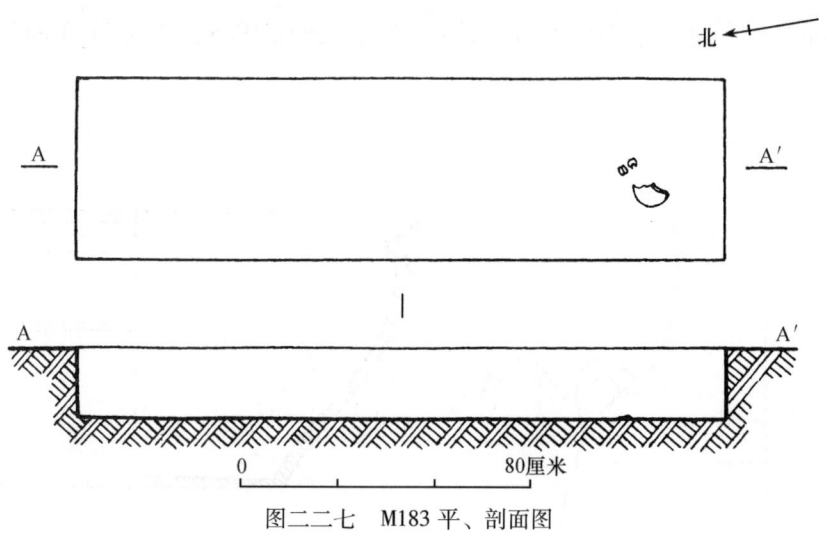

图二二七　M183平、剖面图

M184

位置　位于ⅠT0106西南部，北、东、西侧分别与M185、M186、M183相邻。

层位关系　①→M184→生土。

方向　177°。

形制与结构　长方形竖穴土坑墓，直壁平底。长200、宽56、深35厘米（图二二八）。填土为黄褐色五花土，土质疏松，无包含物。

葬具　不详。

人骨　1具，已朽，仅存牙齿数枚。头向南，葬式不明。性别、年龄不详。

随葬器物　3件，置于头端，由东向西分别为陶盂、陶壶、陶鬲。

陶鬲　1件。M184:1，未能修复。

陶盂　1件。M184:3，泥质褐红胎，灰黑皮。平折沿，圆唇，矮束颈，颈肩交接处起折，

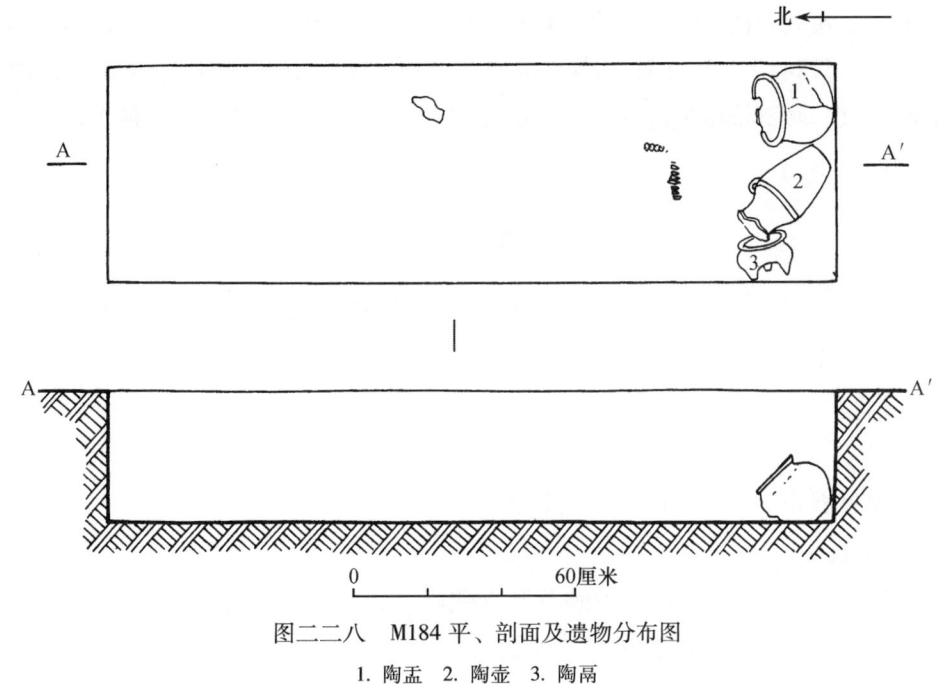

图二二八　M184 平、剖面及遗物分布图
1. 陶盂　2. 陶壶　3. 陶鬲

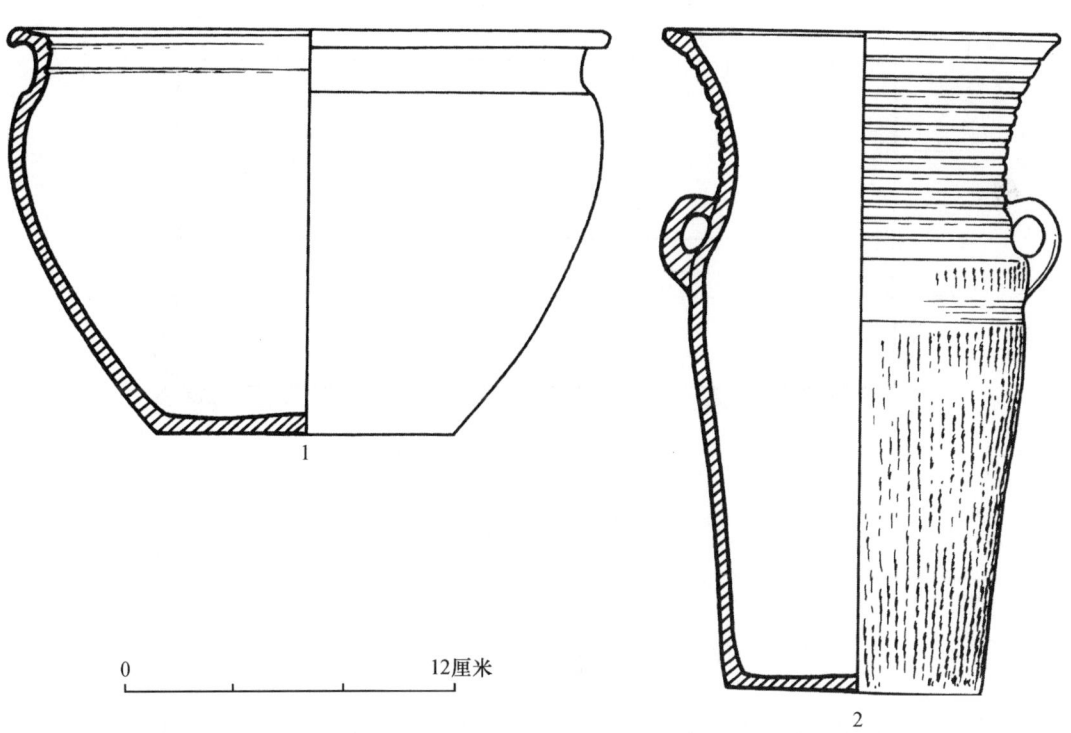

图二二九　M184 出土陶器
1. 盂（M184:3）　2. 壶（M184:2）

腹弧内收，平底。轮制。高14.2、口径21.8、底径11.2厘米（图二二九，1；图版六五，5）。

陶壶 1件。M184：2，泥质灰白陶。敞口，方唇，束颈，肩部饰对称双耳，斜直腹，平底。颈部饰凹弦纹，腹部饰纵向绳纹。高23.3、口径14.7、肩径12.4、底径9.6厘米（图二二九，2；图版六五，6）。

M185

位置 位于ⅠT0106西部，东、南、西分别与M187、M186、M184、M183、M179相邻。

层位关系 ①→M185→生土。

方向 92°。

形制与结构 长方形竖穴土坑墓，直壁平底。长200、宽48、深24厘米（图二三〇）。填土为黄褐色五花土，土质疏松，无包含物。

葬具 不详。

人骨 1具。保存较差，仅存下颌及肢骨残段，头向东，葬式不明。性别、年龄不详。

随葬器物 铁刀1件，放置在人骨两腿之间。

铁刀 1件。M185：1，锈蚀，断为数截。残长20.8、刃宽1.6厘米（图二三一）。

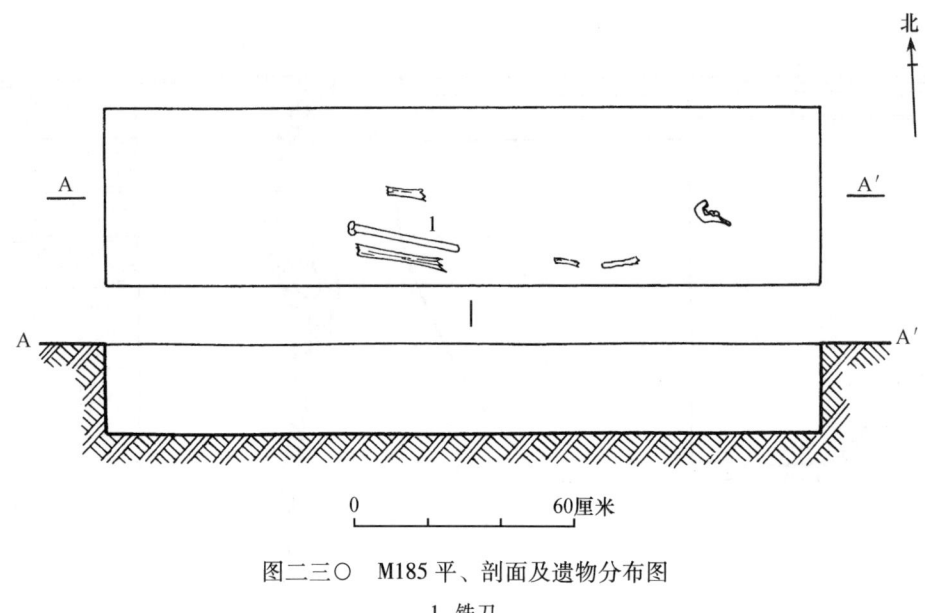

图二三〇 M185平、剖面及遗物分布图
1. 铁刀

M186

位置 位于ⅠT0106中部，北、西两边分别与M187、185和183、184相邻。

层位关系 ①→M186→生土。

方向 93°。

形制与结构 长方形竖穴土坑墓，直壁平底。长170、宽67~74、深46厘米（图二三二）。

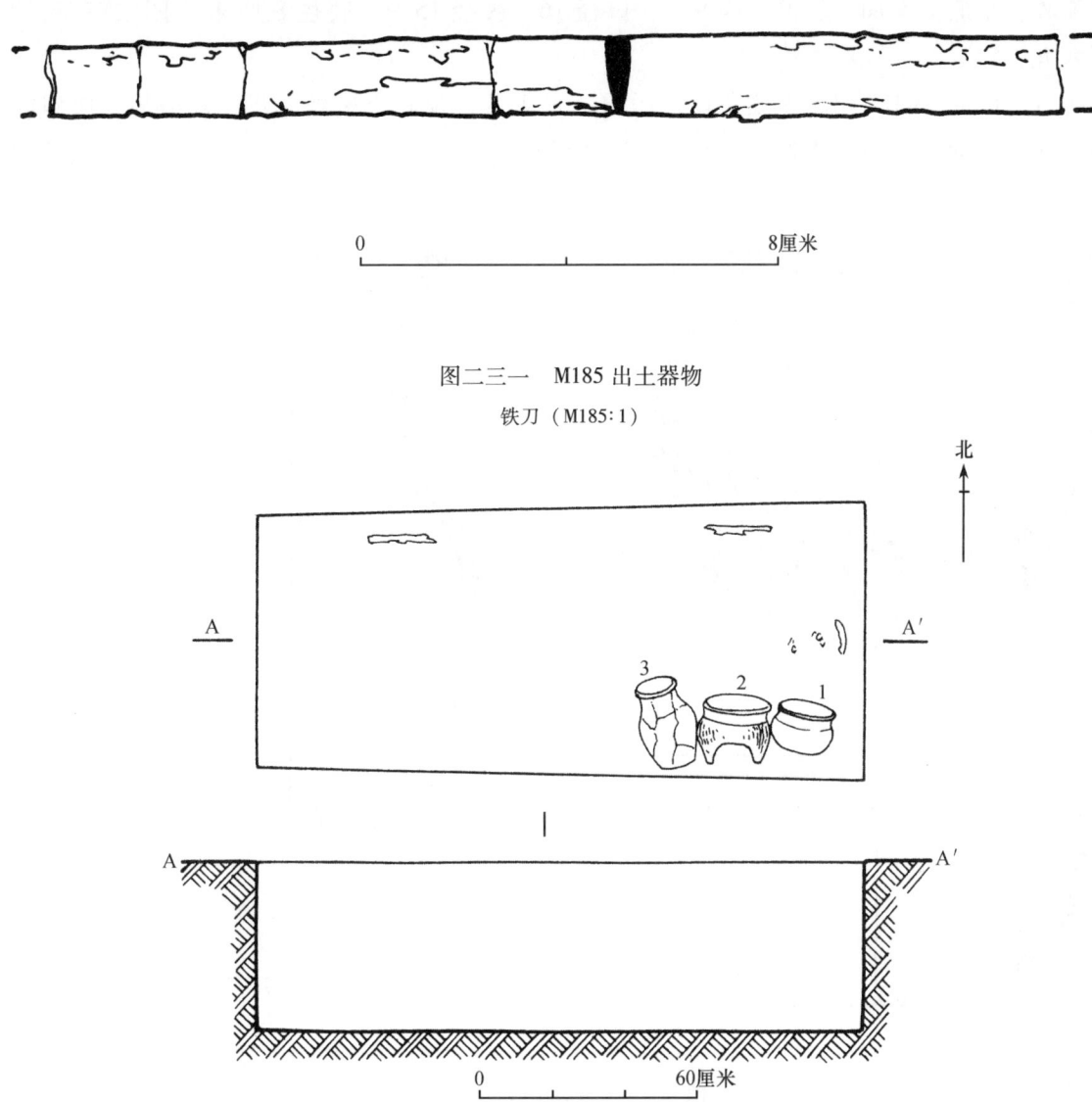

图二三一　M185 出土器物
铁刀（M185:1）

图二三二　M186 平、剖面及遗物分布图
1. 陶盂　2. 陶鬲　3. 陶壶

填土为黄褐色五花土，土质疏松，无包含物。

葬具　不详。

人骨　1 具。已朽，仅存牙齿数枚及少量肢骨残段，头向东，葬式不明。性别、年龄不详。

随葬器物　3 件，置于墓内东南，由东至西分别为陶盂、陶鬲、陶壶。

陶鬲　1 件。M186:2，夹砂灰陶，灰黑皮。器形较规整，平折沿，方唇，束颈，颈肩交接处起折，上腹稍鼓，下腹斜内收，弧裆近平，矮柱状足根。颈以下饰绳纹。高 14.6、口径 17.8、腹径 18.7 厘米（图二三三，1；图版六九，4）。

陶盂　1件。M186:1，泥质灰陶。折沿，方唇，颈略收束，颈肩交接处起折，上腹圆鼓，下腹弧收，平底。素面，轮制。高9.3、口径16、腹径15.9、底径8厘米（图二三三，2；图版六九，5）。

陶壶　1件。M186:3，泥质灰陶。敞口，长束颈，颈肩交接处起折，圆鼓肩，腹斜收，平底微凹。素面，轮制。高21.3、口径12、腹径13.2、底径9.2厘米（图二三三，3；图版六九，6）。

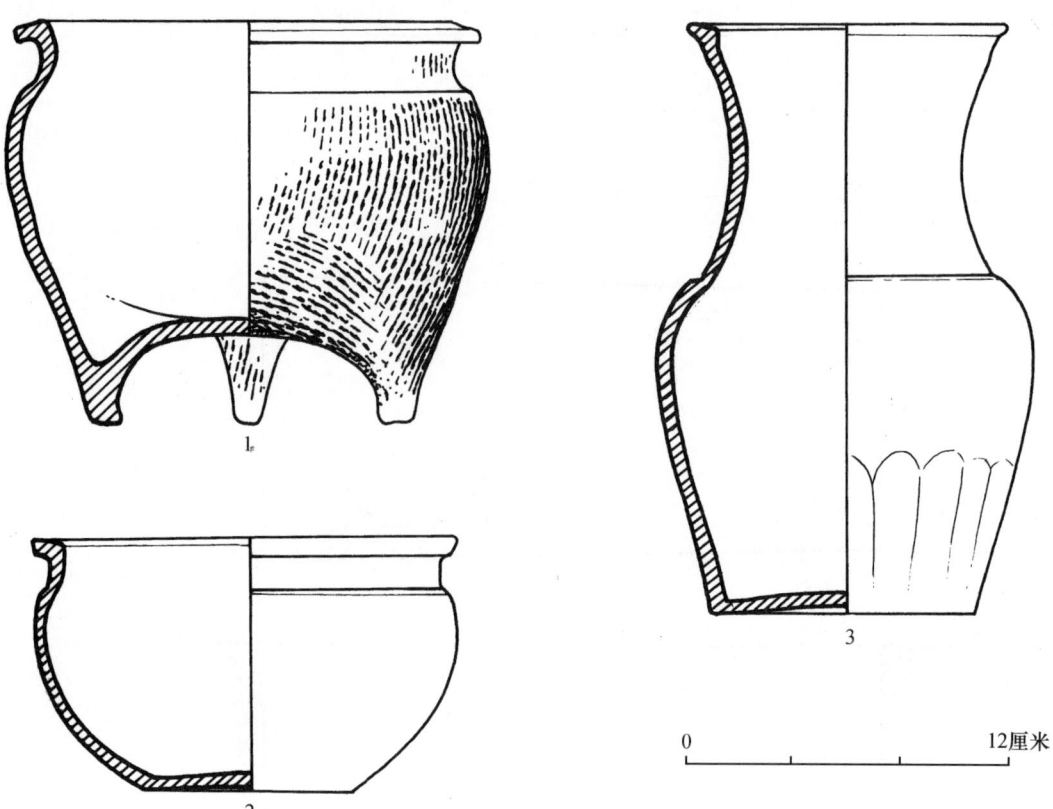

图二三三　M186 出土陶器
1. 鬲（M186:2）　2. 盂（M186:1）　3. 壶（M186:3）

M187

位置　位于ⅠT0106东部，北、西两边分别与M188、M189、M203及M186、M185相邻。

层位关系　①→M187→生土。

方向　97°。

形制与结构　长方形竖穴土坑墓，直壁平底。长226、宽58、深30厘米（图二三四）。填土为黄褐色五花土，土质疏松，无包含物。

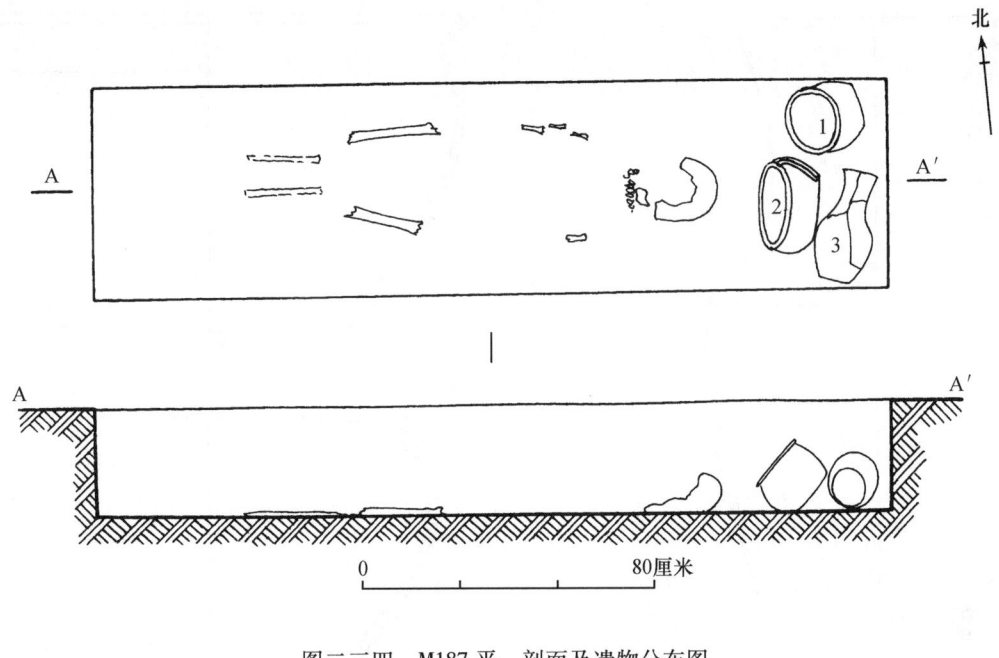

图二三四　M187 平、剖面及遗物分布图

1、2. 陶盂　3. 陶壶

葬具　不详。

人骨　1 具。保存较差，仰身直肢葬，头向东。性别、年龄不详。

随葬器物　3 件，置于墓主头端，由北至南分别为陶盂 2 件、陶壶 1 件。

陶盂　2 件。M187:1，泥质灰白陶。器形规整。折沿，圆唇，矮直领，颈肩交接处起折，弧腹内收，平底。素面，轮制。高 11.4、口径 19.3、底径 10 厘米（图二三五，3；图版七〇，1）。M187:2，泥质灰白陶。器形规整。仰折沿，方唇，矮直领，肩腹交接处起折，弧腹内收，平底。素面，轮制。高 13.6、口径 23.1、底径 11.2 厘米（图二三五，2；图版七〇，2）。

陶壶　1 件，M187:3，泥质灰陶。敞口，长束颈，颈肩交接处起折，圆鼓肩，斜直腹，平底。高 24.8、口径 12.7、腹径 19.2、底径 10 厘米（图二三五，1；图版七〇，3）。

M188

位置　位于ⅠT0106 和ⅠT0107 之间，其南为 M187。

层位关系　①→M189→M188→生土。

方向　3°。

形制与结构　长方形土坑竖穴墓，直壁，墓底南高北低。上部被 M189 打破。墓室长 196、宽 104~120、深 88~94 厘米（图二三六）。

填土为黄褐色五花土，土质疏松，无包含物。

葬具　一棺。棺室位于墓室中部偏东，略倾斜，不与墓壁平行，已朽成灰。残存灰痕长 171、宽 40、残高 4~10、厚 0.4 厘米。

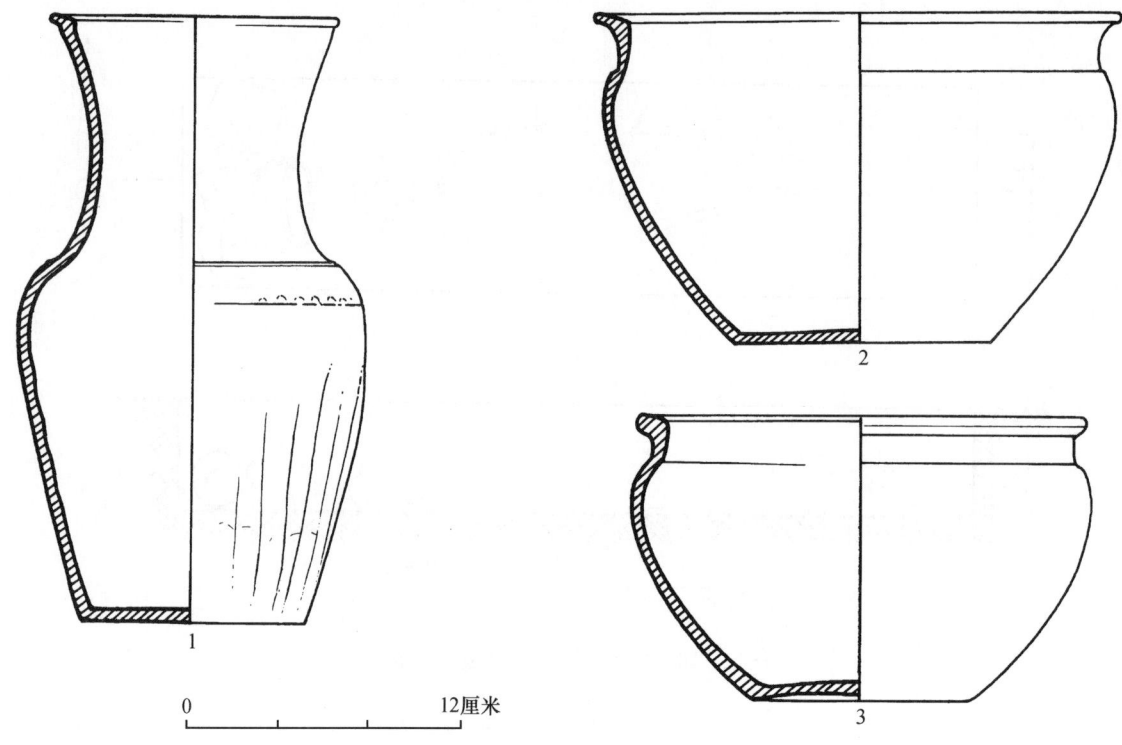

图二三五　M187 出土陶器
1. 壶（M187∶3）　2、3. 盂（M187∶2、M187∶1）

人骨　　1 具。保存较差，仰身直肢葬，头向北。性别、年龄不详。

随葬器物　　无。

M189

位置　　位于ⅠT0106 和ⅠT0107 之间，其南为 M187。

层位关系　　①→M189→M188→生土。

方向　　350°。

形制与结构　　长方形土坑竖穴墓，直壁平底。长 200、宽 48、深 76 厘米（图二三七）。填土为黄褐色五花土，土质疏松，无包含物。

葬具　　不详。

人骨　　不详。

随葬器物　　无。

M190

位置　　位于ⅠT0105 东北部，北、南、西分别与 M186、M184、M191、M194、M103 相邻。

层位关系　　①→M190→生土。

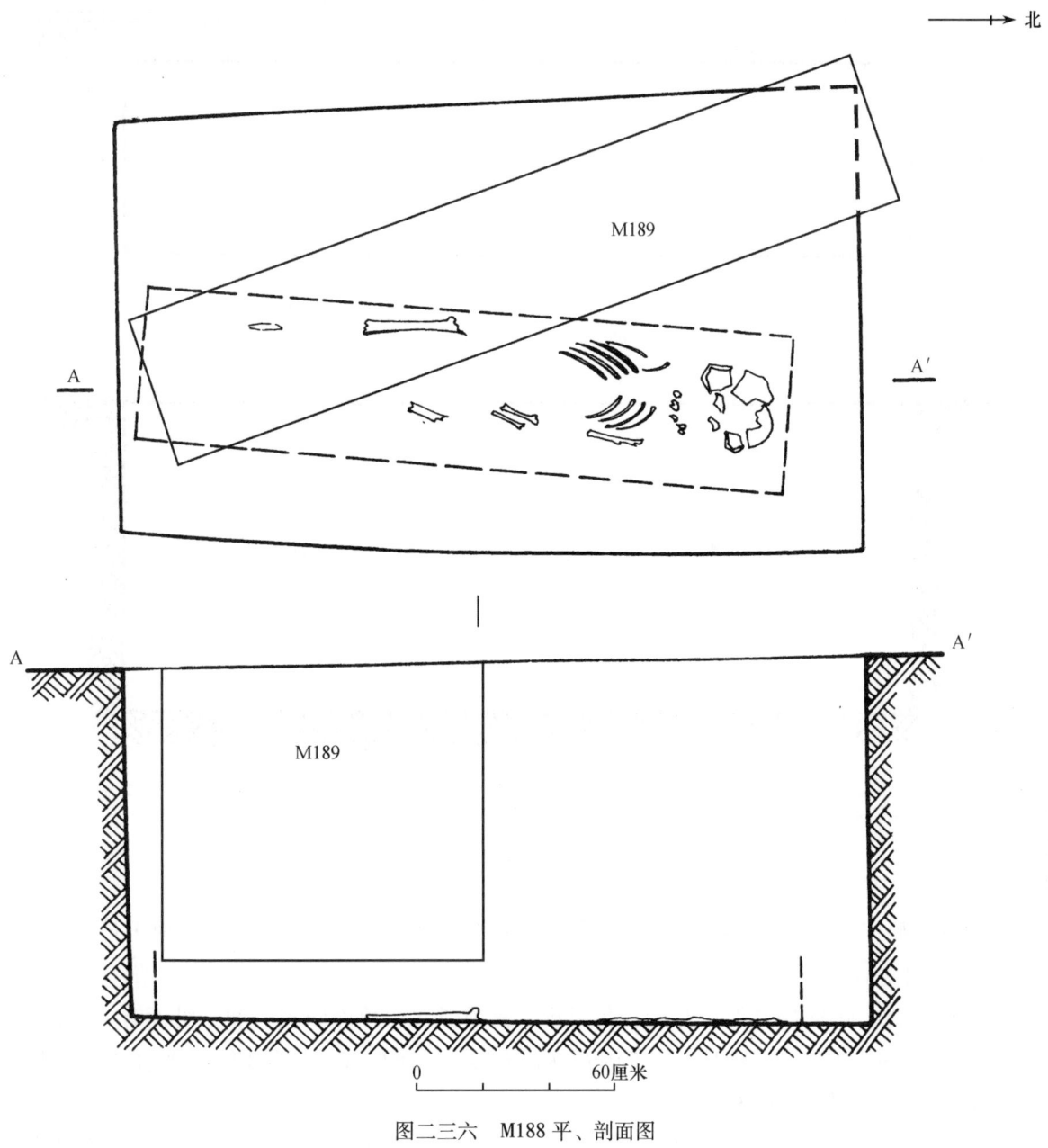

图二三六 M188 平、剖面图

方向 181°。

形制与结构 竖穴土坑墓，平面略呈梯形，东、西壁较直，南、北壁下部略向外张，平底。墓口长 260、墓底长 266、墓宽 160~176、深 100 厘米（图二三八）。

填土为黄褐色五花土，土质疏松，无包含物。

葬具 一椁。椁室位于墓室中部，已朽成灰。残存灰痕长 212、宽约 96~117、残高 30、厚 1 厘米。椁底有两根枕木，东西向，南侧枕木长 112、北侧枕木长 98 厘米，二者均宽 14、厚 6 厘米。未见棺痕。

人骨 1 具。保存较差，仰身直肢葬，头向南。性别、年龄不详。

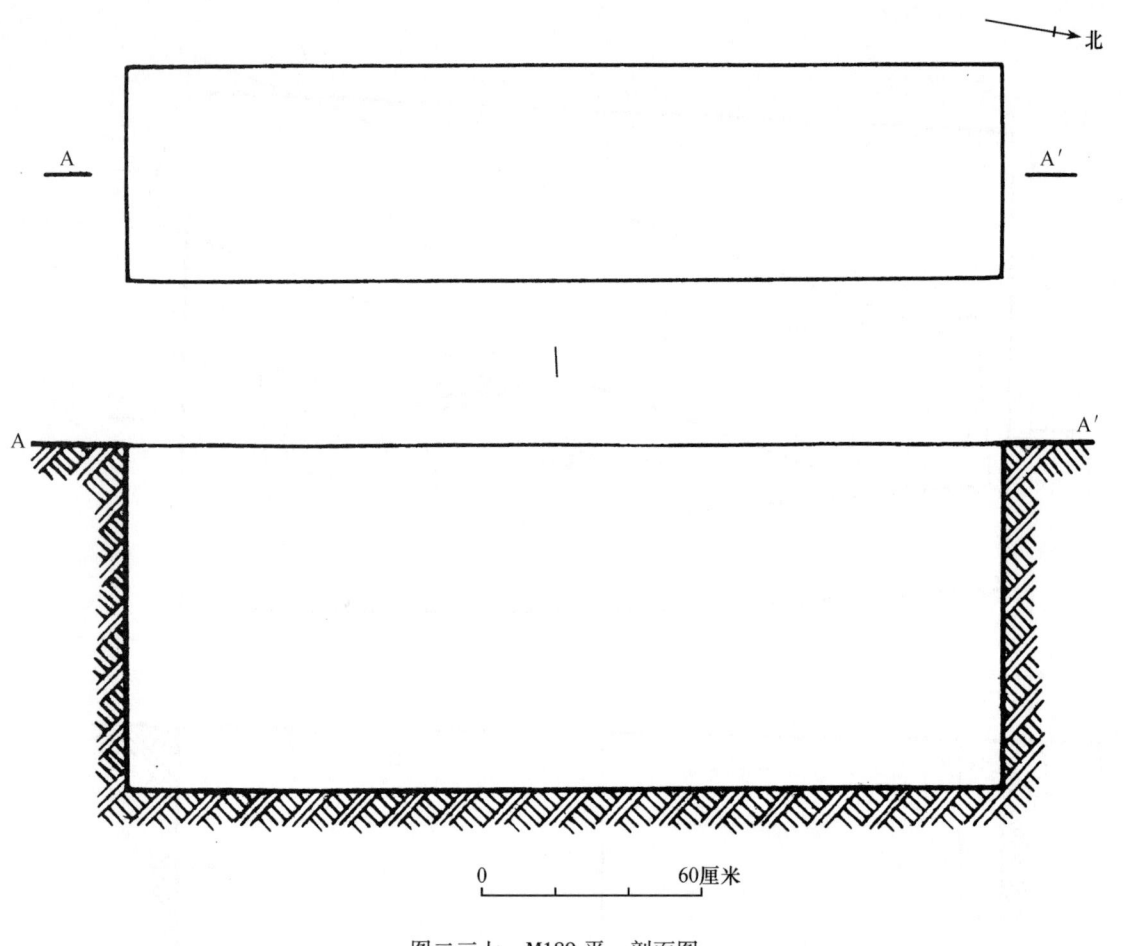

图二三七　M189 平、剖面图

随葬器物　5 件，放置在椁内人骨右侧。从南到北分别为陶壶 1 件、陶敦 1 件、陶鼎 1 件、陶豆 2 件。

陶鼎　1 件。M190:3，泥质灰胎，灰黑皮。盖顶弧起，顶面附有三钮，沿面有一周凸棱。子口承盖，直腹，平底，三蹄足。肩部附对称长方形耳。通高 26、口径 17.8、腹径 21.2、足高 13.2 厘米（图二三九，1；图版七一，1）。

陶敦　1 件。M190:2，泥质灰胎，灰黑皮。仅余一半，呈半球形。斜方唇，腹中部有数道凹弦纹，曲折状三足，稍外撇。高 12.6、口径 19.5、足高 7.1 厘米（图二三九，5；图版七一，2）。

陶豆　2 件。M190:4，泥质灰陶。敞口，尖圆唇稍内敛，浅弧盘，平底，高柄，座沿起台。高 15.7、口径 12、底径 7.2 厘米（图二三九，4；图版七一，3）。M190:5，泥质灰陶。敞口，尖圆唇，弧盘，平底，高柄，座沿起台。高 15.1、口径 11.2、底径 7.1 厘米（图二三九，3；图版七一，4）。

陶壶　1 件。M190:1，泥质灰陶，灰黑皮。盖顶弧起，上附三钮，顶面有一周凹弦纹。敞口，方唇，长颈，溜肩，圆鼓腹，圜底，矮圈足。肩部饰对称双盲耳。素面，轮制。高 38.2、盖径 13.3、口径 12.2、腹径 19.2、圈足高 2.2 厘米（图二三九，2；图版七一，5）。

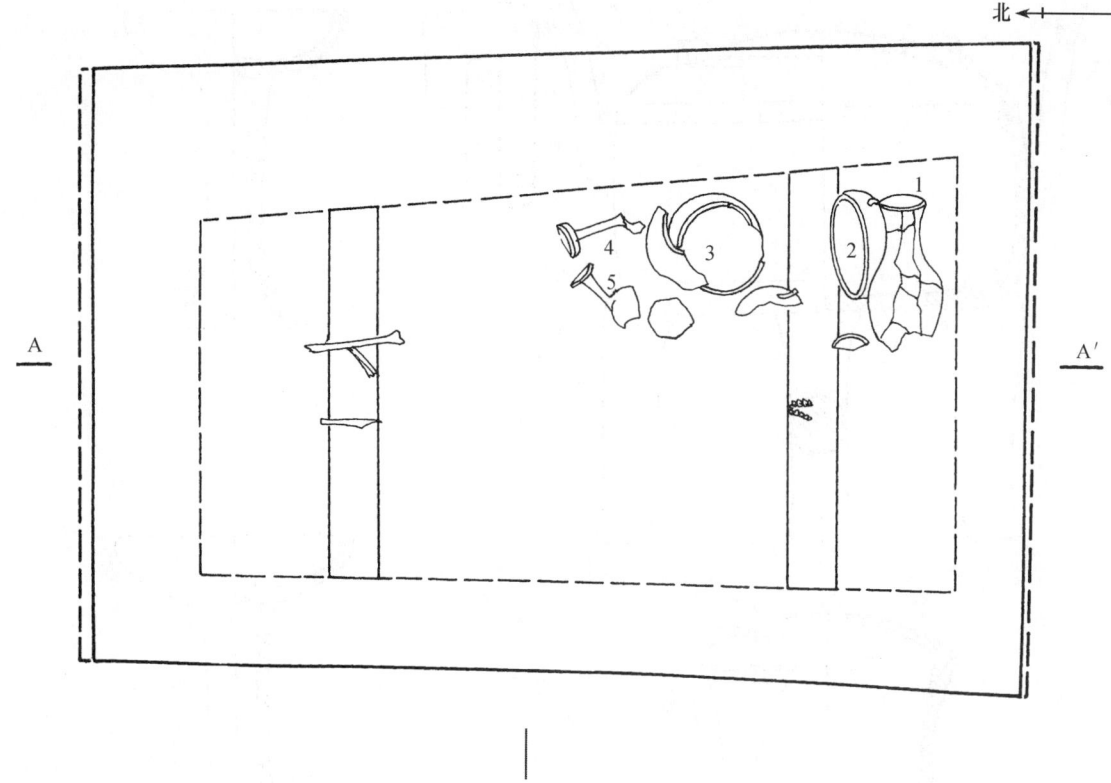

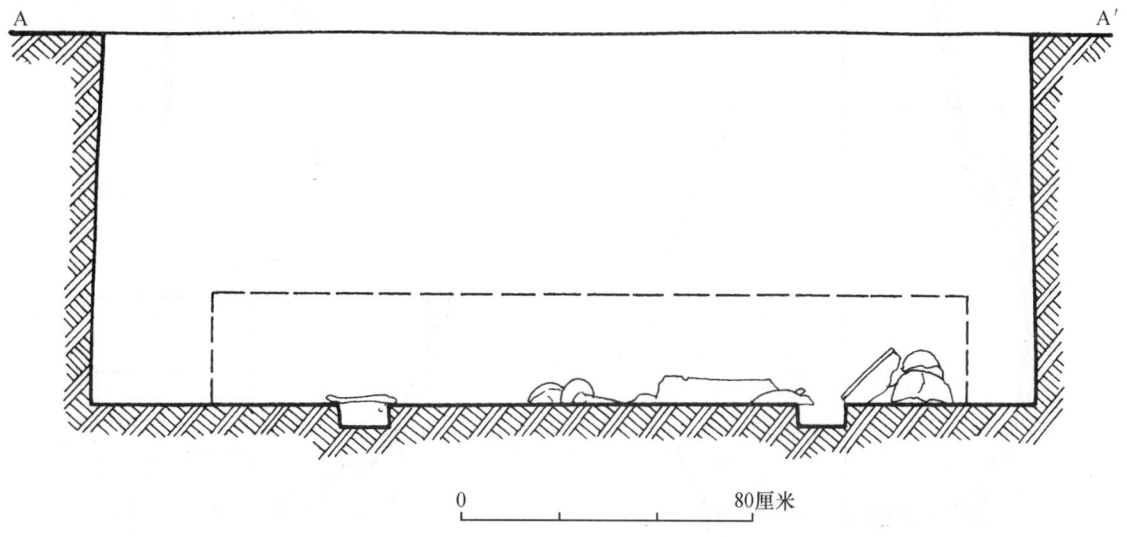

图二三八　M190 平、剖面及遗物分布图
1. 陶壶　2. 陶敦　3. 陶鼎　4、5. 陶豆

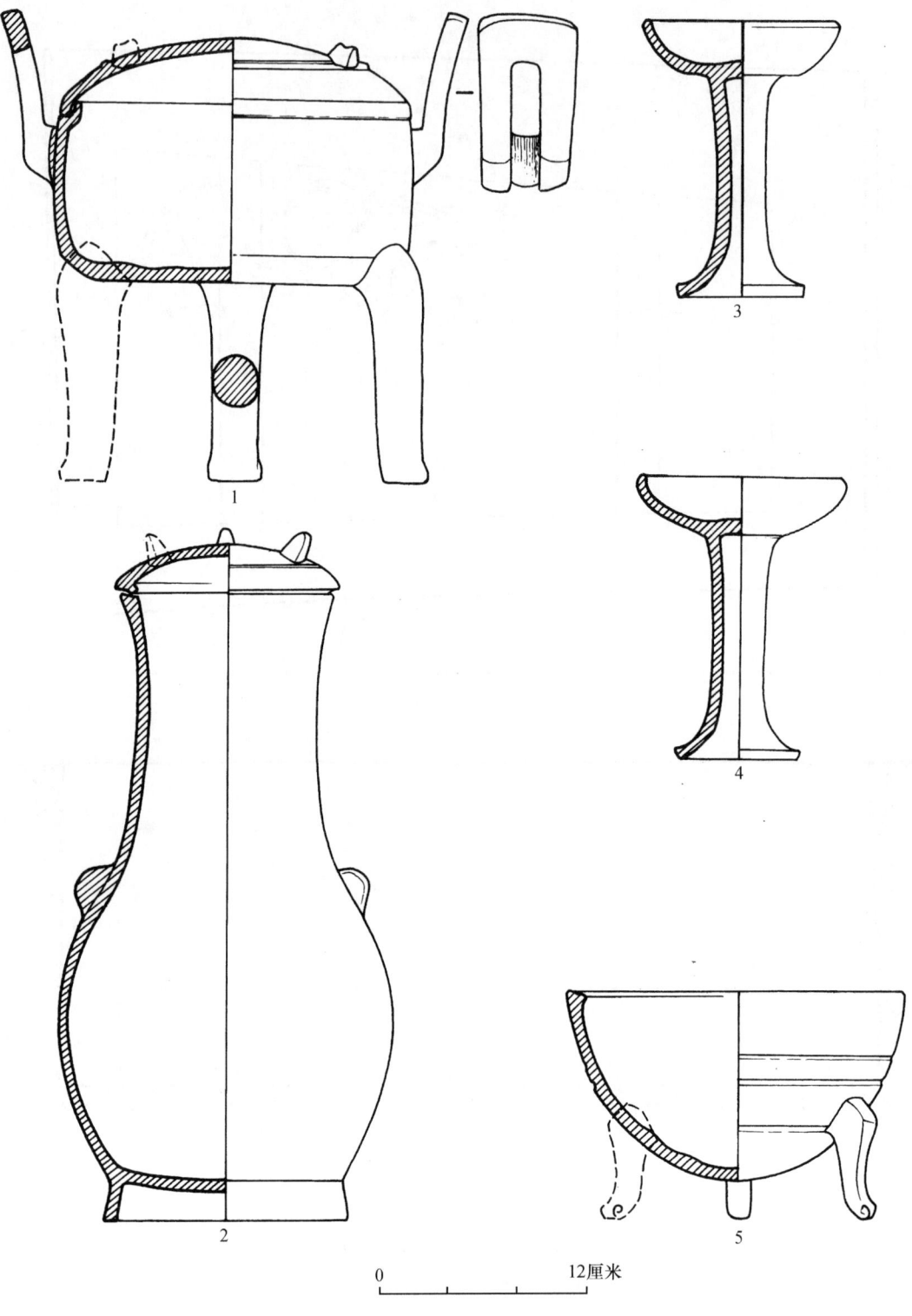

图二三九　M190 出土陶器

1. 鼎（M190:3）　2. 壶（M190:1）　3、4. 豆（M190:5、M190:4）　5. 敦（M190:2）

M194

位置　　位于ⅠT0105南部，北、南分别与M190、M103、M1相邻。

层位关系　　①→M193→M194→生土。

方向　　163°。

形制与结构　　长方形土坑竖穴墓，四壁下部外张，使墓室口小底大，平底。口部长240~246、宽145~163厘米；底部长249、宽168厘米；墓深156厘米（图二四〇）。

填土为深黄褐色五花土，土质疏松，无包含物。

葬具　　一椁。椁室位于墓室中部，已朽成灰。残存灰痕长210、宽约120、残高60、厚0.5厘米。底部有一层青膏泥，厚约0.5厘米。

人骨　　1具，保存较差，仰身直肢葬，头向南。性别、年龄不详。

随葬器物　　8件，放置在椁内人骨东侧，残碎较甚。计有陶鼎2件、陶敦1件、陶豆2件、陶壶2件、陶罍1件。

陶鼎　2件。M194:2，泥质褐红胎，灰黑皮。子口内敛，肩附长方形双耳，上腹较直，下腹弧收，平底，三蹄足。通高25.6、口径21、腹径24.6、足高16.1厘米（图二四一，1；图版七二，1）。M194:1，未能修复。

陶敦　1件。M194:3，未能修复。

陶豆　2件。M194:7，泥质灰陶。敞口，盘较大，弧壁圜底，高柄，柄末端有三周凹弦纹，豆座顶面隆起，座沿起台，沿面有凹槽。高17、口径14.6、底径8.7厘米（图二四一，4；图版七二，2）。M194:8，泥质灰陶。敞口，盘较大，弧壁圜底，高柄，柄末端有二周凹弦纹，座沿起台。高16.9、口径15.5、底径8.8厘米（图二四一，3；图版七二，3）。

陶壶　2件。M194:4，泥质褐红胎，灰黑皮。敞口，束颈，圆鼓腹，平底，肩附对称双半环耳，圈足。高36.4、口径11.3、腹径25.6、底径14.4、足高4厘米（图二四一，2；图版七二，4）。M194:5，未能修复。

陶罍　1件。M194:6，泥质褐红胎，灰黑皮。小直口，广肩，圆鼓腹，圈足。肩附对称双耳。高17.6、口径9.2、腹径21.4、底径14.2厘米（图二四一，5；图版七二，5）。

M199

位置　　位于ⅡT0206西北部，北、东、南、西分别与M170、M169、M168、M167、M165、M166相邻。

层位关系　　①→M199→生土。

方向　　102°。

形制与结构　　长方形竖穴土坑墓，直壁平底。长200、宽50、深15厘米（图二四二）。

填土为黄褐花土，土质疏松，无包含物。

葬具　　不详。

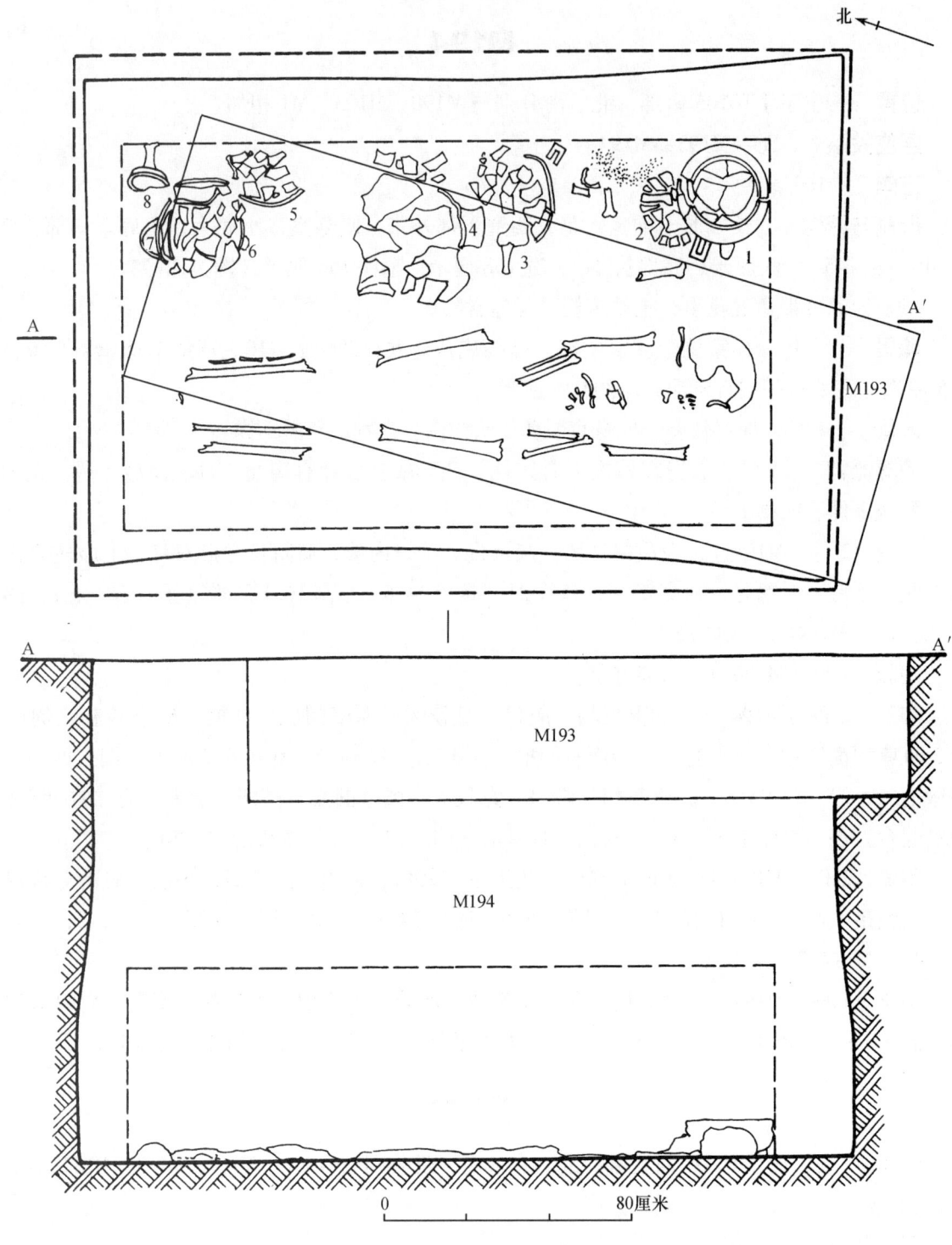

图二四〇　M194 平、剖面及遗物分布图
1、2. 陶鼎　3. 陶敦　4、5. 陶壶　6. 陶罍　7、8. 陶豆

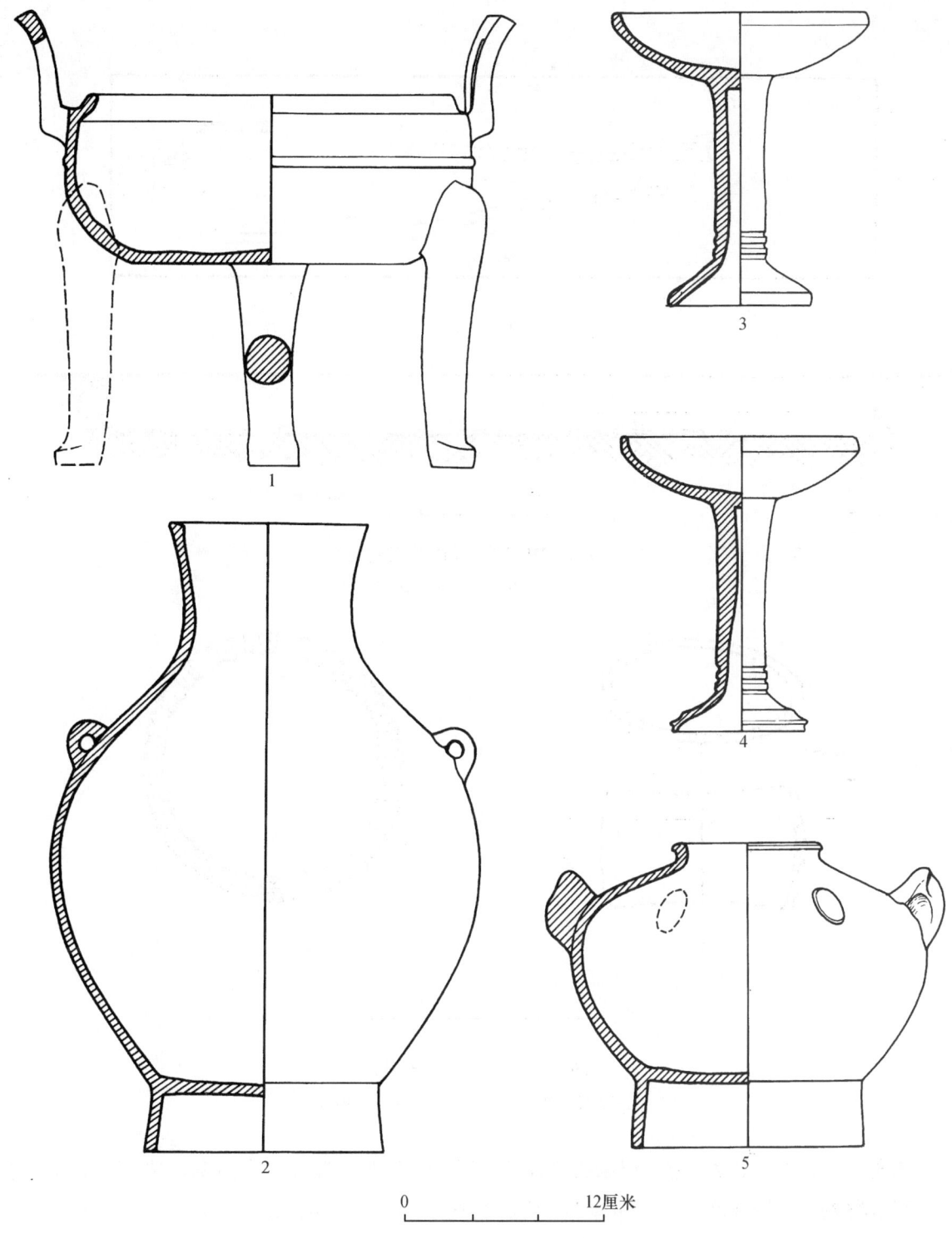

图二四一 M194 出土陶器

1. 鼎（M194:2） 2. 壶（M194:4） 3、4. 豆（M194:8、M194:7） 5. 罍（M194:6）

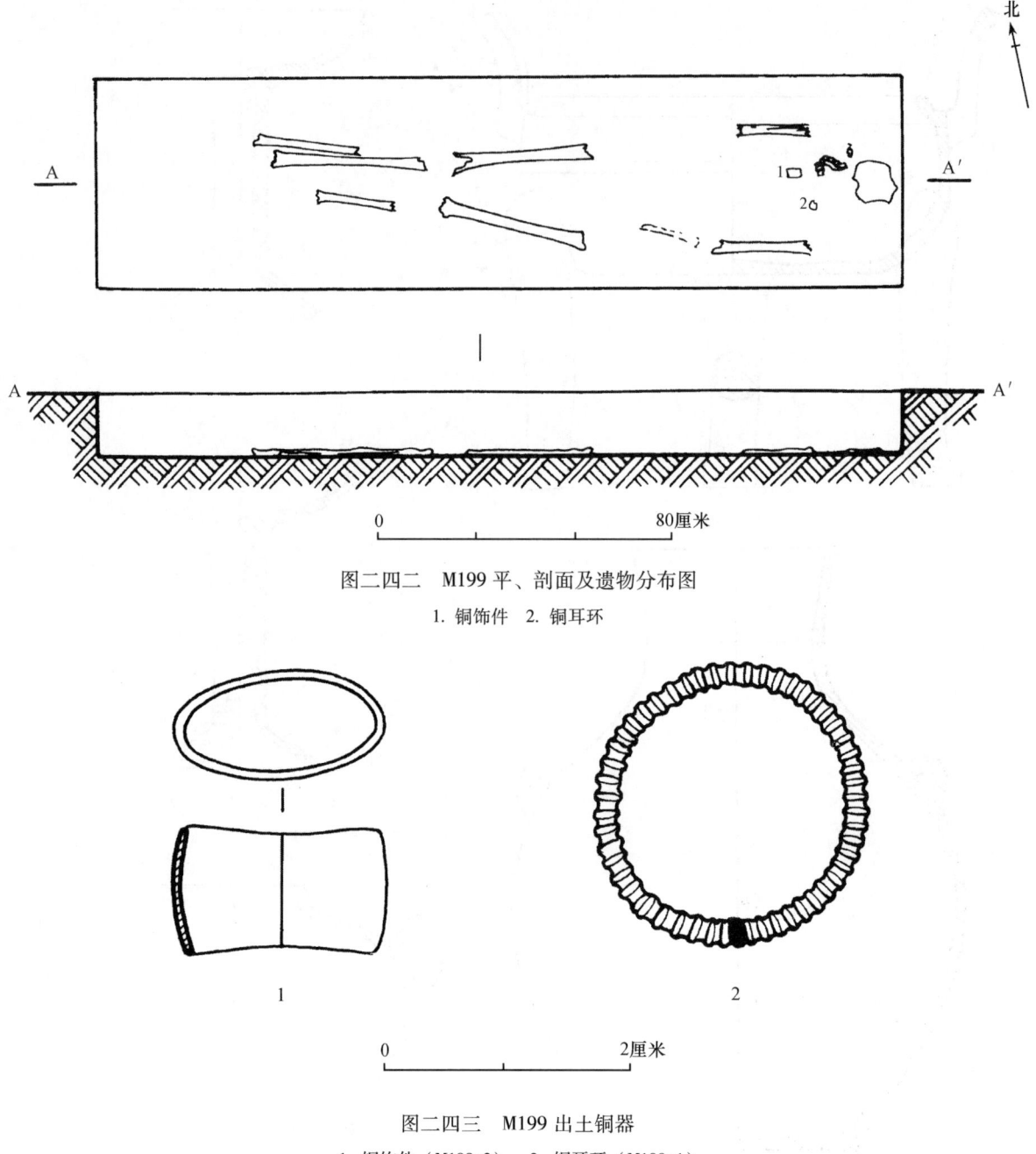

图二四二　M199 平、剖面及遗物分布图
1. 铜饰件　2. 铜耳环

图二四三　M199 出土铜器
1. 铜饰件（M199:2）　2. 铜耳环（M199:1）

人骨　1具。保存较差，仅余头骨及肢骨残段，仰身直肢葬，头向东。性别、年龄不详。

随葬器物　铜耳环1件、铜饰件1件，均置于墓主颈、胸部。

铜耳环　1件。M199:1。青灰色圆环。表面满饰箍纹。直径2.2厘米（图二四三，2；图版七〇，4）。

铜饰件　1件。M199:2。铜绿色，呈扁椭圆管状。长径1.7、高1厘米（图二四三，1；图版七〇，5）。

M200

位置　位于ⅡT0306与ⅡT0307之间，东、南、西分别与M166、M165、M164、M162相邻。

层位关系　①→G3→M200→生土。

方向　346°。

形制与结构　长方形竖穴土坑，直壁平底。长206、宽53～56、深56厘米（图二四四）。墓室北壁有壁龛，呈长方形，横宽48、进深20、高30、龛底距墓底12厘米。填土为黄褐色五花土，土质较硬，无包含物。

葬具　一棺。位于墓室中部，已朽成灰。残存灰痕长178、宽40、残高16、厚0.3厘米。

人骨　1具。保存较差，仰身直肢葬，头向北，面向西。性别、年龄不详。

随葬器物　4件，置于壁龛内，分别为陶壶、陶盂、陶鼎、陶豆各1件，其中陶盂置于陶鼎内。

陶鼎　1件。M200：3，泥质灰陶。侈口，宽平折沿，方唇，短束颈，颈肩交接处起折，浅直腹，圜底，蹄足。颈下部及底部饰绳纹，上腹饰两周凹弦纹。通高19.2、口径27.7、足高14.4厘米（图二四五，1；图版七三，1）。

陶盂　1件。M200：2，泥质灰陶，器形规整。宽折沿，斜方唇，短直颈，颈肩交接处起折，上腹鼓，下腹斜收，平底微凹。下腹饰有绳纹，轮制。口径24、底径12、高13.2厘米（图二四五，2；图版七三，2）。

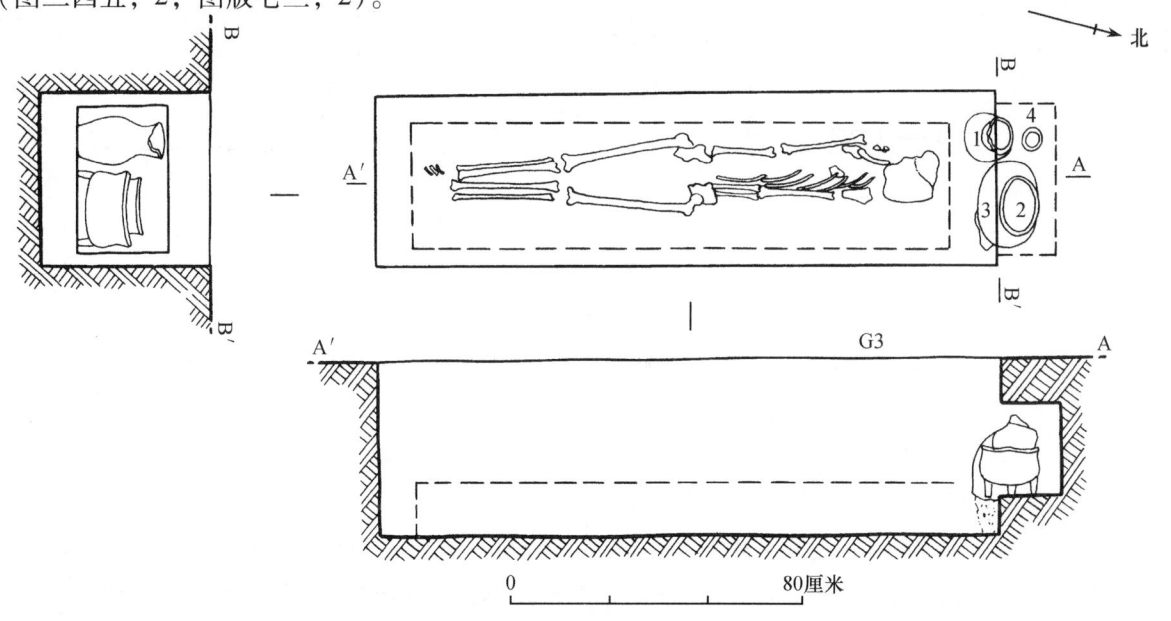

图二四四　M200平、剖面及遗物分布图

1. 陶壶　2. 陶盂　3. 陶鼎　4. 陶豆

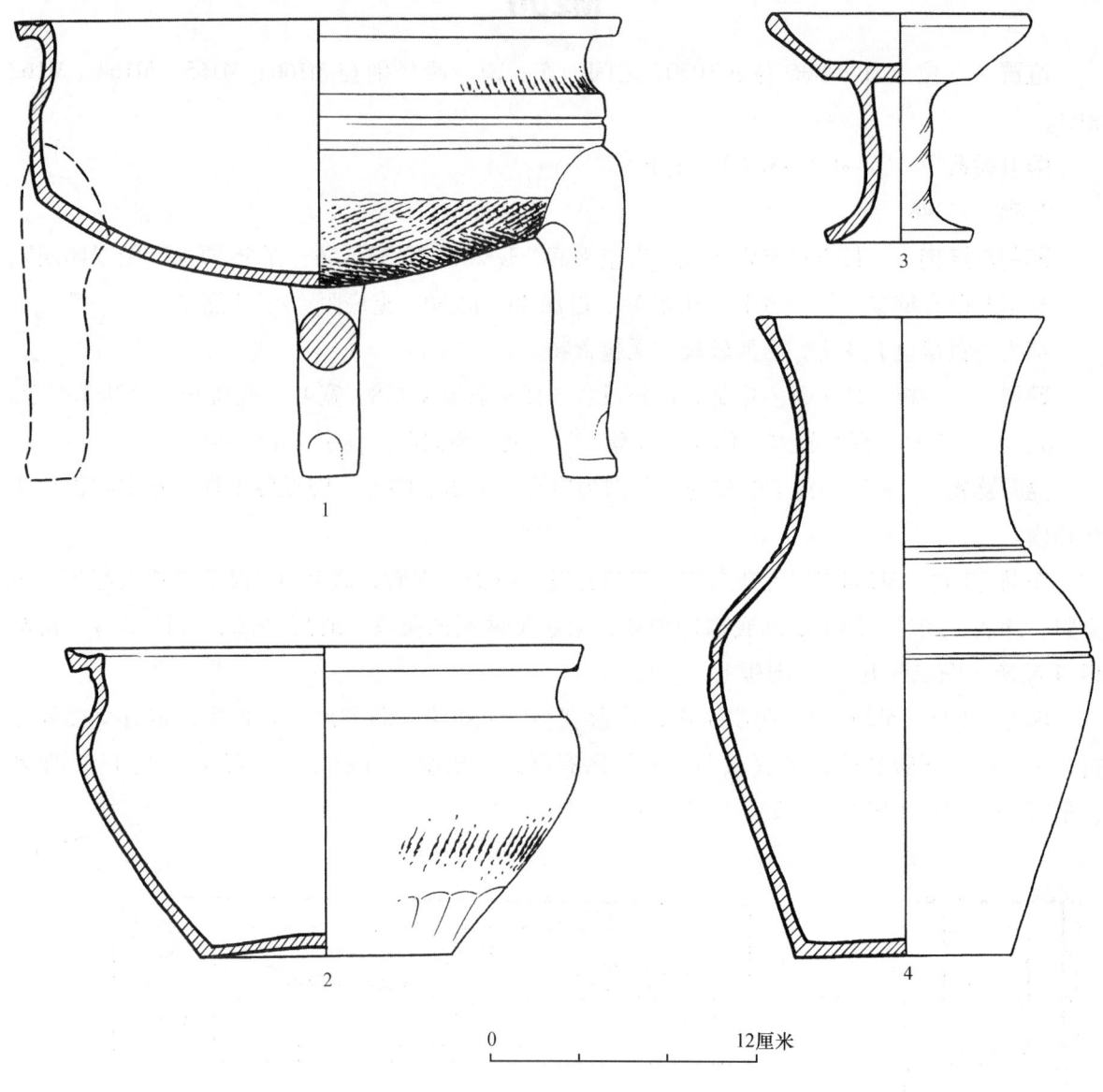

图二四五　M200 出土陶器
1. 鼎（M200:3）　2. 盂（M200:2）　3. 豆（M200:4）　4. 壶（M200:1）

陶豆　1件。M200:4，泥质灰陶。敞口，圆唇，斜腹，平底，矮柄，座沿起台。口径12、底径6.8、高10厘米（图二四五，3；图版七三，3）。

陶壶　1件。M200:1，泥质灰陶。器形规整。敞口，方唇，束颈，上腹鼓，下腹斜收，平底。颈与上腹各饰两周凹弦纹。口径12.9、底径9.6、高27.6厘米（图二四五，4；图版七三，4）。

M203

位置　　位于ⅠT0406北部。

层位关系　　①→M203→生土。

方向　　13°。

形制与结构　　长方形土坑竖穴墓，直壁平底。长220、宽84、深24厘米（图二四六）。填土为黄褐色五花土，土质疏松，无包含物。

葬具　　不详。

人骨　　1具。保存较差，仰身直肢葬，头向北。性别、年龄不详。

随葬器物　　无。

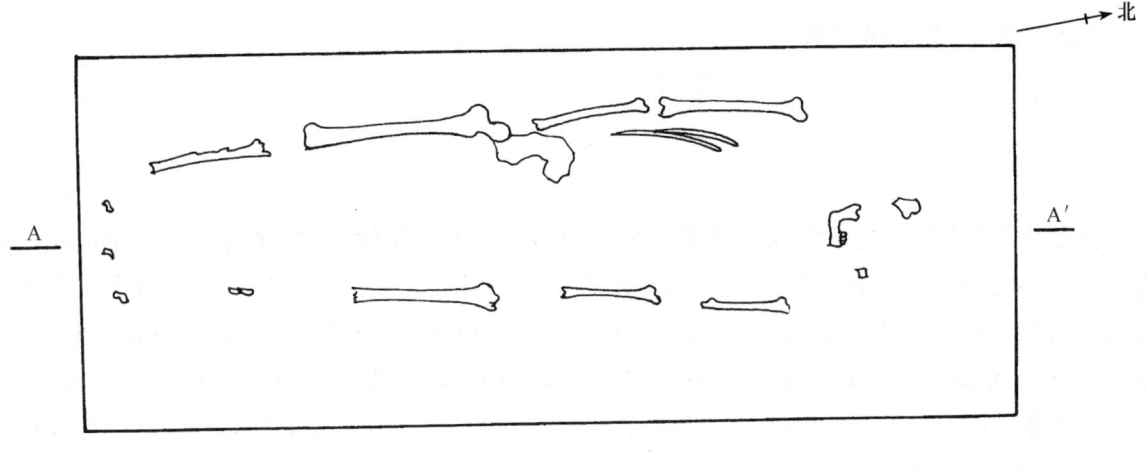

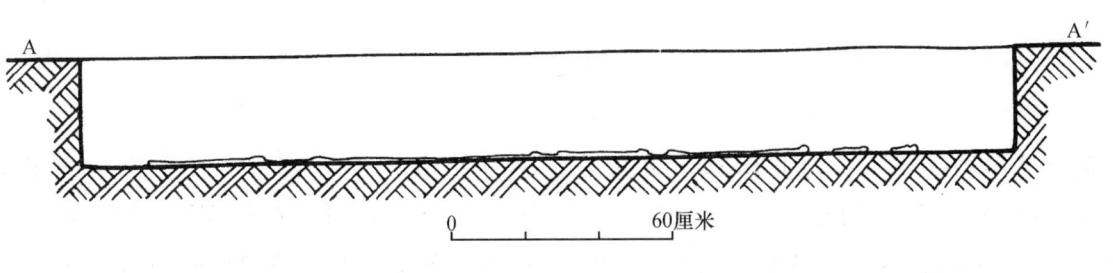

图二四六　M203平、剖面图

第三章 汉代遗存

汉代遗存有灰沟和墓葬两类（图二四七）。

一、灰　　沟

3条。均位于发掘区北部。

G1

自ⅡT0207西北穿过ⅡT0206、ⅡT0205、ⅡT0105，止于ⅡT0104西南部，大致呈西北、东南走向，角度约162°（图二四八）。其西为G2、G3。G1开口于①层下，打破M171、M169、M175、M30、M16、M4、M9和H7。沟壁近直，下部稍内收，底部较平。沟口宽60~65、沟底宽56~60、深80厘米左右，长约4000厘米。沟底部南端较北端深约12、故沟内流水应是从西北向东南流。沟内填土呈灰黄色，土质疏松，无包含物。填土中出有少量夹砂、泥质红陶和灰陶，并出有菱形纹残砖一块。

G2

起自ⅡT0306中部，穿过ⅡT0305、ⅡT0205，止于ⅡT0204西南部，大致呈西北、东南走向，角度约158°（图二四九）。其北为G3，东为G1。开口于①层下，打破M23、M24和M32。沟壁较直，下部稍内收，底部较平。沟口宽45~70、沟底宽39~64、深96厘米左右，长2440厘米。沟底部南端较北端深约10厘米左右，故沟内流水应是从西北向东南流。沟内填土呈灰褐色，土质较硬，无包含物。沟壁、底未见加工痕迹。

G3

位于ⅡT0307西部，呈西北、东南走向，角度约163°（图二五〇）。其北部伸出发掘区之外，未清理。其南为G2，东为G1。开口于①层下，打破M200。已清理部分北宽南窄，弧壁内

第三章 汉代遗存

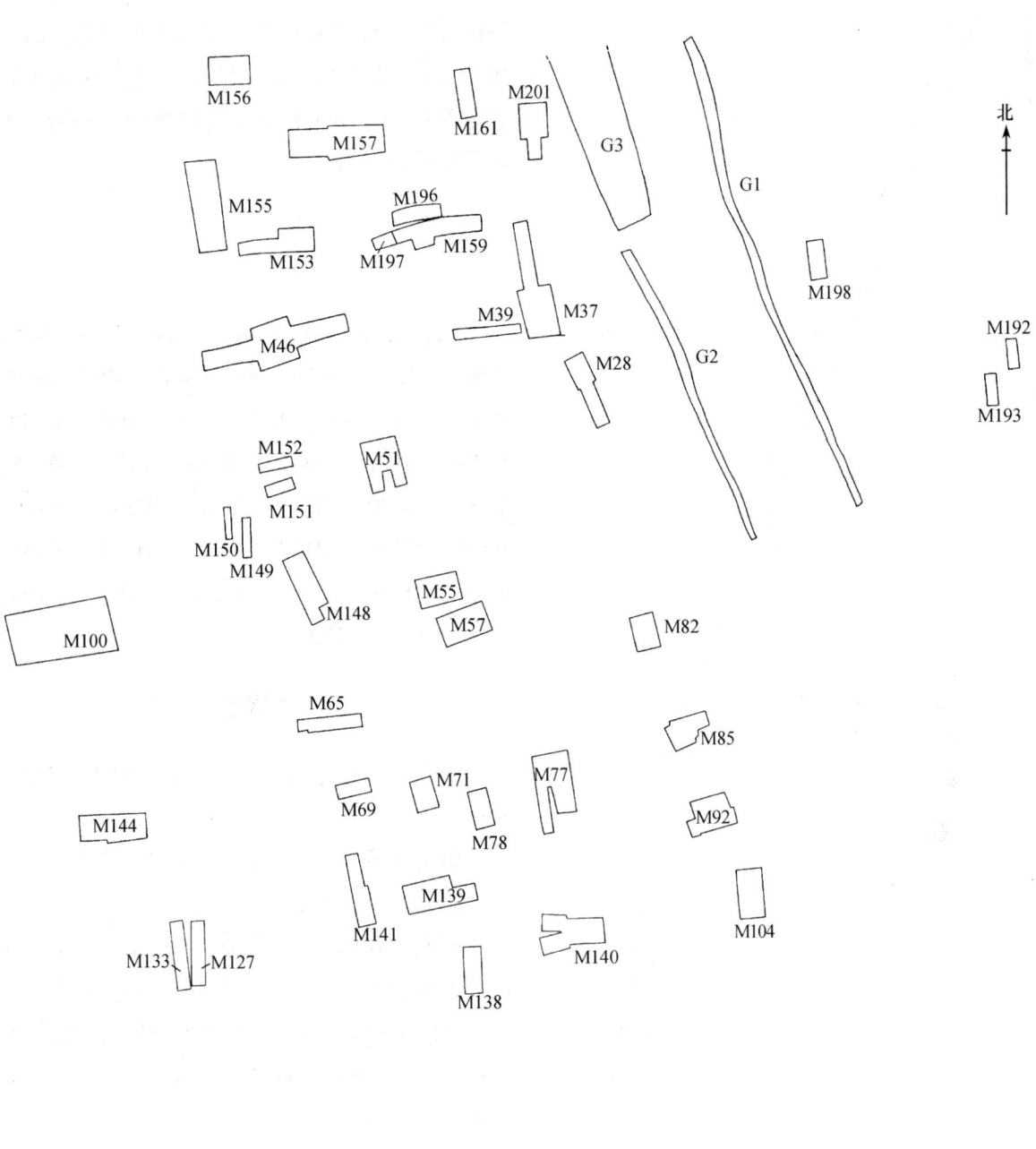

图二四七　汉代遗迹分布图

收，底部北高南低，底中部略下凹。沟口宽 280~512、沟深 60~72、长 1340 厘米。沟内填土呈深灰褐色，土质稍硬，包含红烧土颗粒，炭粒等。出土有少量泥质灰陶、褐陶，可辨器型有罐、壶等。

二、墓　　葬

汉代墓葬共 43 座，即：M28、M37、M39、M46（M202）、M51、M55、M57、M65、M69、M71、M77、M78、M82、M85、M92、M100、M104、M127、M132、M133、M137、M138、M139、M140、M141、M144、M148、M149、M150、M151、M152、M153、M155、M156、M157、M159、M161、M192、M193、M196、M197、M198、M201。

M28

位置　　位于ⅡT0305 西南，西北为 M37、M39。

层位关系　　①→M28→M27→生土。

墓向　　160°。

形制与结构　　带竖井墓道的竖穴墓，通长 590 厘米①。墓道位于墓室南壁中部，上口长 326~334、宽 128 厘米；底部由北向南略倾斜，长 336、宽 126、深 70~78 厘米（图二五一）。

墓室直壁平底，口部长 250~264、宽 169 厘米；底部长 243~263、宽 168 厘米；墓深 64~78 厘米。

填土为浅灰花土，土质疏松，包含大量残砖，推测 M28 应为砖室墓。

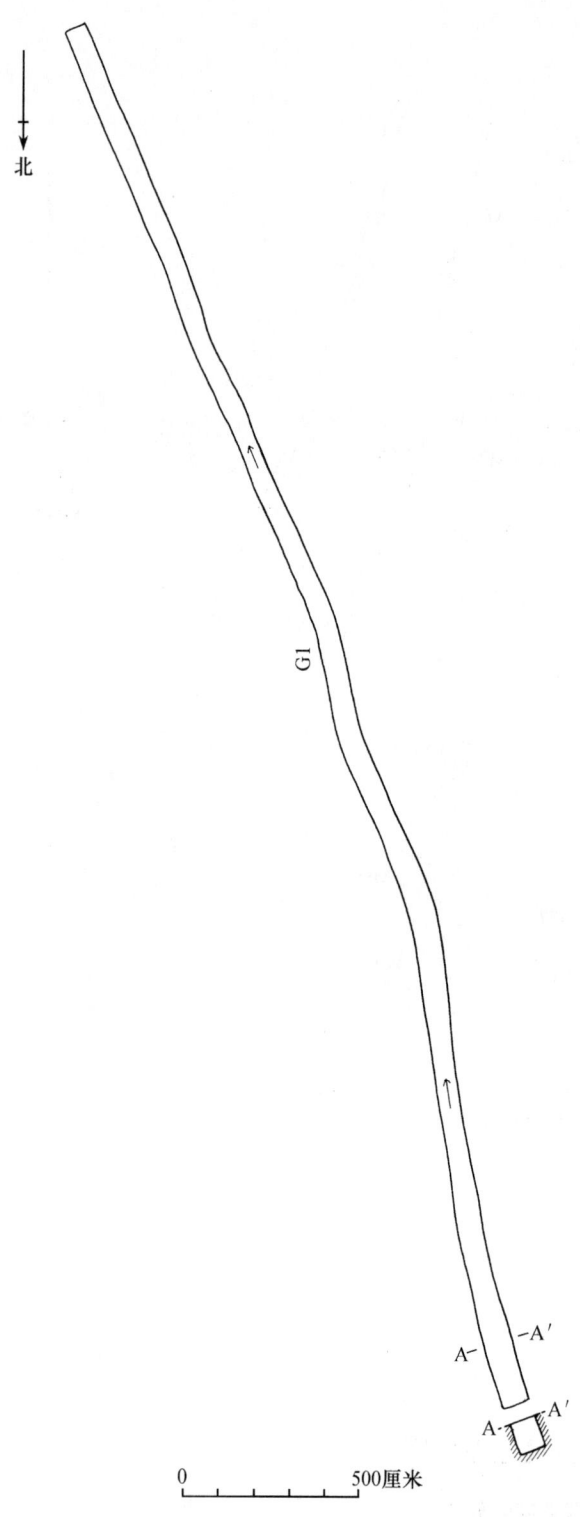

图二四八　G1 平、剖面图

---

①　本报告中，"通长"均指墓圹总长度，包括了砖室墓的砖壁厚度；而墓道、甬道、墓室的"长"、"宽"、"深"则均不计砖壁厚度，故砖室墓中，"通长"要大于各部分长度之和。

第三章 汉代遗存

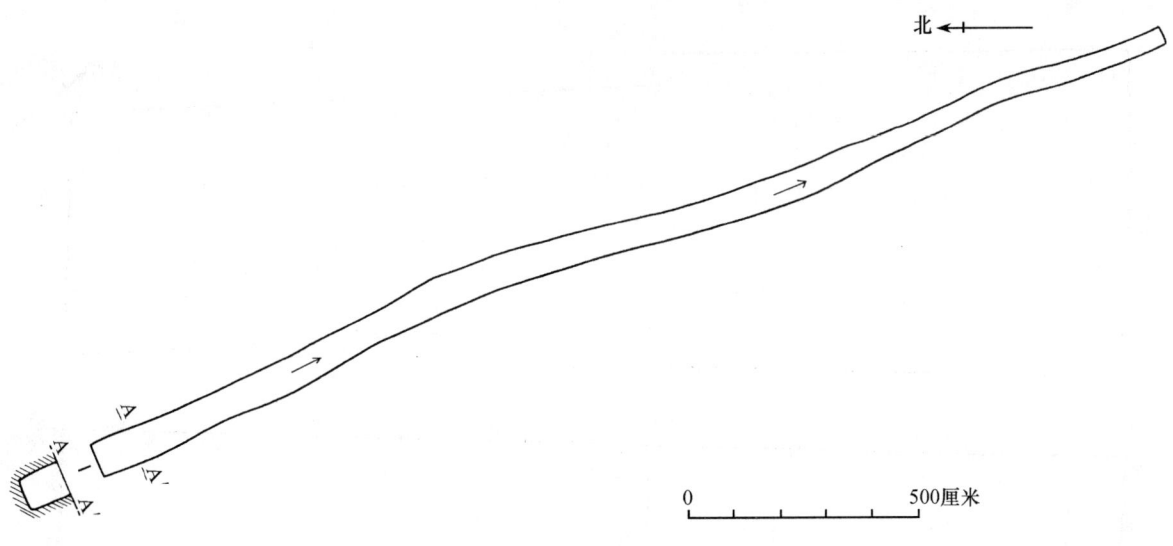

图二四九 G2 平、剖面图

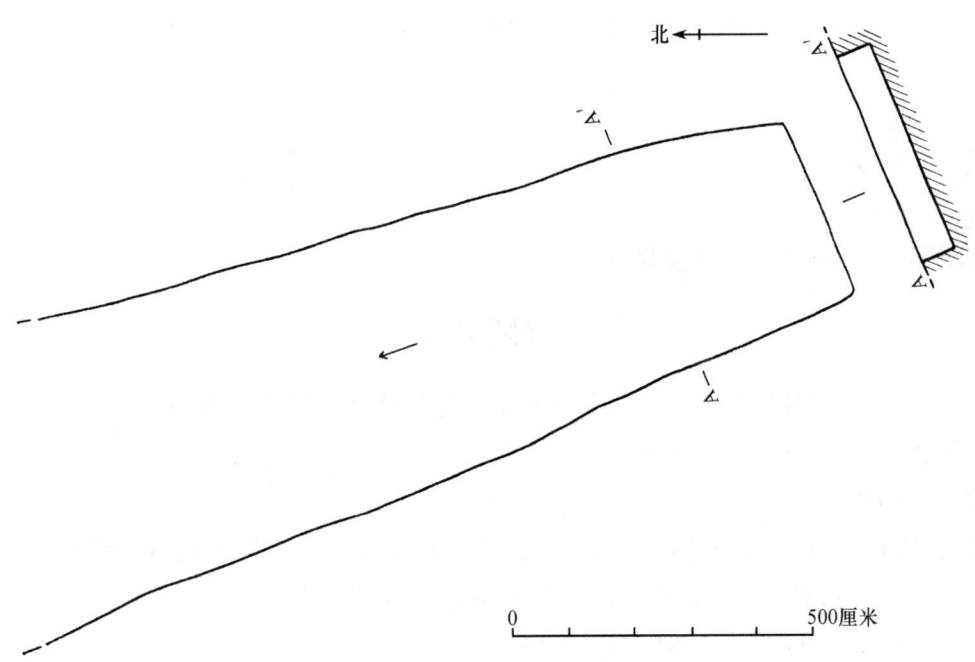

图二五〇 G3 平、剖面图

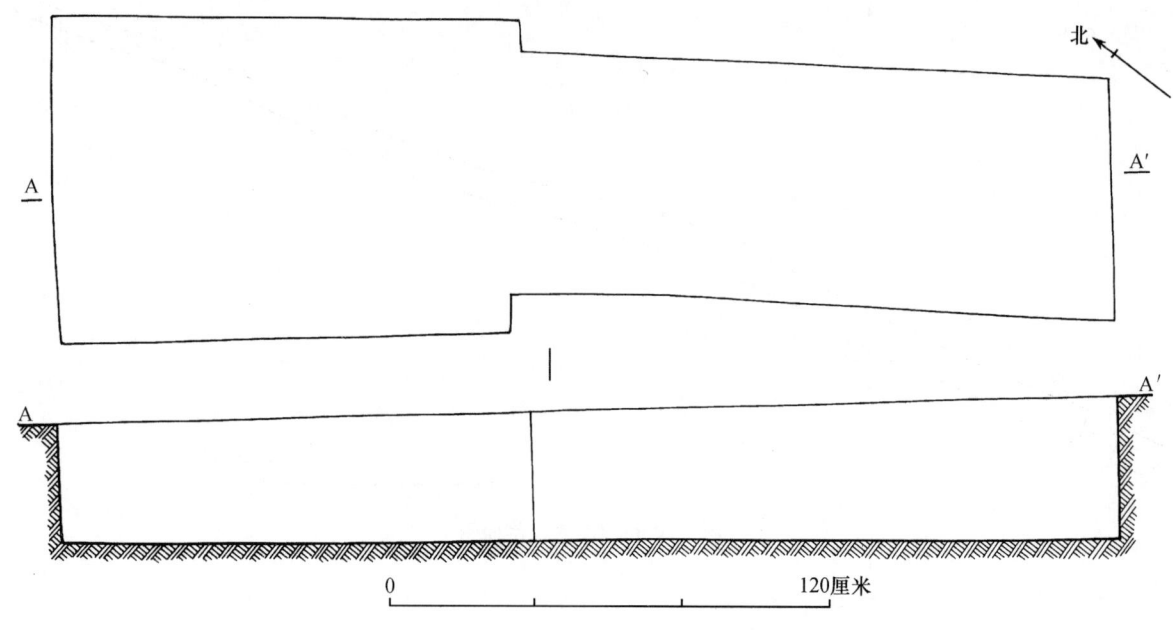

图二五一　M28 平、剖面图

葬具　不详。

人骨　不详。

随葬器物　墓被盗扰，未见随葬品。

M37

位置　位于ⅡT0406 东南，其东南为 M28，西为 M39、M159、M196。

层位关系　①→M37→M38→生土。

墓向　350°。

形制与结构　带斜坡墓道的竖穴墓，通长 930 厘米。墓道位于墓室北壁正中，上口长 530、宽 100 厘米；底坡长约 534 厘米；深 20~70 厘米（图二五二）。

墓室直壁平底，长 400、宽 280、深 70 厘米。

填土为黄褐色五花土，土质疏松，包含大量残砖，推测应为砖室墓。

葬具　不详。

人骨　不详。

随葬器物　墓葬被扰，仅在填土中发现 12 枚铜钱。

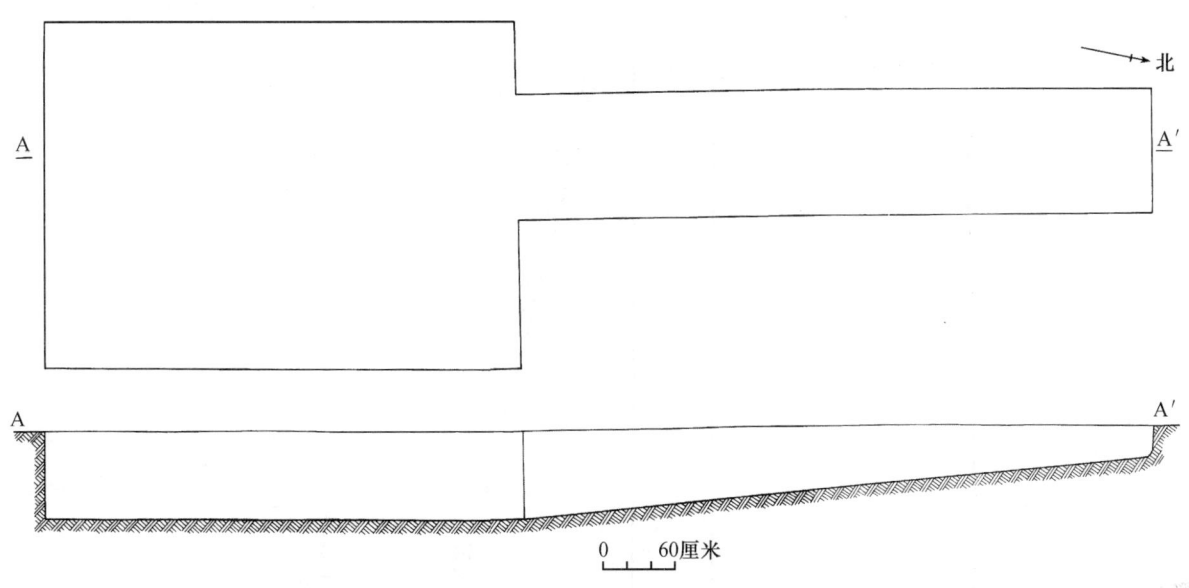

图二五二 M37 平、剖面图

铜钱 12枚。编号为M37：1，锈蚀，钱文可辨识者5枚，均为"五铢"。郭径在2.31~2.51厘米之间（图三三六，1~4）。

M39

位置 位于ⅡT0405北部，向北有部分进入ⅡT0406。其北、东侧分别为M159、M37。

层位关系 ①→M39→M40、M43→生土

墓向 86°。

形制与结构 带斜坡墓道的长方形竖穴土坑墓，通长540厘米。墓道在墓室东边，长斜坡式，底端与墓室底部相连。墓道上口长260、宽100厘米；底坡长270厘米；深10~80厘米（图二五三；彩版八，1）。

墓室呈长方形，南、北壁较直，西壁下部内斜。口部长280、宽100厘米；墓底长270、宽100厘米；墓深76厘米。墓底大致平坦，惟棺外东端长70厘米的一段较他处稍低约4厘米，用以置放器物。

填土为黄褐花土，土质较硬，黏性大，无包含物。其中墓道内填土颜色稍浅，略呈青灰色。

葬具 一棺。棺室长190、宽54、残高16、棺板厚3厘米。

人骨 1具。仰身直肢葬，头向东，面略侧向北，上肢伸直置于体侧。

随葬器物 有陶器及铜镜、铜钱、铁刀。其中陶器7件，置于头端棺外，计有双耳罐3

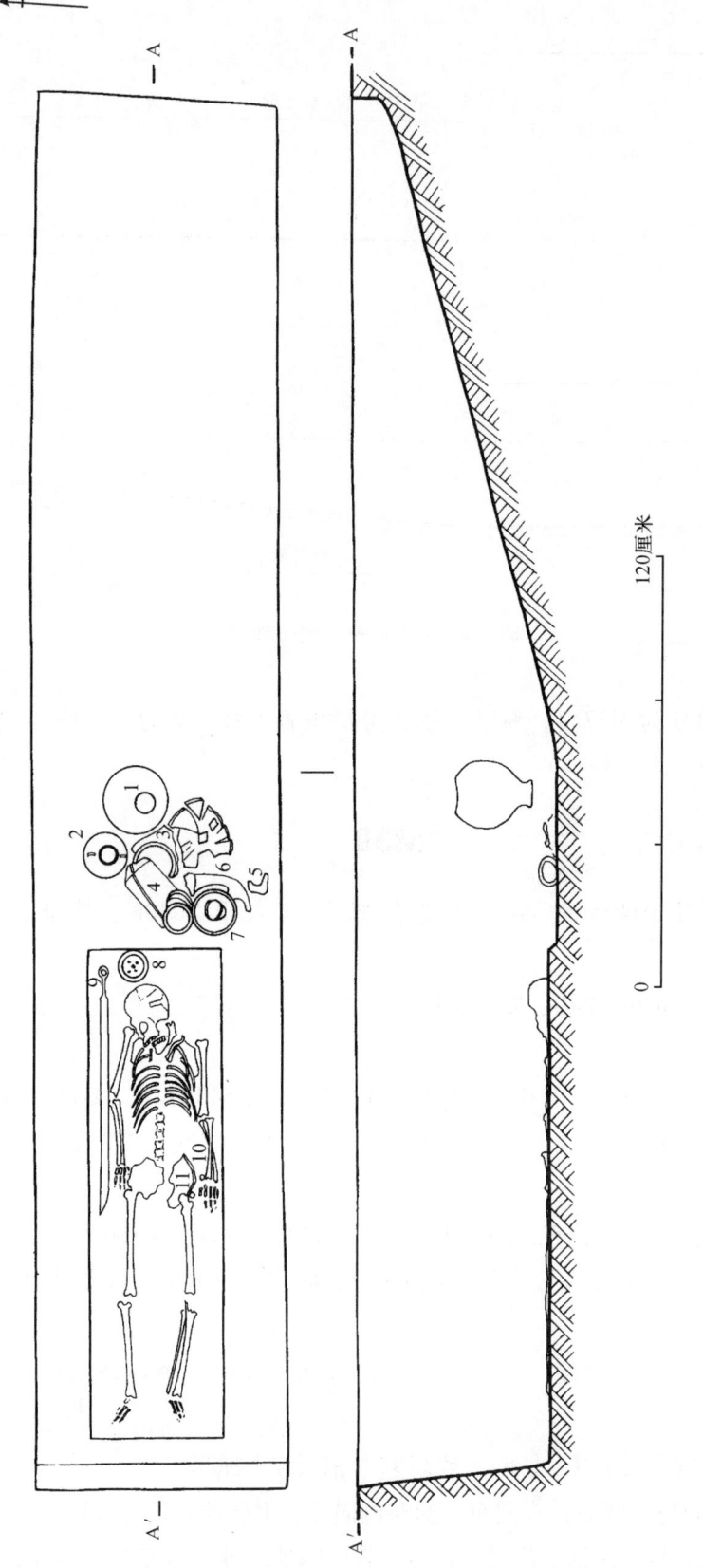

图二五三 M39 平、剖面及遗物分布图

1~3. 陶双耳罐 4. 陶仓 5. 陶鸡 6. 陶狗 7. 陶磨 8. 铜镜 9. 铁刀 10、11. 铜钱

件，以及陶仓、陶鸡、陶狗、陶磨各1件。铜镜1枚，置于墓主头顶端略偏北。铁刀1柄，置于墓主上身右侧。铜钱2串，分置于左、右手部。

陶双耳罐　3件。M39∶1，泥质灰陶。侈口，方唇，短颈，球形圆鼓腹，凹圜底，肩部有对称双半环耳。颈以下至中腹饰弦断绳纹，下腹饰斜向绳纹。高27、腹径26、底径9.7厘米（图二五四，1；图版七四，1）。M39∶2，泥质灰陶。形体较小，侈口，束颈，鼓腹，最大径在中腹，平底稍内凹。肩部有对称双半环耳，耳上饰三道凹弦纹，肩部及中腹偏下处均饰有三道凹弦纹。高14.5、口径11、腹径16.6、底径9.6厘米（图二五四，3；图版七四，2）。M39∶3，泥质灰陶。侈口，斜短颈，球形圆鼓腹，凹圜底。肩部有对称双耳。颈以下至中腹饰弦断绳纹，下腹饰斜向绳纹。高23.2、口径14.1、腹径24厘米（图二五四，2；图版七四，3）。

陶仓　1件。M39∶4，泥质灰陶。敛口，圆唇，斜折肩，腹相对较深，腹壁较直，近底处有圆形仓门。博山炉式盖，盖外壁饰动物纹。通高34.8、口径6.1、肩径14.4、盖径12、底径13.3厘米（图二五四，4；图版七四，4）。

陶磨　1件。M39∶7，泥质灰陶。上扇表面中央有两个相对的半月形槽，下扇中央隆起，高出磨盘，下扇腹壁与盘底相连，腹中空。磨盘敞口，圆唇，斜直腹，平底。盘径19.8、底径16.6、高11.2厘米（图二五四，5；图版七五，1）。

陶鸡　1件。M39∶5，泥质灰陶。雄鸡，昂首，高冠，长尾后垂，圈足，腹中空。高8、长10厘米（图二五四，6；图版七四，5）。

陶狗　1件。M39∶6，泥质灰陶。卧伏式，头侧望，双耳竖直，眼圆瞪，尾侧向卷曲，腹中空。高12.8、长28厘米（图二五五，1；图版七四，6）。

铁刀　1件。M39∶9，锈蚀，呈黄色。环首，刀身直而修长，厚脊薄刃。长100.4、宽2.3厘米（图二五五，2；图版七五，2）。

铜镜　1枚。M39∶8，四乳八鸟纹镜。圆形，镜面微凸。圆钮，钮座外有四组短线纹（每组三条），与四条短弧线纹相间。向外有两周短线纹，其间有四乳钉与八鸟相间环列，八鸟两两相对。直径9.3厘米（图三三〇，1；图三三一，1；图版七五，3）。

铜钱　20枚。编号为M39∶10、11（各10枚），锈蚀较严重，有5枚钱文可辨，均为"货泉"。郭径在1.7~2.2厘米之间（图三三六，5）。

M46（M202）

位置　　位于ⅡT0605北部，部分向北进入ⅡT0606和ⅡT0506。其北为M153。

层位关系　　①→M46→生土。

图二五四　M39 出土器物（1）

1、2、3. 陶双耳罐（M39:1、M39:3、M39:2）　4. 陶仓（M39:4）　5. 陶磨（M39:7）　6. 陶鸡（M39:5）

图二五五 M39 出土器物（2）

1. 陶狗（M39:6） 2. 铁刀（M39:9）

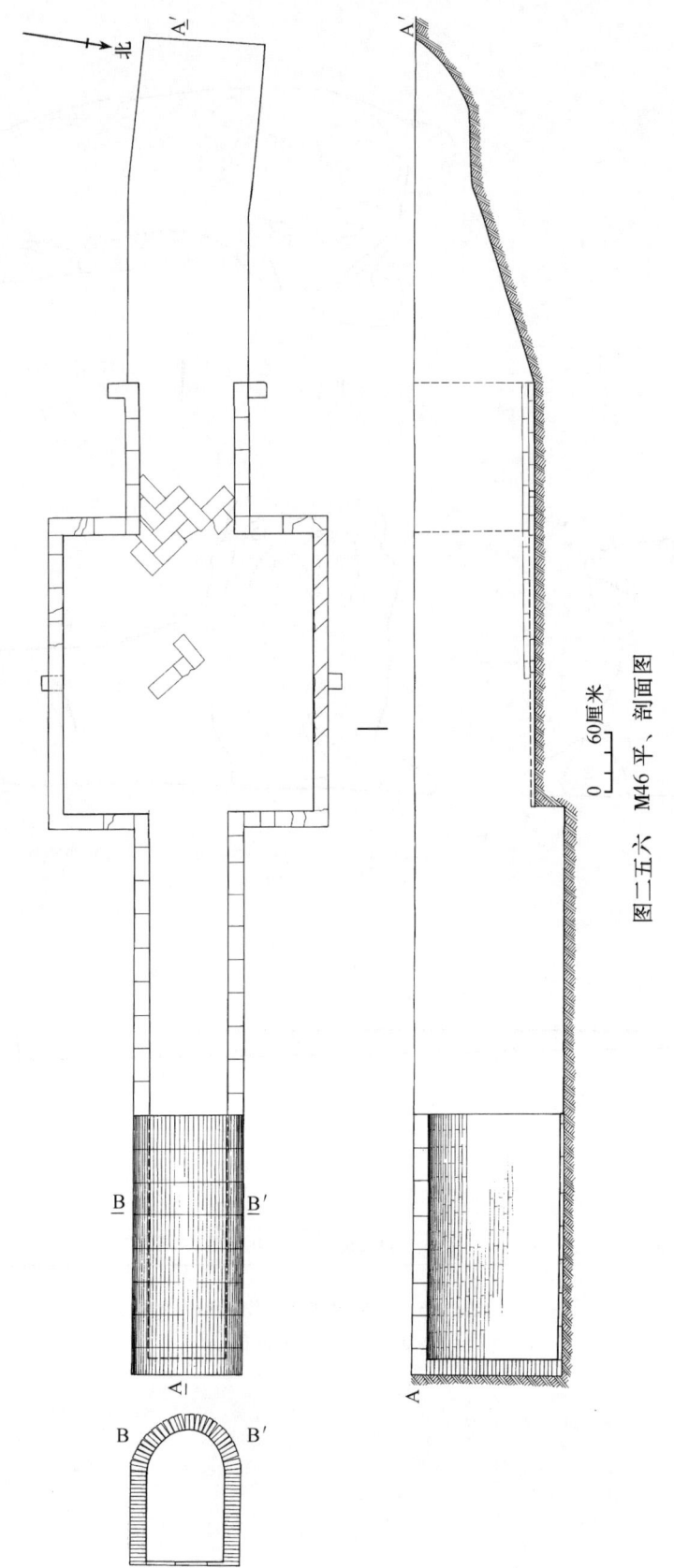

图二五六 M46 平、剖面图

墓向 260°。

形制与结构 砖室墓，由斜坡墓道、甬道和前、后室组成，通长1320厘米。墓道位于西部，平面呈长方形，两壁下部微向外张。口部长340、宽122厘米。斜坡底不规则，西部向下凹陷。底坡长约366、宽126、深0~120厘米。

墓道与前室之间为甬道，长132、宽96、深120厘米。壁、底均砖砌。壁砖仅存一层，平铺。底砖残存少量，以"人"字缝平铺，与前室底砖相连。甬道西近墓道处两侧有垛，推测原应有砖封门，现已不存。

前室（原编为M202）长约276、宽256、深120厘米。顶已不存，壁砖仅余一层，有砖槽。底砖仅存部分，"人"字缝平铺。另在墓室南北壁中部各有一垛，以加固两壁，宽17、进深约20厘米。砖长33、宽17、厚5厘米。

后室长540、宽80、深146~150厘米，底较前室深约30厘米。南、北、东壁以砖错缝平砌。又可分为前、后两部分，前部长283厘米，南、北两壁砖高92厘米，无顶，亦不以砖铺底。后部长257厘米，以砖铺底，南、北两壁在距底92厘米处起券，券高58厘米（图二五六）。墓砖侧面有菱形花纹，砖长32、宽16、厚4厘米（图二五七）。

填土为黄褐花土，土质疏松，包含有残砖块、陶片等。

葬具 不详。

人骨 不详。

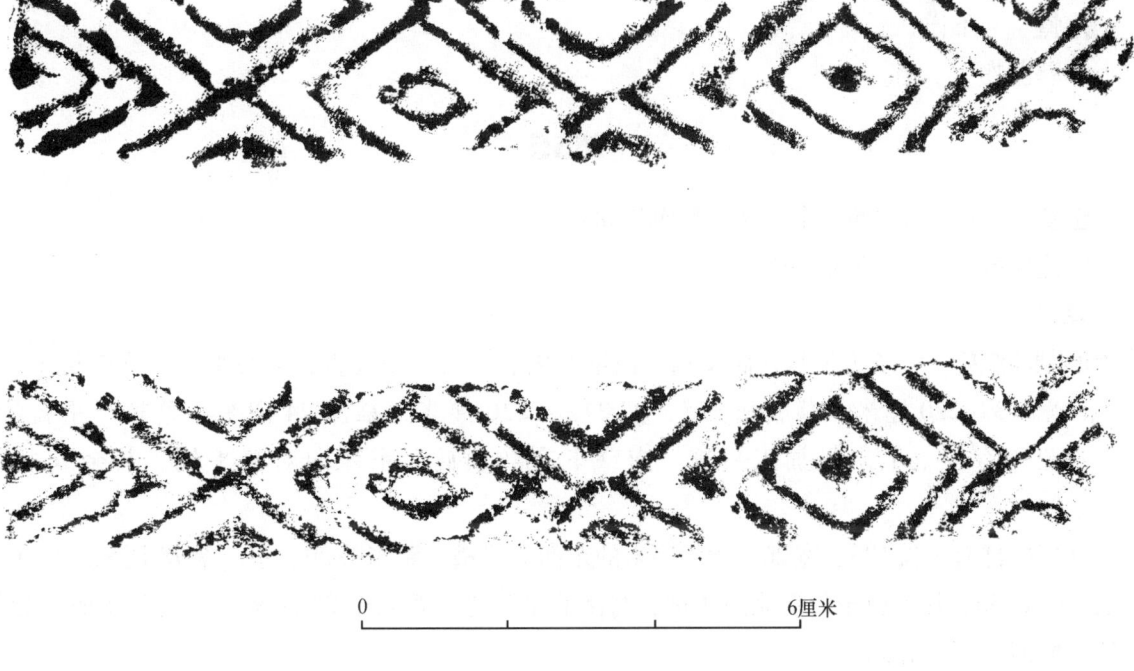

图二五七　M46墓砖拓片

随葬器物　仅在填土中发现一些陶片、铜钱，有个别釉陶片。

铜钱　7 枚。M46:1，锈蚀。钱文可辨者 5 枚，均为"五铢"，郭径在 2.18～2.5 厘米之间。其中一枚正面穿上有凸起的郭（图三三九，7～10）。

M51

位置　位于ⅡT0504 北部，少部向北进入ⅡT0505。其西为 M151、M152。

层位关系　①→M51→M52→生土。

墓向　172°。

形制与结构　带两个斜坡墓道的横长方形双砖室墓，通长 406 厘米。东、西墓室的南壁各有一斜坡墓道，其中东墓道上口长 150、宽 112 厘米；底坡长 154、深 65～94 厘米；西墓道上口长 146、宽 106～110 厘米；底坡长 150、底端深 94 厘米。

东墓室长 243、宽 124 厘米；西墓室长 248、宽 116 厘米。两墓室总宽 296、深 98 厘米。两墓室间有 24 厘米的空间未铺砖，亦未见隔墙，疑被扰。西墓室西壁北段、东墓室东壁及两墓室北壁残存有砖 1～10 层不等，两墓室间的南壁也残存有 11 层砖，皆错缝平砌。两墓室底部近墓壁处皆残存有铺底砖，东西向对缝平铺（图二五八）。墓砖长 26、宽 13、厚 4 厘米。

填土为黄褐花土，土质较硬，黏性大。其中墓室内填土中包含有大量残砖块和砖碎屑。

葬具　不详。

人骨　不详。

随葬器物　无。

M55

位置　位于ⅡT0503 东北部，其南为 M57。

层位关系　①→M55→H8→生土。

墓向　83°。

形制与结构　长方形竖穴砖室墓，西壁稍内收，余三壁较直，墓底平坦。墓口长 330～334、宽 213～220 厘米；墓底长 325、宽 213～220 厘米；墓深 74 厘米。墓被严重盗扰，四壁砖已不存，土圹未见加工痕迹。南壁下有数块砖，东西向对缝平铺，其余墓底为生土。

墓底中部有一长 185、宽 26、深 4 厘米的东西向浅槽，距东壁 20、距南壁 78 厘米。墓底西部也有一宽 35、深 4 厘米的南北向浅槽，与南北壁相连，距西壁 35 厘米。这两个浅槽可能是置砖的墙槽（图二五九）。

填土为黄褐花土，土质较硬，黏性大，包含有大量残砖块和碎砖屑。

葬具　不详。

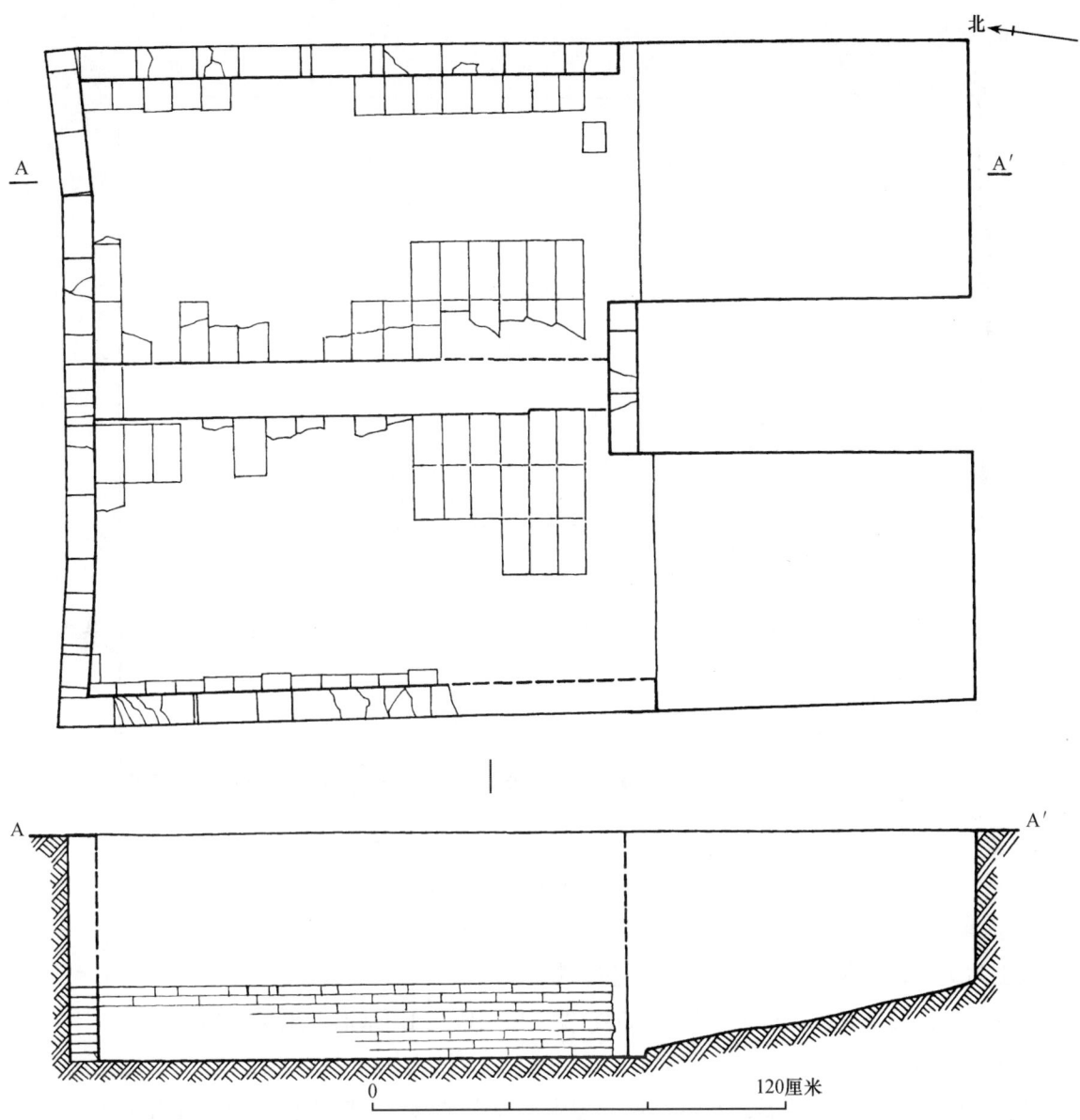

图二五八 M51 平、剖面图

人骨 不详。

随葬器物 盗扰严重，未见任何随葬品。

M57

位置 位于ⅡT0403和ⅡT0503之间，其北为M55。

层位关系 ①→M57→生土

墓向 106°。

形制与结构 长方形竖穴土坑墓，直壁平底。长400、宽240~256、墓深46厘米（图二六〇）。

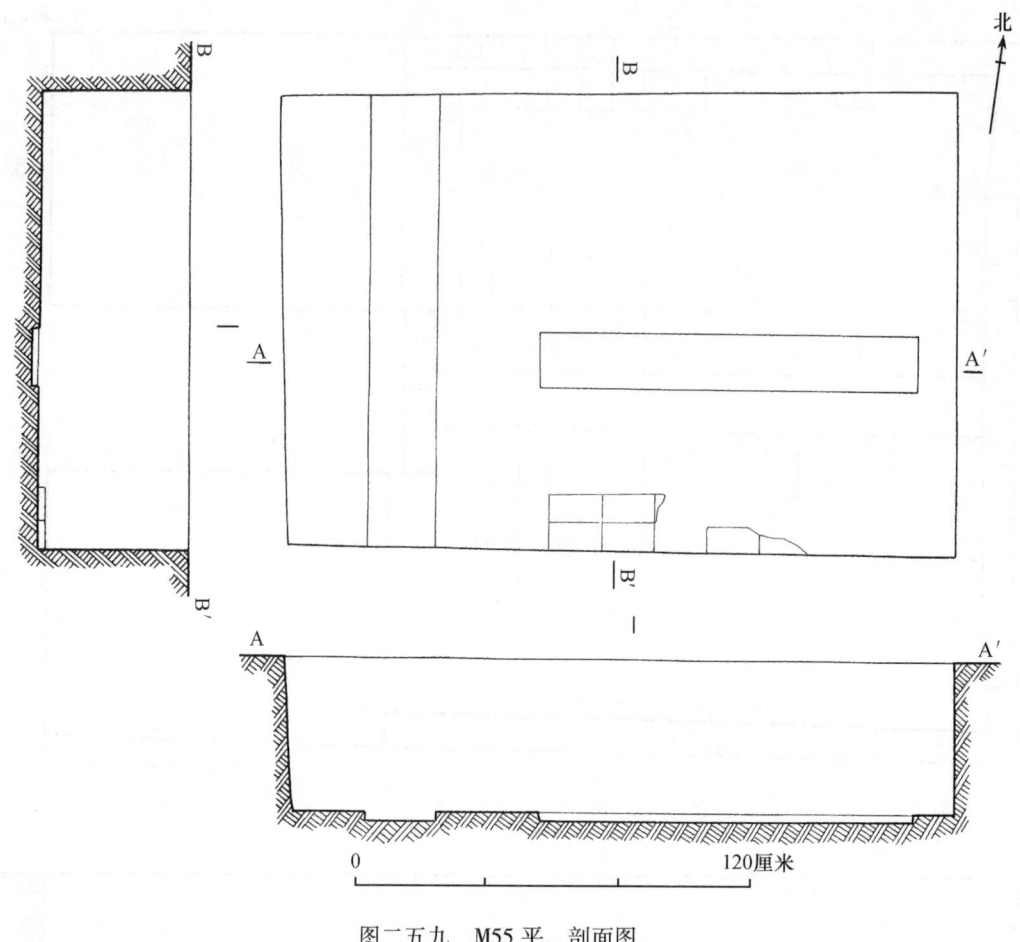

图二五九　M55 平、剖面图

填土为黄褐色五花土，土质疏松，无包含物。

葬具　仅发现一椁，已朽。椁长264、宽140、残高12厘米。未见棺痕。

人骨　不详。

随葬器物　有陶、铁器，及锡耳杯。集中于椁内东部，仅陶狗位于椁内北部近中。

陶鼎　1件。M57:10，泥质红釉陶。子口内敛，上承盖，沿外有对称长方形附耳，鼓腹，平底，三熊形足。腹部饰有二周弦纹。博山炉式盖，盖上模印山峦、动物和植物纹。鼎高19.6、口径19.5、腹径22.2厘米。盖高11、盖径19.8厘米（图二六一，1；图二八九，2；图版七五，4）。

陶灯　1件。M57:1，泥质红釉陶。敞口，折盘，盘中心有一锥状突起，柱状灯柄，柄中部有一周宽凸棱，灯座顶面隆起，座沿起台。高15、口径12.7、底径10.5厘米（图二六一，6；图版七五，5）。

陶磨　1件。M57:6，磨身为泥质红陶，磨盖为泥质灰陶。上扇中部有两个对称半月形槽，槽中间有对称双孔，扇面有戳纹，一侧有柄。下扇隆起，高出磨盘，上部饰斜向戳印纹及一周凹弦纹。盘敞口，斜壁平底，盘下有三足。磨高16.4、盘径20.4、足高6厘米（图二六一，2；图版七五，6）。

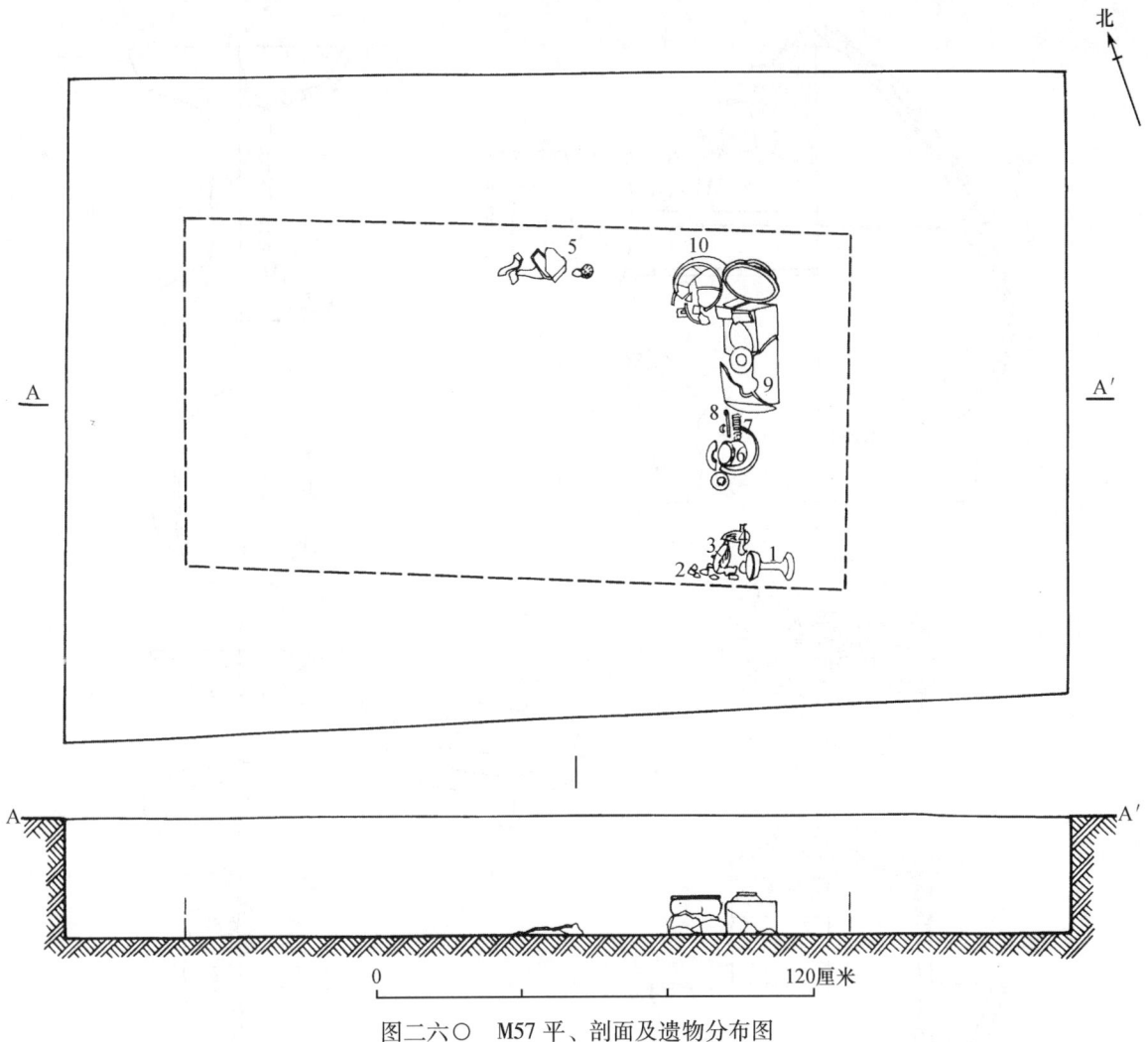

图二六〇　M57平、剖面及遗物分布图
1. 陶灯　2. 锡耳杯　3. 陶鸭　4. 陶鸡　5. 陶狗　6. 陶磨　7. 铜钱　8. 铁刀　9. 陶灶　10. 陶鼎

陶灶　1件。M57:9，泥质红陶，施红釉。灶体长方形，直壁，拱形灶门，灶门上方有人物、动物浮雕，后部直立长方形挡板，上有门阙浮雕，灶面有大小不等三个火眼，上置两釜一甑。高19.6、长34.7、宽15.2厘米（图二六二、二六三；彩版九，3；图版七六，1、2）。

陶鸡　2件，M57:4，修复1件。泥质灰陶。昂首，矮冠，尾上翘，圈足，腹中空。长9、高8.4厘米（图二六一，3；图版七六，3）。

陶鸭　2件，M57:3，修复1件。泥质灰陶。长扁嘴，短颈，圈足。长13.2、高10.8厘米（图二六一，4；图版七六，4）。

陶狗　1件。M57:5，泥质灰陶。蹲坐式，残甚。残高11.7、残长16.2厘米（图二六一，5；图版七六，5）。

锡耳杯　5件，M57:2，修复3件。皆白锡，口部呈长椭圆形，长边两侧有弧形耳，浅弧腹，假圈足。长5.8、宽5.2、高1.3厘米（图二六一，7；图版七六，6）。

铁刀　1件。M57:8，锈甚，仅余环首及刀身残段。残段长5厘米（图二六一，8）。

图二六一　M57 出土器物（1）

1. 陶鼎（M57:10）　2. 陶磨（M57:6）　3. 陶鸡（M57:4）　4. 陶鸭（M57:3）
5. 陶狗（M57:5）　6. 陶灯（M57:1）　7. 锡耳杯（M57:2）　8. 铁刀（M57:8）

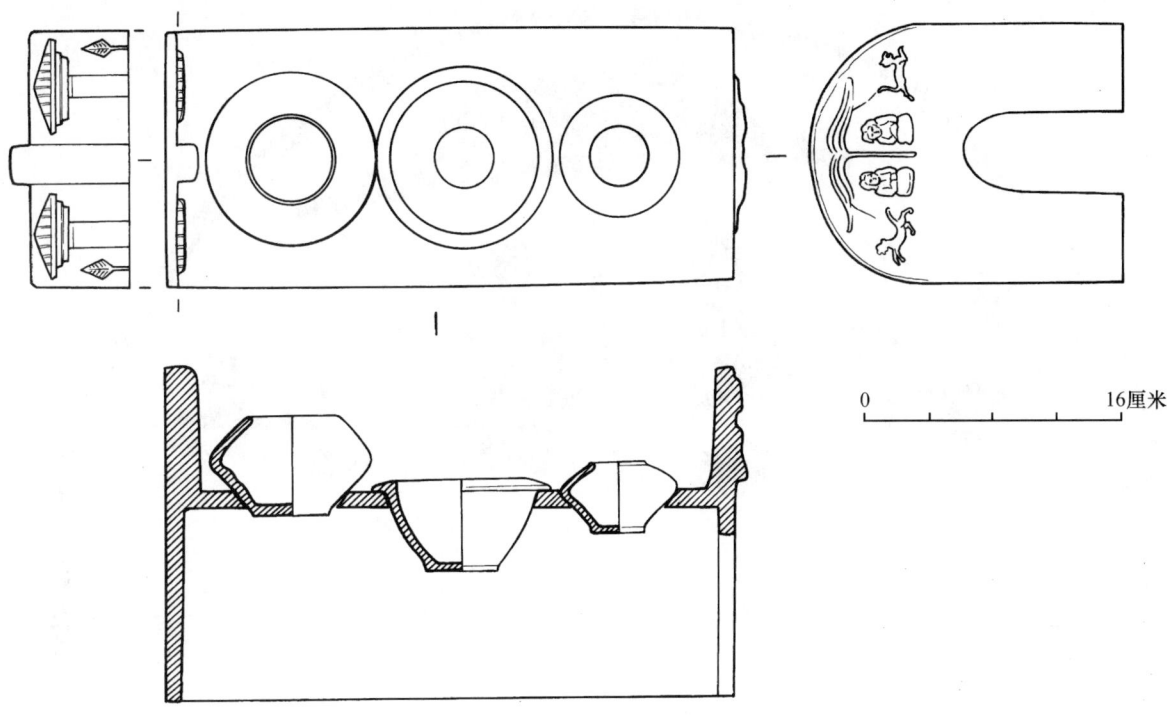

图二六二　M57出土器物（2）
陶灶（M57:9）

铜钱　103枚，编号为M57:7，锈蚀严重，可辨者有"五铢"3枚。郭径在2.44~2.53厘米之间（图三三六，9~11）。

M65

位置　位于ⅡT0502和ⅡT0602之间，其南有M69。

层位关系　①→M65→M99→生土。

墓向　272°。

形制与结构　长方形竖穴砖室墓，有斜坡墓道，总长514厘米。墓道位于墓室之西，平面呈"凸"形，西窄东宽。上口长254、宽76~126厘米。底坡不规则，长260、深36~86厘米。

墓室长228~236、宽84~88、深86厘米。墓壁以砖错缝平砌，北壁墓砖残存较多，中上部受填土挤压而向内倾斜。墓底西、南侧近门、壁处残存有砖，东西向横铺（图二六四）。墓砖长32、宽16、厚4厘米。

填土为黑褐色五花土，土质松软，包含大量残砖。

葬具　不详。

人骨　不详。

图二六三　M57:9 灶门拓片

随葬器物　　被盗扰，未见随葬品。

M69

位置　　位于ⅡT0502和ⅡT0602之间，其北、东、西分别为M65、M71、M139、M141。

层位关系　　①→M69→生土。

墓向　　262°。

形制与结构　　竖穴砖室墓，平面近梯形，直壁平底。墓室平面西宽东窄，东西长268、西宽122、东宽106、深44厘米。墓底贴近南壁处残余一排砖，东西向平铺；北壁下亦残存半块砖（图二六五）。墓砖长32、宽16、厚4厘米。

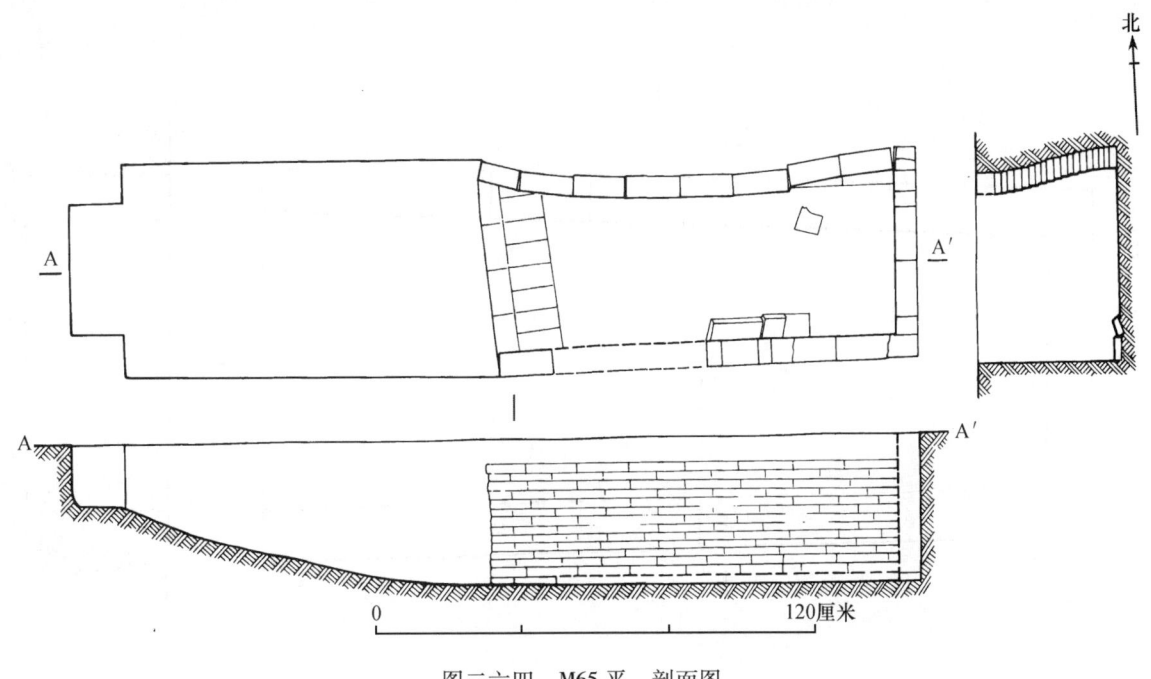

图二六四　M65 平、剖面图

填土为灰黄色五花土，土质黏硬，无包含物。

葬具　不详。

人骨　不详。

随葬器物　被盗扰，未见随葬品。

M71

位置　位于ⅡT0502 东南，西、东侧分别为 M69、M78。

层位关系　①→M71→生土。

墓向　356°。

形制与结构　长方形砖室墓，口略小于底，墓圹通长 234 厘米。墓室长 220、口部宽 156、底部宽 168、墓深 71 厘米。四壁以砖错缝平砌，残存 10 层左右，因受墓圹挤压而内倾。墓底铺单层砖，铺法为一横一纵，交替排列（图二六六）。墓砖长 26、宽 13、厚 3 厘米。

填土为灰褐色五花土，土质疏松，含大量残砖。

葬具　不详。

人骨　不详。

随葬器物　仅有陶罐 1 件，置于墓室底部西北角。

陶双耳罐　1 件。M71:1，泥质灰陶。口微侈，折沿，圆唇，短颈，球形圆鼓腹，凹圜底。肩部有对称双耳。颈以下至中腹饰弦断绳纹，下腹饰斜向绳纹。高 27.4、口径 16.3、腹径 25 厘米（图二六七；图版七七，1）。

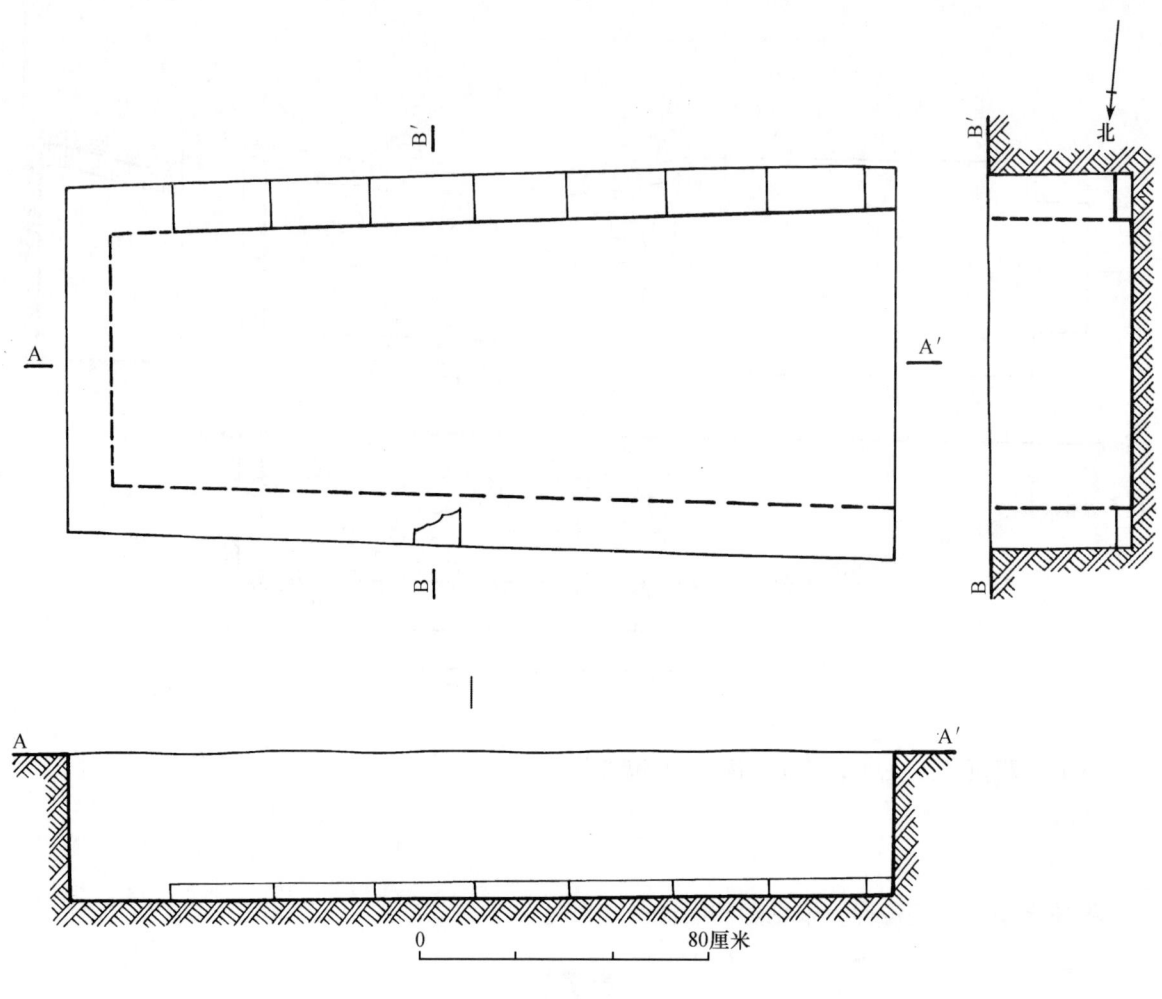

图二六五　M69 平、剖面图

M77

位置　　位于ⅡT0402 东南，其西有 M78。

层位关系　　①→M77→M79→生土。

墓向　　172°。

形制与结构　　砖室墓，由双墓道、甬道及三个墓室组成，通长 610 厘米。西墓道位于西墓室南侧，长斜坡式，平面近长方形。口部长 405、宽 74～96 厘米；底坡长 416、深 42～120 厘米；坡度 20°。

东墓道位于中、东墓室的南部，为竖井式，西距西墓道 28～54 厘米。平面近长方形，南北长 100、东西宽 166～172 厘米，南壁向内弧收，平底，深 74 厘米。东墓道与墓室之间有甬道，南北长 100、东西宽 172～176 厘米，直壁平底，深 124 厘米，底部与墓室底相平。墓道北端近甬道处，以砖横置对缝平砌出一道隔墙，残存东半部，长 78 厘米。

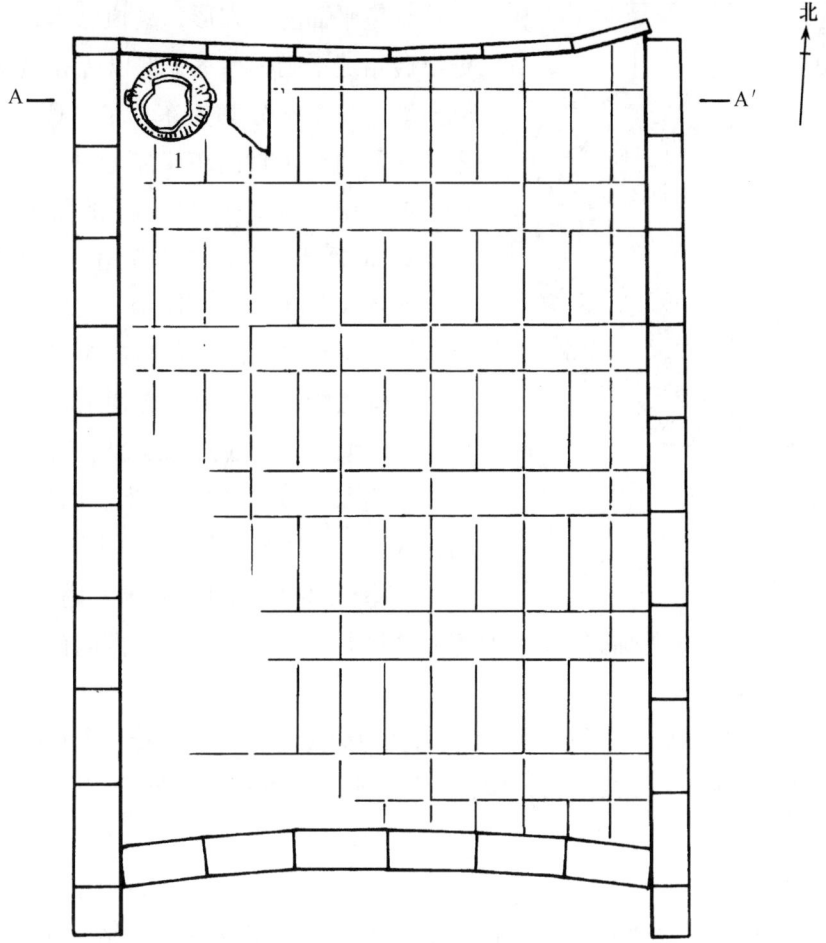
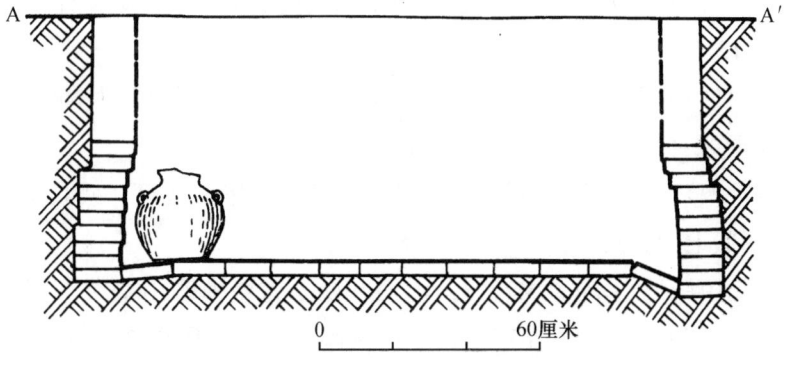

图二六六　M71 平、剖面及遗物分布图
1. 陶双耳罐

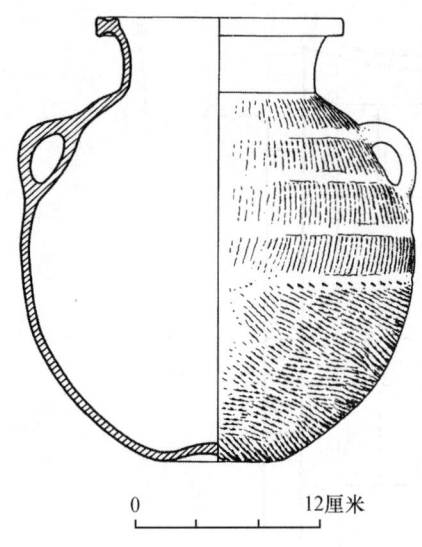

图二六七　M71 出土陶双耳罐（M71∶1）

墓室平面呈长方形，墓顶已不存，北、东、西三壁以砖错缝平砌，墓室中部以砖纵横交错砌出两道南北向墙，将墓室分割为东、中、西室。隔墙宽 26 厘米。西隔墙在距封门 104 厘米处设一小门，宽 28 厘米，连通中、西室；东隔墙在距封门 70 厘米处设小门，宽 20 厘米，连通中、东室。墓室深 124 厘米。

西室长 230、宽 80 厘米。北壁及西壁北部墓砖残存较少，南侧以砖南北向顺置封门。墓底南部残存有地砖，铺法为一横一纵，交替东西向成列。受壁砖挤压，东、西壁下铺底砖有断裂下陷现象。

中室长 240、宽 66 厘米。南侧以砖错缝平砌封门，残高 124 厘米。墓底铺单层砖，铺法同西室。

东室长 240、宽 86 厘米。南侧以砖错缝平砌封门，残存 1~2 层。墓底未见铺砖。东壁距墓底 124 厘米处，有一层东西向横铺的砖，可能为墓室起券处（图二六八）。

墓砖长 26、宽 12、厚 3.5 厘米。均素面，多为蓝砖，有少量红砖。个别砖上有手按窝痕。

填土为灰褐色五花土，土质疏松，包含大量残砖及一些残碎陶器。

葬具　不详。

人骨　不详。

随葬器物　此墓遭严重盗扰，仅在墓室及甬道填土中发现有陶猪、陶器盖及一些残陶、铁器。

陶狗　1 件。M77∶6，泥质灰陶。蹲坐式，头侧望，张嘴露齿，双耳竖直，眼圆瞪，垂尾，腹中空。高 13.6、长 12.2 厘米（图二六九，1；图版七七，2）。

陶猪　1 件。M77∶1，泥质灰陶。直立，双耳竖直，眼圆瞪，长嘴，脊有短鬃，尾垂，腹中空。长 15、高 8.4 厘米（图二六九，4；图版七七，3）。

陶鸭　1 件。M77∶2，泥质灰陶。头残失，仅余鸭身。短尾、矮足。残长 10、残高 4.8 厘米（图二六九，6；图版七七；4）。

陶器盖　3 件。博山炉式，均残。M77∶3，泥质灰陶。盖壁模印山峦纹。高 4.2、直径 7.4 厘米（图二六九，3；图版七七，4）。M77∶4，泥质灰陶。盖壁模印山峦、动物纹。高 7.2、直径 11.3 厘米（图二六九，5；图版七七，4）。M77∶5，泥质灰陶。盖壁模印山峦、云纹等。高 9.6、直径 15.2 厘米（图二六九，7；图版七七，4）。

铁器　3 件。形制大致相同。M77∶7，残，锈蚀呈黄色。上为环首，下有两小支并立。残高 9.2、宽 9.6 厘米（图二六九，2；图版七七，5）。

第三章 汉代遗存

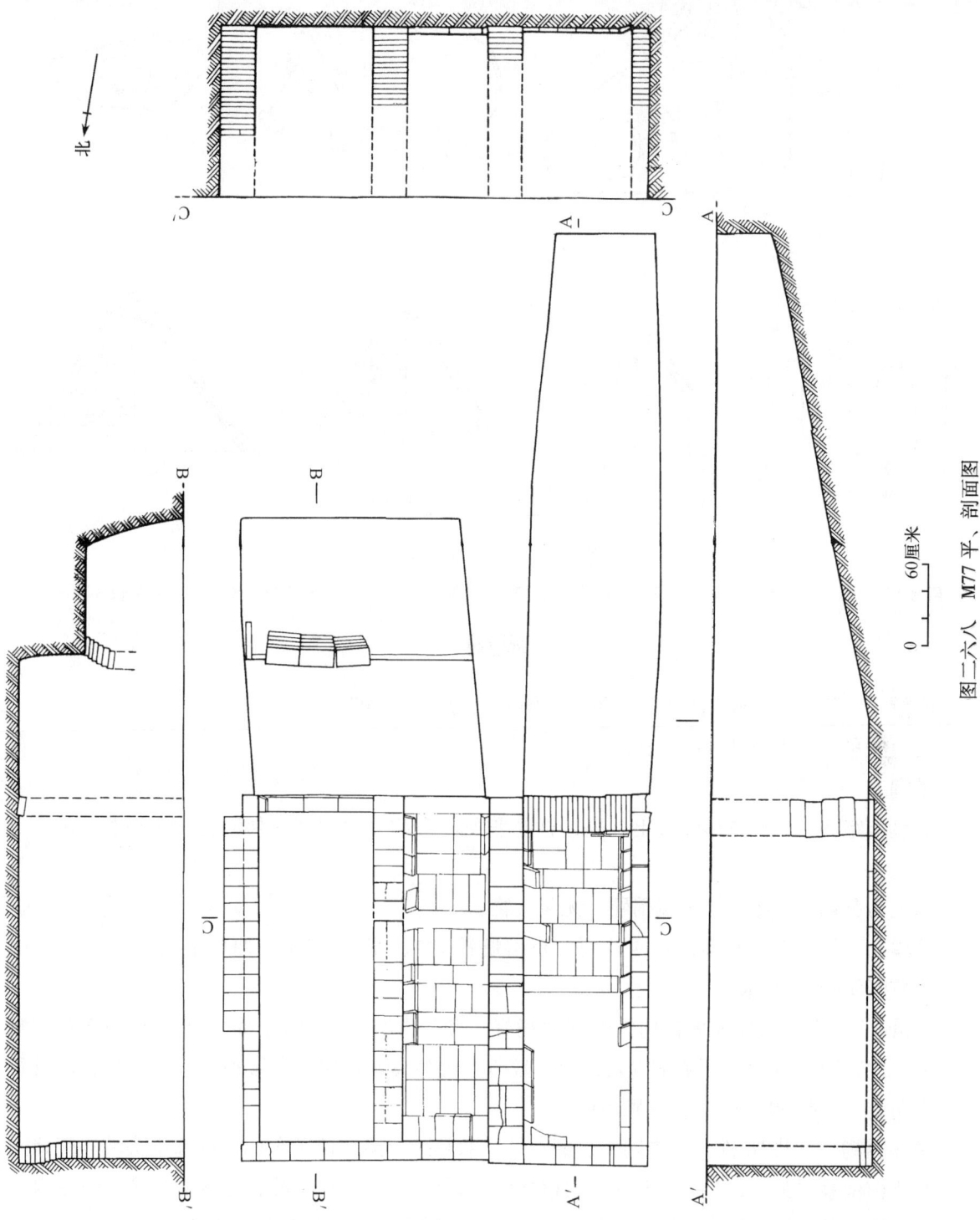

图二六八 M77 平、剖面图

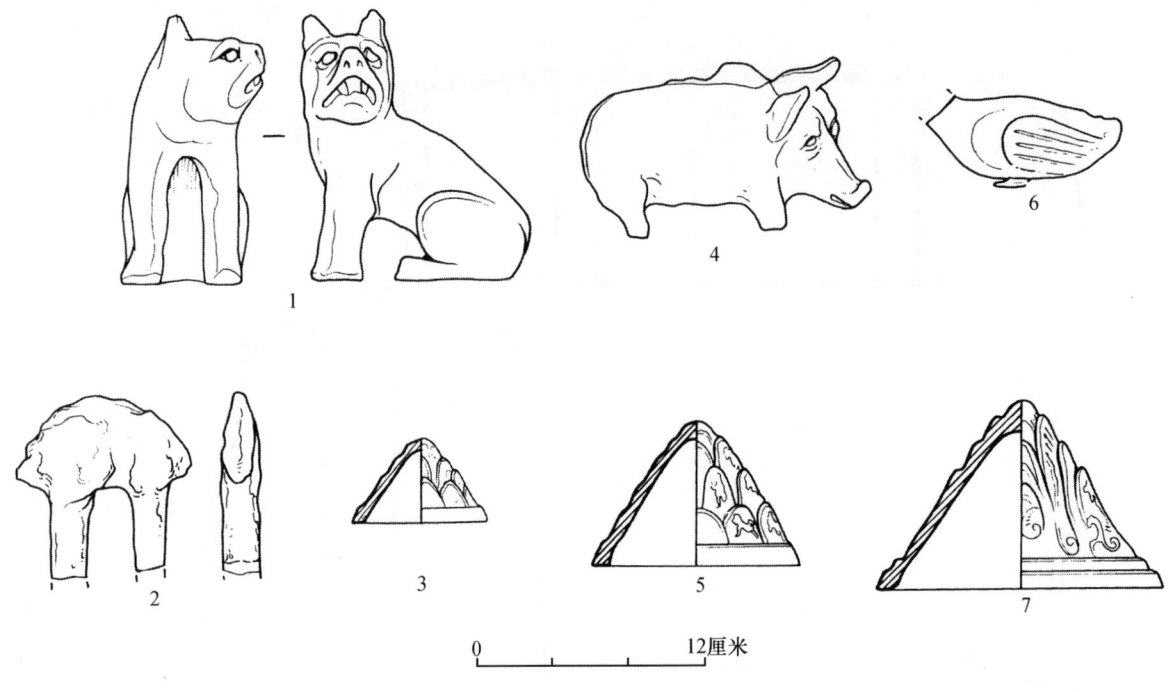

图二六九　M77 出土器物

1. 陶狗（M77:6）　2. 铁器（M77:7）　3、5、7. 陶器盖（M77:3、M77:4、M77:5）　4. 陶猪（M77:1）　6. 陶鸭（M77:2）

M78

位置　位于ⅡT0402西南，其西、东侧分别为M71、M77。

层位关系　①→M78→生土。

墓向　172°。

形制与结构　长方形竖穴土坑墓，直壁平底。长290、宽150～166、深50厘米（图二七〇）。

填土为黄褐色五花土，土质稍硬，无包含物。

葬具　发现有两棺痕，东西并列。东棺痕长194、宽48厘米；西棺痕长196、宽46厘米。两棺间距约20厘米。

人骨　2具。其中东侧棺内人骨保存稍好，仰身直肢，头向南，面向上，双手交并于腹上，为女性，30～35岁。西侧棺内人骨保存较差，仅存头骨残片、牙齿和部分下肢骨，仰身直肢，头向南，年龄30～35岁，性别不明。

随葬器物　共16件，其中陶井、磨、灶、双耳罐及漆盒位于东侧棺南墓主头端；陶猪圈位于西侧棺南墓主头端；2件陶仓位于两棺之间；铜镜及簪置于东侧棺内墓主头侧；两棺内墓主头侧、胸腹及盆骨处放置有铜钱；此外，两墓主头端贴近南墓壁处各放置有一残砖。

陶双耳罐　1件。M78:8，泥质灰陶。侈口，斜折沿，尖圆唇，短颈，肩附对称双耳，球形圆鼓腹，底残。颈以下至中腹饰弦断绳纹，下腹饰斜向篮纹。残高19.2、腹径21.2厘米（图二七一，1；图版七八，1）。

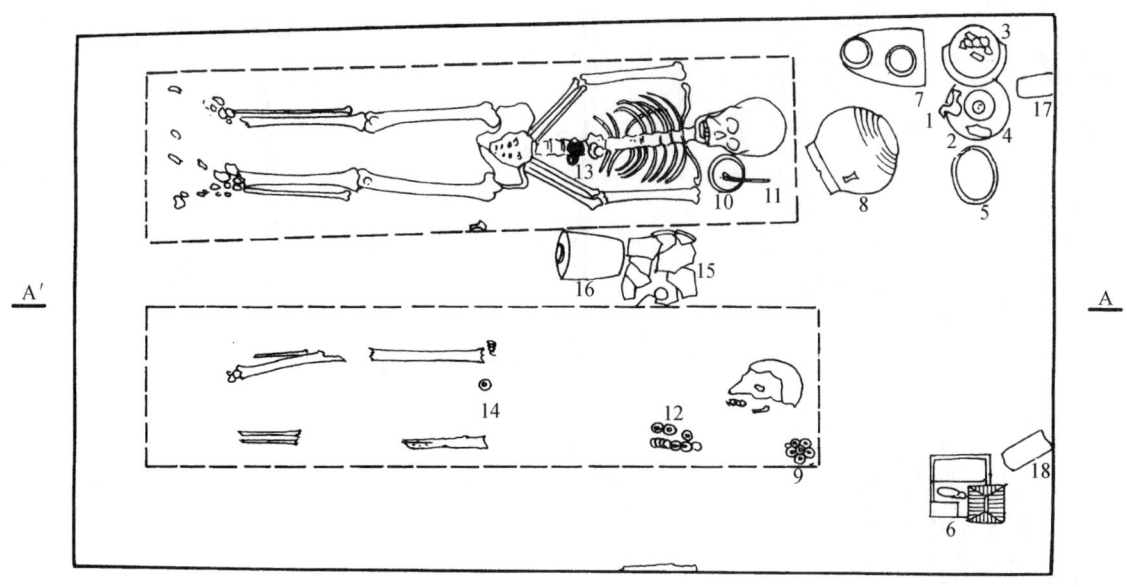

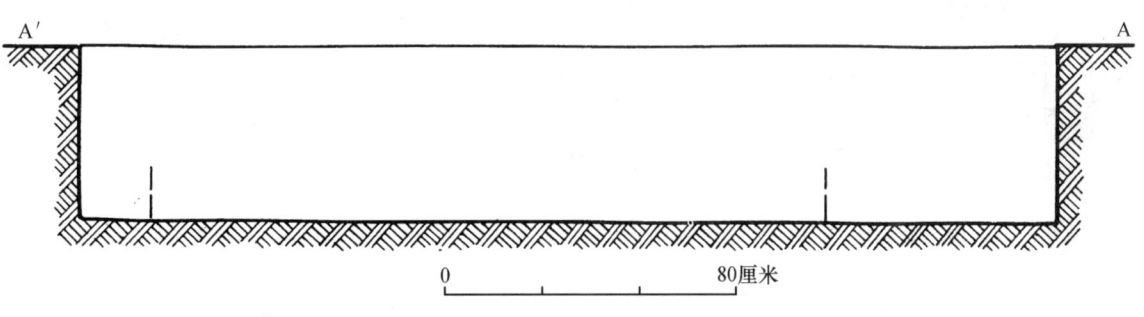

图二七〇　M78平、剖面及遗物分布图

1、2. 陶公鸡　3. 陶井　4. 陶磨　5. 漆盒　6. 陶猪圈　7. 陶灶　8. 陶双耳罐　9、12、13、14. 铜钱　10. 铜镜　11. 铜簪　15、16. 陶仓　17、18. 残砖

陶仓　2件。M78:15，泥质灰陶。敛口，尖圆唇，斜折肩，腹较深，斜直内收，平底。腹壁近底部有一圆孔，中腹偏上有一周凹弦纹。高21.9、口径7.2、肩径14.8、底径10.8厘米（图二七一，5；图版七八，2）。M78:16，泥质灰陶。形制与M78:15相同。高22.8、口径6.8、肩径14、底径12厘米（图二七一，2；图版七八，3）。

陶井　1件。M78:3，泥质灰陶。宽平折沿，方唇，上腹较直，下腹稍弧鼓，平底微内凹。腹壁饰有一道凹弦纹。高15、口径18.4、底径15.2厘米。井内置一小桶（M78:3-2），侈口，束颈，鼓腹，平底。高3.3、口径3.9、底径3.3厘米（图二七一，3、6；图版七八，4）。

陶磨　1件。M78:4，泥质灰陶。上扇表面有两个相对的半月形槽，槽中部各有一圆孔，

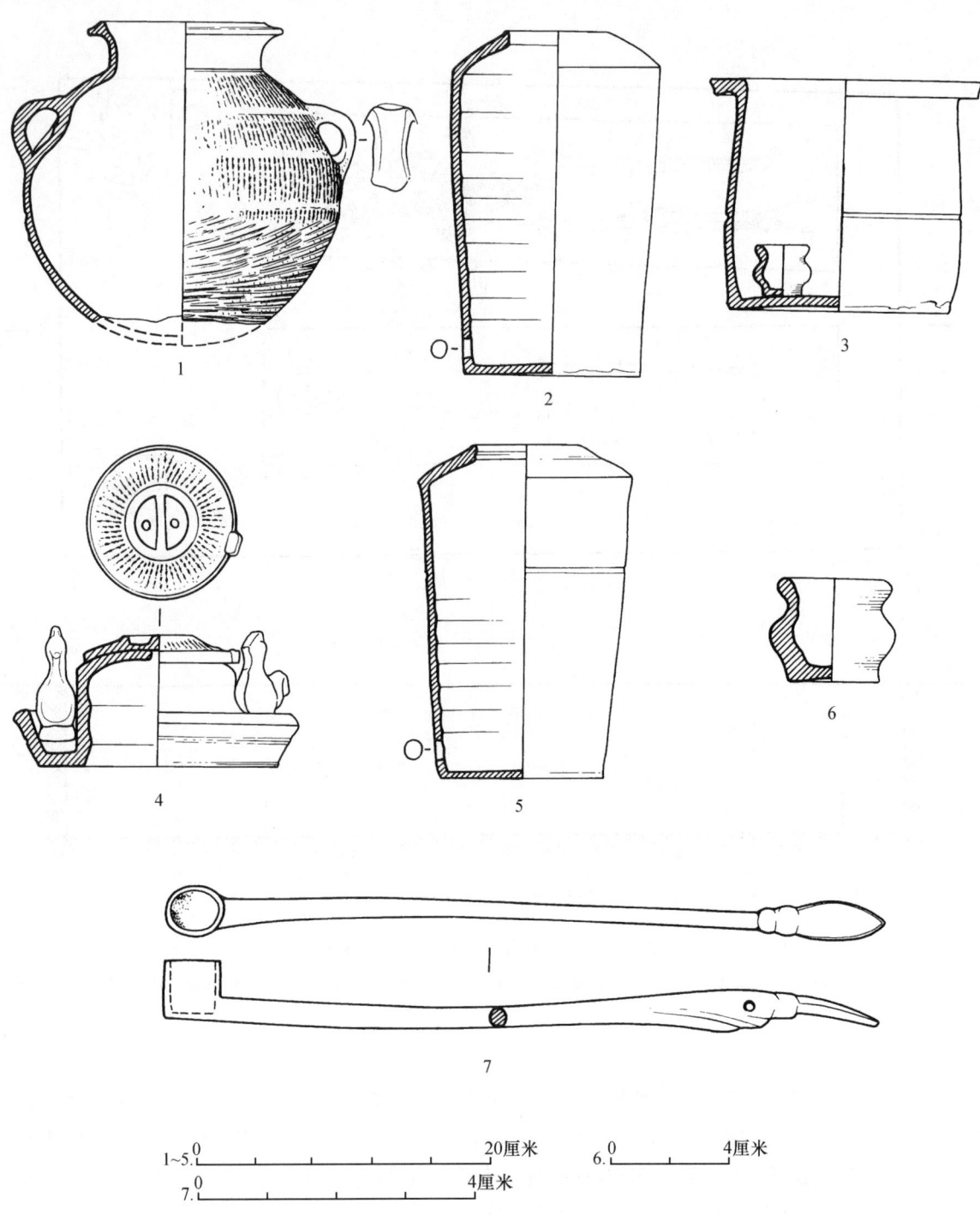

图二七一　M78 出土器物（1）
1. 陶双耳罐（M78:8）　2. 陶仓（M78:16）　3. 陶井（M78:3）　4. 陶磨和陶公鸡（M78:4、M78:1、2）　5. 陶仓（M78:15）
6. 陶桶（M78:3-2）　7. 铜簪（M78:11）

槽外满饰绳纹,侧面有一手柄;下扇隆起,高出磨盘,腹中空,腹壁与盘底相连。盘敞口,圆唇,斜直腹,盘壁饰一周凹弦纹。通高8.6、盘径19.5、底径16厘米(图二七一,4;图版七八,5)。

陶灶　1件。M78:7,泥质灰陶。平面呈前方后圆形,壁较直,无挡火墙,前壁中部有拱形灶门,高3.4厘米。灶面素面,上有两个等大的火眼,分置一釜一甑,釜、甑与灶分体,各有一盖。灶长24.4、宽17.6、高8.8厘米(图二七二,2;图版七八,6)。

陶猪圈　1件。M78:6,泥质灰陶。平面呈圆角方形,一侧有猪舍。猪舍与猪圈相通,一端为斜坡顶,另一端顶上设小楼。小楼为四面坡顶,顶饰纵向瓦棱纹,楼面向猪舍顶的一侧有门,楼底与猪舍相通。猪圈一侧壁上有圆孔。圈长19.6、宽18.4、通高18.6、围墙高9.2厘米。圈内置一小猪,直立,长嘴,闭眼,脊背有短鬃,垂尾,腹中空。小猪长10、高4.5厘米(图二七二,1;图版七九,1)。

陶公鸡　2只。M78:1、2,出土时位于磨盘中。形制相同,高6.3、长9厘米(图二七一,4;图版七九,2)。

铜镜　1件。M78:10,残甚,未能修复。

铜簪　1件。M78:11,绿色。首呈尖椭圆形,身细长,近首端一侧有孔,尾部呈斗状。长12.2厘米(图二七一,7;图版七九,3)。

铜钱　111枚。编号为M78:9、12、13、14。其中"货泉"13枚,郭径在1.7~2.34厘米之间。"小泉直一"4枚,郭径在1.4~1.5厘米之间。"大泉五十"5枚,郭径在2.77~2.9厘米之间(图三三八,1~21)。

漆盒　1件。M78:5,已朽,仅余漆皮。

M82

位置　位于ⅡT0303中部,其南有M85。

层位关系　①→M82→M80→生土。

墓向　352°。

形制与结构　长方形竖穴双砖室墓。墓室呈南北向,长270、宽200~216、深80厘米。东、南、西三壁用青砖错缝平砌,残存7~13层不等。其中东、南壁砖均顺壁平铺,西壁砖则垂直于墓壁方向铺砌。东壁南段因受土圹挤压而稍向内倾。墓室北壁未见砌砖。墓底中部偏东,距西壁91厘米处,平铺有一层两排南北向青砖,将墓分为东、西两室。东室长258、宽44~56厘米。西室长258、宽90厘米。墓室东、西壁及隔墙下残存有铺底砖(图二七三)。墓砖长26、宽13、厚8厘米。

填土为浅褐色黄花土,土质较硬,黏性大,包含大量残砖块和碎砖屑。

葬具　不详。

人骨　不详。

随葬器物　墓被严重盗扰,仅在填土中发现少量陶片,可辨器形有罐、仓盖、俑足等。

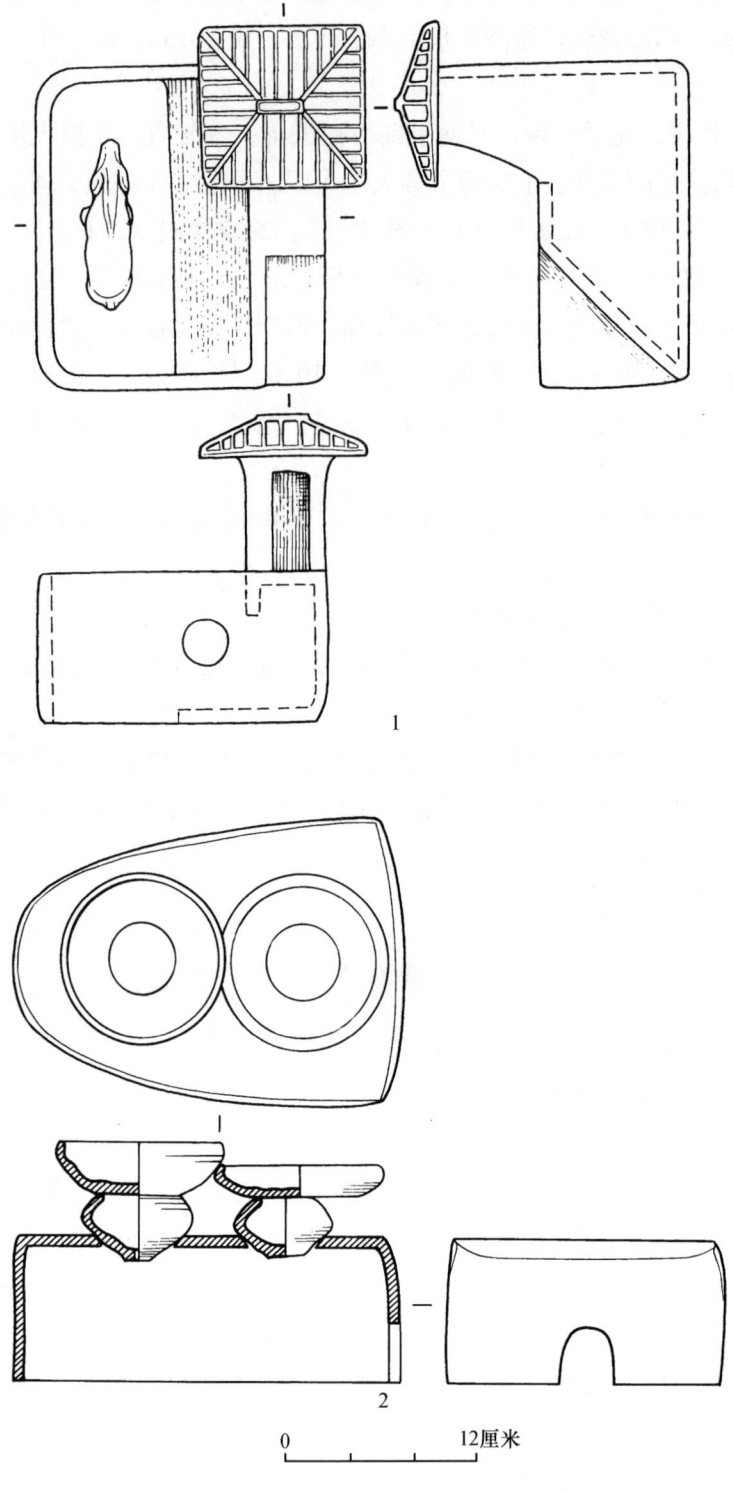

图二七二　M78 出土器物（2）
1. 陶猪圈（M78:6）　2. 陶灶（M78:7）

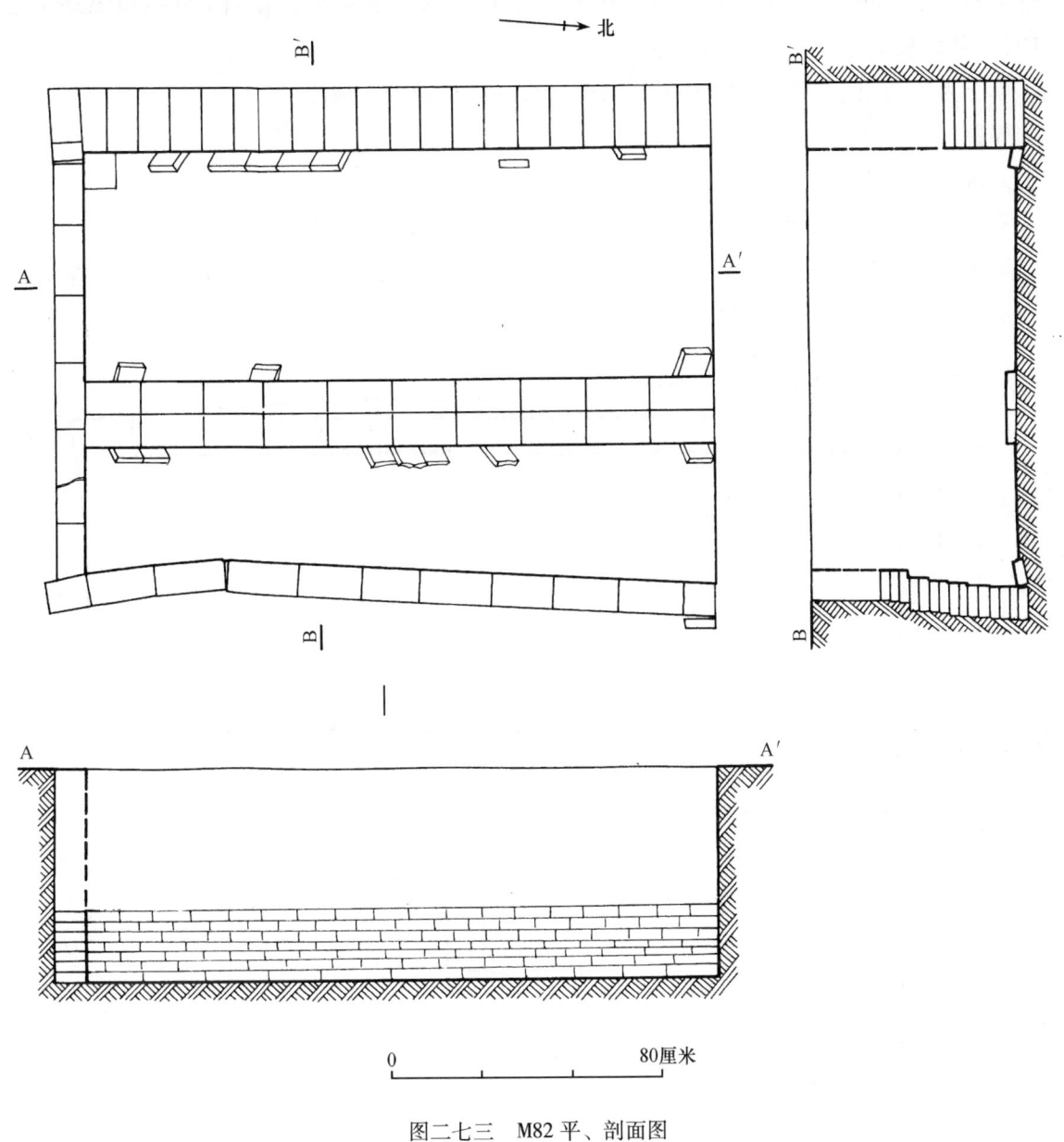

图二七三　M82 平、剖面图

M85

位置　位于ⅡT0302 东部，其南、北侧分别为 M92、M82。

层位关系　①→M85→M98→生土。

墓向　76°。

形制与结构　不规则双砖室墓。平面略呈曲尺形，东西最长 300、南北最宽 230、深 72~74 厘米。分南、北两室，北室为主室，呈长方形，东西长 254、南北宽 90 厘米。南室呈缺角长方形，东西长 126~140、南北宽 50~90 厘米；或是边箱。墓被破坏严重，仅在北室西北角、北壁下及两室之间，残余有少量墓砖。推测应是以砖砌壁、铺底，并在两室间砌出隔墙（图二七四）。墓砖长 26、宽 13、厚 3.5 厘米。

填土为黄褐花土，土质细腻松软，包含较多残砖块及少量陶片。

葬具　　不详。

人骨　　不详。

随葬器物　　盗扰严重，仅在填土中发现有铁斧及陶器盖残片。

陶器盖　1 件。M85∶2，泥质灰陶。外壁模印有山峦、树木、人物及动物纹，下缘饰交绕的波带纹。残高 6 厘米，复原直径 13.2 厘米（图二七五，1；图版七九，4）。

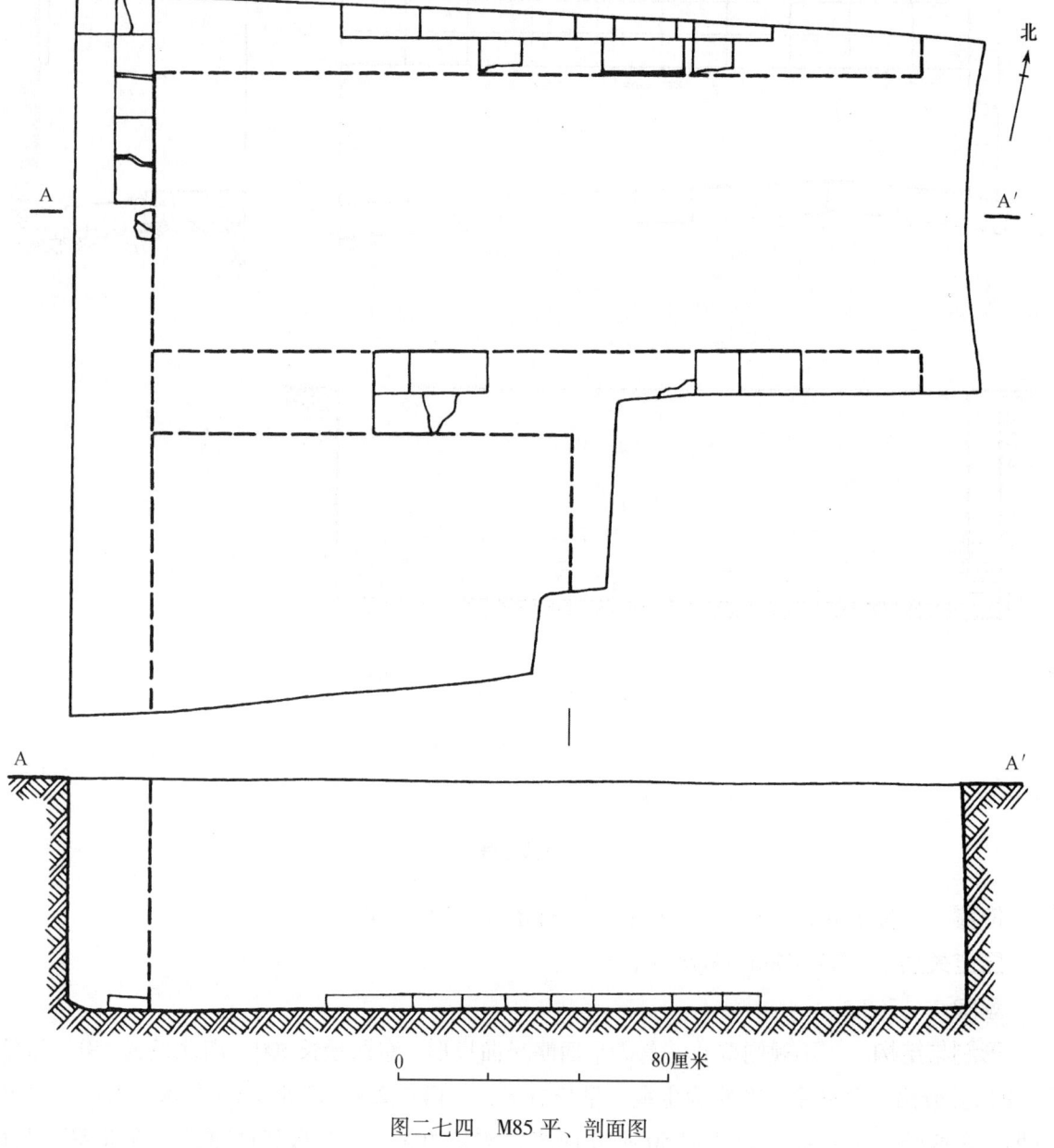

图二七四　M85 平、剖面图

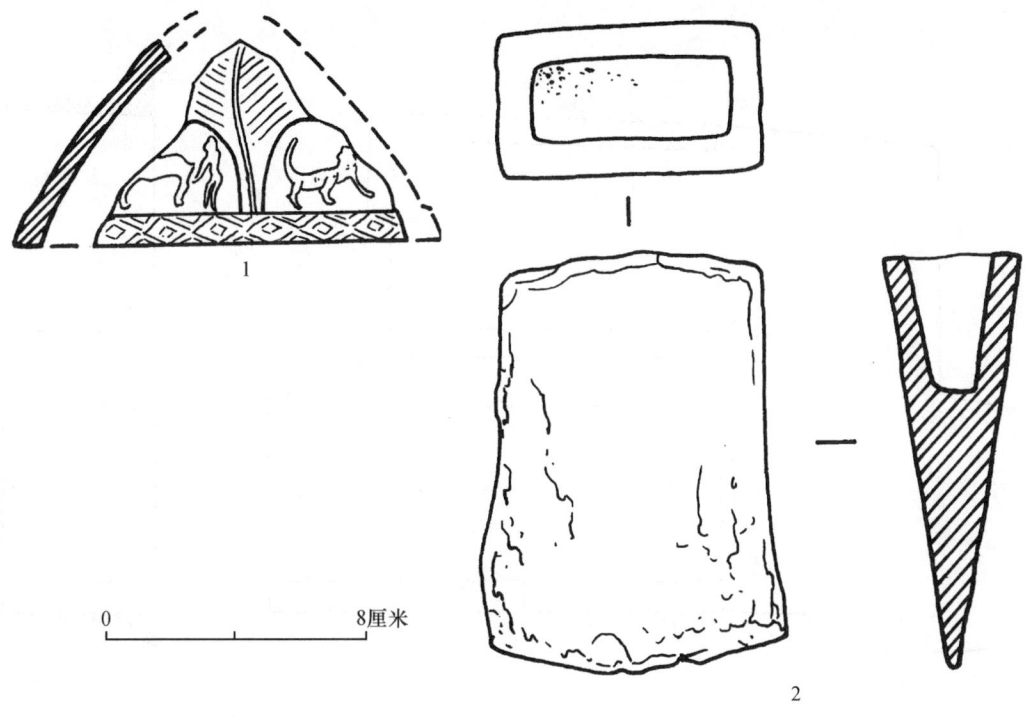

图二七五　M85 出土器物
1. 陶器盖（M85∶2）　2. 铁斧（M85∶1）

铁斧　1件。M85∶1，锈蚀，呈黄色。有直銎，銎口呈长方形。高12.4厘米（图二七五，2；图版七九，5）。

M92

位置　位于ⅡT0201、ⅡT0202、ⅡT0301、ⅡT0302四个探方交接处，其北、南侧分别有M85、M104。

层位关系　①→M92→生土。

墓向　258°。

形制与结构　不规则砖室墓，破坏较严重，通长418厘米。北部长308、南部长418、宽250～256、墓深82～96厘米。墓内东南部（约245厘米×132厘米）墓底较其他部分高约14厘米，此部分内的东、南壁残余2、3层砖，错缝平铺。砖壁下残余有少量地砖，呈"人"字缝交错平铺。墓室中部紧贴东南部下，有一东西向浅槽，深约4厘米（图二七六）。墓砖长33、宽16、厚5厘米，其中个别砖有菱形纹或方格纹（图二七七、图二七八）。

填土为灰褐色五花土，土质松软，包含大量残砖块。

葬具　不详。

人骨　不详。

随葬器物　盗扰破坏严重，未见随葬品。

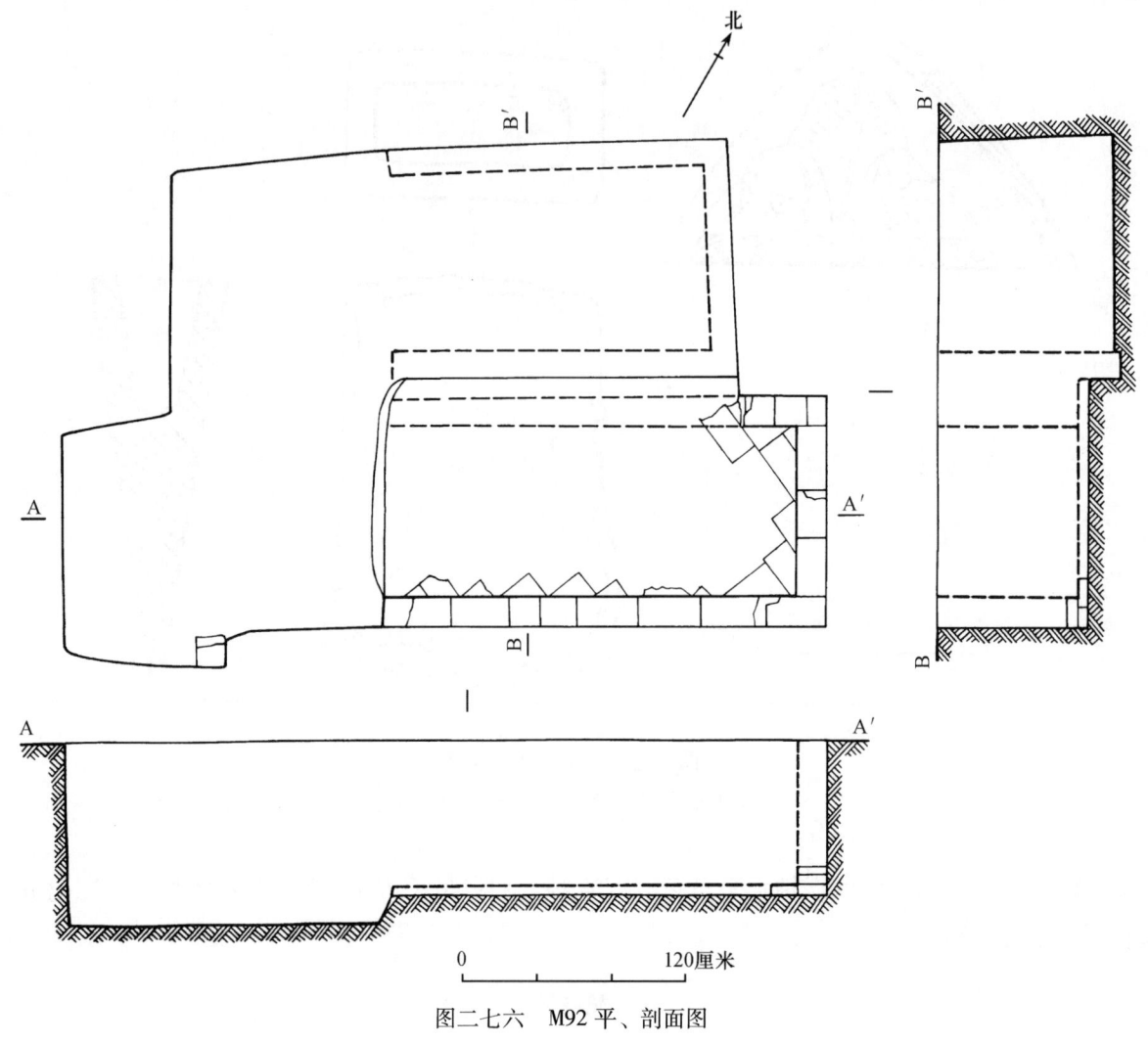

图二七六　M92 平、剖面图

M100

位置　　位于ⅡT0703 和ⅡT0803 之间。

层位关系　　①→M100→生土。

墓向　　76°。

形制与结构　　斜坡墓道双室砖墓，由墓道、前室及南、北后室组成，通长 766 厘米。墓道位于墓室东部，为斜坡式，口部长约 226～246、宽 280 厘米，底坡长 254、深 50～110 厘米。坡度为 14°。

前室长 164～186、宽 272～280、深 118 厘米。

后室南、北、西壁均为平砖错缝砌筑，西壁因墓圹挤压向室内倾斜。墓室中部以平砖纵横交错铺砌东西向隔墙。其中北室长约 320、宽 100、深 118 厘米。南室西端较北室为短，长约 240～250、宽约 88、深 118 厘米。墓底近墓壁处局部残存有铺底砖，以砖纵、横交错平铺，南北成列（图二七九）。

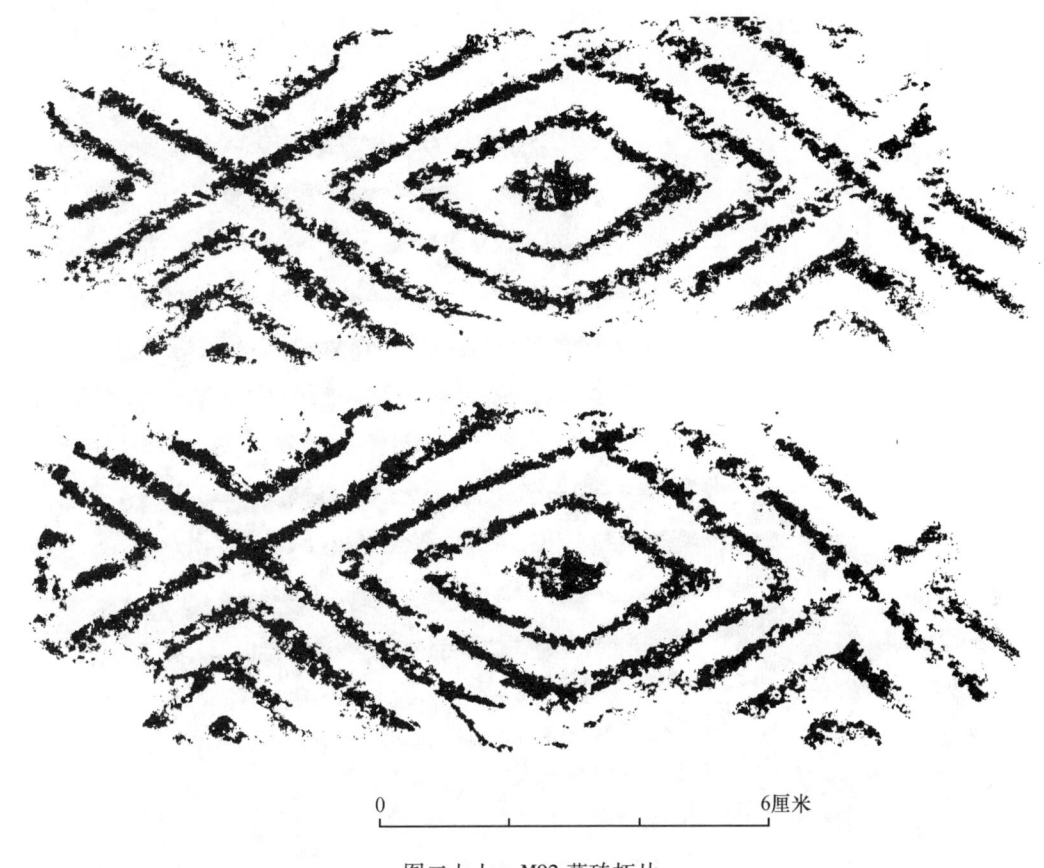

图二七七 M92 墓砖拓片

墓砖均长 32、宽 16、厚 4 厘米，基本都是蓝砖，个别为红砖。填土为黄褐色五花土，土质松软，包含大量残砖块。

葬具　　不详。

人骨　　不详。

随葬器物　　盗扰严重，未见随葬品。

M104

位置　　位于ⅡT0201 西南，北侧为 M92。

层位关系　　①→M104→生土。

墓向　　169°（以墓道方向为准）。

形制与结构　　带单斜坡墓道的长方形竖穴土坑墓，通长 640 厘米。墓道口部长 268、宽 120～176 厘米，近墓室端较宽。底坡长 284、深 22～116 厘米，底端距墓底 52 厘米，坡度 18°。墓室直壁平底，长 372、宽 180、深 168 厘米（图二八〇）。

图二七八　M92 墓砖拓片

填土为黄褐色五花土，土质疏松，包含大量料姜石及少量陶片。

葬具　一椁一棺。椁痕厚约 0.3、长 220、宽约 112～120、高约 52 厘米。棺痕厚约 0.4、长 210、宽约 56 厘米，高不详。

人骨　1 具。仰身直肢葬，头向北，面向西。男性，20～25 岁。

随葬器物　有陶器、铜钱和铁剑。其中陶器 11 件，放在棺外西侧椁内，从北向南分别为：陶磨、陶罐、陶猪圈、陶鼎、陶仓、陶盆、陶灶、陶盆、陶壶、陶仓、陶井。铜钱 65 枚，分置于棺内人骨盆骨处及口中。铁剑 1 柄，置于棺内人骨左侧（彩版八，2）。

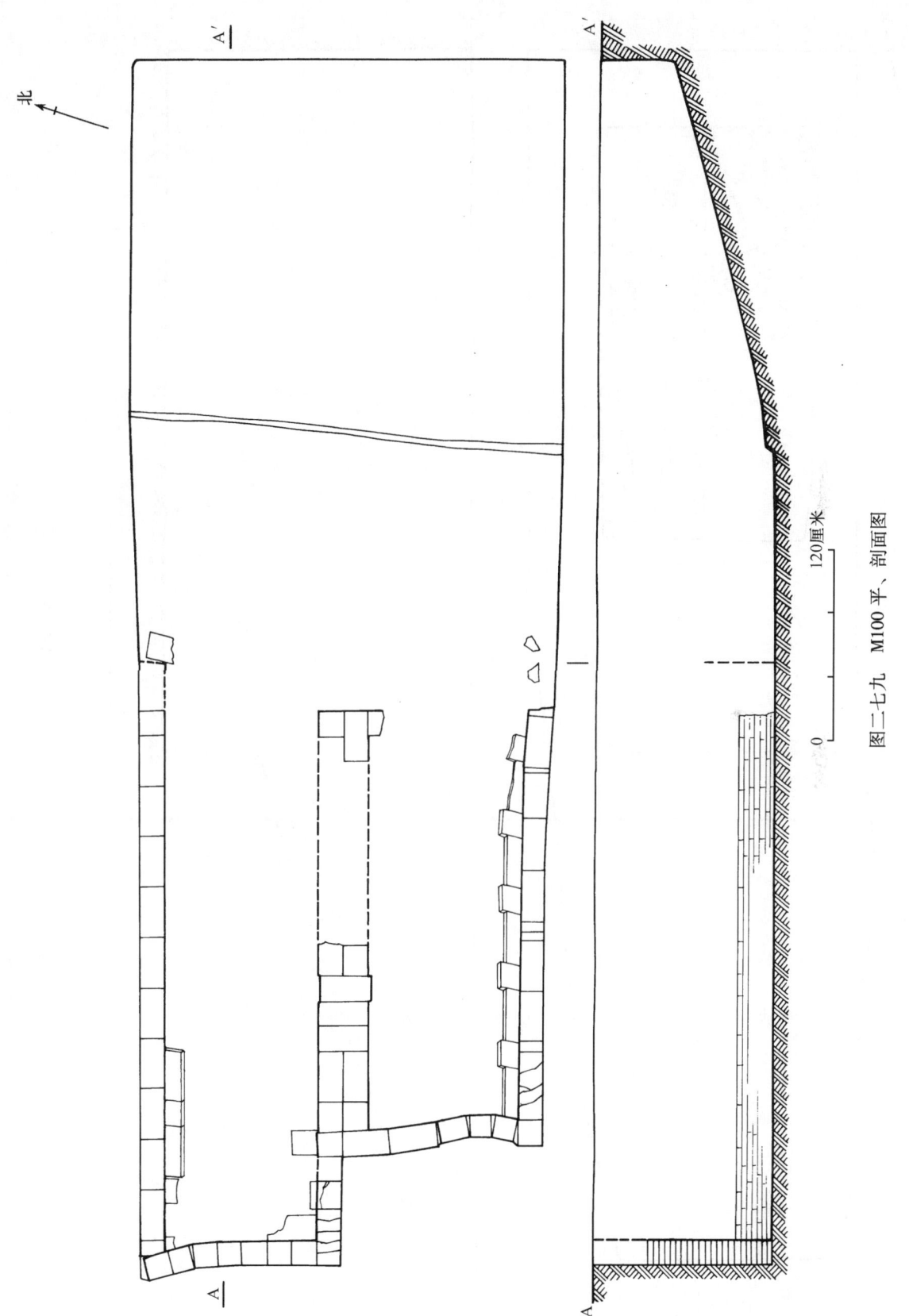

图二七九 M100 平、剖面图

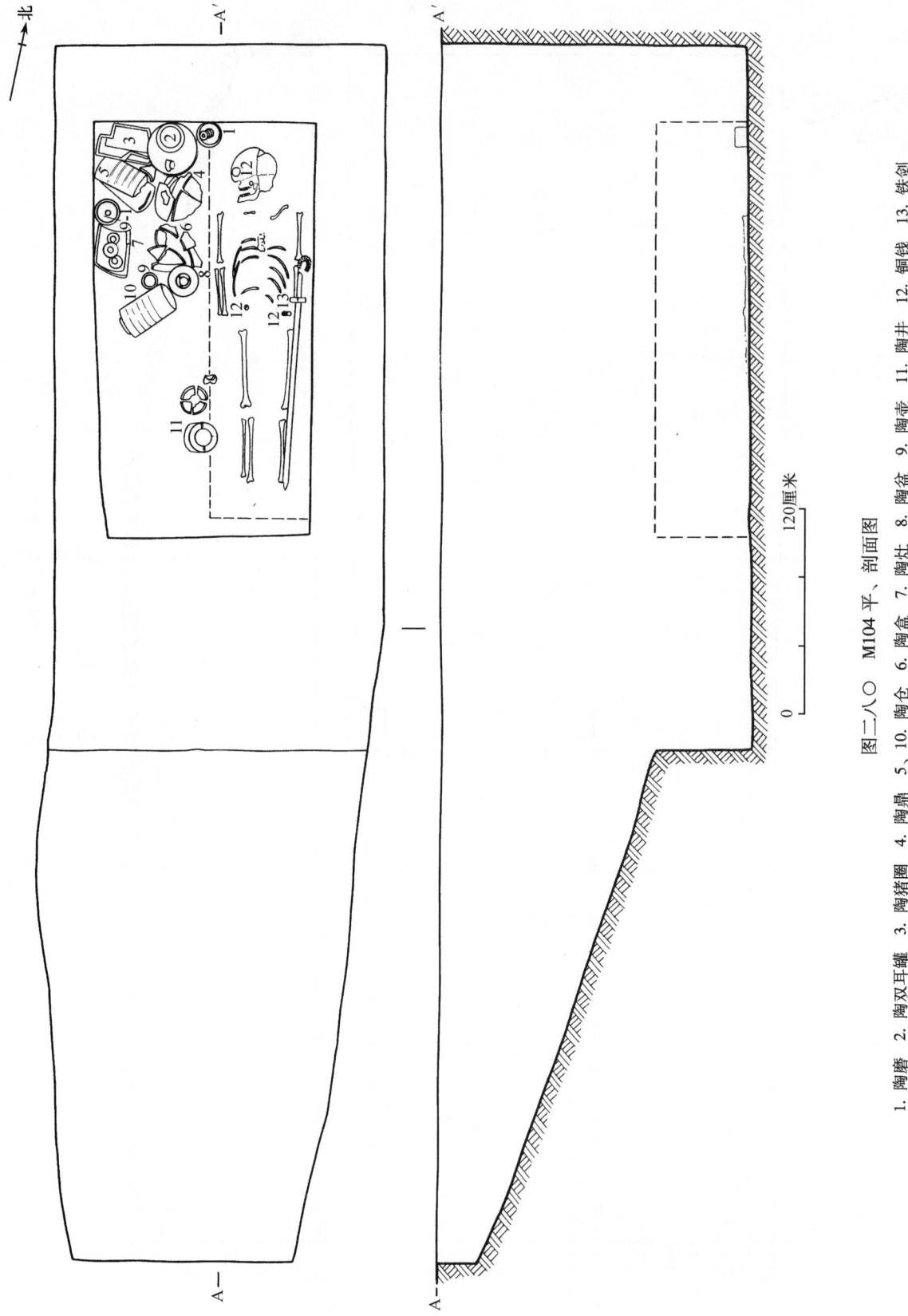

图二八〇 M104 平、剖面图

1. 陶磨 2. 陶双耳罐 3. 陶猪圈 4. 陶鼎 5、10. 陶仓 6. 陶盒 7. 陶灶 8. 陶盆 9. 陶壶 11. 陶井 12. 铜钱 13. 铁剑

陶鼎　1件。M104:4，泥质灰陶。子口内敛，肩附对称长方形双耳，耳上饰菱形纹，弧腹圜底，上腹外有两周凹弦纹，三熊状足。博山炉式盖，盖上模印动物、植物纹，下缘饰一周菱形纹。通高30.9、口径25.6、腹径27.2、足高8厘米（图二八一，1；图版七九，6）。

陶双耳罐　1件。M104:2，泥质灰陶。侈口，斜方唇，束颈，球形腹，凹圜底，肩附对称双耳。上、中腹饰纵向弦断绳纹，下腹饰斜向绳纹。通高31、口径16、腹径27.7、底径8.5厘米（图二八一，2；图版八〇，1）。

陶壶　1件。M104:9，泥质灰陶。平折沿，方唇，束颈，圆鼓腹，下腹弧内收，凹圜底。腹中部饰两周凹弦纹。高11.2、口径7.8、腹径13.5、底径6.7厘米（图二八三，3；图版八〇，4）。

陶盆　1件。M104:8，泥质灰陶。形体较小。敞口，斜直壁，平底。高4、口径8.7、底径5.2厘米。内有兽骨（图二八三，4；图版八〇，5）。

陶盒　1件。M104:6，泥质灰陶。敛口，上腹略直，下腹弧内收，平底。中腹有两周凹弦纹。博山炉式盖，盖上模印人物、树木纹饰，下缘饰一周菱形纹。通高26、盖径24.8、口径25.2、底径12.6厘米（图二八二，1；彩版九，4；图版八〇，2、3）。

陶仓　2件。M104:5，泥质灰陶。敛口，折肩，深腹近直，下腹略鼓，腹部饰有凹弦纹，凹圜底近平。博山炉式盖，盖上模印植物纹。通高33、口径9.2、盖径14.2、腹径15、底径13.7厘米（图二八三，1；图版八一，1）。M104:10，泥质灰陶。敛口，折肩，腹较直，下腹近底处略鼓，底近平。腹部饰有四周凹弦纹。博山炉式盖，盖上模印植物纹，下缘饰一周菱形纹。通高30.7、口径9.2、盖径13.3、腹径16、底径14.4厘米（图二八三，5；图版八一，2）。

陶井　1件。M104:11，泥质灰陶。仰折沿，方唇，折腹，腹最大径偏下，平底微内凹。颈部有一周凹弦纹。通高8.4、口径14.9、底径9.6厘米（图二八三，2；图版八一，3）。

陶磨　1件。M104:1，泥质灰陶。由上、下扇及磨盘组成，上扇表面中央凿两个相对的半月形槽，中部满布小圆坑，侧面有一手柄；下扇扇面平坦，高出磨盘。盘敞口，方唇，折腹，平底。下扇腹壁与盘底相连，腹中空。通高7.9、直径17.5厘米（图二八三，6；图版八一，4）。

陶灶　1件。M104:7，泥质灰陶。灶体近长方形，壁较直，前后有弧形挡火墙，后侧挡火墙中有一梭状烟囱，烟道不通。灶门为不规则拱形，灶面为素面，有两个等大的火眼，上置两釜，形制、大小基本相同，一平底一凹圜底。灶、釜分体，釜上置两甑，一底部有孔，另一无孔。通高18、长27.2、宽18厘米（图二八三，7；图版八一，5）。

陶猪圈　1件。M104:3，泥质灰陶。平面大致呈弧边方形，弧壁平底，一角上部内折，中部有一孔。长24.4、宽19.6、通高9.2厘米（图二八二，2；图版八〇，6）。

铁剑　1件。M104:13，锈蚀较甚，呈黄色。剑身修长，前锋收束，玉剑格，柄细长。通长104.5、柄长14.1、刃宽3厘米（图二八一，3；图版八一，6）。

铜钱　65枚。M104:12，均为"五铢"钱，锈蚀严重。

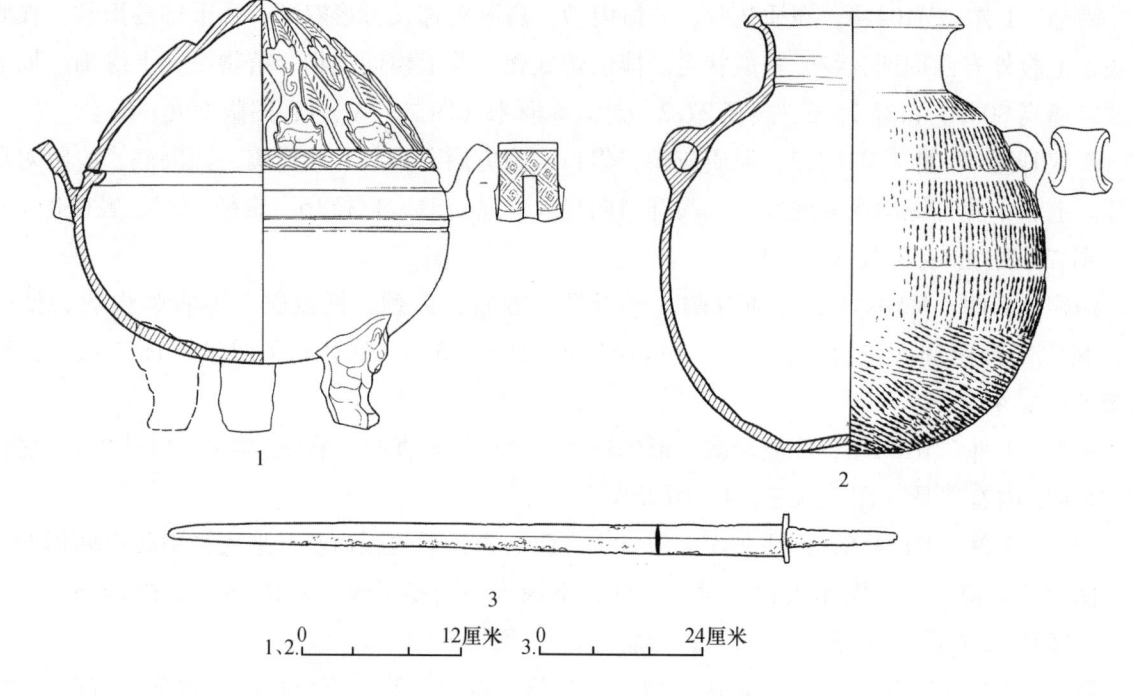

图二八一　M104 出土器物（1）

1. 陶鼎（M104:4）　2. 陶双耳罐（M104:2）　3. 铁剑（M104:13）

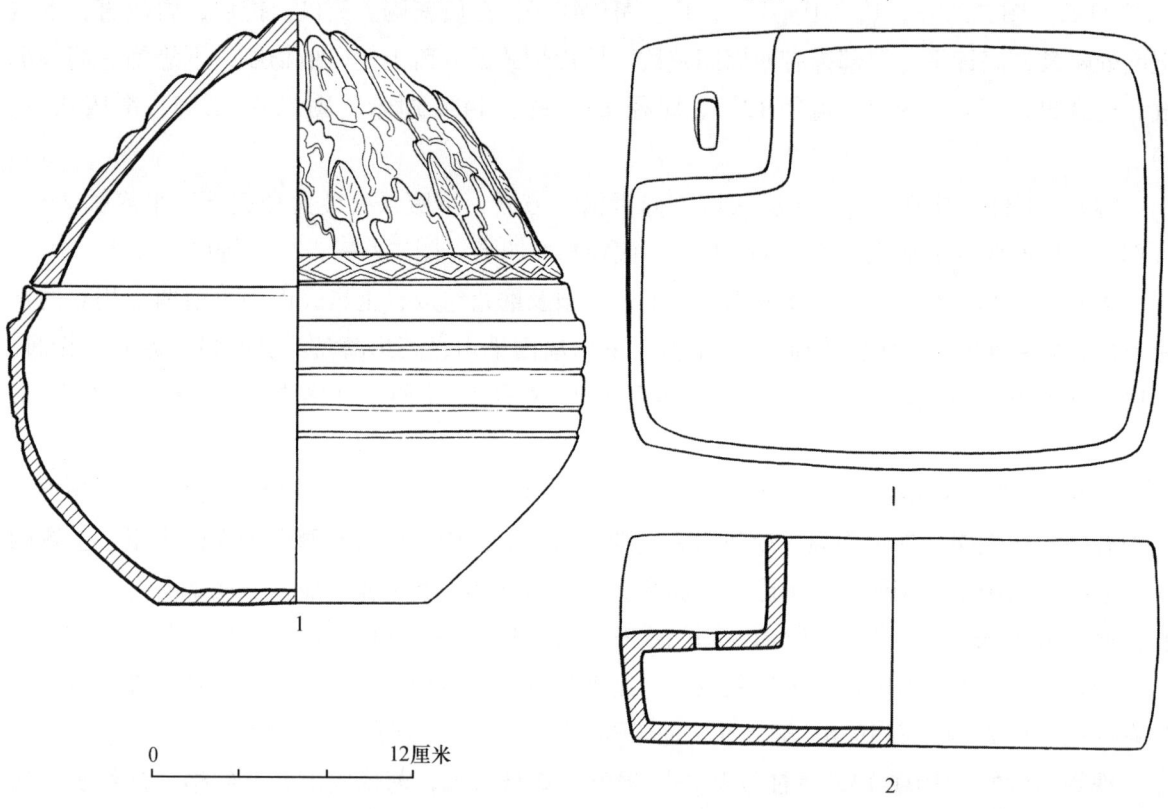

图二八二　M104 出土器物（2）

1. 陶盒（M104:6）　2. 陶猪圈（M104:3）

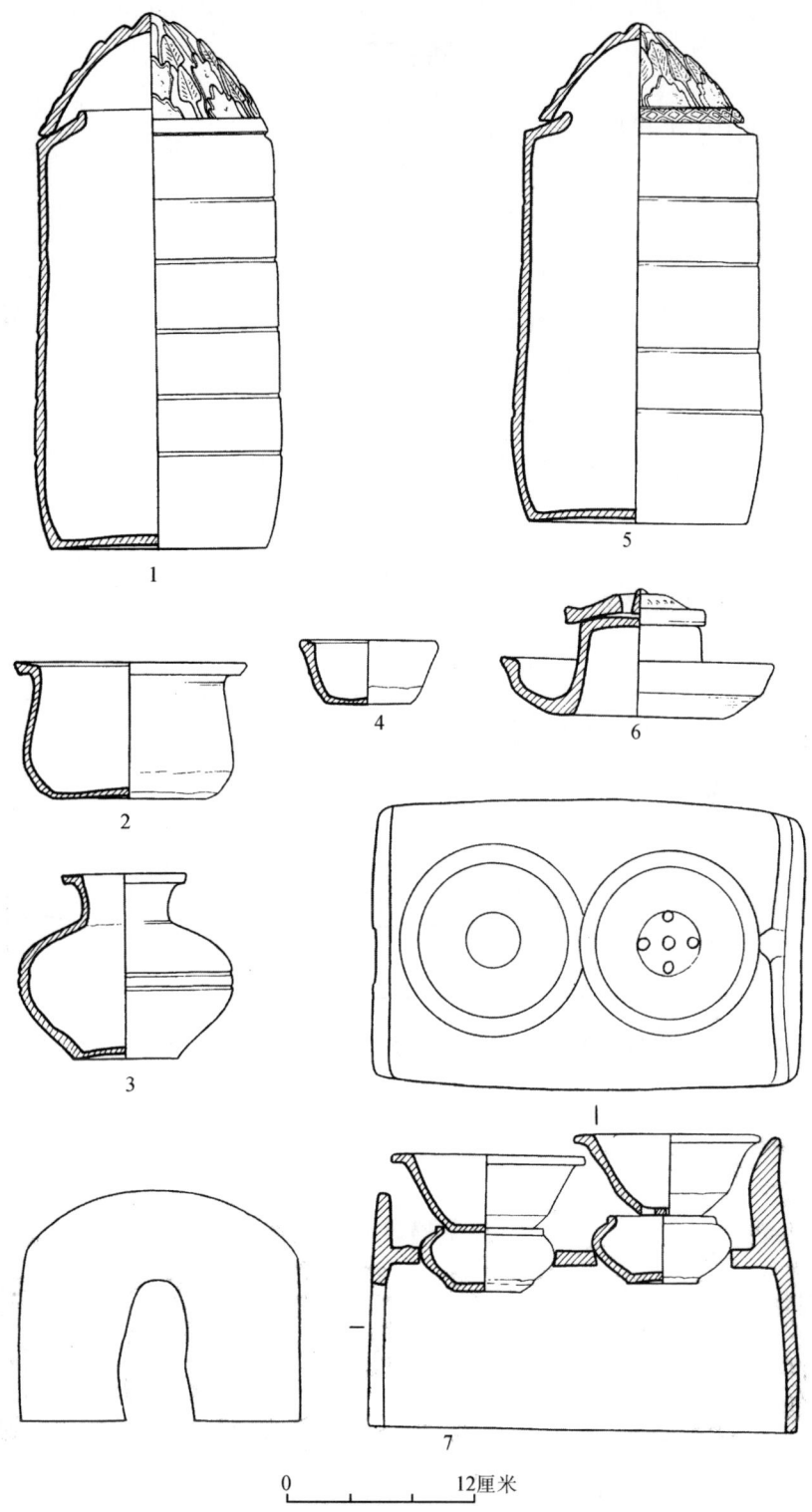

图二八三　M104 出土器物（3）

1、5. 陶仓（M104:5、M104:10）　2. 陶井（M104:11）　3. 陶壶（M104:9）　4. 陶盆（M104:8）　6. 陶磨（M104:1）　7. 陶灶（M104:7）

M127

位置　位于ⅡT0701和ⅢT0701之间，其西为M133。

层位关系　①→M127→生土。

墓向　185°。

形制与结构　带单斜坡墓道的长方形砖室墓，通长490厘米。墓道在墓室南侧，上口长128、宽84~112厘米；底坡长138、深8~20厘米。

墓室长348、宽76~80、深20厘米。墓遭破坏严重，仅东、西壁残余有三、四层砖，平砖错缝砌筑（图二八四）。砖长34、宽16、厚5厘米，侧面有菱形纹。

填土为黄褐色五花土，土质疏松，含有大量残砖块。

葬具　不详。

人骨　不详。

随葬器物　盗扰破坏严重，未见随葬品。

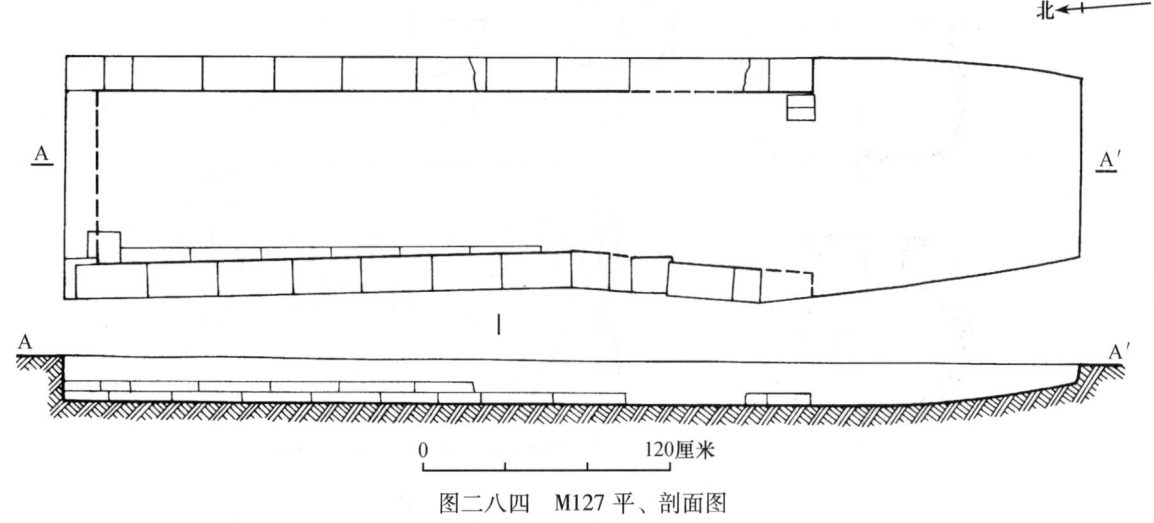

图二八四　M127 平、剖面图

M132

位置　位于ⅢT0503和ⅢT0603之间，其东为M137。

层位关系　①→M132→M137→生土。

墓向　355°。

形制与结构　该墓为带竖井墓道的长方形竖穴砖室墓，通长476厘米。墓道位于墓室北侧，竖井式，口部长204、宽130~154厘米；底部自北向南略倾斜，长194、深124~136厘米。

墓室长250、宽80~96、深132厘米。东、南、西三壁以条砖错缝平砌，北侧以砖错缝平铺封门，门顶以两层砖顺置起双券，封门高106、宽106厘米。墓顶塌入室内填土中，据残迹可推知为券顶，东西壁在距底80厘米处起券。墓底以砖对缝平铺（图二八五）。

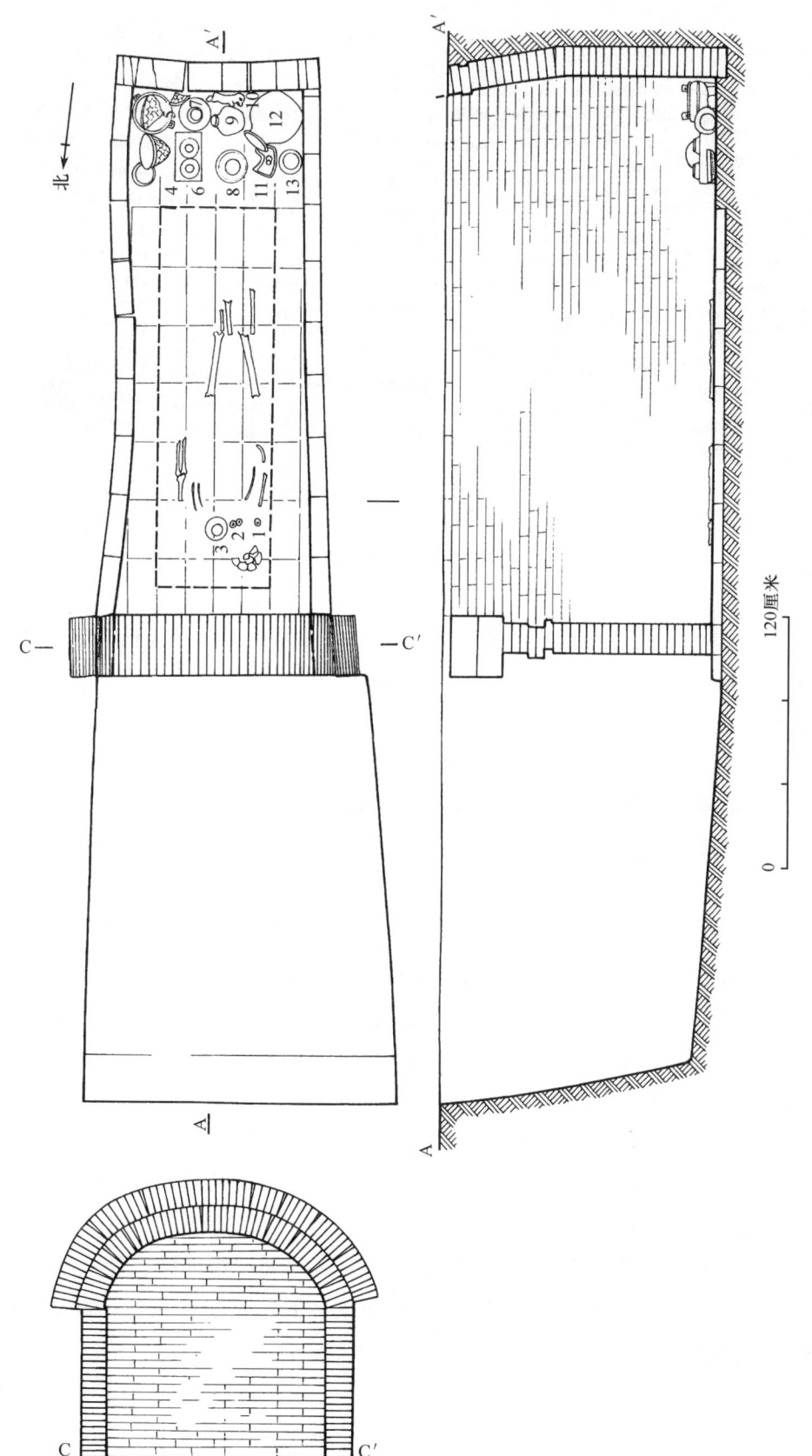

图二八五 M132 平、剖面及遗物分布图

1、2. 铜钱 3. 铜镜 4. 陶盒 5. 陶鼎 6. 陶灶 7. 陶仓 8. 陶磨 9. 陶壶 10. 陶狗 11. 陶猪圈 12. 陶双耳罐 13. 陶井

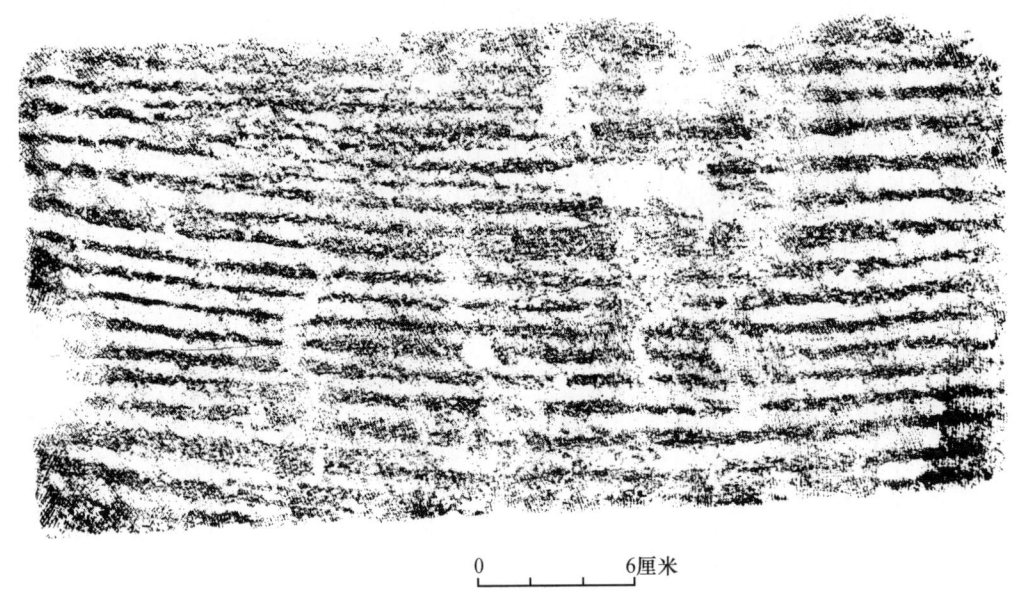

图二八六　M132 墓砖拓片

墓室用砖三种，规格分别为：墙砖长 29、宽 14、厚 4 厘米；素面券砖长 28、宽 12、厚 4 厘米；绳纹券砖长 29、宽 13.5、厚 3 厘米（图二八六）。

填土为黄褐色花土，土质疏松，无包含物。

葬具　一棺。长 180、宽 56 厘米，高及板厚不详。

人骨　1 具。仰身直肢葬，头向北。女性，年龄不详。

随葬器物　有陶器、铜镜及铜钱。其中陶器 10 件，置于棺外墓室南端；铜钱、铜镜置于棺内人骨颈、胸部。

陶鼎　1 件。M132:5，泥质灰陶。口微敛，子口承盖，口沿外附对称长方形耳，耳上饰菱形纹，弧腹圜底，三熊形矮足。中腹饰一周宽条带，条带上附一周凸棱。博山炉式盖，盖壁模印有动物、植物纹。通高 26.6、口径 21.1、腹径 22.8、足高 7.2 厘米（图二八七，1；图版八二，1）。

陶盒　1 件。M132:4，泥质灰陶。口微敛，子口承盖，折腹，上腹斜直，下腹斜内收，凹圜底。上腹处饰有一周凹弦纹。博山炉式盖，上有动物、人物纹。通高 23.6，腹径 21.6、底径 10.6、口径 20.8 厘米（图二八七，2；图二八九，1；图版八二，2）。

陶壶　1 件。M132:9，泥质灰陶。侈口，束颈，圆鼓腹，腹最大径偏上，下腹斜内收，凹圜底。高 10.4、口径 7.2、腹径 10.6、底径 4.8 厘米（图二八七，3；图版八二，3）。

陶双耳罐　1 件。M132:12，泥质灰陶。折沿，唇面有一周凹槽，矮直领，球形圆鼓腹，肩附对称双耳，凹圜底。颈以下至中腹饰竖向弦断绳纹，下腹为斜向篮纹。高 27.6、口径 18.8、腹径 28.5、底径 8.5 厘米（图二八八，1；图版八二，4）。

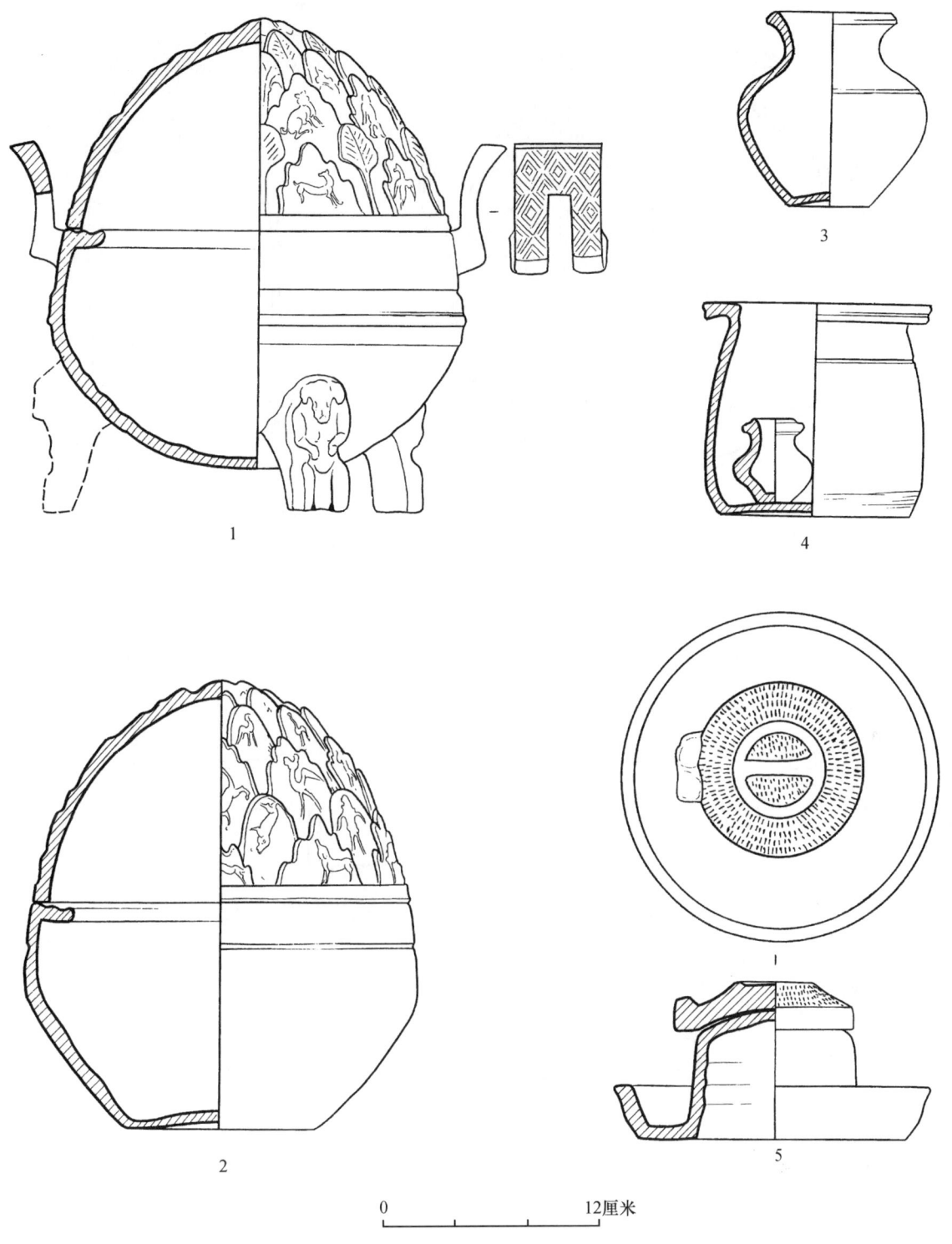

图二八七　M132 出土陶器（1）

1. 鼎（M132:5）　2. 盒（M132:4）　3. 壶（M132:9）　4. 井（M132:13）　5. 磨（M132:8）

图二八八 M132 出土陶器（2）
1. 双耳罐（M132:12） 2. 狗（M132:10） 3. 灶（M132:6） 4. 仓（M132:7）
5. 猪圈（M132:11）

陶井　1件。M132：13，泥质灰陶。宽平折沿，方唇，唇面有一周凹槽，口小底大，斜弧腹，近底处斜折，平底微内凹。上腹饰一周凹弦纹。井内置一小桶，束颈，鼓腹，平底。井高11.4、口径13、底径10.9厘米（图二八七，4；图版八二，5）。

陶磨　1件。M132：8，泥质灰陶。上扇表面满布戳纹，中央凿两个相对的半月形槽，一侧有手柄；下扇隆起，高出磨盘。盘敞口，斜壁，平底。下扇腹壁与盘底相连，腹中空。通高8.4、直径17.6厘米（图二八七，5；图版八二，6）。

陶灶　1件。M132：6，泥质灰陶。灶体呈长方形，上下基本等大，直壁，前壁中部有拱形灶门，挡火板残，后部斜立一柱状烟囱，烟道不通。灶面为素面，上有两个等大火眼，上置两釜。灶、釜分体，釜上各置一甑，形制相同。通高11.2、长22.8、宽12厘米（图二八八，3；图版八三，1）。

陶仓　1件。M132：7，泥质灰陶。敛口，折肩，腹壁微向外弧，平底稍内凹，下腹近底处有一圆形仓门。下腹饰数周凹弦纹。博山炉式盖，盖上模印纹饰，不清晰。通高26、盖径11.6、口径7.1、腹径13.2、底径11.5厘米（图二八八，4；图版八三，2）。

陶狗　1件。M132：10，泥质灰陶。卧式，昂首，侧望，两耳竖直，眼圆睁，嘴微张，尾平置，腹中空。通高8.8、长13.2厘米（图二八八，2；图版八三，3）。

陶猪圈　1件。M132：11，泥质灰陶。平面呈不规则形，圈栏三面较直，一面上部向内曲折，中部有一孔，底向内凹。通高7.2、长18厘米（图二八八，5；图版八三，4）。

铜镜　1件。M132：3，日光镜。圆形，镜面微凸。圆纽，纽座外有四组短线纹，每组三条，向外有两周短线纹，其间有铭文"见日之光，天下大明"，铭文各字间交替间以弧线云纹和"田"形纹。直径8厘米（图三三〇，2；图三三一，2；图版八三，5）。

铜钱　20枚。编号为M132：1、2，可辨者有"五铢"4枚，郭径在2.14～2.54厘米之间（图三三七，19、20）。

M133

位置　位于ⅡT0701和ⅢT0701之间，其东为M127。

层位关系　①→M133→生土。

墓向　183°。

形制与结构　带单斜坡墓道的长方形砖室墓，通长524厘米。墓道位于墓室南侧，上口长170、宽86～116厘米，近墓室端较宽，底坡长168、深50～68厘米。

墓室长340、宽86、深68厘米。墓室顶已不存，东、西、北墙以平砖错缝砌成，残存1～2层。墓室中部残存有铺底砖，南北向错缝平铺（图二九〇）。

墓砖长31、宽15、厚6厘米。青、红砖各占一半，多有残损。

填土为黄褐色五花土，土质疏松，包含较多残砖块。

葬具　不详。

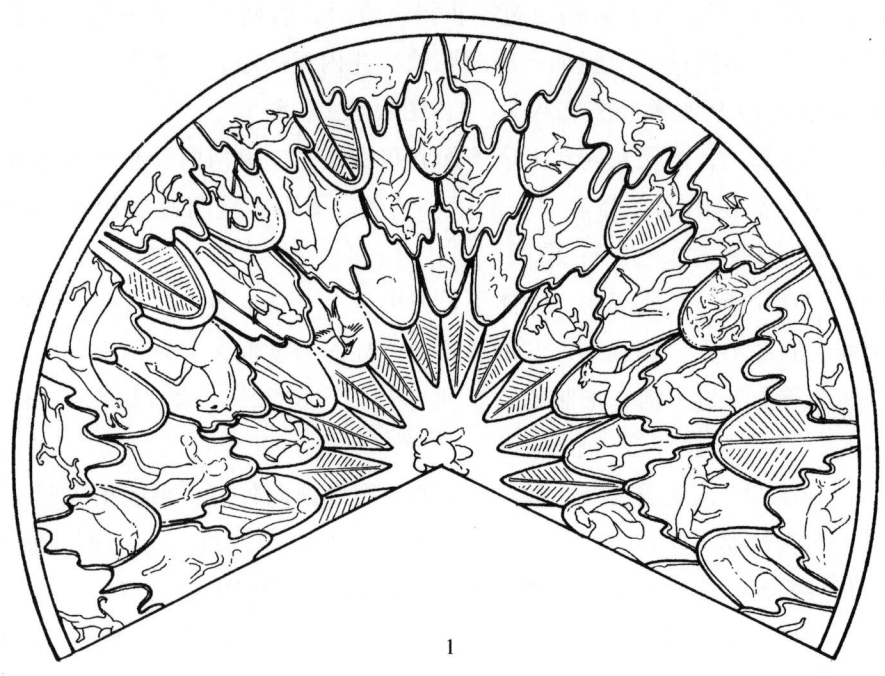

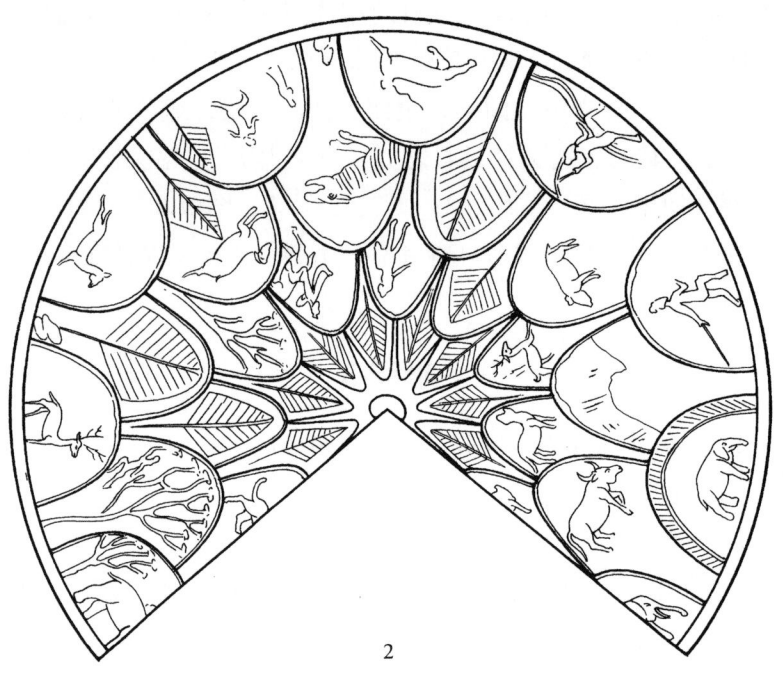

图二八九　汉墓出土陶盒、陶鼎器盖纹饰展开图
1. 陶盒（M132:4）　2. 陶鼎（M57:10）

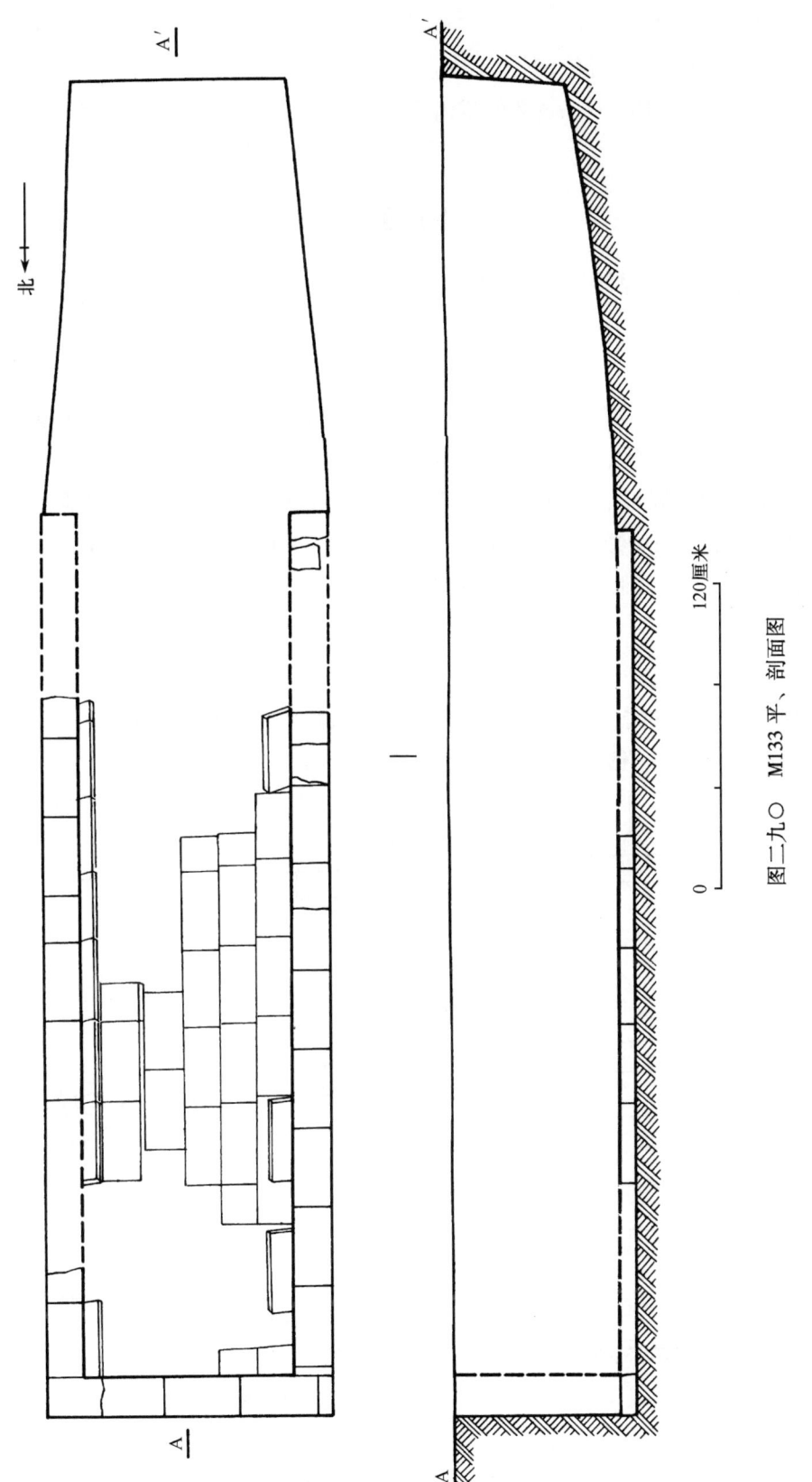

图二九〇 M133 平、剖面图

人骨 不详。

随葬器物 盗扰严重，仅余铜钱3枚。

铜钱 3枚。编号M133：1，钱文可辨者2枚，均"五铢"，郭径在2.53～2.55厘米之间（图三三九，1、2）。

M137

位置 位于ⅢT0503西部，其西为M132。

层位关系 ①→M132→M137→生土。

墓向 355°。

形制与结构 带单斜坡墓道的长方形砖室墓，通长500厘米。墓道位于墓室之北，口长200、宽114厘米。底坡不平，长约206、深0～48厘米。

墓室长296～300、宽82、深60厘米。顶已不存，墓壁较直，东、西壁残存数层砖，平砖错缝铺砌。墓底较平，未见铺砖。墓砖长28、宽14、厚4厘米（图二九一）。

填土为黄褐色花土，土质疏松，无包含物。

葬具 不详。

人骨 不详。

随葬器物 被M132打破，破坏严重，仅在墓道填土中发现一枚五铢钱。

铜钱 1枚。M137：1，钱文"五铢"，锈蚀严重（图三三七，21）。

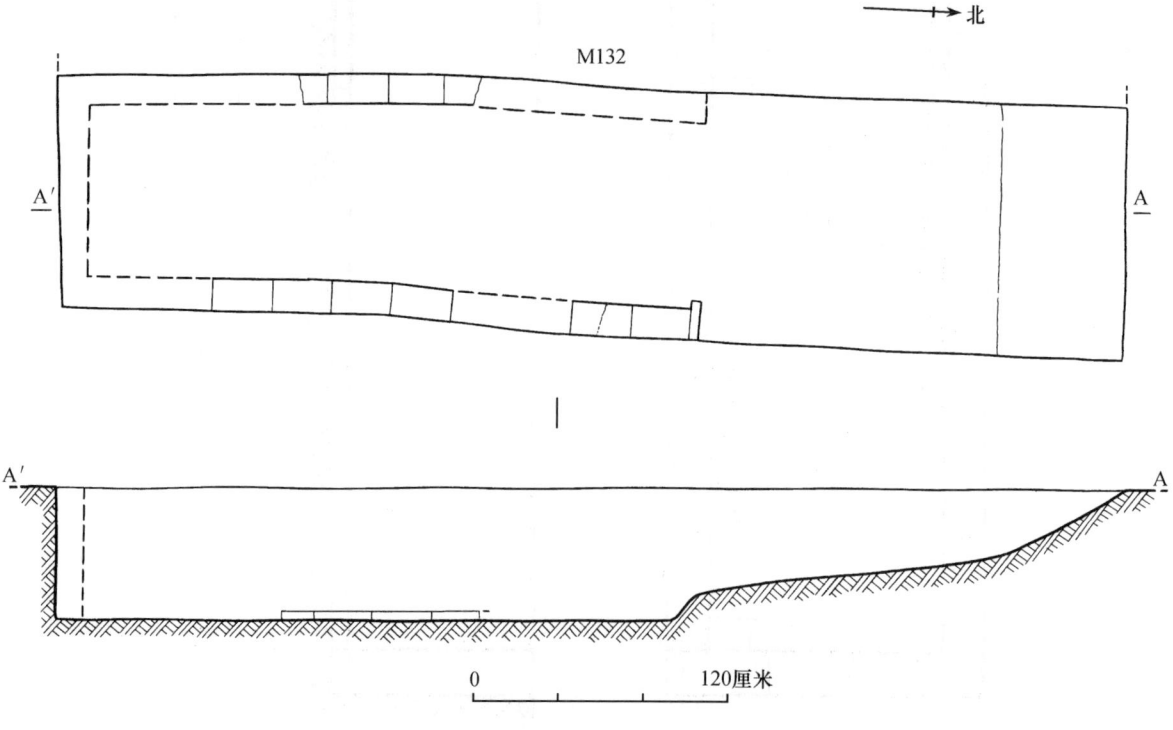

图二九一 M137平、剖面图

M138

位置　位于ⅢT0501东北部。

层位关系　①→M138→生土。

墓向　356°。

形制与结构　带单斜坡墓道的长方形砖室墓，总长480厘米。墓道位于墓室北侧，上口长158~163、宽119~123厘米；底坡长170、深0~100厘米。

墓室的东、南、西壁稍外张，口略小于底，墓口长321、宽120厘米；墓底长323、宽124厘米；墓深100厘米。墓砖基本不存，仅东南角残余有半块砖（图二九二）。

填土为黄褐色花土，土质疏松，无包含物。

葬具　不详。

葬式　不详。

随葬器物　盗扰严重，未见任何随葬品。

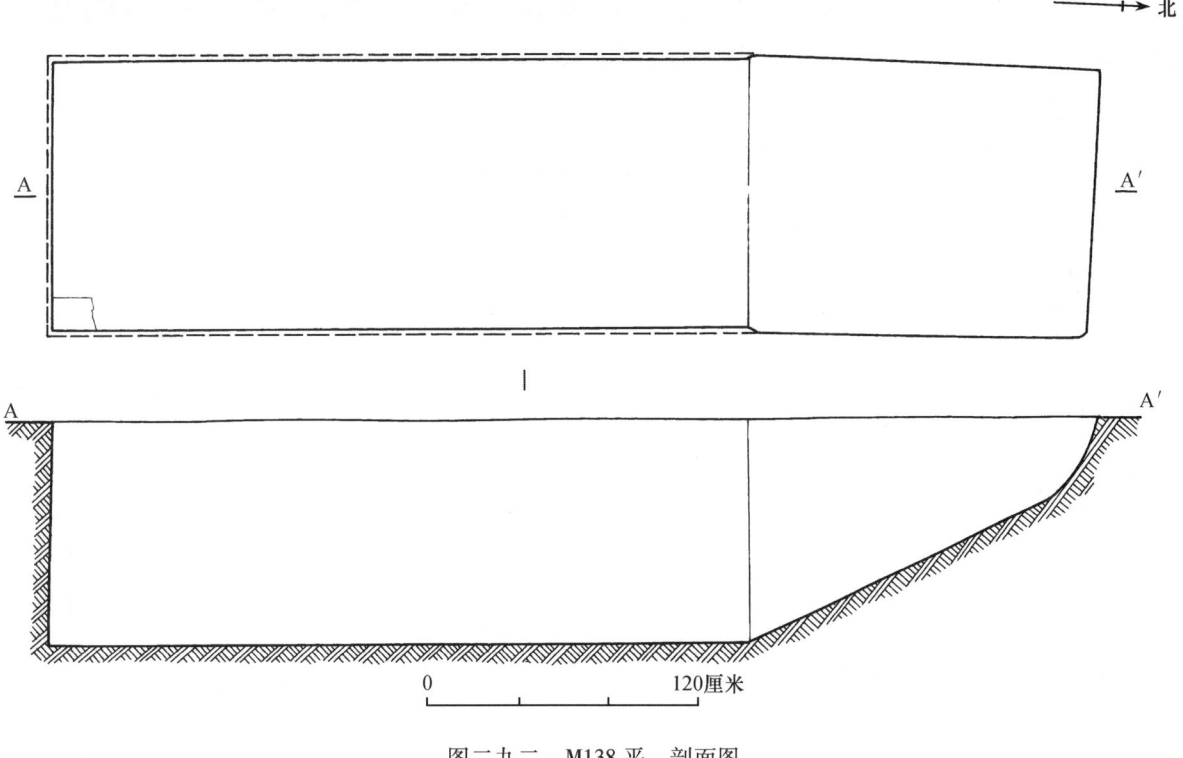

图二九二　M138平、剖面图

M139

位置　位于ⅡT0501中东部，其西为M141。

层位关系　①→M139→生土。

墓向　83°。

形制与结构　带单斜坡墓道的砖室墓，平面呈刀形，通长530厘米。墓道位于墓室东壁偏南，南壁与墓室南壁平齐。墓道上口长180、宽140～150厘米；底坡长170、底端深70厘米。

墓室斜壁平底，口略小于底，口部长346～350、宽256～260厘米；底部长350、宽260厘米；墓深70厘米。墓砖多已不存，仅在近墓壁处残余少量。未见封门（图二九三）。

填土为黄褐色花土，土质疏松，含少量陶片。

葬具　不详。

人骨　不详。

随葬器物　墓被盗扰严重，仅在填土中出有陶狗1件、陶罐1件。

陶双耳罐　1件。M139:1，泥质灰陶。侈口，方唇，短领，肩部有对称双耳，球形圆鼓腹，凹圜底。颈饰纵向绳纹，上腹饰弦断绳纹，下腹至底饰交错绳纹。高26.8、腹径27.2、底径9.4、口径16厘米（图二九四，1；图版八四，1）。

陶狗　1件。M139:2，泥质灰陶。站立式，昂首正视前方，双耳下耷，张口，短尾翘起，腹中空。高12.1、长14.3厘米（图二九四，2；图版八四，2）。

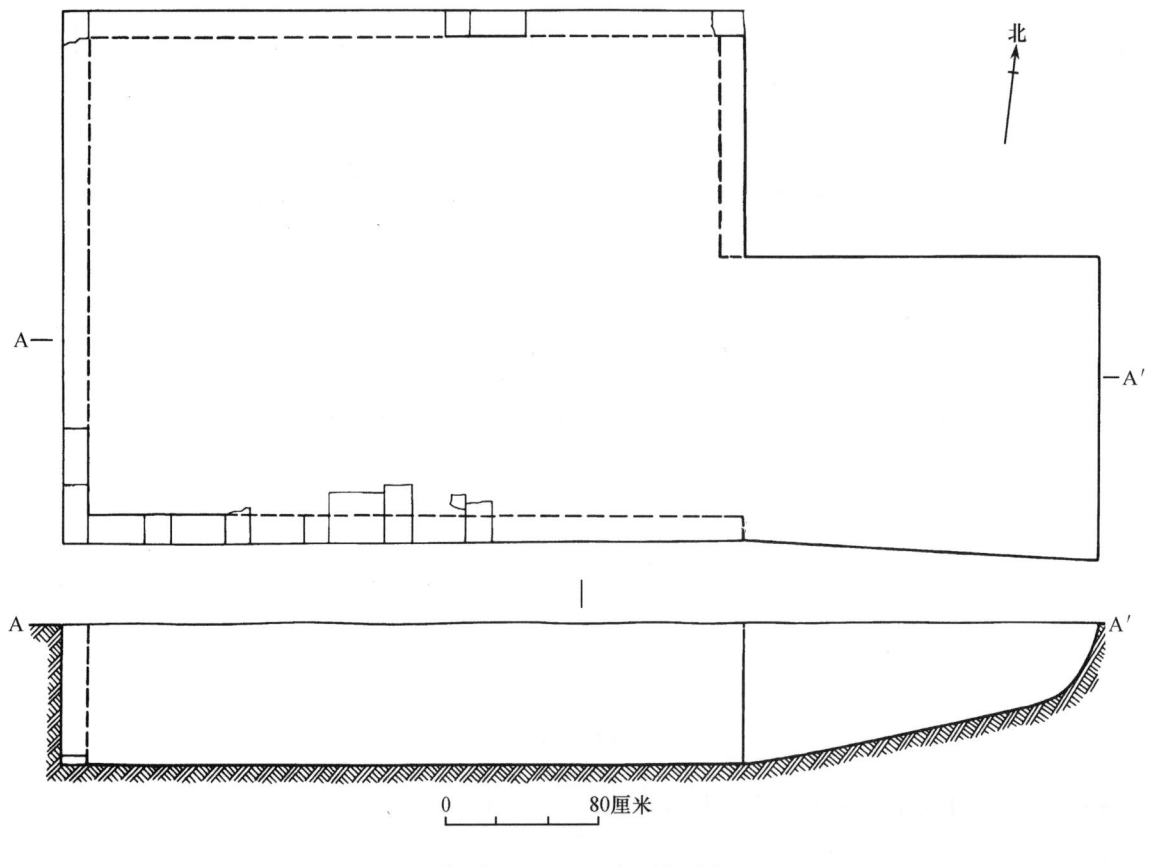

图二九三　M139平、剖面图

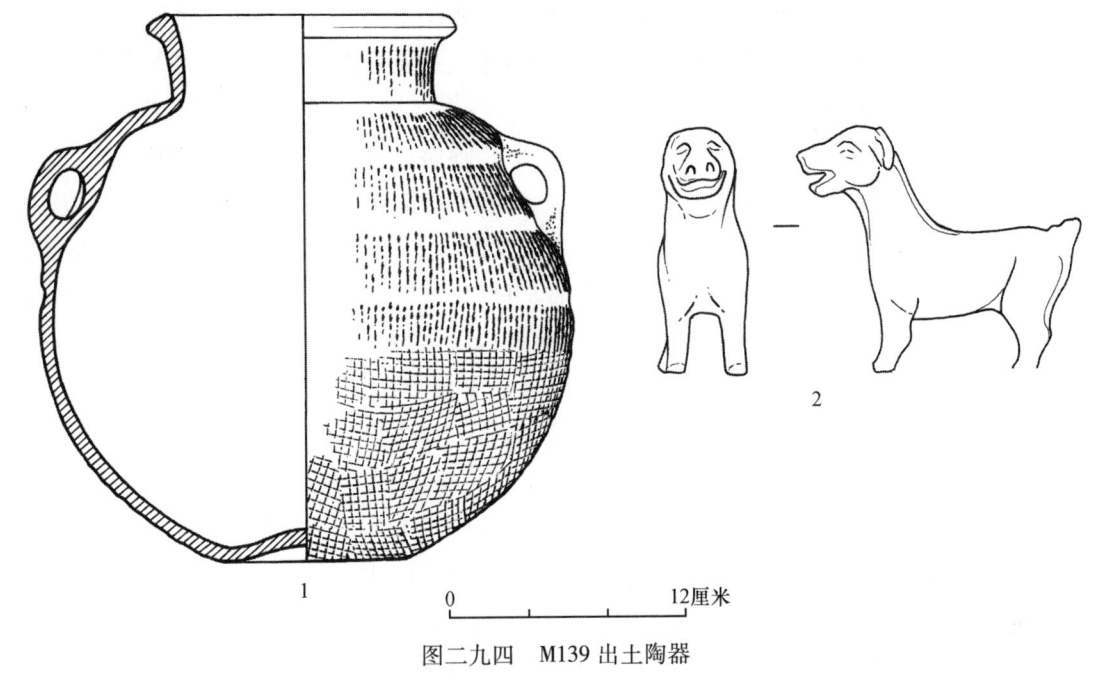

图二九四　M139 出土陶器

1. 双耳罐（M139:1）　2. 狗（M139:2）

M140

位置　位于ⅡT0401 东南部，其西北为 M139。

层位关系　①→M140→生土。

墓向　262°（南墓道）、280°（北墓道）。

形制与结构　长方形双砖室墓，双墓道，通长 580 厘米。两墓道均为斜坡状，北墓道上口长 274、宽 110～114 厘米；底坡长 302、深 0～84 厘米。南墓道上口长 290～294、宽 108～138 厘米；底坡长 302、深 0～80 厘米。南墓道东端近墓室处约 32 厘米的一段为平底，与南墓室底部相平。其南壁在距墓室约 20 厘米处外扩，宽度宽于南墓室。

墓室分南、北两室，均直壁平底。北室长 274、宽 76、深 84 厘米；南室长 260、宽 84、深 76 厘米。北墓室底部较南墓室稍深约 8 厘米。两墓室北、南、东壁均以平砖错缝垒砌而成，墓门用砖封堵。南墓室以单层砖铺底，北墓室墓底未铺砖。墓顶均已不存，从残存痕迹看，北墓室在距底 72 厘米处起券，南墓室在距底 68 厘米处起券。两室之间隔墙近东壁处有一券门，宽 38、高 44 厘米（图二九五；彩版八，3）。墓砖长 26、宽 13、厚 4 厘米。

填土为黄褐色花土，土质疏松，夹杂大量陶片。

葬具　不详。

人骨　不详。

随葬器物　此墓被严重盗扰，随葬品均出于扰土中，计 16 件。

陶鼎　1 件。M140:3，泥质灰陶。子口内敛，口沿外附对称长方形双耳，鼓腹，小平底，三力士足。腹中部饰一周凹弦纹，双耳饰三角纹和菱形纹。博山炉式盖，盖壁模印山峦、动物、植物纹。通高22.6、盖径19.8、口径19.8、腹径20.8厘米（图二九六，1；图版八六，1）。

陶盒　1件。M140：2，泥质灰陶。敛口，鼓腹，下腹弧收，底近平。腹饰凹弦纹。高12.2、口径20.3、腹径21.6、底径10.8厘米。未见器盖（图二九六，6；图版八六，2）。

陶井　2件。M140：1，泥质灰陶。仰折沿近平，圆唇，束颈，鼓腹，下腹弧收，凹圜底。颈部饰一周凹弦纹。井内置一小桶，侈口，束颈，折腹，平底。井高10.4、口径16、底径8.2厘米。桶径4.8、高3.2厘米（图二九六，7；图版八六，3）。M140：5，泥质灰陶。宽仰折沿，束颈，弧腹，凹圜底。腹饰弦纹。井内置一小桶，直口，圆鼓腹，平底。通高9.1、口径10.4、底径8.1厘米。桶高3.6厘米（图二九六，2；图版八六，4）。

陶仓　3件。M140：6，泥质灰陶。敛口，折肩，深直腹，底近平。腹饰多道弦纹。博山炉式盖，盖上模印有纹饰，不清晰。通高27.8、盖径9.5、口径7.8、底径12.9厘米（图二九六，8；图版八七，1）。M140：9，泥质灰陶。敛口，折肩，腹较直，底近平。腹饰凹弦纹。未见器盖。高24.5、口径7.3、肩径12.6、底径12.1厘米（图二九六，3；图版八七，2）。M140：10，泥质灰陶。敛口，折肩，腹斜直内收，近底处有一圆形仓门，底部近平。通高24.4、口径7.1、肩径14.4、底径12.4厘米。未见器盖（图二九六，5；图版八七，3）。

陶磨　2件。M140：8，泥质灰陶。上扇表面中央凿两个相对的半月形槽，肩部满布小戳纹，一侧有手柄，已残。下扇隆起，略高出磨盘。盘敞口，斜壁，底近平。下扇腹壁与盘底相连，腹中空。通高6.4、直径15.8厘米（图二九七，1；图版八六，5）。M140：16，泥质灰陶。未见上扇。下扇隆起，高出磨盘。盘敞口，斜弧壁，平底。下扇腹壁与盘底相连，腹中空。高5.1、直径17.6厘米（图二九七，2；图版八六，6）。

陶灶　1件。M140：11，泥质灰陶。灶体呈长方形，上下基本等大。壁较直，拱形灶门，灶面模印鱼、案几、耳杯、勺等图案。灶面上有两个等大的火眼，灶釜连体，两釜形制相同，均敛口圜底。长23.6、通高9、宽11.1厘米（图二九七，3；图版八七，4）。

陶釜　1件，应和陶灶相配。M140：13，泥质灰陶。敛口，扁鼓腹，平底。残高2.4、口径4.5、腹径6.2厘米（图二九六，4；图版八七，4）。

陶猪圈　1件。M140：7，泥质灰陶。平面近长方形，一侧有方形小楼及弧形斜坡顶猪舍，小楼已残，下部与猪舍相通，上部有方形门通向舍顶。猪圈四周有低矮围墙，一角设拱门与小楼及猪舍相通。圈内置一小猪，长嘴，尾上卷，头颈有短鬃，姿态可爱。猪圈高8.8、宽13.2、长16厘米。猪身长9.4、高4.4厘米（图二九七，4；图版八七，5）。

陶公鸡　1件。M140：14，泥质灰陶。昂首，长冠，颈较长，长尾下垂，足残，腹中空。通高10.4、长14.8厘米（图二九七，5；图版八七，6）。

陶母鸡　1件。M140：15，泥质灰陶。昂首，短冠，短尾上翘，圈足，腹中空。通高9.2、长9.6厘米（图二九七，7；图版八八，1）。

陶鸭　1件。M140：4，泥质灰陶。头残失，仅余鸭身，尾微上翘，平底无足，腹中空。长8.6、残高4.4厘米（图二九七，6；图版八八，2）。

陶猪　1件。M140：12，泥质灰陶。直立状，头残，垂尾，四蹄直立，腹中空。通高3、长9.4厘米（图二九七，8；图版八八，3）。

第三章 汉代遗存

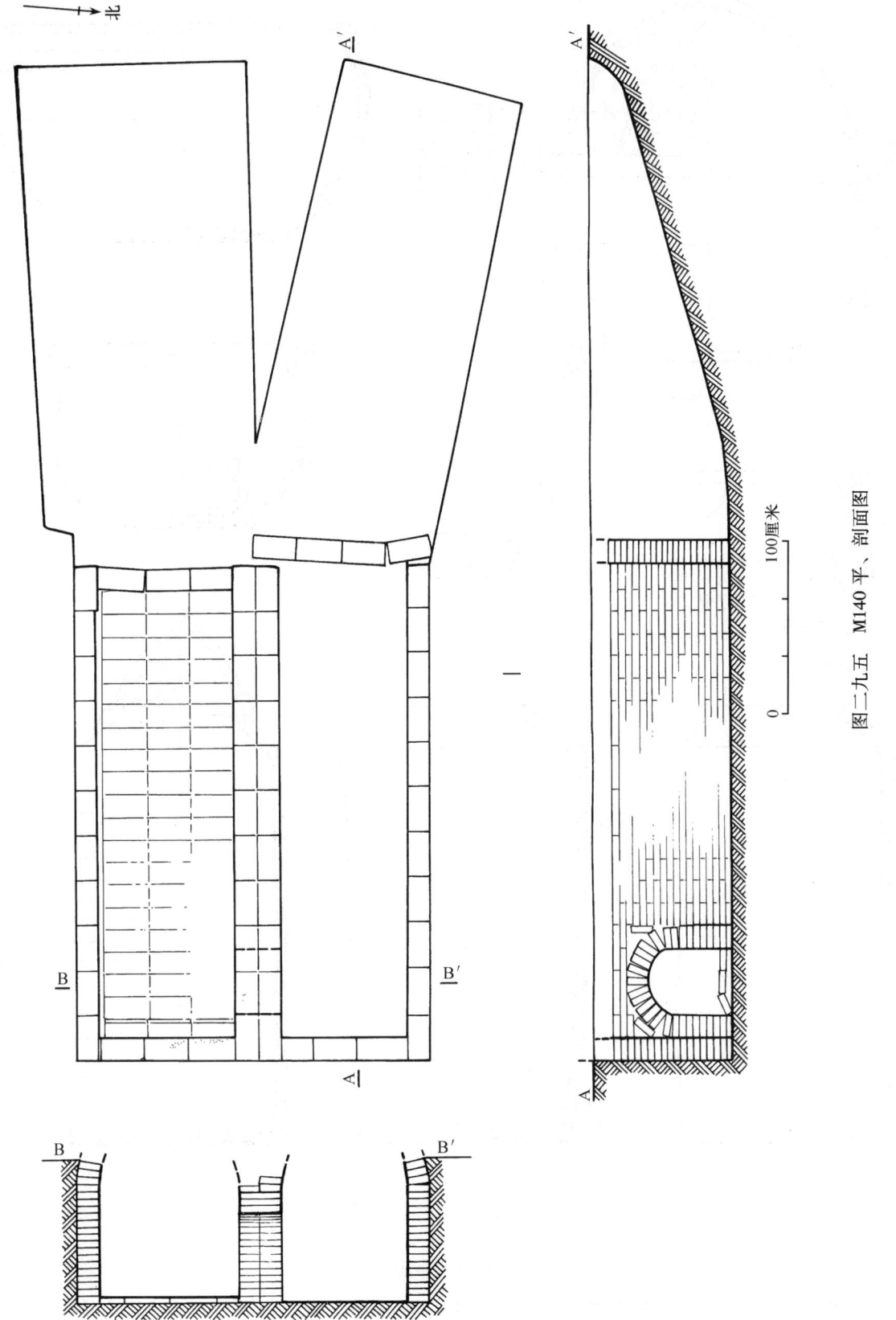

图二九五 M140 平、剖面图

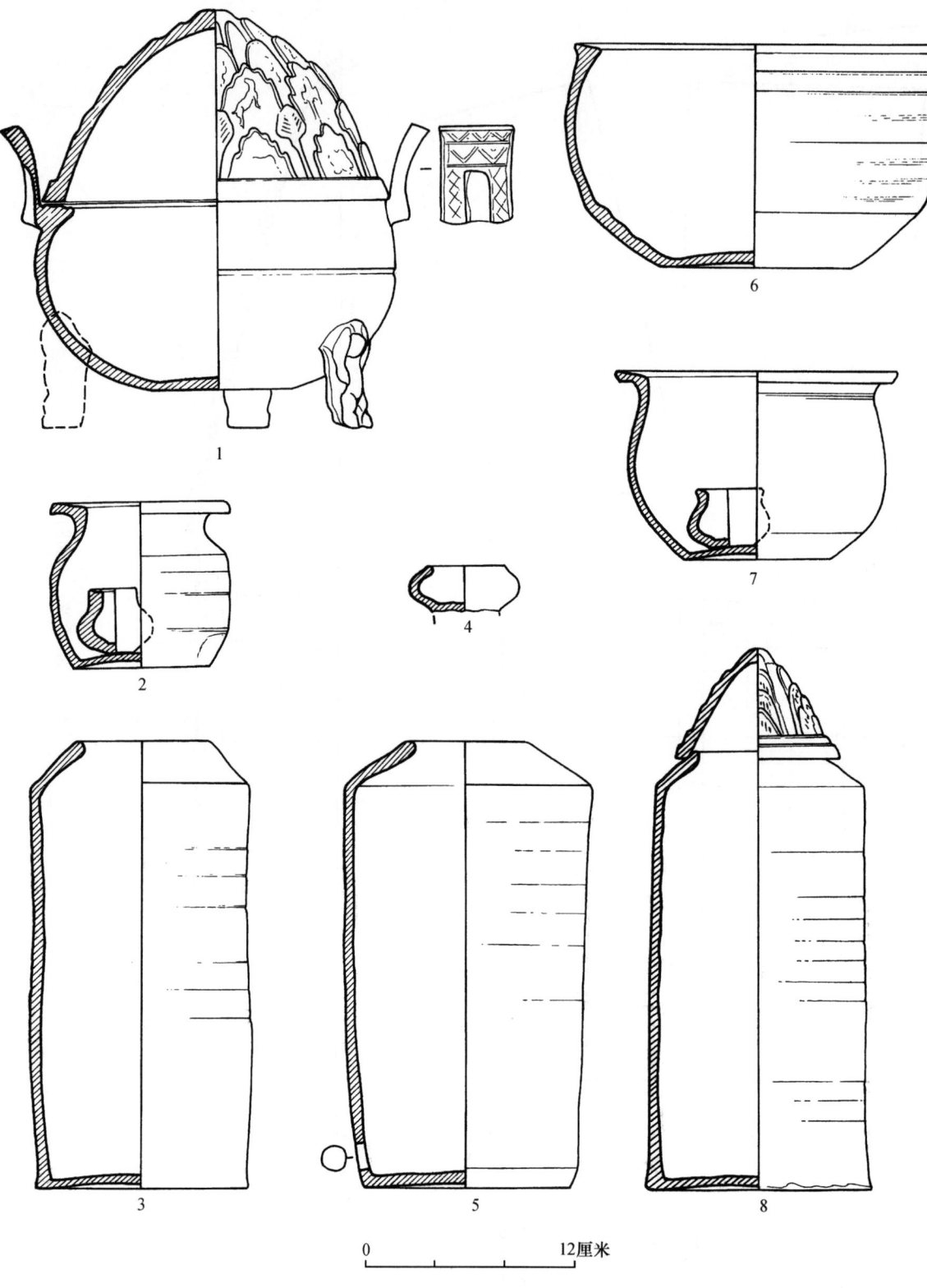

图二九六　M140 出土陶器（1）

1. 鼎（M140:3）　2、7. 井（M140:5、M140:1）　3、5、8. 仓（M140:9、M140:10、M140:6）　4. 釜（M140:13）
6. 盒（M140:2）

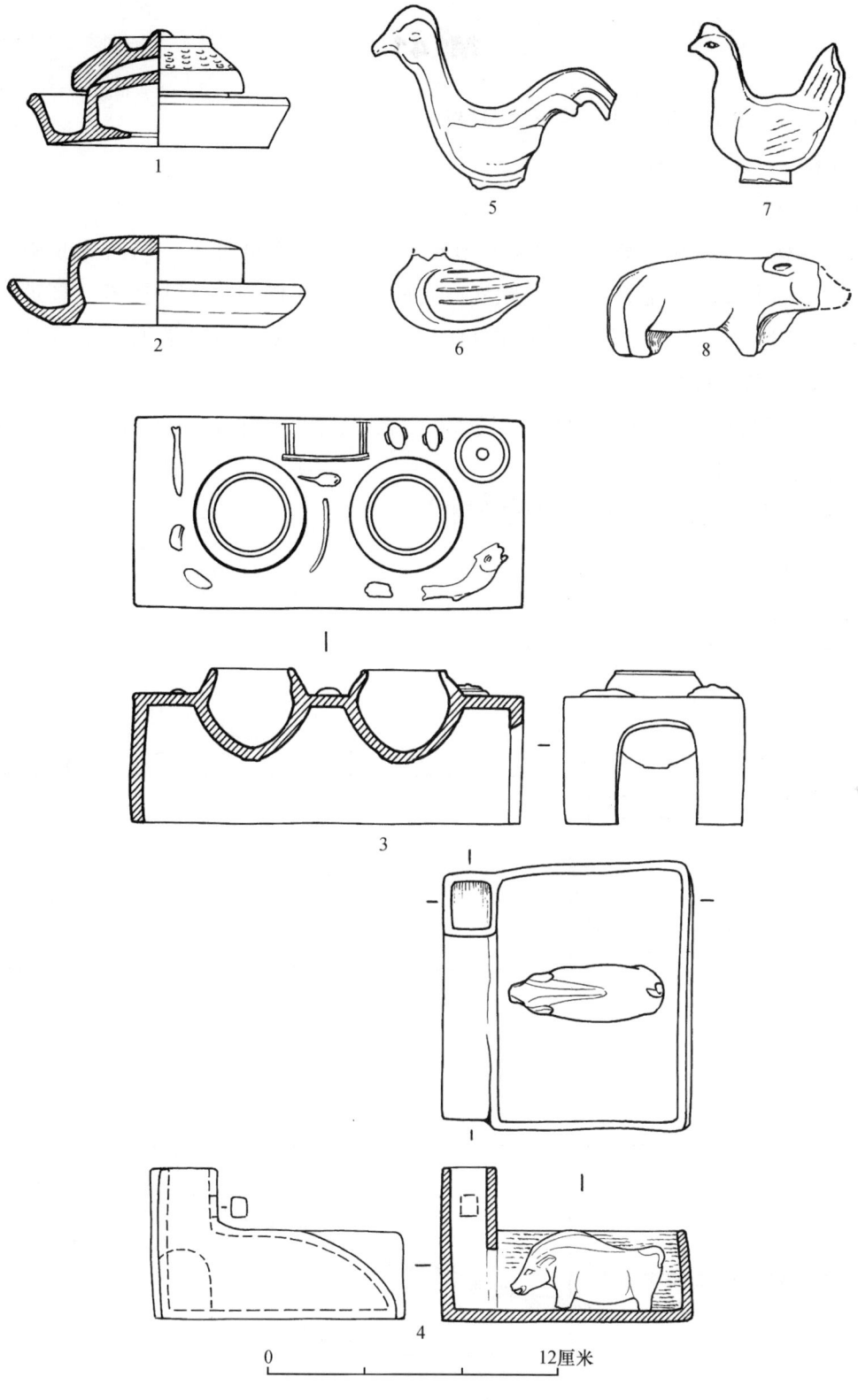

图二九七　M140 出土陶器（2）

1、2. 磨（M140:8、M140:16）　3. 灶（M140:11）　4. 猪圈（M140:7）　5. 公鸡（M140:14）
6. 鸭（M140:4）　7. 母鸡（M140:15）　8. 猪（M140:12）

M141

位置 位于ⅡT0501西部，其东为M139。

层位关系 ①→M141→生土。

墓向 168°。

形制与结构 带单斜坡墓道的长方形砖室墓，通长560厘米。墓道为长斜坡状，较墓室稍宽。上口长296、宽138～140厘米；底坡长290、深30～111厘米。墓道底端较墓室底部深约17厘米，近墓室处以砖砌筑封门，砖残存不多。砌法是先以半砖侧立排放一层，其上以砖横置平砌封门。

墓室东、西壁较直，北壁下部外扩。长236、宽82、深94厘米。墓砖基本不存，仅东、西壁下余有残砖两块（图二九八）。

填土为黄褐色花土，土质疏松，无包含物。

葬具 不详。

人骨 不详。

随葬器物 盗扰严重，未见随葬品。

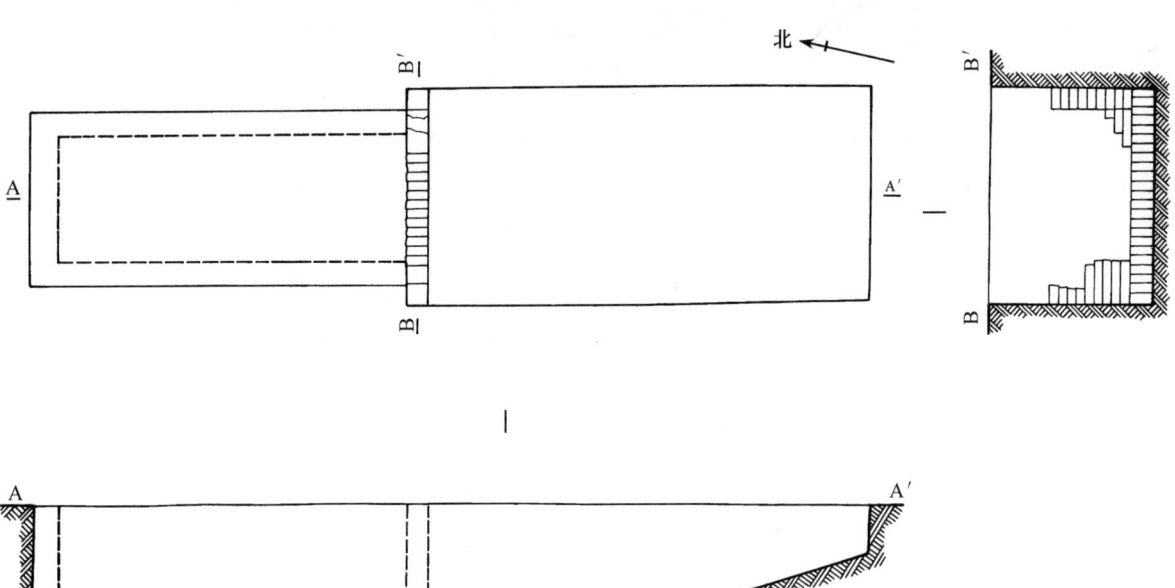

图二九八 M141 平、剖面图

M144

位置　位于ⅡT0702西南，部分向西进入ⅡT0802。

层位关系　①→M144→生土。

墓向　89°。

形制与结构　带单斜坡墓道的长方形砖室墓，通长600厘米。墓道位于墓室东侧，较墓室稍宽。其北壁与墓室北壁平齐，南壁较墓室南壁稍外扩。上口长277、宽140～142厘米；底坡长278、深40～116厘米。

墓室长274、宽80、墓深110厘米。南、北、西壁以砖错缝平砌，残存不多。墓室西残存有铺底砖，东西向对缝平铺。墓室东封门处仅存一排砖，东西向顺置，倾斜排放（图二九九）。墓砖长34、宽16、厚6厘米。

填土为黄褐色花土，土质疏松，含少量陶片。

葬具　不详。

人骨　不详。

随葬器物　盗扰严重，仅在填土中发现少量陶片，可辨器形有陶狗、陶井等。还有铜钱1枚。

铜钱　1枚。M144:1，钱文"五铢"，郭径2.59厘米（图三三九，3）。

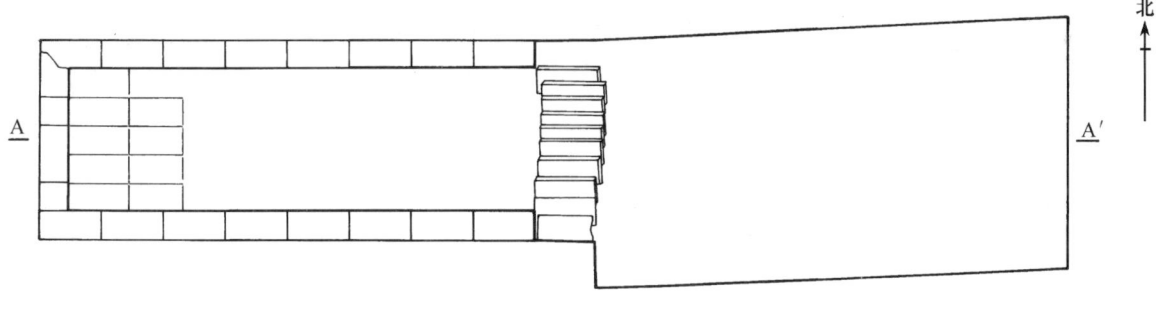

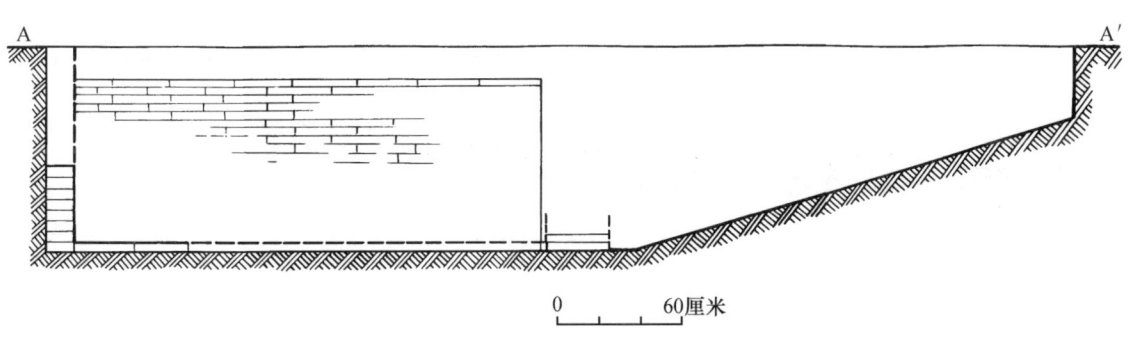

图二九九　M144平、剖面图

M148

位置　　位于ⅡT0603和ⅡT0604之间。

层位关系　　①→M148→生土。

墓向　　347°。

形制与结构　　双室墓，单斜坡墓道，通长570厘米。墓道位于墓室北侧，上口长290、宽150~190厘米。墓道在距墓室约100厘米处分为东、西两部分，西部底部低于东部，分别通向东、西墓室。西部深20~64、底坡长296厘米；东部深20~50、底坡长292厘米。

墓室分东、西两室。西室长234、宽80、墓深60厘米。顶已不存，东、南、西壁以平砖错缝砌筑，残存五、六层。底砖一层，东西向错缝平铺，墓底中部受挤压隆起。南部以砖南北向平置封门。东室长160、宽80、深52厘米。直壁平底，壁、底无砖。东室底部高于西室底部约8厘米（图三〇〇）。墓砖长30、宽15、厚4厘米。

填土为黄褐色花土，土质疏松，无包含物。

葬具　　不详。

人骨　　不详。

随葬器物　　盗扰严重，未见随葬品。

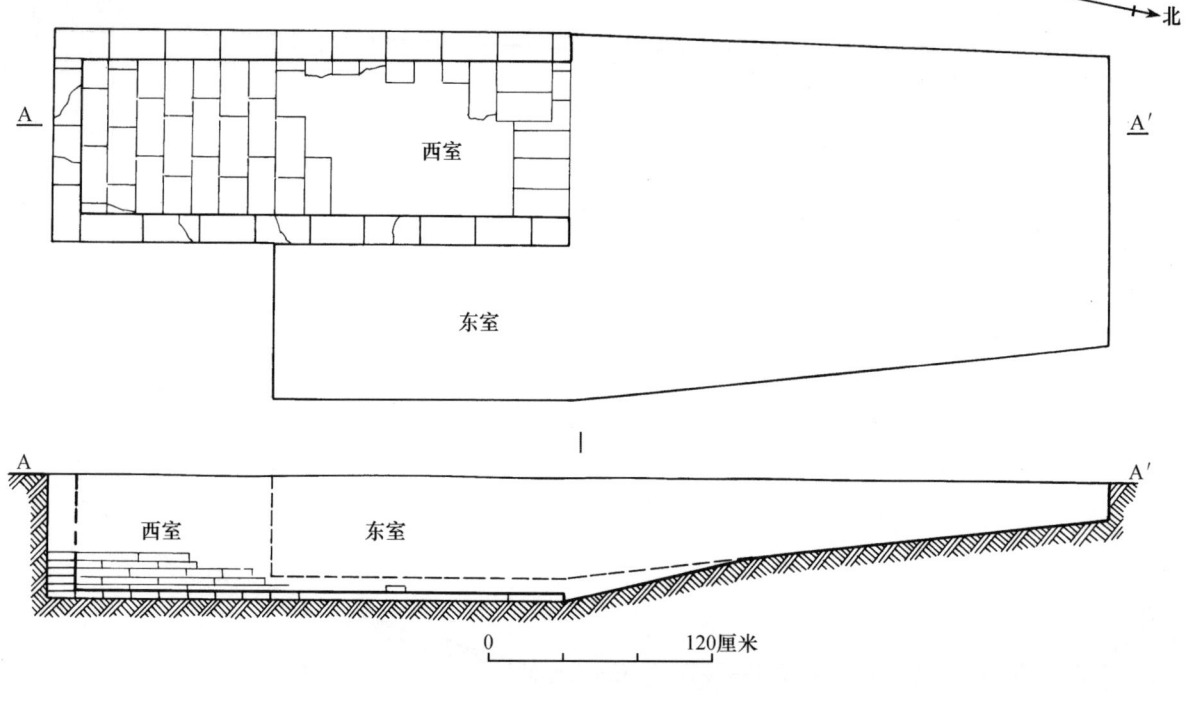

图三〇〇　M148平、剖面图

M149

位置　　位于ⅡT0604西部。其西为M150，东北为M151、M152。

层位关系　　①→M149→生土。

墓向　　359°。

形制与结构　　长方形砖室墓，直壁平底，北端稍宽，南端稍窄。长310、宽60~64、深50厘米。东壁偏北残存一层砖，南北向贴壁平铺。砖长28、宽13、厚4厘米（图三〇一）。

填土为黄褐色花土，土质疏松，无包含物。

葬具　　不详。

人骨　　不详。

随葬器物　　盗扰严重，未见随葬品。

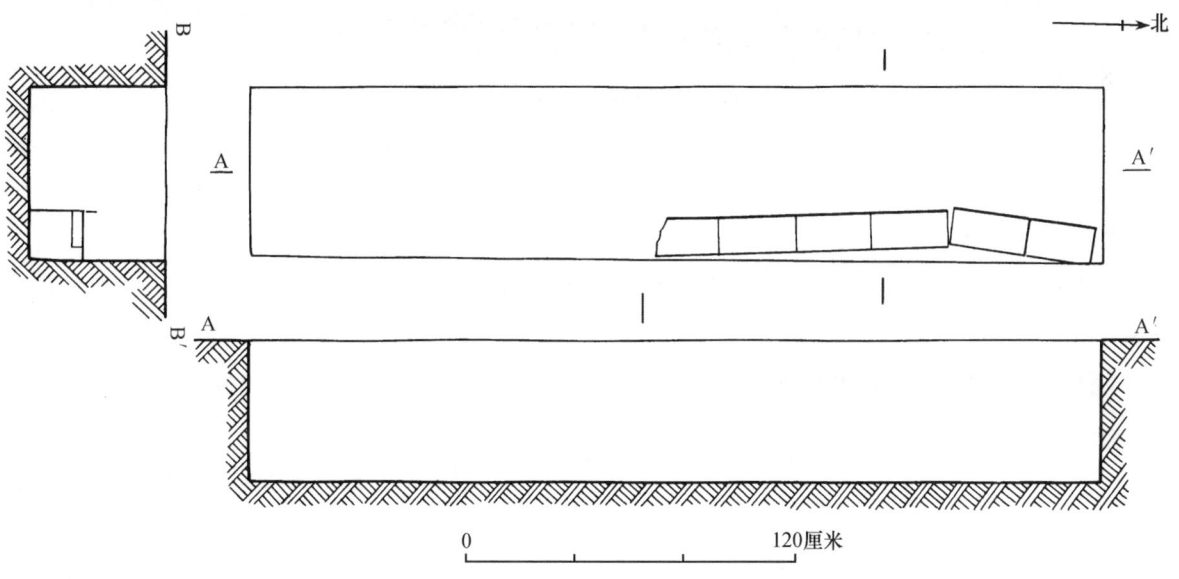

图三〇一　M149平、剖面图

M150

位置　　位于ⅡT0604西部。其东为M149，东北为M151、M152。

层位关系　　①→M150→生土。

墓向　　179°。

形制与结构　　长方形竖穴土坑墓，直壁，底部南稍高于北。墓长170、宽40、墓深约20厘米。墓底南端及中部各有一砖，东西向平置。砖长32、宽15、厚5厘米（图三〇二）。

填土为黄褐色花土，土质疏松，无包含物。

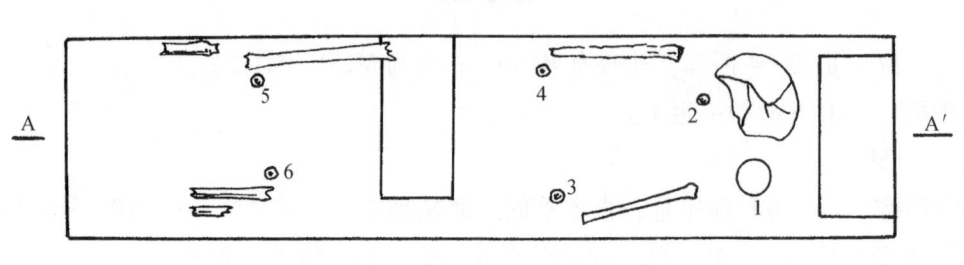

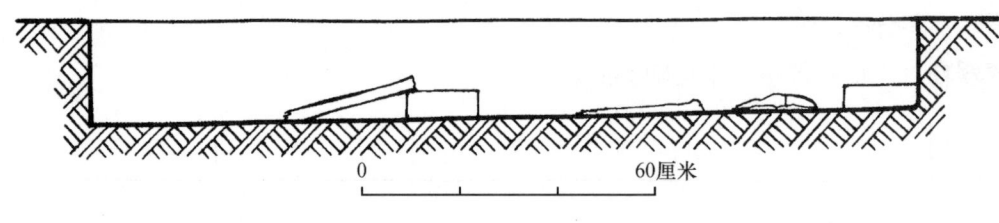

图三〇二　M150平、剖面及遗物分布图
1. 铜镜　2~6. 铜钱

葬具　不详。

人骨　1具。保存较差，仅存头骨残片及四肢骨残段。仰身直肢，头向南。性别、年龄不详。

随葬器物　墓主头侧有铜镜1枚。两肘及两膝内侧放置有铜钱。此外，还发现有骨器1件。

骨器　1枚。M150:3，浅黄色。细腰，两端呈喇叭状，一大一小，底面较平，中空。通高1、直径0.7~1.6、孔径约0.2厘米（图三〇三；图版八五，1）。

铜镜　1枚。M150:1，圆形，镜面微凸。圆纽，纽外为四叶纹，四叶间间以铭文"长宜三子"，外侧为内向八连弧纹。直径9厘米（图三三二，1；图三三三，1；彩版九，1；图版八五，2）。

铜钱　48枚。编号M150:2，锈蚀严重，钱文可辨者有"五铢"5枚，郭径在2.5~2.6厘米之间。"货泉"3枚，郭径在2.2~2.3厘米之间（图三三七，11~18）。

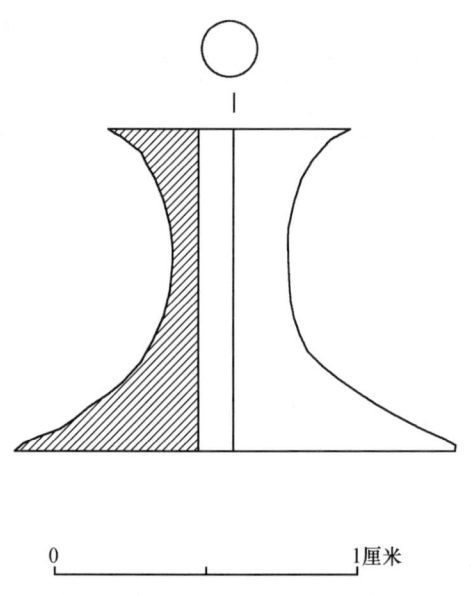

图三〇三　M150出土骨器（M150:3）

M151

位置　　位于ⅡT0604 北部，其北为 M152。

层位关系　　①→M151→生土。

墓向　　264°。

形制与结构　　长方形竖穴土坑墓，东壁内斜，其余三壁较直，平底。墓口长 220、墓底长 214、宽 76~88、墓深 76 厘米（图三〇四）。

填土为黄褐色花土，土质疏松，无包含物。

葬具　　一棺。长 160、宽 40、残高 8、板厚 0.3 厘米。

人骨　　1 具。仰身直肢，头向西。性别、年龄不详。

随葬器物　　陶器 2 件，置于墓主腹部，计陶钵 1 件，罐 1 件。

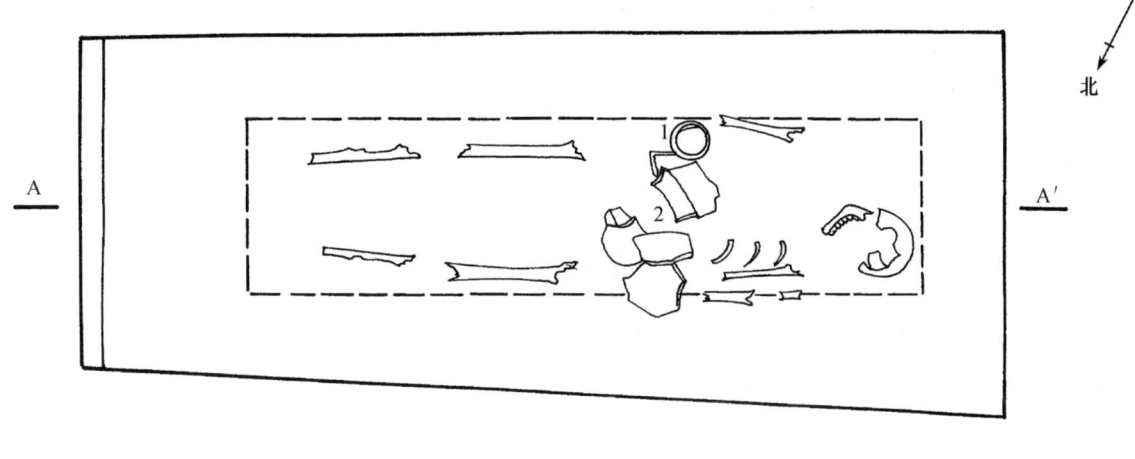

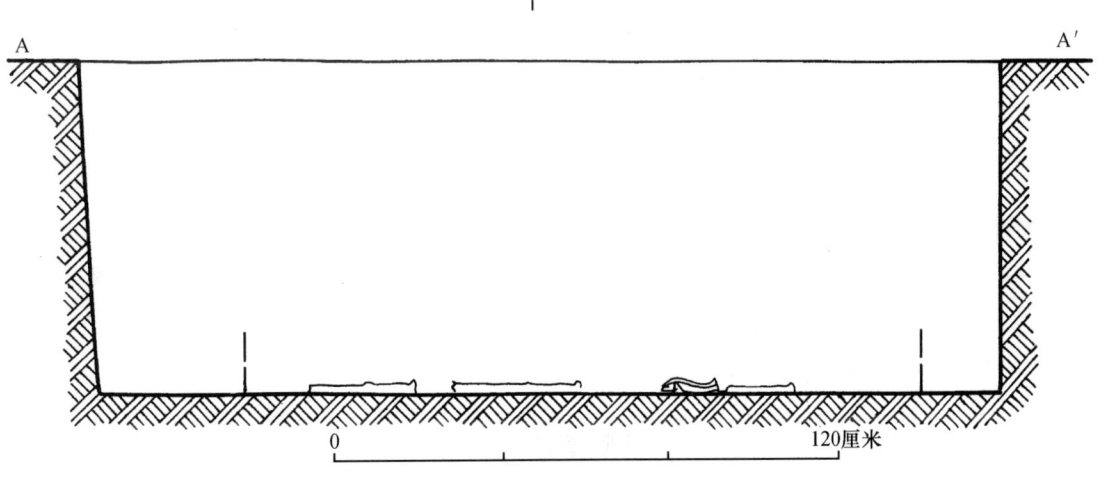

图三〇四　M151 平、剖面及遗物分布图
1. 陶钵　2. 陶罐

陶罐　1件。M151:2，泥质灰陶。小直口，圆鼓腹，下腹弧内收，平底微内凹。肩部饰一周纵向绳纹。通高13.3、口径10.5、腹径18.8、底径8.9厘米（图三〇五，1；图版八四，3）。

陶钵　1件。M151:1，泥质灰黄陶。敛口，折腹，平底。通高3.1、口径10.4、腹径11.2、底径4.4厘米（图三〇五，2；图版八四，4）。

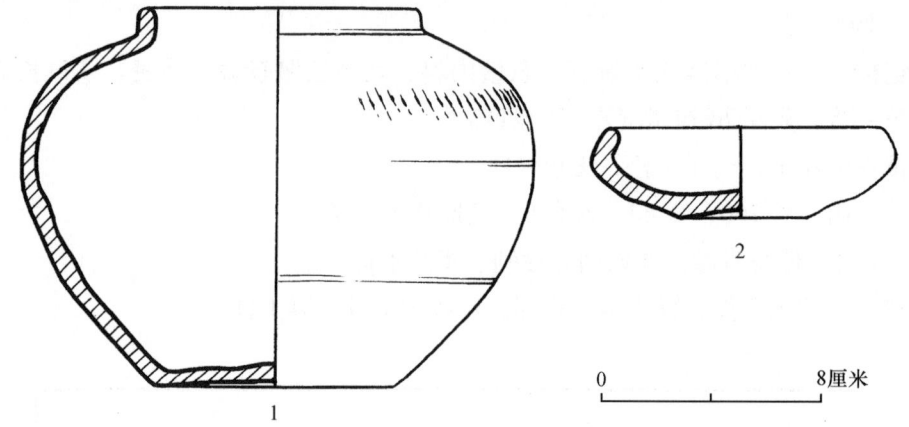

图三〇五　M151出土陶器
1. 罐（M151:2）　2. 钵（M151:1）

M152

位置　位于ⅡT0604北部，其南为M151。

层位关系　①→M152→生土。

墓向　264°。

形制与结构　长方形竖穴土坑墓，直壁平底。长278～282、宽74～79、墓深70厘米（图三〇六）。

填土为黄褐色花土，土质疏松，无包含物。

葬具　不详。

人骨　1具。仰身直肢，头向西。性别、年龄不详。

随葬器物　仅1件陶双耳罐，置于墓主头端。

陶双耳罐　1件。M152:1，泥质灰陶。斜折沿，方唇，束颈，肩附对称双耳，球形圆鼓腹，平底。颈以下至中下腹饰弦断绳纹，下腹近底处饰横绳纹。通高23.9、口径13.2、腹径23.8厘米（图三〇七；图版七七，6）。

M153

位置　位于ⅡT0606中东部，其西、北、东、南分别有M155、M157、M159、M196、M197、M46（M202）。

层位关系　①→M153→生土。

第三章 汉代遗存

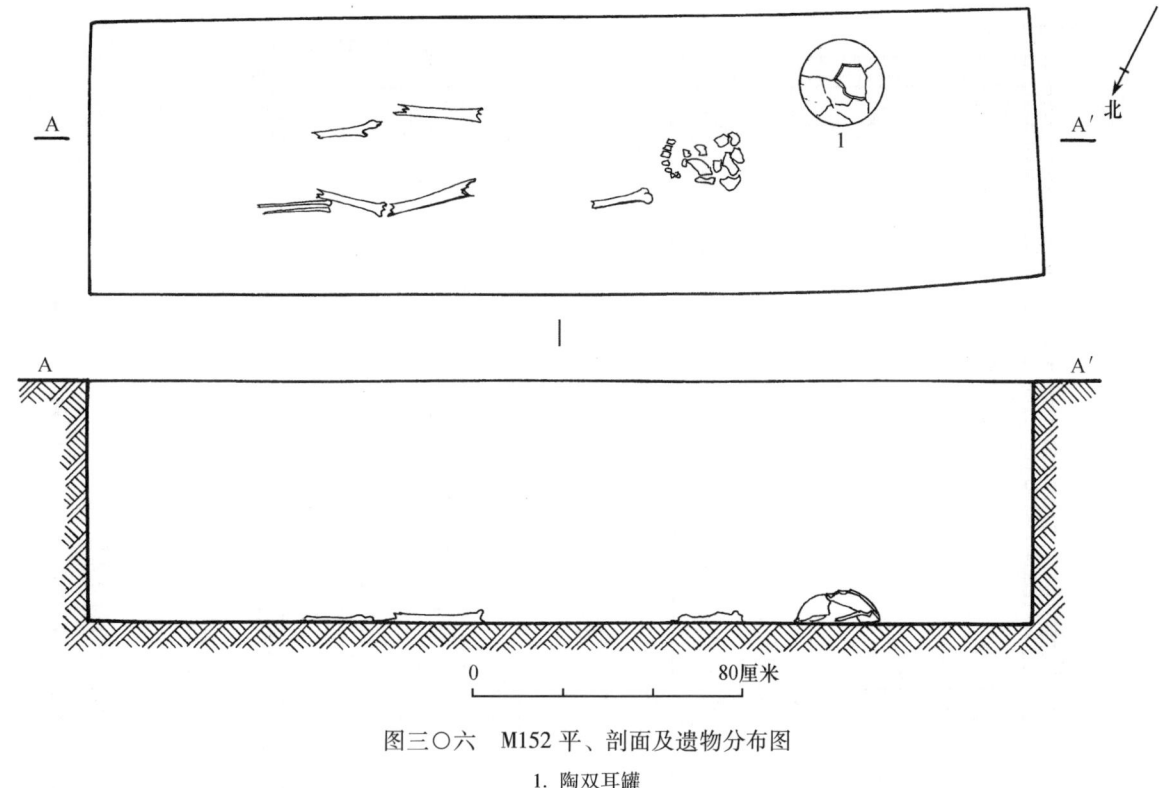

图三〇六　M152 平、剖面及遗物分布图
1. 陶双耳罐

墓向　262°（以墓道方向为准）。

形制与结构　砖室墓，由单斜坡墓道、甬道和墓室组成，通长 608 厘米。墓道位于甬道之西，斜坡式，上口长 230~236、宽 116~120 厘米；底坡长 240、深 32~104 厘米。

甬道位于墓室西壁偏南，长 124、宽 76、深 100 厘米。其南壁与墓室南壁相连，底部铺砖，与墓室同底。壁以砖砌。西侧近墓道处以砖横置错缝平砌封门，残高 52 厘米。封门中部下端留一小口，宽 30、高 24 厘米，不知何用。

墓室长 248、宽 150、深 100 厘米。顶已不存，墓壁用砖砌，砌法为先以砖错缝平铺三层，再垂直于墓壁顺置一层，交错垒砌，残高 80 厘米。底砖保存较完整，南、北交错呈大"人"字缝平铺（图三〇八；彩版八，4）。墓砖长 27、宽 13、厚 4 厘米。

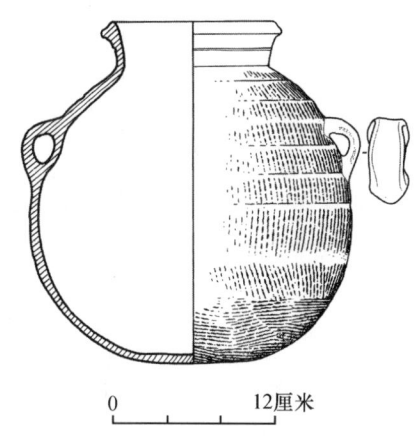

图三〇七　M152 出土陶双耳罐（M152:1）

填土为黄褐色花土，土质疏松，无包含物。

葬具　仅发现数枚棺钉。

人骨　2 具。保存状况极差，北侧骨架存部分四肢骨和头骨残片，南侧骨架仅存部分下肢骨。头均向东，葬式不辨。性别、年龄不详。

随葬器物　共 11 件，有陶器、铜镜、铜钱。陶器多在脚端，铜镜在北侧人骨股骨处，铜钱散布于人骨附近。

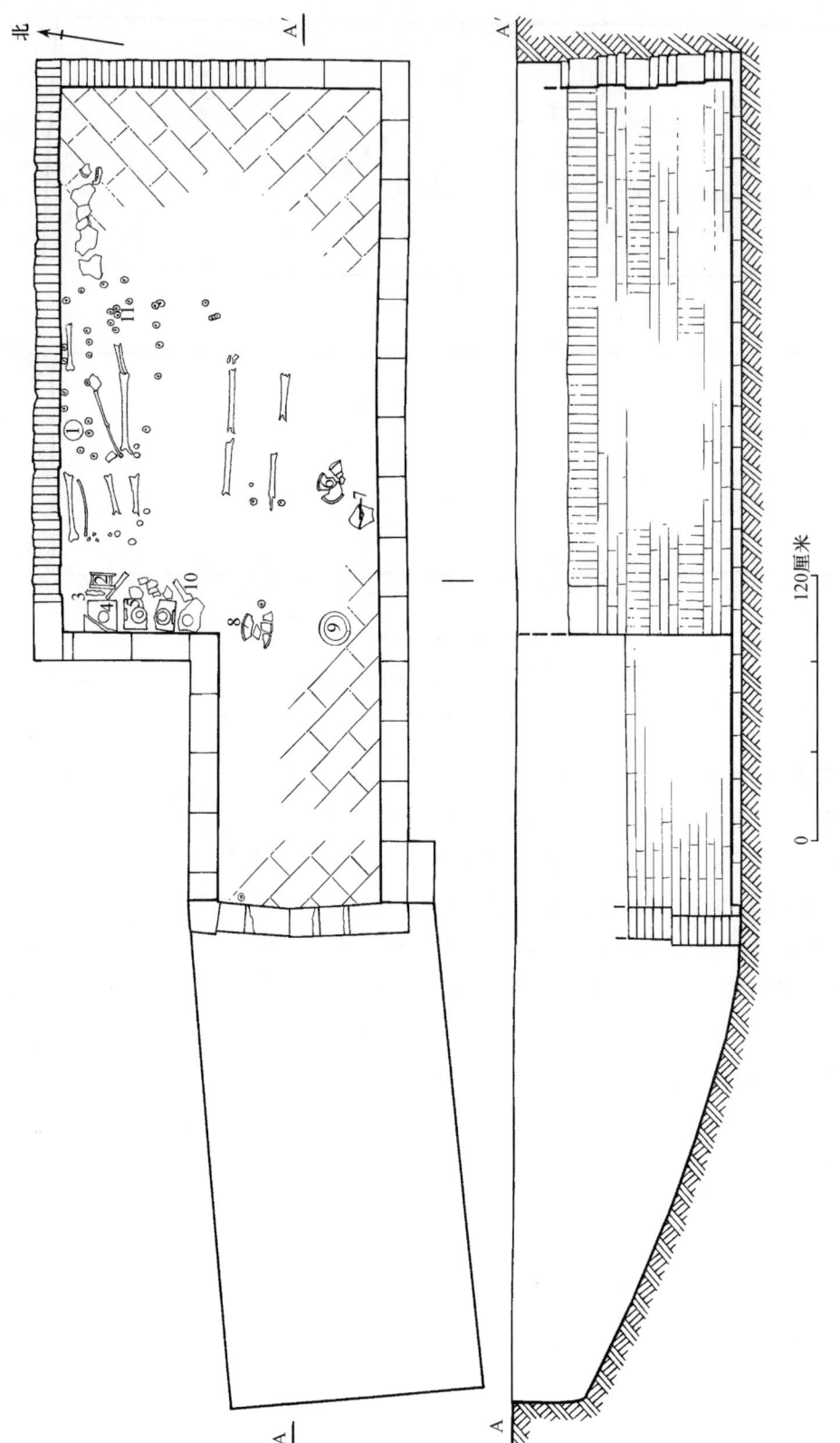

图三〇八 M153 平、剖面及遗物分布图
1. 铜镜 2. 陶舂 3. 陶鸡 4. 陶磨 5. 陶灶 6、8. 陶钵 7. 陶壶 9. 陶瓷 10. 陶狗 11. 铜钱

陶钵　2件。M153：6，泥质灰陶。敞口，圆唇，弧腹内收，圆饼状假圈足。通高8.3、口径18.9、底径10.4、足高0.4厘米（图三〇九，2；图版八八，4）。M153：8，泥质灰陶。口微敞，弧腹，下腹斜内收，凹圜底。通高6.2、口径16.2、底径8.7厘米（图三〇九，6；图版八八，5）。

陶壶　1件。M153：7，泥质灰陶。上部残，仅余下腹及底，下腹弧曲内收，平底微凹。中腹饰弦断绳纹。残高12.6、底径9.4厘米（图三〇九，8；图版八八，6）。

陶灶　1件。M153：5，泥质红陶。呈长方体，直壁，上下等大，前后侧中部均有长方形挡火板，前侧壁有长方形灶门，后侧有柱状烟囱，烟道不通。灶面有两个等大的火眼，灶、釜连体，两釜形制大小相同，均短颈、折腹、尖圜底。釜上置两甑，甑底无孔。灶通高11.2、长22.8、宽12厘米（图三〇九，1；图版八九，1）。

陶磨　1件。M153：4，泥质灰陶。上扇表面中央有两个相对的半月形槽，一侧有一手柄；下扇隆起，略高出磨盘。磨盘为方体，壁略外敞，下扇腹壁与盘体相连，腹中空。盘壁四面有半圆形拱门。通高10.4、边长13.8厘米（图三〇九，5；图版八九，2）。

陶奁　1件。M153：9，泥质红陶。敛口，斜直腹，凹圜底。通高6.1、口径13.2、底径14.2厘米（图三〇九，7；图版八九，3）。

陶舂　1件。M153：2，未能修复。

陶鸡　1件。M153：3，泥质红陶。矮冠，短尾上翘，腹中空，圈足。长10、高8.2厘米（图三〇九，3；图版八九，4）。

陶狗　1件。M153：10，泥质红陶。仅余头部。昂首，双耳竖立，眼圆瞪，颈上有圈。残高14.1厘米（图三〇九，4；图版八九，5）。

铜镜　1件。M153：1，圆形，镜面微凸，三角缘。圆纽，纽外为龙虎纹，再外为铭文"□（青?）羊作竟自有纪"，铭文外为一周短线纹和一周锯齿纹。直径8厘米（图三三二，2；图三三三，2；彩版九，2；图版八九，6）。

铜钱　196枚。编号为M153：11，钱文可辨者均为"五铢"，郭径在1.8~2.57厘米之间（图三三七，1~10）。

M155

位置　位于ⅡT0606和ⅡT0607之间，其东为M153。

层位关系　①→M154→M155→生土。

墓向　169°。

形制与结构　长方形双室砖墓，由单斜坡墓道、双甬道和双墓室组成，通长760厘米。斜坡墓道位于甬道南，上口长380~390、宽220~260厘米；底长380、宽292厘米；深28~110厘米。

甬道位于墓室南，与墓室同宽，长126厘米。中有南北向隔墙，将甬道分为东、西两部分。东、西均宽100、深110厘米。隔墙南端有一缺口，宽36厘米。甬道东、西砖壁和隔墙都是墓室

图三〇九 M153 出土陶器
1. 灶（M153:5） 2、6. 钵（M153:6、M153:8） 3. 鸡（M153:3） 4. 狗（M153:10） 5. 磨（M153:4）
7. 盒（M153:9） 8. 壶（M153:7）

的延伸，惟其底部较墓室底部低约 30 厘米。底部残余有斜向平铺的砖。从两甬道南、北端残余的砖看，两端可能都有封门。

墓室总体呈长方形，东、西、北壁为横砖错缝平铺砌成，东、西壁残余 1~7 层不等，北壁残存较少。墓室中部以砖纵横交错砌出一道隔墙，将墓室分为东、西两室。两室形制、大小相同，均长 240、宽 100、深 80 厘米。墓底近东、西壁和隔墙处，残存有斜向平铺的砖，推测底砖为"人"字缝平铺（图三一〇）。墓砖长 30、宽 15、厚 5 厘米。

填土为黄褐色花土，土质疏松，无包含物。

葬具　不详。

人骨　不详。

随葬器物　盗扰严重，仅在填土中发现一些褐陶片，可辨器形有灶、仓。

铜钱　7 枚。编号为 M155:1，锈蚀，钱文可辨者 2 枚，均为"五铢"，郭径分别为 2.53、2.58 厘米（图三三九，4、5）。

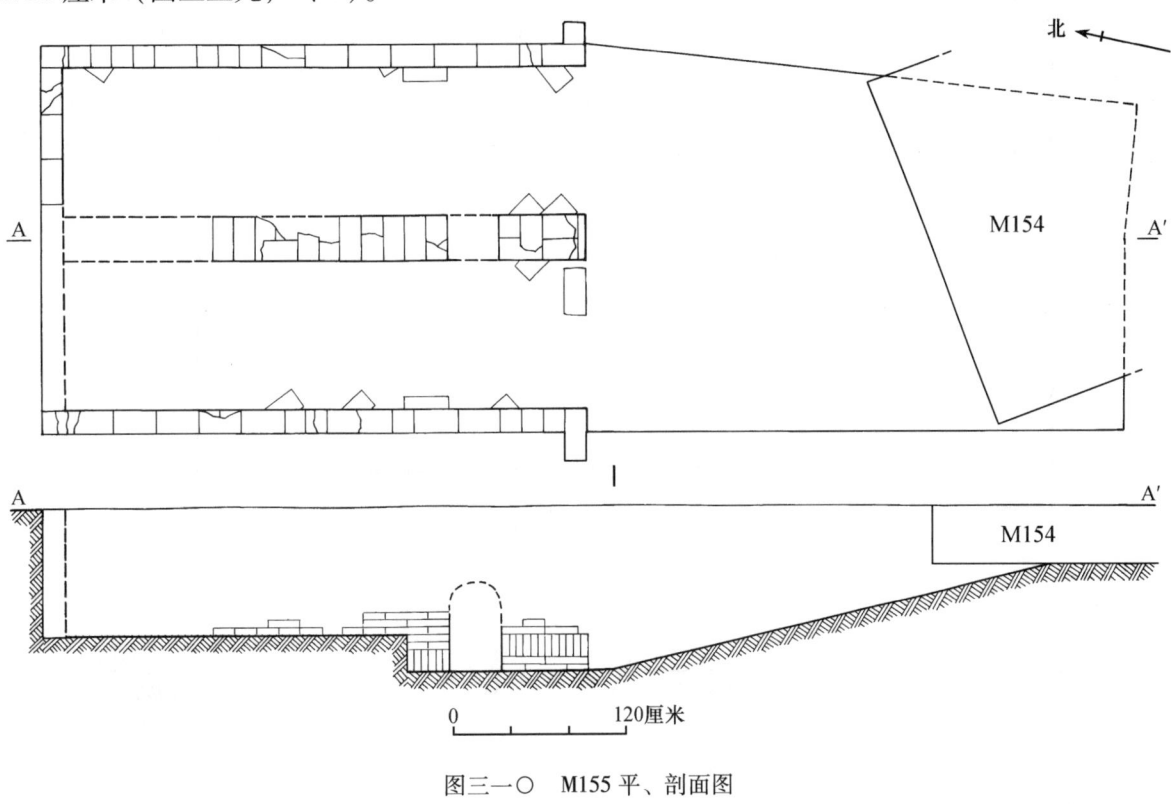

图三一〇　M155 平、剖面图

M156

位置　位于ⅡT0607 北部，部分向北进入ⅡT0608。其南有 M155、M153、M157。

层位关系　①→M156→生土。

墓向　250°。

形制与结构　　长方形砖室墓，四壁较直，中部略内倾，平底。长336～340、宽218～224、深66厘米。南壁西部残余有一段壁砖，砌法大致是先以砖错缝平铺三层，再侧置铺一层，交错进行。底砖仅存中部偏南一部分，以"人"字缝铺砌（图三一一）。砖长30、宽15、厚5厘米。填土为黄褐色花土，土质疏松，无包含物。

葬具　　不详。

人骨　　不详。

随葬器物　　盗扰严重，未见随葬品。

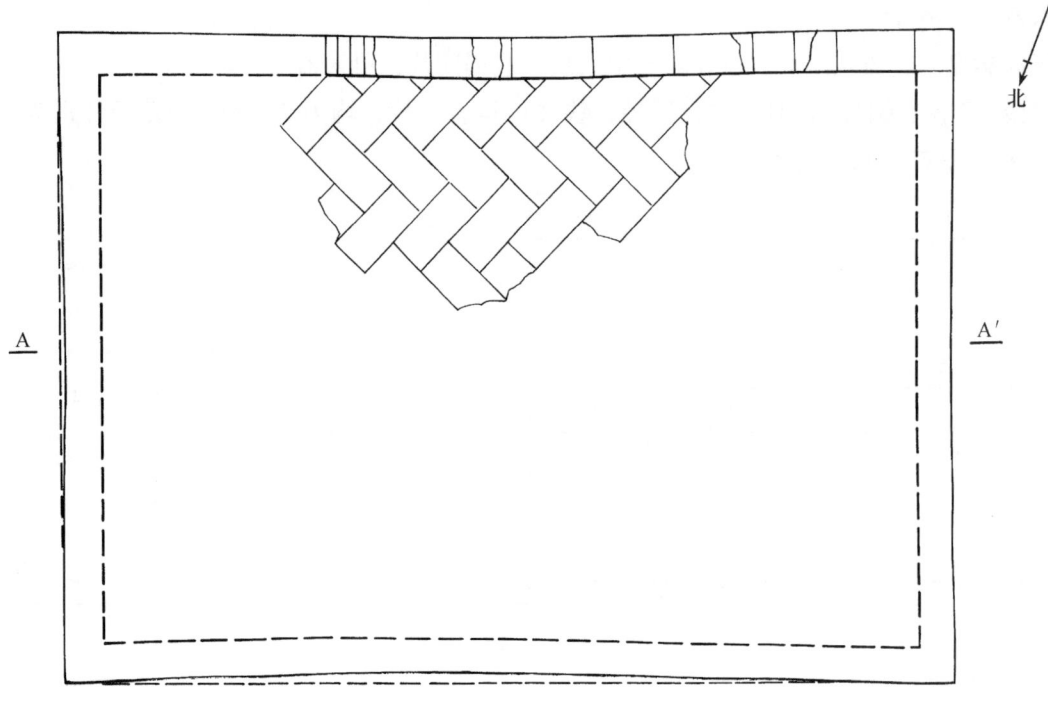

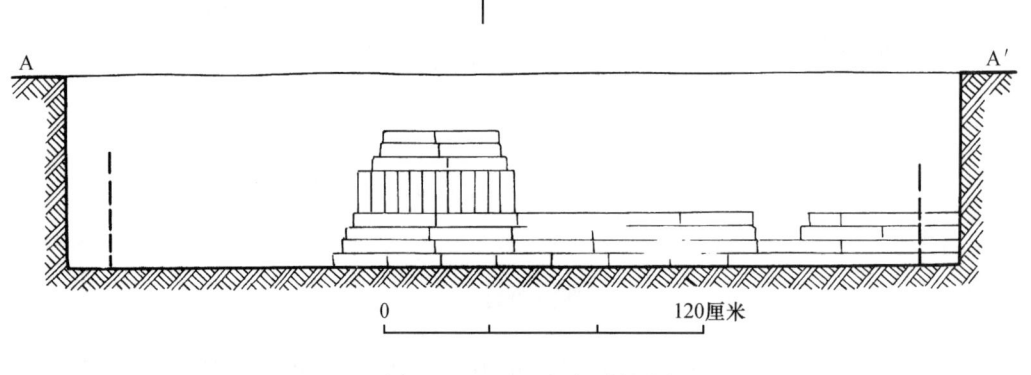

图三一一　M156平、剖面图

M157

位置 位于ⅡT0507中部偏西，部分向西进入ⅡT0607。其西北、东、东南、西南分别有M156、M161、M159、M196、M197、M153、M155。

层位关系 ①→M157→生土。

墓向 94°。

形制与结构 带双斜坡墓道的长方形三室砖墓，通长830厘米。墓道位于前室东侧，根据底坡深度和坡度的差异分为南、北两条。北墓道坡缓；南墓道东段坡陡，西段长约186厘米的部分近水平，且与前室底部同深。两墓道上口长均为436、深均在14~100厘米间。北墓道宽124~130、底坡长445厘米；南墓道宽86~120、底坡长450厘米。

根据墓室底部深度的差异，可以把墓室分为前、后两部分，再根据墙槽痕迹又可把墓室后部分为南、北两室。其中前室长124、宽200、深100厘米；北室长234、宽72、深80厘米；南室长234、宽72、深80厘米。墓室经过严重扰乱，墓砖已基本不存。前室南、北壁东端近墓道处残余少量砖，错缝平铺，应为壁砖及封门的残余。砖长34、宽16、厚5厘米。墓室后部贴壁处有槽，其中西壁下槽的剖面呈方形，宽16、深8厘米。南、北壁下槽的剖面呈倒梯形，上口宽22、底宽16、深16厘米。南、北室之间隔墙墙槽的剖面也呈倒梯形，上口宽44、底宽32、深16厘米（图三一二）。

填土为灰黄色花土，土质疏松，无包含物。

葬具 不详。

人骨 不详。

随葬器物 盗扰严重，仅在填土中发现有少量泥质红陶，可辨器形有灶、猪圈、仓等。另有铜钱3枚。

铜钱 3枚。编号为M157:1，锈蚀，其中1枚为"五铢"，郭径2.6厘米（图三三九，6）。

M159（暨M196）

位置 两墓皆位于ⅡT0506东北，向东进入ⅡT0406。M159在南，M196在北，北、东北、东南、西南和西侧分别有M157、M161、M201、M37、M39、M46、M153。

层位关系 ①→M42→M159→M197→生土，①→M196→生土。

墓向 84°。

形制与结构 M159和M196南北并列，方向相同，且有部分墓砖相互连接，应有密切关联，故放在一起介绍（图三一三）。

M159由斜坡墓道、墓室和边箱构成，通长680厘米。墓道位于墓室和边箱之东，上口长398、宽172~184厘米；底坡长410、深6~80厘米。

墓室长218、宽90、深80厘米，顶已不存。南、北、西壁以平砖错缝铺砌，残存1~4层不等。底砖仅南壁下东段残存少量，砌法为东西向平铺。墓室东端以砖交错铺砌封门，残存

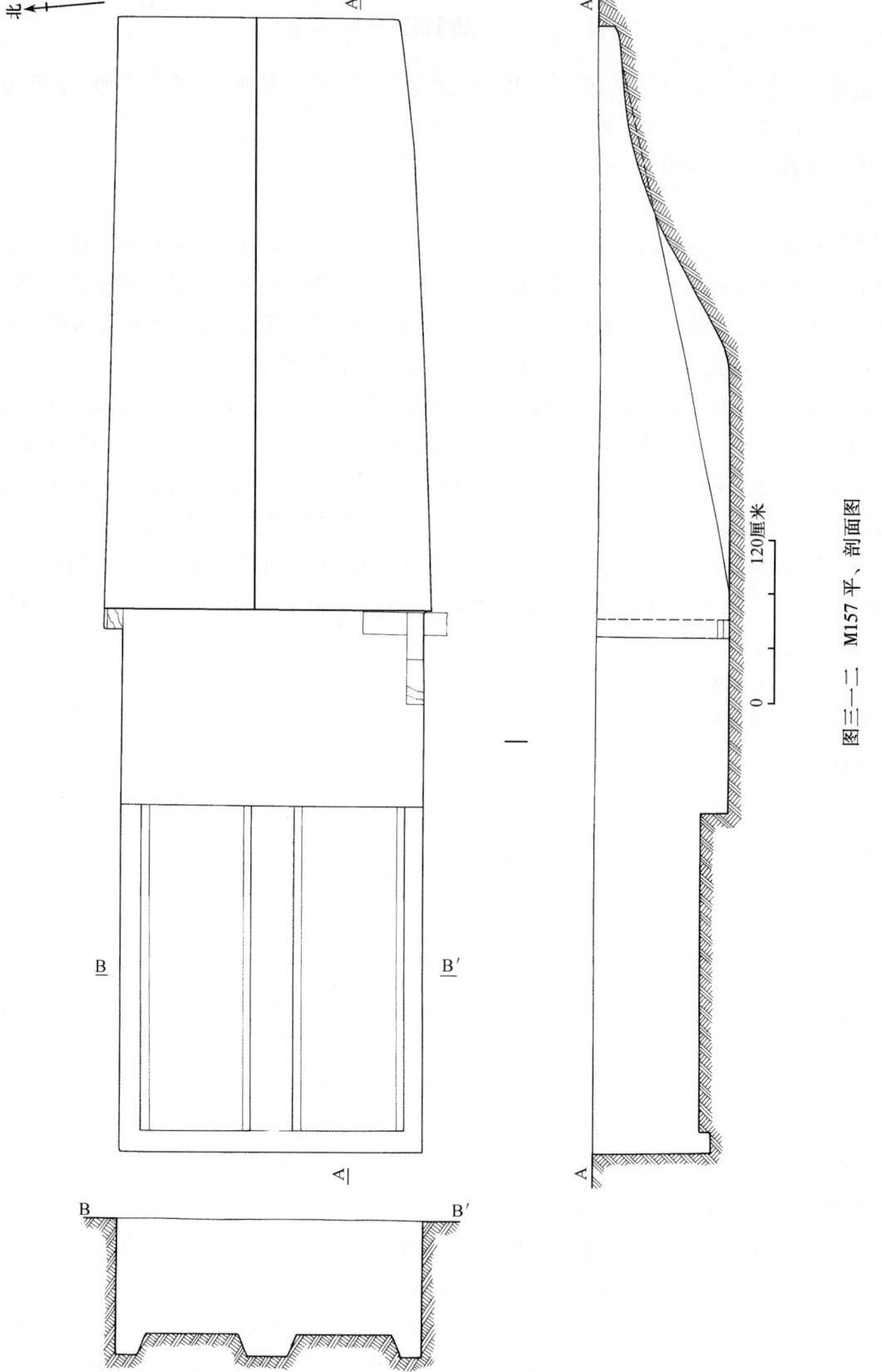

图三二二 M157 平、剖面图

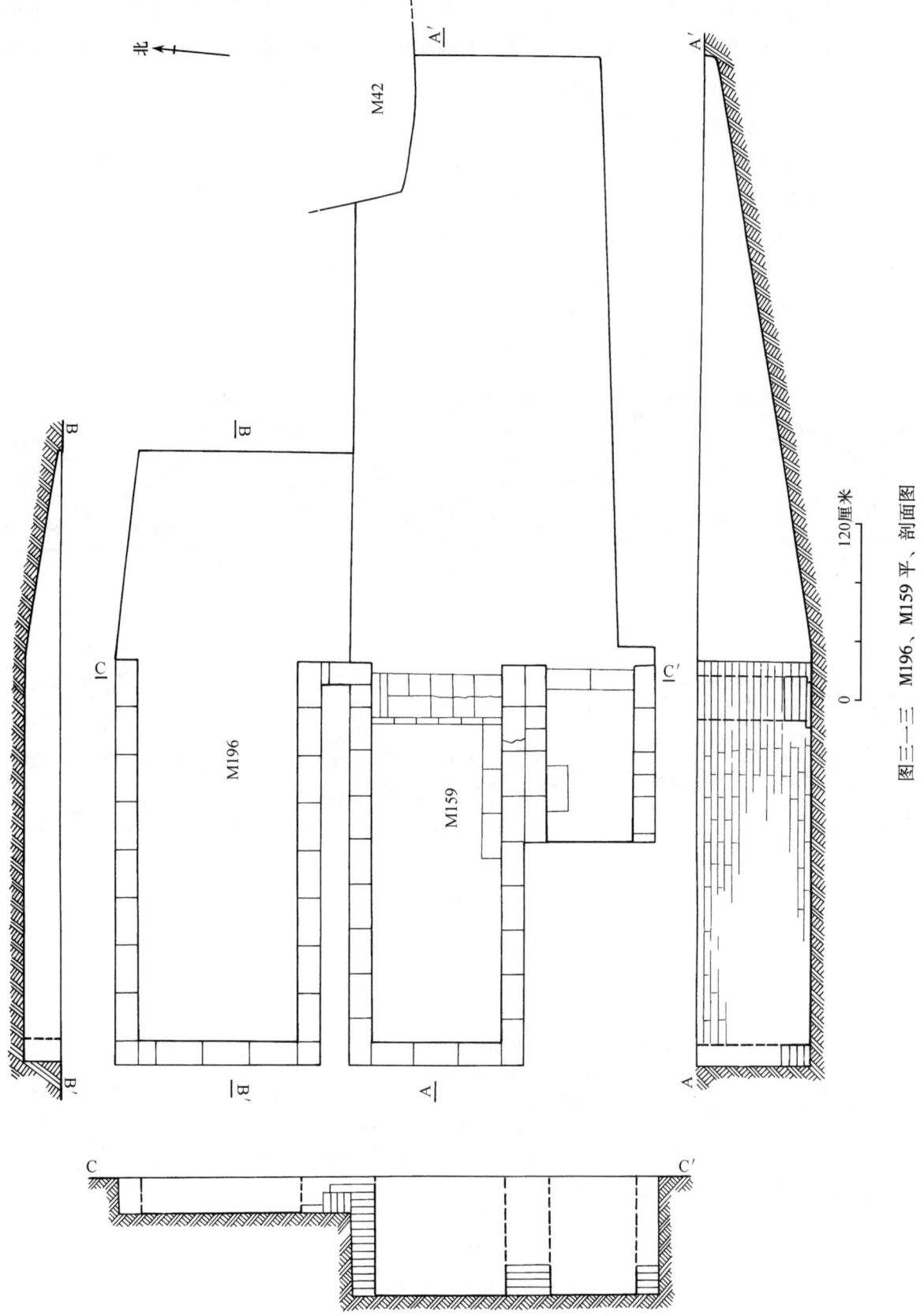

图三一三 M196、M159 平、剖面图

3、4层。边箱位于南墓室东南,顶已不存,长102、宽60厘米,直壁平底,壁以平砖错缝砌成,仅存4层。底砖残余一块,东西向平铺。东端亦用砖南北向平铺封门。残存2、3层。墓砖均为深蓝色,长30、宽15、厚5厘米。

填土为黄褐色花土,土质疏松,含残砖块。

M196是带有斜坡墓道的砖室墓,通长412厘米。墓道位于墓室东部,上口长141、宽147~160厘米;底坡长144、深4~24厘米。

墓室长256、宽110、深24厘米。墓顶已不存,南、北、西壁以平砖铺砌,仅存一层。底部未见铺砖。亦未见封门。墓砖均为浅蓝色,长32、宽15、厚5厘米。砖上有建筑类纹饰,侧面饰双菱形纹及阙、房屋等图案(图三一四至图三二一)。

填土为黄褐色花土,土质疏松,含残砖块。

图三一四　M159、M196墓砖拓片

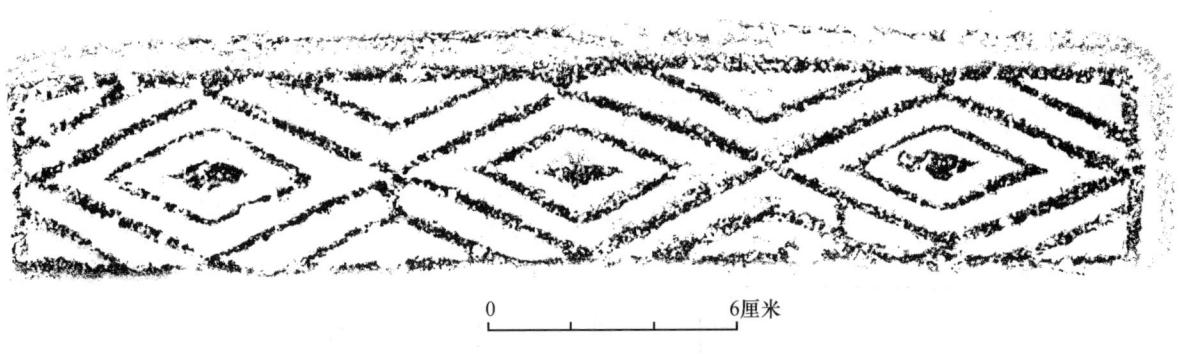

图三一五　M196墓砖纹饰拓片

葬具　　不详。

人骨　　不详。

随葬器物　　盗扰严重，仅在填土中发现一些陶片，可辨认器形有罐、仓盖。

图三一六　M196 墓砖纹饰拓片

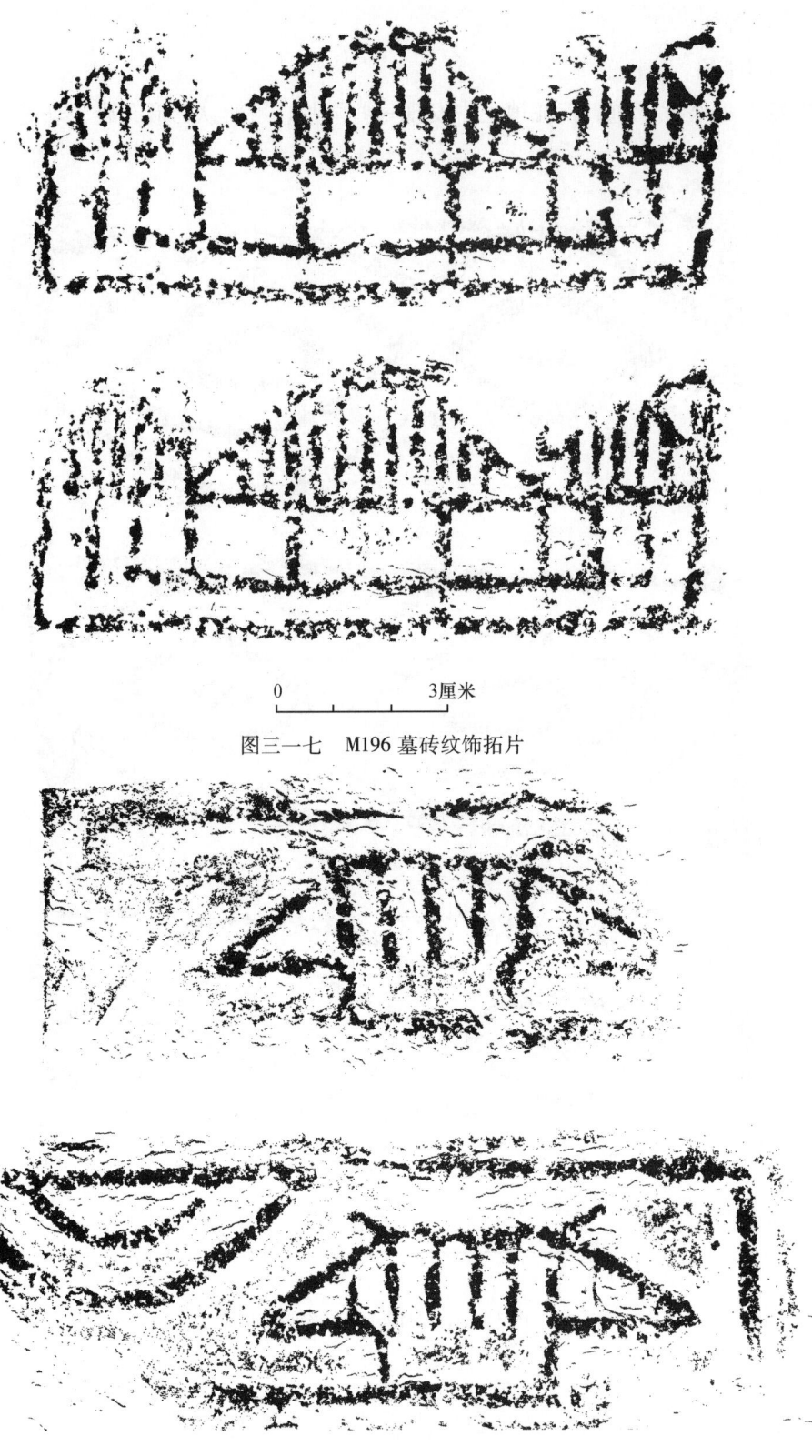

0　　　3厘米

图三一七　M196墓砖纹饰拓片

0　　　3厘米

图三一八　M196墓砖纹饰拓片

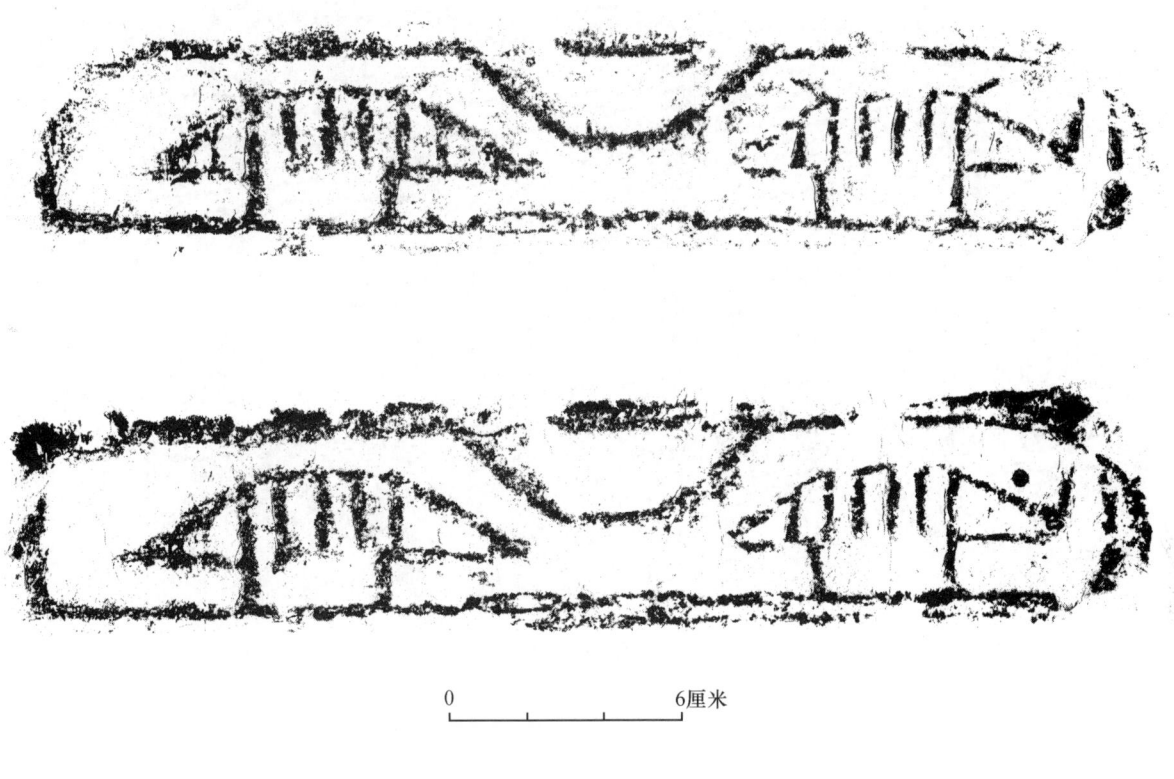

图三一九　M196 墓砖纹饰拓片

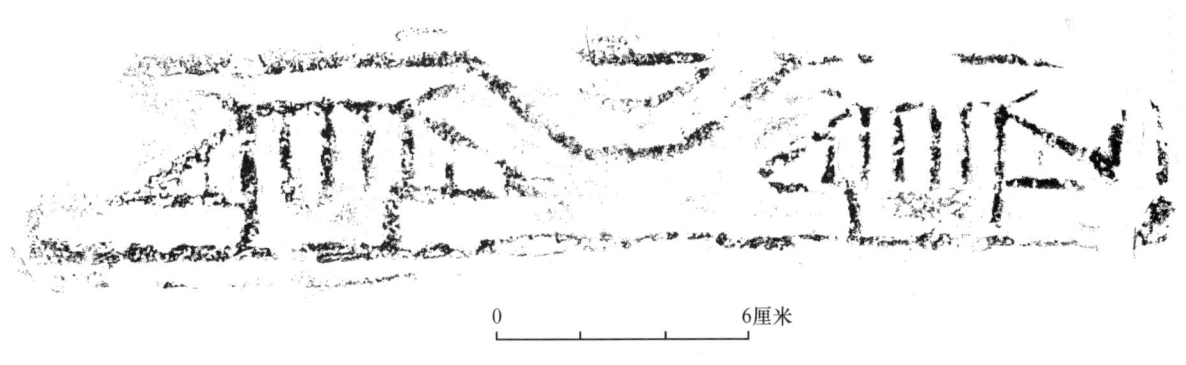

图三二○　M196 墓砖纹饰拓片

M161

位置　　位于ⅡT0407 西北部，其西、东侧分别为 M157、M201。

层位关系　　①→M161→生土。

墓向　　352°。

形制与结构　　带斜坡墓道的长方形砖室墓，通长 694 厘米。墓道位于墓室北，斜坡式，上口长 326、宽 120~123 厘米；坡长约 340、深 13~86 厘米。

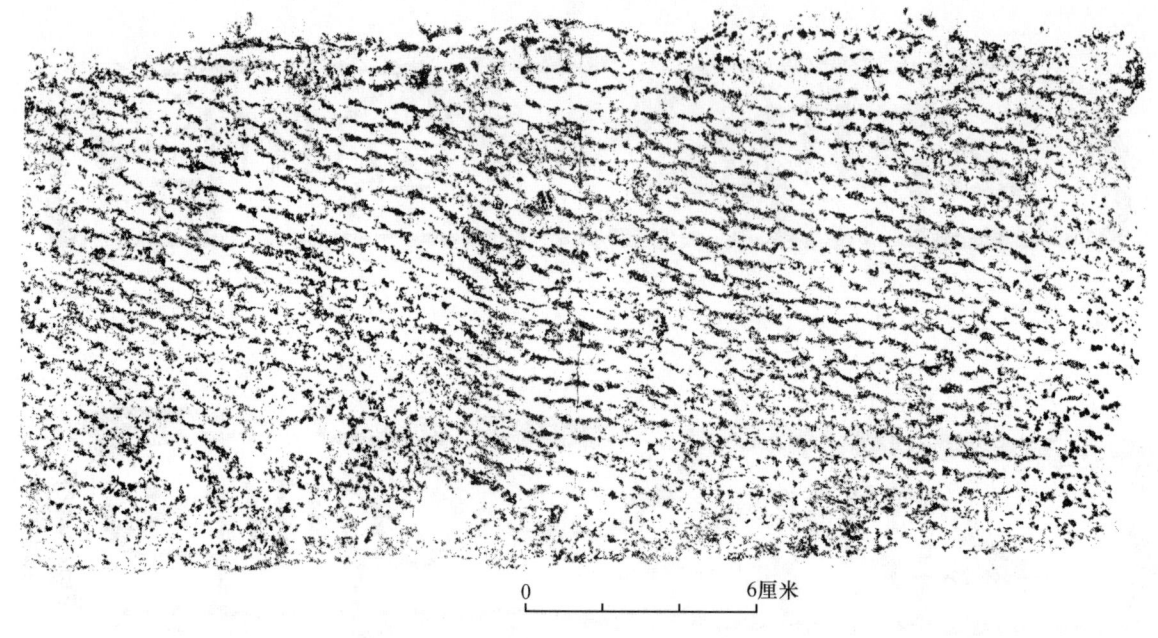

图三二一　M196 墓砖纹饰拓片

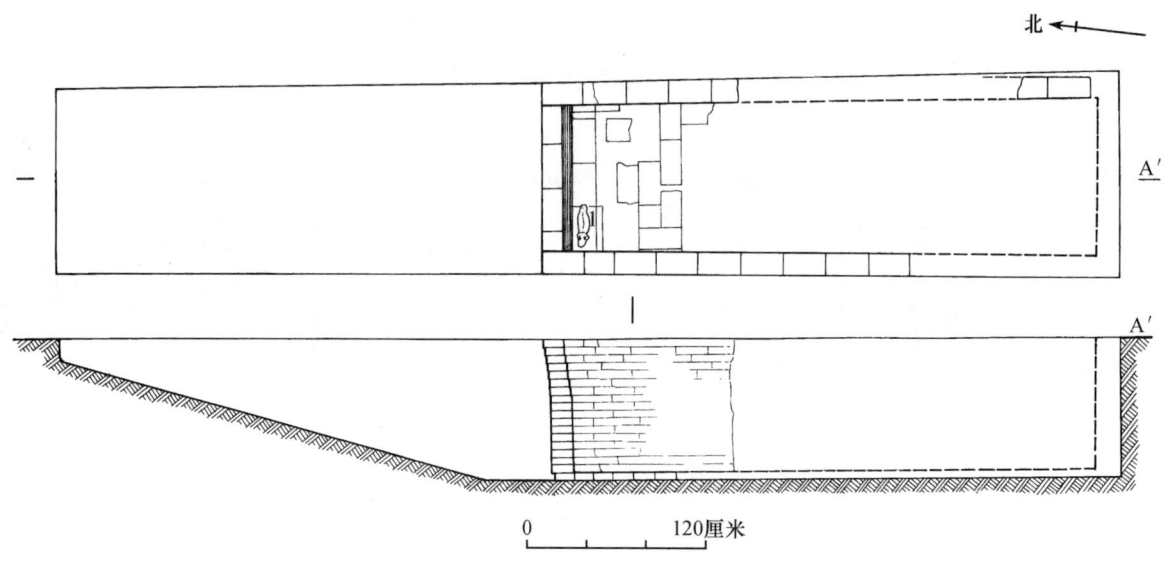

图三二二　M161 平、剖面及遗物分布图
1. 陶狗

墓室平面近长方形，直壁平底，南端稍宽于北段，口部长 368、底部长 362、宽 94～100、墓深 86 厘米。壁以平砖错缝铺砌，北部保存较多。东、西壁在距墓室底部 60 厘米处起券，券顶残。墓室北部残存少量铺底砖，主要以东西向错缝平铺。北端以平砖错缝铺砌封门（图三二二）。墓砖长 28、宽 14、厚 5 厘米。

填土为黄褐色花土，土质疏松，无包含物。

葬具 不详。

人骨 不详。

随葬器物 墓葬破坏较严重，仅在墓室内西北角发现陶狗1件。此外还有一些碎陶片，可辨器形有仓。

陶狗 1件。M161:1，泥质灰陶。卧式，昂首侧望，两耳竖立，眼圆瞪，嘴微张，尾侧卷，腹中空。通高17.2、长24.4厘米（图三二三；图版八三，6）。

M192

位置 位于ⅠT0105中部偏东，西南为M193。

层位关系 ①→M192→生土。

墓向 174°。

形制与结构 长方形竖穴土坑墓，直壁平底。长216、宽68～70、墓深28厘米（图三二四）。

填土为黄褐色花土，土质疏松，无包含物。

葬具 不详。

人骨 不详。

图三二三 M161出土陶狗（M161:1）

随葬器物 墓室南部发现有铜镜1枚，铜钱5枚，并有漆器痕迹。

铜镜 1枚。M192:1，四鸟博局纹镜。圆形，镜面微凸。圆纽，四叶纹纽座，四叶间有四组短线纹，每组三条。纽座外为双线大方格。博局将内区分为四部分，每部分内各有一凤鸟纹，其外为短斜线纹带。宽平缘上饰卷云纹。直径11.3厘米。（图三三四、图三三五；图版八五，3）

铜钱 5枚。编号为M192:2，锈蚀严重。

M193

位置 位于ⅠT0105南部，其东北为M192。

层位关系 ①→M193→M194→生土。

墓向 357°。

形制与结构 长方形竖穴土坑墓，直壁平底。长250、宽80、深44厘米（图三二五）。

填土为黄褐色花土，土质疏松，无包含物。

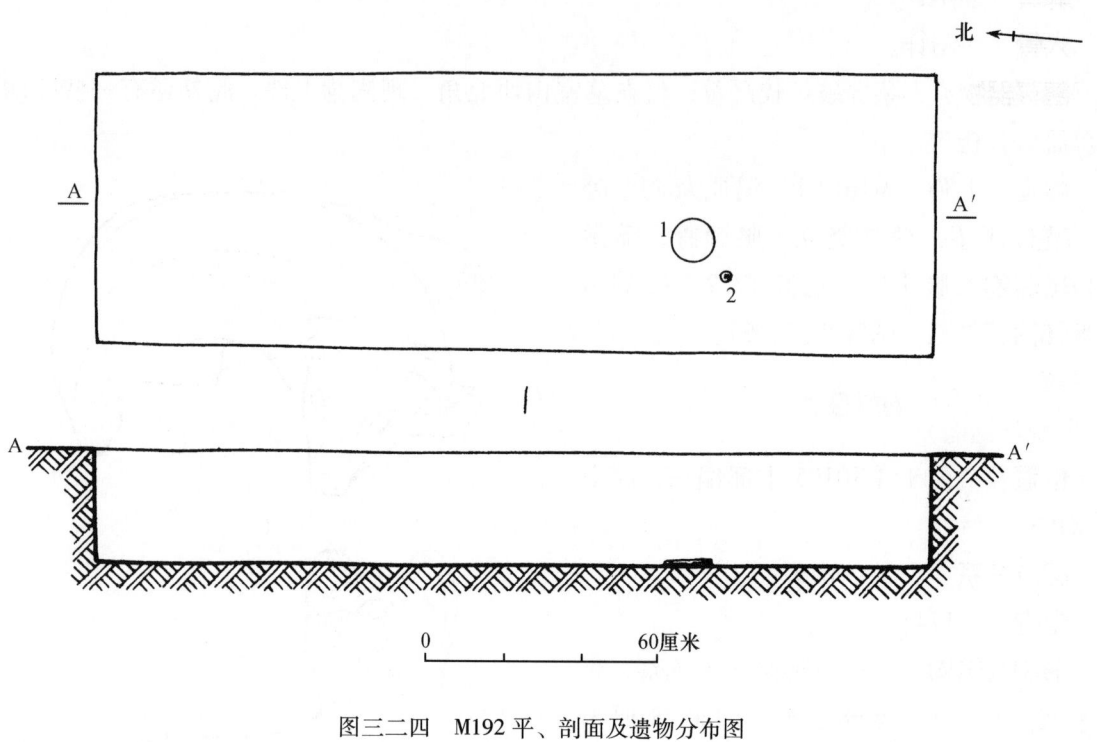

图三二四　M192 平、剖面及遗物分布图
1. 铜镜　2. 铜钱

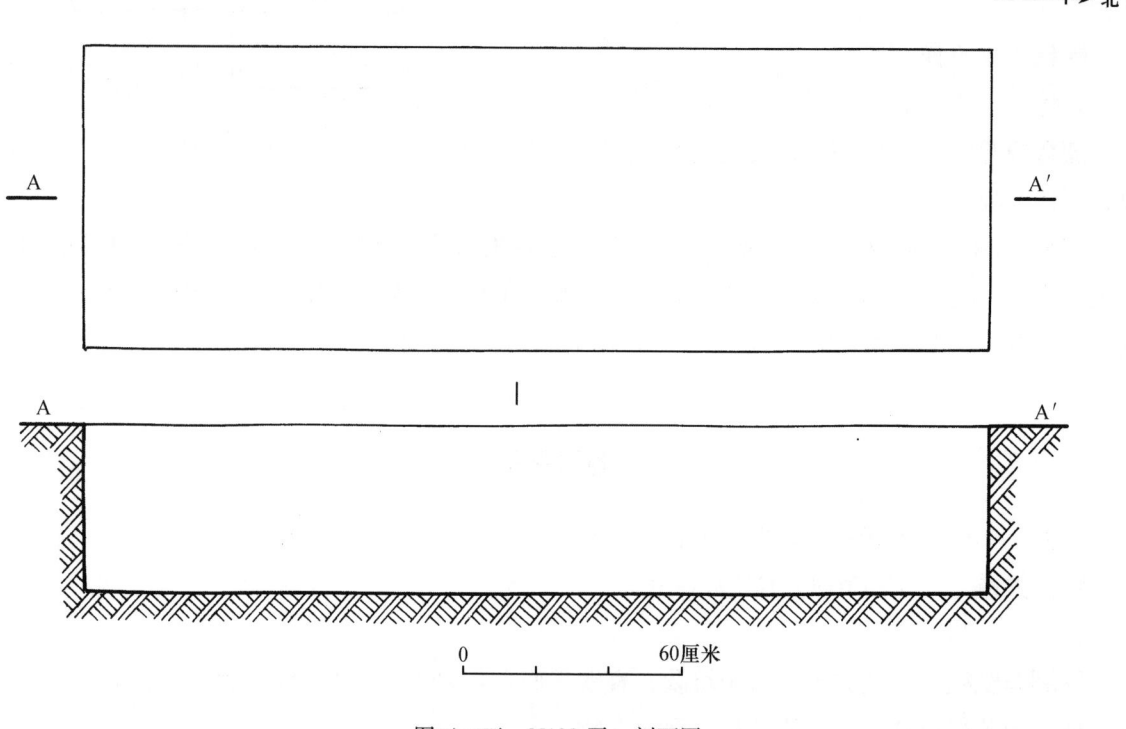

图三二五　M193 平、剖面图

葬具 不详。

人骨 不详。

随葬器物 被盗扰，未见随葬品。

M197

位置 位于ⅡT0506中部，其北、东、南、西分别为M157、M159、M196、M39、M46（M202）、M153。

层位关系 ①→M42→M159→M197→生土。

墓向 264°。

形制与结构 长方形竖穴土坑墓，直壁平底。东端为M159打破，残长220、宽112、深12厘米（图三二六）。

填土为黄褐色花土，土质疏松，无包含物。

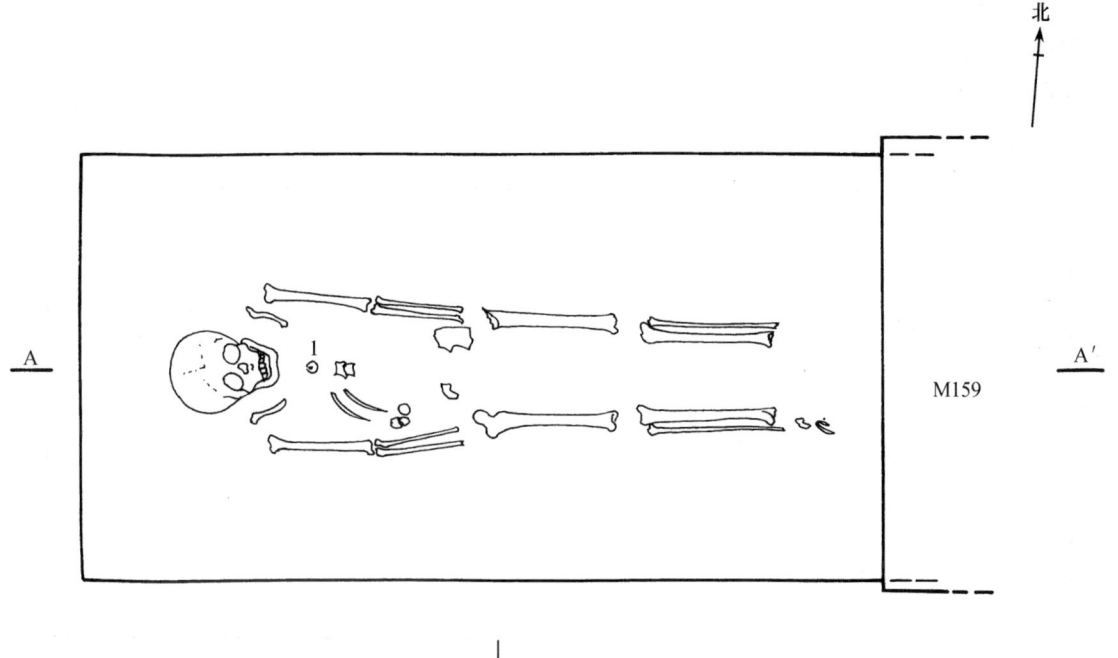

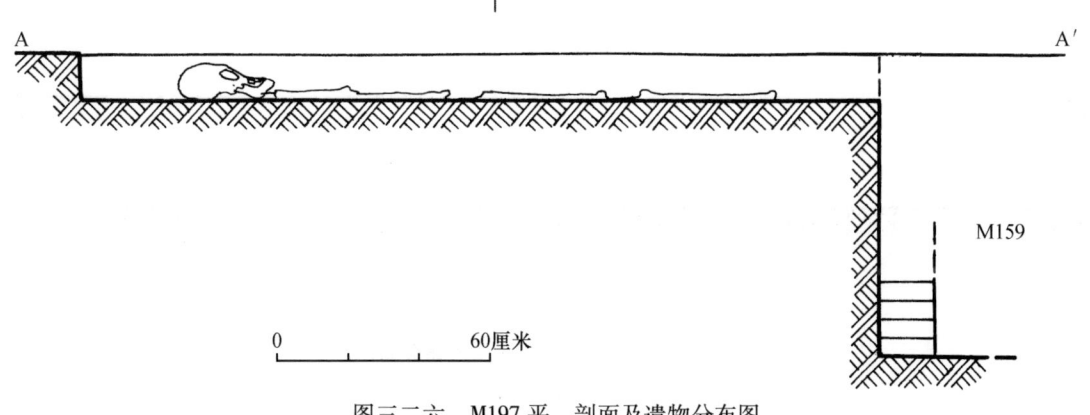

图三二六 M197平、剖面及遗物分布图

1. 铜钱

葬具 不详。

人骨 1具。保存较差。仰身直肢,头向西,面向上。性别、年龄不详。

随葬器物 仅在胸腹部发现数枚铜钱。

铜钱 27枚。编号为M197:1,锈蚀,钱文可辨者5枚,均"五铢",郭径在1.35~2.57厘米之间(图三三六,6~8)。

M198

位置 位于ⅡT0106西南部。

层位关系 ①→M198→生土。

墓向 356°。

形制与结构 长方形竖穴土坑墓,直壁平底。长310、宽132、深32厘米(图三二七)。填土为黄褐色花土,土质疏松,无包含物。

葬具 不详。

人骨 不详。

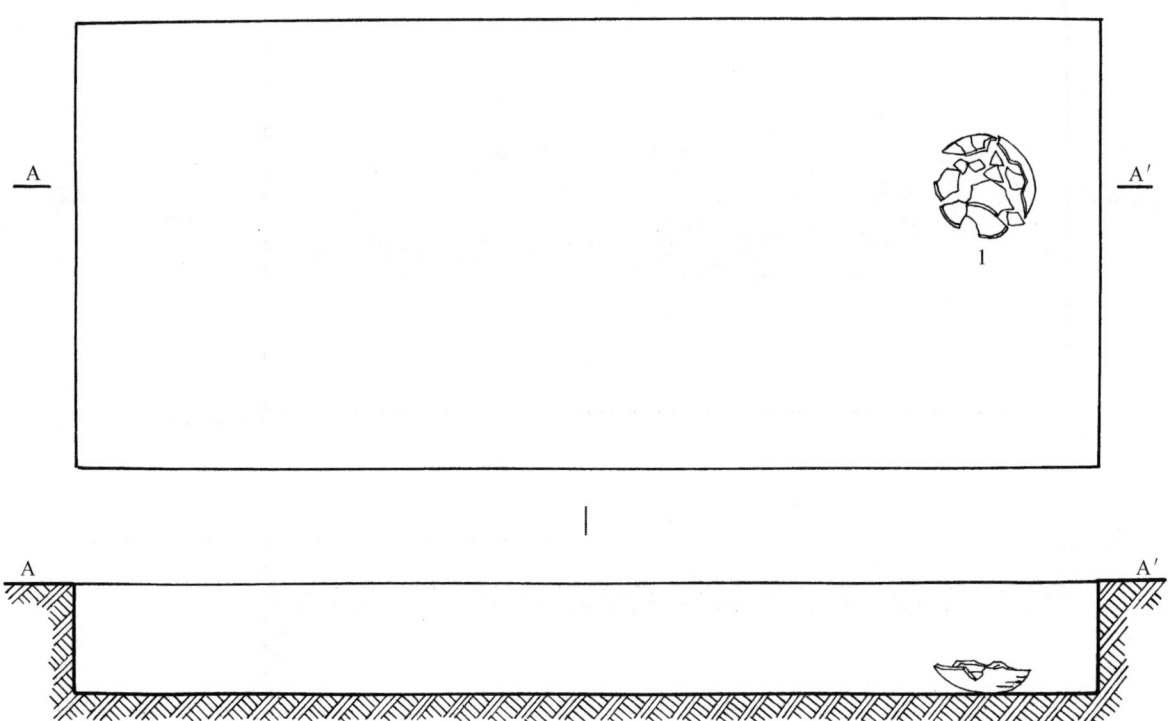

图三二七 M198平、剖面及遗物分布图
1. 陶双耳罐

随葬器物 仅在墓室北端发现陶双耳罐1件。

陶双耳罐 1件。M198:1，泥质灰黄陶。折沿，方唇，束颈，肩饰对称双耳，球形圆鼓腹，凹圜底。颈以下至中腹饰弦断绳纹，下腹饰斜向绳纹。通高28.2、口径18、腹径29.2、底径11.6厘米（图三二八；图版八五，4）。

M201

位置 位于ⅡT0407东部，西北有M161。

层位关系 ①→M201→生土。

墓向 175°。

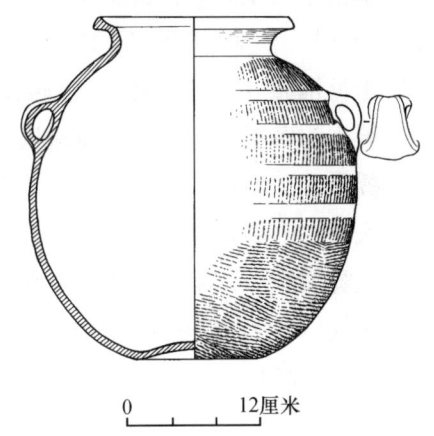

图三二八 M198出土陶双耳罐（M198:1）

形制与结构 长方形砖室墓，有单斜坡墓道和甬道，通长520厘米。墓道位于甬道南端，北宽南窄，平面呈梯形。上口长142、宽86~133厘米；底坡长140、深10~70厘米。

甬道与墓室西南突出部分相接，北宽南窄，平面略呈梯形。长44、宽119~124、深70厘米。

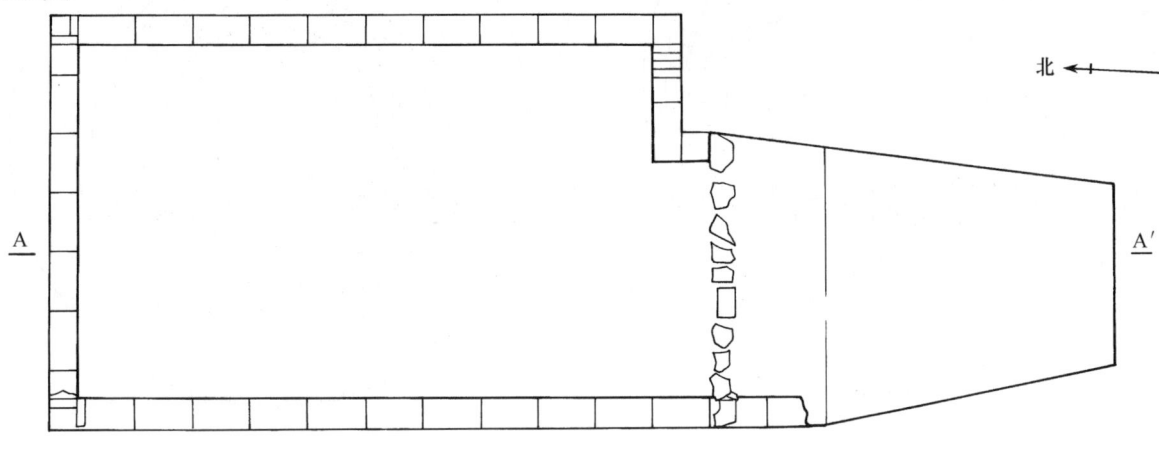

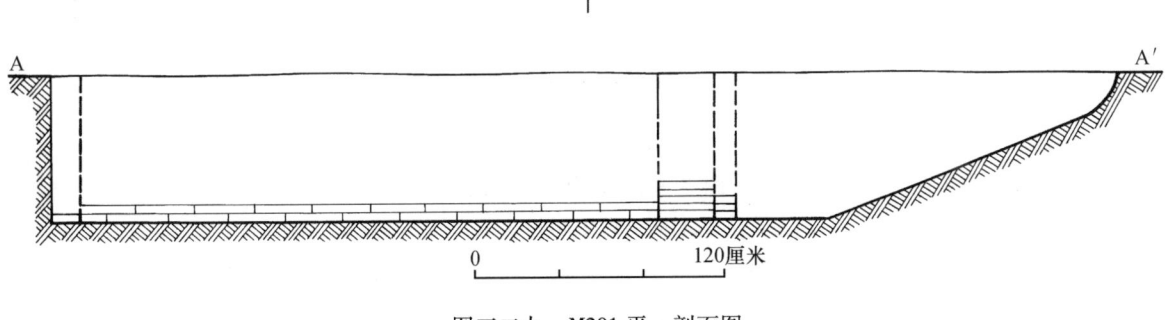

图三二九 M201平、剖面图

墓室平面呈刀形，长280~308、宽168、墓深70厘米。顶已不存，东、北、西壁砌砖，残存1~3层。墓室南壁西部向外突出约28、宽140厘米，其南端以残砖堆砌封门，残存3、4层。墓底未见铺砖（图三二九）。墓砖长28、宽14、厚4厘米。

填土为黄褐色花土，土质疏松，含残砖块。

葬具　　不详。

人骨　　不详。

随葬器物　　墓被盗扰，仅在填土中发现仓、灶残片，并有铜钱。

铜钱　3枚，编号为M201∶1，均"五铢"，锈蚀。郭径分别为2.4、2.54、2.5厘米（图三三八，22、23）。

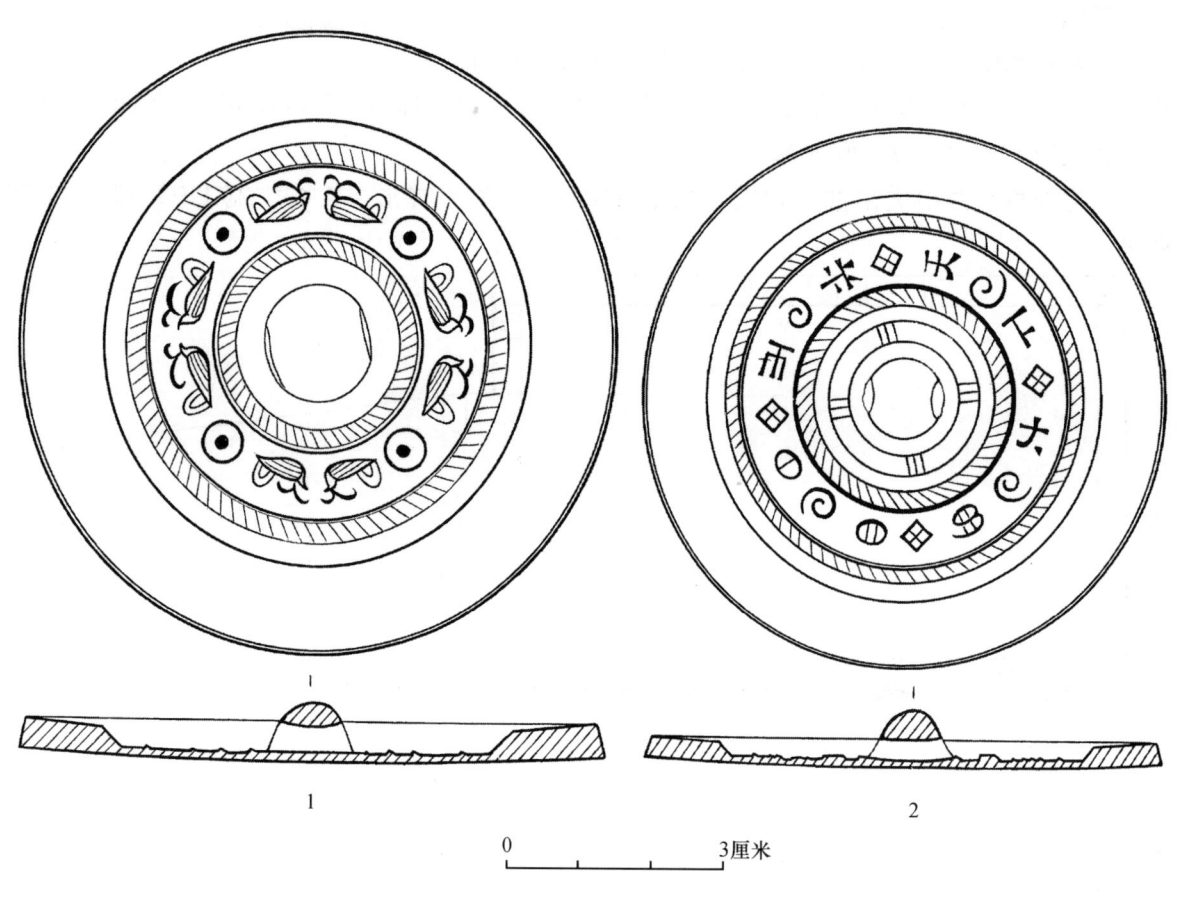

图三三〇　汉墓出土铜镜
1. M39∶8　2. M132∶3

第三章 汉代遗存 ·333·

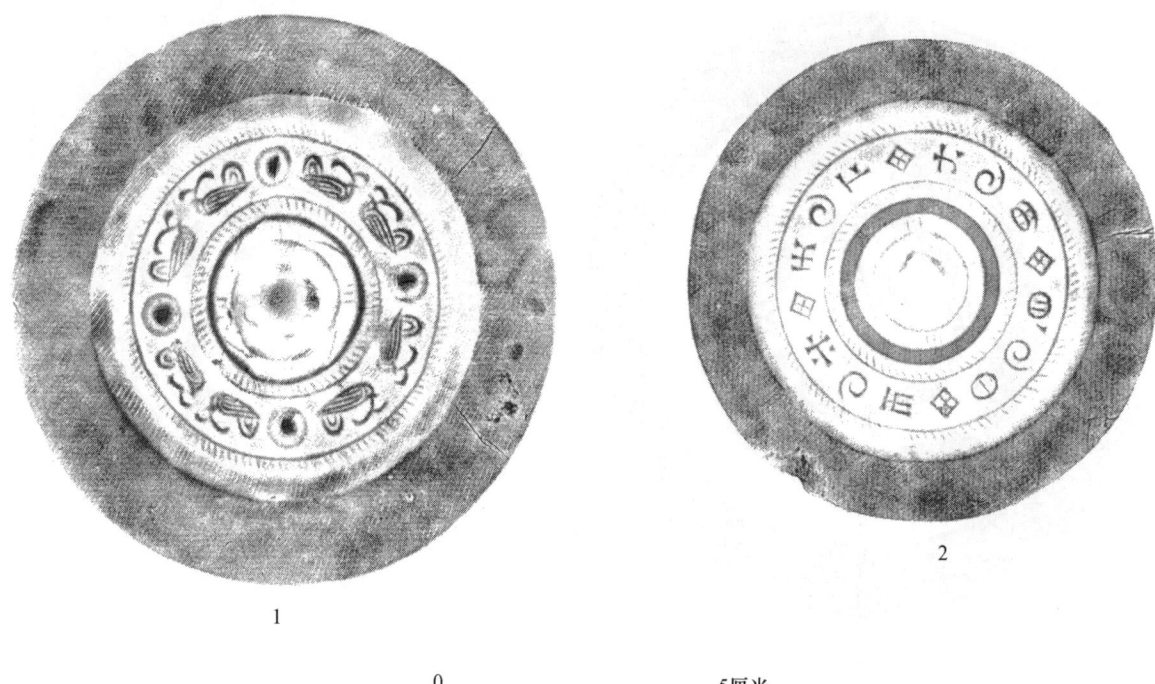

图三三一 汉墓出土铜镜拓片
1. M39:8　2. M132:3

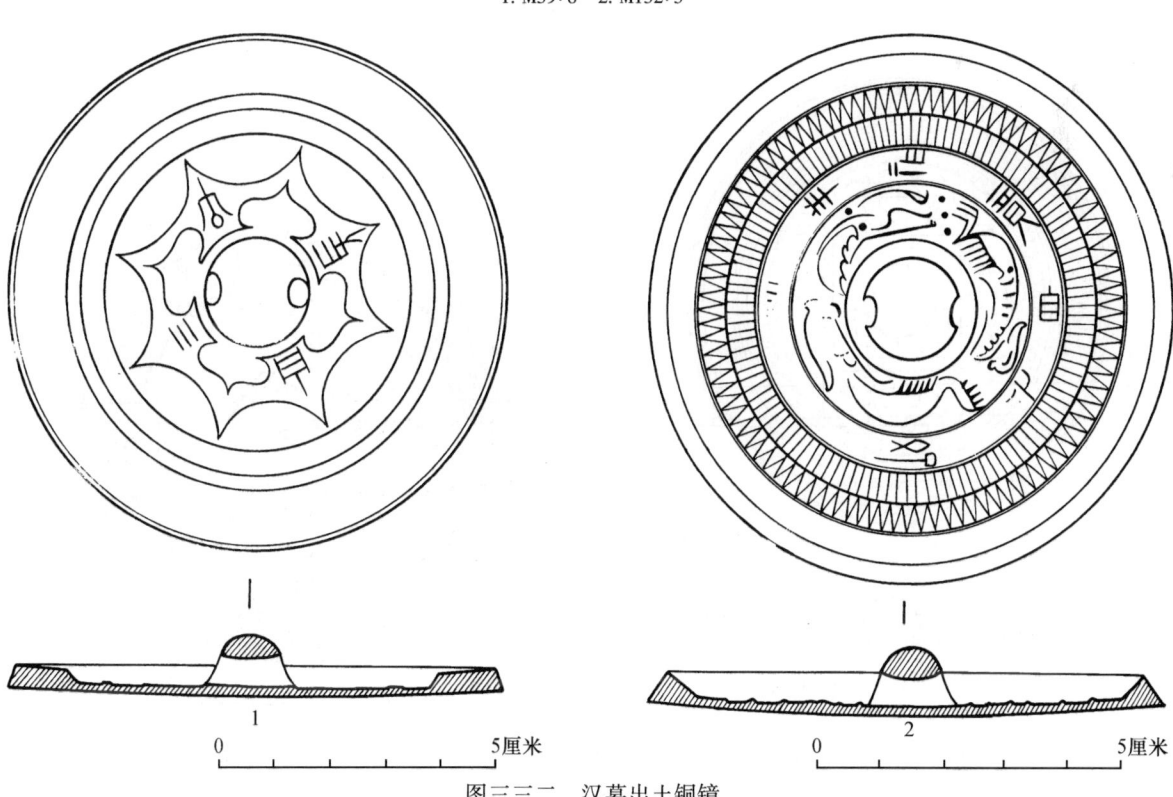

图三三二 汉墓出土铜镜
1. M150:1　2. M153:1

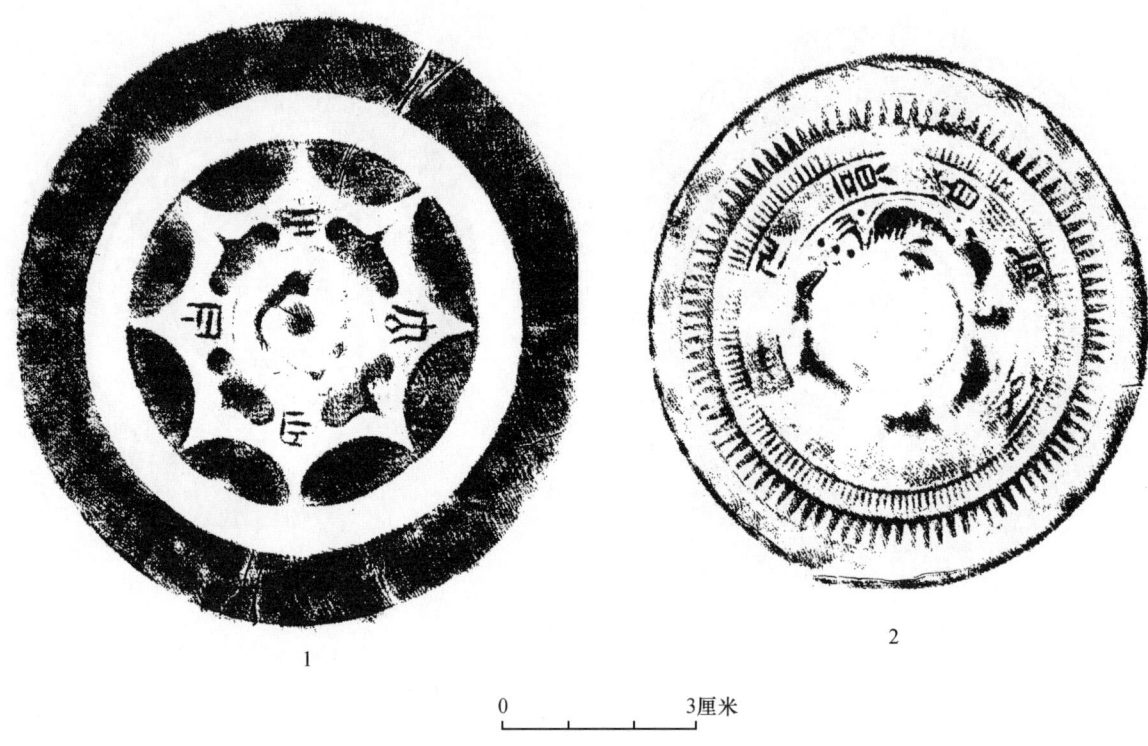

图三三三 汉墓出土铜镜拓片
1. M150:1 2. M153:1

图三三四 M192出土铜镜

图三三五 M192出土铜镜拓片

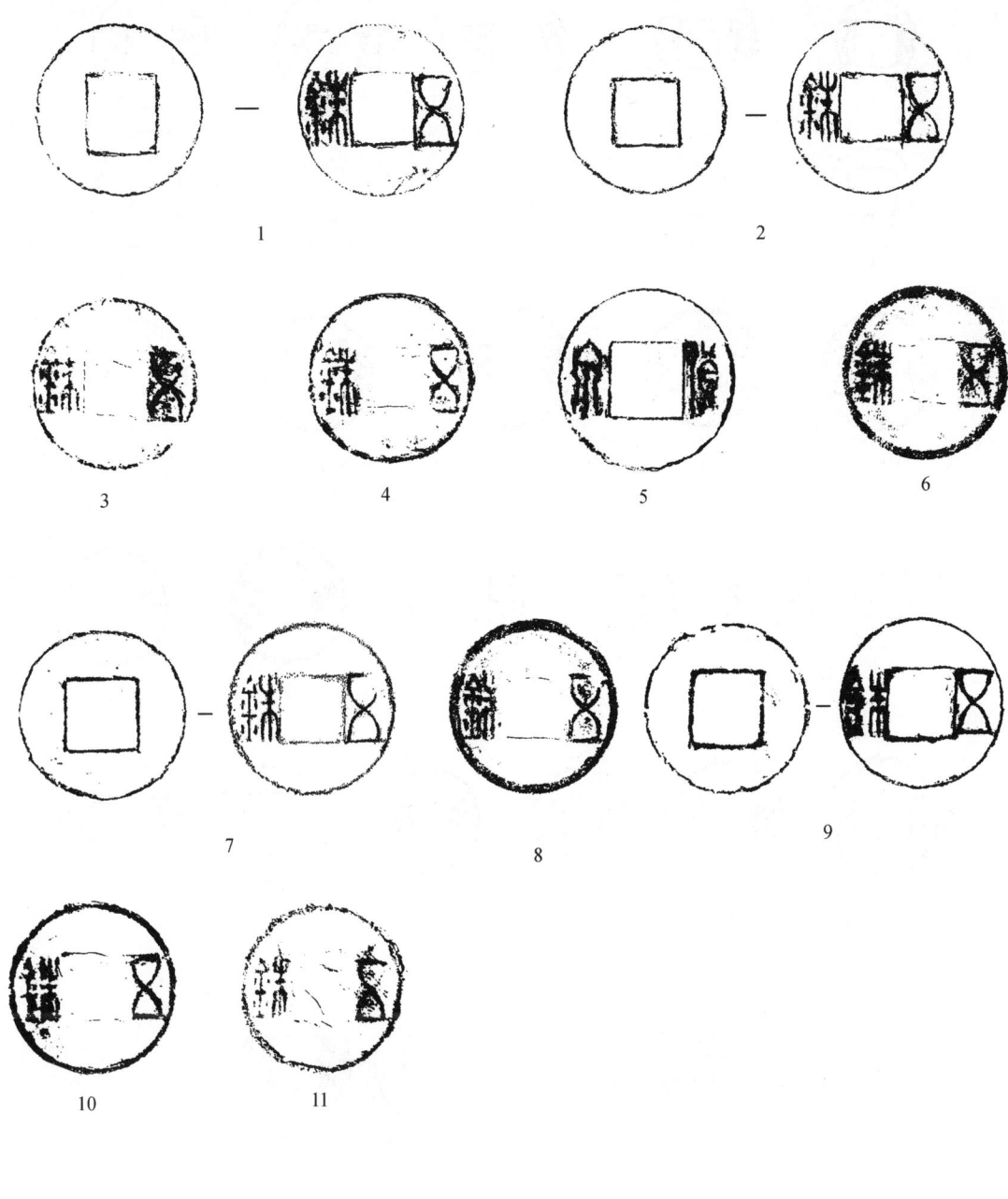

图三三六　汉墓出土铜钱拓片（1）

1～4. M37:1　5. M39:10　6～8. M197:1　9～11. M57:7

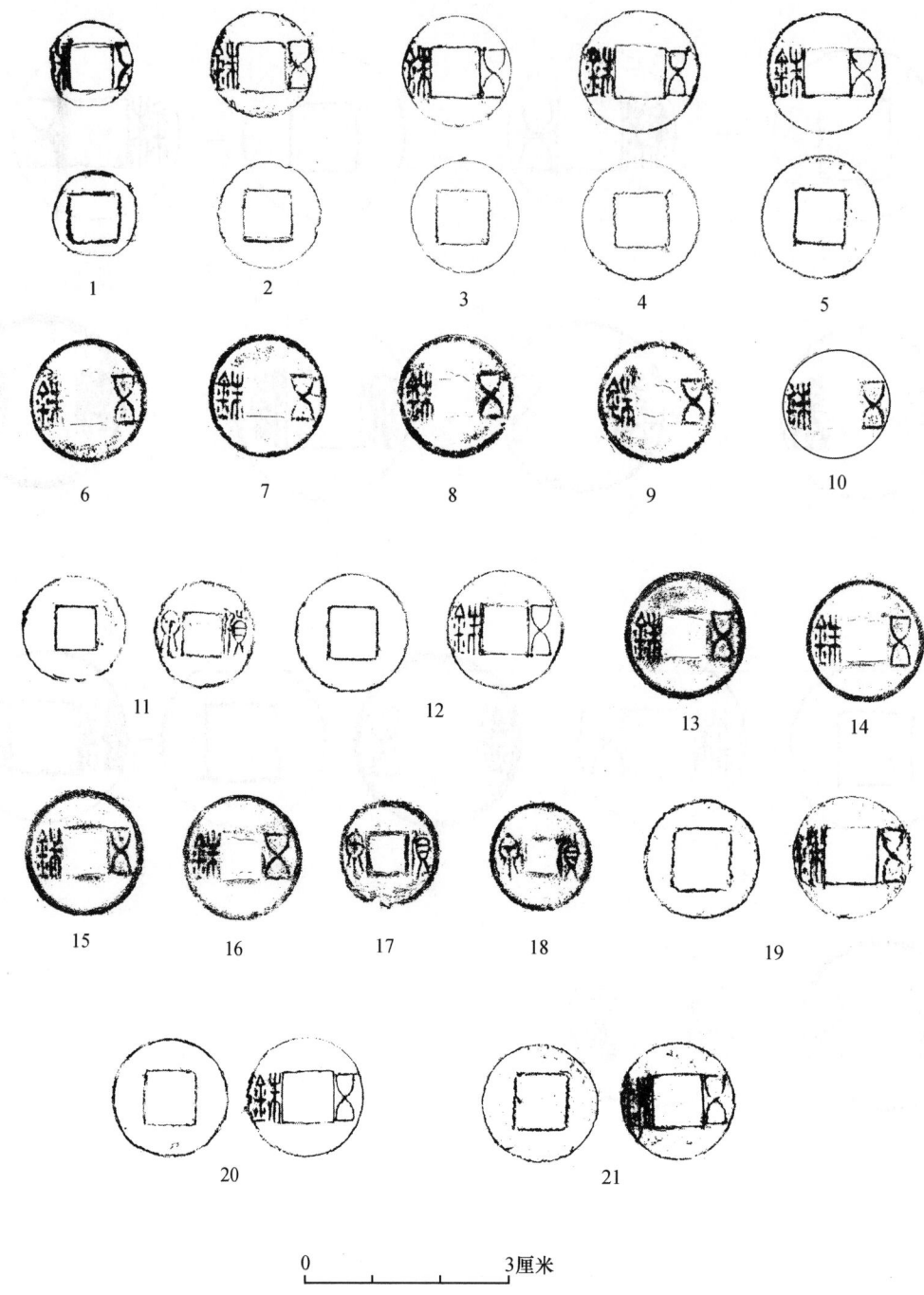

图三三七　汉墓出土铜钱拓片（2）

1~10. M153:11　11~18. M150:2　19、20. M132:1　21. M137:1

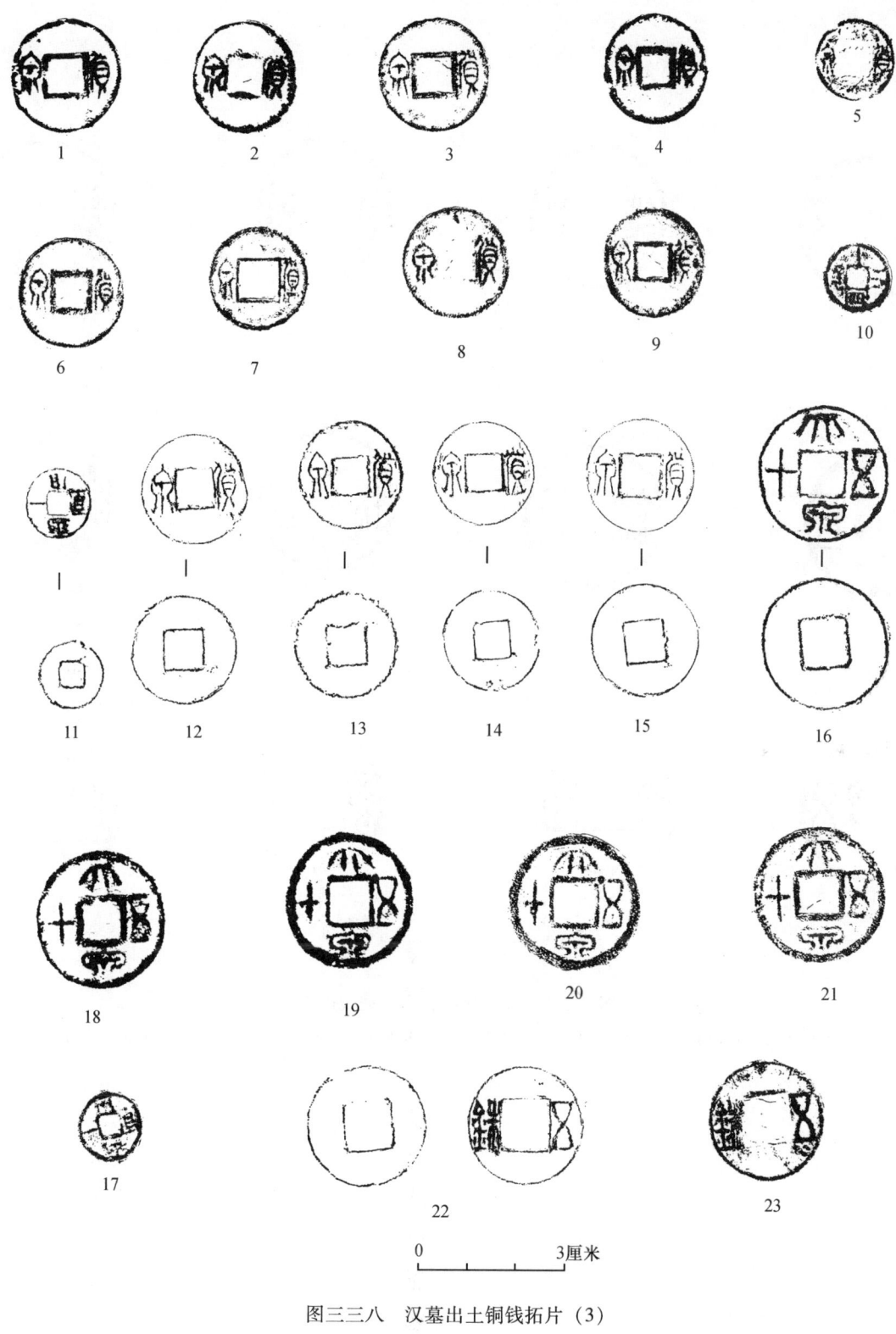

图三三八　汉墓出土铜钱拓片（3）

1~21. M78:9　22、23. M201:1

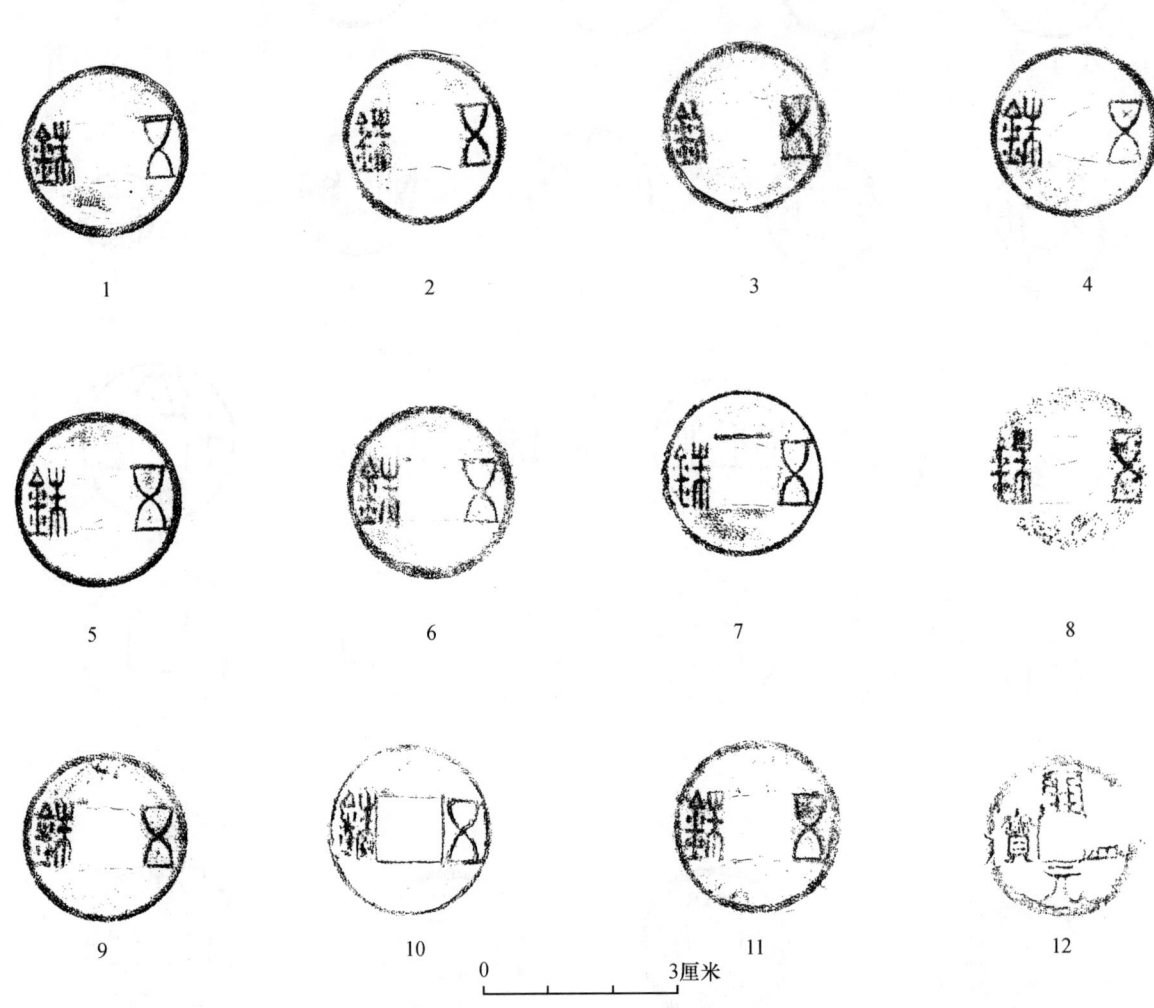

图三三九　汉、唐墓葬出土铜钱拓片
1、2. M133:1　3. M144:1　4、5. M155:1　6. M157:1　7~10. M46:1　11. M42:1（唐）　12. M130:1（唐）

第四章 唐代墓葬

唐代墓葬共7座，即：M42、M115、M123、M130、M145、M147、M158。分布于发掘区西北、西部及南部（图三四〇）。

M42

位置　　位于ⅡT0406与ⅡT0407之间，西北为M158。

层位关系　　①→M42→M159→生土。

墓向　　350°。

形制与结构　　带斜坡墓道和甬道的砖室墓，通长576厘米。墓道位于甬道北，斜坡式，口部长154、宽114~126厘米；底坡长164、宽136厘米；深0~60厘米。

甬道位于墓室北壁稍偏东，长154、宽102、深72厘米。东、西壁以平砖错缝铺砌，底部以单层砖呈"人"字缝平铺。甬道北端近墓道处，以砖错缝平铺封砌，仅余三层，其两端伸入东、西壁约15厘米。甬道南端近墓室处原可能也有封门，现已不存。

墓室呈弧边方形，长252~262、宽212~260、深52厘米。东、南、西壁中部向外弧凸，平底。壁以平砖错缝铺砌，仅余三层。墓底近壁处残余少量砖，推测是以单层砖呈"人"字缝平铺（图三四一）。

填土为黄褐色花土，土质疏松，含有残砖块和碎陶片。

葬具　　不详。

人骨　　不详。

随葬器物　　被盗扰，仅在填土中发现一些碎陶片和1枚铜钱。

铜钱　1枚。M42:1，"五铢"，郭径2.59厘米（图三三九，11）。

M115

位置　　位于ⅢT0203东南部。

层位关系　　①→M115→生土。

墓向　　186°。

形制与结构　　带斜坡墓道和甬道的砖室墓，通长720厘米。墓道位于甬道南部正中，斜坡式，直壁平底，长390、宽74~78、深15~122厘米。

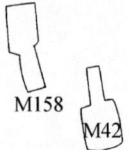

图三四〇　唐墓分布图

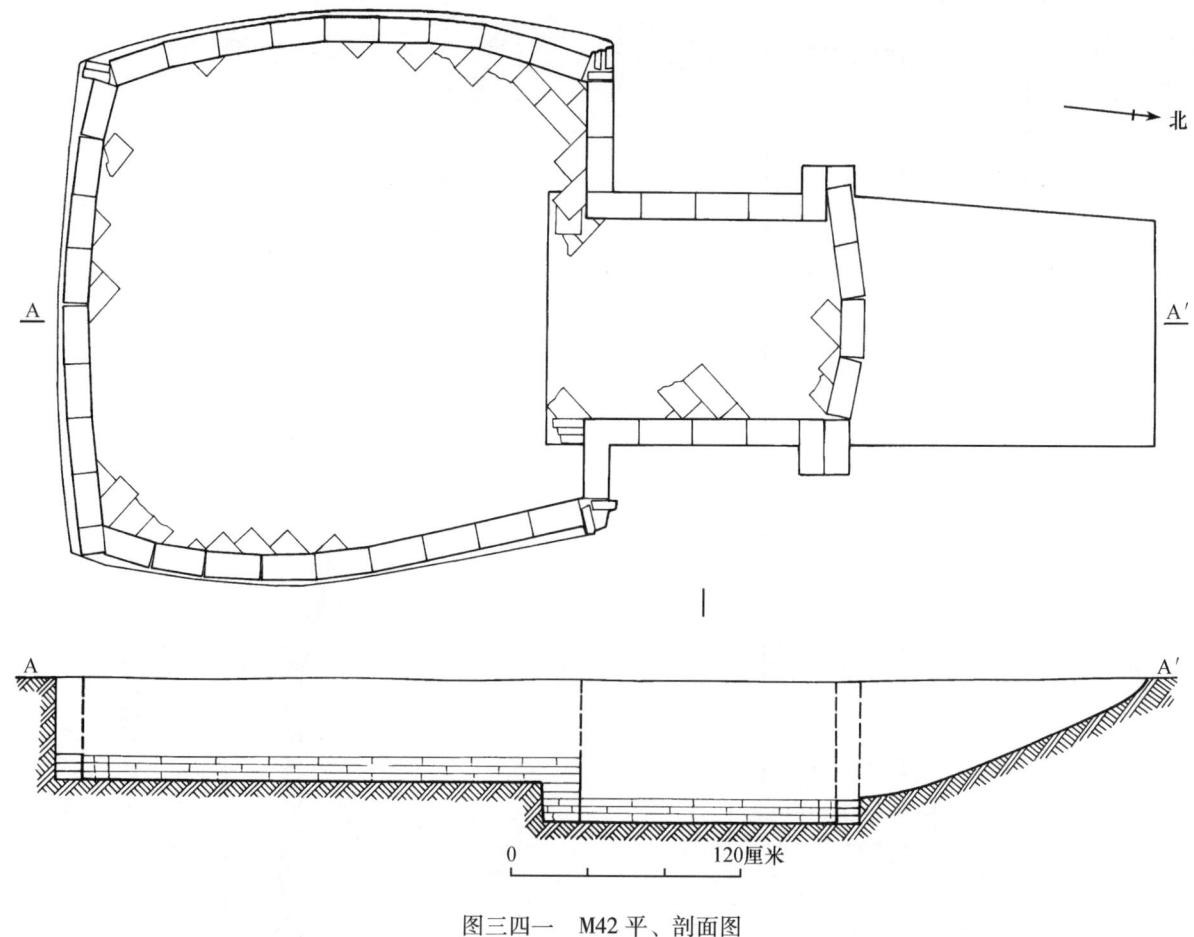

图三四一 M42 平、剖面图

甬道位于墓室和墓道之间，长 65、宽 80、深 122 厘米。甬道中部有封门，以平铺和侧立的砖交错封砌。封门宽 80、厚 32 厘米。

墓室平面呈弧边方形，平底，南北长 216、东西宽 234、深 122 厘米。墓室壁以平铺和侧立的砖交替砌成，在距墓底 68 厘米处起券，顶已不存。墓室北部为棺床，东西长 253、南北宽 160、高于南侧墓底 4 厘米，用两层砖纵、横交错平铺而成。墓底南部正中有一条南北向通道，自棺床下通向封门，长 128、宽 80 厘米。通道底部平铺有三排砖，两纵一横，排列散乱。通道东、西两侧的墓室底部，用砖对缝平铺。通道低于墓底 4 厘米。墓砖长 32、宽 16、厚 4 厘米（图三四二；彩版一〇，1）。

填土为黄褐色花土，土质疏松，无包含物。

葬具 有砖砌的棺床，未见木质葬具。

人骨 1 具。位于棺床上，经扰动，保存较差，头向西。性别、年龄不详。

随葬器物 共 6 件。墓主头骨下有陶砚 1 件，头侧有铁器 1 件（M115:2），胸部另有铁刀及铁器（M115:4）各 1 件。棺床下西南有瓷碗 1 件。此外还发现有 1 件铁钩。

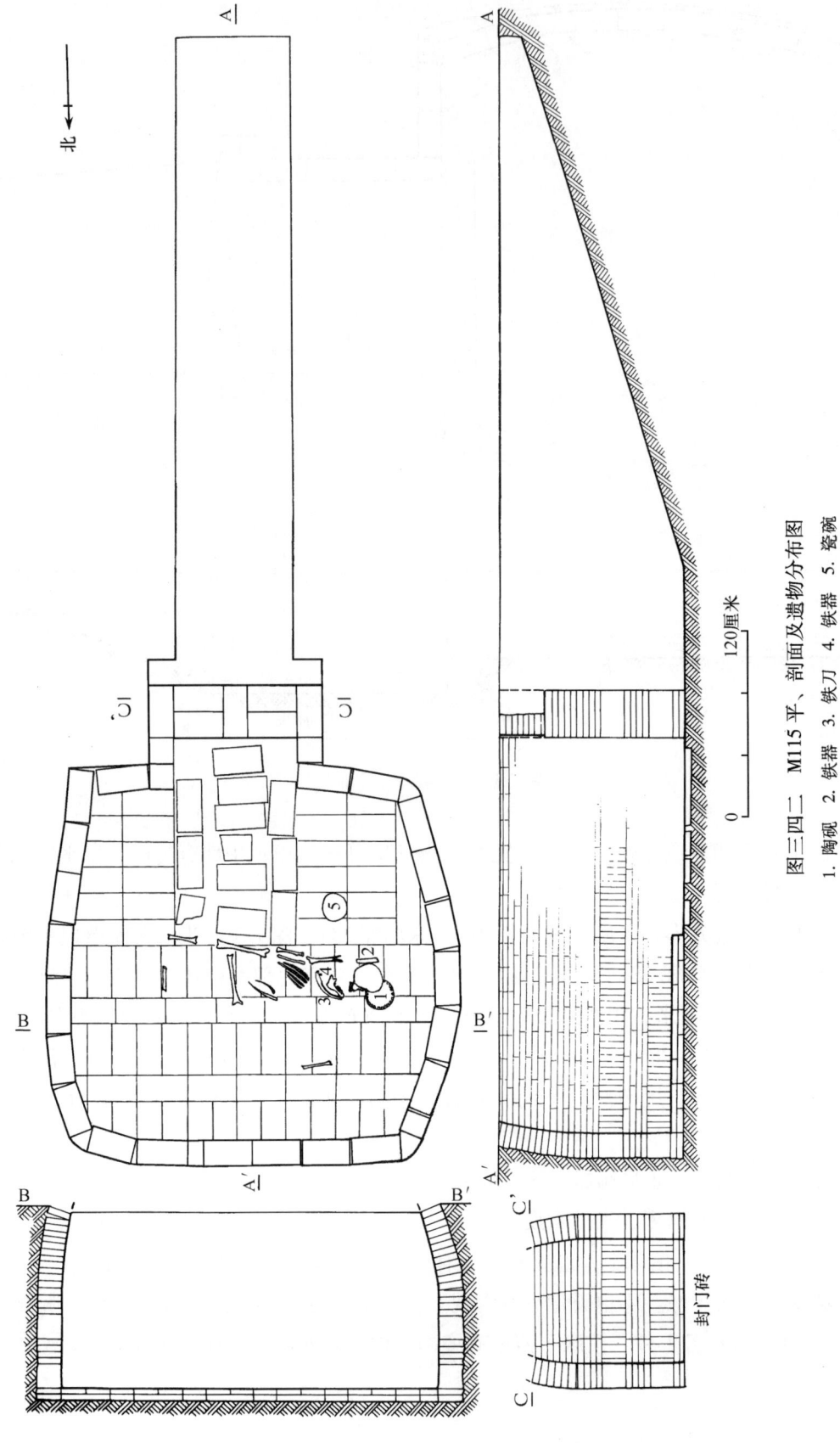

图三四二 M115 平、剖面及遗物分布图
1. 陶砚 2. 铁器 3. 铁刀 4. 铁器 5. 瓷碗

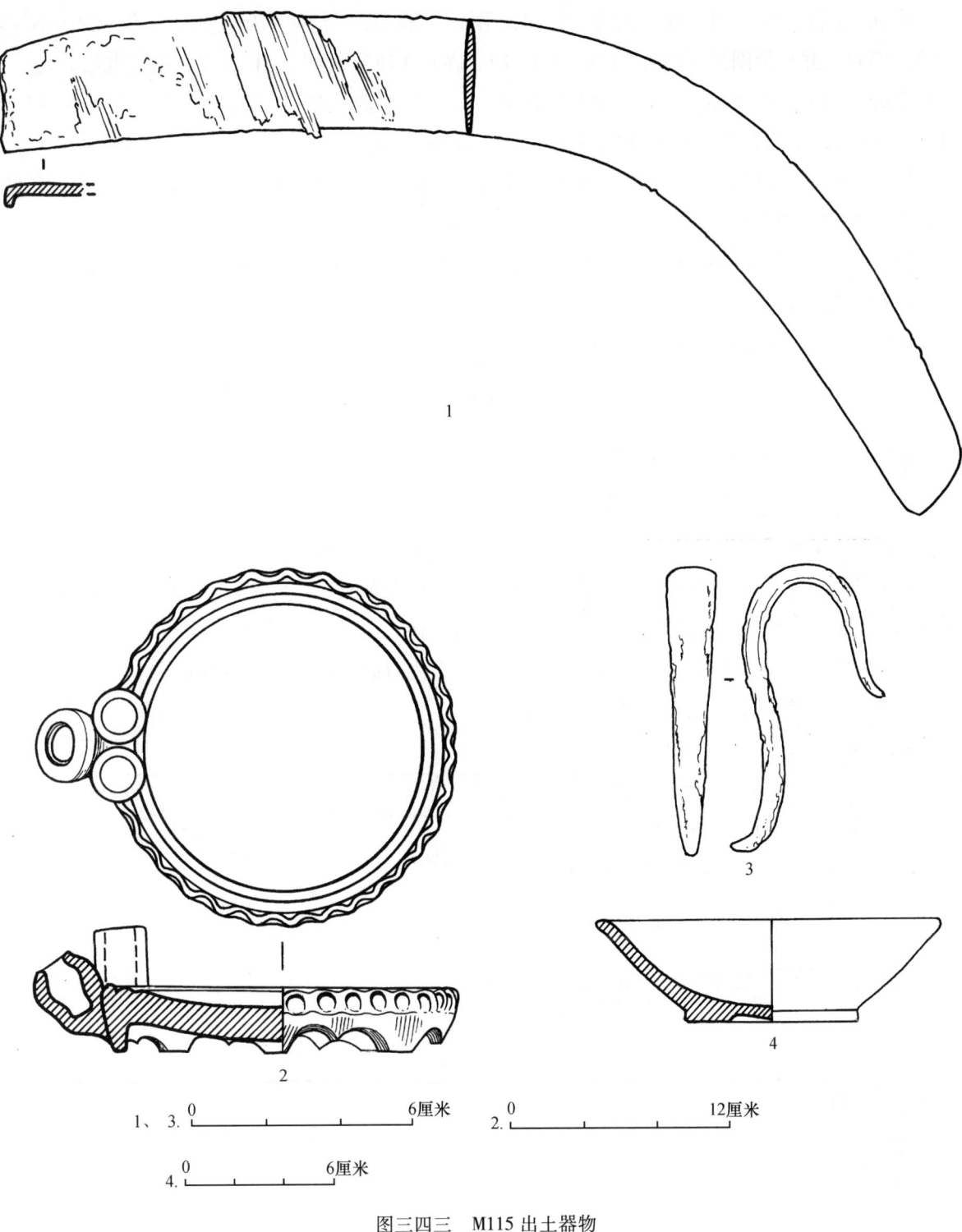

图三四三　M115 出土器物
1. 铁刀（M115:3）　2. 陶砚（M115:1）　3. 铁钩（M115:6）　4. 白瓷碗（M115:5）

陶砚　1件。M115:1，泥质灰陶。呈圆盘形，中部内凹，盘缘捺压花边，一侧有3个圆形笔筒，稍残。联拱形圈足。通长23.2、盘径19、高6.3厘米（图三四三，2；图版九〇，1）。

瓷碗　1件。M115:5，白瓷。敞口，圆唇，斜直腹，腹底较圜，玉璧形底。高3.8、口径14.1、底径7.2、足高0.4厘米（图三四三，4；图版九〇，2）。

铁刀　1件。M115:3，锈蚀，呈黄色，弯弧形，柄端向一侧微折，表面残留有绳痕。长约26、宽2.2~3、厚约0.3厘米（图三四三，1；图版九〇，3）。

铁钩　1件。M115:6，锈蚀，呈黄色，略呈"S"形，两端较尖。长7.5厘米（图三四三，3；图版九〇，4）。

铁器　2件。M115:2、4，锈蚀严重。

M123

位置　位于ⅢT0302中部。

层位关系　①→M109→M123→生土。

墓向　188°。

形制与结构　长方形砖室墓，直壁平底，墓圹长256厘米。墓室口长235、底长245、宽40~52、深52厘米。西南部被M109破坏掉。墓壁以砖错缝平砌，西壁多用残砖。券顶坍入墓室中（图三四四）。墓砖长33、宽15、厚4厘米。多为青砖，也有一些红砖。

填土为黄褐色花土，土质疏松，无包含物。

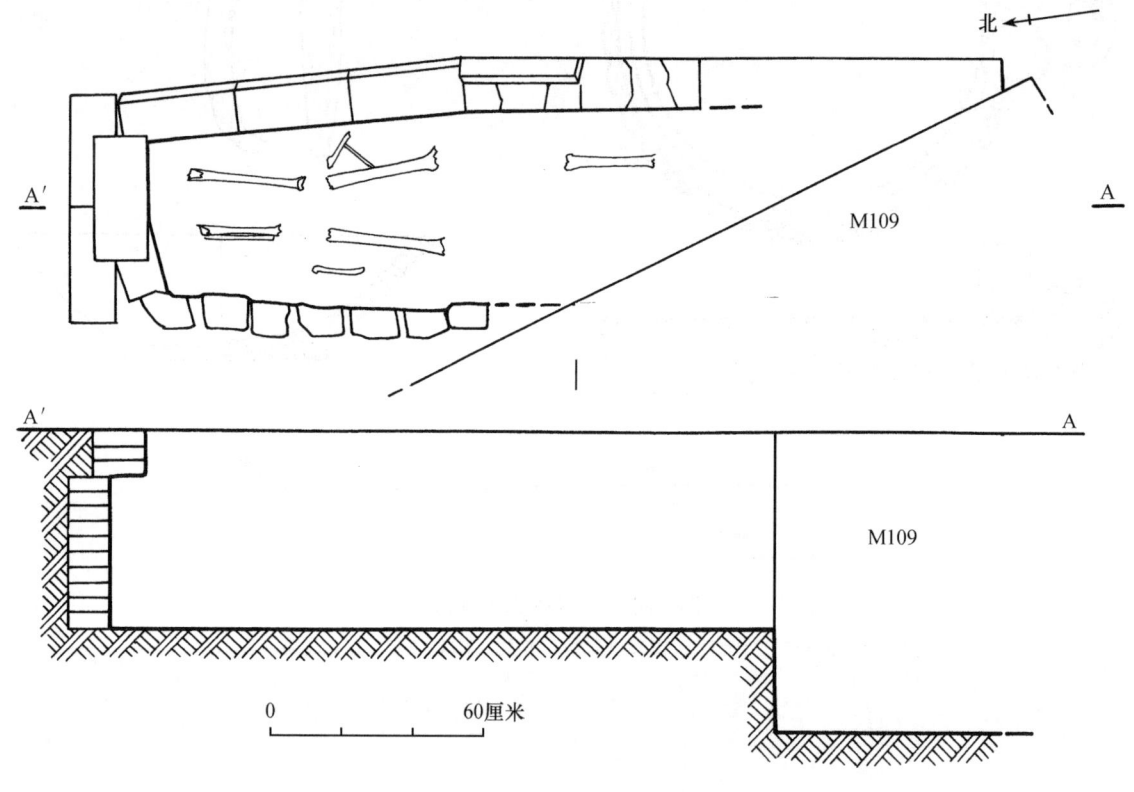

图三四四　M123 平、剖面图

葬具　　无。

人骨　　1具。仅存部分肢骨，仰身直肢，头向南。性别、年龄不详。另在填土中发现有头骨残片。

随葬器物　　无。

M130

位置　　位于ⅢT0304南部。

层位关系　　①→M129→M130→生土。

墓向　　186°。

形制与结构　　竖穴砖室墓，墓圹长256厘米。墓室北端稍窄，平面近梯形，直壁平底，长211、宽40～60、深30厘米。墓壁以错缝平铺和侧立排列的砖交替砌筑，底部以砖呈"人"字缝斜向平铺（图三四五）。砖长30、宽15、厚4.5厘米。

填土为黄褐色花土，土质疏松，无包含物。

葬具　　不详。

人骨　　1具。仅存部分肢骨和头骨残片，似为直肢葬，头向南。性别、年龄不详。

随葬器物　　在下肢骨西侧近墓壁处发现1枚铜钱。

铜钱　　1枚。M130:1，"开元通宝"，郭径2.35厘米（图三三九，12）。

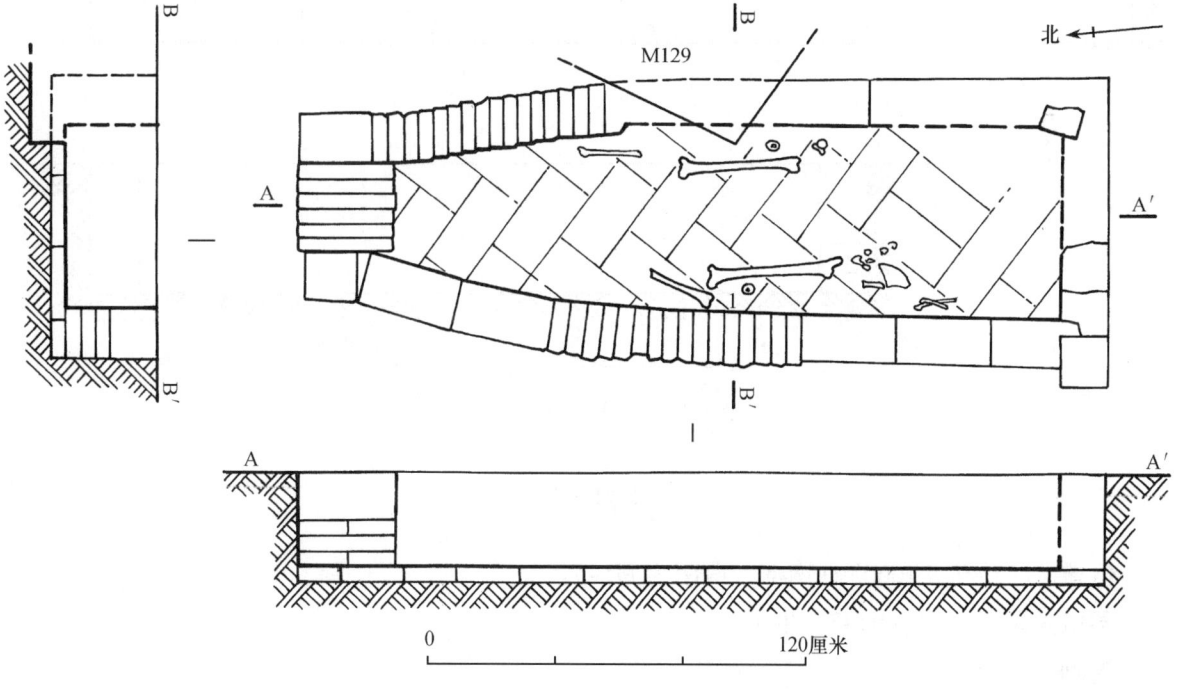

图三四五　M130平、剖面及遗物分布图
1. 铜钱（M130:1）

M145

位置　　位于ⅡT0702东北，其东北为M147。

层位关系　　①→M145→生土。

墓向　　359°。

形制与结构　　长方形砖室墓，直壁平底，墓圹长250厘米。墓室长218、宽52、深40厘米。四壁以平砖错缝铺砌，底部未见铺砖（图三四六）。砖长34、宽16、厚5厘米。

填土为黄褐色花土，土质疏松，无包含物。

葬具　　不详。

人骨　　不详。

随葬器物　　墓被盗扰，未见随葬品。

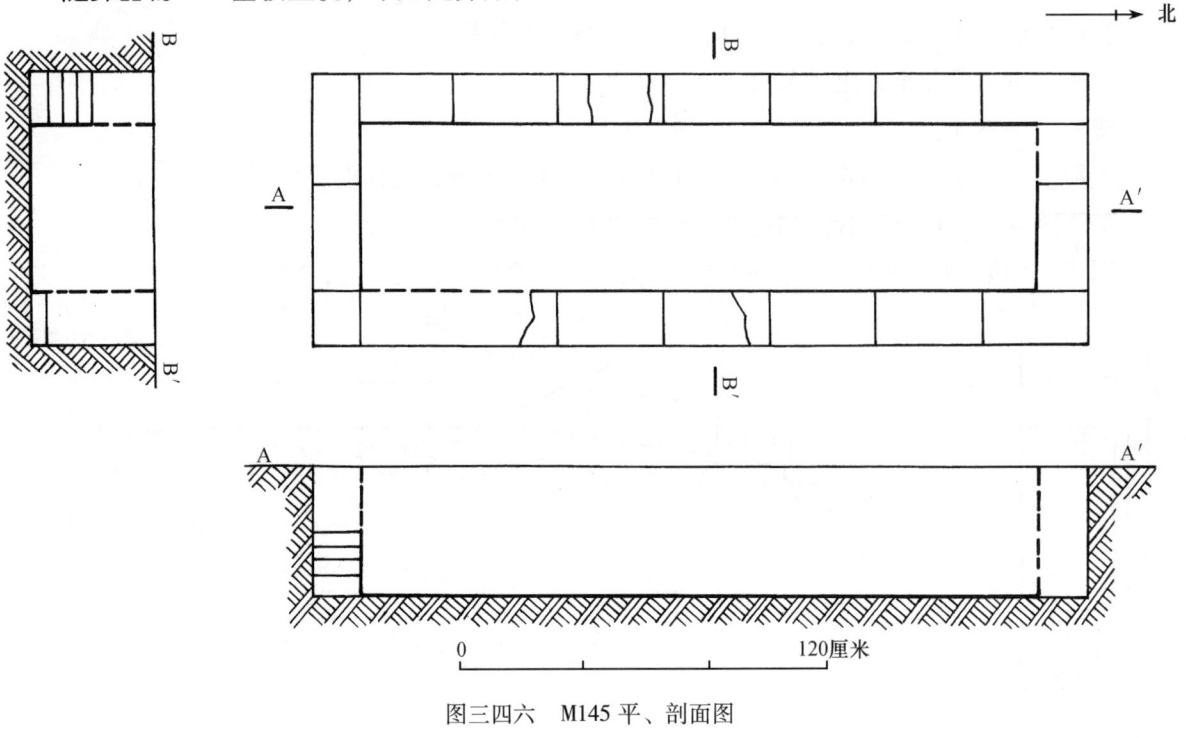

图三四六　M145平、剖面图

M147

位置　　位于ⅡT0603西南部，西南为M145。

层位关系　　①→M147→生土。

墓向　　350°。

形制与结构　　长方形竖穴砖室墓，直壁平底。墓室长136、宽50厘米。仅存底砖，以砖纵、横结合平铺（图三四七）。砖为青色，一面有粗绳纹，长32、宽16、厚5厘米。

填土为黄褐色花土，土质疏松，无包含物。

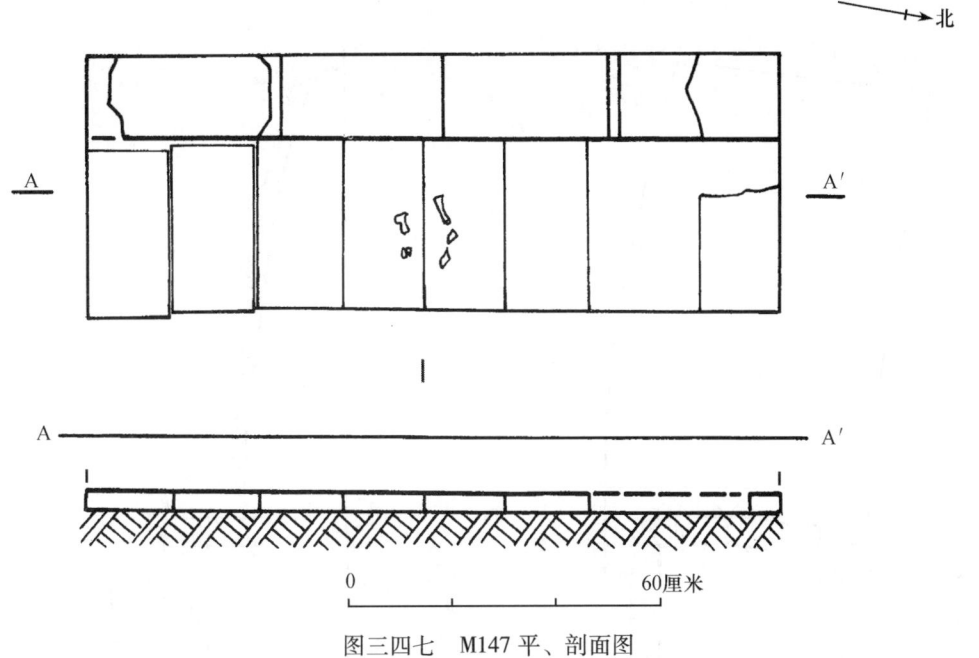

图三四七　M147 平、剖面图

葬具　　不详。

人骨　　仅见少量碎骨。

随葬器物　　墓被盗扰，未见随葬品。

M158

位置　　位于ⅡT0507 东部，东南有 M42。

层位关系　　①→M158→生土。

墓向　　186°。

形制与结构　　砖室墓，由墓室、甬道和斜坡墓道组成，通长 668 厘米。墓道在甬道之南，长斜坡状，较甬道稍宽。口部长 210、宽 132~138 厘米；底坡长 212、宽 138、深 12~52 厘米。墓道南端稍向东偏转。

甬道长 108、宽 84、深 92 厘米，底部低于墓室底约 12 厘米。东、西两壁较直，以平砖错缝铺砌。底砖残存较少，呈"人"字缝平铺。甬道南端以平砖错缝封门。

墓室平面呈弧边方形，东、北、西壁下部稍外扩，平底。口部长 328、底部长 320、宽 218~264、墓深 80 厘米。室顶已不存，四壁以平砖错缝铺砌，残存 1~3 层。近壁处残有少量底砖，可能呈"人"字缝平铺。墓砖长 28、宽 14、厚 4 厘米（图三四八；彩版一〇，2）。

填土为黄褐色花土，土质疏松，无包含物。

葬具　　不详。

人骨　　不详。

随葬器物　　盗扰严重，仅在填土中发现有少量陶片，可辨器形有灶、盆。

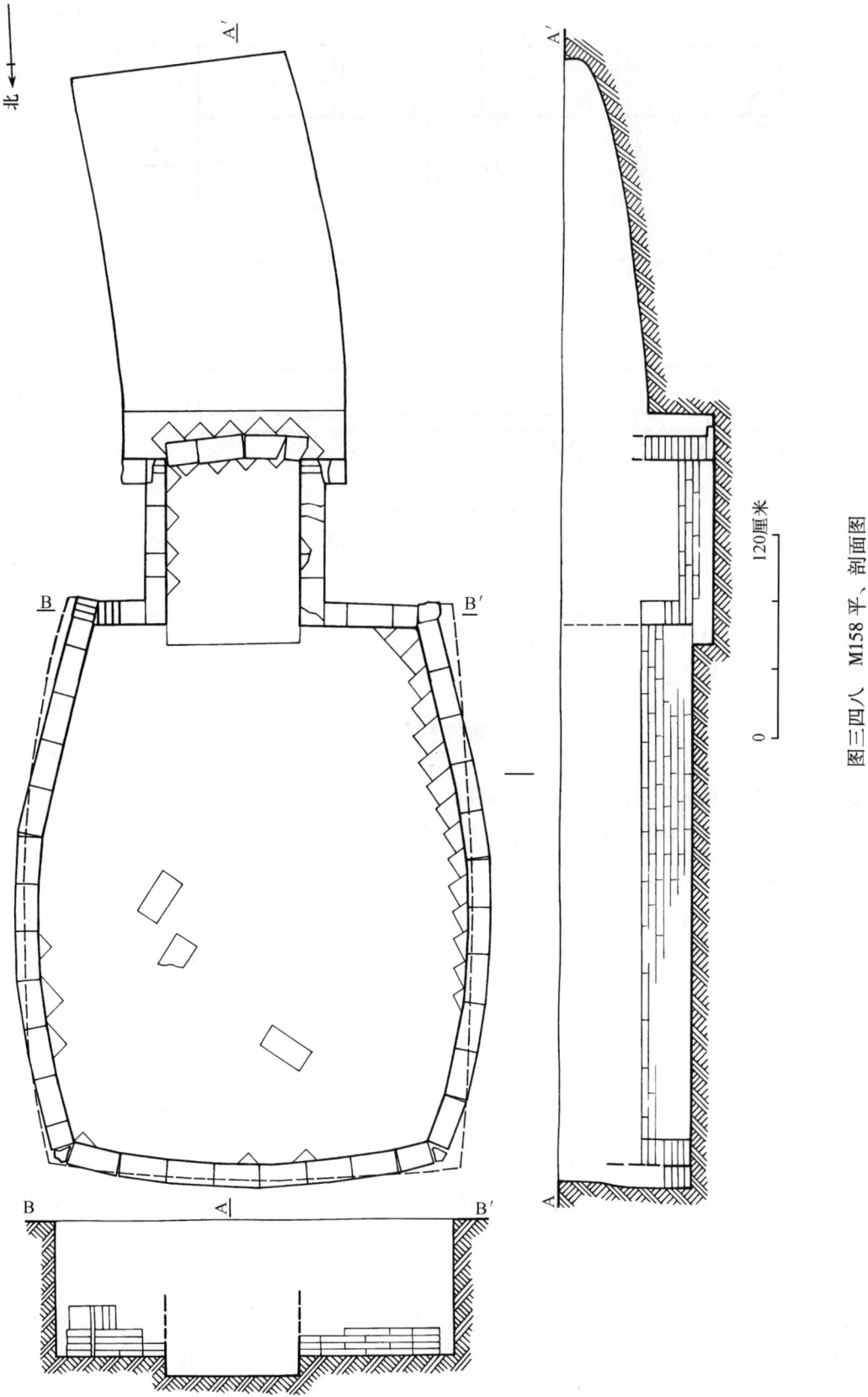

图三四八 M158 平、剖面图

第五章 明清墓葬

明清墓葬25座，即：M93、M106、M107、M108、M109、M110、M111、M112、M113、M116、M117、M118、M119、M120、M121、M124、M129、M131、M134、M135、M136、M154、M206、M207、M208。主要分布在发掘区南部，即第Ⅲ象限，第Ⅰ、Ⅱ象限仅有少量（图三四九）。

M93

位置 位于ⅡT0202东部。

层位关系 ①→M93→生土。

墓向 4°。

形制与结构 长方形竖穴土坑墓，北端稍宽于南端，直壁平底。墓长210、宽56～68、墓深50厘米（图三五〇）。

填土为黄褐色花土，土质细腻较软，无包含物。

葬具 不详。

人骨 1具。保存较差，仰身直肢，头向北。女性，30岁左右。

随葬器物 仅头顶有瓷罐1件。

瓷罐 1件。M93:1，灰胎，口、颈部施浅黄釉。小口外侈，方唇，一侧有流，短颈，鼓腹，颈至中腹有一执手，与流相对，凹圜底。中腹以下饰凸弦纹。高11.7、口径5.4、腹径9.9、底径6厘米（图三五一；图版九一，1）。

M106

位置 位于ⅢT0201、ⅢT0301、ⅢT0202之间。其西为M108，东南为M107。

层位关系 ①→M106→生土。

墓向 339°。

形制与结构 长方形竖穴土坑墓，直壁平底。北端有生土二层台。墓长210、宽96～104、深144厘米（图三五二）。

填土为黄褐色花土，土质疏松，无包含物。

葬具 一棺。棺痕南窄北宽，长166、宽50～60、残高11厘米。北端及中部散置有残砖12块，可能为垫棺之用。

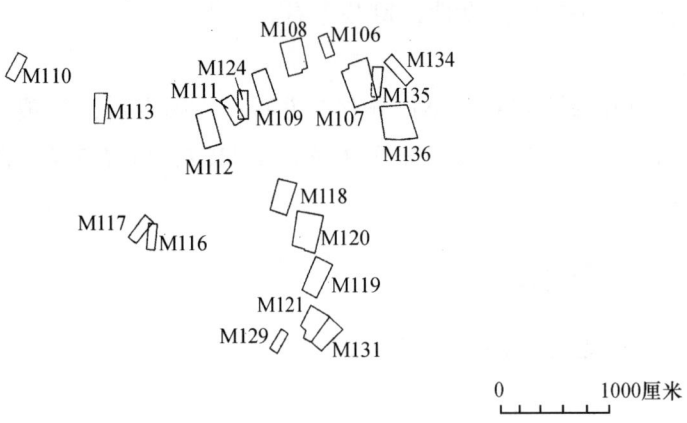

图三四九　明清墓葬分布图

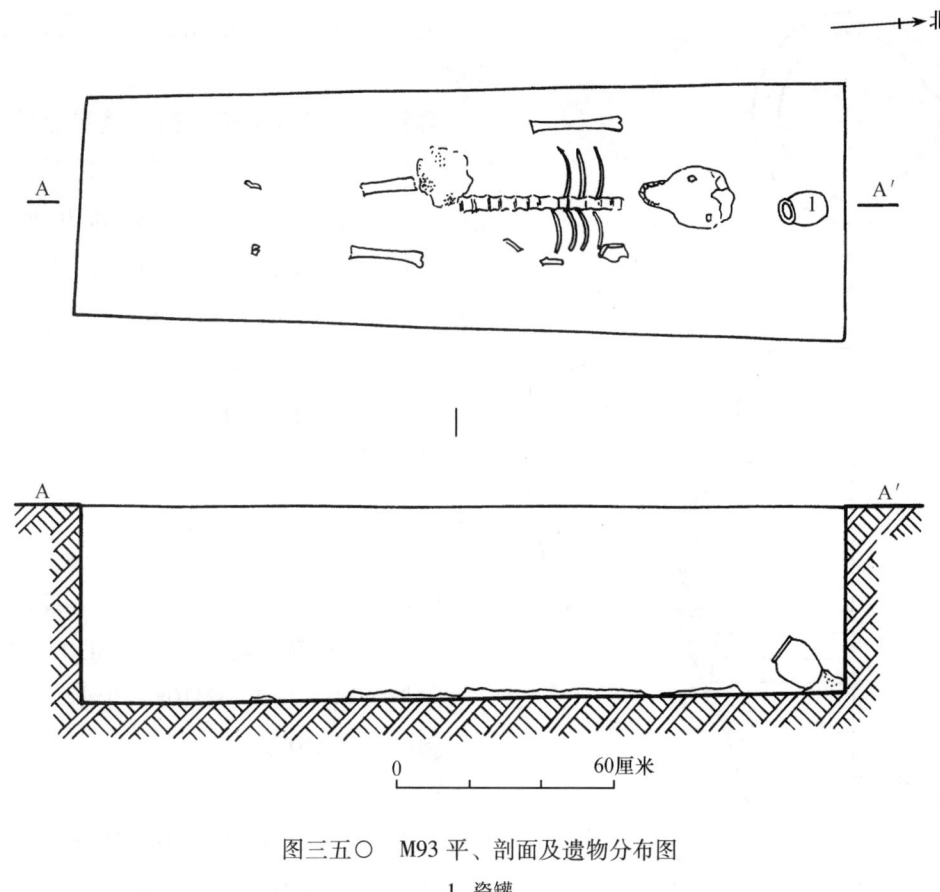

图三五〇　M93 平、剖面及遗物分布图
1. 瓷罐

人骨　1 具。保存较差，二次葬，集中于棺内北部。头在北端，南侧交叠置放上肢骨，再于其南放置下肢骨。肢、肋骨多呈黑色，似经火烧。性别、年龄不详。

随葬器物　骨架上有铜扣 1 枚。另在北壁中部上嵌有一块陶板，上距墓口 294 厘米，可能为墓志。

陶墓志　1 件。M106∶1，泥质灰陶。呈方形。素面，背侧不平整，有红漆痕。边长约 40 厘米。

铜扣　1 枚。M106∶2，圆形，直径 1 厘米。

M107

位置　位于ⅢT0202 西北部，其北、东、东南分别为 M106、M135、M134、M136。

层位关系　①→M107→M135→生土。

墓向　343°。

形制与结构　竖穴土坑墓，平面略呈缺角长方形。西半长 255、宽 76～86 厘米；东半长 272、宽 120～134 厘米。直壁，墓底西半部高于东半部，但都较平坦。西半深 132、东半深 150 厘米。东侧人骨两腿间有砖块（图三五三）。

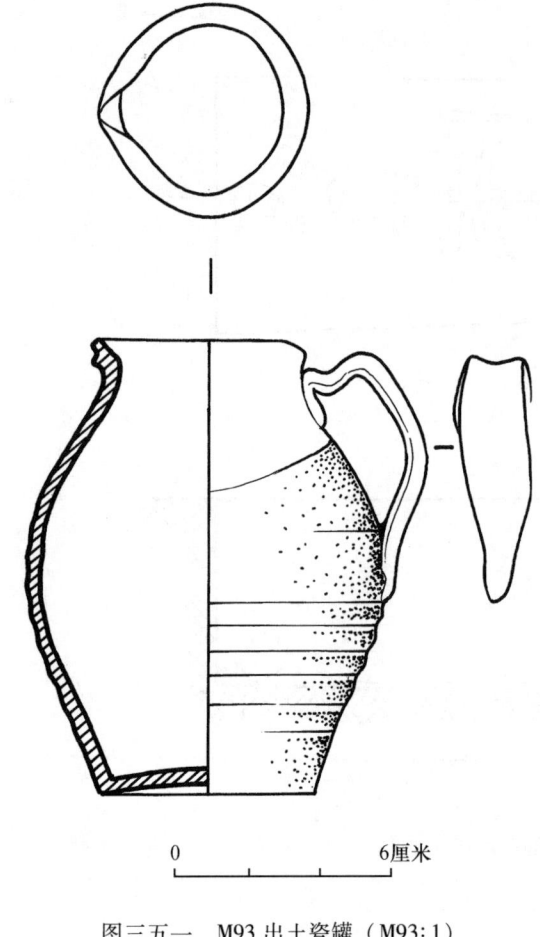

图三五一　M93出土瓷罐（M93:1）

填土为黄褐色五花土，土质疏松，无包含物。

葬具　二具木棺。棺痕呈炭黑色，厚度约0.5厘米。西侧棺口部长194、宽42～51厘米；底长175、宽42～49厘米；残高36厘米。东侧棺口部长182、宽约72～75厘米；底长170、宽72～75厘米；残高约56厘米。

人骨　2具。保存较差。均仰身直肢，头向北，性别、年龄不详。

随葬器物　无。

M108

位置　位于ⅢT0302北部，部分向北进入ⅢT0301。其西侧、东侧分别为M109、M106。

层位关系　①→M108→生土。

墓向　340°。

形制与结构　竖穴土坑墓，平面略呈缺角方形。北壁下部不规则外张，其余三壁较直，平底。墓室口部长284～320、底部长284～326、宽206～236、深116～126厘米。北壁偏东有一壁龛，横宽17、高20、进深15、龛底距墓底48厘米（图三五四）。

填土为黄褐色花土，土质稍硬，包含有料姜石块。

葬具　两具木棺。西侧棺长196、宽42～56、残高22厘米。东侧棺长202、宽58～74、残高12厘米。东棺人骨头、腰、足部各有一砖，可能为垫棺之用。

人骨　东、西棺中各1具。保存较差，均仰身直肢，头向北。西侧为女性，东侧为男性，年龄不详。

随葬器物　共2件瓷罐，西棺外北侧1件，东棺北侧壁龛中1件。

瓷罐　2件。M108:1，褐胎，口部施深酱釉。小口外侈，唇缘一周凹槽，一侧有流，短颈，溜肩，鼓腹，口至中腹有一执手，与流相对，凹圜底。中腹及以下饰弦纹。高13.1、口径6.1、腹径11.0、底径6.1厘米（图三五五，1；图版九一，2）。M108:2，灰胎，口部施浅黄色釉。小口外侈，一侧有流，束颈，溜肩，鼓腹，口至中腹有一执手，与流相对，凹圜底。中腹及以下饰凹弦纹。高11.7、口径6.3、腹径10.2、底径6.3厘米（图三五五，2；图版九一，3）。

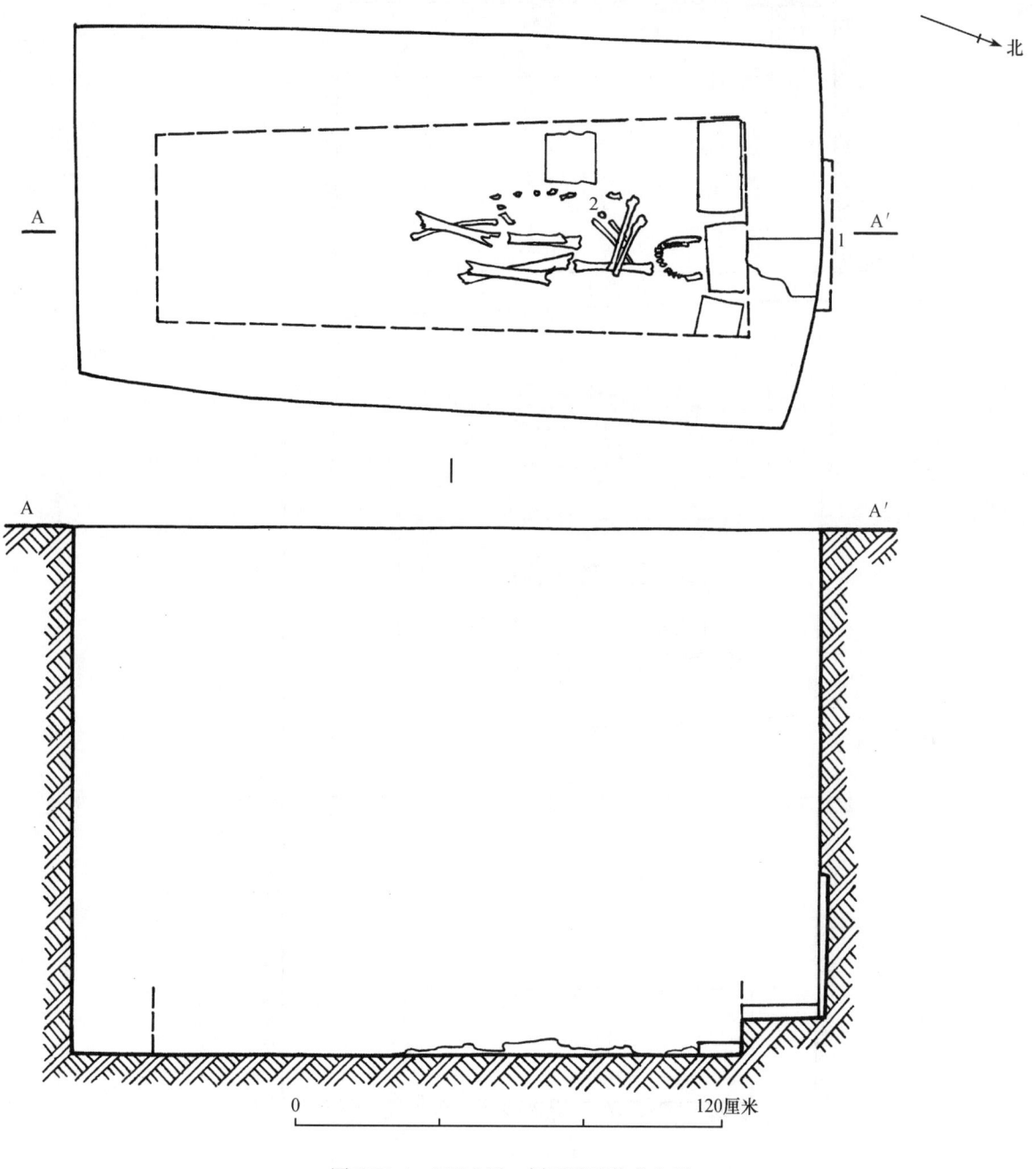

图三五二　M106 平、剖面及遗物分布图
1. 陶墓志　2. 铜扣

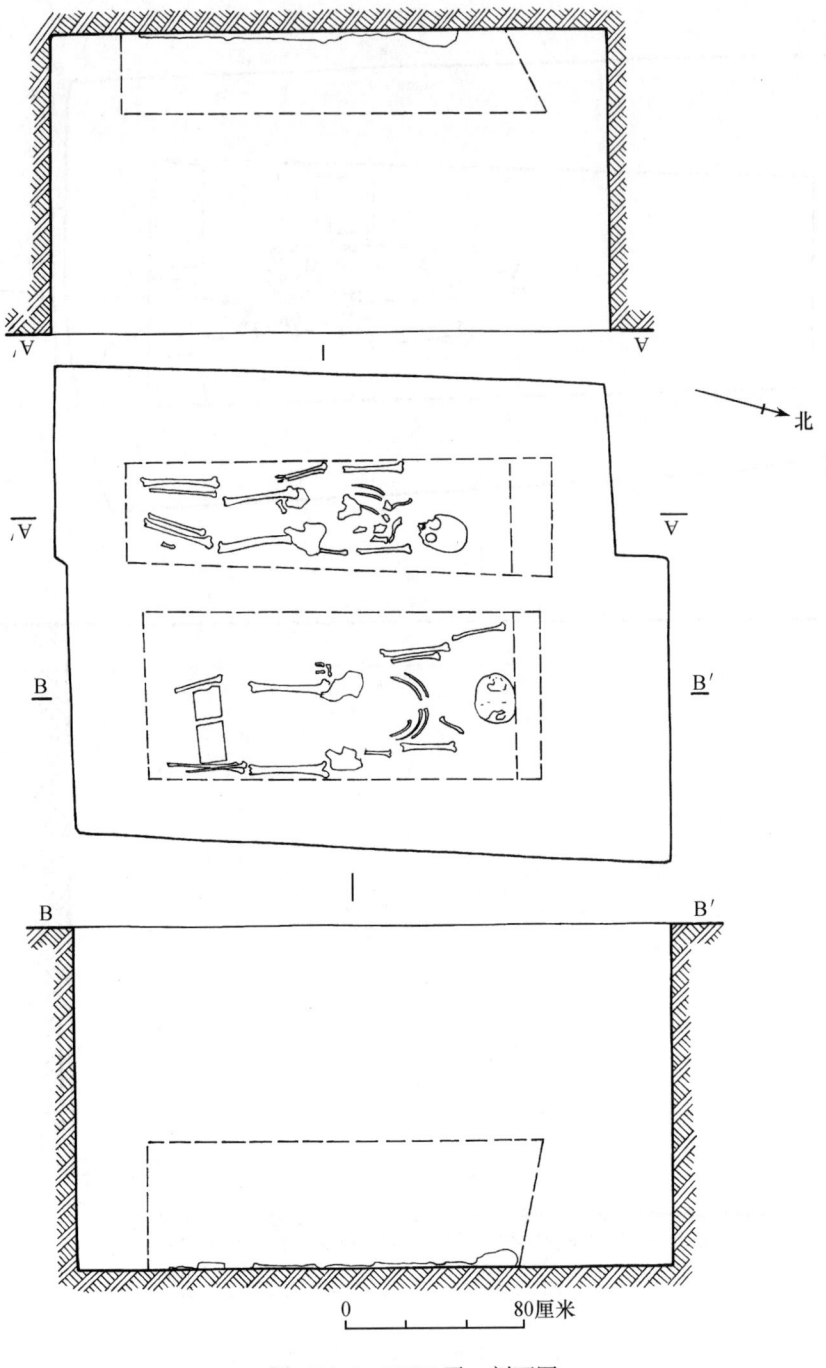

图三五三 M107 平、剖面图

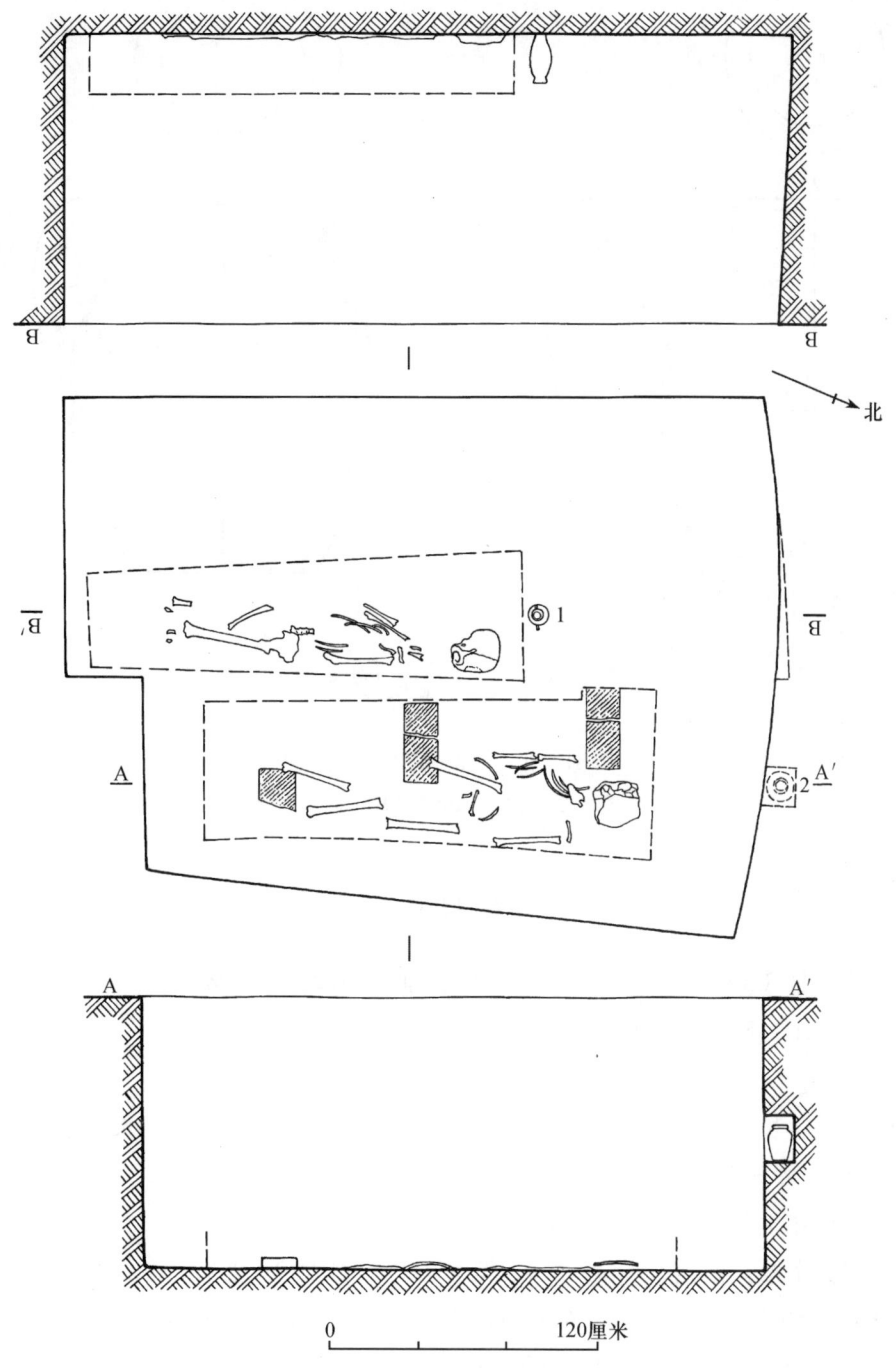

图三五四　M108 平、剖面及遗物分布图

1、2. 瓷罐

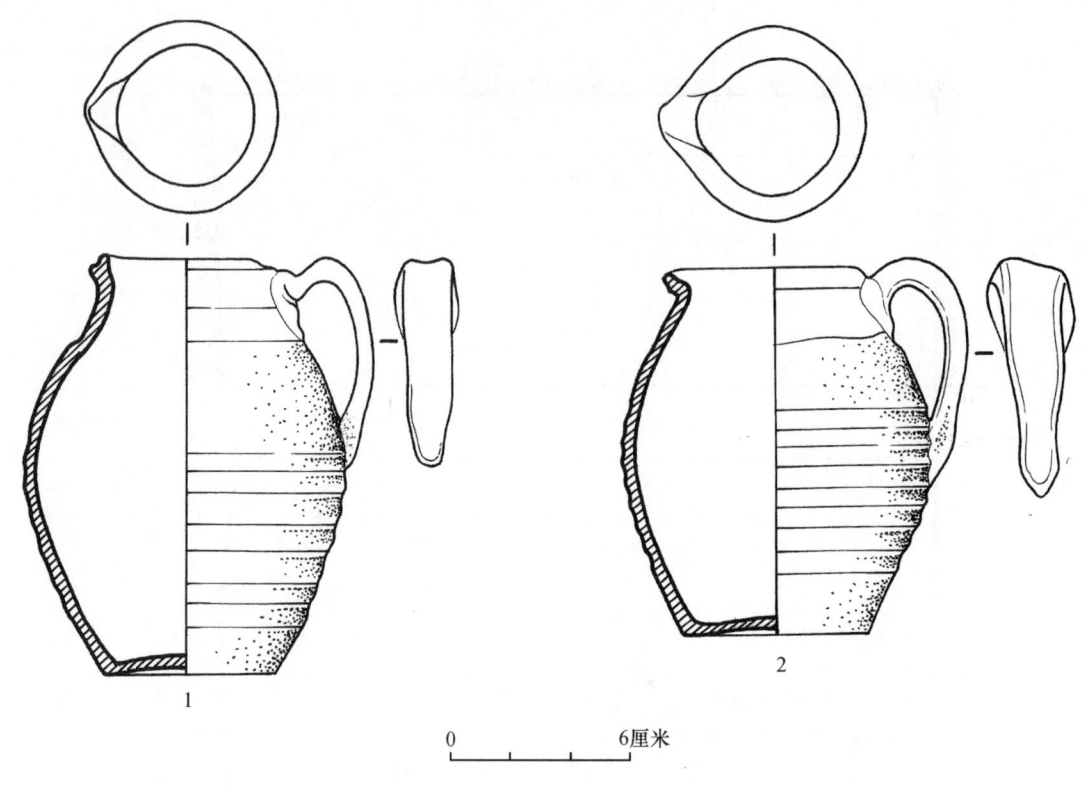

图三五五 M108 出土瓷器
1、2. 瓷罐（M108:1、M108:2）

M109

位置 位于ⅢT0302中部，其西侧、东侧分别为M124、M108。

层位关系 ①→M109→M123→生土。

墓向 337°。

形制与结构 长方形竖穴土坑墓，北端稍宽于南端，直壁平底。长260、宽128～137、深114～116厘米（图三五六）。

填土为黄褐色花土，土质疏松，无包含物。

葬具 两具木棺。西棺长162～176、宽56～66、残高21厘米。东棺长72、宽38、残高22厘米。棺板厚度均不明。另在东棺东北及南端人骨下各有两块残砖。

人骨 2具。西棺内人骨为仰身直肢一次葬，头向北，头骨偏在棺室西北，两臂弯曲置于体侧。东棺内人骨为二次葬，头骨置于棺内北端，肢骨交叠置于头骨两侧及南部。西棺为女性，东棺为男性，年龄不详。

随葬器物 仅发现4枚铜钱，分别置于西棺内人骨颈、腰、骶椎处。

铜钱 4枚。M109:1。均锈蚀。其中"咸平元宝"3枚，郭径分别为2.35、2.4、2.35厘米。另有1枚，钱文为"□□之宝"，郭径2.43厘米（图三八四，1～4）。

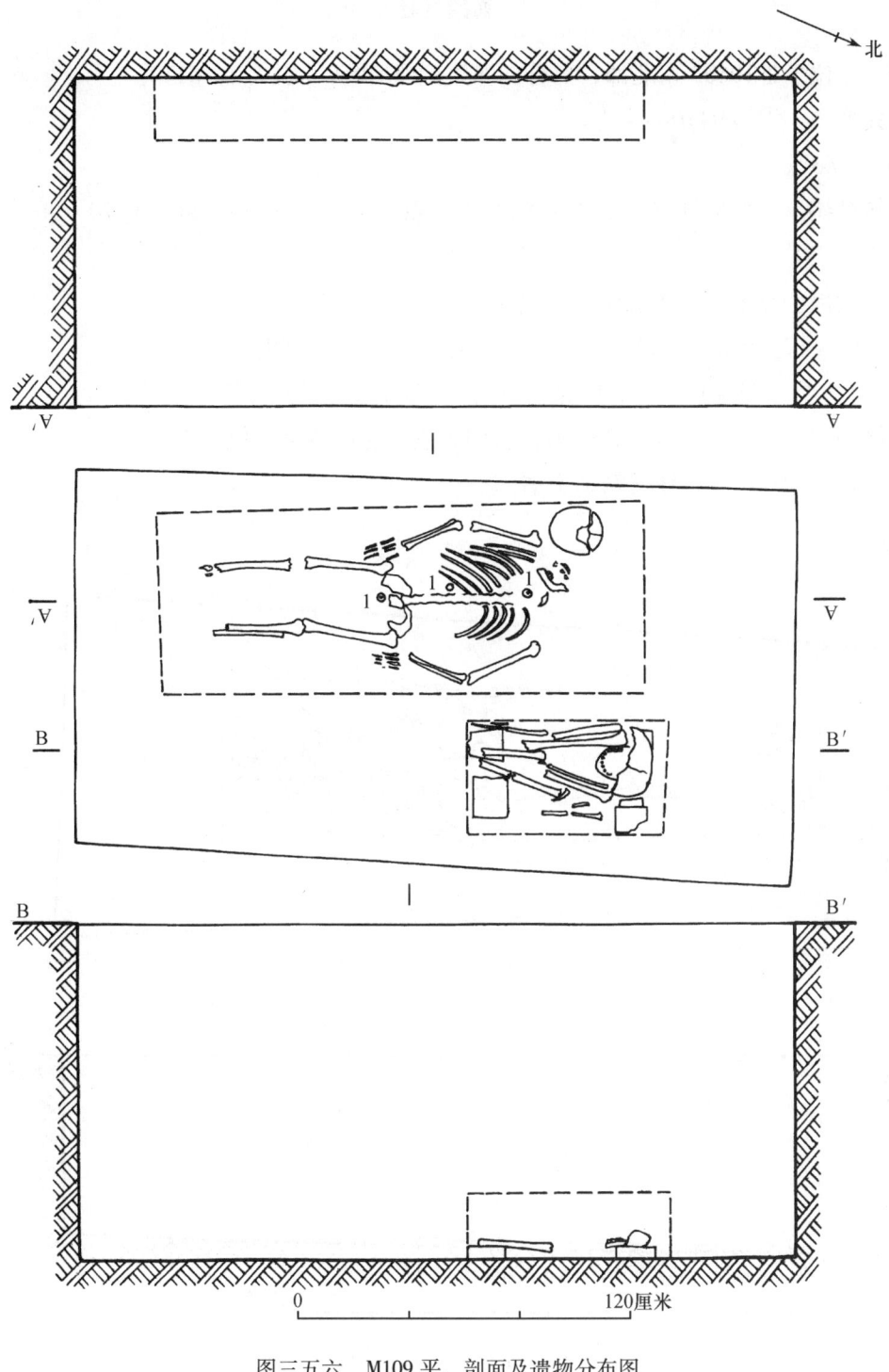

图三五六　M109 平、剖面及遗物分布图
1. 铜钱

M110

位置　位于ⅢT0602东北部，部分向东进入ⅢT0502。其东有M113。

层位关系　①→M110→生土。

墓向　43°。

形制与结构　竖穴土坑墓，北宽南窄，直壁平底。长240~244、宽70~96、深50~56厘米（图三五七）。

填土为黄褐色花土，土质疏松，无包含物。

葬具　一棺。棺痕长175、宽36~46、厚约1厘米，高度不详。

人骨　1具。仰身直肢，头向北，面向上。男性，年龄不详。

随葬器物　仅4枚铜钱。其中头骨右侧2枚，左右膝部外侧各1枚。

铜钱　4枚。M110:1，钱文锈蚀不清。

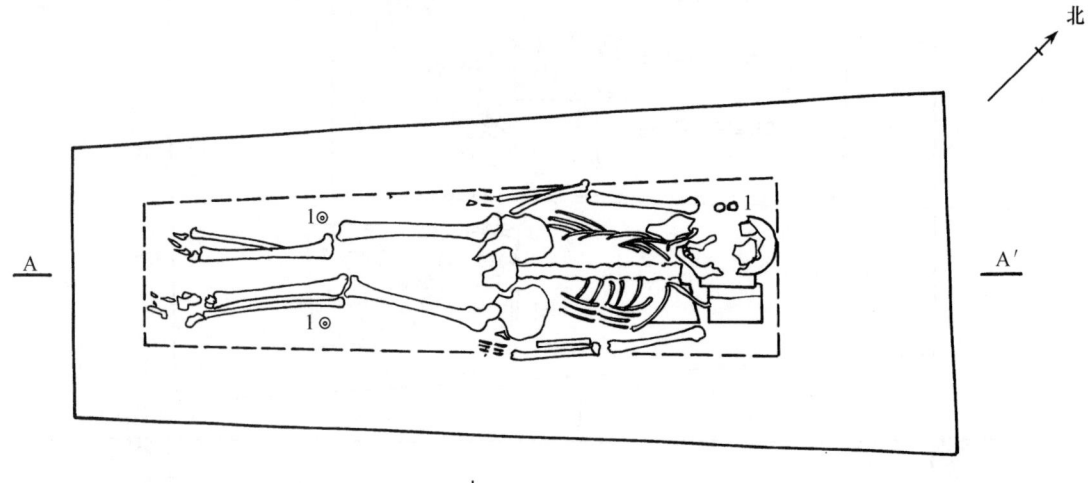

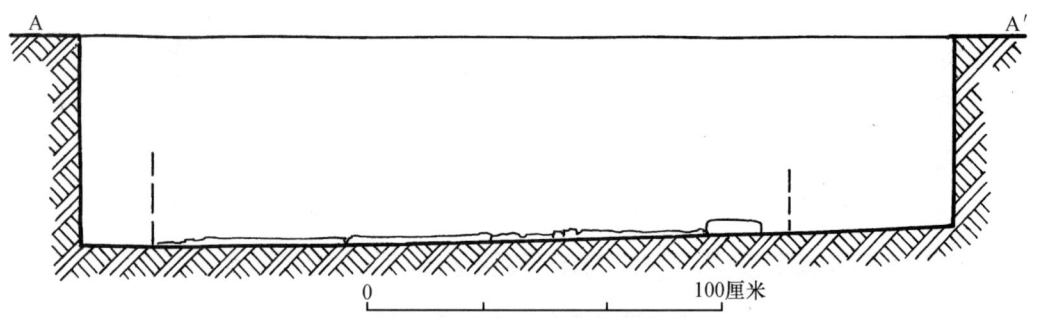

图三五七　M110平、剖面及遗物分布图

1. 铜钱

M111

位置　　位于ⅢT0302 西南部，其西有 M112，东侧打破 M124。

层位关系　　①→M111→M124→生土。

墓向　　330°。

形制与结构　　长方形竖穴土坑墓，直壁平底，北端稍宽于南端。长 264、宽 106～116、深 106 厘米（图三五八）。

填土为浅黄褐土，土质疏松，较黏，无包含物。

葬具　　一棺。位于墓室内偏东。棺痕长 196、宽 47～60、残高 21 厘米，厚度不详。

人骨　　1 具。仰身直肢，头向北，面向西。女性，40 岁左右。

随葬器物　　人骨口内及颈部两侧有铜钱 8 枚。

铜钱　8 枚。M111:1，钱文可辨者 3 枚，分别为"祥□通宝"1 枚，郭径 2.52 厘米；"皇宋通宝"1 枚，郭径 2.46 厘米；"天圣元宝"1 枚，郭径 2.5 厘米（图三八五，1～3）。

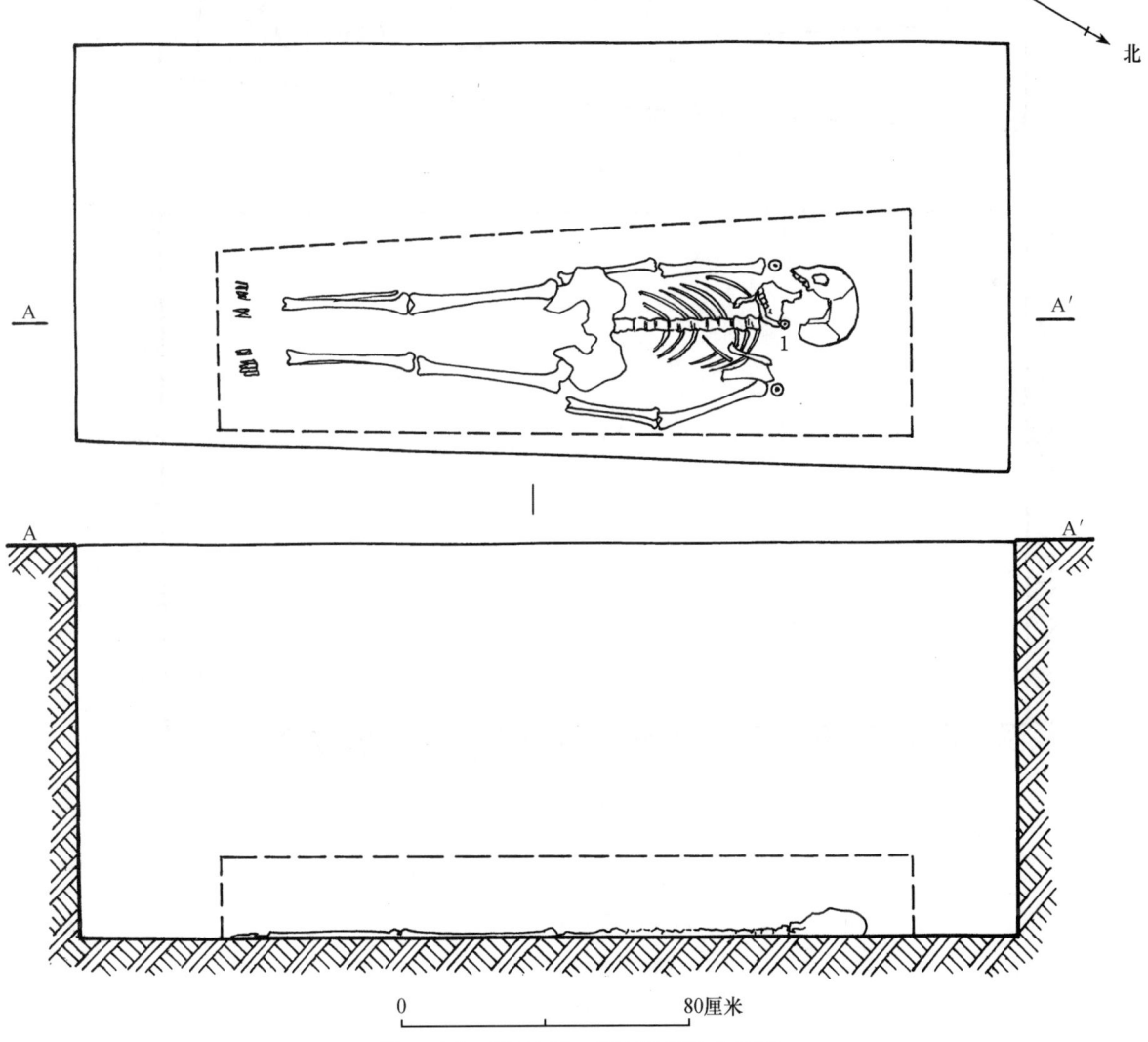

图三五八　M111 平、剖面及遗物分布图

1. 铜钱

M112

位置　位于ⅢT0402东南部，其东为M111。

层位关系　①→M112→生土。

墓向　342°。

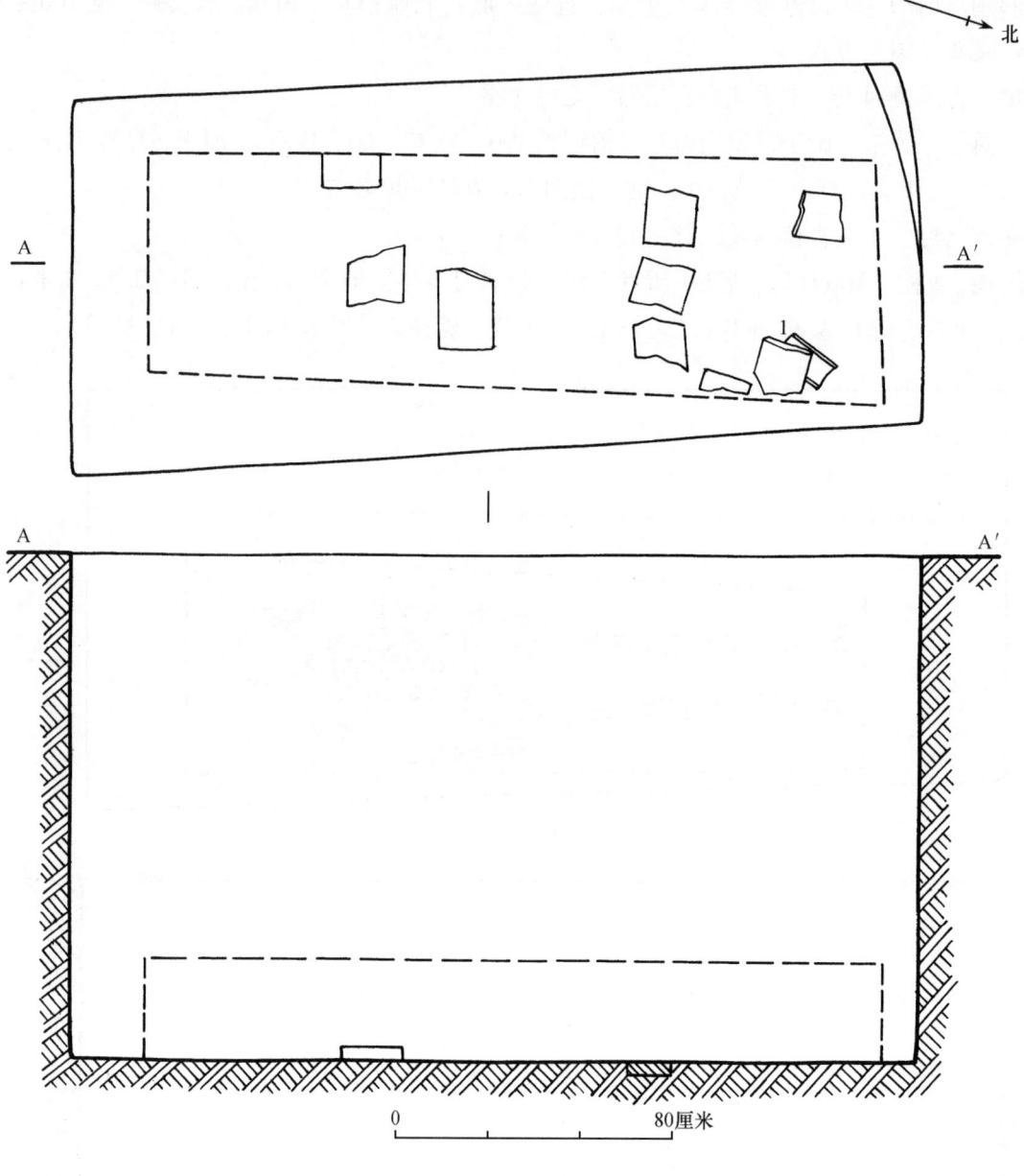

图三五九　M112平、剖面及遗物分布图
1. 铜钱

形制与结构　长方形竖穴土坑墓，直壁平底。长244、宽100～104、深140厘米（图三五九）。

填土为黄褐色花土，土质疏松，无包含物。

葬具　一棺。棺痕长212、宽62～68、残高28厘米，厚度不详。墓室内还发现几块凌乱的残砖瓦，可能为迁葬墓。

人骨　不详。

随葬器物　墓内东北角有铜钱1枚。

铜钱　1枚。M112：1，钱文不可辨，郭径2.4厘米。

M113

位置　位于ⅢT0502东部，其西北为M110，东为M112。

层位关系　①→M113→生土。

墓向　34°。

形制与结构　长方形竖穴土坑墓，直壁平底。长244、宽90～94、深42厘米（图三六〇）。填土为黄褐色花土，土质疏松，无包含物。

葬具　一棺。棺痕长178、宽46～50、残高14、厚0.5厘米。

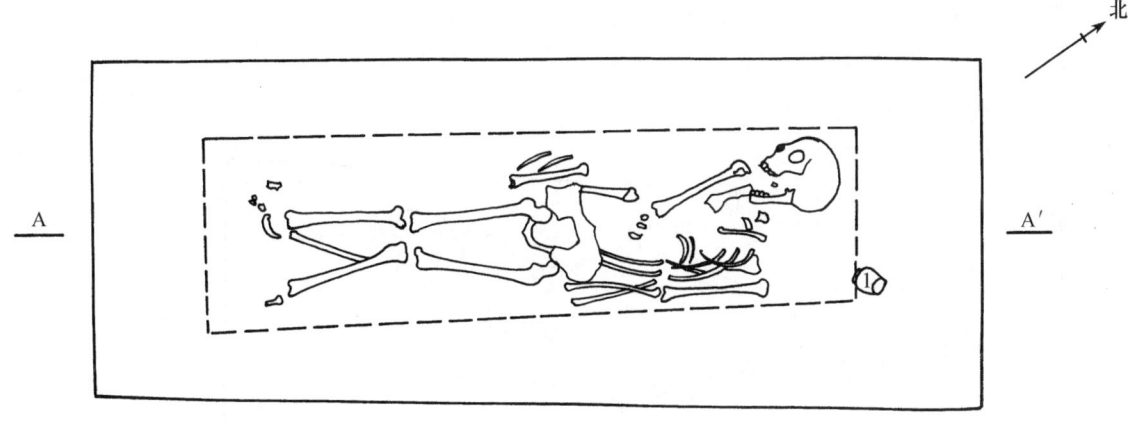

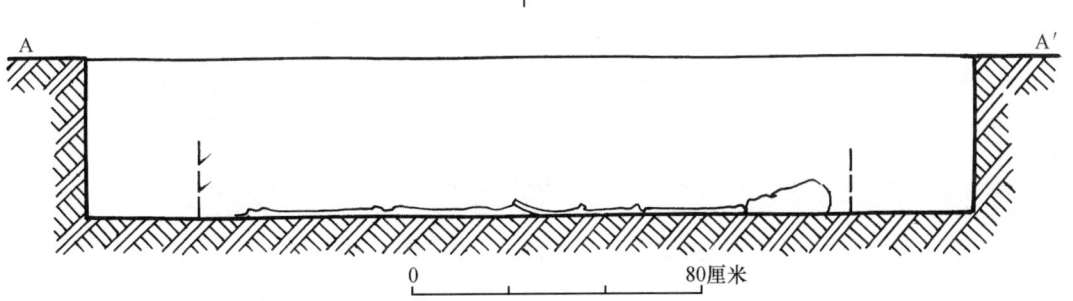

图三六〇　M113平、剖面及遗物分布图

1. 瓷罐

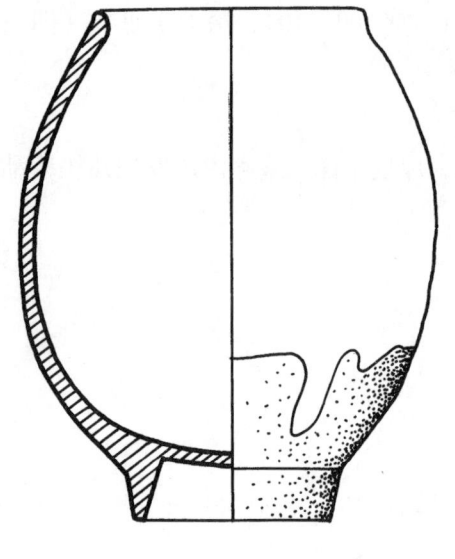

图三六一　M113出土瓷罐（M113:1）

人骨　　1具。仰身直肢，头向北，面向西。男性，年龄不详。

随葬器物　　仅1件小瓷罐，位于头端棺外。

瓷罐　　1件。M113:1，灰白胎，外施黑釉，内全施黑釉。敛口，沿微侈，圆唇，弧腹，圜底，圈足。高8.8、口径5.2、腹径7.6、底径3.8厘米（图三六一；图版九一，4）。

M116

位置　　位于ⅢT0403西南部，打破M117。

层位关系　　①→M116→M117→生土。

墓向　　5°。

形制与结构　　长方形竖穴土坑墓，直壁平底。长230、宽60~85、深28厘米（图三六二）。

填土为黄褐色花土，土质疏松，无包含物。

葬具　　不详。

人骨　　1具。仰身直肢葬，头向北。女性，年龄不详。

随葬器物　　胸部西侧发现有3枚铜扣。

铜扣　　3枚。M116:1，呈圆形，直径1厘米。

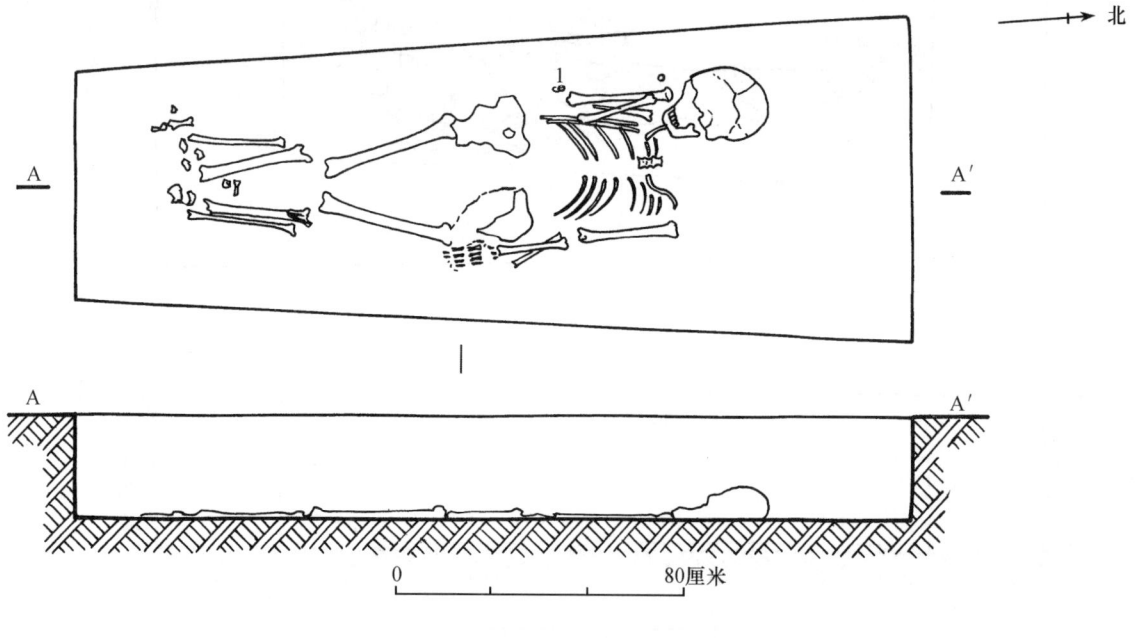

图三六二　M116平、剖面及遗物分布图
1. 铜扣

M117

位置 位于ⅢT0403西南部，其东被M116打破。

层位关系 ①→M116→M117→生土。

墓向 41°。

形制与结构 长方形竖穴土坑墓，直壁平底。长250、宽80~88、深34厘米（图三六三）。

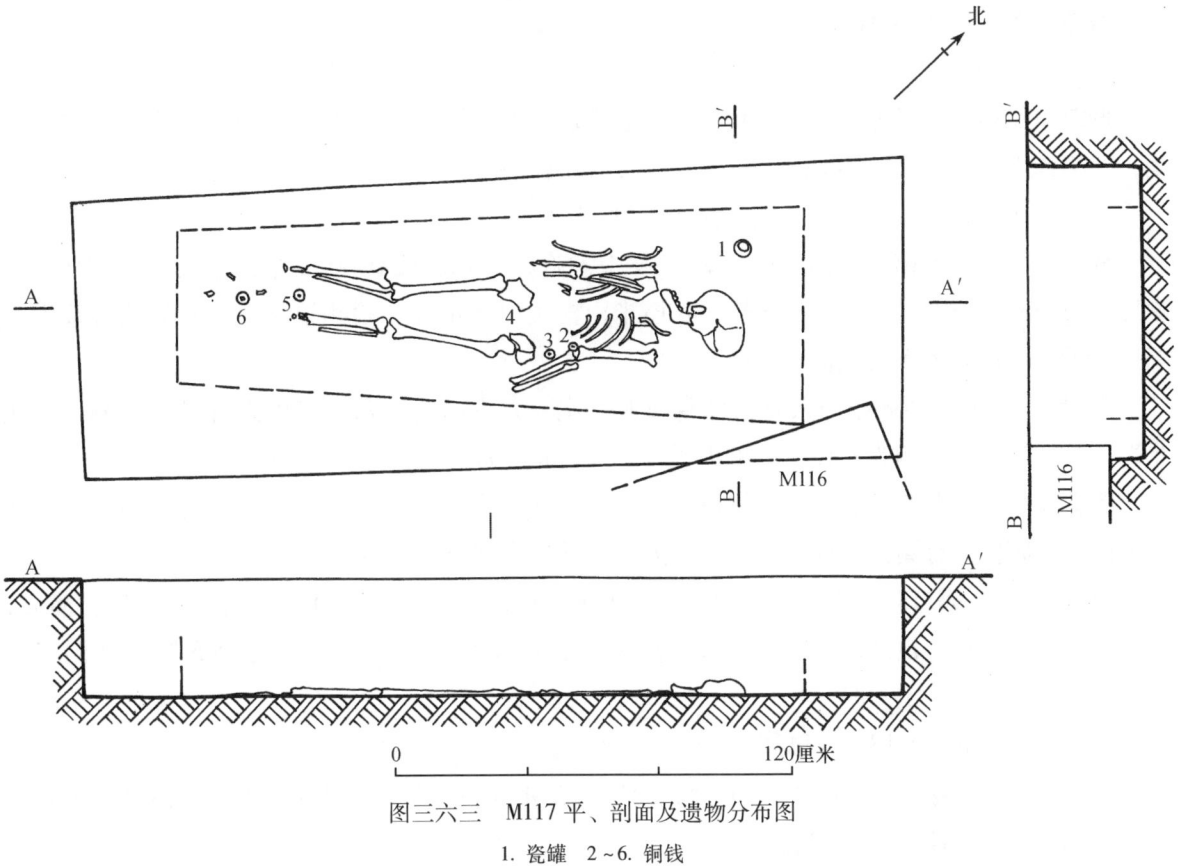

图三六三 M117平、剖面及遗物分布图
1. 瓷罐 2~6. 铜钱

填土为黄褐色花土，土质疏松，无包含物。

葬具 一棺。棺痕长192、宽44~62、残高4、厚约0.5厘米。

人骨 1具。仰身直肢，头向北，面向西。性别、年龄不详。

随葬器物 头骨右侧有瓷罐1件，左臂内侧及盆骨处有5枚铜钱。

瓷罐 1件。M117：1，灰白胎，外施黑釉，内全施黑釉。小口，侈沿，圆唇，弧腹，圜底，圈足。高6.9、口径4.1、底径3.2厘米（图三六四；图版

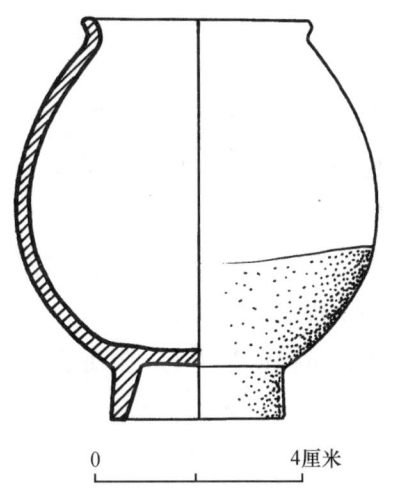

图三六四 M117出土瓷罐（M117：1）

九一，5）。

铜钱　5枚。M117:2，其中3枚钱文可辨，均为"乾隆通宝"。郭径分别为2.42、2.55、2.5厘米（图三八四，5~7）。

M118

位置　位于ⅢT0303中部，东南为M120。

层位关系　①→M118→生土。

墓向　23°。

形制与结构　长方形竖穴土坑墓。墓长260、宽144~180厘米。直壁，墓底西半深东半浅，西半深106、东半深76厘米（图三六五；彩版一一，1）。

填土为黄褐色花土，土质疏松，无包含物。

葬具　二具木棺。西侧棺痕长207~210、宽68~72、残高60厘米，棺板厚度不详。东侧棺痕长207~210、宽52~74、残高30厘米，棺板厚度不详。西侧棺室北端有砖块，墓主头端有3板瓦。东侧棺室南北横置有砖块。

人骨　2具。西侧棺内人骨为仰身直肢一次葬，头向北。东侧棺内人骨是二次葬，头在北端，骨架散乱。西侧为女性，东侧为男性，年龄均不详。

随葬器物　共5件。其中西侧棺内，北端砖块上有1件瓷罐，头骨西侧有铜钱1枚、耳坠1件，两膝件亦有铜钱1枚；东侧棺内人头骨处也发现铜钱1枚。

瓷罐　1件。M118:1，灰白胎，内外均施深酱釉，外不及底。直口，圆唇，高领，溜肩，弧腹，圜底，圈足。领部以下饰凹弦纹。高11.1、口径5.7、腹径8、底足高5厘米（图三六六；图版九一，6）。

铜耳坠　1件。M118:4，已残。

铜钱　3枚。编号为M118:2、3、5，锈蚀，其中M118:2为"康熙通宝"，郭径2.3厘米（图三八五，5）；M118:5为"乾隆通宝"。

M119

位置　位于ⅢT0304东北，部分向东进入ⅢT0204。

层位关系　①→M119→生土。

墓向　27°。

形制与结构　竖穴土坑墓，平面略呈梯形，北宽南窄。直壁平底。长260、宽130~150、深25厘米（图三六七）。

填土为黄褐色五花土，土质疏松，无包含物。

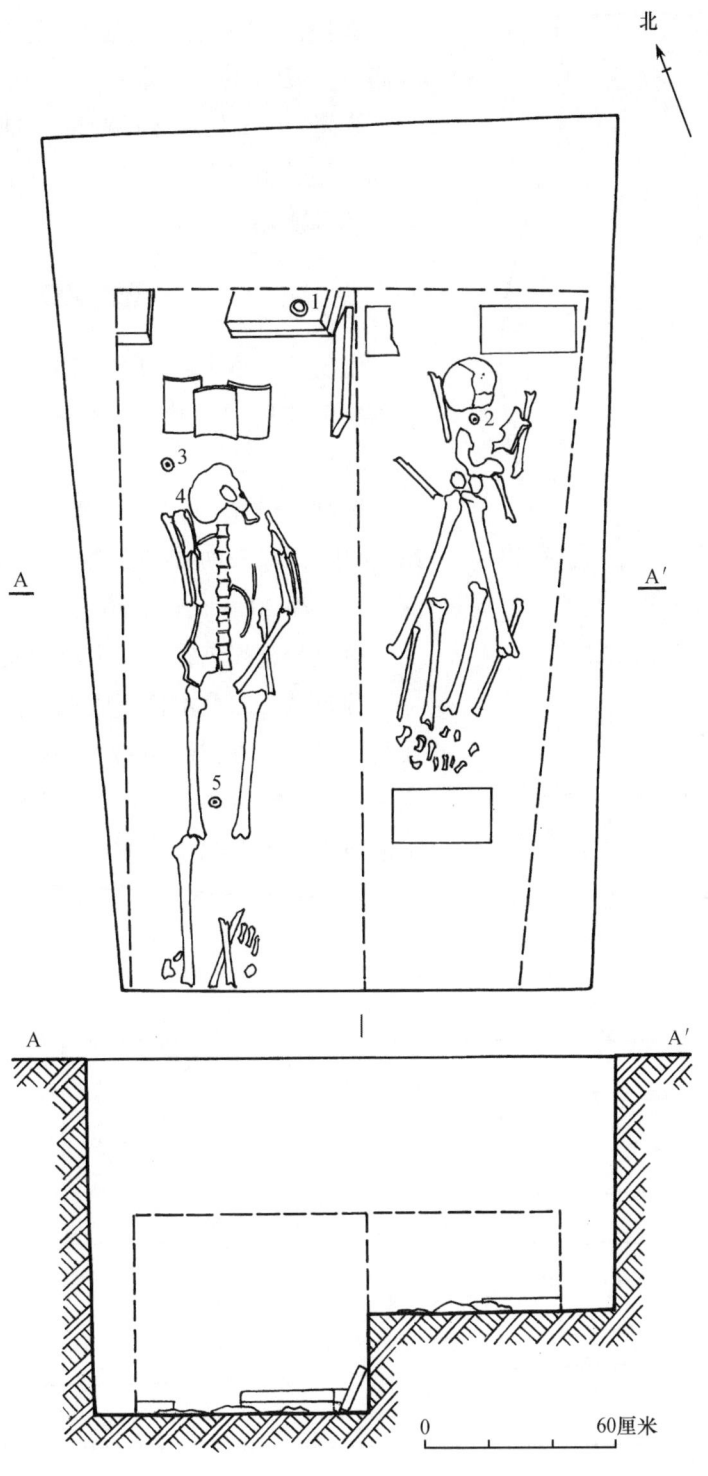

图三六五　M118 平、剖面及遗物分布图
1. 瓷罐　2、3、5. 铜钱　4. 耳坠

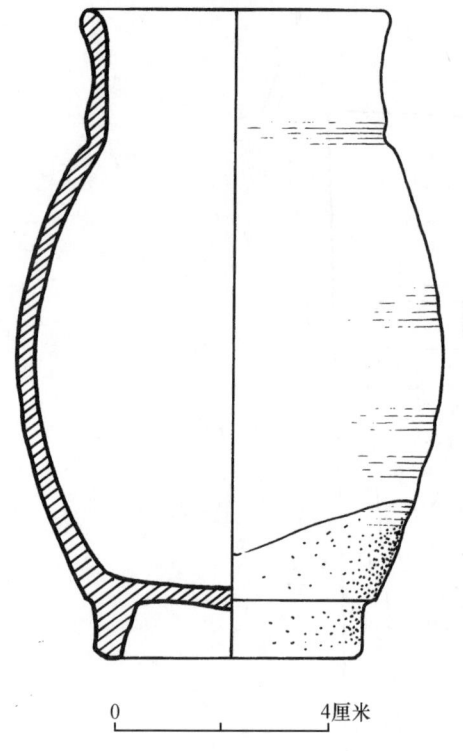

图三六六 M118 出土瓷罐（M118:1）

葬具　　一棺。棺痕呈炭黑色，长220、宽60、残高14、板厚约1厘米。

人骨　　1具。保存较差，仰身直肢葬，头向北。性别、年龄不详。

随葬器物　　无。

M120

位置　　位于ⅢT0303东南部，其西北为M118。

层位关系　　①→M120→生土。

墓向　　15°。

形制与结构　　不规则长方形竖穴土坑墓。长239～264、宽238～270厘米。直壁，墓底西半浅东半深，西半深30、东半深80厘米（图三六八）。

填土为黄褐色花土，土质疏松，无包含物。

葬具　　二具木棺。西棺痕长约180、宽36～58、残高10厘米，棺板厚度约1厘米。东棺室长约158、宽34～44、残高20厘米。西棺内骨架头下枕两片瓦，东棺内骨架头下枕一片瓦。

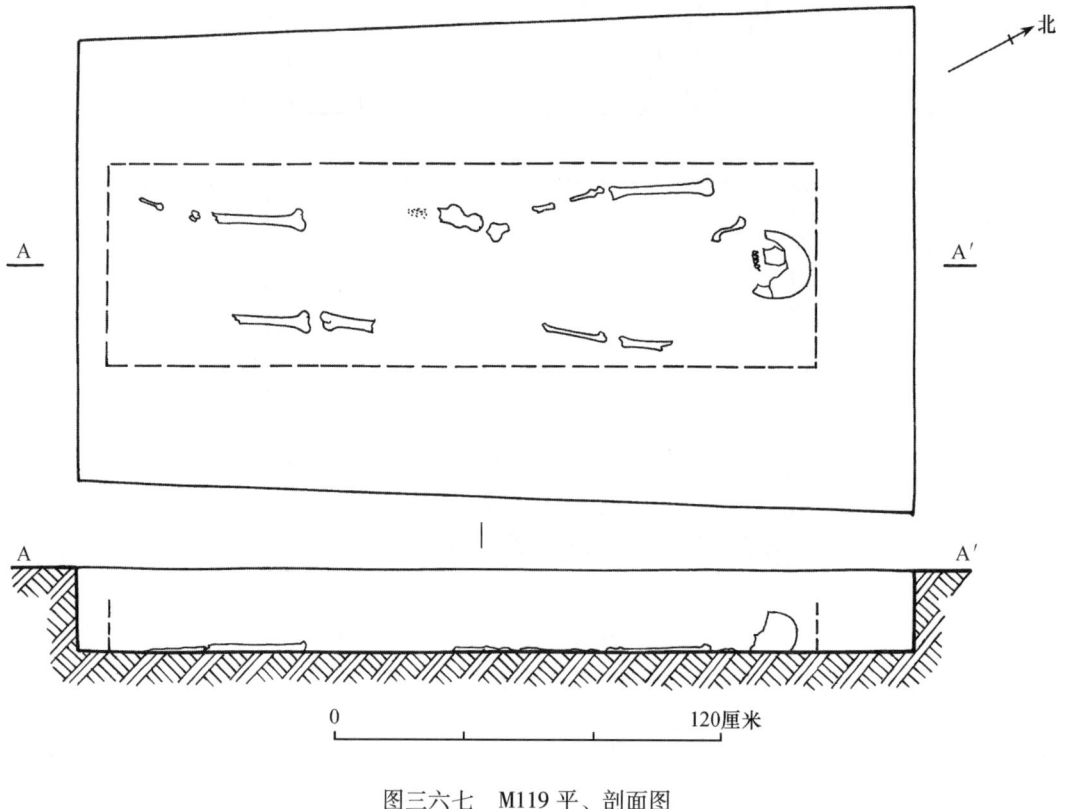

图三六七　M119平、剖面图

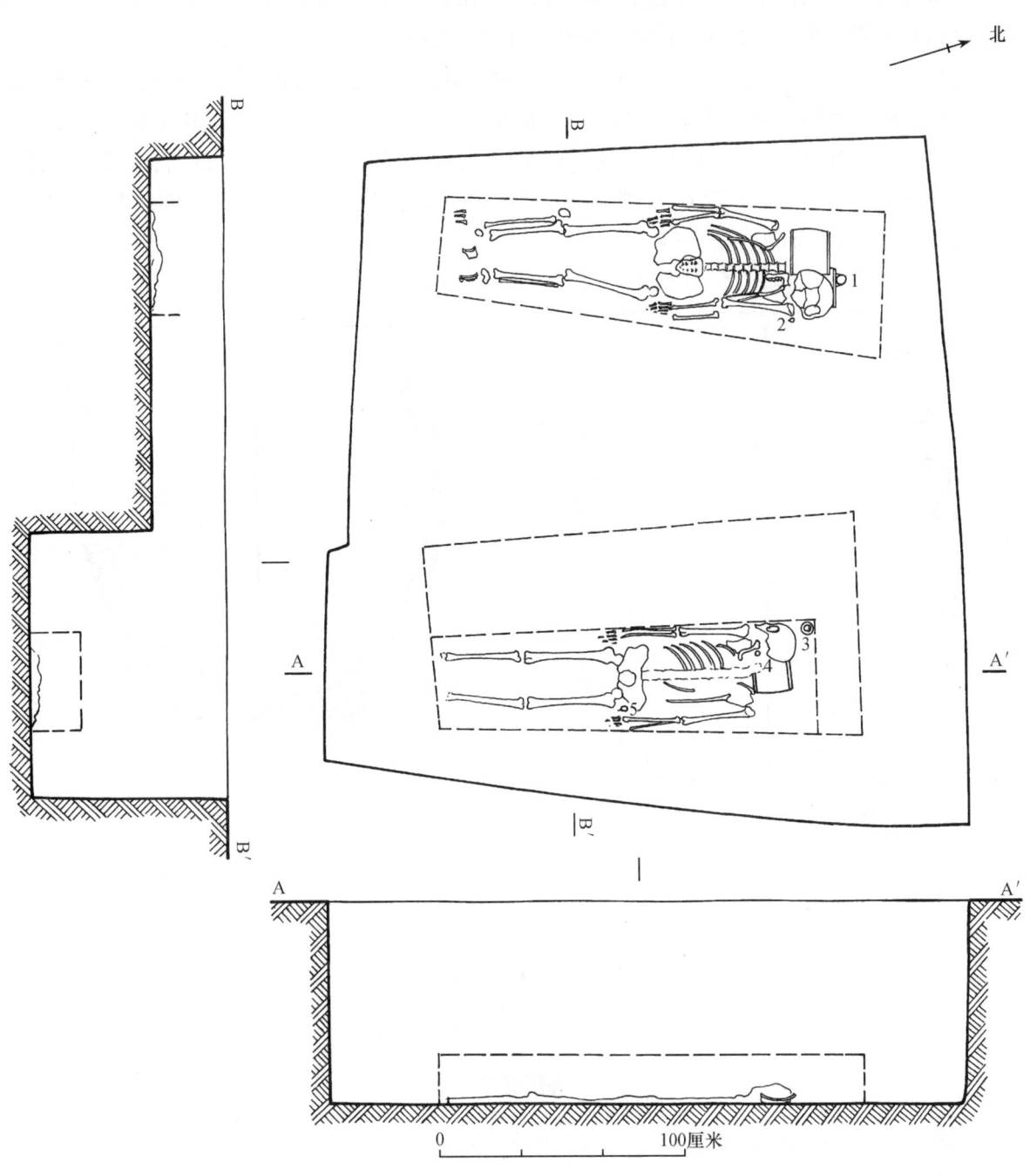

图三六八　M120 平、剖面及遗物分布图

1、3. 瓷罐　2、5. 铜扣　4. 铜耳坠

葬式　2具。均仰身直肢，头向北。性别、年龄不详。

随葬器物　西棺室内，墓主头端置1酱釉瓷罐，头侧有铜扣2枚。东棺室内，墓主头端置1件酱釉瓷罐，头骨侧1件铜耳坠，左臂处有2枚铜扣。

瓷罐　2件。M120:1，灰白胎，器表上半部饰黑釉，内全施黑釉。敛口，圆唇，短颈，弧腹，平底，圈足较矮。颈肩部饰对称双耳。高7.7、口径5.7、底径4.4厘米（图三六九，2；图版九二，1）。M120:3，灰白胎，外施黑釉及下腹，内全施黑釉。侈口，圆唇，弧腹，圈足。腹壁饰凹弦纹。高10.2、口径6.5、腹径8.2、底径4.8厘米（图三六九，1；图版九二，2）。

铜耳坠　1件。M120:4，已残。

铜扣　4枚。M120:2、5，均圆形，直径1厘米。

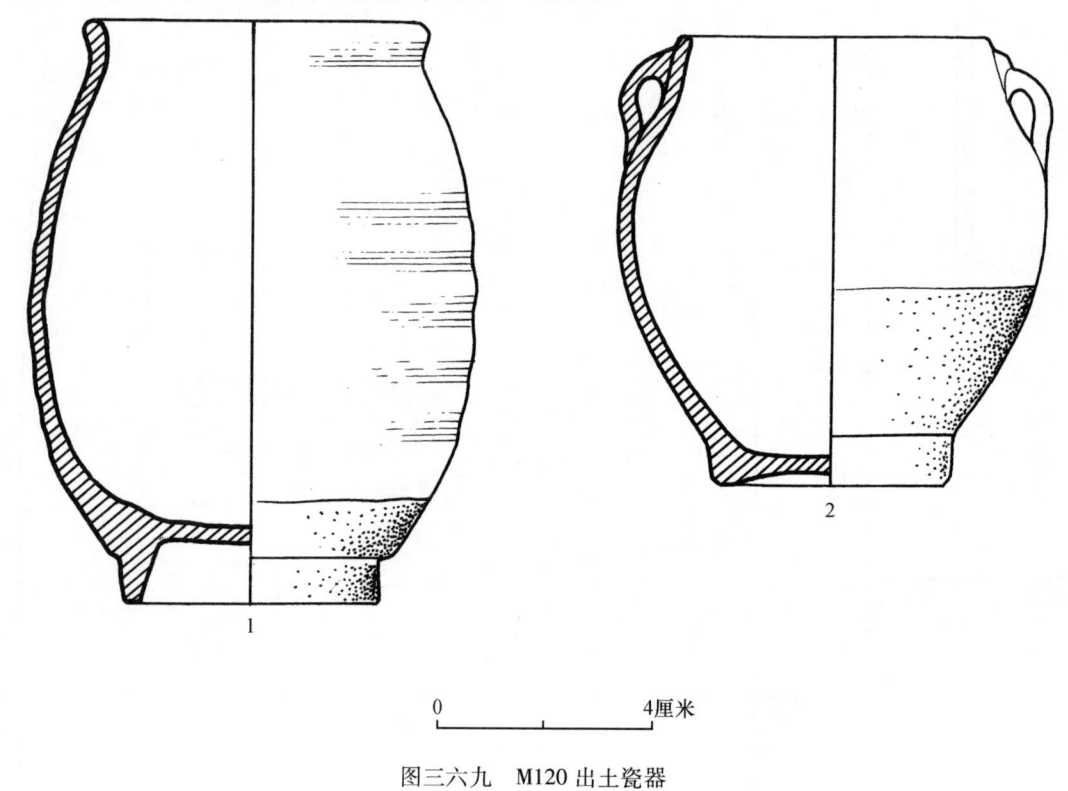

图三六九　M120出土瓷器
1、2. 瓷罐（M120:3、M120:1）

M121

位置　位于ⅢT0304东部，其东打破M131，西南为M129。

层位关系　①→M121→M131→生土。

墓向　28.5°。

形制与结构　曲尺形竖穴土坑墓，直壁。墓室西部长134、宽66厘米；东部长230、宽82厘米。墓底西半浅东半深，西半底部平坦，深40厘米；东半底部北高南低，深46~61厘米（图三七○）。

填土为黄褐色花土，土质疏松，无包含物。

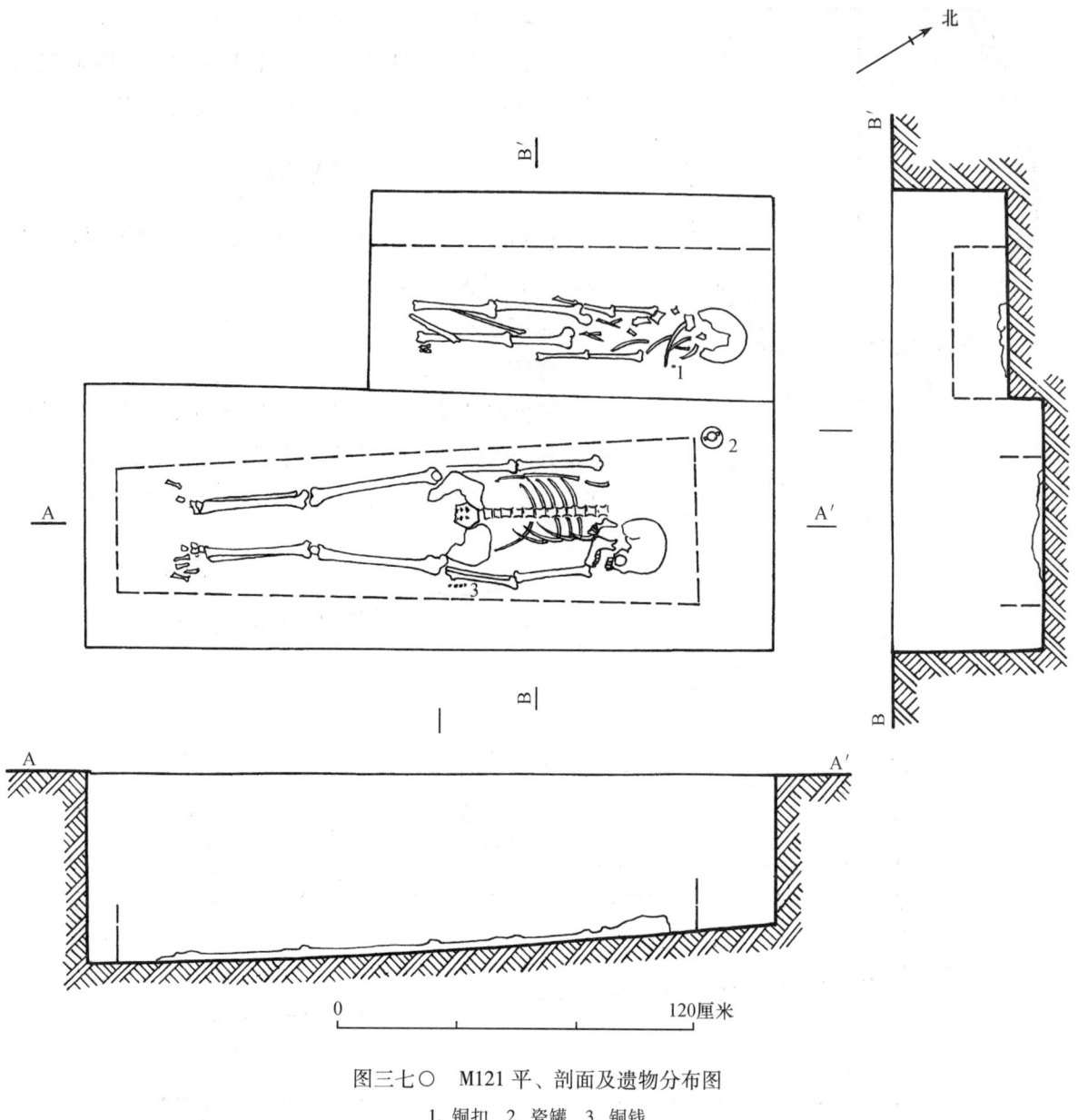

图三七〇 M121 平、剖面及遗物分布图
1. 铜扣 2. 瓷罐 3. 铜钱

葬具 二具木棺。西棺痕长134、宽48、残高18、厚0.5厘米。东侧棺痕长196、宽40~52、残高8~16厘米。

人骨 2具。西侧为二次葬,头在北端,肢骨及其他骨骼密集排放在头骨南侧。东侧为仰身直肢葬,头向北,面向东。性别、年龄均不详。

随葬器物 西侧人架头骨东侧有铜扣1枚。东侧棺外西北角有瓷罐1件,东侧人架左手边有铜钱7枚。

瓷罐 1件。M121:2,灰白胎,外大部分饰黑釉,内全施黑釉。敛口,圆唇,弧腹,最大径偏下,圜底,圈足。高7.6、口径4.8、腹径7、底径3.4厘米(图三七一;图版九二,3)。

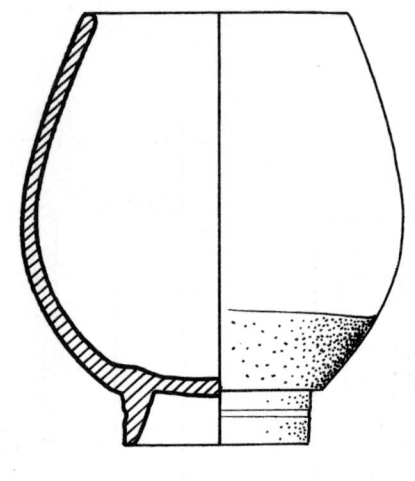

图三七一　M121 出土瓷罐（M121:2）

铜扣　1 枚。M121:1，圆形，直径 1 厘米。

铜钱　7 枚。M121:3，其中 1 枚为"康熙通宝"，郭径 2.5 厘米（图三八五，4）。余钱文不清。

M124

位置　位于Ⅲ T0302 西部，其西部被 M111 打破，东有 M109。

层位关系　①→M111→M124→生土。

墓向　352°。

形制与结构　长方形竖穴土坑墓，北壁下部外张，其余壁较直，底部北高南低。墓室口部长 260、底部长 266、宽 150、墓深 108～116 厘米（图三七二）。

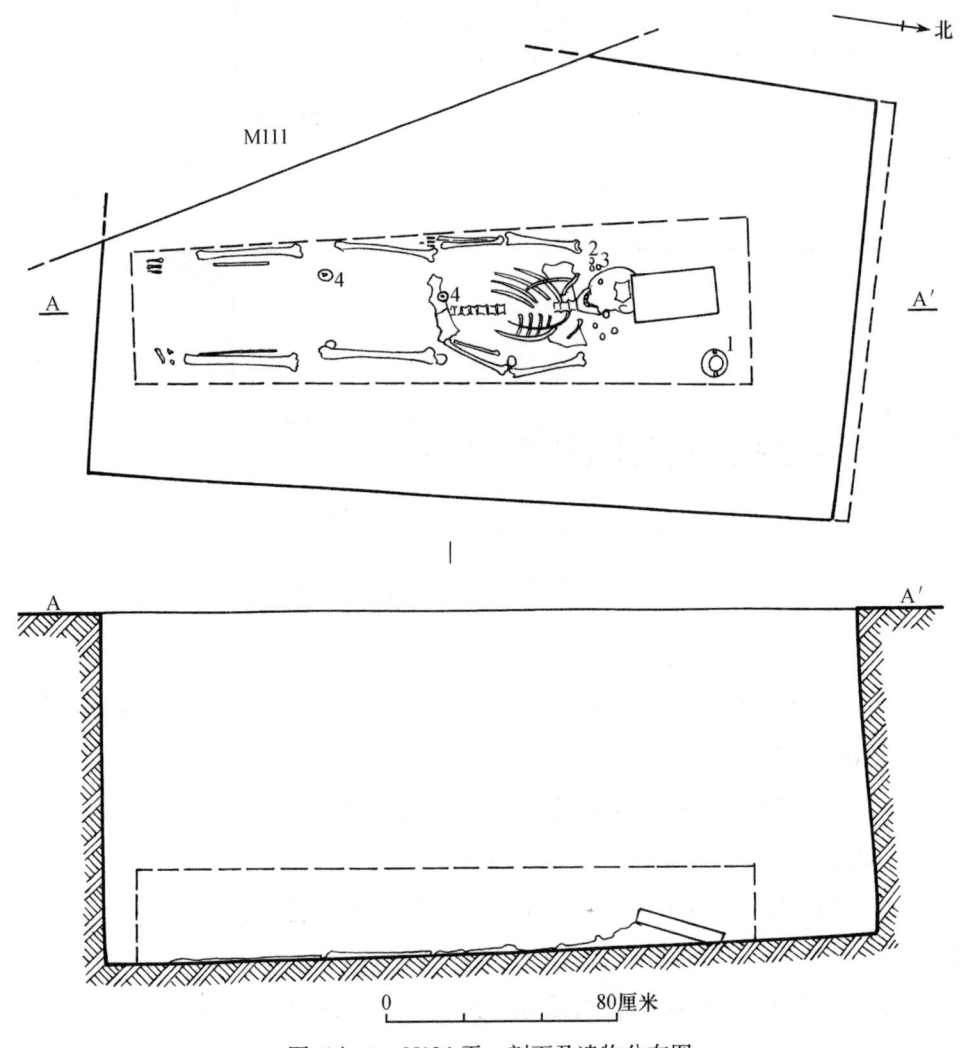

图三七二　M124 平、剖面及遗物分布图

1. 瓷罐　2. 骨环　3. 铜环　4. 铜钱

填土为深黄褐色花土，土质疏松，无包含物。

葬具 一棺。棺痕长 206~212、宽 42~56、残高 24~30、厚 0.5 厘米。墓主头骨上斜放一砖，素面，长 32、宽 17、厚 4 厘米。

人骨 1 具。仰身直肢，头向北。男性，年龄不详。

随葬器物 棺内东北角有瓷罐 1 件；头骨右侧有骨环 1 件、铜环 2 件；另有铜钱 7 枚，散见于胸、腹部及两膝内侧。

瓷罐 1 件。M124:1，褐胎，内外饰酱釉，外不及底。口部一流，微外侈，高领，溜肩，弧腹，平底。与流相对的一侧有一执手。腹部饰凹弦纹。高 11.4、口径 6.3、腹径 8.9、底径 6.5 厘米（图三七三；图版九二，4）。

骨环 1 件。M124:2，直径约 1 厘米。

铜环 2 件。M124:3，形制相同，直径约 1 厘米。

铜钱 7 枚。M124:4，其中 6 枚为"熙宁重宝"，郭径分别为 2.83 厘米、3.1 厘米、3.06 厘米、2.9 厘米、3 厘米、2.85 厘米。另 1 枚钱文不清（图三八四，8~13）。

图三七三　M124 出土瓷罐（M124:1）

M129

位置 位于ⅢT0304 南部，其东北为 M121、M131。

层位关系 ①→M129→M130→生土。

墓向 40°。

形制与结构 长方形竖穴土坑墓，直壁平底。长 200、宽 39~58、深 36 厘米（图三七四）。填土为黄褐色花土，土质较硬，无包含物。

葬具 不详。

人骨 1 具。仰身直肢葬，头向东北。性别、年龄不详。

随葬器物 仅在胸部发现 3 枚铜钱。

铜钱 3 枚。M129:1，均为"乾隆通宝"，郭径分别为 2.22、2.22、2.2 厘米（图三八五，6~8）。

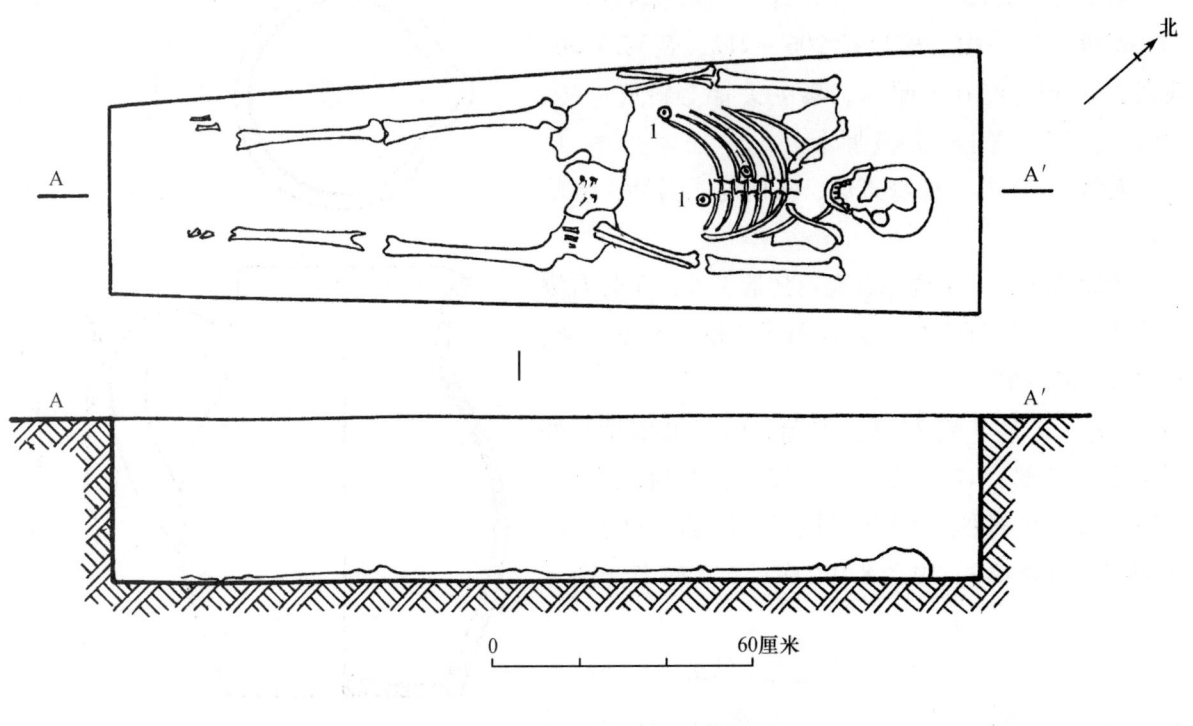

图三七四　M129 平、剖面及遗物分布图
1. 铜钱

M131

位置　　位于ⅢT0204 和ⅢT0304 之间，其西侧被 M121 打破。

层位关系　　①→M121→M131→生土。

墓向　　55°。

形制与结构　　竖穴土坑墓，平面略呈梯形，北宽南窄。直壁，墓底西半部略高于东半部。墓长260、宽121~212、西半深46、东半深60厘米（图三七五；彩版一一，2）。

填土为黄褐色花土，土质疏松，无包含物。

葬具　　二具木棺，分别与东、西壁平行，而相互不平行。西侧棺痕长226、宽30~56、残高10、厚约0.5厘米。东侧棺痕长约186、宽48~66、残高6~10、厚约0.5厘米。

人骨　　2具。均仰身直肢葬，头向北，面向上。性别、年龄不详。

随葬器物　　共3件（组），均置于东侧棺内。酱釉瓷罐1件，置于东侧棺内西北角；铜扣10枚，散布于人骨颌下及左上臂处；铜钱4枚，置于左上臂外侧。

瓷罐　1件。M131:1，灰白胎，内外均施灰釉，外不及底。口较直，圆唇，弧腹，圜底，圈足。高7.6、口径4.6、腹径7.2、底径3.7厘米（图三七六；图版九二，5）。

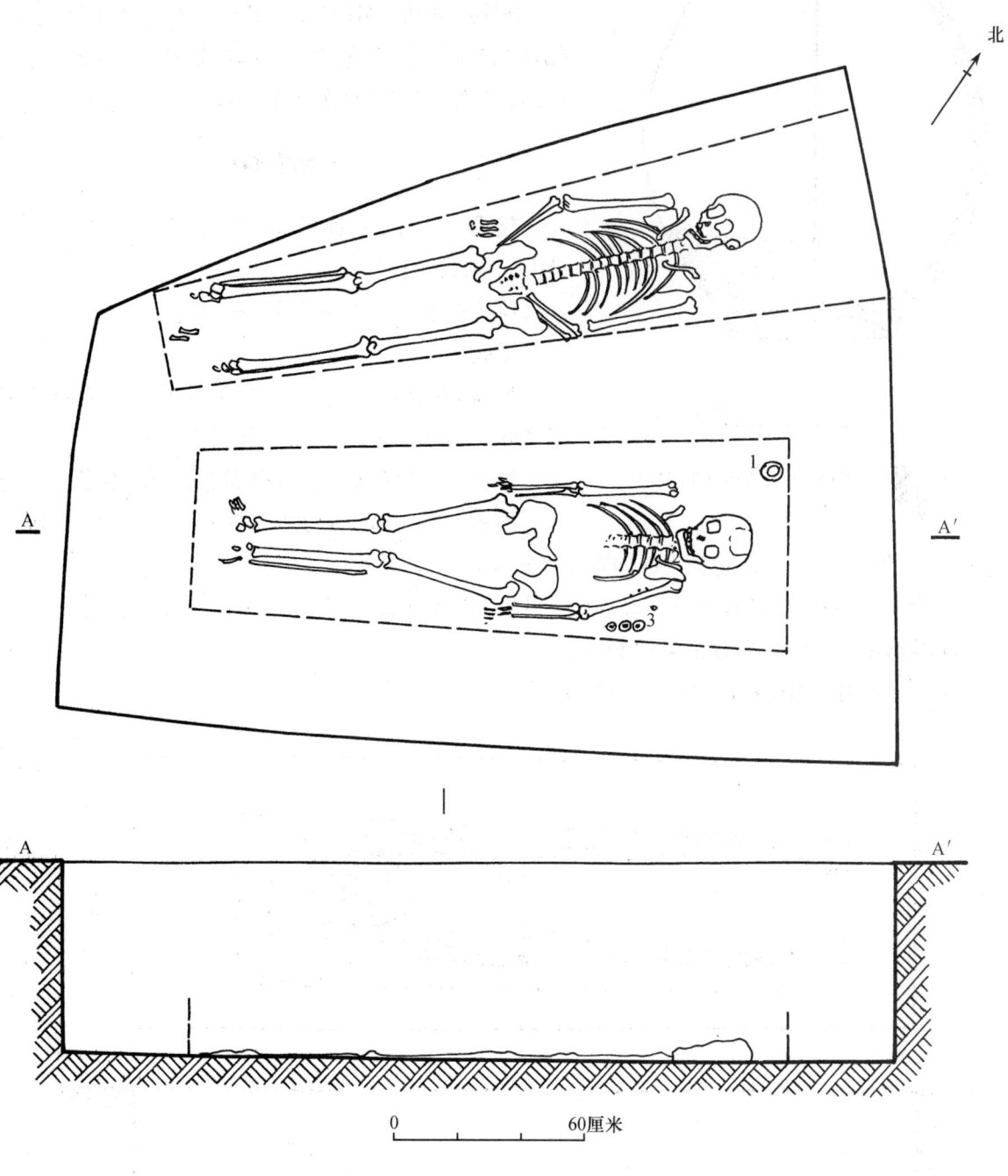

图三七五 M131 平、剖面及遗物分布图
1. 瓷罐 2. 铜扣 3. 铜钱

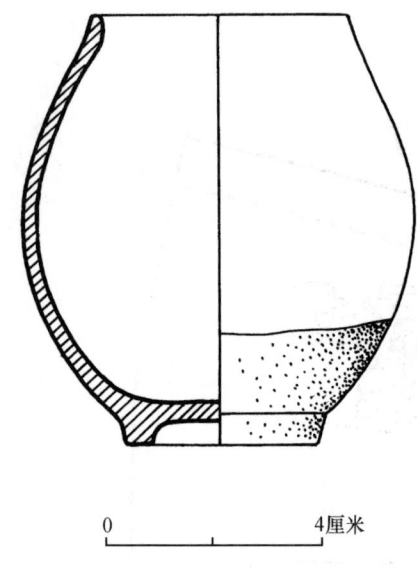

图三七六　M131 出土瓷罐（M131:1）

铜扣　10 枚。M131:2，圆形。直径 1 厘米。

铜钱　4 枚。M131:3，其中 1 枚为"康熙通宝"，郭径 2.3 厘米；3 枚为"乾隆通宝"，郭径分别为 2.25、2.28、2.23 厘米（图三八五，9~12）。

M134

位置　位于Ⅲ T0202 东北部，其西为 M135、M107，南为 M136。

层位关系　①→M134→生土。

墓向　322°。

形制与结构　长方形竖穴土坑墓，直壁平底。长 246、宽 81、深 30 厘米（图三七七）。填土为黄褐色花土，土质疏松，无包含物。

葬具　一棺。棺痕长 187~192、宽 42~50、残高 16、厚约 0.5 厘米。墓主头下纵向置三块板瓦。

人骨　1 具。仰身直肢葬，头向北。男性，年龄不详。

随葬器物　仅在胸部发现 10 枚铜扣。

铜扣　10 枚。M134:1，圆形。直径 1 厘米。

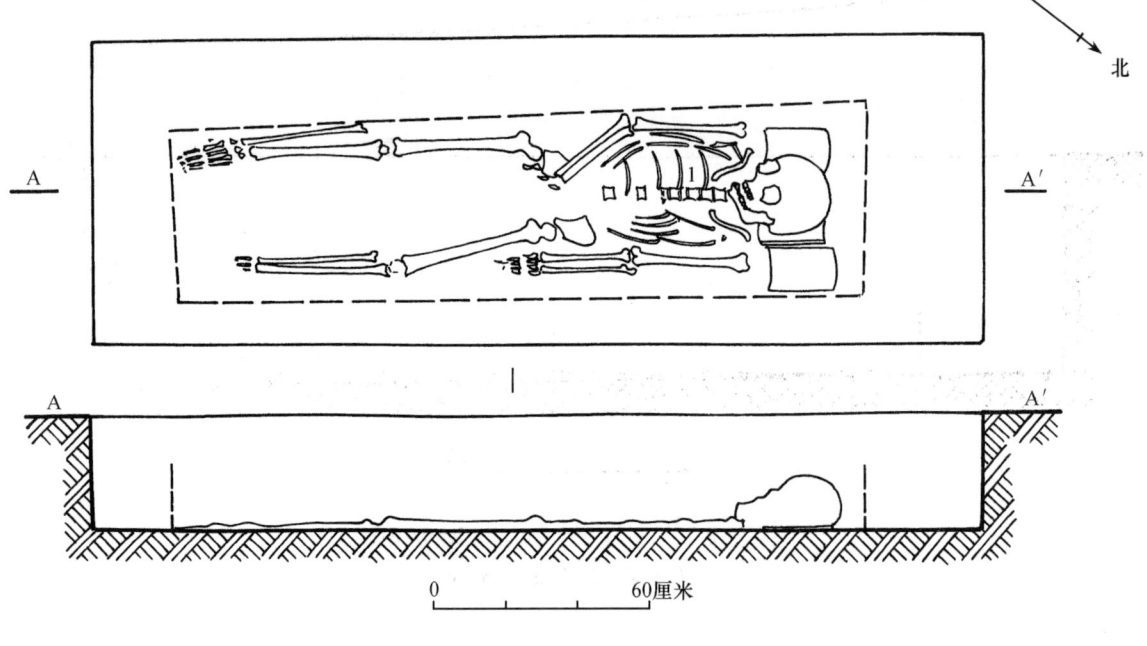

图三七七　M134 平、剖面及遗物分布图
1. 铜扣

M135

位置 位于ⅢT0202北部，其西被M107打破，东、南侧有M134、M136。

层位关系 ①→M107→M135→生土。

墓向 3°。

形制与结构 竖穴土坑墓，平面略呈梯形，北宽南窄，直壁平底。长260、宽38～58、深40厘米（图三七八）。

填土为黄褐色花土，土质疏松，无包含物。

葬具 不详。

人骨 1具。仰身直肢葬，头向北。男性，50岁左右。

随葬器物 无。

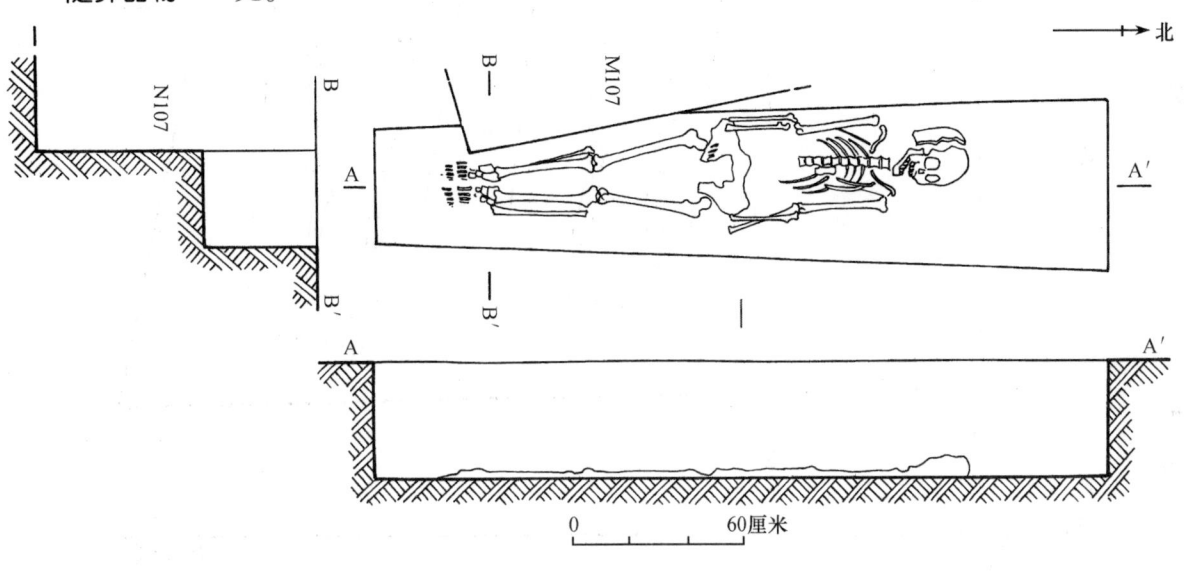

图三七八 M135平、剖面图

M136

位置 位于ⅢT0202东南部，其北有M107、M134、M135。

层位关系 ①→M136→生土。

墓向 0°。

形制与结构 竖穴土坑墓，平面呈不规则四边形，直壁。墓长236～262、宽216～270厘米。墓底西半部略高于东半部，西半深118、东半深120厘米（图三七九）。

填土为黄褐色花土，土质疏松，无包含物。

葬具 二具木棺，均大致与东壁平行。西侧棺痕长180、宽56～62、残高26、厚约1厘米。东侧棺痕长195、宽50～64、残高30、厚约1厘米。

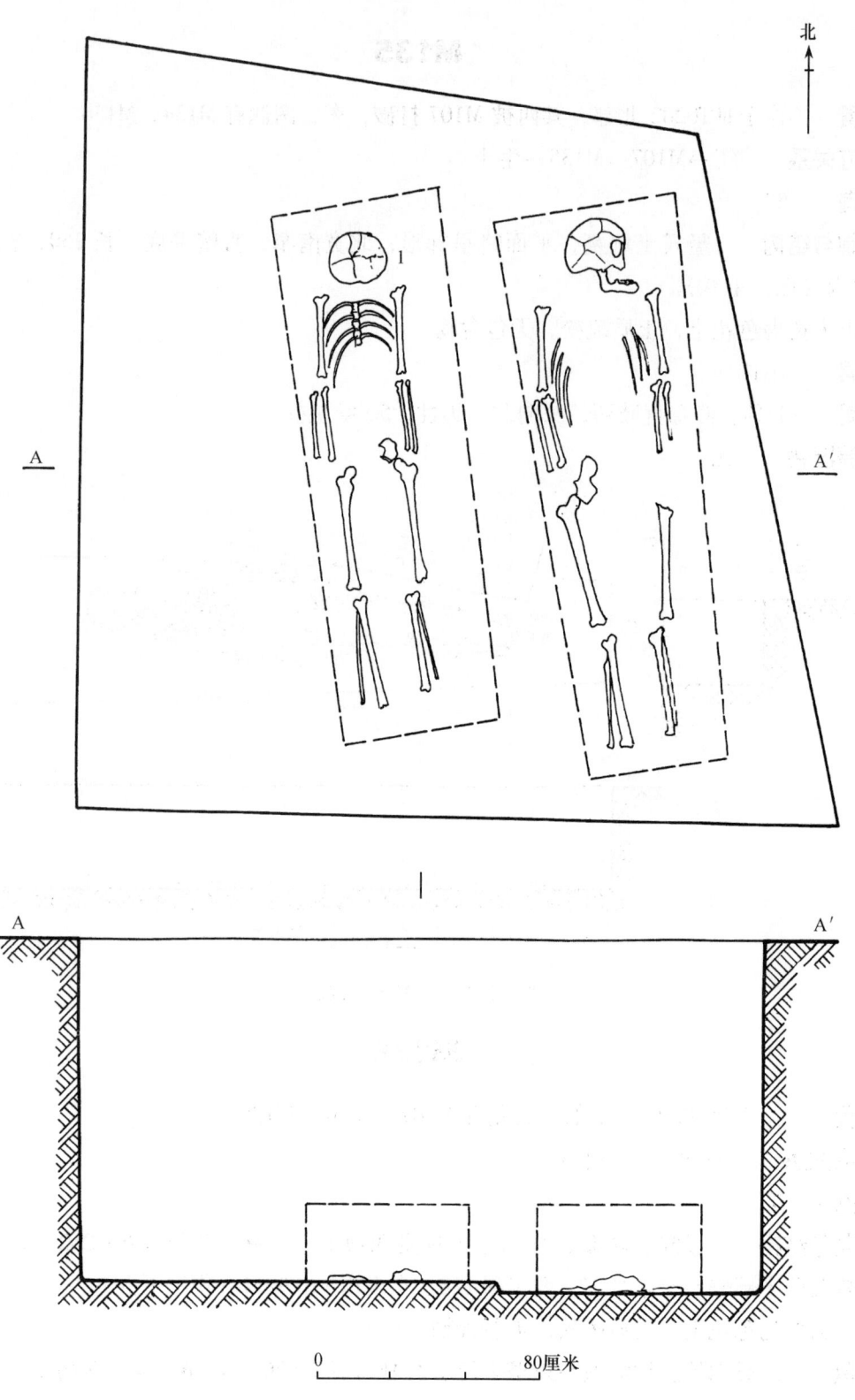

图三七九　M136 平、剖面及遗物分布图

1. 铜环

人骨 2具。均仰身直肢葬,头向北。性别、年龄不详。

随葬器物 仅在西棺内骨架头侧发现2枚铜环。

铜环 2件。M136:1,残。直径约2厘米。

M154

位置 位于ⅡT0606西部。

层位关系 ①→M154→M155→生土。

墓向 72°。

形制与结构 长方形竖穴土坑墓,直壁平底。长240、宽160、深38厘米(图三八〇)。填土为黄褐色花土,土质疏松,无包含物。

葬具 不详。

人骨 不详。

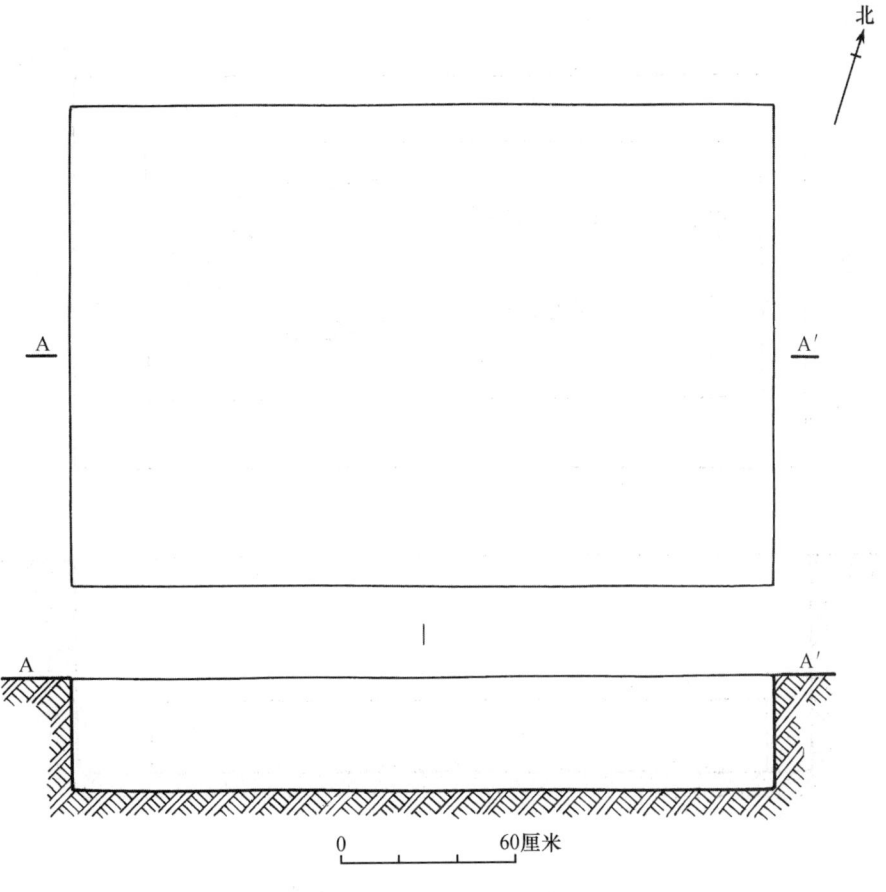

图三八〇 M154平、剖面图

随葬器物 仅在填土中发现2枚铜钱。

铜钱 2枚。M154:1，其中1枚为"乾隆通宝"，郭径2.3厘米；1枚为"咸丰通宝"，郭径2.2厘米（图三八五，13、14）。

M206

位置 位于ⅠT0506西北部。

层位关系 ①→M206→生土。

墓向 342°。

形制与结构 长方形竖穴土坑墓，直壁平底。长210、宽110、深60厘米（图三八一）。填土为黄褐色花土，土质疏松，无包含物。

葬具 一棺。棺痕浅灰色，长178、宽72、残高20、厚0.5厘米。

人骨 1具。仰身直肢葬，头向北。性别、年龄不详。

随葬器物 无。

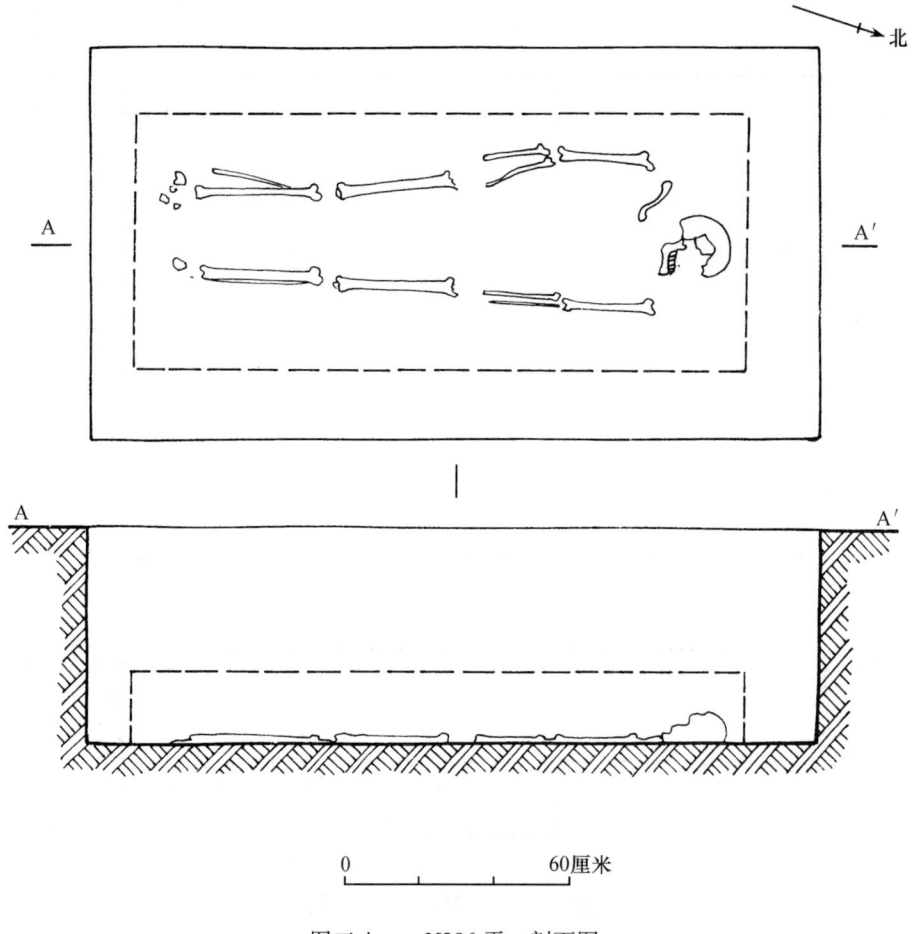

图三八一 M206平、剖面图

M207

位置　位于ⅠT0605和ⅠT0606之间。其东为M208。

层位关系　①→M207→生土。

墓向　300°。

形制与结构　长方形竖穴土坑墓，直壁平底。长200、宽84～97、深75厘米（图三八二）。

填土为黄褐色花土，土质疏松，无包含物。

葬具　一棺。棺痕呈炭黑色，长166、宽62、残高31、厚0.3厘米。

人骨　1具。仰身直肢葬，头向西。性别、年龄不详。

随葬器物　无。

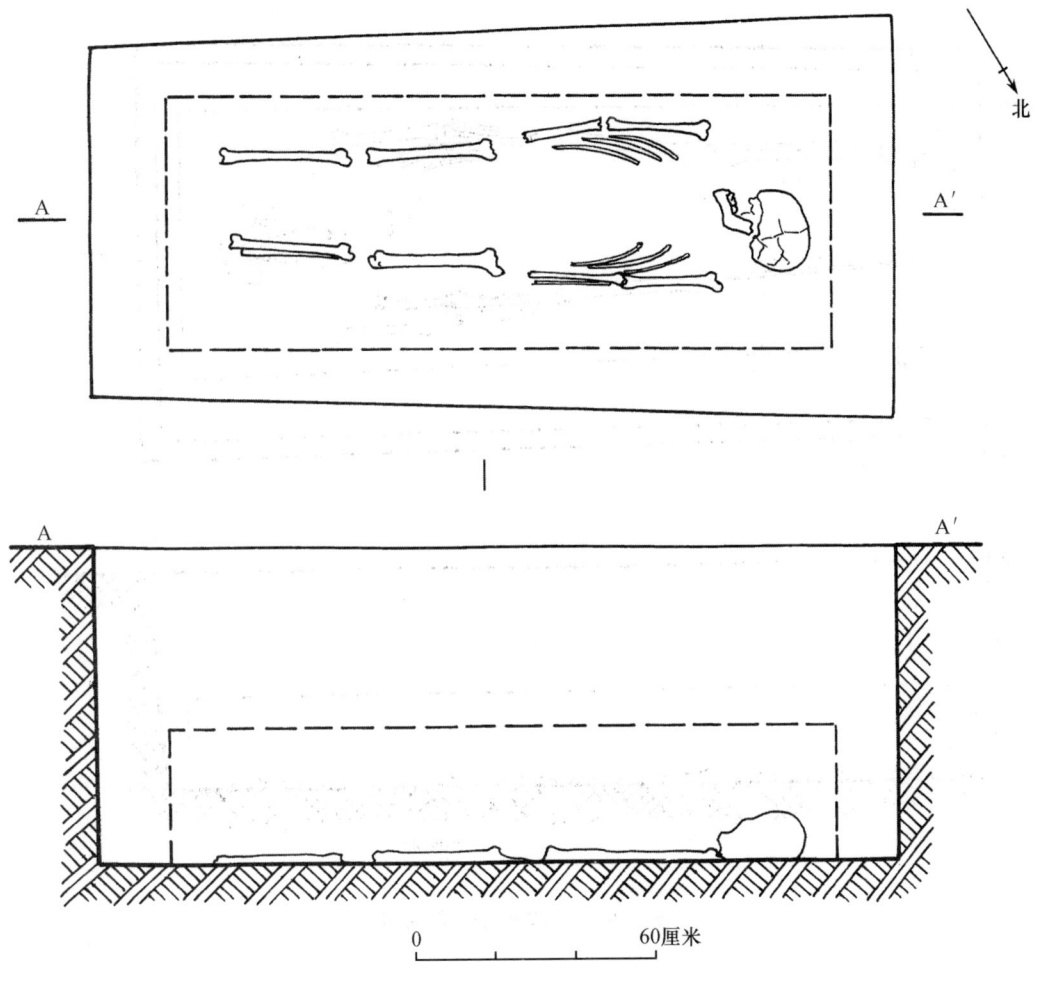

图三八二　M207平、剖面图

M208

位置 位于ⅠT0705和ⅠT0706之间。其西为M207。

层位关系 ①→M208→生土。

墓向 305°。

形制与结构 长方形竖穴土坑墓。四壁下部内收，口大底小，平底。墓室口部长210、宽90~100厘米；底部长200、宽82~92厘米；墓深70厘米（图三八三）。

填土为黄褐色五花土，土质疏松，无包含物。

葬具 一棺。棺痕呈炭黑色，长190、宽59~64、残高20、板灰厚约0.5厘米。

人骨 1具。保存较差，仰身直肢葬，头向西。性别、年龄不详。

随葬器物 无。

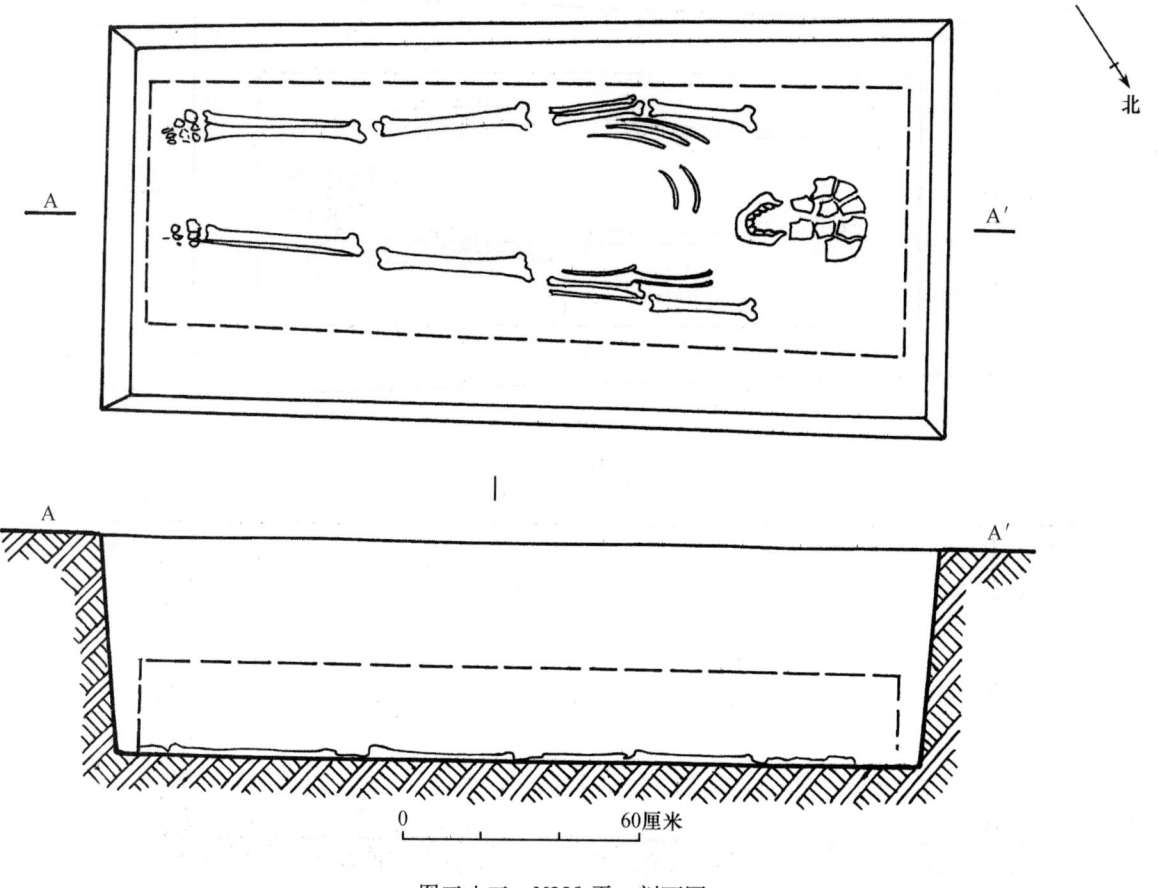

图三八三 M208平、剖面图

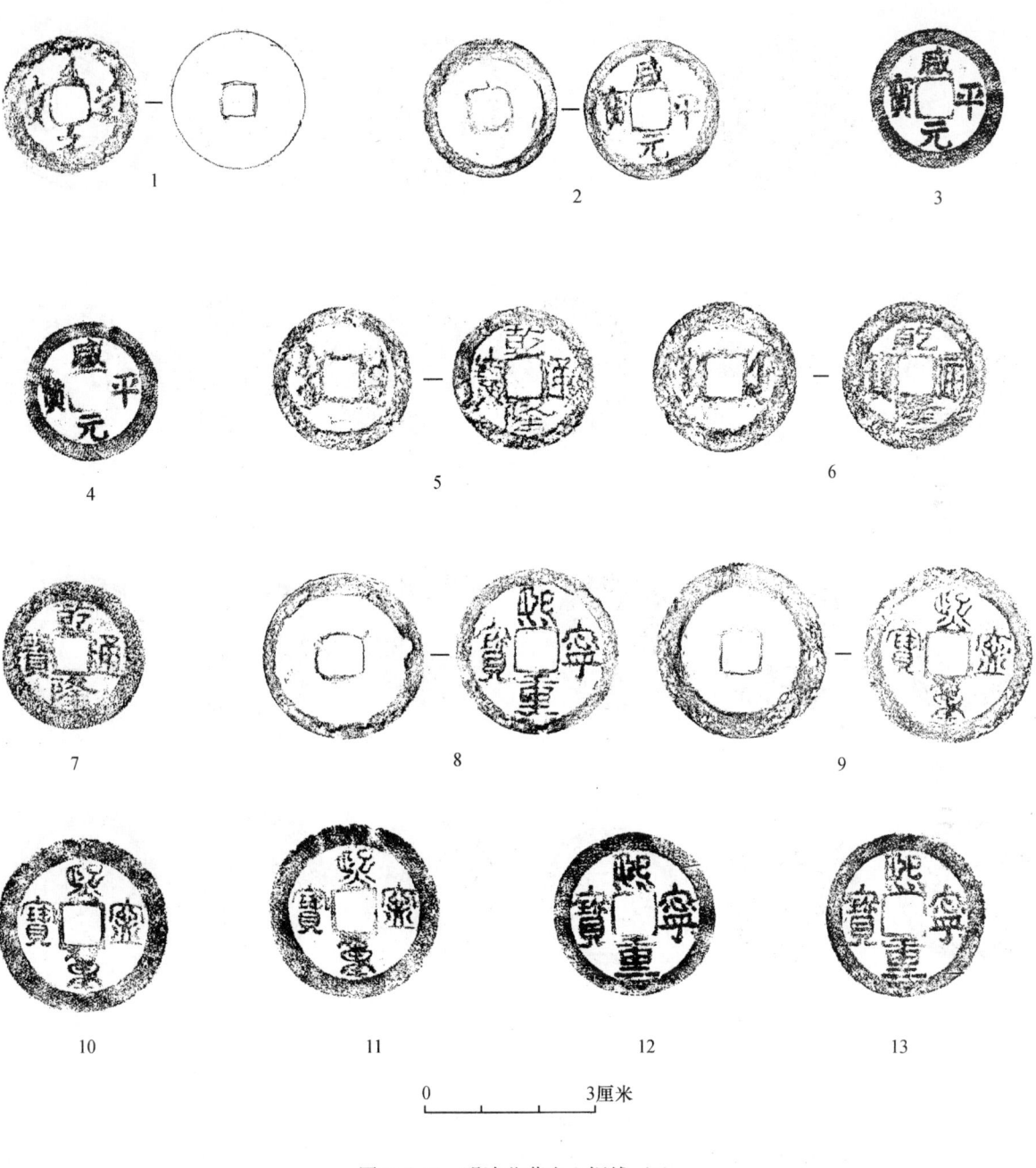

图三八四　明清墓葬出土铜钱（1）
1~4. M109:1　5~7. M117:2　8~13. M124:4

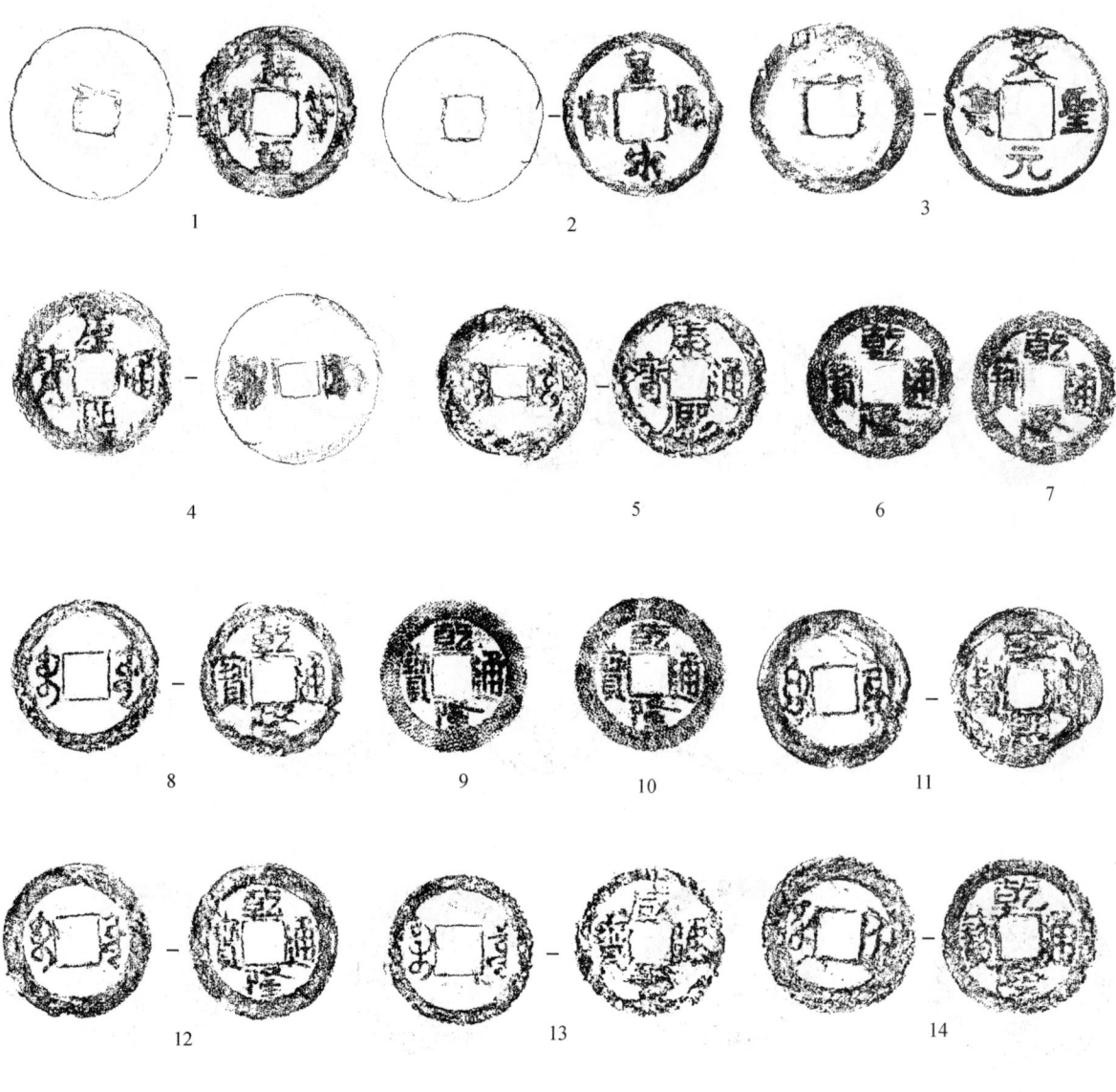

图三八五　明清墓葬出土铜钱（2）

1~3. M111:1　4. M121:3　5. M118:2　6~8. M129:1　9~12. M131:3　13、14. M154:1

第六章 时代不明的遗存

一、井

1座。J1位于ⅢT0102西北部，开口于①层下，打破生土。平面呈圆形，直径500厘米，壁稍斜收。清理至深200厘米左右时，因井壁坍塌而停止，未继续向下清理（图三八六）。填土呈黄褐色，土质稍硬，包含大量料姜石，未见陶片。井壁亦未见脚窝和人工痕迹。据当地村民讲述，此井几十年前仍在使用。

二、墓 葬

难以确定所属时代的墓葬共16座，即：M56、M122、M125、M126、M128、M142、M143、M191、M195、M204、M205、M209、M210、M211、M01、M02。

M56

位置 位于ⅡT0403西北部。

层位关系 ①→M56→生土。

墓向 168°。

形制与结构 长方形竖穴土坑墓，四壁稍内收，平底。墓室口部长230、宽148厘米；底部长228、宽146厘米；墓深95厘米（图三八七）。

填土呈灰黄色，土质疏松，无包含物。

葬具 未见棺痕，但在棺室位置的四壁及底部发现有一层白灰，厚约0.4厘米，可能是棺室外防潮的白灰层。据此可推测葬具为单棺。白灰痕口部大于底部，应是棺木侧板向外坍倒所致。其口部长170、宽82厘米；底部长160、宽45厘米；残高35厘米。

人骨 1具。仰身直肢，头向南，双手交于下腹。女性，35～40岁。

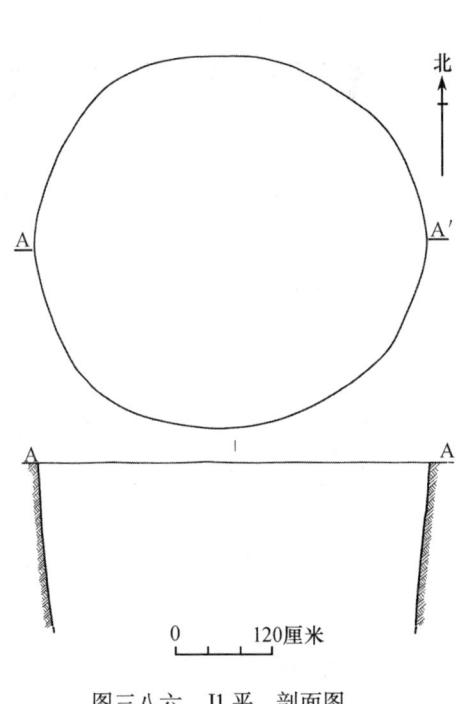

图三八六 J1平、剖面图

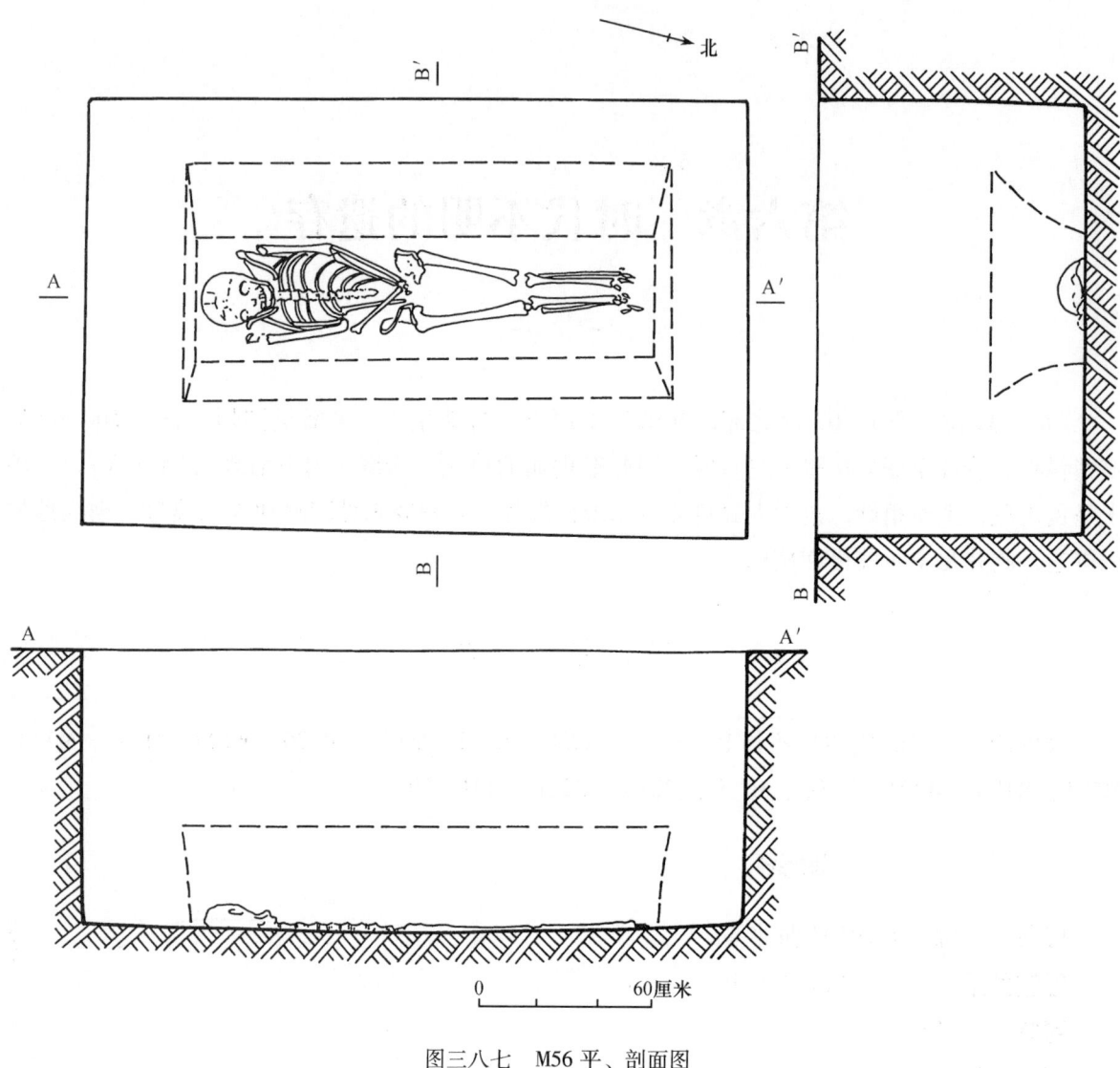

图三八七　M56 平、剖面图

随葬器物　　无。

M122

位置　　位于ⅢT0603 北部，向北有少部进入ⅢT0602。

层位关系　　①→M122→生土。

墓向　　176°。

形制与结构　　长方形竖穴土坑墓，直壁平底。长 200、宽 42~47、深 28 厘米（图三八八）。

填土为黑褐色五花土，土质较硬，无包含物。

葬具　　不详。

第六章　时代不明的遗存

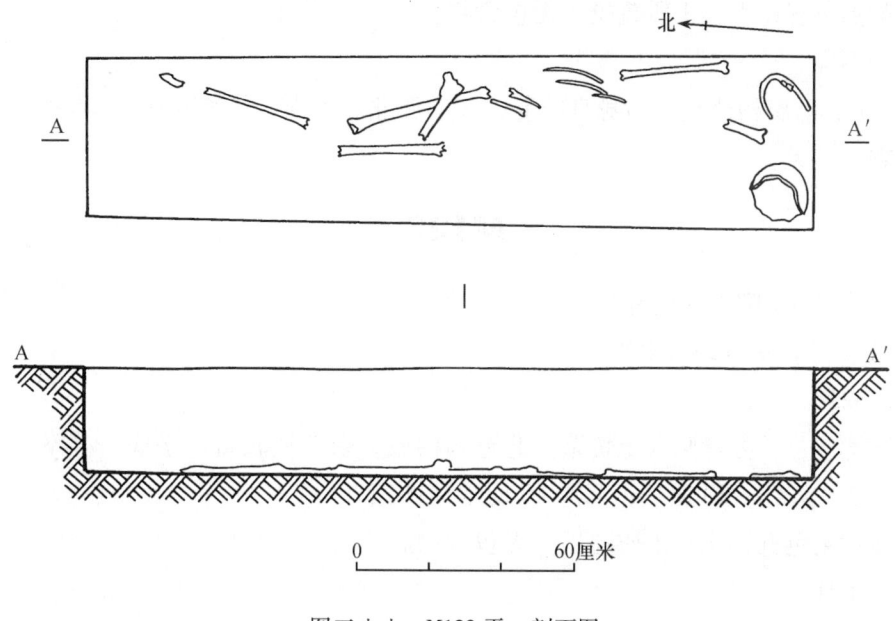

图三八八　M122 平、剖面图

人骨　1 具。保存极差，仅余头骨残片和四肢骨残段，头向南，葬式不明。性别、年龄不详。

随葬器物　无。

M125

位置　位于ⅡT0701 中部。

层位关系　①→M125→生土。

墓向　315°。

形制与结构　长方形竖穴土坑墓，直壁平底。长 200、宽 50~54、深 36 厘米（图三八九）。

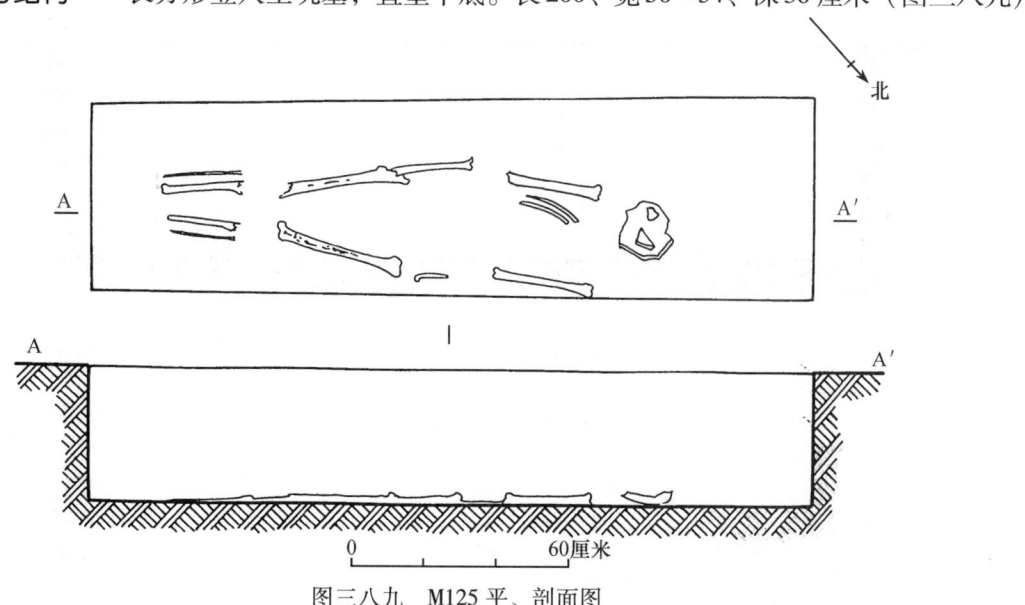

图三八九　M125 平、剖面图

填土为黄褐色五花土，土质疏松，无包含物。

葬具　　不详。

人骨　　1具。腐朽严重，仰身直肢葬，头向西北。性别、年龄不详。

随葬器物　　无。

M126

位置　　位于ⅡT0701西南部。

层位关系　　①→M126→生土。

墓向　　325°。

形制与结构　　长方形竖穴土坑墓。北壁稍内收，余三壁较直，平底。墓室口部长185厘米；底部长182、宽47～50厘米；墓深48厘米（图三九〇）。

填土为浅黄褐色五花土，土质疏松，无包含物。

葬具　　不详。

人骨　　1具。保存较差，仰身直肢葬，头向北，面向东。女性，年龄不详。

随葬器物　　无。

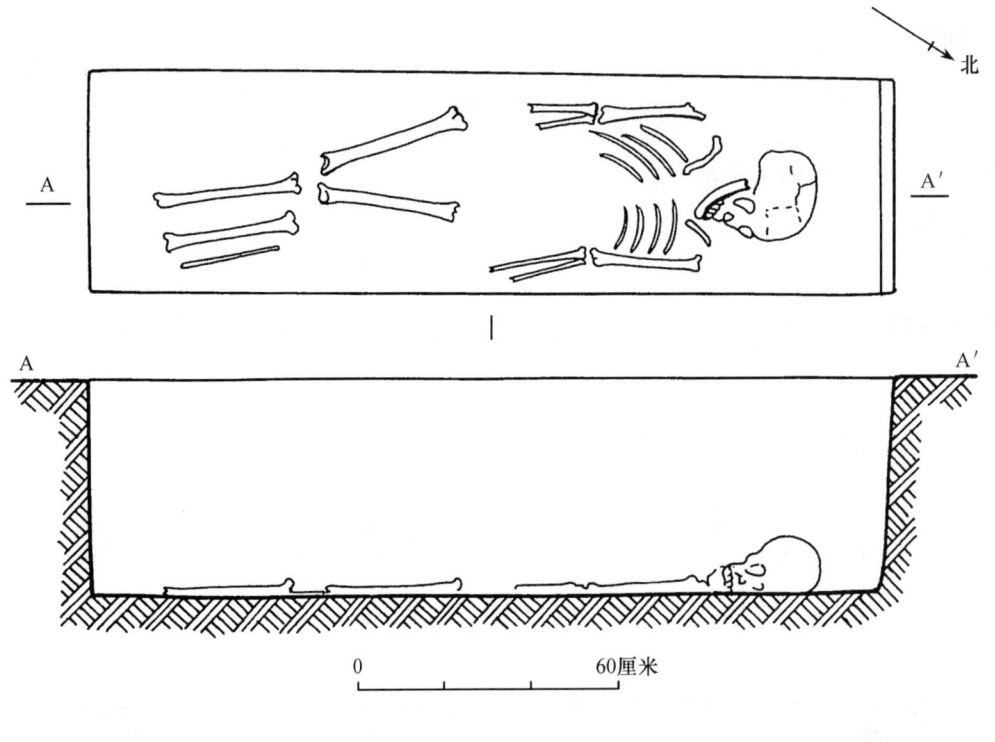

图三九〇　M126平、剖面图

M128

位置 位于ⅡT0701西北部。

层位关系 ①→M128→生土。

墓向 337°。

形制与结构 长方形竖穴土坑墓。口大底小，四壁稍内收，平底。墓室口部长400、宽156~174厘米；底部长392、宽150~162厘米；墓深92厘米（图三九一）。

填土为黄褐色五花土，土质较硬，无包含物。

葬具 不详。

人骨 不详。

随葬器物 无。

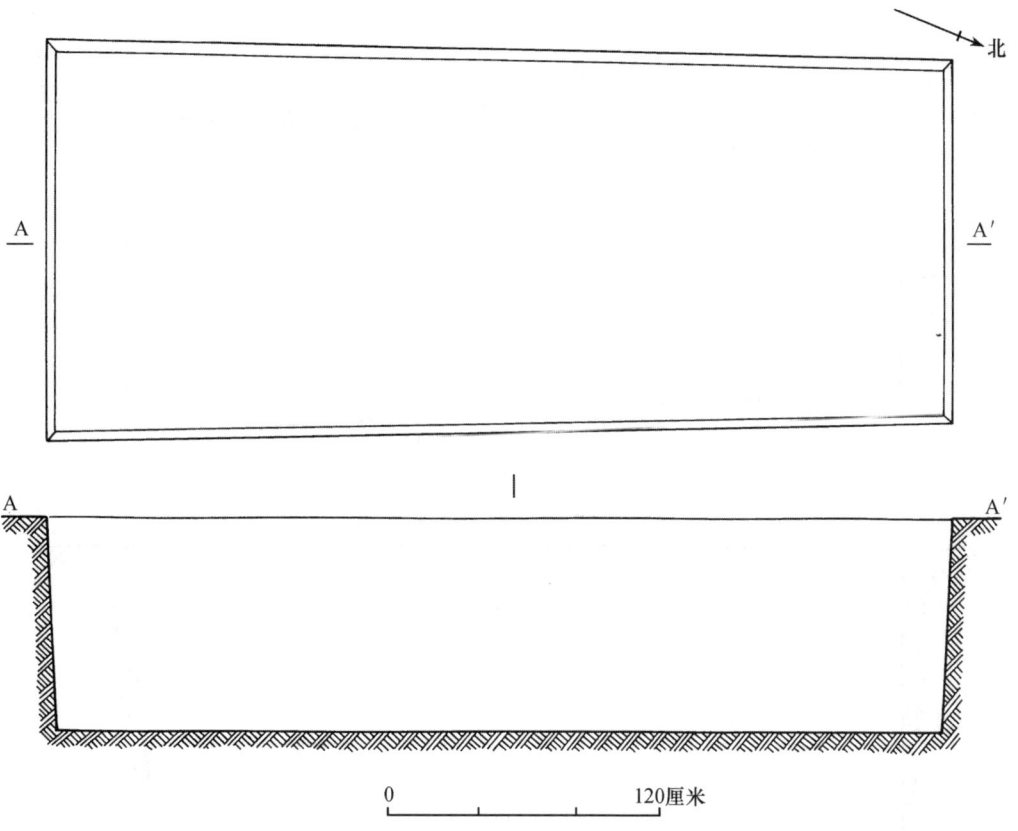

图三九一 M128平、剖面图

M142

位置　　位于ⅡT0601南部。

层位关系　　①→M142→生土。

墓向　　82°。

形制与结构　　竖穴土坑墓，平面呈梯形，东宽西窄。东壁下部稍内收，余三壁较直，平底。墓室口部长180、底部长174、宽51~69、墓深70厘米（图三九二）。填土为黄褐色五花土，土质疏松，无包含物。

葬具　　不详。

人骨　　不详。

随葬器物　　无。

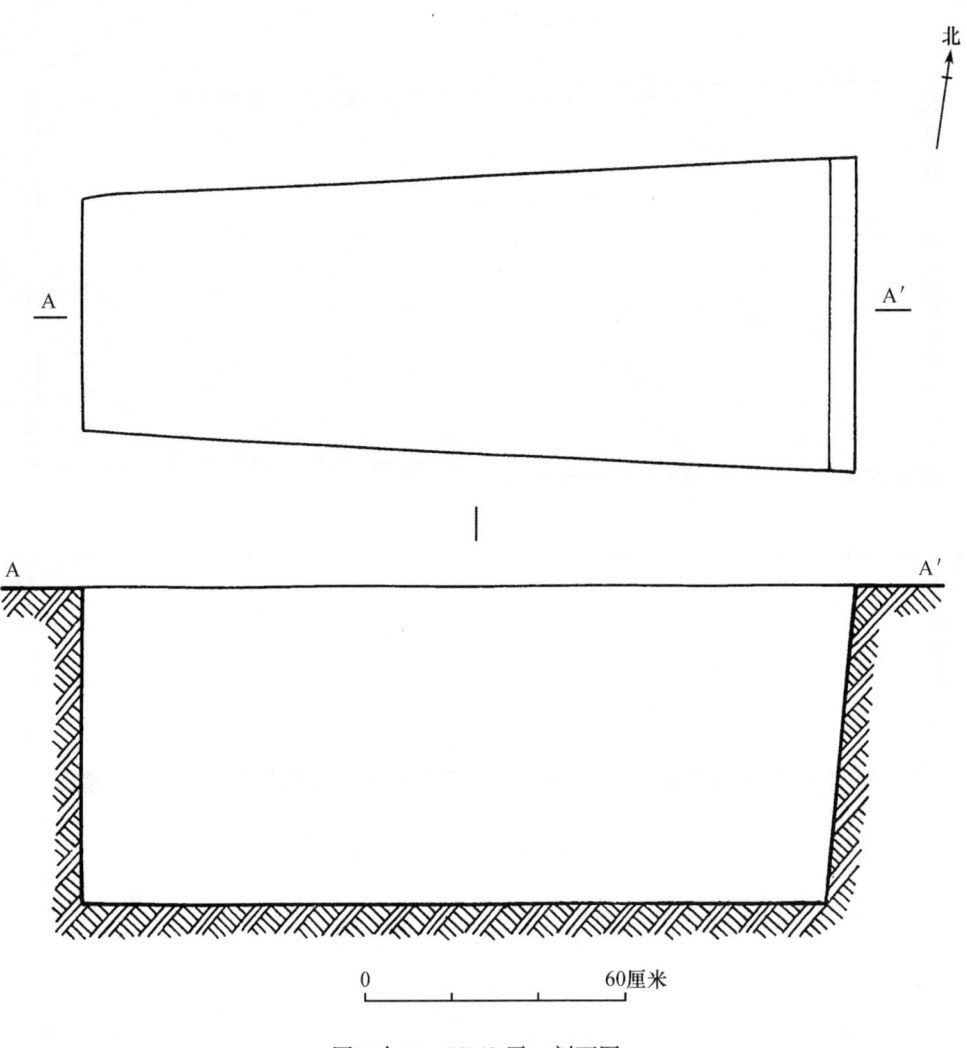

图三九二　M142平、剖面图

M143

位置　位于ⅡT0601西南部。

层位关系　①→M143→生土。

墓向　320°。

形制与结构　长方形竖穴土坑墓，直壁平底，东壁稍折。长160、宽56~58、深12厘米（图三九三）。

填土为黄褐色五花土，土质较硬，无包含物。

葬具　不详。

人骨　1具。仅见下肢骨残段，葬式不明。性别、年龄不详。

随葬器物　无。

M191

位置　位于ⅠT0105东部。

层位关系　①→M191→生土。

墓向　135°。

形制与结构　长方形竖穴土坑墓，直壁，底部南高北低。墓室长280、宽76、墓深36~40厘米（图三九四）。

填土为黄褐色五花土，土质疏松，无包含物。

葬具　一棺，位于墓内东南。长180、宽55~60、残高4、厚0.3厘米。

人骨　1具。腐朽严重，葬式不明。性别、年龄不详。

随葬器物　无。

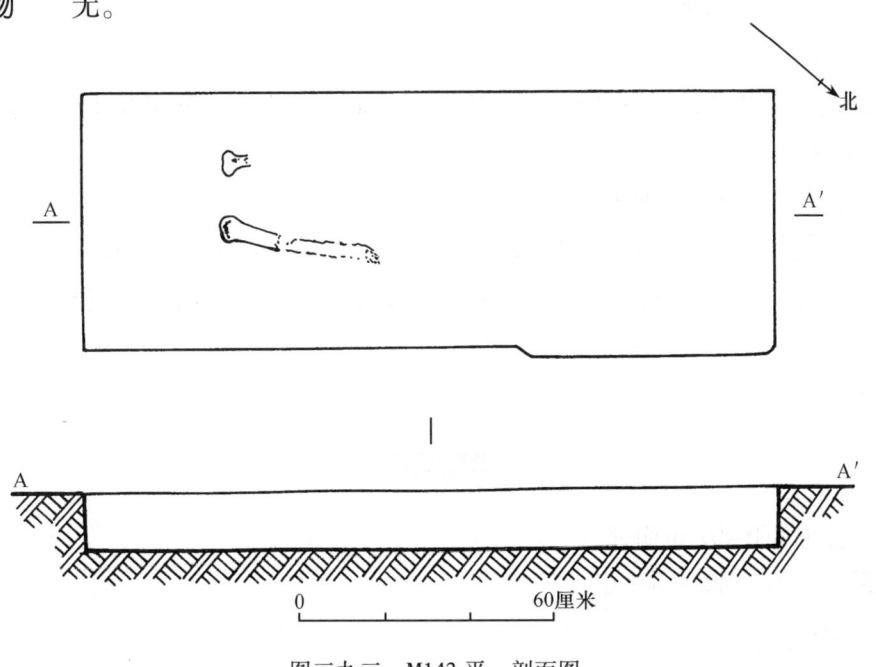

图三九三　M143平、剖面图

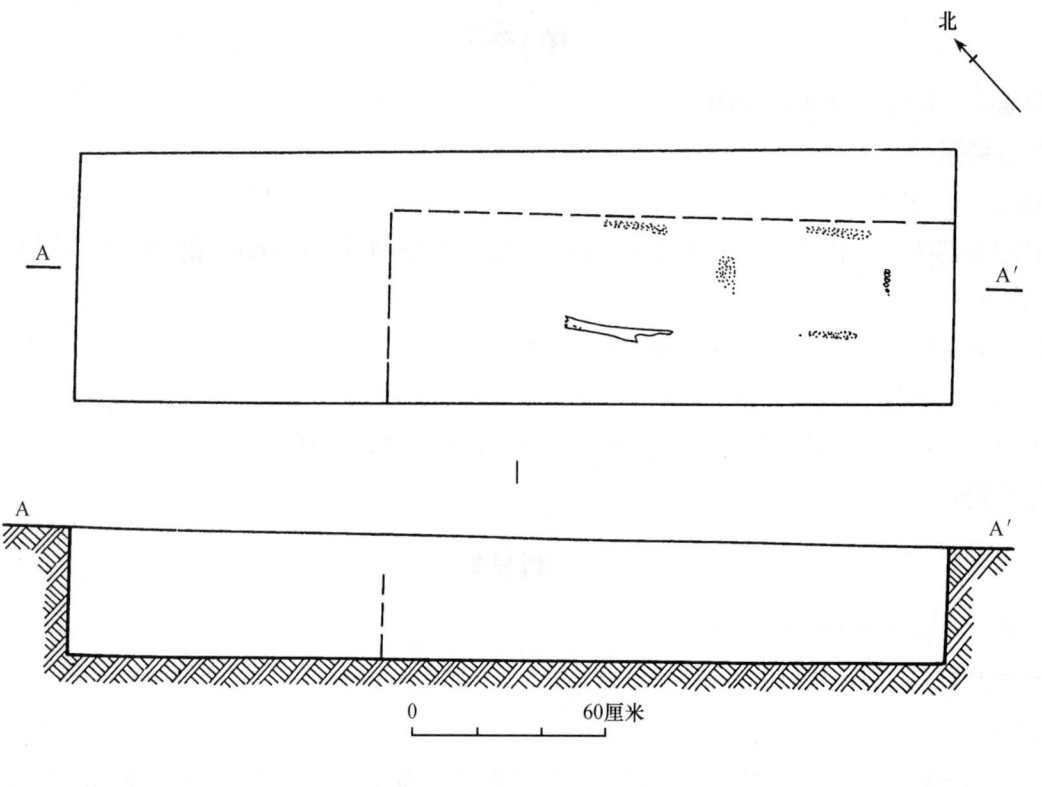

图三九四　M191 平、剖面图

M195

位置　位于ⅠT0105 西南部。

层位关系　①→M195→生土。

墓向　170°。

形制与结构　长方形竖穴土坑墓，直壁，底部南高北低。墓室长 196、宽 84～90、深 28～30 厘米（图三九五）。

填土为黄褐色五花土，土质较硬，无包含物。

葬具　一棺。位于墓室东南。长 180、宽 68、残高 6～8、厚 0.4 厘米。

人骨　1 具。腐朽严重，仅存头骨残片及肢骨残段，头向南，下肢稍屈。性别、年龄不详。

随葬器物　无。

M204

位置　位于ⅠT0407 东南部。

层位关系　①→M204→生土。

墓向　354°。

形制与结构　　长方形竖穴土坑墓，直壁平底。长200、宽104、深47厘米（图三九六）。填土为黄褐色五花土，土质疏松，无包含物。

葬具　　无。

人骨　　1具。保存较差，仰身直肢葬，头向北。性别、年龄不详。

随葬器物　　无。

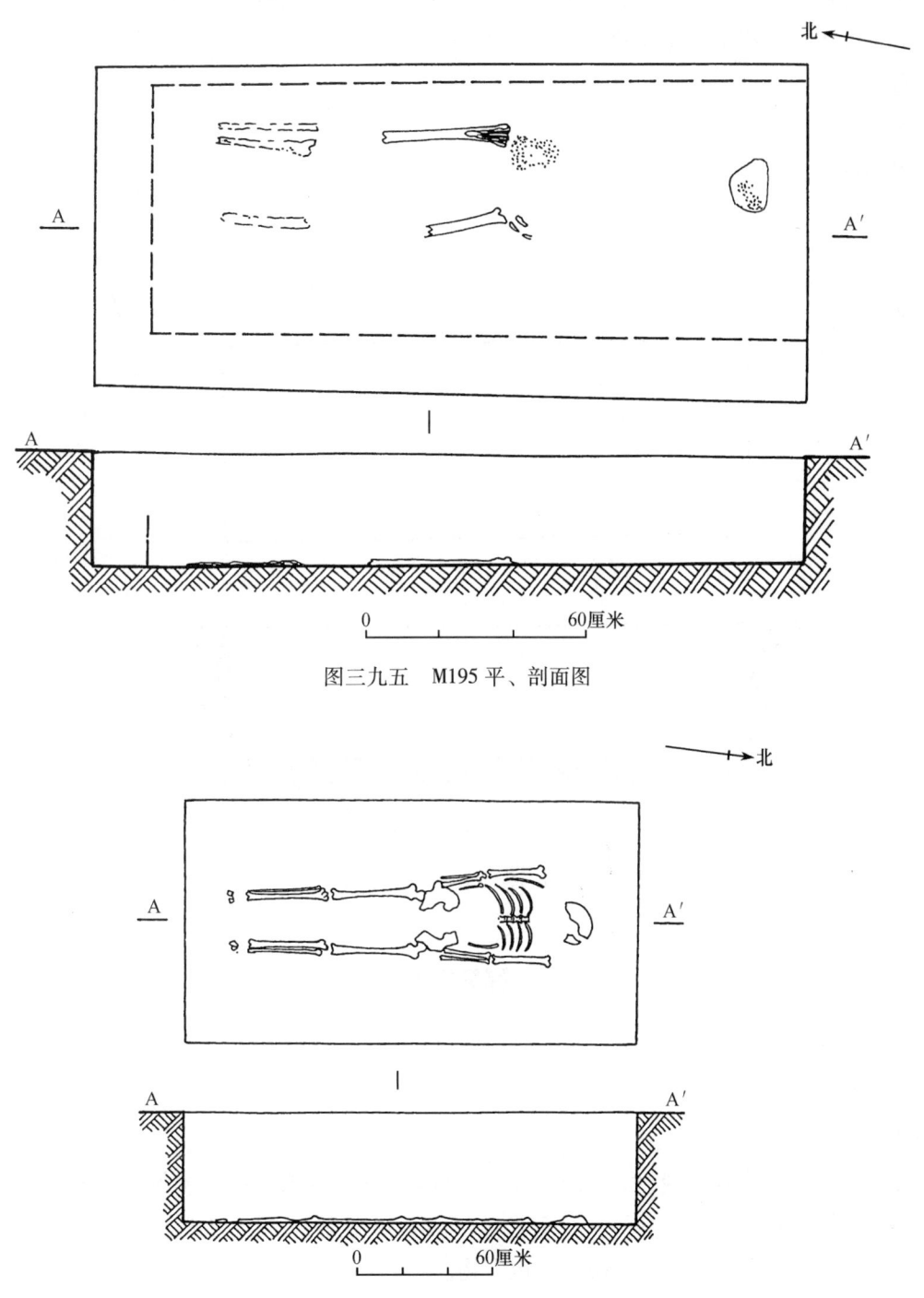

图三九五　M195平、剖面图

图三九六　M204平、剖面图

M205

位置　位于ⅠT0405东部。

层位关系　①→M205→生土。

墓向　68°。

形制与结构　长方形竖穴土坑墓，直壁平底。长140、宽50、深34厘米（图三九七）。填土为黄褐色五花土，土质疏松，无包含物。

葬具　不详。

人骨　不详。

随葬器物　无。

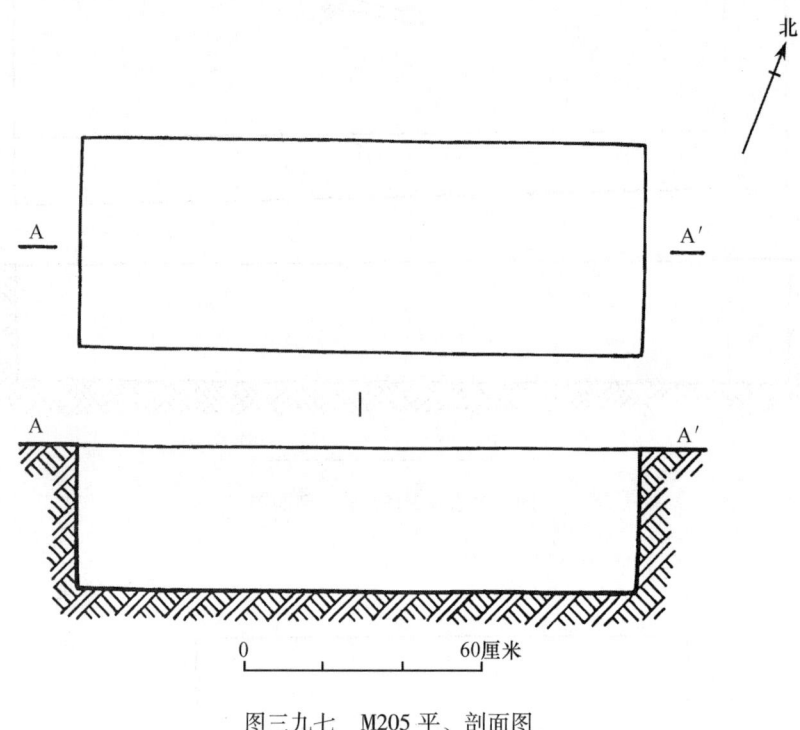

图三九七　M205平、剖面图

M209

位置　位于ⅠT0707西南部。

层位关系　①→M209→生土。

墓向　304°。

形制与结构　长方形竖穴土坑墓。四壁下部内收，口大底小，平底。墓室口部长210、宽92~100厘米；底部长202、宽84~94厘米；墓深74厘米（图三九八）。

填土为黄褐色五花土，土质疏松，无包含物。

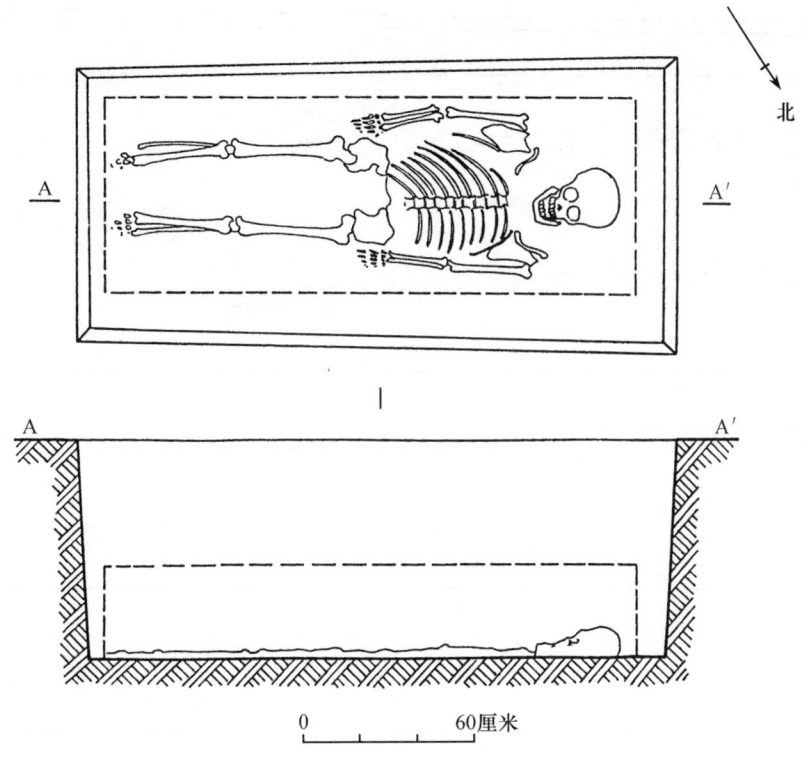

图三九八　M209 平、剖面图

葬具　一棺。棺痕呈炭黑色，长 186、宽 66、残高 32、板灰厚约 1 厘米。

人骨　1 具。保存较差，仰身直肢葬，头向西，面向上。性别、年龄不详。

随葬器物　无。

M210

位置　位于ⅠT0707 中部。

层位关系　①→M210→生土。

墓向　300°。

形制与结构　长方形竖穴土坑墓，北端稍宽于南端。四壁下部稍内收，口大底小，平底。墓室口部长 280、宽 120~128 厘米；底部长 272、宽 112~120 厘米；墓深 76 厘米（图三九九）。

填土为黄褐色五花土，土质疏松，无包含物。

葬具　一棺。棺痕呈炭黑色，长 230、宽 86、残高 36、灰痕厚 1 厘米。

人骨　1 具。仰身直肢葬，头向西，面向上。性别、年龄不详。

随葬器物　无。

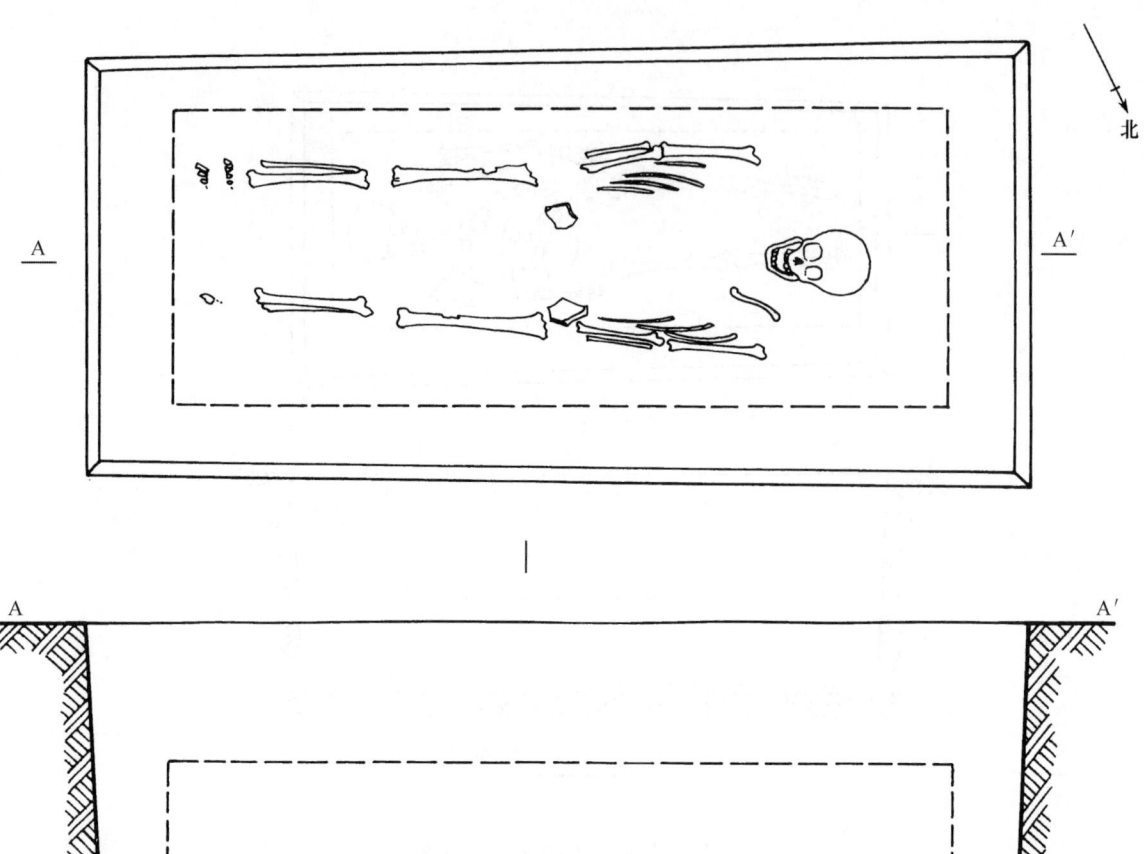

图三九九　M210 平、剖面图

M211

位置　　位于ⅠT0707 东北部。

层位关系　　①→M211→生土。

墓向　　300°。

形制与结构　　长方形竖穴土坑墓，北端稍宽于南端。四壁稍向内收，口大底小，平底。墓室口部长 260、宽 102~110 厘米；底部长 252、宽 94~102 厘米；墓深 94 厘米（图四〇〇）。填土呈黄褐色，土质疏松，无包含物。

葬具　　一棺。棺痕呈炭黑色，棺室长 214、宽 78、残高 26、板痕厚约 1 厘米。

人骨　　1 具。保存极差，仰身直肢葬，头向西。性别、年龄不详。

随葬器物　　无。

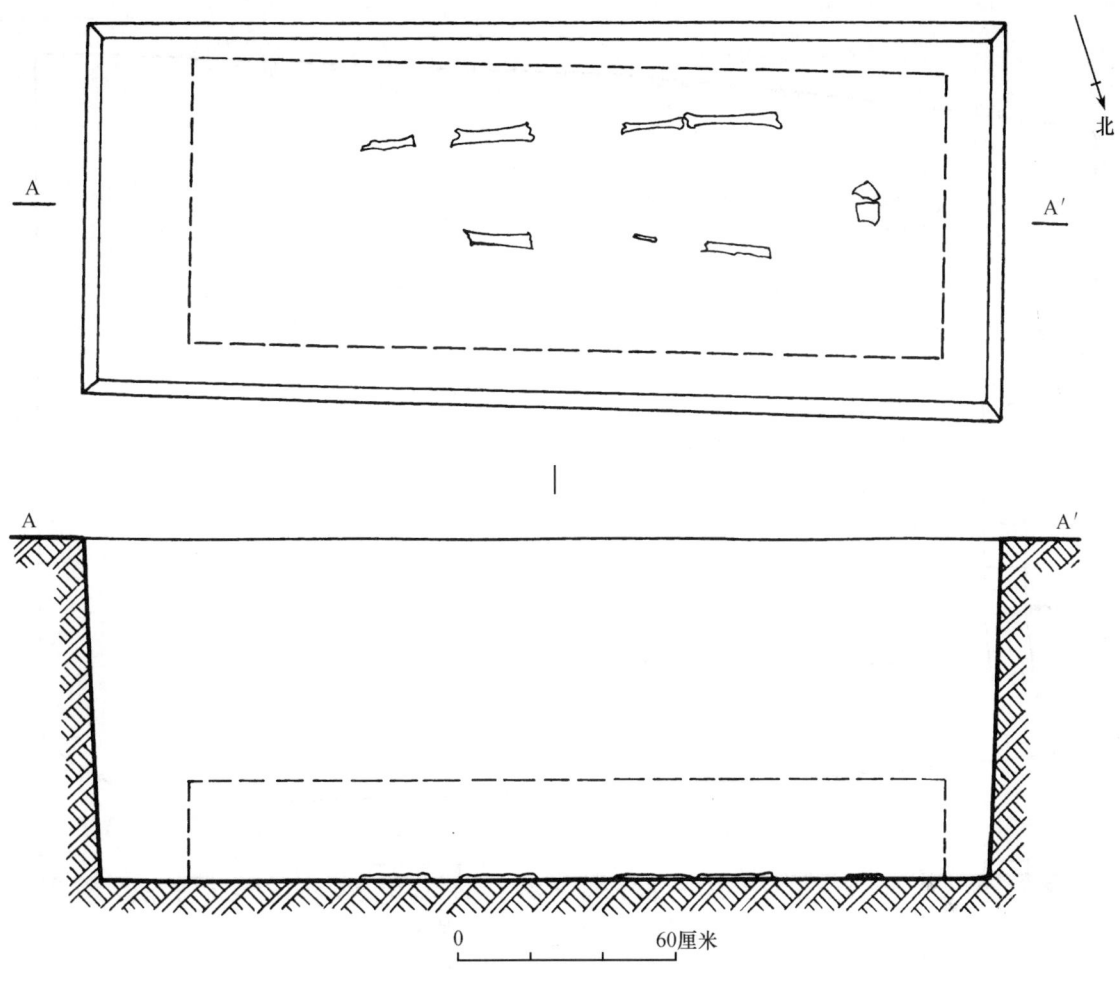

图四〇〇　M211 平、剖面图

M01

位置　　位于ⅡT0405 南部。

层位关系　　①→M01→M66→生土。

墓向　　0°。

形制与结构　　破坏严重，形制结构不清。现存范围大致长330～343、宽188～237厘米。此范围内中部及东南部残存几块砖，平铺。西部偏南亦有残碎砖块。砖的规格为长26、宽13、厚4厘米（图四〇一）。

填土呈黄褐色，土质疏松，无包含物。

葬具　　不详。

人骨　　不详。

随葬器物　　扰乱严重，未见随葬品。

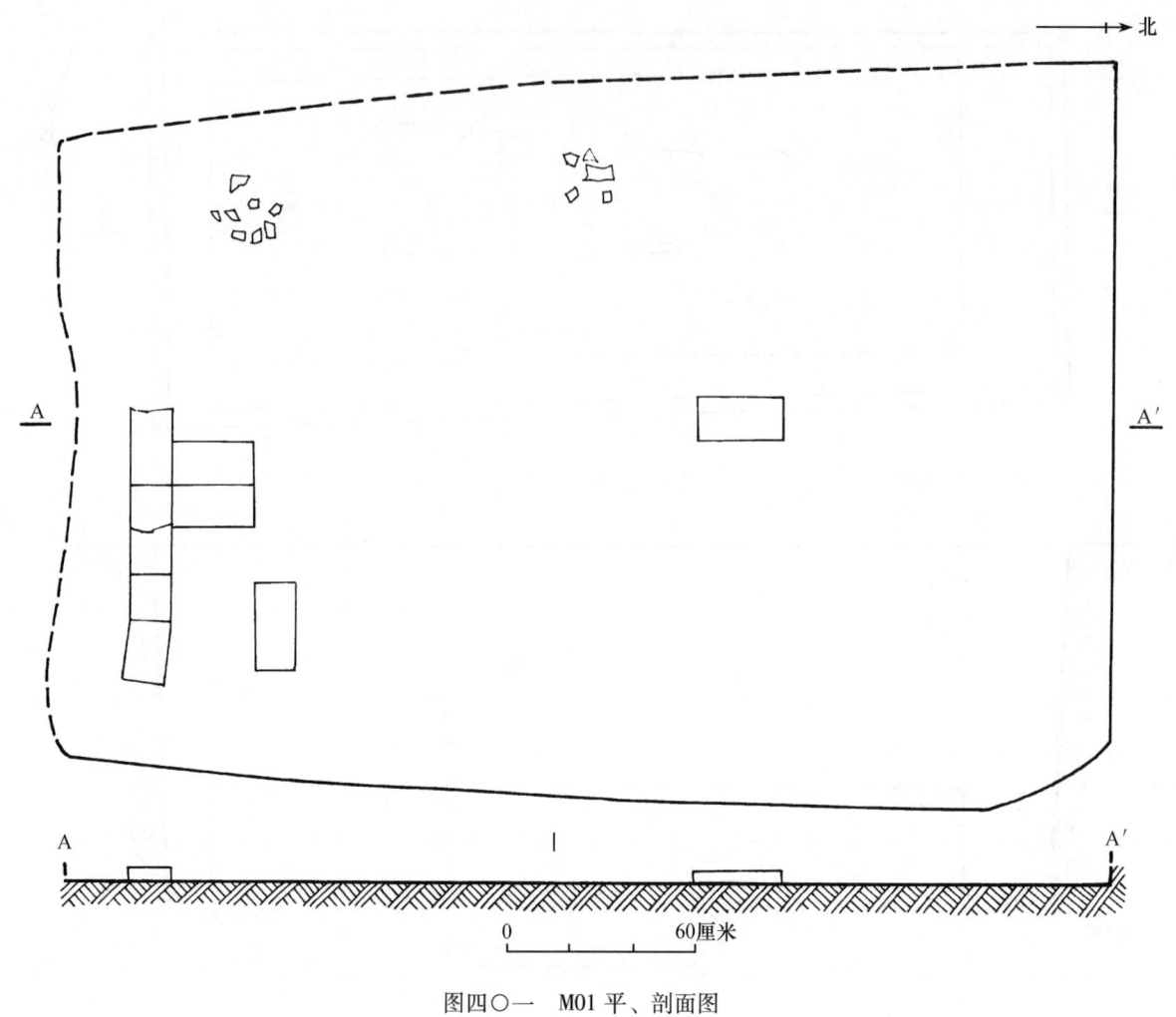

图四〇一　M01 平、剖面图

M02

位置　　位于ⅡT0405 西南部，部分向南进入ⅡT0404。

层位关系　　①→M02→M8→生土。

墓向　　351°。

形制与结构　　砖室墓，平面大致呈缺角长方形，直壁平底。墓室长280~282、北端宽164~182、南端宽214~232、墓深约40厘米。

从墓底的墙槽及残余砖块看，该墓可能有东、西两室。两室南壁相平齐，东室北壁南缩，面积较西室为小。西室北部长70~80厘米的一段东西两壁向外突出呈翼形。

西室西、南壁下，东室东、北、南壁下，以及两室之间均有墙槽，有的还残留有少量砖块。从残存痕迹看，西室西壁及东室的东、北壁均以平砖铺砌；两室南壁则以砖侧立垒砌。两室之间的隔墙则以双砖平砌。两室之间墙槽中部偏北有中断，可能为通道所在。西墓室北壁和东壁北端未见墙槽。墓砖长26、宽13、厚3.5厘米（图四〇二）。

填土为黄褐花土，夹杂大量残碎砖块。

葬具　　不详。

人骨　　不详。

随葬器物　　盗扰严重，未见任何随葬品。

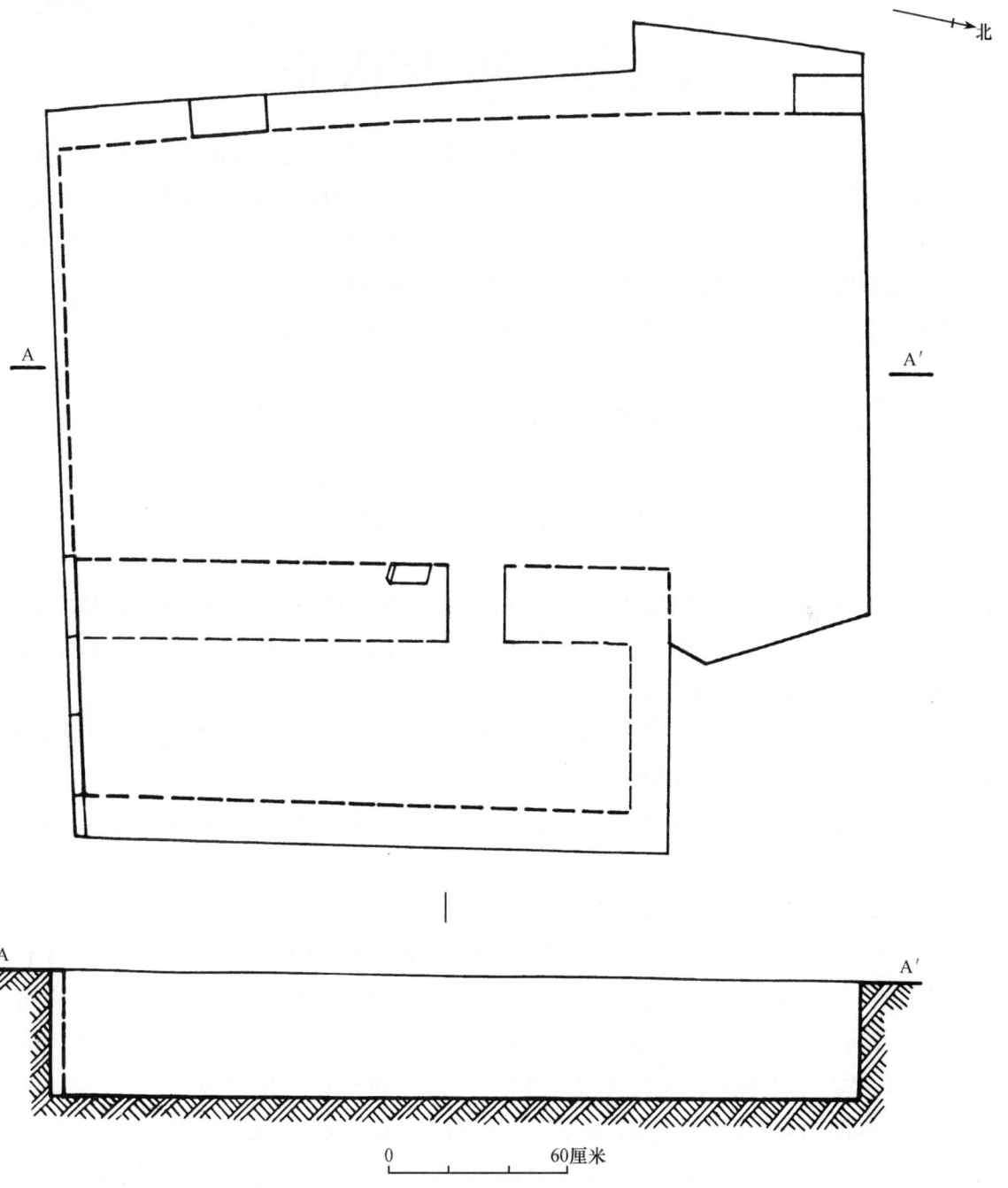

图四〇二　M02 平、剖面图

第七章 初步认识

南阳镇平程庄墓地的发掘，为研究南阳地区古代丧葬习俗和文化提供了新的宝贵资料。其中东周墓葬数量最多，保存较好，出土了一大批陶器，这对于探讨东周时期南阳地区的文化序列以及中原文化与楚文化的交流具有重要意义。发掘的汉代墓葬也有一定数量，虽多遭盗扰，仍出土了较多陶器以及铜镜、钱币等。唐墓和明清墓葬数量较少，随葬品也不多，但在墓葬形制、丧葬习俗上也有可观之处。龙山文化遗存数量很少，基本无遗物出土。

一、东周墓葬的分期及相关问题

（一）东周墓葬的分期

本次发掘的121座东周墓葬，相互之间有打破关系的共两组，即M176打破M177，M189打破M188。这4座墓葬中，除M176出有陶器外，其余3墓均无随葬品。因此，这两组层位关系不能为东周墓葬的分期提供有用信息，我们只能通过类型学方法进行分期研究。

根据第一章第一节中对出土陶器的形制分析，同时利用不同型式陶器在墓葬中的共存关系，我们将73座随葬有典型陶器的墓葬分为五组。

第1组的典型器物包括AⅠ式鬲，AⅠ式盂，AⅠ式豆和AⅠ式罐。属于此组的墓葬有M8、M75和M88，共3座。

此组墓葬的陶器组合有鬲、盂，鬲、罐和鬲、盂、豆三种。

第2组的典型器物包括AⅡ式鬲，AⅠ、AⅡ、BⅠ式盂，AⅡ、BⅠ、DⅠ式豆，AⅠ、AⅡ、BⅠ式罐，G型鼎，AⅠ、BⅠ、BⅡ式壶。此外，还共出有B、E型鬲，C型盂，C型豆，C、D型壶及铜带钩等。属于此组的墓葬有M16、M17、M19、M21、M24、M41、M61、M86、M96、M102、M162、M166、M167、M172、M176、M181和M200，共17座。

此组墓葬的陶器组合以鬲、盂，鬲、豆、罐和鬲、豆、罐、壶等较为多见，另有鬲、盂、壶，鬲、盂、豆，盂、豆、罐，盂、豆、壶及豆、壶等组合，还有数座以G型鼎和盂、豆、壶相搭配的组合。此外也有单葬一壶的。不少墓葬中的豆成对出现，有的墓中盂也是两件。

第3组的典型器物包括AⅢ、CⅠ式鬲，AⅡ、BⅡ式盂，AⅡ、DⅡ、EⅠ式豆，AⅡ、BⅡ式罐，AⅠ式鼎，AⅡ、BⅡ式壶。DⅠ式豆仍有少量。共出有D、F型鬲，D、E、G型盂，C

型豆，C、D、E 型罐，H 型鼎，D 型敦，C 型壶及铜带钩等。属于此组的墓葬有 M7、M18、M31、M34、M48、M49、M79、M83、M90、M91、M97、M160、M164、M165、M175、M179、M180、M186 和 M187，计 19 座。

其组合形式包括鬲、盂，鬲、盂、豆、壶，鬲、豆、罐、壶，豆、盂、壶，豆、罐，盂、罐、壶，盂、豆、罐，还出现了鬲、敦、豆、壶，鼎、豆、罐、壶及鼎、盂、壶的组合形式。个别墓葬中则只有鬲或罐。不少墓葬中的豆仍然成对出现，盂、罐也有两件同出的。

第 4 组的典型器物包括 AⅢ、BⅡ、DⅡ、EⅡ式豆，AⅠ、BⅠ、CⅠ式鼎，AⅠ、AⅡ、BⅠ式敦，AⅡ、AⅢ、EⅠ式壶。此外还共出有 E 型鼎，D 型敦，A、B、D 型盘，A、B 型匜。属于此组的墓葬有 M4、M6、M9、M10、M23、M26、M33、M45、M60、M103 和 M146，计 11 座。

其组合形式以鼎、敦、豆、壶和鼎、敦、豆、壶、盘、匜最为常见。除盘、匜外，其余陶器常成对出现。同墓所出豆可多至 3、4 件。个别墓中只出 2 件陶豆。

第 5 组的典型器物包括 AⅣ、CⅡ式鬲，AⅢ、BⅢ式盂，AⅢ、BⅡ、DⅢ、DⅣ、EⅡ式豆，AⅢ、BⅢ式罐，AⅡ、BⅠ、BⅡ、CⅡ、CⅢ式鼎，AⅡ、AⅢ、BⅠ、BⅡ式敦，AⅢ、EⅠ、EⅡ、EⅢ式壶，以及各型罍、小口鼎、盉、壶形豆、盒等。还共出有 A、B、C 型盘，A、B、C 型匜，及 B 型鬲，F 型盂，F、G 型豆，C 型罐，D、F、H 型鼎，C、E 型敦，F、G 型壶等。属于此组的墓葬有 M1、M3、M5、M12、M13、M22、M27、M35、M38、M50、M68、M80、M81、M87、M89、M101、M163、M168、M174、M178、M182、M190 和 M194，共 23 座。

该组墓葬的组合形式以鼎、敦、豆、壶和鼎、敦、豆、壶、盘、匜最为常见，有的在此基础上增加了小口鼎、盉、罍、壶形豆等。其他组合形式还有鬲、罐，鬲、豆、罐，鬲、豆、罐、壶，鬲、盂、豆、壶，豆、罐、壶，鼎、盂，鼎、敦、豆、壶、匜，鼎、盂、豆、壶等。鼎、敦、豆、壶和壶形豆等陶器常成对出现，豆、壶或可达 3 件。但盘、匜、小口鼎、罍、盉等器物通常一墓只有 1 件。

参照南阳地区其他遗址东周墓葬的资料，可以认为上述五组墓葬在年代上前后相续，从第 1 组至第 5 组，代表了程庄墓地东周墓葬的五个发展阶段。

上述五组墓葬中，2、3 组之间，及 4、5 组之间相似点较多；而第 1、2 组之间，3、4 组之间差别较大。如第 1 组墓葬中，仅有鬲、盂、豆、罐等，第 2 组则新出现了 C、D 型高柄豆，壶，带钩等，组合和器物形制都发生了较大变化。

第 2、3 组都常见鬲、盂、豆、罐、壶的组合形式，第 3 组中虽出现个别 A 型鼎和敦等陶器，但并未流行。两组共有的器物多是在形制上稍有变化，此外还有不少同式别的陶器在两组墓葬中都存在。

第 4 组以鼎、敦、豆、壶为基本组合，盘、匜也较常见，鬲、盂、罐则基本消失。与第 3 组相比，发生了较大变化。

第 5 组墓葬中，虽然新出现了小口鼎、罍、盉、壶形豆等器物，但其最常见的陶器组合形式仍是鼎、敦、豆、壶和盘、匜等，多数器物较第四组只是形制稍有变化。此外，也有多种同式别的器物在第 4、5 组墓葬中都有发现。

鉴此，可以将第 1 组墓葬单独列为一期，而将第 2、3 组墓葬，第 4、5 组墓葬合并，分别称之为第二、三期。这三期代表了程庄墓地东周墓葬发展过程中特征更为明显的三个阶段。

在此基础上，我们又可以将一些出土典型器物较少，无法明确进行分组的墓葬大致归入上述期别中。其中可以归入第二期的墓葬有 M2、M32、M66、M70、M73、M74、M84、M99、M105、M170、M173、M184 等 12 座。另 M30 出有 1 件 F 型敦，M94 所出的 2 件壶可能是 E 型壶，因 E 型壶仅见于第三期，敦也主要见于第三期，所以这两座墓可大致归入第三期。此外，M177 虽然无随葬品出土，但它被属于第二组的墓葬 M176 打破，则其年代也不应晚于第二期（表二）。

表二　东周墓葬出土陶器型式分期表

			鬲	盂	豆	罐	鼎	敦	壶	甗	小口鼎	盉	盘	匜	壶形豆	其他
一	1	M8	AⅠ	AⅠ												
		M75	AⅠ	AⅠ	AⅠ											
		M88	AⅠ		AⅠ											
二	2	M16	B		√	AⅠ										
		M17	B		BⅠ C	AⅡ			BⅡ							
		M19	AⅡ	C												
		M21	B?	BⅠ												
		M24	AⅡ	BⅠ	AⅡ											
		M41	AⅡ	AⅡ												
		M61							AⅠ							
		M86		AⅠ	BⅠ	√										
		M96	B		AⅡ C	AⅠ			D							
		M102	AⅡ		BⅠ C	BⅠ										铜带钩
		M162		AⅡ	DⅠ2		G		BⅠ							
		M166			BⅠ				AⅠ							
		M167	E	BⅠ					√							
		M172		AⅡ2	BⅠ				C							
		M176	AⅠ	BⅠ		G			AⅠ							
		M181	AⅡ	AⅡ2		G			AⅠ							
		M200	AⅡ			G			AⅠ							
三	3	M7			√				AⅡ							
		M18	AⅢ	BⅡ	DⅡ2				AⅡ							
		M31	AⅢ													
		M34	√	BⅡ	DⅡ EⅠ				AⅡ							
		M48	CⅠ		DⅡ	AⅡ			C							
		M49			DⅠ、Ⅱ	BⅡ D2										
		M79		E		AⅡ			AⅡ							
		M83		G	EⅠ C	E										
		M90	AⅢ	AⅡ												铜带钩
		M91	AⅢ		BⅡ											
		M97	√	D	DⅡ EⅠ				BⅡ							陶器盖

续表

			高	盂	豆	罐	鼎	敦	壶	罍	小口鼎	盉	盘	匜	壶形豆	其他
二	3	M160	F		AⅡ			D	BⅡ							
		M164				AⅡD										
		M165			AⅡ	D	H		BⅡ							
		M175		AⅡ			H		AⅡ							铜带钩
		M179		AⅡ			AⅠ		AⅡ							
		M180	D		DⅡ2	C			AⅡ							
		M186	CⅠ	G					AⅡ							
		M187		AⅡ2					AⅡ							
		M2	B?	AⅡ												
		M32	D		C、DⅠ											
		M66	AⅡ			AⅡ			BⅡ							
		M70			C	AⅡ2										
		M73	B	AⅡ												
		M74	√	AⅡ					√							
		M84	E	C												
		M99		AⅡ		E										
		M105	√	AⅡ					√							
		M170		AⅡ	DⅠ	E										
		M173					G									
		M184	√	AⅡ					C							
三	4	M4			DⅡ4		BⅠ √	AⅡ2	EⅠ2				√			
		M6			DⅡ EⅡ2		AⅠ	AⅡ	AⅢ EⅠ							
		M9			EⅡ		AⅠ	AⅠ	EⅠ				B	B		
		M10			DⅡ2		BⅠ	AⅠ	EⅠ							
		M23			DⅡ2		AⅠ2	AⅡ2	EⅠ2							
		M26			AⅢ BⅡ DⅡ2		AⅠ √	AⅠ、Ⅱ	EⅠ2				D	B		
		M33			DⅡ2		CⅠ	BⅠ	EⅠ				A	A		
		M45			DⅡ EⅡ											
		M60			AⅢ BⅡ		AⅠ BⅠ	AⅡ2	AⅡ EⅠ2							
		M103					BⅠ2	AⅠ2	EⅠ2				√	√		
		M146			DⅡ		E	D	AⅡ							
	5	M1		AⅢ2	EⅠ2		AⅡ2		EⅠ2							
		M3			DⅢ3		D2	C2	F2				A	C		
		M5			BⅡ DⅢ EⅡ		AⅡ2	AⅡ2	EⅠ2	A	A	√	B	B	A2	
		M12	√				AⅢ									
		M13		BⅢ												
		M22		BⅢ			H									

续表

			鬲	盂	豆	罐	鼎	敦	壶	罍	小口鼎	盉	盘	匜	壶形豆	其他
三	5	M27			EⅡ2		BⅡ2	AⅢ2	EⅠ2	B	A	√	C	A	B2	
		M35	√		DⅣ	C										
		M38	CⅡ	AⅢ	DⅢ2				AⅢ							
		M50			EⅡ3		BⅠ2	BⅠ2	√2		C		√	A	A2	陶器盖2
		M68			√		√	BⅠ2	EⅡ				√	A		陶器盖2
		M80	AⅣ	BⅢ	DⅣ3		BⅠ√		√2	EⅠ2				B		
		M81	B		DⅢ3	AⅢ			AⅢ							
		M87			DⅢ3		AⅡ2	AⅡ√	EⅠ2	A	A	√	√	√	A2	铜凿、铜带钩
		M89			EⅡ	BⅢ			AⅢ							
		M101			DⅢ2		CⅡ√	E、√	√EⅢ	C	A					
		M163			F2		F2	AⅡ2	√EⅢ	C	B		A	√	A、√	陶器盖
		M168			EⅡG		BⅠ	AⅡ	EⅠ							
		M174			DⅣ2		CⅢ√	BⅡ	√						√2	陶盒3
		M178			EⅡ2		CⅢ√	√2	AⅢ√EⅢ		C	√	A	A	√2	
		M182	√	F	AⅢ√				G							
		M190			EⅡ2		F	AⅡ	EⅢ							
		M194			EⅡ2		BⅠ√	√	EⅠ√	A						
		M30					√	F								
		M94							√2							陶钵

备注：1. "√"表示未分型式的器物。
2. 未注明件数者，皆为1件。

（二）各期墓葬绝对年代的推定

第一期墓葬所出器物暂没有可资对比的材料，但根据逻辑顺序，此期墓葬的年代应早于第二期墓葬。根据下文对第二、三期墓葬年代的推断，可将此期墓葬的年代大致推定在春秋中期。

属于第二期的M102所出AⅡ式陶鬲（M102∶1），以及M61、M200所出AⅠ式壶（M61∶1、M200∶1），与淅川毛坪春秋晚期M16所出的鬲、壶形制相似[1]。M96所出CⅠ式豆（M96∶3）的形态与淅川大石头山属于春秋末至战国早期的M2所出陶豆（M2∶3）相似[2]，M24所出AⅡ式豆（M24∶1）的柄、圈足形态也与后者近似。此外，此期偏晚的M160所出的F型鬲（M160∶2）与战国早期的淅川徐家岭M5∶21陶鬲已较接近[3]。综合来看，第二期墓葬的年代应在春秋晚期至战国初年。

属于第三期的 M33 所出 BⅠ式敦（M33:3）的盖、身形态与淅川徐家岭战国早期 M5:20 陶敦相似。M87 所出 DⅢ式豆（M87:2）形制也与徐家岭 M5:6 豆近似。M89 所出 AⅢ式壶（M89:1）与徐家岭 M5:17 壶（报告称"罐"）近似。M163 所出 EⅡ式壶（M163:1）与属于战国中期的徐家岭 M6:4、5 壶及淅川毛坪 M25 所出陶壶相似。M101 所出 CⅡ式陶鼎（M101:1）也与徐家岭 M6:1 陶鼎相似。则第三期墓葬的年代大致应在战国早期偏晚至战国中期。

（三）主要陶器的演变趋势

依据第二章第一节中对出土陶器的形制分析，结合上文的分期，我们可以对已划分式别的典型陶器的形制演变进行总结。

陶鬲 A 型的演变趋势：口部逐渐收束；腹最大径上移，鼓肩作风愈益明显；裆渐宽；器身总体由瘦高变为高、宽相若的方体。C 型的演变趋势：口部逐渐收束；鼓肩作风愈益明显。

陶盂 A 型的演变趋势：腹渐浅；颈由长变短；口沿由宽渐窄。B 型的演变趋势：颈部逐渐收束，口内敛。

陶豆 A 型的演变趋势：豆盘趋浅，盘壁折棱逐渐向柄部收束，变得不明显；柄稍变高。B 型演变趋势：豆盘趋于宽浅，盘壁折棱变得不明显。D 型演变趋势：豆盘逐渐变浅变宽；豆柄变得高而直。E 型演变趋势：豆盘逐渐变宽浅。

陶罐 A 型的演变趋势：领由高渐矮；领部小孔逐渐下移至肩部。B 型演变趋势：腹变浅；领变矮。

陶鼎 A 型的演变趋势：腹底增大；足稍升高。B 型演变趋势：蹄足变得细高。C 型演变趋势：腹变深；腹底渐平；蹄足变得细高。

陶敦 A 型的演变趋势：器身由矮胖的扁球形向瘦高的长椭球形发展，扁纽、足的波折似有增多的趋势。B 型演变趋势：器身由矮胖体变为瘦高体。

陶壶 A 型演变趋势：颈渐短，形体变矮，带圈足者逐渐消失。B 型演变趋势：颈渐短，形体变矮，带圈足者逐渐消失。E 型演变趋势：颈逐渐细长，腹最大径由偏上逐渐下移至腹中部；圈足逐渐流行。

（四）程庄东周墓地的特点

程庄墓地东周墓葬的形制以长方形竖穴土坑墓为主，只是在第二期偏晚阶段以后才开始出现带墓道的墓葬。

有壁龛的墓葬计有 17 座，分布于墓地北部、西北部边缘及南部，在各自区域内有相对集中的趋势。

不同墓葬的规模相差较大，而且有随时间发展而逐渐增大的趋势。如第一期 3 座墓葬的墓室面积（以墓底面积为准，下同）均在2平方米以下。第二期墓葬中，2平方米以下（不含2平方米）的墓葬有24座，占该期墓葬总数的51.1%；3平方米以上的墓葬有11座，占23.4%，其中4平方米以上的墓葬仅3座。而第三期墓葬中，2平方米以下（不含2平方米）的墓葬仅有4座，占该期墓葬总数的11.1%；3平方米以上的有23座，占63.9%，其中4平方米以上的达到7座。

不同规模的墓葬在棺椁的有无，以及随葬品的数量上，也有一定的差别。在26座无随葬品的墓葬中，墓室面积在2平方米以下有17座。第一期墓葬的葬具唯见棺，不见有椁。第二期墓葬中，墓室面积在2.2平方米以上的大多有棺有椁；而墓室面积在2.2平方米以下的墓葬中，则未见有椁的，多是单棺或无葬具。不过，第一、二期不同等级墓葬在随葬品的种类和数量上未见明显的差别，仅第二期高等级墓葬中随葬壶的比例稍高。第三期墓葬中，墓室面积在2.2平方米以上的，基本都有棺有椁，随葬陶器种类、数量较多，且以仿铜陶器为主；而墓室面积在2.2平方米以下的墓葬中，多未见葬具或仅有一棺，随葬陶器基本都是鬲、盂、豆、罐、壶等，不见仿铜的鼎、敦，更未见盘、匜、小口鼎、甗、盉等器类。

总体来看，程庄墓地东周墓葬的随葬品以陶器为主，不见铜礼器、兵器等，葬具最多也只是一棺一椁，缺乏高等级的墓葬，其性质应为一处平民墓地。

东周墓葬出土的人骨，经鉴定年龄、性别均明确者有65座，其中男性34座，女性31座。另有11座仅可鉴别年龄，而性别不可辨。不同性别墓主的墓葬，在随葬品和其他葬俗方面并没有表现出太大的差异。只是在第二期时，陶壶（包括A、B、D型）更多地见于男性墓葬中，而在女性墓中相对较少。属于该期的11座男性墓中，有7座随葬了陶壶，占63.6%。而同期10座女性墓葬中，仅有3座随葬有陶壶，占30%。这似乎意味着这几型陶壶更多地与男性相关。此外，仅有的一件铜工具——凿，也见于男性墓葬中。

多数墓葬墓主的年龄在20～55岁之间。其中5座墓主年龄在20岁以下的墓葬中，2座有棺，3座未见葬具，随葬陶器只见鬲、盂、豆、罐、壶，而不见仿铜陶器。似乎意味着对平民中未成年人的埋葬也较为菲薄。

本次发掘的东周时期墓葬尽管规模普遍偏小，随葬品也不算丰富，但其保存状况却相对较好，陶器修复率高，因而对研究当时的埋葬制度、建立南阳地区春秋战国时期考古学文化发展序列及研究楚文化与中原文化交流等问题均有重要价值。

二、关于汉代遗存

G1、G2、G3均位于发掘区北部，走向基本一致，且都打破东周墓葬。根据沟内出土的少量陶片及残砖推测其年代应不早于汉代。因壁、底均未见人工掏挖痕迹，其性质很可能为自然冲沟。

程庄墓地的汉代墓葬多遭盗扰，但从发掘所获随葬品的组合和形制来看，该墓地还是有自身特色的。其陶器以仓、灶、井、磨、猪圈为基本组合，伴出有狗、猪、鸡、鸭等。战国以来的鼎、盒、壶等仿铜陶礼器仍然存在。双耳罐较为多见，这与新野樊集墓地相近[4]。陶器形制上，博山炉式器盖较为盛行，鼎、盒、仓等器物的盖均为博山炉式。陶鼎的足呈熊形或人形，仓均平底。此外，一侧内折的简易猪圈也是有特色的器物。

从出土陶器看，程庄墓地的汉代墓葬可分为三组：第一组以 M104、M132 为代表，出有鼎、盒、壶、双耳罐，以及仓、井、灶、磨、猪圈两套陶器组合，此外还有盆、陶狗等。M140、M57 及 M139 大致可以归入此组。另 M151 所出罐、钵的质地与东周墓葬所出陶器有较明显的差别，但其形制分别与东周墓葬 M180 及 M94 所出 C 型罐和钵略似，则该墓年代或也较早，大致亦可归入此组。

第二组以 M39、M78 为代表，陶器组合以仓、井、灶、磨、猪圈为主，并有双耳罐、狗、鸡、鸭等，但不见陶鼎、盒等器物。M152 大致也可归属此组。

第三组以 M153 为代表，出有壶、钵、灶、磨、奁、鸡、狗等，该墓被盗扰，组合可能不全，但所出陶器形制与其他墓葬有明显差别。

从以往的发现看，博山炉式盖、兽形足的陶鼎及博山炉式盖陶盒、双耳球形腹罐在豫西南地区的流行年代大致是从西汉中晚期至东汉前期[5]。具体而言，第一组墓葬的陶器组合及器物形制与南阳市环卫处 M1[6]、南阳市嘉丰汽修厂汉墓[7]，以及南阳辛店乡熊营画像石墓[8]较为接近。这三墓的年代大致在西汉中晚期至东汉早期，则第一组墓葬的年代大致也当在此范围以内。第二组墓葬与南阳蒲山 M2[9]的陶器组合更为接近，蒲山 M2 的年代被定为新莽至东汉初年，则第二组墓葬的上限或较第一组稍晚。

第一组墓葬中，M132、M57 所出五铢钱特征与烧沟汉墓第二型五铢相近，流行年代在西汉晚期[10]。属于第二组的 M39、M78 中出有货泉，年代应在王莽以后。属于第三组的 M153 所出五铢与烧沟汉墓第三型五铢相近，流行年代从王莽至东汉早中期，但该墓所出龙虎纹镜却是东汉中期以后才流行的[11]。

综合上述分析，第一、二组墓葬的年代大致都应在西汉中晚期至东汉前期。相对而言，第一组墓葬可能稍早，下限不晚于东汉初；而第二组墓葬的年代应稍晚，上限不早于新莽时期。第三组墓葬的年代则可能晚至东汉晚期。

在没有典型陶器出土，但随葬有铜钱的墓葬中，M133、M137、M144、M201 所出五铢大致属于烧沟汉墓第二型五铢，其年代或与第一组墓葬相近。而 M150 中出有莽钱，M37、M46、M150、M155、M157、M197 所出五铢多有与烧沟汉墓第三型五铢相似者，个别接近第四型，则其年代都不会早于新莽时期，大多应与第二组墓葬年代相近，个别或可能与第三组墓葬同时。

三、关于唐代墓葬

本次发掘唐墓不多，出土随葬品很少。在三座带墓道的墓葬中，M115 墓室呈弧边方形，甬道位于墓室南部正中，砖砌棺床位于墓室北壁下，这些特点与洛阳地区隋至初唐墓葬相似[12]，该墓所出辟雍砚是隋唐墓葬中流行的器物，所出瓷碗形制稍晚，与西安东郊温思暕墓（葬于 696 年）出土瓷碗[13]形制近似。综合来看，该墓的年代大致应为唐代初年。

M42形制与M115近似，唯墓道和甬道在墓室北侧略偏东，其年代当与M115接近。而M158墓室呈竖长方形，甬道和墓道在墓室南壁偏东，其年代或应较前两墓稍晚。

四、关于明清墓葬

本次发掘的明清墓葬比较集中地分布在发掘区南部，仅有个别位于发掘区中部和东北部。

发掘区南部的墓葬可以根据分布情况分为两组，其中M118、M119、M120、M121、M131、M129位置偏南，相对集中，墓葬方向均偏东北，且M120、M121、M131均出有敛口罐，关系应较密切。此外，位置偏西的M116、M117、M113、M110虽相距稍远，但方向也偏东北，且M113和M117也出有敛口瓷罐，或与该组墓葬关系更为密切。

而M112、M111、M124、M109、M108、M106、M107、M135、M134、M136则相对集中在北部，墓葬方向多偏西北，且M108、M124都出有带执手和短流的瓷罐，应属另一组。

25座明清墓葬中，7座为合葬墓。其中有3座的人骨经鉴定可知为男女合葬，位置上均是男性在东女性在西，似为定制。由此似可推测，其余合葬墓很可能也是男女合葬，且也应该是男东女西。

从墓葬结构上看，7座合葬墓中除2座为平底外，余5墓的墓底东西深浅不一。其中东深西浅者4座，东浅西深者1座。如果上述对合葬墓性质及男女位置推断不误的话，则是男性一侧多较深，而女性一侧多较浅，即合葬墓墓底的深浅可能与性别有关。这种习俗是值得注意的。

注 释

[1] 淅川县博物馆、南阳地区文物队：《淅川县毛坪楚墓发掘简报》，《中原文物》1982年1期。

[2] 河南省文物研究所、淅川县博物馆：《河南淅川大石头山楚墓发掘报告》，《华夏考古》1993年3期。

[3] 河南省文物考古研究所、南阳市文物考古研究所、淅川县博物馆：《淅川和尚岭与徐家岭楚墓》，大象出版社，2004年。

[4] 河南省南阳地区文物研究所：《新野樊集汉画像砖墓》，《考古学报》1990年4期。

[5] 参见：a. 河南省南阳地区文物研究所：《新野樊集汉画像砖墓》，《考古学报》1990年4期；b. 南阳知府衙门博物馆、南阳市文物考古研究所：《南阳市嘉丰汽修厂汉墓清理简报》，《中原文物》2008年4期；c. 河南省文化局文物工作队：《河南桐柏万岗汉墓的发掘》，《考古》1964年8期；d. 南阳地区文物工作队、南阳县文化馆：《河南南阳县英庄汉画像石墓》，《文物》1984年3期；e. 南阳市文物工作队：《南阳汽车制造厂东汉墓发掘简报》，《华夏考古》1998年1期。

[6] 南阳市文物工作队：《南阳市环卫处汉墓发掘简报》，《中原文物》1994年1期。

[7] 南阳知府衙门博物馆、南阳市文物考古研究所：《南阳市嘉丰汽修厂汉墓清理简报》，《中原文物》2008年4期。

[8] 南阳市文物研究所：《河南省南阳县辛店乡熊营画像石墓》，《中原文物》1996年3期。

[9] 南阳市文物研究所：《河南南阳蒲山二号汉画像石墓》，《中原文物》1997年4期。
[10] 中国科学院考古研究所：《洛阳烧沟汉墓》，科学出版社，1959年。
[11] 程林泉、韩国河：《长安汉墓》，陕西人民出版社，2002年，第152页。
[12] 徐殿魁：《洛阳地区隋唐墓的分期》，《考古学报》1989年第3期。
[13] 西安市文物保护考古所：《西安东郊唐温绰、温思暕墓发掘简报》，《文物》2002年第12期。

附　表

附表一　龙山时期灰坑登记表

单位：厘米

编号	位置	层位关系	形状	口径—距地表深 底径—距地表深	填土	出土遗物
H1	ⅡT0105	①→M14、M15→H1→生土	圆形，斜壁内收，平底	248—20 230—130	深褐色，土质较硬，无包含物	无
H2	ⅡT0105	①→H2→生土	近椭圆形，壁上部直，下部斜收，平底	(206~298)—20 (124~194)—84	深褐色，土质较硬，无包含物	无
H3	ⅡT0105	①→M178→H3→生土	圆形，直壁平底	160—20 160—50	深褐色，土质稍硬，无包含物	无
H4	ⅡT0105	①→H4→生土	近圆形，斜壁内收，平底	205—20 160—70	深褐色，土质较硬，无包含物	无
H5	ⅡT0105	①→M15→H5→生土	近椭圆形，锅底状	(200~260)—20 —38	深褐色，土质稍硬，无包含物	无
H6	ⅡT0205	①→G3→M30→H6→生土	圆形，直壁平底	200—20 200—48	深褐色，土质稍硬，无包含物	无
H7	ⅡT0205	①→G1→H7→生土	圆形，直壁，底中部微凹	250—20 250—(66~76)	深褐色，土质稍硬，无包含物	无
H8	ⅡT0503	①→M55→H8→生土	圆形，弧壁内收，平底	280—20 248—70	灰褐色，土质稍硬，无包含物	无
H9	ⅡT0503	①→M67→H9→生土	圆形，弧壁内收，平底	260—20 236—76	深褐色，土质稍硬，无包含物	无
H10	ⅡT0102	①→H10→生土	圆形，斜壁内收，圜底	200—20 192—(42~49)	深褐色，土质较硬，无包含物	无

续表

编号	位置	层位关系	形状	口径—距地表深 底径—距地表深	填土	出土遗物
H11	ⅡT0102	①→H11→生土	圆形,直壁平底	258—20 258—70	深褐色,土质较硬,无包含物	无
H12	ⅡT0102	①→H12→生土	圆形,直壁,底部微凹	180—20 180—(60~68)	深褐色,土质较硬,无包含物	无
H13	ⅡT0102	①→H13→生土	圆形,直壁平底	220—20 220—60	深褐色,土质稍硬,夹杂烧土颗粒、炭粒	陶片
H14	ⅡT0402	①→H14→生土	圆形,锅底状	160—20 —36	深褐色,土质较硬,无包含物	无
H15	ⅢT0403	①→H15→生土	近圆形,不规则锅底状	360—20 —88	深褐色,土质较硬,含少量烧土颗粒	陶片

附表二 东周墓葬登记表

单位：厘米

墓号	位置	方向	形制结构	墓口尺寸 长×宽—距地表深	墓底尺寸 长×宽—距地表深	葬具 长×宽—高	葬式	性别	年龄（岁）	随葬品	盗扰否
M1	ⅠT0104	174°	长方形竖穴土坑墓；直壁平底	(256~265)×(176~188)—20	(256~265)×(176~188)—164	一椁：214×(121~125)—14 椁室底有二枕木	仰身直肢	男	30~35	1、6陶盂 2、4陶豆 3、5陶鼎 7、8陶壶	否
M2	ⅡT0104	303°	竖穴土坑墓；直壁平底	200×(55~108)—62	200×(55~108)—72	不详	仰身直肢双手交并于腹部	不详	不详	1陶鬲 2陶盂	扰
M3	ⅡT0104	308°	长方形竖穴土坑墓；口部内敛，略平底	(230~238)×158—20	(230~238)×158—158	一椁：(204~212)×102~120)—12 一箱：(204~212)×(64~84)—12	仰身直肢双手交并于腹部	男	50±	1、2陶敦 3、4陶鼎 5、6陶壶 7~9陶豆 10陶盘 11陶匜	否

续表

墓号	位置	方向	形制结构	墓口尺寸 长×宽-距地表深	墓底尺寸 长×宽-距地表深	葬具 长×宽-高	葬式	性别	年龄（岁）	随葬品	盗扰否
M4	ⅡT0105	104°	长方形竖穴土坑墓；直壁平底	248×(150~160)-20	248×(150~160)-160	一椁：204×(85~96)-14 一箱：204×(50~60)-12	仰身直肢双手交并于腹部	男	30~35	1、2陶壶3陶盘（未修起）4、5陶鼎（5未修起）7、8陶敦6、9~11陶豆	否
M5	ⅡT0203 ⅡT0303	263°	竖穴土坑墓；直壁平底	(240~270)×(168~176)-20	(240~270)×(168~176)-176	一椁：(190~199)×(122~134)-(22~28) 一箱：(192~199)×82-? 椁底有二枕木	仰身直肢双手交并于腹部	女	30~35	1、7陶壶、2、5、6陶豆 3陶盘、4陶匜、8、9陶鼎 10、11陶壶形豆、12陶盂 13、14陶敦、15陶小口鼎 16陶罍	否
M6	ⅡT0304	126°	长方形竖穴土坑墓；直壁平底	246×(140~144)-20	245×(140~144)-105	一椁：176×(66~70)-18	仰身直肢双手交并于腹部	女	30~40	1、2、6陶壶、3陶鼎 4、7陶豆、5陶敦	否
M7	ⅡT0304	104°	长方形竖穴土坑墓；直壁平底	236×(148~152)-20	230×(148~152)-150	一椁：164×(108~116)-40 推测椁宽71	侧身屈肢	男	35~55	1陶壶2陶豆	否
M8	ⅡT0405	284°	长方形竖穴土坑墓；直壁平底，南西有一壁龛	170×40-44	170×40-50	不详	仰身直肢	男	25~34	1陶盂 2陶匜	否
M9	ⅡT0104	170°	长方形竖穴土坑墓；直壁平底	246×(110~122)-20	246×(110~122)-140	一椁：206×80-12 一箱：206×46-？ 椁底有二枕木	不详	男	40~45	1陶壶、2陶鼎 3陶敦、4陶豆 5陶盘、6陶匜	否
M10	ⅡT0104 ⅠT0104	85°	长方形竖穴土坑墓；直壁平底	(224~230)×(145~154)-20	(224~230)×(145~154)-174	一椁：(178~186)×102-26 一箱：168×44-14	仰身直肢双手交并于腹部	男	35~55	1陶鼎2陶壶3陶敦4、5陶豆	否

续表

墓号	位置	方向	形制结构	墓口尺寸 长×宽-距地表深	墓底尺寸 长×宽-距地表深	葬具 长×宽-高	葬式	性别	年龄（岁）	随葬品	盗扰否
M11	ⅡT0104	290°	长方形竖穴土坑墓；直壁平底	202×(88~96)-20	202×(88~96)-80	一棺：164×(30~40)-12	仰身直肢双手交并于腹部	不详	25±	无	否
M12	ⅡT0104 ⅡT0105	195°	长方形竖穴土坑墓；直壁平底	202×(70~80)-15	202×(70~80)-21	不详	不详	不详	15~20	1 陶罐 2 陶鬲	扰
M13	ⅡT0104	295°	长方形竖穴土坑墓；口小，大底，直壁平底	201×(70~80)-20	178×(64~70)-86	一棺：160×34—？	仰身直肢	女	25~30	1 陶盂	否
M14	ⅡT0104	210°	长方形竖穴土坑墓；直壁平底	185×82-20	185×82-118	一棺：168×(42~50)-28	仰身直肢双手交并于腹部	男	40~45	无	否
M15	ⅡT0105	195°	长方形竖穴土坑墓；直壁平底	234×140-20	234×140-106	一棺：194×(78~82)-16	仰身直肢双手交并于腹上	女	30~35	无	否
M16	ⅡT0105 ⅡT0205	94°	长方形竖穴土坑墓；直壁，东壁设生土二层台	(残长202~240)×88-15	(172~206)×88-83	一棺：(154~180)×60-18	仰身直肢双手交并于腹部	女	40±	1 陶罐 2 陶罐 3 陶豆柄	否
M17	ⅡT0205	180°	长方形竖穴土坑墓；直壁平底	216×(111~113)-20	216×(111~113)-110	一椁：184×(70~80)-30	仰身直肢双手交并于腹部	男	35~55	1 陶罐 2 陶壶 3、5 陶豆 4 陶鬲	否

续表

墓号	位置	方向	形制结构	墓口尺寸 长×宽-距地表深	墓底尺寸 长×宽-距地表深	葬具 长×宽-高	葬式	性别	年龄（岁）	随葬品	盗扰否
M18	ⅡT0205	170°	长方形竖穴土坑墓；直壁，墓底高南北底	(230~233)×(120~126)-20	(228~230)×(120~126)-120	一椁：175×(75~82)-18 一棺：164×(60~66)-8	仰身直肢双手交并于腹部	女	35~55	1 陶壶 2 陶两 3、4 陶豆 5 陶盂	否
M19	ⅡT0205	196°	长方形竖穴土坑墓；直壁，墓底高南北底	206×(105~110)-30	206×(105~110)-(118~122)	一棺：184×48-(24~28)	仰身直肢双手交并于腹部	不详	不详	1 陶两 2 陶盂	否
M20	ⅡT0204	357°	长方形竖穴土坑墓；直壁墓平底	170×(66~76)-20	170×(66~76)-100	一棺：156×40-52	仰身直肢双手交并于腹部	女	20~25	无	否
M21	ⅡT0204	90°	长方形竖穴土坑墓；直壁墓平底	(196~199)×(84~89)-20	(196~199)×(84~89)-56	不详	仰身直肢双手交并于腹部	不详	10~12	1 陶盂 2 陶两	否
M22	ⅡT0204	68°	长方形竖穴土坑墓；直壁墓平底	(196~204)×(80~82)-22	(196~204)×(80~82)-62	不详				1 陶鼎 2 陶盂	否
M23	ⅡT0205	123°	长方形竖穴土坑墓；直壁墓平底	(218~230)×(138~146)-20	(218~230)×(138~146)-122	一椁：184×(92~102)-14	仰身直肢双手交并于腹部	男	35~55	1、8 陶豆 2、3 陶壶 4、5 陶敦 6、7 陶鼎	否
M24	ⅡT0204	166°	长方形竖穴墓；口大底小，四壁有生土二层台	(210~216)×104-20	186×74-124	一棺：158×40-50	仰身直肢双手交并于腹部	女	35~55	1 陶豆 2 陶盂 3 陶两	否

续表

墓号	位置	方向	形制结构	墓口尺寸 长×宽-距地表深	墓底尺寸 长×宽-距地表深	葬具 长×宽-高	葬式	性别	年龄（岁）	随葬品	盗扰否
M25	ⅡT0305	105°	长方形竖穴土坑墓；直壁平底	216×(118~122)-24	216×(118~122)-70	一棺：(168~172)×54-8	仰身直肢双手交并于腹部	女	25~34	1~5均为铜铃	否
M26	ⅡT0305	355°	长方形竖穴土坑墓；口小，底大，平底	207×120-20	205×116-142	一椁：180×(88~95)-26 一棺：?×(52~54)-?	仰身直肢双手交并于腹部	女	25~34	1、2陶壶3、4陶鼎（3未修起）5、6陶敦7、8陶匜9陶盘10~12陶豆	否
M27	ⅡT0305	105°	长方形竖穴土坑墓；口大底小，平底	(198~210)×(146~152)-20	(196~208)×(144~150)-164	一椁(170~184)×120-30 一棺：(170~176)×56-?	仰身直肢双手交并于腹部	女	30~40	1、2陶壶3、4陶鼎5陶匜6陶盘7、8陶豆9、10陶豆11陶盉12陶小口鼎13陶罍14、15陶敦	否
M29	ⅡT0305	110°	长方形竖穴土坑墓；直壁平底	170×(70~76)-20	170×(70~76)-80	不详	仰身直肢双手交并于腹部	男	25~34	无	否
M30	ⅡT0205	205°	长方形竖穴土坑墓；直壁平底	224×(116~120)-20	224×(116~120)-156	一椁：198×95-48 一棺：198×(62~68)-?	仰身直肢双手交并于腹部	女	25~30	1陶敦（一半）2陶鼎（未修起）	否
M31	ⅡT0305 ⅡT0306	150°	长方形竖穴土坑墓；直壁平底	200×100-30	200×100-70	一棺：156×36-10	仰身直肢	不详	不详	1陶鬲	否
M32	ⅡT0204	97°	长方形竖穴土坑墓；直壁平底	残长(200~254)×199-20	残长(180~220)×(128~138)-(21~23)	一椁：残长(180~220)×199-115	仰身直肢双手交并于腹部	女	50±	1陶鬲 2、3陶豆	否

续表

墓号	位置	方向	形制结构	墓口尺寸 长×宽－距地表深	墓底尺寸 长×宽－距地表深	葬具 长×宽－高	葬式	性别	年龄（岁）	随葬品	盗扰否
M33	ⅡT0304	105°	长方形竖穴土坑墓；直壁平底	(228~235)×131－20	(228~235)×131－114	一椁：(186~194)×(96~105)－14	仰身直肢双手交井于腹部	男	40~50	1 陶壶 2 陶鼎 3 陶敦 4 陶盘 5 陶匜 6、7 陶豆	否
M34	ⅡT0304	88°	长方形竖穴土坑墓；直壁平底	238×(108~114)－20	238×114－96	一椁：198×70－18 一棺：198×56－18	仰身直肢双手交井于腹部	男	25~30	1 陶壶 2 陶盂 3、4 陶豆 5 陶鬲（未修起）	否
M35	ⅡT0304	318°	长方形竖穴土坑墓；直壁平底	190×(72~84)－20	190×(72~84)－84	不详	仰身直肢双手交井于腹部	男	35~55	1 陶鬲（未修起）2 陶豆 3 陶罐	否
M36	ⅡT0304	349°	长方形竖穴土坑墓；直壁平底	230×134－20	230×134－160	一棺：194×94－46	仰身直肢双手交井于腹部	男	30~35	无	否
M38	ⅡT0304	24°	长方形竖穴土坑墓；直壁平底	230×(136~146)－20	230×(136~146)－140	一椁：194×78－19 一棺：160×40－10	仰身直肢	不详	不详	1 陶鬲 2 陶盂 3、5 陶豆 4 陶壶	否
M40	ⅡT0405	103°	长方形竖穴土坑墓；直壁平底	残长(85~184)×38－20	残长(85~184)×38－74	不详	不详	不详	不详	无	否
M41	ⅡT0405	104°	长方形竖穴土坑墓；直壁平底，北壁下中部有浅坑	200×76－20	200×76－84	一棺：178×46－14	仰身直肢双手交井于腹部	不详	9~10	1 陶鬲 2 陶盂	否

续表

墓号	位置	方向	形制结构	墓口尺寸 长×宽-距地表深	墓底尺寸 长×宽-距地表深	葬具 长×宽-高	葬式	性别	年龄（岁）	随葬品	盗扰否
M43	ⅡT0405	322°	长方形竖穴土坑墓；直壁，平底	残长（172~195）×（36~44）-20	残长（172~195）×（36~44）-74	不详	仰身直肢双手交并于腹部	不详	不详	无	否
M44	ⅡT0404	146°	长方形竖穴土坑墓；直壁，平底	170×60-20	170×60-84	一棺：(152~156)×48-14	仰身直肢双手交并于腹部	女	40±	1 铜带钩	否
M45	ⅡT0405	80°	长方形竖穴土坑墓；口大底小，平底	277×(184~192)-20	258×180-203	一椁：225×122-58 一棺：180×60-22	仰身直肢	男	35~40	1、2 陶豆	否
M47	ⅡT0404	346°	长方形竖穴土坑墓；直壁，墓底南高北低	(243~250)×130-20	(243~250)×130-80	一棺：186×(72~74)-6 棺底有二枕木	仰身直肢双手交并于腹部	女	30~40	无	否
M48	ⅡT0404	242°	长方形竖穴土坑墓；直壁，平底	180×(76~84)-20	180×(76~84)-100	一棺：160×39-10	仰身直肢左臂伸直右臂放于腹部	女	14~18	1 陶壶 2 陶罐 3 陶豆 4 陶罐	否
M49	ⅡT0404	246°	长方形竖穴土坑墓；直壁，墓底中部稍低。南壁有壁龛	192×(60~70)-20	192×(60~70)-90	一棺：168×(36~43)-14	仰身直肢双手交并于腹部	男	25±	1、2、5 陶罐 3、4 陶豆	否

续表

墓号	位置	方向	形制结构	墓口尺寸 长×宽-距地表深	墓底尺寸 长×宽-距地表深	葬具 长×宽-高	葬式	性别	年龄（岁）	随葬品	盗扰否
M50	ⅡT0404	261°	长方形竖穴土坑墓；直壁平底	(198~204)×130-20	(198~204)×130-122	一椁：(164~174)×94-22 一棺：165×56-？	仰身直肢双手交并于腹部	男	20~25	1、4、7陶豆 2陶盘 3陶匜 5、6陶器盖（未修起）8陶小口鼎 9、10陶鼎 11、15陶壶形豆 12、13陶敦 14、16陶壶（16未能修复，14仅修复一盖）	否
M52	ⅡT0504	16°	长方形竖穴土坑墓；西、南两壁下部内收，北、东壁较直，口大底小，平底	(224~235)×(146~154)-20	(214~225)×(132~140)-142	一棺：(198~201)×56-4	仰身直肢右臂伸直左手置于腹部	女	30~35	无	否
M53	ⅡT0504	115°	长方形竖穴土坑墓；直壁，墓底西高东低	(185~190)×63-20	(185~190)×63-(62~68)	不详	仰身直肢双手交并于腹部	女	20~25	无	否
M54	ⅡT0504	278°	长方形竖穴土坑墓；直壁平底	200×(108~116)-20	200×(108~116)-130	一椁：173×(50~62)-48 一棺：173×(28~36)-10	仰身直肢双手交并于腹部	女	40±	无	否
M58	ⅡT0403	93°	长方形竖穴土坑墓；口小、底大，平底	(210~220)×(114~120)-20	(206~212)×(110~116)-124	一棺：184×(72~76)-26	仰身直肢双手交并于腹部	女	30±	无	否
M59	ⅡT0403	346°	长方形竖穴土坑墓；直壁平底	196×(70~80)-20	194×(70~80)-85	一棺：(168~172)×44-12	仰身直肢双手交并于腹部	男	35±	无	否
M60	ⅡT0403	48°	长方形竖穴土坑墓；直壁平底	252×146-21	252×146-119	一椁：顶186×(90~96)-34 底170×(74~80)	侧身直肢双手交并于腹部	女	30±	1、2陶豆 3、9陶壶 4、5、8陶敦 6、7陶鼎	否

续表

墓号	位置	方向	形制结构	墓口尺寸 长×宽－距地表深	墓底尺寸 长×宽－距地表深	葬具 长×宽－高	葬式	性别	年龄（岁）	随葬品	盗扰否
M61	ⅡT0503	32°	长方形竖穴土坑墓；直壁平底	240×(150~156)-20	240×(150~156)-129	一椁：196×84-(16~18) 一棺：183×50-8	仰身直肢右臂伸直左手置于腹上，右腿置于左腿上	男	40~45	1 陶壶	否
M62	ⅡT0503	104°	长方形竖穴土坑墓；直壁平底	180×68-20	180×68-68	一棺：144×46-4	俯身直肢	男	35~55	1 铜环 2 铜带钩 3 铁器（未修起）	否
M63	ⅡT0503	18°	长方形竖穴土坑墓。直壁平底	190×(72~75)-20	190×(72~75)-78	一棺：165×(36~42)-9	仰身直肢双手交并于腹部	女	35±	无	否
M64	ⅡT0503	89°	长方形竖穴土坑墓；直壁平底	180×(63~68)-20	180×(63~68)-83	一棺：(158~162)×(40~46)-13	仰身直肢双手交并于腹部	男	30±	1、2 铜片（未修起）	否
M66	ⅡT0405	10°	长方形竖穴土坑墓，墓底平壁有槽龛壁，高西壁低东	200×100-20	200×100-94	一棺：170×(52~64)-19	仰身直肢双手交并于腹部	男	30~35	1 陶瓮 2 陶罐 3 陶壶	否
M67	ⅡT0502	103°	长方形竖穴土坑墓；直壁平底	206×(64~69)-20	206×(64~69)-79	一棺：176×(50~54)-(3~8)	不详	不详	30±	无	否
M68	ⅡT0502	172°	长方形竖穴土坑墓；直壁平底	248×(148~164)-20	245×(148~164)-130	一椁：顶(182~185)×(102~104)-46 底(160~162)×92 一棺：158×40-40	仰身直肢双手交并于腹部	女	30~40	1 陶盘（未修起）2 陶匜 3、7 陶器盖 4、5 陶敦 6 陶盒 8 陶鼎（未修复）9 陶豆（未修复）	否

续表

墓号	位置	方向	形制结构	墓口尺寸 长×宽-距地表深	墓底尺寸 长×宽-距地表深	葬具 长×宽-高	葬式	性别	年龄（岁）	随葬品	盗扰否
M70	ⅡT0502	162°	长方形竖穴土坑墓；直壁平底	(248~260)×(103~112)-22	(248~260)×(103~112)-100	一椁：198×72-16 一棺：153×(34~38)-4	仰身直肢	不详	30~40	1、2 陶罐 3 陶豆	否
M72	ⅡT0402 ⅡT0403	350°	竖穴土坑墓；直壁平底	260×(120~152)-20	260×(120~152)-92	一棺：顶205×68-20 底198×68	仰身直肢双手交并于腹部	男	35±	无	否
M73	ⅡT0403	170°	长方形竖穴土坑墓；平底壁有壁龛	166×(40~50)-20	160×(40~50)-54	不详	仰身直肢双手交并于腹部	男	30±	1 陶盂 2 陶鬲	否
M74	ⅡT0402	174°	长方形竖穴土坑墓；直壁平底。壁有壁龛	(176~188)×(74~84)-25	(176~188)×(74~84)-69	不详	仰身直肢双手交并于腹部	女	25±	1 陶壶（残）2 陶盂 3 陶鬲（未修起）	否
M75	ⅡT0402	344°	长方形竖穴土坑墓；直壁平底。壁有壁龛	210×(62~68)-25	210×(62~68)-81	一棺：190×(44~48)-14	仰身直肢双手交并于腹部	女	30±	1 陶盂 2 陶鼎 3 陶豆	否
M76	ⅡT0402	172°	长方形竖穴土坑墓；直壁平底。壁有壁龛	189×32-25	189×32-69	不详	仰身直肢双手交并于腹部	男	40±	1 陶壶（口残）2 陶鼎 3 陶罐（口残）	否
M79	ⅡT0402	78°	长方形竖穴土坑墓；直壁平底壁有壁龛	(226~234)×(148~160)-20	(226~234)×(148~160)-112	一椁：182×(82~92)-12	仰身直肢双手交并于腹部	不详	30~40	1 陶壶 2 陶盂 3 陶罐	否

续表

墓号	位置	方向	形制结构	墓口尺寸 长×宽－距地表深	墓底尺寸 长×宽－距地表深	葬具 长×宽－高	葬式	性别	年龄（岁）	随葬品	盗扰否
M80	ⅡT0303	350°	长方形竖穴土坑墓；直壁平底	225×（140～146）－20	225×（140～146）－166	一椁：186×（102～114）－46 一棺：160×40－16	仰身直肢双手交并于腹部	男	40～45	1 陶甗两 2、3 陶壶 4、5 陶鼎（5 未修起） 6 陶匜 7、9、10 陶豆 8 陶壶 11、12 陶敦（未修起）	否
M81	ⅡT0303	0°	长方形竖穴土坑墓；直壁平底	240×（116～128）－20	240×（116～128）－74	一椁：200×88－14 一棺：160×40－8	仰身直肢双手交并于腹部	男	35～40	1、2、5 陶豆 3 陶罐 4 陶壶 6 陶甗	否
M83	ⅡT0303	175°	长方形竖穴土坑墓；直壁平底。东部有壁龛	200×（66～70）－20	200×（66～70）－84	一棺：182×52－16	仰身直肢双手交并于腹部	女	40±	1、2 陶豆 3 陶罐 4 陶盂	否
M84	ⅡT0302	175°	长方形竖穴土坑墓；直壁平底	202×78－20	202×78－100	一棺：（156～162）×46－14	仰身直肢双手交并于腹部	女	30～35	1 陶盂 2 陶甗	否
M86	ⅡT0302	167°	长方形竖穴土坑墓；西壁稍内收，余三壁较直	174×90－25	174×84－143	不详	仰身直肢右臂伸直，左手置腹上	女	30±	1 陶罐（残） 2 陶盂 3 陶豆	否
M87	ⅡT0203 ⅡT0303	257°	竖穴土坑墓；直壁，平底，墓室西部有斜坡墓道	250×（144～156）－20	250×（144～156）－184	一椁：204×136－8 一棺，棺痕不清 椁底东部有一枕木	仰身直肢	男	35～45	1、3 陶酱 2、4、5 陶豆 6 铜壶形豆 7、11 陶豆 8、13 陶壶 9、10 陶敦（10 未修起） 12 陶罍 14 陶小口鼎 15 陶盘（仅修复一盖） 16 陶盂（未修起） 17 陶匜（未修起） 18 铜带钩	否
M88	ⅡT0202	255°	长方形竖穴土坑墓；直壁平底	185×98－25	185×98－111	不详	仰身直肢	女	35～55	1 陶罐 2 陶甗	否

续表

墓号	位置	方向	形制结构	墓口尺寸 长×宽-距地表深	墓底尺寸 长×宽-距地表深	葬具 长×宽-高	葬式	性别	年龄（岁）	随葬品	盗扰否
M89	ⅡT0202	167°	长方形竖穴土坑墓；直壁平底。西南端有壁龛	176×(74~78)-20	176×(74~78)-98	不详	仰身直肢	不详	16~18	1 陶壶 2 陶豆 3 陶罐	否
M90	ⅡT0202	78°	长方形竖穴土坑墓；直壁平底	170×68-20	170×68-86	不详	仰身直肢双手交并于腹部	不详	35~55	1 陶盂 2 陶鬲 3 铜带钩	否
M91	ⅡT0302	77°	长方形竖穴土坑墓；直壁平底	210×104-20	210×104-152	一椁：194×70-22	仰身直肢双手交并于腹部	男	35±	1 陶鬲 2 陶罐	否
M94	ⅡT0203 ⅡT0204	174°	长方形竖穴土坑墓；直壁，墓底中部略下凹	200×(72~78)-20	200×(72~78)-(40~44)	不详	仰身直肢双手交并于腹部	不详	30~35	1 陶杯 2、3 陶壶（2残，3未修起）	否
M95	ⅡT0102	270°	长方形竖穴土坑墓；直壁平底	174×62-15	174×62-87	不详	仰身直肢	女	35~55	1 陶罐（口残）	否
M96	ⅡT0102 ⅡT0202	72°	长方形竖穴土坑墓；直壁平底	180×58-20	180×58-104	一棺：168×40-30	仰身直肢双手交并于腹部	男	30~35	1 陶壶 2 陶鬲 3、4 陶豆 5 陶罐	否
M97	ⅡT0203	271°	长方形竖穴土坑墓；直壁，墓底东部略高	230×(118~128)-20	230×(118~128)-111	一椁：200×72-12 一棺：180×40-6	仰身直肢双手交并于腹部	男	25±	1 陶壶 2 陶器盖 3 陶鬲（未修起）4 陶盂 5、6 陶豆	否
M98	ⅡT0302	345°	长方形竖穴土坑墓；直壁平底	残长80×46-20	残长80×46-84	不详	仰身直肢双手交并于腹部	不详	25~34	无	否

续表

墓号	位置	方向	形制结构	墓口尺寸 长×宽－距地表深	墓底尺寸 长×宽－距地表深	葬具 长×宽－高	葬式	性别	年龄（岁）	随葬品	盗扰否
M99	ⅡT0502 ⅡT0602	353°	长方形竖穴土坑墓；直壁平底	249×152－20	249×152－128	一椁：200×(112～126)－16	仰身直肢双手交并于腹部	男	40±	1 陶盂 2 陶双耳罐	否
M101	ⅡT0302	74°	竖穴土坑墓；直壁平底	270×(164～188)－20	270×(164～188)－184	一椁：216×110－38	仰身直肢双手交并于腹部	不详	不详	1、3 陶鼎（3 仅有一盖） 2、4 陶敦（4 未修起） 5 陶罍 6、7 陶壶（7 未修起） 8 陶小口鼎 9、10 陶豆	否
M102	ⅡT0103	357°	长方形竖穴土坑墓；斜壁平底	190×(66～74)－20	186×(62～68)－98	一棺：168×(52～58)－?	仰身直肢双手交并于腹部	女	30±	1 陶甗 2 陶罐 3、4 陶豆 5 铜带钩	否
M103	ⅠT0105	350°	长方形竖穴土坑墓；直壁平底	220×(144～154)－20	220×(144～154)－160	一椁：172×(93～96)－29	不详	不详	不详	1、2 陶鼎 3、4 陶壶 5、6 陶敦 7 陶盘（未修起） 8 陶匜（未修起）	否
M105	ⅡT0104	108°	长方形竖穴土坑墓；直壁有壁龛	176×(36～42)－20	176×(36～42)－62	不详	仰身直肢双手交并于腹部	男	40±	1 陶甗（未修起） 2 陶盂 3 陶壶（未修起）	否
M114	ⅡT0801	137°	长方形竖穴土坑墓；直壁平底	190×(42～55)－30	190×(42～55)－45	不详	仰身直肢伸直	不详	不详	无	否
M146	ⅡT0603	283°	长方形竖穴土坑墓；直壁平底	(210~214)×(129～131)－40	(210~214)×(129～131)－148	一椁：194×86－22	仰身直肢	不详	不详	1 陶敦 2 陶鼎 3 陶豆 4 陶壶	否
M160	ⅡT0406	350°	长方形竖穴土坑墓；直壁有壁龛	206×132－35	206×132－139	一椁：188×100－42 一棺：176×(38～53)－10	仰身直肢伸直	不详	不详	1 陶敦 2 陶鼎 3 陶壶 4 陶豆	否

续表

墓号	位置	方向	形制结构	墓口尺寸 长×宽-距地表深	墓底尺寸 长×宽-距地表深	葬具 长×宽-高	葬式	性别	年龄（岁）	随葬品	盗扰否
M162	ⅡT0306 ⅡT0406	4°	长方形竖穴土坑墓；直壁平底	230×(156~160)-35	230×(156~160)-157	一椁：(204~210)×(78~85)-24	仰身直肢双手交并于腹部	不详	不详	1陶盂 2陶鼎 3、4陶豆 5陶壶	否
M163	ⅡT0306	106°	长方形竖穴土坑墓；西壁直，余三壁外斜，口大，底小，平底	230×160-35	234×(163~168)-181	一椁：186×(100~106)-26 椁底有二枕木	仰身直肢	不详	不详	1、2陶匜 3陶盘 4陶豆 5、6陶豆（2未修起）7、8陶壶形豆（7残8未修起）9、10陶鼎 11陶小口鼎 12、13陶敦 14陶罍 15陶器盖	否
M164	ⅡT0306	256°	长方形竖穴土坑墓；直壁平底	200×80-35	200×80-95	一棺：162×42-4	仰身直肢双手交并于腹部	不详	不详	1、2陶罐	否
M165	ⅡT0306	150°	长方形竖穴土坑墓；南壁外张，余三壁直，平底	230×140-35	233×140-137	一椁：192×(90~100)-24	仰身直肢双手交并于腹部	不详	不详	1陶壶 2陶豆 3陶罐 4陶鼎	否
M166	ⅡT0306	5°	竖穴土坑墓；直壁平底。东壁北端有壁龛	210×(56~68)-35	210×(56~68)-57	不详	仰身直肢	不详	不详	1陶壶 2陶豆	否
M167	ⅡT0206	96°	长方形竖穴土坑墓；直壁平底。北壁有壁龛	210×(86~94)-35	210×(86~94)-113	一棺：186×38-10	仰身直肢双手交并于腹上	不详	不详	1陶壶（残）2陶鬲 3陶盂	否

续表

墓号	位置	方向	形制结构	墓口尺寸 长×宽－距地表深	墓底尺寸 长×宽－距地表深	葬具 长×宽－高	葬式	性别	年龄（岁）	随葬品	盗扰否
M168	ⅡT0206	359°	长方形竖穴土坑墓；南壁下部稍外张，余三壁较直，口小底大，平底	250×(136~140)-35	252×(136~140)-161	一椁：200×107-46	仰身直肢	不详	不详	1 陶敦 2 陶壶 3 陶鼎 4、5 陶豆	否
M169	ⅡT0206	108°	长方形竖穴土坑墓；西壁略外斜，余三壁直	200×73-35	202×73-(99~103)	一棺：156×46-8	仰身直肢	不详	不详	无	否
M170	ⅡT0207	138°	长方形竖穴土坑墓；壁直平底，头端墓壁上有壁龛	190×64-35	190×64-85	一棺：190×58-32	仰身直肢	不详	不详	1 陶盂 2 陶豆 3 陶罐	否
M171	ⅡT0207	340°	长方形竖穴土坑墓；口小，底大，平底	210×120-35	202×116-125	不详		不详	不详	无	否
M172	ⅡT0207	4°	长方形竖穴土坑墓；壁直平底	220×(120~127)-35	220×(120~127)-161	一棺：180×56-36	仰身直肢双手交并于腹部	不详	不详	1 陶壶 2、4 陶盂 3 陶豆	否
M173	ⅡT0207	96°	长方形竖穴土坑墓；壁直平底	190×(112~114)-35	190×(112~114)-151	一棺：170×60-26	仰身直肢右手伸直左手放于腹部	不详	不详	1 陶鼎（足残）	否

续表

墓号	位置	方向	形制结构	墓口尺寸 长×宽－距地表深	墓底尺寸 长×宽－距地表深	葬具 长×宽－高	葬式	性别	年龄（岁）	随葬品	盗扰否
M174	ⅡT0106 ⅡT0206	96°	竖穴土坑墓；南、北壁较直，东、西壁下部外张，口小底大，平底。东部设阶梯式墓道	245×170－35	252×170－225	一椁：200×124－60 椁底有二枕木	不详	不详	不详	1陶壶（未修起）2、3陶鼎（3未修起）4陶敦 5、6陶豆 7、8陶壶形豆 9~11陶盒（未修起）	否
M175	ⅡT0206	80°	长方形竖穴土坑墓；直壁平底	260×(151~160)－35	260×(151~160)－147	一椁：(200~204)×(90~105)－32	仰身直肢双手交并于腹部	不详	不详	1陶鼎 2陶盂 3陶壶 4铜带钩	否
M176	ⅡT0206	284°	长方形竖穴土坑墓；直壁平底	240×(139~154)－35	240×(139~154)－143	一椁：202×(90~98)－32 底部有二枕木	仰身直肢	不详	不详	1陶豆 2陶盂 3陶鼎 4陶壶	否
M177	ⅡT0206	89°	长方形竖穴土坑墓；直壁平底	200×(残宽46~72)－35	200×(残宽46~72)－93	一棺：155×(34~40)－4	仰身直肢双手交并于腹部	不详	不详	无	否
M178	ⅡT0106	283°	长方形竖穴土坑墓；口大小底大，平底	238×(160~168)－35	247×172－161	一椁：186×108－32 椁底有二枕木	不详	不详	不详	1、2陶豆 3陶鼎 4陶盘 5、6陶鼎（6未修起）7、9陶敦（均未修起）8、11、12未修起（11残、12未修起）10陶小口鼎 13、14陶壶形豆（均未修起）15陶盉（未修起）	否
M179	ⅡT0106	280°	长方形竖穴土坑墓；东壁三壁外张，余三壁较直，口小底大，平底	220×140－35	224×140－155	一椁：185×(104~106)－40 椁底有二枕木	仰身直肢	不详	不详	1陶壶 2陶鼎 3陶盂	否

续表

墓号	位置	方向	形制结构	墓口尺寸 长×宽-距地表深	墓底尺寸 长×宽-距地表深	葬具 长×宽-高	葬式	性别	年龄（岁）	随葬品	盗扰否
M180	ⅡT0106	2°	长方形竖穴土坑墓；四壁下部稍外张，口小底大，平底，北端有长方形竖井墓道	240×164-35	246×173-161	一椁：190×110-36 椁底有二枕木	仰身直肢双手交并于腹部	不详	不详	1 陶壶 2 陶鬲 3、4 陶豆 5 陶罐	否
M181	ⅡT0107	10°	长方形竖穴土坑墓；直壁平底。北壁有壁龛	190×(76~80)-35	190×(76~80)-111	一棺：165×(50~62)-10	仰身直肢双手交并于腹部	不详	不详	1、2 陶盂 3 陶豆 4 陶鼎 5 陶壶	否
M182	ⅡT0107	15°	长方形竖穴土坑墓；直壁平底。北壁有壁龛	180×74-35	180×74-95	一棺：170×48-15	不详	不详	不详	1、3 陶豆（3 未修起） 2 陶盂 4 陶鬲（未修起） 5 陶壶	否
M183	ⅡT0106	191°	长方形竖穴土坑墓；直壁平底	170×46-35	170×46-53	不详	不详	不详	不详	无	否
M184	ⅠT0106	177°	长方形竖穴土坑墓；直壁平底	200×56-35	200×56-70	不详	不详	不详	不详	1 陶鬲 2 陶壶 3 陶盂	否
M185	ⅠT0106	92°	长方形竖穴土坑墓；直壁平底	200×48-35	200×48-59	不详	不详	不详	不详	1 铁刀	否
M186	ⅠT0106	93°	长方形竖穴土坑墓；直壁平底	170×(67~74)-35	170×(67~74)-81	不详	不详	不详	不详	1 陶盂 2 陶鬲 3 陶壶	否

续表

墓号	位置	方向	形制结构	墓口尺寸 长×宽-距地表深	墓底尺寸 长×宽-距地表深	葬具 长×宽-高	葬式	性别	年龄（岁）	随葬品	盗扰否
M187	ⅠT0106	97°	长方形竖穴土坑墓；直壁平底	226×58-35	226×58-65	不详	仰身直肢	不详	不详	1、2 陶盂 3 陶壶	否
M188	ⅠT0106 ⅠT0107	3°	长方形竖穴土坑墓，底部南高北低	196×(104~120)-35	196×(104~120)-(123~129)	一棺：171×40-(4~10)	仰身直肢	不详	不详	无	否
M189	ⅠT0106	350°	长方形竖穴土坑墓；直壁平底	200×48-30	200×48-106	不详		不详		无	否
M190	ⅠT0105	181°	竖穴土坑墓；南、北壁下部外张，东、西壁较直，口小底大，平底	260×(160~176)-30	266×(160~176)-130	一椁：212×(96~117)-30，椁底有二枕木	不详	不详	不详	1 陶壶 2 陶敦 3 陶鼎 4、5 陶豆	否
M194	ⅠT0105	163°	长方形竖穴土坑墓；四壁下部外张，口小底大，平底	(240~246)×(145~163)-30	249×168-186	一椁：210×120-60 椁底有一层青膏泥	仰身直肢	不详	不详	1、2 陶鼎（1 未修起） 3 陶壶（5 未修起）4、5 陶敦（未修起）6 陶罍 7、8 陶豆	否
M199	ⅡT0206	102°	长方形竖穴土坑墓；直壁平底	200×50-35	200×50-50	不详	仰身直肢	不详	不详	1 铜耳环 2 铜饰件	否

续表

墓号	位置	方向	形制结构	墓口尺寸 长×宽－距地表深	墓底尺寸 长×宽－距地表深	葬具 长×宽－高	葬式	性别	年龄（岁）	随葬品	盗扰否
M200	ⅡT0306 ⅡT0307	346°	长方形竖穴土坑墓；直壁平底，北壁有壁龛	206×(53~56)－97	206×(53~56)－153	一棺：178×40－16	仰身直肢	不详	不详	1 陶壶 2 陶盂 3 陶鼎 4 陶豆	否
M203	ⅠT0406	13°	长方形竖穴土坑墓；直壁平底	220×84－50	220×84－74	不详	仰身直肢	不详	不详	无	否

附表三 汉代墓葬登记表

单位：厘米

墓号	位置	方向	形制结构	墓道尺寸 长×宽－距地表深	甬道尺寸 长×宽－距地表深	墓口尺寸 长×宽－距地表深	墓底尺寸 长×宽－距地表深	葬具 长×宽－高	葬式	性别	年龄（岁）	随葬品	通长	盗扰否
M28	Ⅱ T0305	160°	竖穴砖室墓，南端设长方形竖井墓道	口（326~334）×128－20 底336×126－（90~98）	无	（250~264）×169－20	（243~263）×168－（84~98）	不详	不详	不详	不详	无	590	扰
M37	Ⅱ T0406	350°	竖穴砖室墓，北端设长斜坡墓道	口530×100－20 底534×100－（40~90）	无	400×280－20	400×280－90	不详	不详	不详	不详	1铜钱（12枚）	930	扰
M39	Ⅱ T0405	86°	长方形竖穴土坑墓，西壁内斜，余三壁直，平底。东端设长方形斜坡墓道	口260×100－20 底270×100－（30~100）	无	280×100－20	270×100－96	一棺：190×54－16	单人仰身直肢，双手伸直	不详	不详	1~3陶双耳罐 4陶仓 5陶狗 6陶狗 7陶鸡 8铜镜 9铁刀 10、11铜钱（各10枚）	540	否
M46 (M202)	Ⅱ T0605	260°	竖穴砖室墓，由斜坡墓道、甬道和前、后两墓室组成	口340×122－25 底366×126－（25~145）	132×96－（25~145）	前276×256－25 后540×80－25	前276×256－145 后540×80－（171~175）	不详	不详	不详	不详	1铜钱（7枚）	1320	扰

续表

墓号	位置	方向	形制结构	墓道尺寸 长×宽-距地表深	甬道尺寸 长×宽-距地表深	墓口尺寸 长×宽-距地表深	墓底尺寸 长×宽-距地表深	葬具 长×宽-高	葬式	性别	年龄（岁）	随葬品	通长	盗扰否
M51	ⅡT0504	172°	竖穴砖室墓，由双斜坡墓道和东、西两墓室组成	东口 150×112 -20 底 154×112 -20（85~114）西口 146×（106~110）-20 底 150×（106~110）-（20~114）	无	东 243×124 -20 西 248×116 -20	东 243×124 -118 西 248×116 -118	不详	不详	不详	不详	无	406	扰
M55	ⅡT0503	83°	长方形竖穴砖室墓，口小底大	无	无	(330~334)×(213~220)-20	325×(213~220)-94	不详	不详	不详	不详	无	330	扰
M57	ⅡT0403 ⅡT0503	106°	长方形竖穴土坑墓，直壁平底	无	无	400×(240~256)-20	400×(240~256)-66	一椁：264×140—12	不详	不详	不详	1陶灯 2锡耳杯（共5件，修复3）3陶鸭（2件，修复1）4陶鸡（2件，修复1）5陶狗 6陶磨 7铜钱（103枚）8铁刀（残）9陶灶 10陶鼎	400	否
M65	ⅡT0502 ⅡT0602	272°	长方形竖穴砖室墓，西端设斜坡墓道	口 254×(76~126)-20 底 260×(76~126)-(56~106)	无	(228~236)×(84~88)-20	(228~236)×(84~88)-106	不详	不详	不详	不详	无	514	扰
M69	ⅡT0502 ⅡT0602	262°	竖穴砖室墓，平面近梯形	无	无	268×(106~122)-20	268×(106~122)-64	不详	不详	不详	不详	无	268	扰
M71	ⅡT0502	356°	长方形竖穴砖室墓	无	无	220×156-20	220×168-91	不详	不详	不详	不详	1陶双耳罐	234	扰

续表

墓号	位置	方向	形制结构	墓道尺寸 长×宽-距地表深	甬道尺寸 长×宽-距地表深	墓口尺寸 长×宽-距地表深	墓底尺寸 长×宽-距地表深	葬具 长×宽-高	葬式	性别	年龄（岁）	随葬品	通长	盗扰否
M77	ⅡT0402	172°	竖穴砖室墓，由斜坡墓道（西）、竖井墓道（东）、甬道（东）和西、中、东三墓室组成	东100×(166~172)-(口20~底94) 西口405×(74~96)-20 底416×(74~96)-(62~140)	100×(172~176)-(口20~底144)	东240×86-20 中240×66-20 西230×80-20	东240×86-144 中240×66-144 西230×80-144	不详	不详	不详	不详	1陶猪 2陶鸭 3~5陶器盖 6陶狗 7铁器	610	扰
M78	ⅡT0402	172°	长方形竖穴土坑墓，直壁平底	无	无	290×(150~166)-20	290×(150~166)-70	二具木棺 东194×48-? 西196×46-?	东：仰身直肢，双手交叉于腹部 西：仰身直肢	东：女 西：不详	均30~35	1、2陶公鸡 3陶井 4陶磨 5漆盒（朽）6陶猪圈 7陶灶 8陶双耳罐 9、12~14铜钱（共111枚）（未修复）10铜镜 11铜簪 15、16陶仓	290	否
M82	ⅡT0303	352°	长方形竖穴砖室墓，有东、西双墓室	无	无	西258×90-20 东258×(44~56)-20	西258×90-100 东258×(44~56)-100	不详	不详	不详	不详	无	270	扰
M85	ⅡT0302	76°	土坑竖穴室墓，平面呈曲尺形，由主室、侧室组成	无	无	主254×90-20 侧(126~140)×(50~90)-20	主254×90-92 侧(126~140)×(50~90)-92	不详	不详	不详	不详	1铁斧 2陶器盖	300	扰

续表

墓号	位置	方向	形制结构	墓道尺寸 长×宽-距地表深	甬道尺寸 长×宽-距地表深	墓口尺寸 长×宽-距地表深	墓底尺寸 长×宽-距地表深	葬具 长×宽-高	葬式	性别	年龄（岁）	随葬品	通长	盗扰否
M92	ⅡT0201 ⅡT0202 ⅡT0302 ⅡT0301	258°	不规则竖穴砖室墓	无	无	(308~418)×(250~256)-(104~118)	(308~418)×(250~256)-(104~118)	不详	不详	不详	不详	无	418	扰
M100	ⅡT0703 ⅡT0803	76°	长方形竖穴砖室墓，由斜坡墓道、前室及南、北后室组成	口（226~246）×280-20 底 254×280-（70~130）	无	前（164~186）×（272~280）-138 南（240~250）×88-138 北 320×100-20	前（164~186）×（272~280）-138 南（240~250）×88-138 北 320×100-20	不详	不详	不详	不详	无	766	扰
M104	ⅡT0201	169°	长方形竖穴土坑墓，直壁平底，南端设斜坡墓道	口 268×（120~176）-20 底 284×（120~176）-（42~136）	无	372×180-188	372×180-188	一椁：220×（112~120）-52 一棺：210×56-?	单人仰身直肢	男	20~25	1 陶磨 2 陶双耳罐 3 陶猪圈 4 陶鼎 5、10 陶仓 6 陶盒 7 陶灶 8 陶盆 9 陶壶 11 陶井 12 铜钱（65 枚）13 铁剑	640	否
M127	ⅡT0701 ⅢT0701	185°	长方形竖穴砖室墓，南端设斜坡墓道	128×（84~112）-30 底 138×（84~112）-（38~50）	无	348×（76~80）-30	348×（76~80）-50	不详	不详	不详	不详	无	490	扰

续表

墓号	位置	方向	形制结构	墓道尺寸 长×宽－距地表深	甬道尺寸 长×宽－距地表深	墓口尺寸 长×宽－距地表深	墓底尺寸 长×宽－距地表深	葬具 长×宽－高	葬式	性别	年龄（岁）	随葬品	通长	盗扰否
M132	ⅢT0503 ⅢT0603	355°	长方形土坑竖穴砖室墓，北端设竖井墓道	口 204 ×（130～154）－35 底 194 ×（130～154）－（159～171）	无	250 ×（80～96）－35	250 ×（80～96）－167	一棺：180×56	仰身直肢	女	不详	1、2 铜钱（共20枚）3 铜镜 4 陶盒 5 陶鼎 6 陶灶 7 陶仓 8 陶磨 9 陶壶 10 陶狗 11 陶猪 12 陶双耳罐 13 陶井	476	否
M133	ⅢT0701 ⅢT0701	183°	长方形土坑竖穴砖室墓，南端设斜坡墓道	口 170 ×（86～116）－35 底 168 ×（86～116）－（85～103）	无	340×86-35	340 × 86 －103	不详	不详	不详	不详	1 铜钱（3枚）	524	扰
M137	ⅢT0503	355°	长方形竖穴砖室墓，北端设斜坡墓道	口 200 × 114 －35 底 206 × 114 －（35～83）	无	（296～300）×82－35	（296～300）×82－95	不详	不详	不详	不详	1 铜钱（1枚）	500	扰
M138	ⅢT0501	356°	长方形竖穴砖室墓，北端设斜坡墓道	口（158～163）×170～（119～123）－30 底 170 ×（119～123）－130	无	321 × 120 －30	323 × 124 －130	不详	不详	不详	不详	无	480	扰
M139	ⅢT0501	83°	竖穴砖室墓，东壁南端设斜坡墓道	口 180 ×（140～150）－35 底 170 × 140 －105	无	（346～350）×（256～260）－35	350 × 260 －105	不详	不详	不详	不详	1 陶双耳罐 2 陶狗	530	扰

续表

墓号	位置	方向	形制结构	墓道尺寸 长×宽-距地表深	甬道尺寸 长×宽-距地表深	墓口尺寸 长×宽-距地表深	墓底尺寸 长×宽-距地表深	葬具 长×宽-高	葬式	性别	年龄（岁）	随葬品	通长	盗扰否
M140	ⅡT0401	南262° 北280°	竖穴砖室墓，由双斜坡墓道和墓室南、北两墓室组成	北口 274×(110~114)-35 底302×(110~114)-(35~119) 南口 290~294×(108~138)-35 底302×(108~138)-(35~115)	无	北 274×76-35 南 260×84-35	北 274×76-119 南 260×84-111	不详	不详	不详	不详	1、5 陶井 2 陶盆 3 陶鼎 4 陶鸭 6、9、10 陶仓 7 陶猪圈 8、16 陶磨 11 陶灶 12 陶猪 13 陶盆 14 陶公鸡 15 陶母鸡	580	扰
M141	ⅡT0501	168°	竖穴砖室墓，南端设斜坡墓道	口 296×(138~140)-30 底 290×140~(60~141)	无	236×82-30	236×82-124	不详	不详	不详	不详	无	560	扰
M144	ⅡT0702	89°	竖穴砖室墓，东端设斜坡墓道	口 277×(140~142)-35 底 278×142~(75~151)	无	274×80-35	274×80-145	不详	不详	不详	不详	1 铜钱	600	扰
M148	ⅡT0603	347°	竖穴砖室墓，由斜坡墓道和东、西两墓室组成	口 290×(150~190)-30 底 (292~296)×(150~190)-(50~94)	无	东 160×80-30 西 234×80-30	东 160×80-82 西 234×80-90	不详	不详	不详	不详	无	570	扰

续表

墓号	位置	方向	形制结构	墓道尺寸 长×宽－距地表深	甬道尺寸 长×宽－距地表深	墓口尺寸 长×宽－距地表深	墓底尺寸 长×宽－距地表深	葬具 长×宽－高	葬式	性别	年龄（岁）	随葬品	通长	盗扰否
M149	ⅡT0604	359°	长方形竖穴砖室墓，直壁平底	无	无	310×(60~64)-40	310×(60~64)-90	不详	不详	不详	不详	无	310	扰
M150	ⅡT0604	179°	长方形竖穴土坑墓，直壁，底部南高北低	无	无	170×40-40	170×40-60	不详	不详	不详	不详	铜镜 1、铜钱 2（48枚）、骨器 3	170	否
M151	ⅡT0604	264°	长方形竖穴土坑墓，东壁内斜，余三壁直，平底	无	无	220×(76~88)-40	214×(76~88)-116	一棺：160×40-8	单人仰身直肢	不详	不详	陶钵 1、陶罐 2	220	否
M152	ⅡT0604	264°	长方形竖穴土坑墓，直壁平底	无	无	(278~282)×(74~79)-40	(278~282)×(74~79)-110	不详	单人仰身直肢	不详	不详	陶双耳罐 1	280	否
M153	ⅡT0606	262°	土坑竖穴砖室墓，由斜坡墓道、甬道和墓室组成	口(230~236)×(116~120)-40 底 240×120-(72~144)	124×76-(口40~底140)	248×150-40	248×150-140	仅见棺钉	2具，葬式不详	不详	不详	铜镜 1、铜舂 2、陶鸡起 3、陶磨 5、陶灶 6、8陶钵 7陶壶（残）9陶瓮 10陶狗 11铜钱（196枚）	608	扰
M155	ⅡT0606 ⅡT0607	169°	长方形竖穴砖室墓，由斜坡甬道和双甬道东、西墓室组成	口(380~390)×(220~260)-40 底 380×292-(68~150)	东 126×100-(口40~底150) 西 126×100-(口40~底150)	东 240×100-40 西 240×100-40	东 240×100-120 西 240×100-120	不详	不详	不详	不详	铜钱 1（7枚）	760	扰

续表

墓号	位置	方向	形制结构	墓道尺寸 长×宽-距地表深	甬道尺寸 长×宽-距地表深	墓口尺寸 长×宽-距地表深	墓底尺寸 长×宽-距地表深	葬具 长×宽-高	葬式	性别	年龄（岁）	随葬品	通长	盗扰否
M156	Ⅱ T0607	250°	长方形竖穴砖室墓	无		(336~340)×(218~224)-35	340 × 224 -101	不详	不详	不详	不详	无	340	扰
M157	Ⅱ T0507	94°	长方形竖穴砖室墓，由双斜坡墓道、前室和南、北后室组成	北口 436×(124~130)-35 底445×(124~130)(49~135) 南口 436×(86~120)-35 底450×(86~120)(49~135)	无	前 124×200 -135 北 234×72 -115 南 234×72 -115	前 124×200 -135 北 234×72 -115 南 234×72 -115	不详	不详	不详	不详	1铜钱（3枚）	830	扰
M159	Ⅱ T0506	84°	竖穴砖室墓，由斜坡墓道、墓室和边箱组成	口398×(172~184)-35 底410×(172~184)-(41~115)	无	墓室 218×90 -35 边箱 102×60 -115	墓室 218×90 -115 边箱 102×60 -115	不详	不详	不详	不详	无	680	扰
M161	Ⅱ T0407	352°	长方形竖穴砖室墓，北端设斜坡墓道	口326×(120~123)-35 底340×(120~123)-(48~121)	无	368×(94~100)-35	362×(94~100)-121	不详	不详	不详	不详	1陶狗	694	扰
M192	Ⅰ T0105	174°	长方形竖穴土坑墓，直壁平底	无		216×(68~70)-30	216×(68~70)-58	不详	不详	不详	不详	1铜镜 2铜钱（5枚）	216	否
M193	Ⅰ T0105	357°	长方形竖穴土坑墓，直壁平底	无		250×80-30	250×80-74	不详	不详	不详	不详	无	250	否

续表

墓号	位置	方向	形制结构	墓道尺寸 长×宽-距地表深	甬道尺寸 长×宽-距地表深	墓口尺寸 长×宽-距地表深	墓底尺寸 长×宽-距地表深	葬具 长×宽-高	葬式	性别	年龄（岁）	随葬品	通长	盗扰否
M196	ⅡT0506	84°	土坑竖穴砖室墓，东端设斜坡墓道	口141×(147~160)-35 底144×(147~160)-(39~59)	无	256×110-35	256×110-59	不详	不详	不详	不详	无	412	扰
M197	ⅡT0506	264°	长方形竖穴土坑墓，直壁平底		无	残长220×112-35	残长220×112-47	不详	单人仰身直肢手双伸直	不详	不详	1铜钱（27枚）	220	否
M198	ⅡT0106	356°	长方形竖穴土坑墓，直壁平底		无	310×132-35	310×132-67	不详	不详	不详	不详	1陶双耳罐	310	否
M201	ⅡT0407	175°	竖穴砖室墓，由斜坡墓道、甬道和墓室组成	口142×(86~133)-35 底140×(86~133)-105	44×(119~124)-(口35~底105)	(280~308)×168-35	(280~308)×168-105	不详	不详	不详	不详	1铜钱（3枚）	520	扰

附表四 唐代墓葬登记表

单位：厘米

墓号	位置	方向	形制结构	墓道尺寸 长×宽-距地表深	甬道尺寸 长×宽-距地表深	墓室尺寸 长×宽-距地表深	葬具 长×宽-高	葬式	性别	年龄（岁）	随葬品	通长	盗扰否
M42	ⅡT0406 ⅡT0407	350°	竖穴砖室墓，弧方形坡墓道，有斜坡墓道和甬道	口 154 ×（114～126）-35 底 164×136 -（35～95）	154×102 -（口 35～底 107）	（252～262）×（212～260）-（口 35～底 87）	不详	不详	不详	不详	1 铜钱（1 枚）	576	扰
M115	ⅢT0203	186°	竖穴砖室墓，弧方形坡墓道，有斜坡墓道和甬道。墓室北部有砖砌棺床	390×（74～78）-（35～157）	65×80 -（口 35～底 157）	216×234 -（口 35～底 157）	不详	单人仰身直肢	不详	不详	1 陶砚 2、4 铁器 3 铁刀 5 白瓷碗 6 铁钩	376	扰
M123	ⅢT0302	188°	长方形竖穴砖室墓	无	无	口 235×（40～52）-30 底 245×（40～52）-82	不详	单人仰身直肢一次葬	不详	不详	无	256	扰
M130	ⅢT0304	186°	竖穴砖室墓，平面近梯形	无	无	211×（40～60）-（口 30～底 60）	不详	单人仰身直肢一次葬	不详	不详	1 铜钱（1 枚）	256	扰
M145	ⅡT0702	359°	长方形竖穴砖室墓	无	无	218×52 -（口 40～底 80）	不详	不详	不详	不详	无	250	扰
M147	ⅡT0603	350°	竖穴砖室墓，仅残存底部	无	无	136×50 -（口 40～底 54）	不详	不详	不详	不详	无	136	扰
M158	ⅡT0507	186°	竖穴砖室墓，弧方形坡墓道，有斜坡墓道和甬道	口 210×（132～138）-35 底 212×138 -（47～87）	108×84 -（口 35～底 127）	口 328×（218～264）-35 底 320×（218～264）-115	不详	不详	不详	不详	无	668	扰

附表五　明清墓葬登记表

单位：厘米

墓号	位置	方向	形制结构	墓口尺寸 长×宽－距地表深	墓底尺寸 长×宽－距地表深	葬具 长×宽－高	葬式	性别	年龄（岁）	随葬品	盗扰否
M93	ⅡT0202	4°	长方形竖穴土坑墓；直壁平底	210×（56~68）－25	210×（56~68）－75	不详	单人仰身直肢一次葬	女	30±	1瓷罐	否
M106	ⅢT0201 ⅢT0202 ⅢT0301	339°	长方形竖穴土坑墓；直壁平底。北部有生土台	210×（96~104）－40	210×（96~104）－184	一棺：166×（60~104）－11	二次葬	不详	不详	1陶墓志 2铜扣	否
M107	ⅢT0202	343°	竖穴土坑墓，平面略呈缺角长方形；直壁，墓底西半浅东半深	西半255×（76~86）－40 东半272×（120~134）－40	西半255×（76~86）－172 东半272×（120~134）－190	二棺：西棺口部194×（42~51）；底部175×（42~49）－36 东棺口部182×（72~75）；底部170×（72~75）－56	西仰身直肢 东仰身直肢	西女 东男	不详	无	否
M108	ⅢT0302	340°	竖穴土坑墓；北壁外张，余壁直，平底。北壁偏东有壁龛	(284~320)×(206~236)－20	(284~326)×(206~236)－(136~146)	二棺：西(42~56)－22 东202×(58~74)－12	西仰身直肢 东仰身直肢	西女 东男	不详	1、2瓷罐	否
M109	ⅢT0302	337°	长方形竖穴土坑墓；直壁平底	260×（128~138）－20	260×（128~138）－136	二棺：西(162~176)×(56~66)－21 东72×38－22	西仰身直肢一次葬 东仰身直肢二次葬	西女 东男	不详	1铜钱（4枚）	否
M110	ⅢT0602	43°	竖穴土坑墓；直壁平底	(240~244)×(70~96)－30	(240~244)×(70~96)－(80~86)	一棺：175×（36~46）－？	单人仰身直肢一次葬	男	不详	1铜钱（4枚）	否
M111	ⅢT0302	330°	长方形竖穴土坑墓；直壁平底	264×（106~116）－20	264×（106~116）－126	一棺：196×（47~60）－21	单人仰身直肢一次葬	女	40±	1铜钱（8枚）	否
M112	ⅢT0402	342°	长方形竖穴土坑墓；直壁平底	244×（100~104）－20	244×（100~104）－160	一棺：212×（62~68）－28	不详	不详	不详	1铜钱（1枚）	扰

续表

墓号	位置	方向	形制结构	墓口尺寸 长×宽-距地表深	墓底尺寸 长×宽-距地表深	葬具 长×宽-高	葬式	性别	年龄（岁）	随葬品	盗扰否
M113	ⅢT0502	34°	长方形竖穴土坑墓；直壁平底	244×(90~94)-30	244×(90~94)-72	一棺：178×(46~50)-14	单人仰身直肢一次葬	男	不详	1 瓷罐	否
M116	ⅢT0403	5°	长方形竖穴土坑墓；直壁平底	230×(60~85)-30	230×(60~85)-58	不详	单人仰身直肢一次葬	女	不详	1 铜扣（3 枚）	否
M117	ⅢT0403	41°	长方形竖穴土坑墓；直壁平底	250×(80~88)-30	250×(80~88)-64	一棺：192×(44~62)-4	单人仰身直肢一次葬	不详	不详	1 瓷罐 2 铜钱（5 枚）	否
M118	ⅢT0303	23°	长方形竖穴土坑墓；底部西半深东半浅	260×(144~180)-30	260×(144~180)-东106~西136	二棺：西(207~210)×(68~72)-60 东(207~210)×(52~74)-30	西仰身直肢葬一次葬 东二次葬	西女东男	不详	1、3 瓷罐 2、5 铜扣（共 4 枚） 4 铜耳坠	否
M119	ⅢT0304	27°	竖穴土坑墓，平面略呈梯形；直壁平底	260×(130~150)-30	260×(130~150)-55	一棺：220×60-14	仰身直肢葬	不详	不详	无	否
M120	ⅢT0303	15°	竖穴土坑墓；直壁，底部西半浅东半深	(239~264)×(238~270)-30	(239~264)×(238~270)-西60~东110	二棺：西 180×(36~58)-10 东 158×(34~44)-20	西仰身直肢葬一次葬 东仰身直肢一次葬	不详	不详	1、3 瓷罐 2、5 铜扣（共 4 枚） 4 铜耳坠	否
M121	ⅢT0304	28.5°	曲尺形竖穴土坑墓；直壁，底部西半浅东半深	西 134×66-30 东 230×82-30	西 134×66-70 东 230×82-(76~91)	二棺：西 134×48-18 东 196×(40~52)-(8~16)	西二次葬 东仰身直肢一次葬	不详	不详	1 铜扣 2 瓷罐 3 铜钱（7 枚）	否

续表

墓号	位置	方向	形制结构	墓口尺寸 长×宽-距地表深	墓底尺寸 长×宽-距地表深	葬具 长×宽-高	葬式	性别	年龄（岁）	随葬品	盗扰否
M124	ⅢT0302	352°	长方形竖穴土坑墓；北壁外张，余三壁直，底部北高南底	266×150-30	266×150-（138~146）	一棺：（206~212）×（42~56）-（24~30）	单人仰身直肢一次葬	男	不详	1瓷罐 2骨环 3铜环（2件）4铜钱（7枚）	否
M129	ⅢT0304	40°	长方形竖穴土坑墓；直壁平底	200×（39~58）-30	200×（39~58）-66	不详	单人仰身直肢一次葬	不详	不详	1铜钱（3枚）	否
M131	ⅢT0204 ⅢT0304	55°	竖穴土坑墓，北宽南窄；直壁，底部西半浅东半深	260×（121~212）-30	260×（121~212）-（西76~东90）	二棺：西226×（30~56）-10 东186×（48~66）-（6~10）	西仰身直肢一次葬 东仰身直肢一次葬	不详	不详	1瓷罐 2铜扣（10枚）3铜钱（4枚）	否
M134	ⅢT0202	322°	长方形竖穴土坑墓；直壁平底	246×81-30	246×81-60	一棺：（187~192）×（42~50）-16	单人仰身直肢一次葬	男	不详	1铜扣（10枚）	否
M135	ⅢT0202	3°	竖穴土坑墓，北宽南窄；直壁平底	260×（38~58）-30	260×（38~58）-70	不详	单人仰身直肢一次葬	男	50±	无	否
M136	ⅢT0202	0°	不规则四边形竖穴土坑墓；直壁，底部东半略深	（236~262）×（216~270）-30	（236~262）×（216~270）-（西146~东150）	二棺：西180×（56~62）-26 东195×（50~64）-30	西仰身直肢一次葬 东仰身直肢一次葬	不详	不详	1铜环（2件）	否
M154	ⅡT0606	72°	长方形竖穴土坑墓；直壁平底	240×160-40	240×160-78	不详	不详	不详	不详	1铜钱（2枚）	否
M206	ⅠT0506	342°	长方形竖穴土坑墓；直壁平底	210×110-20	210×110-80	一棺：178×72-20	单人仰身直肢一次葬	不详	不详	无	否

续表

墓号	位置	方向	形制结构	墓口尺寸 长×宽－距地表深	墓底尺寸 长×宽－距地表深	葬具 长×宽－高	葬式	性别	年龄（岁）	随葬品	盗扰否
M207	ⅠT0605 ⅠT0606	300°	长方形竖穴土坑墓；直壁平底	200×(84~97) -20	200×(84~97) -95	一棺：166×62 -31	单人仰身直肢一次葬	不详	不详	无	否
M208	ⅠT0705 ⅠT0706	305°	长方形竖穴土坑墓；斜壁平底	210×(90~100) -20	200×(82~92) -90	一棺：190×(59~64) -20	单人仰身直肢一次葬	不详	不详	无	否

附表六 时代不明墓葬登记表

单位：厘米

墓号	位置	方向	形制结构	墓口尺寸 长×宽－距地表深	墓底尺寸 长×宽－距地表深	葬具 长×宽－高	葬式	性别	年龄（岁）	随葬品	盗扰否
M56	ⅡT0403	168°	长方形竖穴土坑墓，四壁稍内收，平底	230×148－20	228×146－115	未见棺痕，但在棺室位置的四壁及底部发现有一层白灰	仰身直肢，双手交于下腹	女	35～40	无	否
M122	ⅢT0603	176°	长方形竖穴土坑墓，直壁平底	200×(42～47)－30	200×(42～47)－58	不详	不详	不详	不详	无	否
M125	ⅡT0701	315°	长方形竖穴土坑墓，四壁稍内收，直壁平底	200×(50～54)－35	200×(50～54)－71	不详	仰身直肢葬	不详	不详	无	否
M126	ⅡT0701	325°	长方形竖穴土坑墓，北壁稍内收，余三壁较直，平底	185×(47～50)－35	182×(47～50)－83	不详	仰身直肢葬	女	不详	无	否
M128	ⅡT0701	337°	长方形竖穴土坑墓，口大底小，四壁稍内收，平底	400×(156～174)－35	392×(150～162)－127	不详	不详	不详	不详	无	否
M142	ⅡT0601	82°	竖穴土坑墓，平面呈梯形，东宽西窄。东壁下部稍内收，余三壁较直，平底	180×(51～69)－35	174×(51～69)－105	不详	不详	不详	不详	无	否
M143	ⅡT0601	320°	长方形竖穴土坑墓，直壁平底	160×(56～58)－35	160×(56～58)－47	不详	不详	不详	不详	无	否
M191	ⅠT0105	135°	长方形竖穴土坑墓，直壁，底部南高北低	280×76－30	280×76－(66～70)	一棺 180×(55～60)－4	不详	不详	不详	无	否

续表

墓号	位置	方向	形制结构	墓口尺寸 长×宽-距地表深	墓底尺寸 长×宽-距地表深	葬具 长×宽-高	葬式	性别	年龄（岁）	随葬品	盗扰否
M195	ⅠT0105	170°	长方形竖穴土坑墓。直壁，底部南高北低	196×（84~90）-30	196×（84~90）-（58~60）	一棺 180×68-（6~8）	下肢稍屈	不详	不详	无	否
M204	ⅠT0407	354°	长方形竖穴土坑墓。直壁平底	200×104-20	200×104-67	无	仰身直肢葬	不详	不详	无	否
M205	ⅠT0405	68°	长方形竖穴土坑墓。直壁平底	140×50-20	140×50-54	不详	不详	不详	不详	无	否
M209	ⅠT0707	304°	长方形竖穴土坑墓。四壁下部内收，口大底小，平底	210×（92~100）-20	202×（84~94）-94	一棺 186×66-32	仰身直肢葬	不详	不详	无	否
M210	ⅠT0707	300°	长方形竖穴土坑墓。北端稍宽于南端。四壁下部稍内收，口大底小，平底	280×（120~128）-20	272×（112~120）-96	一棺 230×86-36	仰身直肢葬	不详	不详	无	否
M211	ⅠT0707	300°	长方形竖穴土坑墓。北端稍宽于南端。四壁向内收，口大底小，平底	260×（102~110）-20	252×（94~102）-114	一棺 214×78-26	仰身直肢葬	不详	不详	无	否
M01	ⅡT0405	0°	不详	约（330~343）×（188~237）	约（330~343）×（188~237）	不详	不详	不详	不详	无	扰
M02	ⅡT0405	351°	砖室墓，平面大致呈缺角长方形，可能直壁平底，西两室有东	（280~282）×北宽（164~182），南宽（214~232）-20	（280~282）×北宽（164~182），南宽（214~232）-60	不详	不详	不详	不详	无	扰

后　记

本项目是河南省南水北调工程文物保护项目，在河南省文物局、河南省文物局南水北调文物保护办公室和郑州大学、郑州大学历史学院的领导与支持下，由李锋主持完成的。

项目领队李锋，参加发掘的人员有郑州大学历史学院教师李锋、姚智辉、许俊平、张继华、王解放，研究生魏青利、程国锋、司红伟、张随芳，本科生李飞、郝明及技工梁兆龙、袁德遵、林晓峰、林晓伟、于金英等。南阳市文物考古研究所郝玉建所长、崔本信副所长、梁玉波研究员、郭照川主任、镇平县文管所副所长苏长军等参加了钻探和部分发掘工作，中国社会科学院考古研究所王明辉研究员对大部分人骨进行了现场鉴定，重庆市文物考古研究所蔡远富、刘燕、袁兴、张新月等承担了文物修复工作。期间，河南省文物管理局陈爱兰局长、孙英民副局长、杨振威处长等领导亲临工作现场检查与指导工作；河南省文物管理局南水北调文物保护工作领导小组办公室张志清主任，秦文波、孔祥珍副主任及董睿等领导多次到工地指导工作、检查资料和文物安全；国家文物局专家组徐光冀、信立祥、焦南峰、宋建忠先生对发掘现场和资料进行了检查与指导；国家文物局董保华副局长、关强司长，南阳市文物局陈同庆副局长等皆曾莅临工地视察、指导与慰问。南阳市委与政府、镇平县委与政府、安子营乡党委与政府、程庄村村委均为发掘工作提供了大力帮助；中央电视台、新华网、大河报等媒体，对发掘工作进行了有力的报道与宣传。郑州大学历史学院院长韩国河、书记于兆兴、办公室主任王解放等多次到工地看望师生和检查、指导工作；校长申长雨、副校长高丹盈及校办、校社科办、校财务处等部门对项目的实施给予了鼎力支持，历史学院全体教师也为本项目提供了力所能及的帮助。

资料整理主要由研究生魏青利、程国锋、司红伟、张随芳、孙锦、周伟、倪纪文、范文娟、李昶、杨晓静及本科生周润山、金海旺、刘亦方、王双双、李文会、郭少飞、燕飞等完成。其中，卡片制作、文字录入、图版编排及校对工作由魏青利、程国锋、司红伟、张随芳、范文娟、李昶、杨晓静、孟萍等完成；田野摄影李锋，文物摄影刘彦锋（郑州市文物考古研究院研究员）；田野绘图程国锋、司红伟、李飞、郝明，器物绘图及线图寇小石、许俊平；拓片刘福来。

报告撰写分工如下：

绪　论：李　锋

第一章：郜向平

第二章：李　锋、郜向平、魏青利

第三章：姚智辉、魏青利

第四章：郜向平、程国锋

第五章：许俊平、司红伟

第六章：张继华、张随芳

第七章：李　锋、郜向平

全稿由李锋、郜向平、魏青利、姚智辉、许俊平、张继华通审。陈爱兰局长、孙英民副局长、张志清主任、韩国河院长等对初稿进行了认真审阅，并提出了许多宝贵意见。英文摘要由哈佛大学博士生林永昌惠予翻译。科学出版社闫向东先生、张亚娜女士等为报告的编辑出版付出了辛勤劳动。

在此，谨对所有给予本项目指导、支持和帮助的部门及部门领导与人士表示衷心的感谢！

Abstract

The Chengzhuang cemetery is located at the south of Chengzhuang village in Anziying township, Zhenping county, Nanyang city, Henan province. The south-eastern part of this cemetery is adjacent to the Chengzhuang site. A total area of 60000 squares meters are covered by the cemetery and the site. Appointed by the Office of Cultural Relics Conservation for the South-to-North Water Diversion project in the Cultural Relics Bureau of Henan Province, the Archaeology Department of History Faculty at Zhengzhou University conducted an excavation at the cemetery from July to December, 2006. 15 trash pits and 1 jar-coffin tomb dating to the Longshan period, 212 burials belonging to the Eastern Zhou, Han, Tang and Min-Qin periods, 3 channels and 1 well have been unearthed during this excavation. This monographic site report is going to systematically report and introduce these archaeological discoveries.

Chapter one of this report introduces the remains of the Longshan period, including 15 trash pits and 1 jar-coffin tomb. Artifacts belonged to this period are relatively few.

Chapter two deals with burials dating to the Eastern Zhou period. A total of 121 burials were excavated, chronologically starting probably around the Middle of Autumn Spring period and extending down into the Middle Warring States period. Three of them are one-slope-passage burials. The rest of them are rectangular shaft pits but quite varied, ranging from 0.6 to 4.7 square meters, in terms of their sizes.

Most occupants were positioned to head to the east. Numbers of tombs with corpses heading to the north are also dominant, albeit are fewer than the previous group, in this cemetery. Tombs buried with the skeletons heading to south and west are relatively few.

In terms of burial facilities, of the 22 burials excavated have the constellations of one burial chamber and coffin. 41 burials have single coffins. Of the 26 burials have single chambers but lacking any trace of coffin. The rest of the 32 burials have neither burial chamber nor coffin. At the bottom of 11 burials, the trace of decayed 枕木 zhenmu (horizontal struts) has been identified.

There are 3 burials from which no human remain has been discovered, and 13 burials in which the poses of corpses were not at all clear owning to severetaphonomic effects on human skeletons. Except for these cases, other burials are all single-individual tombs. Among them, of the 102 burials the corpses lie with the extended-supine position; in one case the skeleton is prone with extended position; in one case the skeleton is lying on its side in an extended posture; in one case the skeleton is also lying on its side but with flexed limbs.

The East Zhou burials, except for 26 of them, were buried with funeral goods, including large quantities of ceramics and small amount of bronze adornments and ferric artifacts. Bronze vessel and weapon, however, was absent from the list of burial goods. In the cases of burials contained a niche in the wall above the corpse, ceramics have been discovered inside this kind of facilities. Ceramics in burials without niches were placed adjacently to either side of the corpus, or in space between coffin and chamber when burials have both of these constellations. A few cases show that ceramics were positioned in the side close to occupant's head. In some special cases, ceramics were put on the top of occupant's chest or near the lower limbs.

The Eastern Zhou burials can be generally subdivided into three phrases: the First phrase is characterized by the ceramic assemblage of *li* 鬲 tripods, *yu* 盂 vessels, *dou* 豆 stem-bowls and *guan* 罐 jars, etc. During the Second phrase, the most common constellation includes ceramic vessels of *li* 鬲 tripods, *yu* 盂 vessels, *dou* 豆 stem-bowls, *guan* 罐 jars, *hu* 壶 pots, and bronze 带钩 belt hooks. The representative ceramic assemblage during the Third phrase includes *ding* 鼎 cauldrons, *dui* 敦 vessels, *dou* 豆 stem-bowls and *hu* 壶 pots. Besides, *pan* 盘 trays, yi 匜 ewers, *xiao kou ding* 小口鼎 cauldrons with restricted opening-mouth, and *lei* 罍 jars have also been found from burials.

Chapter 3 reports archaeological features in the Han Dynasty, including 3 channels and 43 burials. The channels might have been naturally formed by water flushing. Most burials are equipped with slope-passages and single or multiple brick-chambers. Dates of these burials extended relatively from the Middle of Western Han period into the Late Eastern Han period. A great portion of these burials was disturbed by looters and artifacts survived after looting include ceramics, bronze mirrors, coins, etc. The basic assemblage of ceramic vessels consists of *cang* 仓 grain containers, *zao* 灶 stoves, *jin* 井 wells, *mo* 磨 mortars, and *zhujuan* 猪圈 model of pigsties, accompanied with terra-cotta dogs, pigs, chickens, and ducks. The tradition originated from the Warring States period —burying ceramic ritual vessels like *ding* 鼎 cauldrons, *he* 盒 covered boxes, *hu* 壶 pots, etc. — were still continuous in burial practices. *Guan* 罐 jars with two lug handles and *boshanlu* 博山炉 hill censers-like lids were also prevailing among burial goods.

Chapter 4 introduces seven Tang brick-chamber burials. Three of them, dating to the Early Tang Dynasty, are relatively large in terms of their scale and equipped with ramps, *yongdao* 甬道 passageway, and chambers. The rest of them are rectangular-shaft-pit tombs. These burials are buried with only very few artifacts.

Chapter 5 consists of the burials dating to the Ming-Qing Dynasties. A total of 25 shaft-pit burials, including 7 joint-burials, were discovered. Unearthed artifacts include porcelain vessels and bronze coins.

Chapter 6 introduces 1 well and 16 burials which cannot be dated archaeologically.

Chapter 7 is a general discussion of the chronology, dates and characteristics in burial practices of above-mentioned remains. Some primitive opinions and comments are also provided in this chapter.

The excavation of the Chengzhuang cemetery in Zhenping county, Nanyang, provides a new set of data for the study of ancient funeral practices and cultures in Nanyang region. Specially, the large amount of well-preserved Eastern Zhou burials from which lots of ceramics were unearthed is remarkably significant in establishing the archaeological sequence from the Spring-Autumn to the Warring States period in this region. Besides, these Eastern Zhou burials are going to play a key role in the exploration of interactions between Nanyang region, or the Central Plain area, and the Chu territories. It is regretted that most of the Han Dynasty burials were looted; yet a large number of ceramics, bronze mirrors, and coins were still unearthed. Burials dating to the Tang and Ming-Qing Dynasties are not very outstanding in terms of either numbers of burials or quantities of burial goods; nevertheless, the structures of burials and burial customs illustrated by these data are still considerably significant for future archaeological research.

程庄墓地鸟瞰（第一阶段发掘区）

彩版二

1. 东周墓葬M17

2. 东周墓葬M23

3. 东周墓葬M50

4. 东周墓葬M172

东周墓葬M17、M23、M50、M172

1. 东周墓葬M27

2. 东周墓葬M101

3. 东周墓葬M160壁龛中的器物

4. 东周墓葬M25铜铃出土状况

东周墓葬M27、M101、M160、M25

彩版四

1. 东周墓葬M174

2. 东周墓葬M178

东周墓葬M174、M178

彩版五

1. 东周墓葬M8出土陶器

2. 东周墓葬M75出土陶器

东周墓葬M8、M75出土陶器

彩版六

1. 东周墓葬M181出土陶器

2. 东周墓葬M146出土陶器

东周墓葬M181、M146出土陶器

1. 东周墓葬M38出土陶器

2. 东周墓葬M1出土陶器

东周墓葬M38、M1出土陶器

彩版八

1. 汉代墓葬M39

2. 汉代墓葬M104墓室局部

3. 汉代墓葬M140

4. 汉代墓葬M153

汉代墓葬M39、M104、M140、M153

彩版九

1. 汉代墓葬出土铜镜M150∶1

2. 汉代墓葬出土铜镜M153∶1

3. 汉代墓葬出土陶器M57∶9

4. 汉代墓葬出土陶器M104∶6

汉代墓葬M150、M153、M57、M104出土器物

彩版一〇

1. 唐代墓葬M115

2. 唐代墓葬M158

唐代墓葬M115、M158

1. 明清墓葬M118

2. 明清墓葬M131

明清墓葬M118、M131

1. 王明辉研究员在现场进行人骨鉴定

2. 南水北调文物保护宣传行动

与发掘、研究相关工作场景

图版一

1. 鼎（M1∶3）

2. 鼎（M1∶5）

3. 盂（M1∶1）

4. 盂（M1∶6）

M1出土陶器

图版二

1. 豆（M1∶2）

2. 豆（M1∶4）

3. 壶（M1∶7）

4. 壶（M1∶8）

M1出土陶器

图版三

1. 鬲（M2∶1）

2. 盂（M2∶2）

3. 鼎（M4∶4）

4. 敦（M4∶7）

5. 敦（M4∶8）

M2、M4出土陶器

图版四

1. 豆（M4∶6）

2. 豆（M4∶9）

3. 豆（M4∶10）

4. 豆（M4∶11）

5. 壶（M4∶1）

6. 壶（M4∶2）

M4出土陶器

图版五

1. 鼎（M3∶3）

2. 鼎（M3∶4）

3. 敦（M3∶1）

4. 敦（M3∶2）

5. 壶（M3∶5）

6. 壶（M3∶6）

M3出土陶器

图版六

1. 豆（M3∶7）

2. 豆（M3∶8）

3. 豆（M3∶9）

4. 盘（M3∶10）

5. 匜（M3∶11）

M3出土陶器

图版七

1. 鼎 (M5:8)

2. 鼎 (M5:9)

3. 小口鼎 (M5:15)

4. 豆 (M5:2)

5. 豆 (M5:5)

6. 豆 (M5:6)

M5出土陶器

图版八

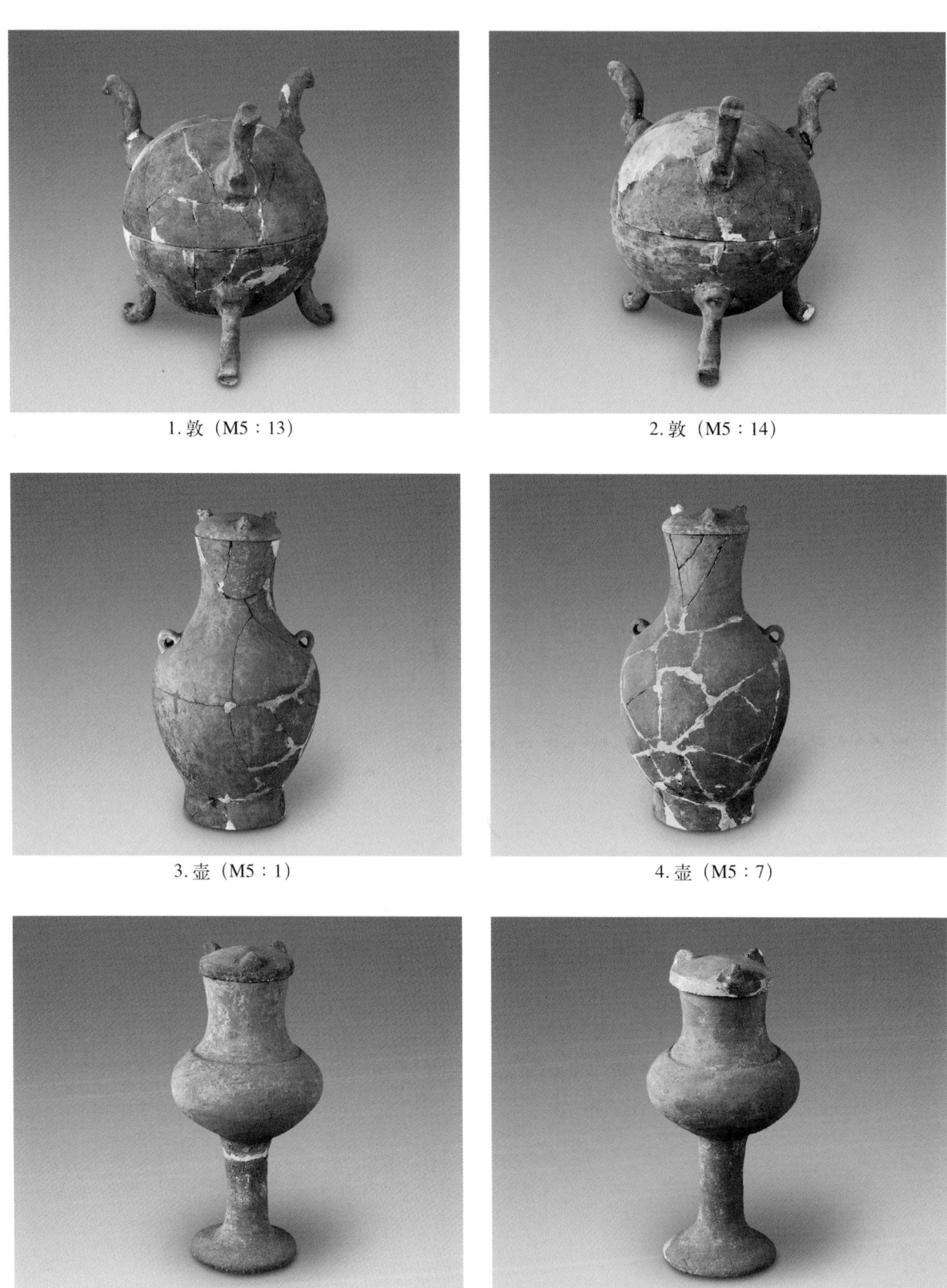

1. 敦（M5：13）　　2. 敦（M5：14）

3. 壶（M5：1）　　4. 壶（M5：7）

5. 壶形豆（M5：10）　　6. 壶形豆（M5：11）

M5出土陶器

图版九

1. 罍（M5∶16（正））

2. 罍（M5∶16（侧））

3. 盉（M5∶12）

4. 盘（M5∶3）

5. 匜（M5∶4）

6. 鼎（M6∶3）

M5、M6出土陶器

图版一〇

1. 敦 (M6:5)　　2. 豆 (M6:1)
3. 豆 (M6:2)　　4. 豆 (M6:6)
5. 壶 (M6:4)　　6. 壶 (M6:7)

M6出土陶器

图版一一

1. 壶（M7：1）

2. 豆（M7：2）

3. 盂（M8：1）

4. 鬲（M8：2）

5. 鬲（M16：1）

6. 罐（M16：2）

M7、M8、M16出土陶器

图版一二

1. 鼎（M9∶2）   2. 敦（M9∶3）
3. 豆（M9∶4）   4. 壶（M9∶1）
5. 盘（M9∶5）   6. 匜（M9∶6）

M9出土陶器

图版一三

1. 鼎（M10:1）

2. 敦（M10:3）

3. 豆（M10:4）

4. 豆（M10:5）

5. 壶（M10:2）

6. 罐（M12:1）

M10、M12出土陶器

图版一四

1. 盂（M13:1）
2. 鬲（M17:4）
3. 豆（M17:3）
4. 豆（M17:5）
5. 罐（M17:1）
6. 壶（M17:2）

M13、M17出土陶器

图版一五

1. 鬲 (M18:2)

2. 盂 (M18:5)

3. 豆 (M18:3)

4. 豆 (M18:4)

5. 壶 (M18:1)

M18出土陶器

图版一六

1. 鬲（M19∶1）　　2. 盂（M19∶2）
3. 盂（M21∶1）　　4. 鬲（M21∶2）
5. 鼎（M22∶1）　　6. 盂（M22∶2）

M19、M21、M22出土陶器

图版一七

1. 鼎（M23∶6）

2. 鼎（M23∶7）

3. 敦（M23∶4）

4. 敦（M23∶5）

5. 豆（M23∶1）

6. 豆（M23∶8）

M23出土陶器

图版一八

1. 壶（M23:2）

2. 壶（M23:3）

3. 鬲（M24:3）

4. 盂（M24:2）

5. 豆（M24:1）

M23、M24出土陶器

图版一九

1. 敦（M26：5）　　2. 敦（M26：6）

3. 豆（M26：7）　　4. 豆（M26：10）

5. 豆（M26：11）　　6. 豆（M26：12）

M26出土陶器

图版二〇

1. 鼎（M26∶4）

2. 壶（M26∶1）

3. 壶（M26∶2）

4. 盘（M26∶9）

5. 匜（M26∶8）

M26出土陶器

图版二一

1. 鼎（M27:3）

2. 鼎（M27:4）

3. 敦（M27:14）

4. 敦（M27:15）

5. 豆（M27:9）

6. 豆（M27:10）

M27出土陶器

图版二二

1. 壶（M27∶1）

2. 壶（M27∶2）

3. 壶形豆（M27∶7）

4. 壶形豆（M27∶8）

5. 罍（M27∶13（正））

6. 罍（M27∶13（侧））

M27出土陶器

1. 小口鼎（M27∶12）

2. 盉（M27∶11）

3. 盘（M27∶6）

4. 匜（M27∶5）

5. 敦（M30∶1）

6. 鬲（M31∶1）

M27、M30、M31出土陶器

图版二四

1. 鬲 (M32:1)

2. 豆 (M32:2)

3. 豆 (M32:3)

4. 豆 (M35:2)

5. 罐 (M35:3)

6. 鼎 (M33:2)

M32、M33、M35出土陶器

图版二五

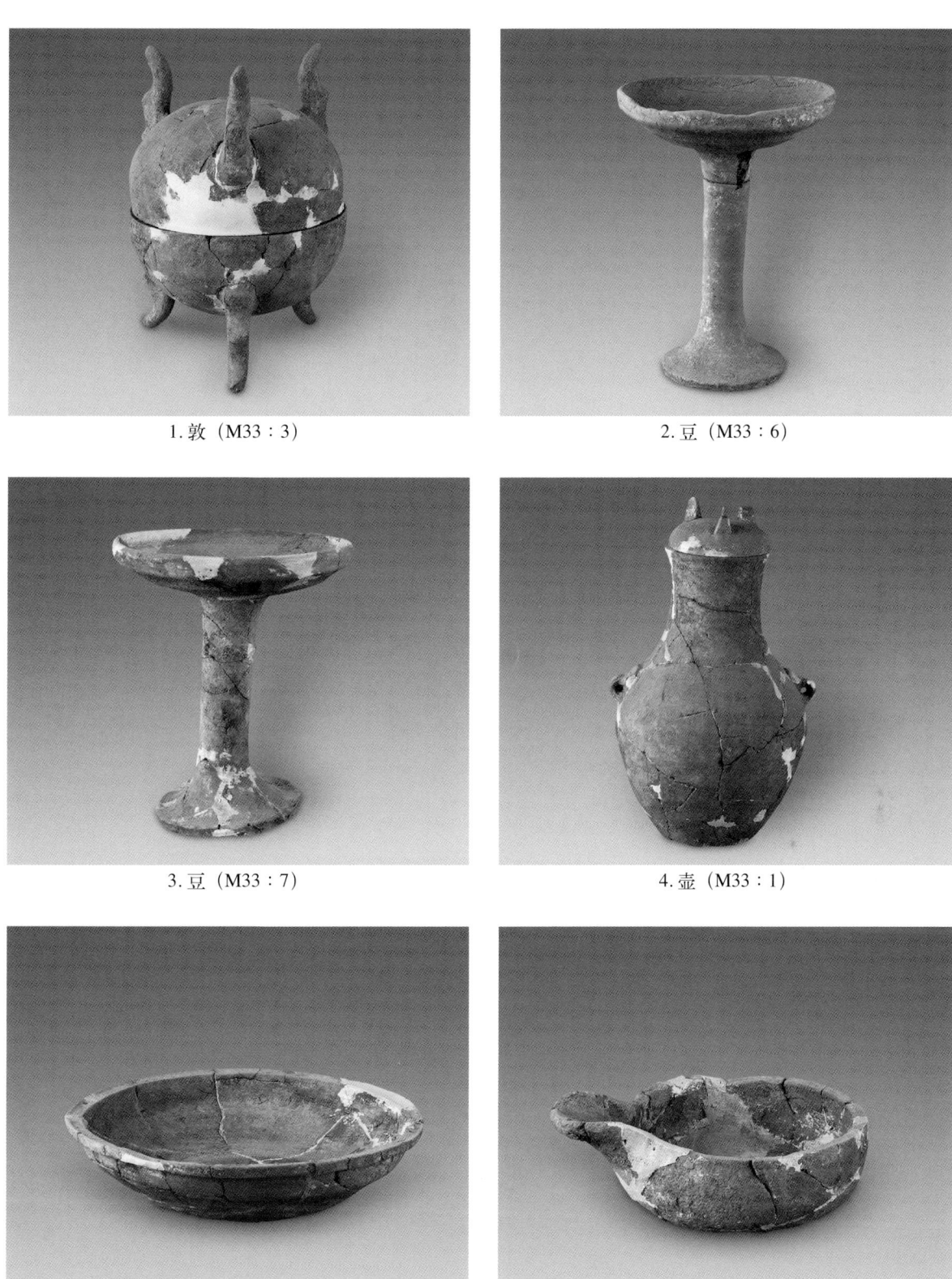

1. 敦 (M33:3)　　2. 豆 (M33:6)

3. 豆 (M33:7)　　4. 壶 (M33:1)

5. 盘 (M33:4)　　6. 匜 (M33:5)

M33出土陶器

图版二六

1. 豆（M34∶3）　　2. 豆（M34∶4）

3. 盂（M34∶2）　　4. 壶（M34∶1）

5. 鬲（M41∶1）　　6. 盂（M41∶2）

M34、M41出土陶器

图版二七

1. 陶鬲（M38：1）　　2. 陶盂（M38：2）
3. 陶豆（M38：3）　　4. 陶豆（M38：5）
5. 陶壶（M38：4）　　6. 铜带钩（M44：1）

M38、M44出土器物

图版二八

1. 豆 (M45:1)　　2. 豆 (M45:2)
3. 鬲 (M48:2)　　4. 豆 (M48:3)
5. 罐 (M48:4)　　6. 壶 (M48:1)

M45、M48出土陶器

图版二九

1. 罐（M49∶1）

2. 罐（M49∶2）

3. 罐（M49∶5）

4. 豆（M49∶3）

5. 豆（M49∶4）

M49出土陶器

图版三〇

1. 鼎（M50∶9）

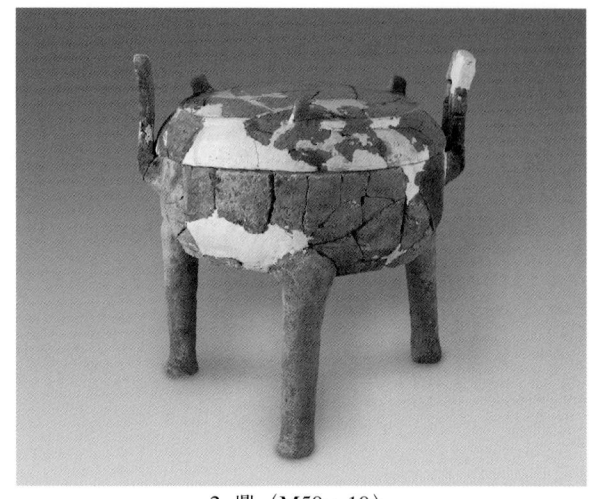
2. 鼎（M50∶10）

3. 小口鼎（M50∶8）

4. 豆（M50∶1）

5. 豆（M50∶4）

6. 豆（M50∶7）

M50出土陶器

图版三一

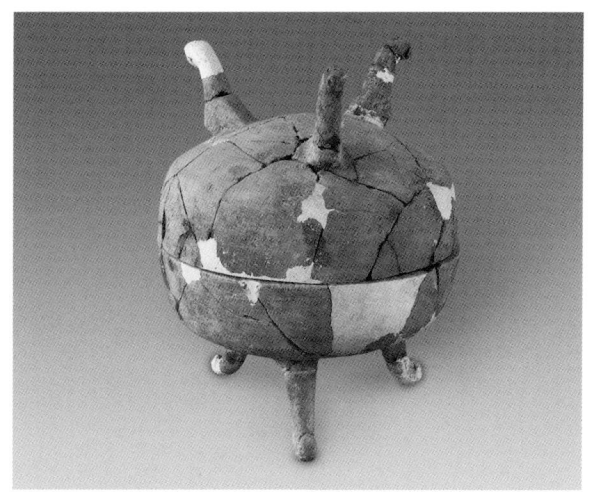

1. 敦（M50：12）

2. 敦（M50：13）

3. 壶盖（M50：14）

4. 壶形豆（M50：11）

5. 壶形豆（M50：15）

6. 匜（M50：3）

M50出土陶器

图版三二

1. 器盖（M50∶5）

2. 器盖（M50∶6）

3. 鬲（M66∶1）

4. 罐（M66∶2）

5. 壶（M66∶3）

M50、M66出土陶器

图版三三

1. 鼎（M60：6）

2. 鼎（M60：7）

3. 敦（M60：3）

4. 敦（M60：9）

5. 豆（M60：1）

6. 豆（M60：2）

M60出土陶器

图版三四

1. 陶壶（M60∶4）　　　2. 陶壶（M60∶5）

3. 陶壶（M60∶8）　　　4. 陶壶（M61∶1）

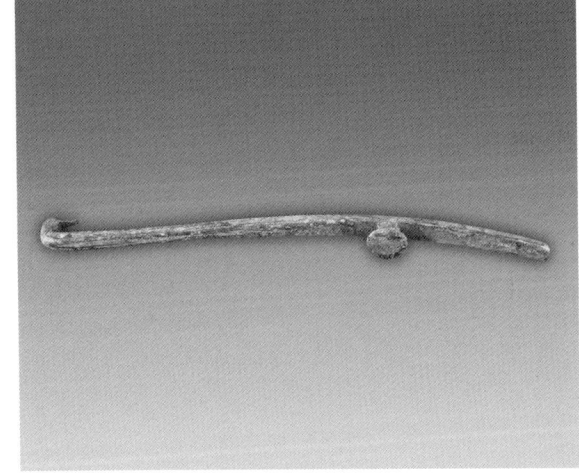

5. 铜带钩（M62∶2）

6. 铜环（M62∶1）

M60、M61、M62出土器物

图版三五

1. 敦（M68：4）

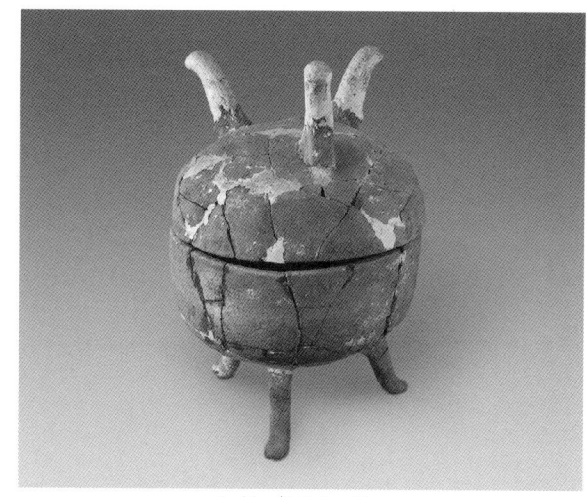

2. 敦（M68：5）

3. 壶（M68：6）

4. 匜（M68：2）

5. 器盖（M68：3）

6. 器盖（M68：7）

M68出土陶器

图版三六

1. 罐 (M70:1)
2. 罐 (M70:2)
3. 豆 (M70:3)
4. 盂 (M73:1)
5. 鬲 (M73:2)
6. 盂 (M74:2)

M70、M73、M74出土陶器

图版三七

1. 鬲 (M75:1)

2. 盂 (M75:2)

3. 豆 (M75:3)

4. 鼎 (M76:2)

5. 罐 (M76:3)

6. 壶 (M76:1)

M75、M76出土陶器

图版三八

1. 盂（M79：2）

2. 罐（M79：3）

3. 壶（M79：1）

4. 鬲（M80：1）

5. 盂（M80：8）

6. 鼎（M80：4）

M79、M80出土陶器

图版三九

1. 豆（M80∶7）　　2. 豆（M80∶9）

3. 豆（M80∶10）　　4. 壶（M80∶2）

5. 壶（M80∶3）　　6. 匜（M80∶6）

M80出土陶器

图版四〇

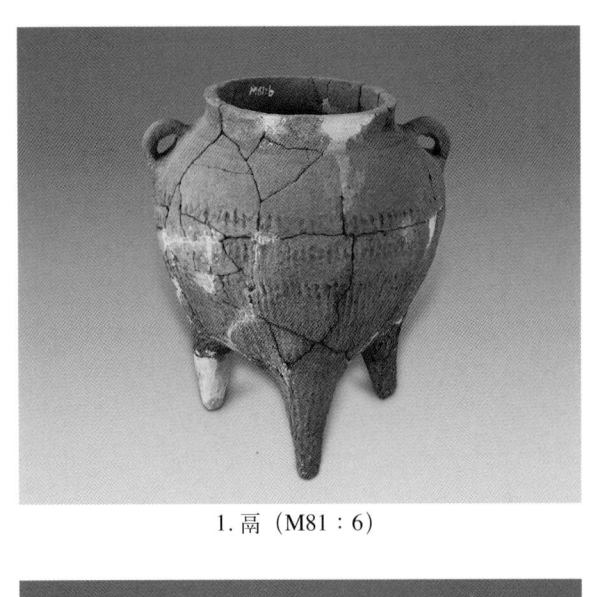
1. 鬲 (M81:6)

2. 豆 (M81:1)

3. 豆 (M81:2)

4. 豆 (M81:5)

5. 罐 (M81:3)

6. 壶 (M81:4)

M81出土陶器

图版四一

1. 盂（M83∶4）　　2. 豆（M83∶1）

3. 豆（M83∶2）　　4. 罐（M83∶3）

5. 鬲（M84∶2）　　6. 盂（M84∶1）

M83、M84出土陶器

图版四二

1. 罐（M86∶1）

2. 盂（M86∶2）

3. 豆（M86∶3）

4. 鼎（M87∶7）

5. 鼎（M87∶11）

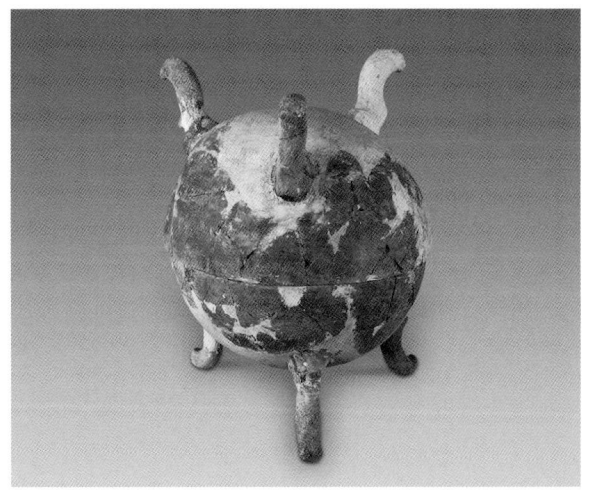

6. 敦（M87∶9）

M86、M87出土陶器

图版四三

1. 豆（M87∶2）

2. 豆（M87∶4）

3. 豆（M87∶5）

4. 壶（M87∶1）

5. 壶（M87∶3）

6. 小口鼎（M87∶14）

M87出土陶器

图版四四

1. 陶壶形豆（M87:8）

2. 陶壶形豆（M87:13）

3. 陶罍（M87:12）

4. 陶盉盖（M87:15）

5. 铜凿（M87:6）

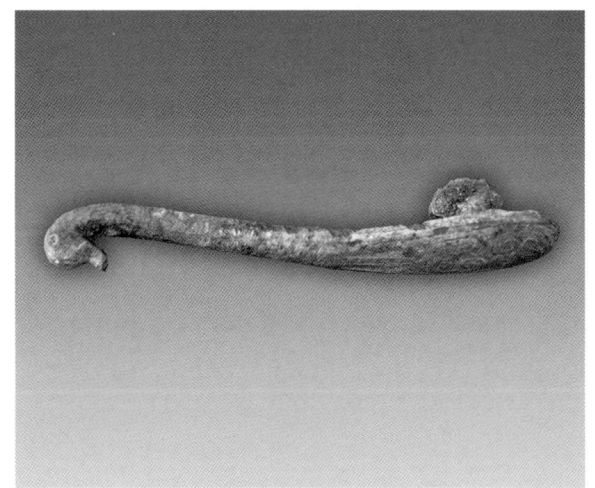

6. 铜带钩（M87:18）

M87出土器物

图版四五

1. 鬲（M88∶2）

2. 罐（M88∶1）

3. 豆（M89∶2）

4. 罐（M89∶3）

5. 壶（M89∶1）

M88、M89出土陶器

图版四六

1. 陶鬲（M90∶2）

2. 陶盂（M90∶1）

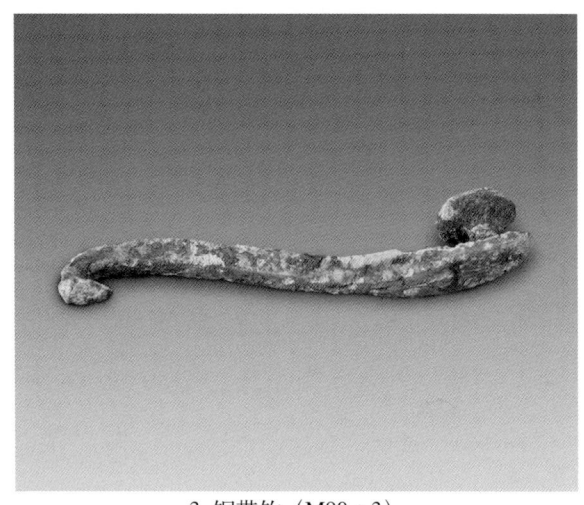

3. 铜带钩（M90∶3）

4. 陶鬲（M91∶1）

5. 陶罐（M91∶2）

6. 陶罐（M95∶1）

M90、M91、M95出土器物

图版四七

1. 鬲 (M96:2)

2. 豆 (M96:3)

3. 豆 (M96:4)

4. 罐 (M96:5)

5. 壶 (M96:1)

M96出土陶器

图版四八

1. 盂（M97∶4）

2. 豆（M97∶5）

3. 豆（M97∶6）

4. 壶（M97∶1）

5. 器盖（M97∶2）

M97出土陶器

图版四九

1. 盂（M99∶1）

2. 双耳罐（M99∶2）

3. 豆（M101∶9）

4. 豆（M101∶10）

M99、M101出土陶器

图版五〇

1. 鼎（M101∶1）

2. 鼎盖（M101∶3）

3. 小口鼎（M101∶8）

4. 敦（M101∶2）

5. 罍（M101∶5（正））

6. 罍（M101∶5（侧））

M101出土陶器

图版五一

1. 陶鬲（M102∶1）

2. 陶豆（M102∶4）

3. 陶豆（M102∶3）

4. 陶罐（M102∶2）

5. 铜带钩（M102∶5）

M102出土器物

图版五二

1. 鼎（M103∶1）

2. 鼎（M103∶2）

3. 敦（M103∶5）

4. 敦（M103∶6）

5. 壶（M103∶3）

6. 壶（M103∶4）

M103出土陶器

图版五三

1. 盂（M105：2）

2. 盂（M162：1）

3. 鼎（M162：2）

4. 豆（M162：3）

5. 豆（M162：4）

6. 壶（M162：5）

M105、M162出土陶器

图版五四

1. 鼎（M146：2）

2. 敦（M146：1）

3. 豆（M146：3）

4. 壶（M146：4）

M146出土陶器

图版五五

1. 鬲 (M160:2)

2. 敦 (M160:1)

3. 豆 (M160:4)

4. 壶 (M160:3)

M160出土陶器

图版五六

1. 鼎（M163∶9）

2. 鼎（M163∶10）

3. 敦（M163∶12）

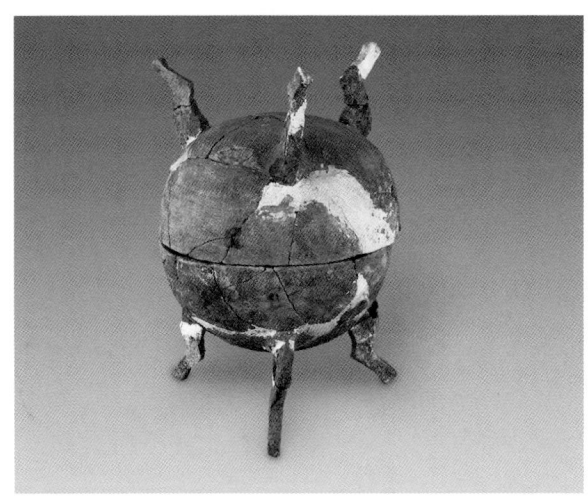

4. 敦（M163∶13）

5. 豆（M163∶5）

6. 豆（M163∶6）

M163出土陶器

图版五七

1. 壶（M163:1）

2. 小口鼎（M163:11）

3. 壶形豆（M163:7）

4. 罍（M163:14）

5. 盘（M163:3）

6. 匜（M163:4）

M163出土陶器

图版五八

1. 器盖（M163∶15）

2. 罐（M164∶1）

3. 罐（M164∶2）

4. 鬲（M167∶2）

5. 盂（M167∶3）

6. 壶（M167∶1）

M163、M164、M167出土陶器

图版五九

1. 鼎 (M165:4)

2. 豆 (M165:2)

3. 罐 (M165:3)

4. 壶 (M165:1)

5. 豆 (M166:1)

6. 壶 (M166:2)

M165、M166出土陶器

图版六〇

1. 鼎（M168：3）

2. 敦（M168：1）

3. 豆（M168：4）

4. 豆（M168：5）

5. 壶（M168：2）

6. 鼎（M173：1）

M168、M173出土陶器

图版六一

1. 盂（M170∶1）

2. 豆（M170∶2）

3. 罐（M170∶3）

4. 鼎（M179∶2）

5. 盂（M179∶3）

6. 壶（M179∶1）

M170、M179出土陶器

图版六二

1. 盂 (M172:2)

2. 盂 (M172:4)

3. 豆 (M172:3)

4. 壶 (M172:1)

5. 鼎 (M178:5)

6. 小口鼎 (M178:10)

M172、M178出土陶器

图版六三

1. 豆（M178：1）

2. 豆（M178：2）

3. 壶（M178：8）

4. 壶（M178：11）

5. 盘（M178：4）

6. 匜（M178：3）

M178出土陶器

图版六四

1. 鼎（M174∶2）

2. 敦（M174∶4）

3. 豆（M174∶5）

4. 豆（M174∶6）

5. 壶形豆（M174∶7、8）

M174出土陶器

1. 陶鼎（M175∶1）

2. 陶盂（M175∶2）

3. 陶壶（M175∶3）

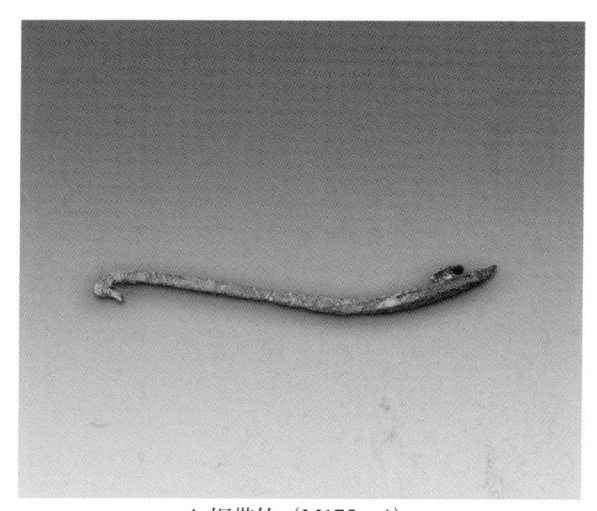
4. 铜带钩（M175∶4）

5. 陶盂（M184∶3）

6. 陶壶（M184∶2）

M175、M184出土器物

图版六六

1. 鼎（M176∶3）

2. 盂（M176∶2）

3. 豆（M176∶1）

4. 壶（M176∶4）

M176出土陶器

图版六七

1. 鬲（M180:2）

2. 豆（M180:3）

3. 豆（M180:4）

4. 罐（M180:5）

5. 壶（M180:1）

M180出土陶器

图版六八

1. 鼎 (M181:4)

2. 豆 (M181:1)

3. 豆 (M181:2)

4. 壶 (M181:5)

5. 盂 (M181:3)

M181出土陶器

图版六九

1. 盂 (M182:2)

2. 豆 (M182:1)

3. 壶 (M182:5)

4. 鬲 (M186:2)

5. 盂 (M186:1)

6. 壶 (M186:3)

M182、M186出土陶器

图版七〇

1. 陶盂（M187∶1）

2. 陶盂（M187∶2）

3. 陶壶（M187∶3）

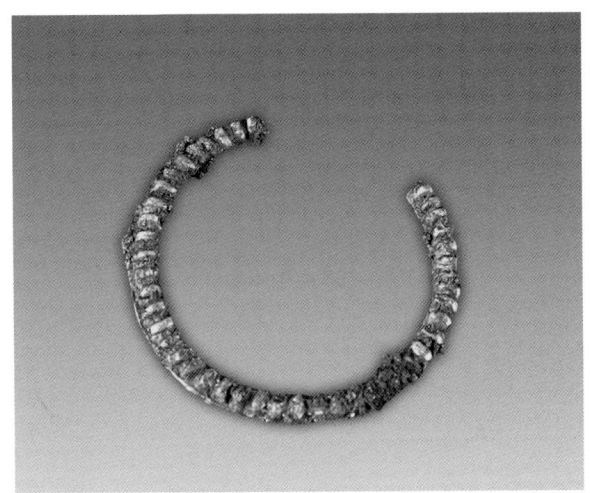
4. 铜耳环（M199∶1）

5. 铜饰件（M199∶2）

M187、M199出土器物

图版七一

1. 鼎 (M190:3)

2. 敦 (M190:2)

3. 豆 (M190:4)

4. 豆 (M190:5)

5. 壶 (M190:1)

M190出土陶器

图版七二

1. 鼎 (M194：2)

2. 豆 (M194：7)

3. 豆 (M194：8)

4. 壶 (M194：4)

5. 罍 (M194：6)

M194出土陶器

图版七三

1. 鼎（M200:3）

2. 盂（M200:2）

3. 豆（M200:4）

4. 壶（M200:1）

M200出土陶器

图版七四

1. 双耳罐（M39:1）
2. 双耳罐（M39:2）
3. 双耳罐（M39:3）
4. 仓（M39:4）
5. 鸡（M39:5）
6. 狗（M39:6）

M39出土陶器

图版七五

1. 陶磨（M39∶7）

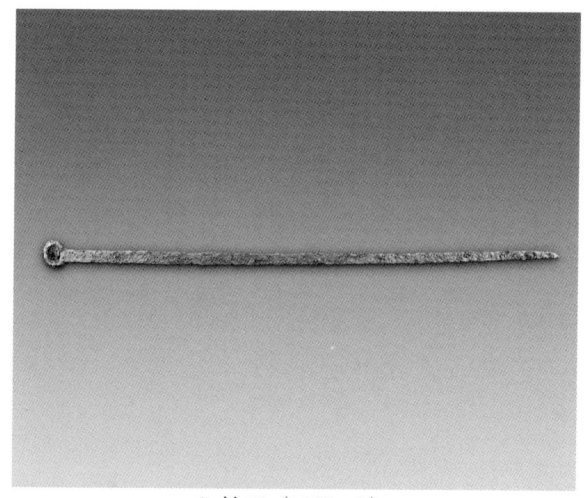

2. 铁刀（M39∶9）

3. 铜镜（M39∶8）

4. 陶鼎（M57∶10）

5. 陶灯（M57∶1）

6. 陶磨（M57∶6）

M39、M57出土器物

图版七六

1. 陶灶（M57∶9（正））

2. 陶灶（M57∶9（侧））

3. 陶鸡（M57∶4）

4. 陶鸭（M57∶3）

5. 陶狗（M57∶5）

6. 锡耳杯（M57∶2）

M57出土器物

图版七七

1. 陶双耳罐（M71:1）

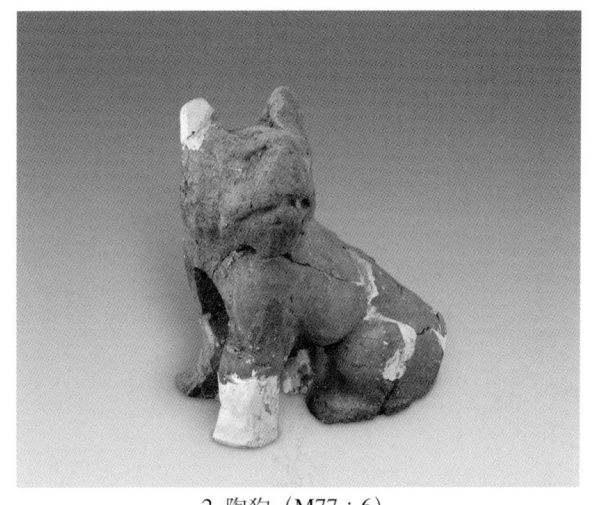

2. 陶狗（M77:6）

3. 陶猪（M77:1）

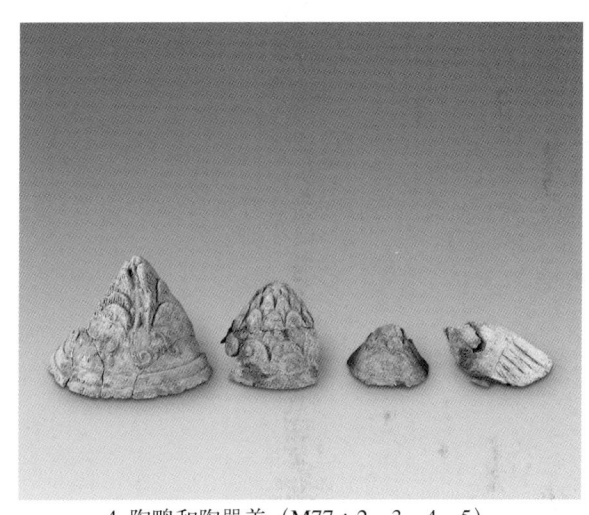

4. 陶鸭和陶器盖（M77:2、3、4、5）

5. 铁器（M77:7）

6. 陶双耳罐（M152:1）

M71、M77、M152出土器物

图版七八

1. 双耳罐（M78：8）

2. 仓（M78：15）

3. 仓（M78：16）

4. 井和桶（M78：3）

5. 磨（M78：4）

6. 灶（M78：7）

M78出土陶器

图版七九

1. 陶猪圈（M78:6）

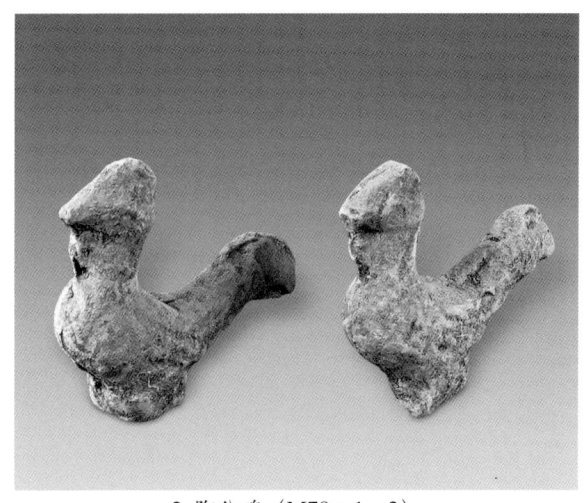

2. 陶公鸡（M78:1、2）

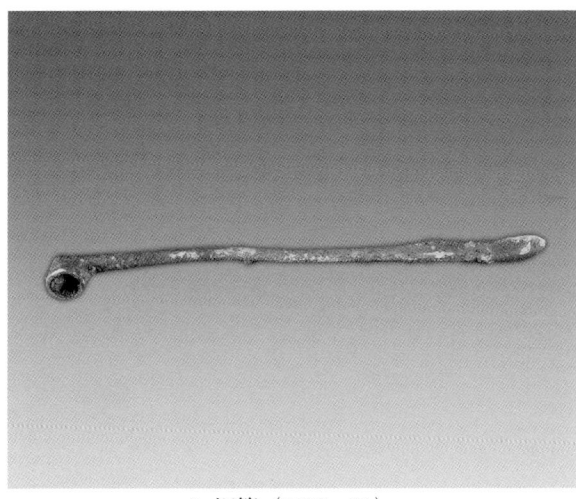

3. 铜簪（M78:11）

4. 陶器盖（M85:2）

5. 铁斧（M85:1）

6. 陶鼎（M104:4）

M78、M85、M104出土器物

图版八〇

1. 双耳罐（M104:2）

2. 盒（M104:6）

3. 盒盖（M104:6-1）

4. 壶（M104:9）

5. 盆（M104:8）

6. 猪圈（M104:3）

M104出土陶器

图版八一

1. 陶仓（M104∶5）

2. 陶仓（M104∶10）

3. 陶井（M104∶11）

4. 陶磨（M104∶1）

5. 陶灶（M104∶7）

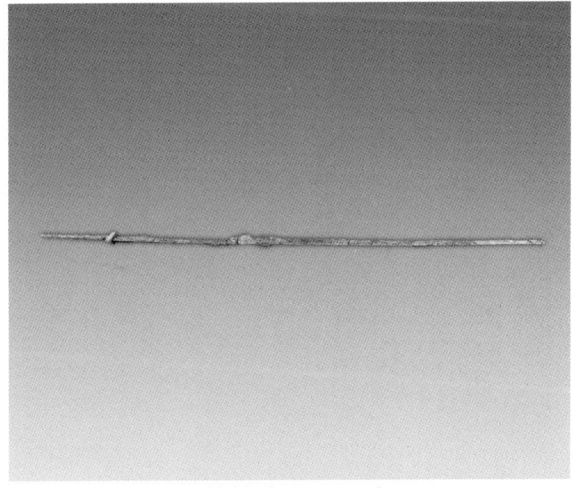
6. 铁剑（M104∶13）

M104出土器物

图版八二

1. 鼎（M132:5）

2. 盒（M132:4）

3. 壶（M132:9）

4. 双耳罐（M132:12）

5. 井和桶（M132:13）

6. 磨（M132:8）

M132出土陶器

1. 陶灶（M132：6）

2. 陶仓（M132：7）

3. 陶狗（M132：10）

4. 陶猪圈（M132：11）

5. 铜镜（M132：3）

6. 陶狗（M161：1）

M132、M161出土器物

图版八四

1. 双耳罐（M139:1）

2. 狗（M139:2）

3. 罐（M151:2）

4. 钵（M151:1）

M139、M151出土陶器

1. 骨器（M150∶3）

2. 铜镜（M150∶1）

3. 铜镜（M192∶1）

4. 陶双耳罐（M198∶1）

M150、M192、M198出土器物

图版八六

1. 鼎（M140:3）

2. 盒（M140:2）

3. 井和桶（M140:1）

4. 井和桶（M140:5）

5. 磨（M140:8）

6. 磨（M140:16）

M140出土陶器

图版八七

1. 仓（M140∶6）

2. 仓（M140∶9）

3. 仓（M140∶10）

4. 灶和釜（M140∶11、13）

5. 猪圈（M140∶7）

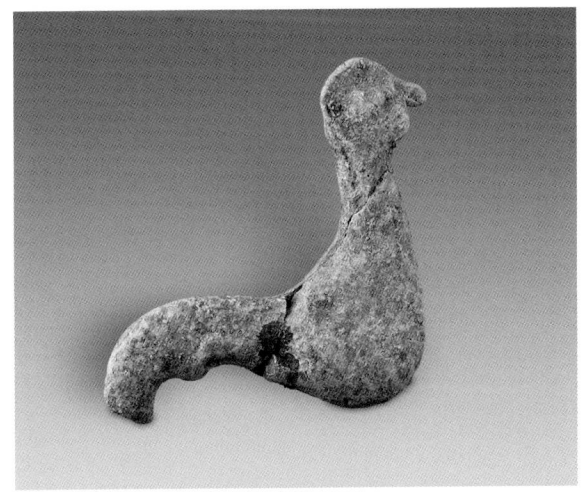
6. 公鸡（M140∶14）

M140出土陶器

图版八八

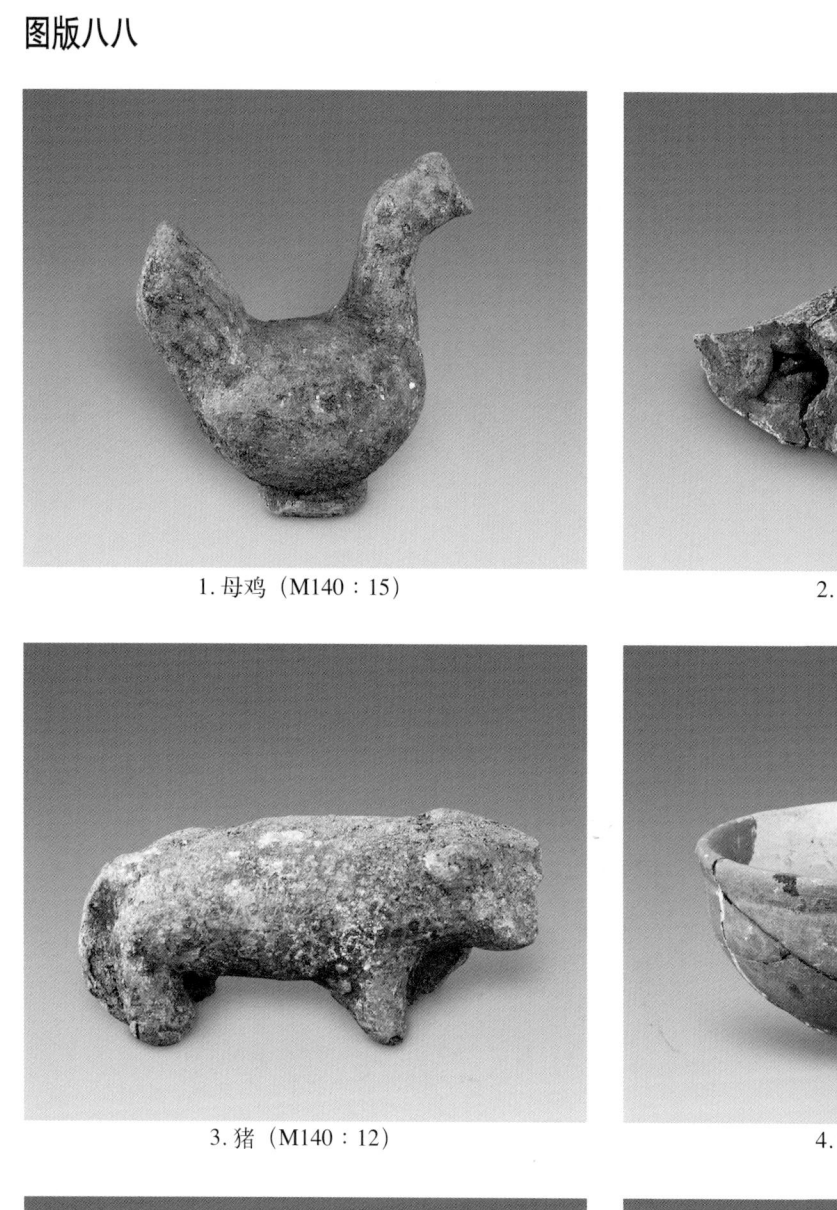

1. 母鸡（M140：15）　　2. 鸭（M140：4）

3. 猪（M140：12）　　4. 钵（M153：6）

5. 钵（M153：8）　　6. 壶（M153：7）

M140、M153出土陶器

图版八九

1. 陶灶（M153∶5）

2. 陶磨（M153∶4）

3. 陶奁（M153∶9）

4. 陶鸡（M153∶3）

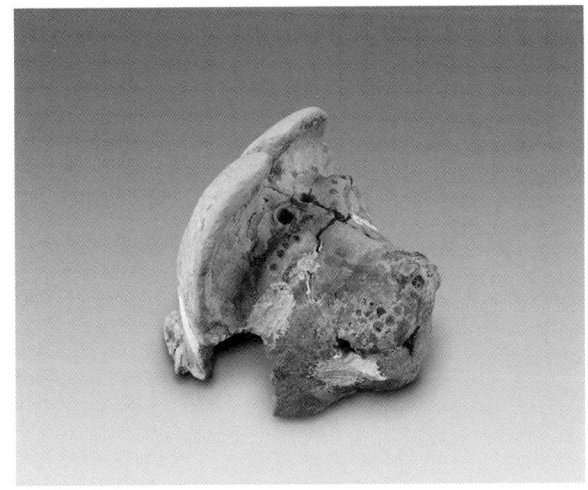

5. 陶狗（M153∶10）

6. 铜镜（M153∶1）

M153出土器物

图版九〇

1. 陶砚 (M115:1)

2. 白瓷碗 (M115:5)

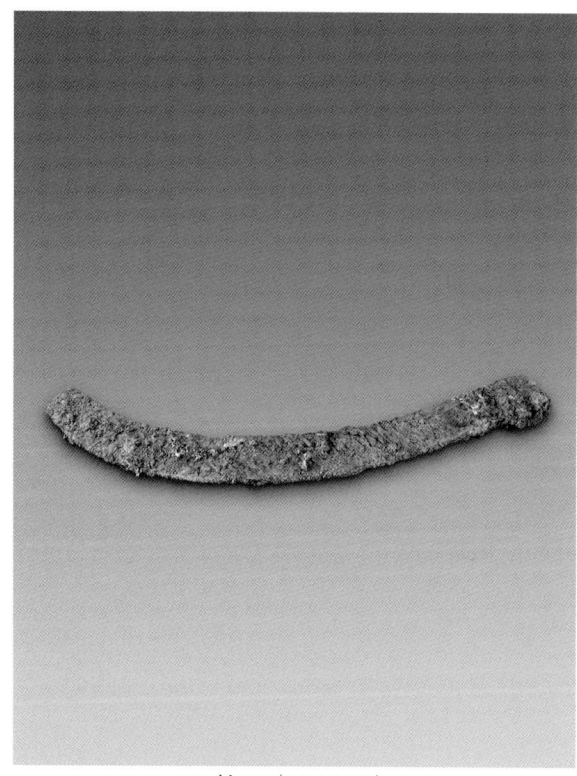

3. 铁刀 (M115:3)

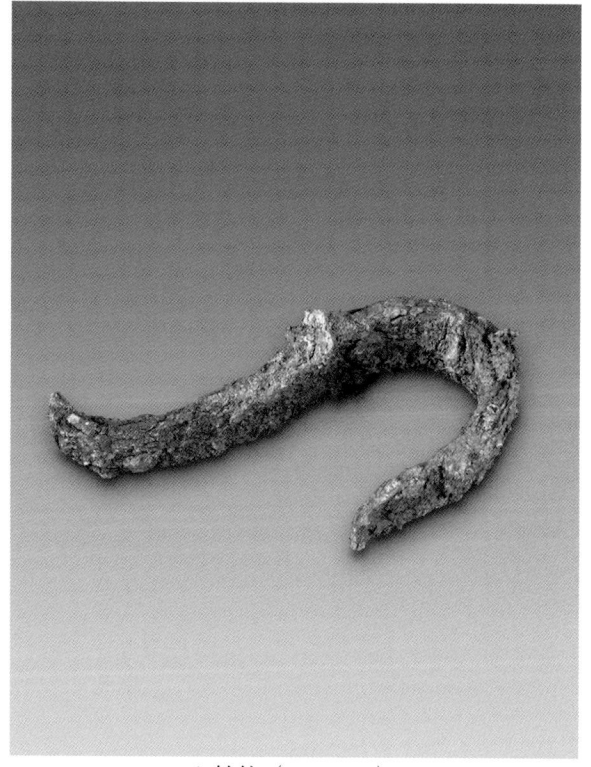

4. 铁钩 (M115:6)

M115出土器物

图版九一

1. 瓷罐（M93:1）
2. 瓷罐（M108:1）
3. 瓷罐（M108:2）
4. 瓷罐（M113:1）
5. 瓷罐（M117:1）
6. 瓷罐（M118:1）

M93、M108、M113、M117、M118出土瓷罐

图版九二

1. 瓷罐（M120：1）

2. 瓷罐（M120：3）

3. 瓷罐（M121：2）

4. 瓷罐（M124：1）

5. 瓷罐（M131：1）

M120、M121、M124、M131出土瓷罐